아름다운 새벽

마해송 전집 10 수필집
아름다운 새벽

초판 1쇄 2015년 5월 15일

지은이 마해송
펴낸이 주일우
펴낸곳 ㈜문학과지성사
등록번호 제1993-000098호
주소 121-894 서울 마포구 서교동 잔다리로7길 18(서교동 377-20) 문지빌딩
전화 02)338-7224
팩스 02)323-4180(편집) 02)338-7221(영업)
전자우편 moonji@moonji.com
홈페이지 www.moonji.com

ⓒ 문학과지성사, 2015. Printed in Seoul, Korea

ISBN 978-89-320-2746-3
ISBN 978-89-320-2412-7(세트)

이 책의 판권은 지은이와 ㈜문학과지성사에 있습니다.
양측의 서면 동의 없는 무단 전재 및 복제를 금합니다.

이 도서의 국립중앙도서관 출판예정도서목록(CIP)은 서지정보유통지원시스템 홈페이지
(http://seoji.nl.go.kr)와 국가자료공동목록시스템(http://www.nl.go.kr/kolisnet)에서
이용하실 수 있습니다.(CIP제어번호: CIP2015010558)

마해송 전집 10 수필집

아름다운 새벽

문학과지성사
2015

서문

마해송 전집을 펴내면서

　마해송 선생이 세상에 태어난 것은 1905년, 우리나라에 개화의 물결이 밀려오기 시작할 무렵이었다. 가부장제의 완고한 가풍 속에서 자라난 그는 불과 열세 살 나이에 부친의 강요로 결혼을 한다. 하지만 안정을 찾지 못하고 방황하던 중, 열다섯 살 때 기차에서 만난 네 살 연상의 초등학교 여교사와 사랑에 빠진다. 그때 마해송은 고향인 개성을 떠나 서울에서 유학 생활을 하고 있었던 것이다. 그러나 부모 몰래 한 사랑이 아름다운 결실을 맺을 수는 없었다. 이 일로 인하여 그는 일본 유학 중 고향에 불려 와 가택 연금까지 당하는 수모를 겪는다. 개화기 신문물에 일찍 눈뜬 조숙한 소년이 불합리한 인습의 굴레에서 벗어나려고 몸부림친 모습을 역력히 볼 수 있다.

　그가 열여덟 어린 나이에 '조선소년단'을 조직(1922년)하여 순회 공연을 다니면서 동화 구연을 하고, 생애 후반기에는 '대한민국어린이헌장'을 기초(1957년)하여 정부로 하여금 반포하게 하는 등 아동 인권 회복 운동에 깊이 간여하게 된 것도 자신이 어린 시절에 겪은 마음의 상처가 너무나 컸기 때문일 것이다. 그는 청년 시절 일본에서 식민지 지식인이라는 약점을 극복하고 유명 잡지의 명편집자로, 그리고 발행인으로 명성을 떨치기도 했다. 그러나 해방 7개월 전 모든 것을 훌훌 털어 버리고 고향인 개성으로 돌아와 1966년 만 61세로 세상을 떠나기까지 오로지 문필에만 전념한 1세대 아동문학가요 수필가였다.

마해송 선생이 한국 아동문학 개척에 기여한 공로는 참으로 크다. 우리나라의 아동문학이 아직 전래동화 개작 수준에 머물러 있던 1920년대 초반, 그는 작가의 개성과 문학성이 강하게 표출된 새로운 동화를 발표하여 이 땅에 창작동화의 길을 열어 놓았다. 지금도 널리 읽히는 「바위나리와 아기별」 「어머님의 선물」이 당시에 발표된 한국 최초의 창작동화로 자리매김되고 있다.

이후 일제 강점기와 광복, 그리고 6·25전쟁과 4·19혁명으로 이어지는 험난한 시대를 살아오면서 그는 수많은 단편과 중·장편동화, 아동소설을 발표하여 읽을거리가 별로 없던 그 시절 어린이들에게 꿈과 희망을 심어 주었다.

그의 작품 세계는 워낙 다양하여 한마디로 말할 수 없으나 한 가지 분명한 사실은 언제나 시대와 현실에 맞서 불의와 모순에 저항하는 자세로 창작에 임해 왔다는 것이다. 일제의 침략과 폭정을 고발한 「토끼와 원숭이」가 그렇고, 광복기 강대국들의 횡포와 경제 침탈을 풍자한 「떡배 단배」가 그러하며, 자유당 독재 정권의 몰락을 예고한 「꽃씨와 눈사람」이 그러하다. 그 밖에, 6·25전쟁 이후의 가난한 사회상을 배경으로 한 『모래알 고금』『앙그리께』 등 여러 작품에서도 부패한 권력과 부정을 일삼는 무리들에 대해 준엄한 비판을 서슴지 않았다.

이러한 창작 활동을 통해 그가 독자에게 전하고자 한 메시지는 남의 힘에 의지하지 않고 스스로 주체성을 살려 나갈 때 나라와 사회가 바로 선다는 교훈이었다. 오늘날처럼 세계가 자기 나라의 이익을 위해 치열한 경쟁을 벌이는 시대에 그의 동화가 전하는 교훈은 지금도 되새겨 보아야 할 귀중한 정신이라고 하지 않을 수 없다.

수필문학에서도 마해송 선생이 남긴 자기 고백과 시대 증언적 기록의 가치는 매우 높다. 그의 수필은 크게 세 부류로 나누어 볼 수 있는데 첫째가 자서전적 수필이요, 둘째가 『편편상(片片想)』으로 대변되는 단평 형식의 수필이며, 셋째가 식도락과 고향 산수에 대한 예찬 격의 수필이다.

그가 여교사 '순'으로부터 받은 사랑의 편지와 일기를 인용하며 애끓는 순애의 심정을 토로한 『역군은(亦君恩)』이나, 유·소년기 고향에서의 추억과 가톨릭에 귀의하게 된 사연을 술회한 『아름다운 새벽』은 한 인간이 정신적으로 자기완성을 이루어 가는 모습을 보여 주고 있어 흥미롭거니와, 가히 자전적 수필의 전범으로 삼아도 좋을 만큼 내용이 솔직하고 핍진하다. 이들 수필집 속에는 뒷날 동화 창작의 배경이 되는 일화도 들어 있고, 지금은 사라진 1920~30

년대의 무속과 그 시대 사람들의 생활 모습이 자세히 그려져 있어 그의 문학 세계나 당시의 풍습을 이해하는 데에도 큰 도움이 된다.

그의 트레이드 마크가 되다시피 한 『편편상』은 주로 1940년대 후반 『자유신문』에 연재했던 시사 칼럼으로, 선생의 저널리스트적인 시각이 번뜩이는 글이다. 길이는 짤막짤막하지만 이 글들 역시 대한민국 정부 수립 전후 시기 우리 사회의 단면과 당대의 이슈가 무엇이었던가를 살피는 데 좋은 자료가 될 것이다.

그가 고향의 음식과 산수를 그리워하며 쓴 여러 편의 수필과, 국내외 각지의 술 품평을 한 글들은 오늘날 신문이나 방송에서 특집으로 꾸미는 '맛 기행' '내 고장 자랑'과 같은 기사나 프로그램의 원조 격이 되는 글로서, 담백한 문체 속에 동서고금의 지혜와 선생 특유의 풍류와 멋이 녹아들어 있어 읽을수록 뒷맛이 당기는 명편들이다.

이렇듯 마해송 선생이 한국의 아동문학과 수필문학 발전에 기여한 공로가 크건만 그동안 그의 문학에 대한 연구가 제대로 이루어지지 않은 것은 유감스러운 일이 아닐 수 없다. 더구나 세월이 흐르면서 그의 작품집 대부분이 절판되는 바람에 이제는 도서관에나 가야 찾아볼 수 있는 형편이 되었다.

이를 안타깝게 생각한 (주)문학과지성사는 선생의 탄생 100주년이 되는 2005년에 일차로 '마해송문학상'을 제정·시행해 오면서, 그 여력을 몰아 2011년에는 '마해송 전집' 편집위원회를 구성하고 도서관과 옛 신문 잡지를 뒤져 그의 전 작품을 찾아내는 작업을 벌여 왔다. 그 노력이 헛되지 않아 지금은 제목만 전하고 실체를 알수 없던 동화와 수필을 여러 편 발굴하는 실적을 올렸다. 그것을 앞에 놓고 다시 고증과 편집 방향을 논의하는 토론을 수차례 거듭한 끝에 비로소 2년 만에 첫 출간을 보게 되어 편집위원회로서도 감회가 깊다.

이 전집의 특색이라면 첫째, 이제까지 찾아낼 수 있는 모든 작품을 한자리에 모아 독자가 손쉽게 감상할 수 있도록 집대성했다는 점이다. 선생 생전이나 사후에 한 번도 이런 작업이 이루어지지 않았다는 점에서 문학사적으로도 의의가 크다고 하겠다. 둘째, 개별 작품마다 최초 발표 연대와 출처를 밝히고 따로 배경 설명이 필요한 작품에는 각주를 달아 사료적 가치를 높였다는 점이다. 이것은 마해송 문학을 연구하는 후학들에게 작으나마 도움이 될 것이다.

오랜 세월 동안 여러 신문과 잡지에 산재되어 있던 글을 모아 처음으로 체계를 잡다 보니 혹시 이번 전집에 오류가 있거나 미처 찾아내지 못한 작품이 새로 발견되는 경우가 생길지도 모르겠다. 앞으로 판을 거듭하면서 잘못되거나 빠진 부분은 계속 수정·보완해 나갈 것을 약속드리며, 모쪼록 이 전집을 보다 많은 독자와 연구자들이 읽어 한국의 아동문학과 수필문학을 한 단계 끌어올리는 디딤돌로 삼아 주기 바란다.

전집이 햇빛을 보는 데는 많은 분들의 도움이 있었다. 유족인 마종기 시인은 소중히 보관해 오던 부친의 유품과 서지 자료 일체를 국립어린이청소년도서관에 기증해 주셨고, 도서관에서는 편집위원회의 열람과 복사·촬영 등 자료 수집 활동에 아낌없는 편의를 제공해 주었다. 또한 마해송 선생을 생전에 가까이 모셨던 문학평론가 김주연 선생은 수시로 자문에 응해 주셨고, (주)문학과지성사는 제작 일체를 뒷받침해 주셨으며, '문지아이들'의 문지현 씨는 원고 정리와 교정 등 온갖 궂은일을 도맡아 진행했다. 그 밖에, 기초 자료를 제공해 주신 아동문학가 김영훈 선생과 음양으로 도움을 주신 분들께도 이 자리를 빌려 두루 고마운 인사를 드리며, 끝으로 선생의 인품을 한눈에 볼 수 있는 유언을 덧붙이는 것으로 서문을 장식하려고 한다.

공부도 재주도 덕도 부족한 몸으로 외롭단 인생을 외롭지 않게 제법 흐뭇하게 살고 가게 해 주신 여러분께 감사합니다.
아껴 주신 여러분 댁내 만복을 빕니다.

—마해송

편집위원을 대표하여
조대현
(아동문학 편집위원: 조대현, 이재복, 김영순, 김지은)
(수필집 편집위원: 우찬제, 이광호, 원종국)

차례

서문 마해송 전집을 펴내면서 / 조대현　4

아름다운 새벽　15

오후의 좌석

편편상(片片想)　299
불 삼대　300
악(惡) 삼대　303
부(富) 삼대　306
소낙비　310
폐허　312
내 집　313
습성　314
이약한 사람들　316
주름살　318
원(圓)·환(圜)　319
묻힌 장상(將相)　321
정　322
해마다 설　323
애회반장(愛賄班長)　325
싫증　330
육친(肉親)　331
모순(矛盾)　332
악동 탄생　333
심부름　336
꿈과 과학　339
최후의 긍지　342
권 중위　345
까부는 아이　348
위조(僞造) 협력　351
값 떨어지는 미인　353
편지질하는 여학생　355

안 나오는 수도	357	사람 나름	398
거짓말 전화	359	기생	404
구두닦이와 제사	361	저널리즘의 공죄(功罪)	409
능금 반쪽의 살인	364	나와 여름방학	412
세대는 다르다	366	독서수상(讀書隨想)	416
버르장머리	368	십승지(十勝地)의 풍속	419
		인생의 의의	423
오후의 좌석	371	논산·인천·대천	426
오후의 좌석	372	상식이 문제	430
아름다운 광경	374	웃음에 층이 있다	435
잘 살으리	377	공산주의의 만가(挽歌)	439
깨끗하고 곧고 바르게	381	의(義)는 하나다	442
노교사의 독백	383	방중한담(房中閑談)	445
진짜·가짜	385	문학 외교의 긴요성	449
거리에서	388	피아니스트와 육손이	456
변소에서	390	오래 사는 것만이	460
부자이간설(父子離間說)	391	잘난 것 아니다	
거룩한 장례	394		

인생 노트 467
인생 노트 468
족보 484
족보 2 487
해송(海松)의 변(辯) 491
명명(命名) 493
내 방 497
나와 8·15 501
고향 산수 503
시원한 내 고장 505
화초 없는 정원 508
박과 수요일 511
납량무용(納涼無用) 513
불고기에 칵테일 515
정불서(靜不署) 517
삼복(三伏) 식성 519
세월의 흐름을 그저 바라보며 522
전공의 변(辯) 524

취미역정(趣味歷程) 526
내 생활 내 가정 530

어린이·어머니 535
십대 고문의 계절 536
해방 십 년의 어린이들 540
입학시험장의 인생 544
33회 어린이날에 548
식모에의 참회 552
아동헌장에 대하여 556
어린이날의 이상(理想) 560
어린이헌장과 대구 564
공군과 어린이 568
광복 13주년에 574
화려한 결혼식 578
봄·여인·유행 586
한국 여성의 비극 589
멋 제1장, 집 605

미발간 수필

시계　629
심향(沈香)과 똥　633
개성에만 있는 찜　642
멋 제2장, 옷　644
문전구악(門前舊惡)　670
6·25에 생각나는 사람　672
돈의 꼴　674
나의 취미·여기(餘技)　676
벌거벗은 도의　678
일본에 다녀와서　681
나의 문학 생활　701
출세훈(出世訓)　707
새 사람을 대하는 자세　725
봄철의 풍미(風味)　728

연금(軟禁)에서 빚어진 「바위나리와 아기별」　729
살고 있다며　733
이승만악(李承晩惡)　741
법과 어린이　743
사주(四柱)의 영감(靈感)　745
맛의 감각, 청주(淸酒)　751
개성 음식은 나라의 자랑　755
또 일본에서 드린 미사　763
한일수교(韓日修交), 내가 보는 문제점　780
동안(童顔)에 어린 명암(明暗)　783
넓은 교양의 지침서　791
생활의 여유　793
이사기(移徙記)　799

해설 아름다운 성사와 편편의 성찬 / 원종국　809
마해송(馬海松) 연보　827

일러두기

1. 문학과지성사판 『마해송 전집』은 장편동화, 중·단편동화, 동극, 노래가사, 수필 그리고 작가가 발표했으나 단행본으로 발간되지 않은 작품과 미완성작 등을 모두 엮었다.
2. 『마해송 전집』은 작가 생존 시 마지막으로 출판된 단행본을 저본으로 삼았으며, 단행본으로 묶이지 않은 작품은 최초 게재지에 수록된 것을 저본으로 삼았다.
3. 전집의 작품은 장편동화의 경우 최초 발표 연대를, 중·단편동화의 경우 게재지에 처음 발표된 시점을 기준으로 삼아 발표된 순서대로 수록하였으며, 각 작품 말미에 발표 연도와 출처를 밝혀 놓았다.
4. 이 책의 맞춤법은 국립국어연구원의 '한글 맞춤법'에 따르는 것을 원칙으로 하되, 띄어쓰기의 경우 본사의 내부 규정을 따랐다. 단, 작품의 분위기에 영향을 준다고 판단되는 방언이나 구어체 표현·의성어·의태어 등은 작가의 집필 의도를 살려 그대로 두었다(괄호 안: 현행 맞춤법 표기).
   예) ① 의성어·의태어: 허위적허위적(허우적허우적), 꼬기닥거리다(꼬꼬댁거리다)
   ② 형용사·부사: 연해(연달아), 느럭해지다(헐렁해지다), 노랑노랑하다(노릇노릇하다), 움젓(움칫), 거진(거의), 저으기(적이), 그닥(그다지), 콜콜이(시시콜콜히)
   ③ 기타: 배암(뱀), 위죽거리다(뒤룩거리다)
5. 이 책의 외래어 표기는 국립국어연구원의 '외래어 표기법'에 따라 바꾸었다. 단, 작품의 제목이나 중요한 어휘로 등장하는 경우에는 원본을 그대로 살렸다.
   예) ① 후라이(프라이), 침판찌(침팬지) ② 레지('종업원'으로 순화)
6. 이 책에 쓰인 문장부호의 경우 단편, 논문, 예술 작품(영화, 그림, 음악)은 「 」으로, 단행본 및 잡지, 시리즈 명 등은 『 』으로 표시하였다. 대화나 직접 인용은 큰따옴표(" ")와 줄표(―)로, 강조나 간접 인용의 경우 작은따옴표(' ')로 묶었다.
7. 마해송 작가 연보는 전집 마지막 권에 수록한다. 전집의 편제는 단편집, 중편집, 장편동화, 수필집 등이다.

아름다운 새벽

● 원문 출처: 『아름다운 새벽』(민중서관, 1961)

생각하면 참으로 오랜 세월, 나는 많이도 빌며 살아왔다.

하늘에도 빌었다. 땅에도 빌었다. 달님에게도 빌었고 별님에게도 빌었다. 바윗돌에도 빌었고 대감님에게도 빌었다.

빌어야 한다는 것을 알게 된 것은 몇 살 때였을까?

어려서 비는 것을 본 맨 처음은 어머님이 대감님께 비는 것을 본 것이었으리라.

음력으로 초하루 보름날이면 고사를 드리는 것이었다.

돼지를, 한 마리는 못 되지만 반 마리는 더 되는 것이었다. 제두, 갈비, 내포, 앞다리, 뒷다리. 이렇게 사들여서 고사를 드리는데, 굽 달린 놋쟁반에 덩그러니 제두를 올려놓고 소주 한 잔을 따라 놓은 상을 대문으로 나가는 마당 끝에 놓았던 것을 아직도 기억한다.

어머님은 두 손바닥을 모아 싹싹 비벼 빌며 입 속으로 갖은 기구를 외운 다음 절을 하시는 것이었다.

"대감님! 온 집안 식구가 모두 탈 없이 잘 살게 해주시고 재수가 좋아서 하는 일이 모두 뜻대로 잘되게 해줍시고……"

그런 말귀를 엿들을 수가 있었다. 나도 따라 두 손바닥을 비비고 꾸벅 절을 했다. 킬! 웃음이 터져 나왔다.

어머님은 손짓으로 저리 가라고 물리치셨다. 웃지도 못하고 따라

다니며 절을 했다. 정말 어머님과 함께 비는 마음이었다.

마루에는 안방과 겨단방 사이로 나온 들보 위에 삼베를 반 필쯤 될까 착착 접어서 백지와 함께 얹어 놓은 것이 있었는데, 그 앞에 소반을 놓고 비는 것이었다. 거기는 뒷다리와 역시 소주 한 잔이었다.

안방에는 아랫목 발치, 그러니 시렁 위의 예장함보다도 윗자리에 작은 고리짝이 모시어 있었다.

몇 해 후에 어머님이 그 고리짝을 내려서 여는 것을 본 일이 있었다. 그 속에는 삼베와 백지와 쌀이 들어 있었다.

그 앞에는 돼지 앞다린가 하고 소주 한 잔. 또 벽장문을 열어놓고 한 상 놓고 빌고 절하고, 부엌에는 물을 부어 두는 큰 두무가 있었는데 그 앞에는 돼지갈비인가를 놓고 소주 한 잔, 또 뒷터에는 장독대와 곡간 안, 우물 앞과 측간 앞에서 역시 그렇게 하시는 것을 보았던 것이다.

대문에도 대감님이 있고, 마루 들보 위에도 대감님이 있고, 안방에도 벽장에도 부엌에도 곡간에도 우물에도 측간에도 대감님이 있는 것으로 알았던 것이다.

그러기에 혼자서는 안방에 들어가기도 부엌에 들어서기도 무섭고 두려웠다. 안방 맨 아랫목 시렁 위에 대감님이 있기 때문이었다. 꺼멓게 그슬린 고리짝이 있는 것이다. 어쩌다 눈이 가도 보지 않으려 했고, 아예 그쪽으로는 눈을 보내지 않았었다. 부엌도 그렇다. 두무 위 너덧 개 되는 소반을 얹어놓는 시렁 위에 역시 베를 얹고 노끈으로 묶어놓은 것이 있는 것이다.

뒷터도 혼자 가기가 무서웠고, 곡간에는 물론 들어가본 일이 없었다. 우물은 우물 속에 무엇이 있을는지 모르니 기웃해본 일도 없고 측간에도 혼자 가지는 못했었다. 모두 대감님이 있다고 하기 때문이었다.

이렇게 많은 신(神)들이 집 안에 있다면 앉거나 서거나 온통 귀신들에게 부딪히게 될 것만 같았다.

고사 날은 집안이 잔치였다.

고사 상에는 돼지 장기뿐이었지만, 소고기 산적도 있고 다른 반찬도 질펀한 조반상이 나오는 것이었다. 그때는 물지게꾼이 물을 길어다 주던 때라 물지게꾼도 마루 끝에서 한 상 받고 드나드는 남녀 하인도 한 상 받는 날이 되었었다.

여러 해가 지나서 지각이 들었을 때 돌이켜 생각하고 그것은 좋은 일이라고 생각한 일이 있었다.

여느 날의 식사라는 것은 도대체 시장에 나가서 찬거리를 사 온다는 일이 없었고, 그저 집에 있는 대로의 미수 반찬이었으니, 된장찌개, 김치, 깍두기, 짠지, 장아찌 따위의 전혀 채식이었는데, 한 달에 두 번 초하루 보름날이면 흐벅지게 육식을 하게 되는 것이었으니, 영양 섭취를 위해서 좋게 마련된 일이라고 생각한 것이었다.

초하루 보름의 고사 외에 가족들의 생일과 제삿날이 또한 잔치였으니 잘 먹는 날이기도 해서 이럭저럭 영양을 보충하는 일이 되었으리라고 생각한 것이었다.

음력 10월이면 시루 고사를 드렸다. 떡시루를 대감님 터마다 드리는 것이었으니 아마 열 시루는 되었을 것이다. 그것은 또 이웃이며 친척에게 나누어 보내기 마련이었다.

굿하는 것도 본 일이 있었다.

아버님은 그런 일을 찬성하시지 않았던 모양으로, 계시지 않는 밤에 요란하지 않게 하는 것이었다.

잠결에 '둥 둥 둥' 하는 장구 아니면 북소리 같은 소리가 멀리 들리고 서성거리는 소리에 잠이 깨었다.

그때 나는 뜰아랫방에서 잤던 것 같다.

살그머니 일어나서 건넌방 모퉁이 어둑한 곳에서 바라보았다.

안방 앞마루에서 하는 것이었다. 어머님 누님을 위시해서 여인들만 가득 앉고 서 있는데, 갖은 과실과 떡을 쌓아 놓은 앞에 붉고 푸른 옷을 걸친 무당이 경을 외우고 그 옆에 또 여인은 장구를 나직이 두드리고 있는 것이었다.

마당에는 식칼을 갈고 있는 남자가 있었다. 식칼 두 자루를 갈아서 무당에게 갖다 주니 무당은 면도날을 보듯이 엄지손가락 끝으로 식칼의 날을 만지더니 꽥 소리를 지르는 것이었다.

"누굴 죽이려고 작두를 이따위로 갈아? 날이 퍼렇게 서도록 냉큼 못 갈까?"

야무진 호령이었다.

마당의 남자는 또 식칼을 갈기 시작했다. 무당이 데리고 온 사나이였다.

칼을 가는 사이에도 마루 위에서는 무당이 들뜬 사람같이 웅얼웅얼 지껄이고 있었다.

마루 끝으로 썩 나서니 여인들이 양편으로 척 갈라졌다.

무당은 무어라고 들입다 중얼거리더니 손에 들고 있던, 그것도 식칼 한 자루를, 마당 가운데로 냅다 던졌다.

"냉큼 물러가지 못할까!"

그런 말귀가 들렸다.

'아뿔싸!'

아가가 소리가 났다. 무당의 소리에 맞추어 여인들이 모두 혀를 차고 수성거렸다.

칼의 위치를 바라보는 것이었다. 칼끝이 안으로, 손잡이가 밖으로 놓인 것이었다.

남자가 얼른 집어서 무당에게 갖다 주었다.

무당은 아까보다도 큰 소리로 웅얼거렸다. 그러면서 떡과 과실이 놓인 곳을 노려보면서 칼자루를 두드리기도 하는 것이었다. 돈을 더 놓으라는 말이었다.

어머님 누님은 안방으로 들어가서 돈을 마련해서 부랴부랴 상 위에 놓았다.

신이 나서 웅얼거리던 무당은 또 한 번,

"냉큼 물러가지 못할까!"

소리 지르며 식칼을 냅다 던졌다.

칼끝은 대문 편으로 놓이지 않았다.

그럴 때마다 한숨 소리가 요란했다. 나쁜 귀신이 이 집에 들어와 있는데, 그놈이 나가려 하지 않는다는 것이었다. 칼끝이 밖으로 놓여야 귀신이 나가는 것이라는 것이었다.

돈이 자꾸 쌓이고 여러 번 되풀이 식칼을 던지는 것을 보았다.

어린 소견으로도 괘씸한 무당이라고 생각했다. 식칼쯤 던지기에 달려서 어떻게든지 놓일 수 있는 것이 아니겠느냐고 생각했기 때문이었다.

그러나 작두 타는 것은 놀라움이었다.

마당에서 남자가 시퍼렇게 갈아놓은 두 자루의 식칼을 나무 틈에 끼워서 날을 위로 하고 마루 위에 놓았다. 한동안 들뜬 소리로 중얼거리던 무당이 양옆의 여인들에게 부축은 받았을망정 시퍼런 칼날 위에 맨발로 선뜻 올라서서 덩실덩실 춤을 추는 것이었다.

그리고 들뜬 소리로 "무엇을 해라, 무엇을 해라!" 소리소리 지르는데, 돈을 더 놓으라는 말도 있고, 정성이 부족하다는 타박도 있고, 떡과 과실이 모두 못마땅해서 먹을 맛이 없다는 소리도 있었다. 정성을 드리는 사람으로서는 쩔쩔 맬 소리뿐이었다.

이렇게 해서 흐벅지게 돈을 벌어 가지고 가는 무당을 괘씸한 여인이라고 생각은 하면서도 두려움을 어찌할 수는 없었다.

작두 위에서의 무당의 말소리는 여느 사람의 목소리 같지가 않았다. 신이 옮아서 하는 말이니 인간의 말이 아니라는 것이었다.

모르는 일을 알아맞히기도 하고 예언을 하기도 하고, "왜 나를 물러가라느냐!"고 발악을 하기도 하고, 꼭 미친 사람 같았다.

떡과 갖은 과실을 한 상 차려놓고 무당이 경을 읽는 것은 신을 부르는 것이라고 했다.

신은 오방신장(五方神將)인데 동은 청제(靑帝), 서는 백제(白帝), 남은 적제(赤帝), 북은 흑제(黑帝), 중앙은 황제(黃帝), 그 모두가 마귀를 정복할 수 있는 축귀 장군(逐鬼將軍)이라는 것이었다.

오방신장을 불러놓고, 다음에는 무당에게로 신이 옮아서 무당의 일거일동 모두가 신의 짓이요 말이라는 것이었다.

그날 밤의 굿은 성공적이 아니었던 모양이다. 말하자면 귀신이 시원시원히 물러가지 않기 때문에 높은 산에 올라가서 더 큰 굿을 해야 한다는 것이었다.

산에는 모두 굿당이 있었다. 송악산(松嶽山) 위에도 굿당이 있었고, 박연폭포(朴淵瀑布)에도 굿당이 있다고 들었다.

산에 가서 하는 굿은 본 일이 없었지만 돌아와서 떠드는 이야기는 들었다.

하는 짓이 모두 여느 사람으로서는 도저히 못할 엄청난 짓을 무당이 하더라는 이야기였다.

물굿을 할 때는 길이 훨씬 넘는 깊은 물 위에 광목을 밧줄같이 쳐놓고 그 줄을 타며 덩실덩실 춤을 추더라는 이야기도 들었다. 신이 씐 것에 틀림없다는 것이었다.

그런 이야기는 내가 잠든 다음에 소곤거리는 이야기를 잠결에 들은 것이라도 내내 잊어버려지지는 않았다.

음력으로 정월 들어서 첫 범날은 장안 여인들이 관왕묘(關王廟)에 점을 치러 가는 날이었다. 관제묘(關帝廟)라고도 하는, 중국 삼국시대의 장수 관운장(關雲長)을 모신 묘다.

그러니 첫 소날 밤부터 관왕묘에 수많은 여인들이 모여서 열두 시 되기를 기다리고 열두 시를 땡 치면 곧 범날이 되는 것이라 아가가 몰려 들어가서 큰 목상(木像)으로 무섭게 조각한 관운장에게 절을 하고 그 앞에 앉아 있는 영감쟁이 앞에 복채를 두둑이 놓고 점을 치는 것이었다.

　영감쟁이는 산통을 절그럭절그럭 흔들어서 산가지 하나를 뽑고 그 뽑힌 숫자대로 점사(占辭)를 목판으로 찍은 종이를 주는 것이었다.

　그 종이 한 장을 받아 오느라고 초저녁부터 기다리다가 대개 새벽녘에야 돌아오게 되는 것이었으니, 남자는 들어가지 않기로 되어 있기는 했었지만 난봉 남자들이 얼마든지 들어가서 화냥기 있는 여자들을 여기저기서 놀리고 꼬이고 한다는 말을 들었다. 젊은 남자로서는 하룻밤 즐길 만한 날이라고, 그날을 기다린다는 말도 들었다. 관왕묘는 마당이 넓고 나무와 숲이 우거져 있는 곳이었다. 우중충한 방도 여럿 있었다.

　관왕묘뿐 아니라 굿당 있는 곳은 어디나 난봉 남자들이 판치는 곳에는 틀림없었다.

　좀 커서 관왕묘에를 들어가본 일이 있었다.

　여인들의 말이 관왕님이 어찌나 무섭게 생겼는지 그 안에 들어가면 몸이 떨려서 감히 쳐다보지를 못한다는 말을 들었기 때문이었다. 얼마나 무서운가 보고 싶은 마음이었다.

　과연 모두가 무시무시했다.

　단 위에 바로 있는 관운장의 목상은 내 몸뚱이만 한 얼굴에 싸리비같이 긴 수염이 있고, 두 눈이 거의 곤두선 만큼 찢어져 올라가 있었다. 도대체 채색이 모두 퇴색해서 시커먼 것이 무섭기 이를 바 없었고, 양옆에 늘어서 있는 목상들도 무섭기만 했다.

　관왕묘의 점은 영(靈)하다고 했다. 그러기에 정월마다 점을 치러

가고 집안에 병이 있든지 변괴가 있을 때면 점을 치러 가고 치성을 하는 것이었다.

　중국의 삼국시대에 유비(劉備), 장비(張飛)와 의형제를 맺고 한(漢) 나라를 세우기 위해서 싸운 장수가 어찌 해서 금년 신수는 좋지도 않고 나쁘지도 않다느니, 김가와 일을 같이 하면 낭패를 보고 이가와 일을 도모하면 덕을 보리라는 둥, 신수 불길하니 산천에 치성을 드려야 한다는 따위의 점을 쳐주는지 알 수 없는 일이었다.

　싸움 잘 싸우고 의리가 있는 장수라고 해서 중국에서는 무운(武運) 복록(福祿) 장수신(長壽神)이라고 받들어 사당(祠堂)을 세우고 숭상하는 사람이 많다지만, 관우가 살아 있을 때 점을 잘 쳤다는 말은 들어본 일이 없다. 점을 치게 된 것은 관우를 뵈러 오는 사람이 많았기 때문에 그들에게서 돈을 걷어 묘지기들의 생계를 세울 양으로 시작한 것이었으리라.

　숭상하고 뵈러 오는 사람이 많은 대상은 뛰어난 사람인만큼 앞일을 내다볼 수 있는 지혜가 있고 사람의 운수를 알아맞힐 재간이 있고 병을 고쳐 줄 수도 있고 액운을 때워줄 수도 있는 것으로 생각하는 모양이었다.

　이런 어리석은 일은 관왕묘뿐이 아니었다.

　남쪽으로 이십 리쯤 가는 곳에 덕물산(德物山)이라고 있었다.

　그 위에는 최영(崔瑩) 장군의 사당이 있었다.

　고려 말에 정몽주(鄭夢周)와 더불어―정몽주는 문신, 최영은 무장으로―기울어가는 고려조를 끝까지 지키려다가 이성계(李成桂)에게 죽은 두 사람 중의 하나다. 그 장군의 사당도 굿당이었다.

어려서 어머님의 심부름으로 그곳까지 혼자 갔다 온 일이 있었다.
역시 음력 정월이라 눈이 쌓인 산길을 올라갔었다. 북어 몇 마리와 쌀 조금을 괴나리봇짐으로 어깨에 둘러메고 돈 몇 원을 가지고 올라갔었다.
"괜찮겠니? 정말 괜찮겠니? 원 정말 잘 다녀올까?"
어머님이 걱정걱정하시는 것을 "걱정 마세요!" 하고 떠났던 것이다.
며칠을 두고 "덕물산에 치성을 가야겠는데……" 갈 사람이 마땅치 않다고 걱정하시는 것을 옆에서 듣고 "제가 갔다 오죠!" 자진해서 나선 것이었다.
마음에 걸려 하시는 어머님의 마음을 편하게 해드리려는 생각도 그렇거니와, 치성은 드리는 것이 좋고 치성을 드리면 집안이 평안하고 재수가 있고 병도 집안에 들어오지 않는다는 생각이 나에게 배어 있었기 때문이다.
지금 생각하면 전염병이 돌고 있을 때의 일 같다. 그것은 내가 아주 어려서의 일이다.
"대문 중문 꼭꼭 닫아야 해!"
어머님은 그런 말씀을 하시고 나를 꼭 껴안고 안방 아랫목에서 밖에 나가지 못하게 하신 일이 있었다.
대문을 열어놓으면 방물장수가 들어오는데—그때는 머리 위에 광주리를 이고, 광주리에는 실이랑 바늘이랑 그런 여러 가지 물건을 넣고 집집으로 쑥쑥 드나들며 팔러 다니는 방물장수라는 여인이 많았다—그 방물장수가 여우라는 것이었다.

여우가 예쁜 방물장수로 화해서 집집으로 돌아다니는데 예쁜 아이 있는 집을 더욱 좋아한다고 했다.
　광주리를 펴놓고 물건을 골라보라고 하면서, 예쁜 아이가 있으면 "아유 그 애 예쁘기도 하다!" 하며 끌어안아 입을 맞추는데, 입을 맞추면 여우가 혀로 아이의 피를 빨아 먹기 때문에 방물장수가 돌아간 다음 얼마 못 가서 아이는 죽게 된다는 이야기가 장안을 휩쓸었다고 들려주셨었다.
　사람이 드나들면 돌림병이 들어오기 쉬운 일이라는 것을 누가 이렇게 꾸며서 퍼뜨렸는지는 몰라도 어쨌든 어른들도 그렇게 믿는 모양이었고 어린 나는 그것을 정말로 믿었던 것이다.
　그러니 치성을 드린 집에는 이런 방물장수가 감히 들어오지 못하는 것이라고 들려주어도 곧이듣지 않을 수 없었던 것이다.
　그러기에 아마 열두 살 때였을 것이다. 어린 나이에 눈 덮인 산길 이십 리를 다녀오겠다고 나섰던 것이다.
　처음 가는 길이라 길도 잘 모르지만 치성 드리러 가는 사람에게는 호랑이나 늑대 같은 짐승도 길을 비켜주고 길을 잃지 않도록 신령님이 도와서 아무런 위태로움이 없다는 말을 자주 들어서 머리에 굳어 있기도 했던 것이다.
　사람도 집도 없는 산길을 더듬어 올라갔다.
　'원 어쩌면 이렇게도 아무도 없담!'
　오고 가는 사람이 없는 것이 원망스러웠다.
　그런데 문득 바라보니 산 위에서 내려오는 것이 보였다. 나는 소름이 쪽 끼쳤다.

송낙을 쓰고 회색 두루마기를 입은 것은 중에 틀림없었으나, 옛날이야기로 여러 번 들었던 '늙은 범이 중이 되어서 나타난 것'이 아닌가 생각되었기 때문이었다.

'범에게 잡혀가도 정신만 차리면 살 수 있다'는 속담을 잊지 않았다. 정신을 바짝 차리는 한편으로 그래도 내가 치성을 드리러 가는데 범이 나타날 리가 없다고 생각하고, 아마 정성을 시험해보려고 나타난 것인지도 모른다는 생각도 했다.

중이 중얼중얼 아마 '나무아미타불 관세음보살'을 외우며 슬쩍 지나칠 때는 내 머리카락이 온통 곤두섰을는지도 몰랐다.

지나치니 등에 식은땀 배인 것이 치끈했다.

흰 치마저고리의 여인이 다가오면 저것이 여우가 아닌가 겁이 나기도 했다. 오고 가는 사람이 많기나 하면 그런 겁도 나지 않았겠지만, 오르내리는데 단지 서너 사람을 만났을 뿐이었기 때문이다. 무인지경을 오르내렸던 것이다.

이것도 관왕묘처럼 정월 첫 범날에 점을 치러 간다는 풍속이었다면, 그리고 그런 날이었다면 오르내리는 사람으로 길이 메었을 것이지만, 그날따라 치성 드리러 가는 사람이 별로 없었다.

산길은 외길이라 다른 길이 없었으니 곧장 산꼭대기 사당까지 올라갈 수 있었다. 여염집들은 그것이 모두 무당의 집이라고 했다.

사당은 퇴락했지만 절간 같은 큼직한 기와집이었다.

최영 장군은 큰 칼을 세워 잡고 앉아 있는 목상이었다.

최영 장군이 죽을 때, 목을 베어 죽였는데 한 번 떨어진 목이 다시 제격 몸에 붙었다는 이야기가 있고, 또 최영 장군의 큰 칼은 제 혼자 날뛰는 영검이라고도 했으니, 그 큰 칼을 잡고 앉아 있는 상이었다.

메고 간 쌀로 밥을 지어 올리고, 무당이 그 앞에서 우리 집 주소와 성명을 외우며 복을 빌어주고, 절을 하며 나더러도 절을 하라고 하기에 여러 번 절을 했다.

또 옆집으로 들어가니 거기는 여자의 화상이 있었다. 거기에도 밥을 올리고 절을 했다.

눈을 부릅뜬 최영 장군의 찢어진 눈이며 여자 화상이 모두가 무섭기만 했다.

빨간색과 파란색의 바탕에 검은 머리 새하얀 얼굴에 까만 선으로 가늘디가는 눈을 그리고 눈망울을 동그랗게 그려놓은 화상은 무섭기만 했지 우리들을 복되게 해줄 것 같지는 않았다. 오히려 무섭고 요사스럽고 악착스러운 요물같이 생각되었다.

그러기에 바로 그해였을 것이다. 4월 달에 장가를 들었는데 열두 살 동갑짜리 신부와 같이 자는 신방의 꿈자리가 사납기만 했다. 신부가 온통 덕물산 화상 같은 무섭고 요사스런 화상으로 보여서 깨어나서도 얼굴이 그 화상같이만 보였던 것이다.

하루 종일 신랑 노릇 하느라고 끌려다녀 고단한 데다가 쩔쩔 끓는 더운 방에서 땀을 빼며 거북스럽게 잤던 탓이었을 것이다. 첫 장가든 그 여인과 같이 살지 못한 사연도 거의 첫날밤의 꿈자리 탓이었다고 할 수 있는 것이다.

그렇다면 그런 화상으로 차라리 네가 나쁜 일을 하면 이런 화상이 나타나서 너를 골려주는 것이라고나 했으면 알아들었으련만 그 앞에 넙죽넙죽 절을 하고 복을 빈다는 것은 알 수 없는 일이라고 생각했다. 어쩌면 '제발 우리에게는 나타나지 말아주십시오'하며 비는 것인지도 모른다는 생각도 있었다.

이런 생각은 그 후에도 오래도록 머리에서 떠나지 않았다.

이런 이야기가 있었다.

어떤 남자가 사모해온 여인을 물리치고 듣지 않았다. 그 여인은 그것이 병이 되어 죽었다. 죽어서 구렁이가 되어 그 남자의 방에 들어와 그 남자의 몸을 칭칭 감고 사흘이 지난 후에 눈물을 흘리며 사라졌다.

그런 이야기의 여인이 화상의 여인 같은 따위가 아닐까 생각되었다.

꿈에 많이 보았다. 무서운 꿈이라면 거의가 그런 여인이 나타나는 꿈이었다.

첫 장가든 여자를 무섭게 생각하고, 보기 싫어하고, 다른 여자를 사랑하게 되었기 때문이었을는지도 모른다.

한 여인의 원한은 5월에도 서리를 내린다는 말이 있듯이, 한 여인이 원한을 품으면 곧 화상의 여인 같은 무서운 귀신이 되어서 나오리라는 두려움이 오래도록 머리에서 떠나지 않았다.

그런 생각은 중학교에 들어가서부터 더했다.

중학교라는 것이 도대체 일본의 정토종(淨土宗) 불교가 포교를 하기 위해서 보내온 중이 세운 학교였다.

한편에는 기독교에서 경영하는 좋은 학교가 있었지만, 그 학교를 가지 않은 것은 부모가 기독교를 싫어했기 때문이었다.

4년제 소학교를 마친 우리 동창들은 거의 기독교의 중학교와 정토종의 중학교로 진학했었다. 공립 중학교는 서울에만 있었기 때문에 열두세 살짜리 우리 또래를 곧장 서울로 유학 보내는 집안은 없었다. 일이 년 동안 고장 중학교에서 놀고 보내다가 낫살이나 먹으면 서울로 유학을 보낼 속셈이었다. 사실 그렇게들 했었고, 나도 그랬었다.

그 학교에는 금빛 가사를 둘러멘 일본 사람이 교장이었고, 다른 선생 한 사람도 중이어서 무슨 식이 있는 날이면 역시 가사를 메고 나왔다.

처음에는 불교를 가르치는 곳이 아니라 순전히 중학교 과정을 가르치는 곳이라고 떠벌렸으나 한두 달 지난 다음에는 한 주일에 두 시간씩 '불전(佛典)'이라는 시간이 생겼고, 일요일에는 포교소로 부처님을 예배하러 오라고 은근히, 그러나 끈기 있게 권했다. 포교소에서 출석부를 긋는 일까지 있었다.

학생들은 못마땅해서 투덜거렸으나, 나는 '불전' 시간이 재미없는 시간은 아니었다. 흥미를 느끼며 들었으니 시험 성적도 좋았고 불경도 몇 가지 제법 외우게 되었다.

일요일에는 포교소에 빠지지 않고 나갔다. 어머님도 그것을 좋아하셨기 때문에 모이는 학생이 아주 적어졌을 때까지도 게으름을 부리지 않았다.

교장보다도 다른 한 사람의 중 선생이 그곳에 살면서 일요일마다 불공을 드리고 또 설법을 했다. 안경을 쓰고 있었기 때문인지 안경 속의 검은 눈이 어질게 보이기보다는 항상 학생들을 경계하며 미심쩍어하는, 말하자면 순경 같은 눈매였다.

　항상 침이 마르는지 입을 다물 때와 열 때면 혀가 천장에 닿는 소리가 딱 딱 났다. 정이 들지 않는 인품이었다.

　그러나 일요일마다 빠지지 않고 참례했기 때문에 주는 것이 많았다. 정월이면 불단에 올려놓은 왜감자를 하나 집어 주기도 했고, 떡 같은 과자를 주기도 했다.

　어머님은 그런 것을 부처님께 드렸던 것이라고 좋아하셨다.

　어떤 때는 종이 봉지 하나를 주었다. 그 속에 쌀을 넣어서 가져오라는 것이었다.

　어머님은 쌀을 가득 넣어 주셨다. 쌀 한 봉지를 들고 가니 그날은 불단 앞에 기다란 평상이 놓여 있고, 그 위에 쌀 봉지가 가득 쌓여 있었다.

　그런 일이 가끔 있었다.

　어머님은 해마다 절에 불공을 드리러 가셨었고, 여승 두 사람은 일 년에 한 번은 집에 와서 자고 가는 일이 있었다.

　그럴 때면 여승들이 가지고 오는 것이 많았다. 떡도 있었고, 쟁반만 한 눌은밥도 있었고, 튀각도 있었고, 취 잎 말린 것, 고사리 말린 것, 산나물 말린 것들이 있었다. 취 잎은 향기로운 쌈이 되었다.

　어머님이 집에서 염불 외우시는 것을 본 일은 없었고, 부처님을 모시지는 않고 대감님만 모셨지만, 부처님도 믿으시는 모양이었다. 그러기에 일 년에 한 번이라도 험한 산길을 사오십 리씩 걸어서 다녀오시는 것이었다.

　어머님이 못 가실 때는 큰누님과 며느리, 그러니 나의 형수들이 갔었고, 나도 한 번 따라서 간 일이 있었다.

깊은 산 위에 훌륭한 절이 있었다.

인도 가비라 국 정반왕(淨飯王)의 태자로 석가(釋迦)가 탄생한 이야기는 재미있는 이야기였다.

우리나라 고대소설이 대개 그렇듯이 정반왕이 늙도록 아들이 없어 걱정이더니, 하루는 마야 부인이 이상한 꿈을 꾸었다. 이빨 여섯이 뻗친 흰 코끼리를 보았다는 것이다. 정반왕은 곧 점쟁이 노인을 불러서 해몽을 시켰다. 점쟁이 노인은 "참 굉장히 좋은 꿈입니다. 태자를 보실 꿈인데, 장차 여러 나라를 합쳐서 큰 나라의 성왕(聖王)이 되시겠는데, 만일 출가를 하시게 되면 불타(佛陀)가 되셔서 중생을 구제하실 것입니다" 하고 말했다.

정반왕은 대단히 기뻐했다.

하루는 마야 부인이 보리수 그늘을 거니실 때에 부인의 오른편 옆구리로 태자가 탄생하였다.

땅에서는 연꽃이 피고 하늘에서도 연꽃이 흩어져 내려왔다.

탄생한 태자는 일곱 걸음을 걸으면서 오른손을 높이 들고 말하기를 "천상천하에 유아독존이로다."

동화 같은 이야기가 재미없을 수 없었다. '불전'을 가르친다고 투덜거리는 학생들이 오히려 우스꽝스러웠다.

석가의 탄생이 '사월 파일'이라는 데서 더했다. 그날을 온 백성이 경축하게 되었다는 말에 알아듣는 바가 있었기 때문이다.

"그렇구나! 그 때문이구나!"

그때 고장의 풍속으로 사월 파일은 일 년 중에 제일 흥겨운 날이었고, 내가 기다려지는 좋은 날이기도 했기 때문이다.

사월 파일이란 음력 사월 들어 여드렛날이라는 것조차 모르고, 그저 사월 파일이라는 좋은 날이 있는 것으로만 알았고, 옷 갈아입고 구경 많고 진창 맛있는 것을 많이 주는 날이라고 알았던 터이었기 때문이다.

온 장안이 경축하는 날이었다.

가게마다 칠색의 등대를 앞에 세웠다.

직경이 한 뼘이나 되고 길이가 칠팔 미터나 되는 왕대 맨 끝에는 꿩의 깃을 둥그러니 펴서 머리를 만들고, 왕대는 색색의 비단으로 칭칭 감고 거기 칠색 비단 폭을 필 대로 매달아 기를 만들었으니 온 장안이 칠색 깃발 날리는 아름다운 광경이었고, 가게 문은 모두 닫고 그 안에서 술상 벌이고, 길에는 사람이 인산인해였고 엿장수와 무릇 장수, 떡 장수만이 요란했다. 이 가게 저 가게에서 나를 불러들여 엿이나 떡을 주었다. 싫다고 할 지경이었다. 밤에는 관등놀이라 한길 끝에서 끝까지 줄등에 불을 밝혀 온 장안이 불바다를 이루었고, 낮에는 나돌지 않던 여인들이 쏟아져 나와 더욱이 길이 메일 지경이었던 것이다.

'그게 그 때문이로구나!'

알아듣는 바가 있었으니 더욱이 흥미를 느꼈던 것이다.

영특한 태자는 공부도 잘했고 머리도 좋았다.

하루는 성문 밖으로 나섰다.

땀을 뻘뻘 흘리며 밭을 갈고 있는 늙은 농사꾼을 보았다.

"저것이 무엇이냐?"

태자는 종자에게 물었다.
"농사를 짓는 늙은이입니다."
"늙은이? 대단히 괴로운 모양인데?"
"사람은 오래 살면 늙습니다. 농사를 짓는 일은 괴로운 일입니다."
종자의 대답은 태자에게는 모두 놀라운 일이었다.
"늙는다? 괴롭다?"
태자는 깊은 생각에 잠긴다.
한참 가니까 한 옆에 앓아누워서 신음하는 사람이 있었다.
"저것이 무엇이냐?"
태자는 종자에게 물었다.
"병들어 신음하고 있는 것입니다."
"병이라?"
종자의 대답은 태자에게는 놀라운 일이었다.
태자는 깊은 생각에 잠긴다.
한참 가니까 상여가 지나가고 있었다.
"저것이 무엇이냐?"
"죽은 사람을 장사 지내러 가는 것입니다. 사람은 늙거나 병들면 죽습니다."
"죽어?"
태자에게는 또한 놀라움이었다.
"낳고 괴롭고 병들고 늙고 죽고……"
태자는 급히 성으로 돌아간다.
깊은 생각에 잠기는 것이다.

'생노병사(生老病死)란 무엇이냐? 인간은 그것을 면할 수 없는 것인가?'

태자가 생노병사를 가지고 깊은 생각에 잠겨 밥도 잠도 잊을 지경으로 우울한 날을 보내니 정반왕이 크게 근심되어 태자를 위로하려고 아름다운 여자를 많이 모아서 노래와 춤을 보여주게 하였다.

그러나 태자는 그런 것에 마음이 기울지는 않았다. 어찌하여 인간은 네 가지 괴로움을 지니고 있는 것인가? 어찌하면 그것을 벗어날 수 있을 것인가? 곰곰이 생각에 잠긴 태자는 여자들의 춤이나 노래가 더욱 슬프고 애처롭고 이내 추하게까지 느끼게 되어 괴로움을 느낄 뿐이었다.

급기야 태자는 깊은 산속으로 들어가 고행(苦行)을 하며 구명(究明)할 결심을 했다.

뭇 여자들이 고단해서 지저분하게 잠든 틈을 타서 심복 종자에게 말을 준비하게 했다.

말을 타고 깊은 산중으로 들어갔다.

태자가 말에서 내려 말에게 왕성으로 돌아가라고 하니, 말이 슬피 울다가 그 자리에서 죽었다.

태자는 깊은 산중에서 칠 년 동안 고행을 하였다. 가시덤불에 도사리고 앉아서 쌀 한 알로 하루 양식을 삼기도 했다.

삼십오 세 되는 12월 8일 새벽에 태자는 새벽별이 빛남을 보고 크게 깨달았다. 우주의 진리를 크게 깨닫고 거칠 바 없이 틔어 삼계(三界)의 불타(佛陀)가 되었다는 것이다.

불타라는 말은 '옳게 깨달은 자'라는 뜻으로서 우리들도 옳게 깨달으면 곧 불타가 될 수 있다는 것이었다.

　삼계(三界)라는 말은 일체중생이 생사 윤회하는 욕계(欲界), 색계(色界), 무색계(無色界), 시방(十方) 제불(諸佛)의 불계(佛界)와 일체중생의 중생계(衆生界)와 자기의 마음 기계(己界). 전생과 차생과 내세의 삼세(三世)를 말하는 것이니, 불타가 되면 죽고 병들고 늙고 괴로운 일이 없다는 것이었다.

　그리고 그것은 자기 스스로 크게 깨달으면 되지만 스스로 크게 깨닫기는 어려운 일이므로 불타의 힘을 입어 타력(他力)으로 본원(本願)을 이룰 수도 있다. 악한 일을 하지 말며, 착한 일을 하고, 거지에게는 반드시 동냥을 주고, 항상 '나무아미타불' 염불을 외우면 된다는 것이었다.

　삼세(三世) 윤회(輪廻)라는 이야기도 재미있었다. 삼생(三生) 인연(因緣)이니 인과응보(因果應報)라는 말도 그런 뜻이라고 했다.

　전생에는 극락세계에 사는 보살이었는데, 작은 죄를 지어서 인간계에 인간으로 태어났으며, 이승에서 착한 일을 하고 불법을 받들면 죽어서 다시 극락세계로 갈 수 있으나, 죄를 지으면 지옥으로 간다. 탐내고 욕심을 부리고 게으름을 부리면 죽어서 소로 태어나거나 돼지로 태어나기도 한다. 사람을 속이기를 잘하고 간사하거나 미움을 간직한 사람은 죽어서 뱀이 되기도 한다는 것이었다.

　'옳구나! 그렇구나! 공연히 남의 남자를 꼬이려다가 이루지 못하고 죽은 여자가 구렁이가 되어서 나왔었구나!'

　제꺽 알아듣는 바가 있었다.

　어떤 남자가 사모해온 여인을 물리치고 듣지 않았다. 그 여인은 그것이 병이 되어 죽었다. 죽어서 구렁이가 되어 그 남자의 방에 들어와 그 남자의 몸을 칭칭 감고 사흘이 지난 후에 눈물을 흘리며 사라졌다는 옛날이야기가 되살아 왔다. 무시무시한 그 이야기가 '정말이로구나!' 놀라지 않을 수 없었다.

내가 첫날밤의 꿈으로 해서 보기 싫어하고 우리 집에 오는 것조차 싫어한 동갑짜리 색시가 혹시나 구렁이가 되어서 나오지나 않을까 겁이 나기도 했다.

나는 호젓한 뜰아랫방에서 혼자 자기로 했을 때였기에 더욱 무서워했다.

그뿐이 아니었다. 어머님뿐 아니라 누님이랑 또 친구들도 항용 하는 말이 머리에 떠올랐던 것이다.

"너, 그런 짓하면 죄로 간다!"

나쁜 짓을 하려고 할 때면, 그러니 동생 것을 슬쩍 먹어 치우려고 할 때든지, 그런 말을 많이 들었던 것이다. '죄로 간다!'는 그 말의 뜻도 그렇구나! 깨닫는 바가 있었던 것이다.

그 무렵 일본에서 생불(生佛)이 온다고 해서 학교에서는 떠들썩했다.

크게 깨달음을 얻어서 죽기 전에 벌써 부처님이 되었다는 사람은 '벤에이 상인(上人)'이라고 부른다고 했다.

그 생불은 쌀알 하나에 먹 글씨로 '南無阿彌陀佛(나무아미타불)' 여섯 자를 쓴다고 했다.

'나무아미타불'이라는 어려운 글자를 쓰려면 노트 반 장 가지고도 어려울 판인데, 쌀알 하나에 쓰는 사람이라고 하니 입이 딱 벌어진 것이다. 그것을 확대경으로 보면 틀림이 없다는 것이었다. 참으로 놀라운 일이었다.

마중을 나갔다.

너울 같은 누런 관을 쓰고 검은 가사를 입은 허연 노인은 인품도 좋고 얼굴도 잘생겨 보였다. 교장에게 들어서 그렇게 보였는지, 정말 거룩한 생불같이 보였다.

포교소에서 그 상인이 불공을 드리고 설법을 할 때는 일본 사람들이 꽉 들어차서 발 들여놓을 곳도 없었다. 모두 머리를 조아리고 기침 소리조차 조심하는 것 같았다.

'나무아미타불'을 썼다는 쌀알 하나를 고운 종이에 싸서 하나씩 나누어 주었다. 부처님을 모시는 것처럼 모셔야 한다고 했다.

나는 그 쌀알 싼 것을 정말 받들어 가지고 염불을 외우며 돌아왔다.

부처님을 모시듯 하기 위해서 생각했다. 궤짝을 비워서 불단을 만들기로 했다.

그때는 석유 궤짝을 색종이로 발라서 파는 것이 있었고, 그런 궤짝 하나를 나는 가지고 있었다.

그 속에 넣었던 책이랑 공책이랑을 모두 들어내고 안을 새 종이로 깨끗하게 발랐다. 가운데 가로 선반을 하나 질러 놓고 그 위에 쌀알 봉지를 세워 놓았다.

양편에는 촛불을 켜기로 했다. 초는 새끼손가락보다 가늘고 작은 것을 파는 것이 있었다.

단 아래에는 꽃을 세워 놓고 왜감자와 과자를 놓았다.

그리고 그 앞에서 염불을 외우고 불경을 읽었다.

그렇게 하면 첫째로 내가 미워한 사람이—그러기에 그도 나를 미워할 사람이—구렁이가 되어서 나오지는 못할 것이요, 부처님의 가호(加護)로 방 안에서 공부도 잘될 것이요, 나도 나중에는 불타가 될 수도 있으리라고 생각했던 것이다.

염불이 끝나면 불을 끄고 문짝을 닫아놓았으니 아무도 아는 사람이 없었다.

여러 날 후에 마침 염불을 하고 있을 때, 어머님이 장지를 여셨다. 측간이나 뒷터에 오셨다가 하도 조용하기에 낮잠을 자나 하고 여기셨거나, 그렇지 않으면 대낮에 촛불이 비쳐 보였었는지도 모른다.

궤짝 속에 촛불을 켜놓고 그 앞에 합장하고 앉아 있는 것을 보시고 어머님은 들어앉으셨다.

나는 당황했지만 할 수 없는 일이요, 속으로는 으레 칭찬 받을 것을 기대했다.

그러나 부처님을 모셔놓고 염불을 하는 것이라고 하니, 어머님의 얼굴은 시원치 않으셨다.

"집에 부처님을 모시었어?"

나직이 말씀하시는 품이 대견하다기보다는 놀라움이었고, 이렇게 해서는 안 된다는 뜻이 아니면, 좋은 일이기는 하지만 난처한 일이라는 뜻으로 들렸다.

그렇게 소홀히 해서는 안 된다는 뜻인지, 집에 모시면 거북하다는 뜻인지는 분간하기 어려웠으나, 어쨌든 반갑지 않아 하시는 것만은 얼른 알아챌 수 있었다.
"어디?"
어머님은 궤짝 속을 들여다보시었다. 나는 '나무아미타불' 여섯 자를 썼다는 쌀알이 든 고운 종이 봉지를 집어내었다.
생불이 '나무아미타불'이라고 쓴 것이라고 여쭈었다.
어머님은 쌀알을 꺼내시었다.
"무어야? 쌀이구만!"
쌀알 하나를 보시자 어이없다는 듯이 웃어 보이셨다. 그리고 얼굴이 풀리시며 밖으로 나가시는 것이었다.
나도 그제야 쌀알을 들여다보았다. 먹으로 그린 개미 다리만 한 선이 여러 개 보였다.
'확대경으로 보면 알아볼 수 있을까?'
가늘기는 하지만 개미 다리 같은 선이 몇 개 있을 뿐인데, '나무아미타불' 여섯 자가 씌어 있을 것 같지는 않아서, 더럭 확대경을 빌려다가 살펴볼 생각이었다.
십(十) 자가 보였다.
그 외는 자세히 알아볼 수가 없었다. 그렇다면 '옳아! 일본 가나로 쓴 것이로구나!' 생각이 들자 어쩐지 나는 허전했다. 일본 가나라면, 나도 가는 붓끝으로 쓰면 안 될 것 같지는 않았기 때문이었다.
체! 목구멍까지 나오는 불손한 소리를 꿀꺽 삼켜버렸다. 정말 부처님을 구해다가 모시어야 하겠다고 생각했기 때문이었다.
정말 부처님을 구해 오지는 않았다.
조그만 염주를 호주머니에 넣고 다니며 염불 외우기를 게을리 하지는 않았다.

　소학교 때 동창으로 기독교계 중학교로 진학한 친구들은 우리 학교 바로 건너편에 우뚝 솟은 예배당으로 일요일마다 예배를 보러 다니는 것이었다.

　가죽 껍질로 되고 도련에 빨간 칠을 한 『성경』 책과 『찬송가』 책을 들고 드나드는 동창들은 나더러도 같이 가자고 권하는 아이가 많았다.

　미국의 남감리교회가 세운 그 예배당은 장안을 온통 내려다볼 수 있는 높은 자리에 화강석으로 크게 지어졌다. 중국 사람들, 머리를 길게 꼬아 늘어뜨린 중국 사람 꾸리들이 큰 돌을 나르고 다루는 소리가 여러 해 동안 요란했었다.

　오지그릇 같은 기와가 번쩍거렸고, 아침저녁의 종소리는 장안 어느 곳에서도 아니 들리는 곳이 없을 만큼 우렁차게 좋은 소리를 내었다.

　일요일 아침에 예배 보러 모이는 젊은 남녀들은 요즈음 같으면 파티에 모인 것같이 화려했고 볼 만한 일이었다. 남녀가 한 자리에 모인다는 일은 거의 없을 때였기 때문이다.

　권하는 친구 따라 구경삼아 들어가 보고 싶은 마음이 없지 않았으나 따라 나서지는 못했다. 부처님을 받들고 예배하는 일만이 옳은 일이지 다른 것은 모두가 죄로 가는 일이라고 배우기도 했거니와 기독교계 중학교의 다른 학생들은 우리들을 '중놈의 학교'에 다닌다고 빈정대고 깔보는 형편이었기에 그곳에 발을 들여놓고 싶지는 않았다.

또 이런 일이 있었다.

중이 동냥을 오는 일은 많았었다. 하루에도 몇 사람씩 오고 갔었다.

그럴 때에 기독교계 중학생 친구가, "지나가요! 우리는 예수 믿어요!" 그런 소리를 지르자, 송경하던 중이 뚝 그치고 물러가는 것을 여러 번 본 일이 있었던 것이다.

"하하, 그만이거든! 인제 너도 느 집에 중이 와서 시끄럽게 굴면 예수 믿는다 그래라! 중하고 예수하곤 원수야!"

친구는 으쓱대며 말하는 것이었다.

그러나 마침내 나는 예배당에를 드나들게 되었다.

그 학교에 삼 년을 다니고, 며칠 후면 졸업을 하게 될 1919년 3월이었다.

20일께는 졸업을 하고 서울로 유학을 떠나게 될 판인데 3월 1일에 독립운동이 터졌고, 고장에서도 학생 백여 명이 "대한 독립 만세!"를 부르며 서울서 보내온 '독립선언서'를 뿌리고 그길로 경찰서 유치장에 유치장이 터지도록 끌려 들어갔었는데, 그들 학생이 모두 기독교계 남녀 중학생들이었다.

큰길로 지나가는 아가가 소리를 교실 안에서 듣고 멍청히 그 시간을 보낸 우리들은 난데없는 말발굽 소리에 놀랐다. 헌병대장 일본 소위가 말을 타고 운동장에 들어섰던 것이다.

우리들은 모두 운동장에 모였다. 교장도 선생들도 나와 있었다.

얼굴이 희멀건 헌병대장은 팟대가 서 있었다. 말채찍을 휘두르며 진정을 못했다. 뛰어온 말이 갑자기 멈추지를 못한 탓인지 모른다.

아름다운 새벽 43

"응…… 이 학교는 좋아! 교장님, 학생들을 잘 단속하슈! 나쁜 놈들이 야단이라오! 용서없이 잡아들일 테니! 그럼!"

그런 말을 큰 소리로 내뱉고 헌병대장은 교문 밖으로 뛰어나갔다.

교장은 자못 만족한 모양이었다. 장안에 중학교라고는 셋, 그중의 둘이 기독교계의 남자 중학교와 여자 중학교였던 것이다.

그 두 중학교의 학생들이 앞장서서 "독립 만세!"를 부르며 행렬을 했는데, 이 학교 학생은 하나도 낀 사람이 없었고 그때까지도 천둥 벌거숭이였던 것이다.

헌병대장이 나간 다음에 교장은 한바탕 훈시를 했다. "학교의 명예요, 너희들은 학생의 모범이다. 나쁜 학생들이 꼬여도 듣지 말고 오직 공부에만 열심하도록 하라"는 것이었다.

흩어져 교실로 돌아간 다음에는 책을 펴는 사람이 없었다.

책보를 싸는 사람이 있는가 하면, 책을 동댕이치고 나가는 학생이 있고, 책상을 걷어차면서 "모범 학생 돼라! 왜놈 될 놈만 다녀라. 중놈 될 놈만 다녀라! 나는 간다!" 하며 나가는 학생도 있었다. 모두 우루루 몰려 나왔다.

사실 큰길의 소동은 독립운동이었고, 서울서 연락을 받은 기독교회에서 교직자의 기독교계 교사와 학생들이 시위 행렬을 했던 것이었다.

다음 날부터 여기저기서 불쑥불쑥 들고 일어났고, 신문이 오고 소문이 도니 좀더 자세히 알 수 있었다.

서울서 연락을 받고 '독립선언서'를 받은 사람이 우리 학교에는 연락을 하지 않았던 것이다. 일본 사람도 중이 교장인 학교 학생들에게 연락을 했다가 혹시나 누설될까 봐 두려워했던 모양이다.

그쯤 되니 다음 날부터는 그 학교 학생이라는 것이 부끄러울 지경이었다. 포교소에 부처님을 예배하러 가는 일커녕은 방에 있는 궤짝 속을 남이 볼까 두려울 지경이었다.

학교는 모두 문을 닫았다.

서울 유학 갔던 친구들이 많이 돌아왔다. 더러는 잡혀 들어가 있기도 했고, 돌아온 친구들도 끌려 들어갔다가 풀려 나온 사람들이었다.

가깝게 지내던 고(高) 군은 귀 위에 상처를 받았다고 붕대를 감고 있었다. 3월 1일 만세를 부르며 행진하다가 진고개에 이르자 일본 군대가 칼을 꽂은 총대를 휘두르며 더 나아가지 못하게 했는데, 그 바람에 귀 위에 상처를 받았다는 것이었다. 일본 군대의 총칼에 맞은 명예의 부상이라고 했다. 인제 곧 우리나라는 독립하게 되는데, 그때에는 큰 훈장을 받고 상을 타게 된다고도 했다.

"너 같은 건 형편없다! 그때에 벌을 받을는지도 모른다…… 하필이면 중놈의 학교에 다녀서 무슨 꼴이란 말이냐?"

서울 유학 가 있던 친구들은 누구 하나 그 행렬에 끼지 않은 사람이 없다고도 했다.

부끄럽기도 하고 불안하기도 하고, 한마디 대꾸도 못했다. 나도 진작 작년쯤이라도 서울 유학을 갔더라면 좋았을 것을, 공연히 "이왕이면 졸업장을 받고 가라"고 하신 아버지가 원망스럽기도 했다. 나와 같이 그 학교로 진학한 친구 중에는 일 년을 마친 다음에 서울로 간 친구도 있었고, 이 년을 다니다가 서울로 간 친구도 있었다. 우리 몇 만이 삼 년을 다닌 것은 이왕이면 졸업을 하는 것이 좋을 것이라는 것과 나이가 어렸기 때문이었다. 열다섯 살짜리를 집을 떠나보내기 걱정스러웠던 모양이었다.

'고'의 방에는 날마다 일고여덟 명이 모였다. 고장에서 한몫 끼지 못한 또래였다. 우리 학교 학생이 아니고 기독교계 중학생이라도 끼지 못한 학생이 더 많았다.

'고'의 서울 이야기는 재미있었고 며칠을 들어도 끝이 없었다. 훌륭하고 용감하고 통쾌한 이야기였다.

친구 중에는 "얼마나 다쳤나 보자!"고 귀 위 상처를 보자는 친구도 있었다. 그러나 그럴 때마다 손으로 막고 얼씬도 못하게 했다.

여러 날 후에 우리들은 그것을 볼 수가 있었다. 짓궂은 친구가 뜯어 젖혔던 것이다.

"공연히 붕대를 감고 있는 것이 아냐?"

냅다 젖히는 바람에 작은 반창고까지 떨어져버렸다. 길이 오륙 밀리쯤의 손톱자국 같은 것이 있을 뿐인데, 온통 빨간 약칠을 하고 있었던 것이다.

"그러면 그렇지, 네가 무슨 총칼에 맞도록 용감했겠니?"

일본 군대가 총칼로 헤치는 바람에 행렬이 무너지고 뿔뿔이 흩어지다가 가게 모서리나 남의 모자에 부딪친 것 같은 작은 생채기였다. 그래도 붕대를 도로 감고 그 후에도 오랫동안 그러고 있었다.

날마다 맥없이 놀러 나가는 것을 아버지는 걱정하신 모양이었다.

아버지는 나를 서당으로 데리고 가셨다. 좀처럼 학교는 문을 열 것 같지 않았기 때문에 한문 공부를 시키려고 하셨는지 모른다.

좋은 서당이었다. 하나밖에 없는 귀한 손자를 가르치기 위해서 좋은 선생을 모시어다가 사랑에 앉히고 그의 글동무 몇 사람만 같이 배우게 한 집이었다.

한문을 배우고, 여름에는 글씨 공부를 했다.

9월에는 개학이 되어 서울로 올라갔다.

하숙집에는 친구들 네다섯 명이 같이 있었다.

일요일이면 찾아오는 친구도 많았고, 그러면 모두 예배당으로 갔다. 친구들은 한 사람도 『성경』 공부를 했거나 세례(洗禮)를 받은 사람은 없었다. 그저 일요일이면 예배당에 가기로 되어 있었다.

'독립선언서'에 서명한 33인 중에는 천도교주(天道敎主)가 대표로 되어 있었고 불교 대표도 다른 대표도 있었지만, 3월 1일에 만세를 부른 사람은 기독교인이 많았고 비밀하게 연락을 한 것도 예배당 친구들이었던 모양이라 독립 운동과 연결되어 갑자기 쏠리는 사람이 많았다. 천도교로 모인 사람도 많았으나 학생들은 예배당으로 많이 모였고, 일요일이면 예배당마다 문 앞이 장거리 같았다.

하숙 친구들은 으레 갈 것으로 생각하고 나더러도 같이 가자고 했으나 일어서지는 않았다.

고향집의 궤짝은 치워버린 지 오랬고, 호주머니에 넣고 다니던 염주도 어디 갔는지 모르지만, 그러나 부처님이 내려다보고 계시다는 생각은 사라지지 않았기 때문이었다.

하숙 친구들이 다니는 예배당은 한 군데가 아니었다. 눈에 든 여학생이 다니는 예배당을 따라다니는 것이었다. 돌아오면 그런 이야기로 왁자지껄했다.

학교는 동맹 휴학이 잦았다.

일본인 교사가 우리 학생을 경찰에 밀고해서 붙들어가게 했다, 동맹 휴학이다. 일본인 교사가 우리 학생을 모욕했다, 동맹 휴학이다. 그러면 다른 남녀 중학교가 모두 동맹 휴학으로 들어가는 것이었다. 말하자면 동정 동맹 휴학이요, 행동 통일이었다.

일주일이 못 가서 또 동맹 휴학이라 우르르 몰려나왔고, 해결이 되었으니 등교하라면 모였고, 또 사흘이 못 가서 동맹 휴학이었다.

자주 고향으로 내려갔다. 기차로 두 시간 걸리는 곳이라 기차 통학생도 많았으니 동맹 휴학이라면 거의 고향으로 달리는 것이었다.

한 학교만의 동맹 휴학이 아니라 온 서울 장안의 중학교가 일제히 휴학을 하였으니 그런 날의 기차는 정말 콩나물시루 속 같은 법석이었다. 괴로운 일은 아니었다. 즐거운 일이었다. 학교에서 수학여행을 갈 때의 즐거움 따위가 문제가 아니었다. 여학생들도 같이 타기 때문이었다.

학교 가는 길에서 눈이 맞은 여학생, 예배당에 다니면서 눈이 맞은 여학생과 두 시간 동안 같은 차를 타고 여행을 하는 것이었으니 얼마나 즐거운 일이었으랴.

같은 자리에 앉아서 속삭거리지는 못했다. 남의 이목이 있고, 고향의 어른들이 어디서 보고 있을는지도 모르기 때문이었다. 더욱이 거의가 장가든 남학생과 처녀 여학생이니 큰일 날 일이었다. 먼발치로 눈만이 말을 주고받는 것이었다.

말하자면 '만세후'라는 말이 있듯이 '연애'라는 새로운 말이 들어왔고, 부모가 정해준 색시는 이상에 맞지 않는 구식 여자라고 했고, '이혼'이라는 말과 '자유연애'라는 말이 성했었다.

다들 하는 일에 나만 빠지지는 않았다. 나는 기차간에서 발견했다. 통학생들 사이에 제일 입에 오르내리는 미인이었다.

여학생은 아니었다. 고향에서 서울로 둘째 정거장쯤의 소학교 선생이었다. 토요일마다 고향 집에 돌아가는 것이었다.

동맹 휴학 바람은 식지 않았다.

다음 해 섣달에 일어난 동맹 휴학에서는 시골 학생들은 일단 고향으로 돌아가라고까지 말했다. 시골 학생이란 말은 나처럼 가까운 곳의 학생을 말하는 게 아니었다. 경상도랑 전라도를 말하는 것이니, 졸연히 개학되기가 어려울 모양이었다.

그때에 나는 일본으로 유학의 길을 떠났다.

여름에 돌아온 나는 다시 떠나지 못하게 되었었다. 연애 사건 때문이었다.

고향에 머물러 있는 동안 여러 가지 경험을 했다. 나는 서슴지 않고 예배당에 다니었고, 거기서 연극도 했고 찬양대원이 되어서 찬송가를 배우러 다니기도 했고, 굿 구경도 다니었고 절에 재(齋) 구경도 간 일이 있었다.

고장 청년회의 간부가 되어서 큰 수해(水害)가 났을 때에는 수해 구제를 위한 연극을 하기도 하였고, 기생 연주회를 열어서 걷힌 돈을 가지고 이웃 지방으로 출장을 가기도 했고, 나의 슬픈 사정을 동화로 엮어서 어린이들을 모아놓고 들려주기도 했고, 그런 것을 노래극으로 꾸며서 어린이들에게 가르쳐 가까운 지방으로 돌아다니며 공연을 하기도 했다. 서울 공연도 있었다. 모두 예배당에서 하는 어린이들의 노래극이었다.

'물산장려회'라는 것은 일본 물건을 쓰지 말고 우리 물건을 쓰자는 전국적인 운동이었는데, 그 회에도 간부로 뽑히어 장안이 좁다 하고 쏘다니었고, 항일 투쟁의 선봉이던 신문의 기자 노릇도 하고 있었다.

신문기자들의 구락부가 있었다. 한 달에 한 번 모이는 구락부의 모임은 짓궂은 장난 같은 모임이었다.

장안 남부 끝에 '추궁'이라는 궁터가 있었다. 이곳은 이태조가 등극한 곳이라, 말하자면 "내가 왕이라, 뵈러 오면 벼슬을 주리라!"고 했으나 찾아 들어가는 선비가 없었다는 것이다. 고려조 백성들이었기 때문에 이씨를 탐탁하게 생각하지 않았던 모양이다. 경덕궁(敬德宮)이라는 어엿한 이름이 있음에도 고장 사람들은 더러운 궁이라고 해서 추궁이라고 한다는 것이다.

일 년 내내 잠가 두었다가 5월 단오 날만 열고, 그날은 장안의 여자들만 들어가기로 되어 있었던 것이다. 여자는 창옷 같은 쓸치마를 쓰고 다닐 때였고, 남녀유별이었으니 그들이 일 년에 단 하루 마음놓고 그네도 타고 음식도 먹고 들놀이를 하는 곳에 남자가 얼씬할 수 없는 일은 당연한 일이었다. 아무리 궁지기 영감이라도 문 밖에 있을 일이지 궁 안에 얼씬거렸다가는 할머니들의 호통을 듣는 판이었다.

그걸 기자 구락부는 그 안에 들어가서 구경도 하고 기념사진도 찍고 돌아다니었으니 얼마나 짓궂은 장난이냐.

그런 일을 생각해내는 어느 기자가 어느 달의 모임을 두문동(杜

門洞)으로 한다는 것이었다.

두문동은 서쪽으로 이십 리쯤 떨어진 곳이다. 이태조가 경덕궁에 앉아서 "뵈러 오면 벼슬을 주리라" 할 때에 그곳을 보지도 않으려고 삿갓으로 가리고 지나서 멀리 두문동까지 가서 문 굳게 닫고 이씨를 섬기지 않던 일흔두 선비를 끝내는 불을 질러 태워 죽였던 곳이다.

그곳도 굿을 많이 하는 곳이었고, 그날도 새로 나온 무당이 큰 굿을 한다기에 그것을 보러 가자는 것이었다.

남자가 굿 구경을 간다는 것도 드문 일이었다. 사실 사당 문 안에는 남자라곤 하나도 보이지 않았다. 짓궂은 장난꾸러기도 쑥스러웠던지 그만 도로 나와서 뒤 언덕받이에서 쉬기로 했다.

시주는 기생 어멈이라는 것이었다. 어려서는 남의 집 하인으로 차츰 돈을 벌어서 수양딸 하나를 사서 길러서 기생으로 내놓았고, 또 계집아이를 사서 길러서 기생으로 내놓고 해서 인제는 살기 넉넉하고 논도 밭도 가진 몸이지만 갈 길이 며칠 아니 남았으니 남의 귀한 딸들을 데려다가 기생질 시킨 것이 적악(積惡)이 될 것 같아서, 절을 찾아서는 불공을 드리고 굿터를 찾아서는 굿을 하여 저승길을 트이게 하는 것이라고 했다.

이번에는 마침 새로 나온 무당이 하도 영하다기에 큰 굿을 맡긴 것이라고 했다.

시주가 주안상을 차려서 머리에 이게 하고 소주병을 들고 인사를 나왔다. 기자 친구들은 시주와 구면인 모양이었다. 육순 노파였다.

"굿은 자꾸 해서 무얼 하우? 저승길은 훤한데!"

기자가 말하니, 노파도 웃으며 말했다.
"괜히 그러셔. 내가 돈은 가지고 있으면 무얼 하겠수? 돈을 가지고 극락세계 갈 것도 아닌데, 굿하고 불공하고 그저 좋은 일 해야지! 이번에도 큰돈 들였다우! 저 사람들 밥해 먹이는 것만도 얼마요?"
이삼백 명이나 되는 구경꾼 여인들에게 모두 밥 대접을 하는 모양이었다.
주름살이 깊고 양 볼이 처져서 유덕한 것같이 보이지만 어딘지 살이 있는 것 같은 얼굴이었다. 어린 계집애를 길러서는 기생 노릇 시키고 닦달했던 모진 데가 아주 가시어버리지는 않은 얼굴이었다.
"신문기자 대접해야 한다는 거야 누가 알았나? 어서 좀 드슈!"
어떤 사람이 신문기자들이 왔다는 말과 잘 대접해야 한다는 말을 일러주었던 모양이다. 쥐구멍을 찾고 싶을 지경이었다.
"여보! 술은 그만두고 무당이나 좀 봅시다그려! 젊다지?"
"기생으로 나왔던들 화중선이가 어디 당하겠수?"
화중선이란 그때 장안에서 첫째가는 예쁜 기생이었다.
그렇게 젊고 예쁜 여자가 어머니가 무당이었기 때문에 결국은 무당이 되었다는 것이다.
무당이란 배워서 되는 노릇이 아니라 귀신이 씐다는 것이었다.
한창나이에 하는 것이 모두 미친년 같았다는 것이다. 며칠씩 밥을 안 먹고 방구석에 처박혀 있기도 하다가, 앉은자리에서 덩덩덩덩 춤을 추는 것같이 몸을 움직이기도 하다가, 끝판에는 밤중에 맨 몸뚱이로 밖에 뛰어나가서 소리소리 지르는 일도 있었다는 것이다. 이것이 모두 신이 씌는 일이라고 했다. 아무나 하고 싶어서 되는 일이 아니오, 신령이 그 몸을 골라잡아서 옮아앉는 것이라는 것이었다.

선악의 여러 정령과 직접 통하는 사람 아닌 사람. 인간과 신 사이에서 신을 언제나 부를 수 있고, 신의를 들을 수 있고, 인간에게 닥쳐올 재앙을 미리 알아들을 수 있고, 그 재앙을 물리쳐달라고 공물을 바치며 청탁할 수 있는 중개자라는 것이었다. 비가 내리지 않는 것도 신의 탓이므로 무당이 빌면 비를 내려주고, 질병이나 흉사나 불행한 일은 그것이 악령이 하는 탓이므로 악령을 불러서 멀리 물러가게 할 수도 있는 것이 무당이라는 것이었다. 그러기에 두문동 담장 안에서 요란스럽게 급속조로 뚜드리는 장구 북 징 소리에 섞여서 "너도 먹고 물러가고, 너도 먹고 물러가고, 너도 먹고 물러가고……" 소리가 몇 번이고 되풀이되는 것이었다.

기생 어멈이 죽어서 저승으로 갈 때에 길을 가로막을 모든 악귀들을 무당이 미리 불러서 물러가라고 호령호령 하는 것이었다. 물러가라고 호령하는 신의 이름이 또 엄청나게 많은 것이었다.

"어때? 오늘 들어갈 길에 좀 붙여주구려! 화중선이 찜 쪄 먹을 여자라면 아깝지 않은가?"

짓궂은 기자는 노파의 이야기는 귓등으로 듣는지 딴청을 했다. 그러나 노파는 그런 말도 예사로 받아넘기는 것이었다.

"그야 어렵지 않은 일이지만, 구 주사 팔자 곤치시료! 나는 인제 그런 짓은 하기도 싫지만……"

노파가 사이에 들지 않더라도 그런 일은 어렵지 않은 일이라고

아름다운 새벽

했다. 애초에 무당의 씨라 데려다가 길러서 기생으로 내보낼 뻔했는데, 어려서는 꼴이 쭉정이 같았고 게다가 간질기 같은 것이 있어서 오래 살 것 같지 않았다는 것이다. 그런데 신이 씐 후로는 어쩌면 그렇게 때를 벗고 모란꽃같이 활짝 피었는지 모르겠다고 했다. 기생이나 무당이나 별다를 게 없으니, 생각이 있으면 마음대로 해보라는 것이었다.

그러나 무당서방이 되면 좀처럼 떨어지지 못하는 것이요, 무당이 되지는 않더라도 장구잡이 북잡이가 되는지 모를 일이요, 무당 새끼를 낳게 될 것이 아니냐는 것이었다. 무당이란 선천적으로 그런 족속이 있다는 것이었다.

"아이그 맙소! 입맛 떨어지네!"

구 기자는 호들갑을 떨고, 그 이야기는 끝이 났다. 능란한 기생 어멈의 솜씨였는지 모른다.

돌아올 길에 당 안을 들여다보니 붉고 푸른 옷을 입은 무당의 새하얀 얼굴이 얼뜬 보였다. 덕물산 최영 장군 사당 뒤에 있던 화상과 흡사한 모습이었다.

문득 최면술사가 머리에 떠올랐다.

그때 고장에는 서울서 왔다는 이름 있는 최면술사가 있었다. 살림을 차리고 사랑방을 깨끗이 치우고 최면술을 가르치기도 하고 병을 고친다고도 했었다. 장안의 젊고 돈 있고 할 일 없는 사람들이 많이 드나들었다.

나의 매부도, 그는 그의 사랑방으로 가지 않고 출장을 오게 해서 배우고 있었다. 나에게 최면술을 걸어준 일도 있었다. 쌍 가지 끝에 금빛 방울이 있는 것을 꺼내더니 방을 어두컴컴하게 해놓고 그 금방울을 골똘히 들여다보라고 했다. 한눈팔지 못하게 두 금방울을 점점 눈 가까이 당겨오더니 한쪽 손을 들어서 차츰 내리는 것이었다. 그렇게 하면 제물에 스르르 눈이 감기고 최면술에 걸린다고 했다. 나는 졸리지도 않고 눈까풀이 내려앉지도 않았지만, 매부가 하도 열심이어서 내가 걸리지 않으면 실망하거나 무안해할까 봐 스르르 눈을 감아버린 일이 있었다.

그러나 '동서 정신 철학회'라나 하는 간판을 걸고 그 회장이라고 하던 최면술사는 그런 류가 아니었다. 정말 최면술에 걸리는 것이었다.

최면술에 걸린 사람에게는 팔에 바늘을 꽂으면서도 "당신의 애인이 지금 당신의 팔을 만지고 있습니다!" 하면 흐뭇한 웃음을 띠며 바늘 침을 느끼지 않는 것이었다.

또 기합술이라는 것을 본 일이 있었다. "에잇!" 하고 화젓가락 같은 철 꼬치를 팔이나 허벅다리에 찌르는데, 피도 나지 않고 아파하지도 않았고, 또 "에잇!" 하고 뽑아내는데 피 한 방울 묻어 나오지도 않는 것을 본 일이 있었다. 그렇다면 날이 선 작두를 맨발로 타는 무당도 그런 것의 하나가 아닐까? 그리고 그것은 그런 최면술이라든지 기합술이라는 말이 생기기 전부터 대대로 물려받아서 몸에 지니게 된 것이 아닐까.

북, 장구, 징, 제금, 피리, 방울 따위를 처음에는 느리게 하다가 차츰 빠르게 울려서 소란함이 극도에 달할 때에 스스로도 모르는 사이에 스스로의 최면술에 걸리는 것이 아닌가 생각했었다.

아름다운 새벽

어쨌든 무당이 신을 부를 수 있고, 무당의 몸에 신이 옮아서 신의 뜻을 말로 발표할 수도 있고, 무당이 그 신을 물리칠 수도 있고 마음대로 부릴 수도 있는 것이라면, 그런 신은 대단치도 않은 신일 것이라고 생각되었다.

그즈음 '숭신인 조합'이라는 것이 생겼었다. 무당과 장님들의 조합으로 전국적인 조직이었다.

신문들은 이것을 공격하는 기사를 썼었다. "야만인이나 원시인들 사이에 숭상되는 샤머니즘은 문명한 국가에서는 응당 제재하고 절멸을 기해야만 할 것이어늘 일제 총독부는 그의 조합 결성을 허용할 뿐 아니라 숭신 행위를 장려하고 있으니 이는 민족을 모욕하는 일이요, 민족을 어리석고 우매한 백성으로 만들려는 악독한 흉계다"라는 뜻이었다.

그때에 비로소 몽고, 시베리아의 원시인, 아메리카 대륙의 토인, 아프리카 대륙의 원시인 사이에 샤먼이 성하다는 것을 알았다. 몽고나 시베리아의 샤먼은 우선 방을 어둡게 하고 아편을 빨아서 정신을 몽롱하게 하여가며 한편으로 좌중은 북을 처음에는 느리게 차츰 빠르게 들입다 뚜드려가며 가끔 가다 짐승의 울음 같은 꺽꺽 소리를 질러야 접신이 된다는 것이었다.

그렇다면 우리 무당과 다를 바 없는 스스로의 최면술에 걸리는 것이 아닌가 생각했던 것이다.

마침 고장의 조합은 나의 이웃에 자리 잡고 있어서 날마다 요란스럽기 짝이 없었고, 그 가속도의 소란한 소음은 성한 사람도 배겨내기 어려울 지경이었다.

그것을 스스로의 최면술에 걸리는 일이 아닌가 생각하면서도 두려운 마음은 가시지 않았다.

그 앞을 지나다니기 싫었다.

길거리에서 미친 여자에게 쫓기어 혼이 난 일이 있었다. 머리를 풀어헤치고 치마는 허리에 걸치고 춤을 추며 가던 미친 여자가 나를 보자 두 팔을 벌려 나를 안을 시늉을 하고 입에 담기 어려운 음란한 소리를 지르며 냅다 쫓아오는 것이었다. 구경꾼은 많은데 창피하기도 하고 무섭기도 해서 혼이 났다.

그 여자는 색정광(色情狂)인 모양이었다. 여러 남자에게 속았거나 버림을 받았거나 해서 미친 것이라고 했다.

만일에 무당의 눈에 내가 띄고, 내가 무당은 제 최면술에 걸린 것이라고 생각하는 사람이라는 것을 안다면, 나를 혼나게 했던 미친 여자처럼 나를 쫓아오거나, 부정을 탄다고 '빨리 물러가지 못할까!' 식칼이라도 내던질지도 모른다는 두려움도 있었기 때문이었다.

일요일마다 돌집 예배당에 다닌 것은 신앙은 아니었다. 그때의 친구들의 축에 얼리는 일이었고, 어린이 세계에 들어가서 같이 놀고 일하며 배울 수 있는 다만 한 곳이었기 때문이었다.

일본서 돌아온 후 한동안 밖에도 나가지 못하게 한 일이 있었다. 연애 사건으로 해서 호된 꾸지람을 들은 것이었다. 그러나 나로서는 속이 어른만큼 멀쩡한데 꾸지람이나 연금 상태가 당치않은 일이라는 불만이 있었다. 그 불만을 동화로 엮은 것이 「바위나리와 아기별」이라는 것이었다. 바위나리라는 꽃이 있는 것이 아니다. 바위에서 난 꽃이라고 해서 바위나리라는 이름을 붙였다.

남쪽 바닷가, 나무도 없고 풀도 없고 오직 바다와 모래펄밖에 없는 바닷가에 밀물에 밀려서 감장 돌 하나가 올라앉았고, 그 감장 돌에 풀 한 포기가 뾰족이 돋았다. 그 풀이 자라더니 오색의 아름다운 꽃이 피었다. 꽃은 동무를 찾는다. 나는 바위나리라는 아름다운 꽃인데 아무도 놀아주는 동무가 없구나, 하며 동무를 찾는다. 아침 해가 솟으면 오늘은 누가 와줄까, 하고 기대한다. 그대로 해가 지면 눈물을 흘리며 울음을 터뜨린다. 날이 새면 또 기다린다. 해가 지면 울음을 터뜨린다. 이 바위나리의 울음소리가 남쪽 하늘에 맨 먼저 뜨는 아기별에게 들린다. 아기별은 울음소리가 측은해서 소리 나는 곳을 찾아 내려간다. 아름다운 꽃임에 놀라고 동무가 되어 같이 논다.

새벽녘이 되자 아기별은 "빨리 하늘로 올라가지 않으면 하늘 문이 닫힌다. 밤에 또 올게!" 하며 하늘로 올라간다. 밤에 또 내려온다. 아기별도 바위나리와 놀기를 좋아해서 밤마다 내려온다. 바위나리는 병이 든다. 시든다. 아기별은 밤새 간호해준다. 새벽녘이 되자 바위나리는 아기별에게 빨리 올라가라고 한다. 차마 떨어지지 않는 발길을 돌려 아기별은 하늘로 올라간다. 때가 늦어 하늘 문은 이미 닫혔다. 아기별은 성을 타고 넘어 들어간다. 왕이 그것을 안다. 아기별은 호되게 꾸중을 듣는다.

밤이 와도 바위나리에게 내려가지 못하니 아기별은 바위나리가 걱정되고 안타까워서 눈물을 흘린다. 바위나리는 아기별이 내려오기를 기다리다가 지친다.

쌀쌀한 바람이 바위나리를 휩쓸어간다. 바다로 흘러 내려간다.

바위나리를 생각하며 밤마다 울며 지내는 아기별은 눈물을 흘리는 것조차 흠이 된다. "밤마다 눈물을 흘리기 때문에 빛이 없다. 빛을 잃은 별이 무슨 소용이냐!" 하늘에서 내어쫓긴다. 한정 없이 흘러 내려간 아기별이 바다로 떨어진 곳은 바로 바위나리가 들어간 곳이었다.

바위나리는 해마다 핀다. 여러분은 깊은 바닷물 속을 들여다본 일이 있습니까? 깊을수록 환하게 밝게 보입니다. 한때 빛을 잃었던 아기별이 바닷속에서 다시 빛나고 있는 까닭이랍니다……

왕의 폭력에 의해서 사랑이 끊기었고, 사랑이 끊기었기 때문에 빛을 잃었고, 한번 죽은 다음 바닷속에서 사랑이 되살음에 잃었던 빛을 도로 찾고, 꽃도 새로운 생명을 찾았다는 뜻이었다.

아버지의 꾸중으로 지금 집에 박혀 있으나 사랑은 끝내는 이길 것이라는 속셈이었다.

어른은 언제까지나 어린이를 소견 없는 철부지로만 생각하지만 어린이도 사람이라 생각도 지각도 있으니 사람대접을 하라는 울부짖음은 문 밖에도 못 나가고 갇혀 있을 때의 애절한 기원이었다.

어린이의 마음을 좀 알아주도록 어른들에게 호소하고 싶었고, 어린이대로 모임을 가져서 널리 사귀고 마음을 닦아 착한 짓을 하며 즐거움을 가질 수 있게 했으면 좋겠다는 생각이 있었다.

곧 '소년 운동'을 일으킨 동기였고, 어린 사람들을 만나려면 쉬운 길이 예배당을 통하는 일이었다. 모일 곳이라고는 거의 그런 곳밖에 없었다.

예배당에는 주일학교라는 것이 있어서 어린이들에게 『성경』과 찬송가를 가르쳤지만, 그 속에 들어가서 일한 것은 아니었다. 자격도 없었다. 나는 『성경』을 모르고 찬송가도 두어 가지밖에는 몰랐다.

친구는 그 계통 학교의 선생이었고 예배당에서 일을 많이 하는 사람이었다. 주일학교도 지도했었고, 그중에서 또 아이들을 뽑아서 찬송가 아닌 노래를 가르치기도 했다.

아이들에게 읽히기 위해서 등사판으로 잡지를 엮어서 나누어주기도 했다. 나도 여러 가지 원고를 썼다. 읽는 아이가 많아지니 등사로는 당하기 어려워서 인쇄를 하게 되었다.

그는 아이들을 뽑아서 노래를 가르치고 노래극을 꾸몄다. 그런 것은 부활절이나 성탄 때에 예배당에서 공연하여 박수를 받았다기보다는 놀라움을 느끼게 하였다.

나는 여러 가지 각본을 썼다. 그것은 곧 공연되었다.

나도 연극을 한 일이 두 번 있었다. 한 번은 「레 미제라블」을 예배당 강단 위에서 했다.

고 군이 미리엘 주교, 내가 장 발장을 했다. 「레 미제라블」을 했다는 일도 역사적이려니와 예배당에서 등불을 끄고 강단을 무대로 썼다는 일도 전에 없는 놀라운 일이었다.

한번은 선교부의 사업으로 지은 여자회관 낙성식에서 했으니, 엄청나게도 「산적의 노래」인가 집시의 생활을 연극한 일이 있었다. 그것은 유 군이 일본에서 보고 온 오페레타를 본뜬 것이었다.

이런 연극을 한 것은 예배당에 드나들기 전의 일이었다. 말하자면 우리들은 여러 번 연극을 한 일이 있어서 고장에서는 연극쟁이로 지목받고 있었기 때문에 예배당 친구들의 부탁을 받아서 한 일이었다.

요새는 어떤지 몰라도 그즈음은 교인이나 교인 아닌 사람을 예배당 측에서 그리 가리지를 않았었다. 독립 만세 직후의 일이라 젊은이면 으레 예배당에 드나들었고, 드나들지 않는 사람이라도 공부한 젊은이면 "같이 일 좀 합시다"는 식으로 허물없이 굴었던 것이다.

그러니 연극을 해서 많은 사람들의 칭찬을 받고, 말하자면 이름을 날렸으니, 주일날 예배당에 나가지 않는다면 오히려 이상하게 생각할 지경이었던 것이다.

선물로 받은 가죽 껍질 『성경』 책이랑 『찬송가』 책을 들고 주일날이면 예배당에 드나들었다. 그것은 흥미 없는 일은 아니었다. 장안의 유식한 젊은이는 거의 모여 있었고, 쓸치마 벗고 얼굴 드러내고 다니는 젊은 여성은 빠짐없이 모여드는 것이었고, 목사의 설교는 『성경』의 구절을 인용하기는 했지만 거의가 은근한 민족사상 독립사상의 고취였고, 독립 운동으로 학살 또는 투옥된 사람들을 아끼는 피 끓는 웅변이었으니 말이다.

기도는 또 그런 사람들의 평안함과 그 가족을 위로하는 말과 '아아! 하루 속히 이 불쌍한 무리에게 광명한 날이 오게 하옵소서' 하는 것이었으니 머리 숙여 한마음이 아니 될 수 없었다.

발 들여놓을 곳이 없을 만큼 많은 사람이 앉아 있는 가운데는 형사나 보발이 끼어 있을는지도 모를 일이었으니 목사나 기도를 인도하는 사람의 말은 언제나 은근했고 『성경』 구절을 인용하여 했다. 그들의 귀에는 거슬리지 않도록 하는 것이었으니 주일마다 예배당에 다닌다는 일은 예수 그리스도를 믿어서 예비하러 다닌다는 일뿐만이 아니고 민족 투쟁의 대열에라도 한몫 끼어 있는 것 같은 은연한 긍지조차 느꼈던 것이다.

그러는 사이에 『성경』도 몇 구절 알게 되었고 찬송가도 몇 곡 부를 수 있게 되었고, 예수의 행적도 대강 짐작이 갔다.

그렇지만 성경반에 들어서 『성경』을 배울 생각은 없었고, 세례를 받을 생각도 없었고, 그런대로 염치도 없이 권하는 대로 찬양대원이 되기까지 했었다.

남자 열댓 명, 여자 열댓 명이 많은 사람 앞에 나서서 사부합창(四部合唱)을 한다는 일은 그때는 어지간히 화려한 일이었다. 생각하면 낯이 뜨거울 뻔뻔스런 일이기도 했다. 그것도 저것도 세월 따라 한 일이요 '친구 따라 강남 간다'는 식이었지 줏대 있는 일은 아니었다.

절에도 많이 다니었다.

어머님의 심부름으로 가족과 더불어 갔던 어떤 절에는 나한전(羅漢殿)이라는 것이 있었다. 웬만한 절의 법당만 한 큰 집이었다. 들여다보다가 그만 놀라서 눈을 돌리고 물러섰다. 석가모니 불멸(佛滅) 후에 가장 덕이 높은 오백 제자를 나한이라고 하며, 그들을 모신 곳이라고 했는데, 문을 열어 보이자 그만 눈을 돌렸던 것이다. 오백인지 천인지 한끝에서 한끝까지 빈틈없이 늘어놓여 앉아 있는 목상은 하나같이 도깨비 아니면 병신 같은 꼴이었기 때문이다.

만든 사람의 재주가 부족해서 그랬는지는 몰라도 눈은 사팔뜨기 아니면 애꾸눈에 머리가 있기도 하고 없기도 하고, 입도 코도 이루 말할 수 없는 정말 꿈에 볼까 겁이 날 상이 오백 개가 앉아 있는 것이었다.

발길을 돌리면서 무서움에 가슴을 두근거리며, 그래도 같이 갔던 분에게 물었던 것이다.

"모두 병신 같아요……"

소리 나직이 물었던 것이다.

"병신이라도 부처님이 되신 분야! 모두 부처님들야!"

그길로 다시 서쪽으로 가니 맨 끝에 명부전(冥府殿)이라는 또 그만한 집이 있었다.

내 키만 한 앉은 목상이 열 개가 있었다.

나한전에는 오백 개가 앉아 있는데, 나한전만 한 명부전에는 단지 열 개가 앉아 있으니 상이 크기도 하거니와 나한전과는 딴판으로 의관을 정제하고 도사리고 앉아 있는 품이 제법 할아버지 같은 인품을 갖추고 있었다.

관왕묘의 관운장만큼 크지는 않았지만 덕물산의 최영 장군의 상만은 했다.

들어가서 절을 하며 나더러도 절을 하라고 하기에 넙죽넙죽 절을 했다.

도대체 예배당에 다니는 사람은 예수를 믿는 사람이 아닌가. 무엇 때문에 여기서 절을 하는 거야, 하는 생각이 불쑥 났지만 어른의 말을 거역할 수는 없었고, 그들 의젓하고 점잖은 목상이 첫째 두려워서 꾸벅꾸벅 절을 했다.

내가 죽으면 저승에 가서 심판을 받게 되는데 그 심판관이 여기 한자리에 모두 계시니 절을 해야 할 것이 아니냐, 한번이라도 얼굴을 뫼어 두고 절을 해두면 저승에서 만날 때 얼마나 좋을 것이냐, 그러기에 절에 오는 것이 아니냐는 것이었다.

사람의 육신은 죽어도 영혼은 곧장 명부로 간다는 것이었다.

명부에는 십대왕(十大王)이 있는데 첫째로 죽은 지 7일에 진광왕(秦廣王) 앞에서 심판을 받고, 다음 2·7일에는 초강왕(初江王), 3·7일에는 송제왕(宋帝王), 4·7일에는 오관왕(五官王), 5·7일에는 염마왕(閻魔王), 6·7일에는 변성왕(變成王), 7·7일에는 태산왕(泰山王), 그리고 백날이 되면 평등왕(平等王), 일 년이 되면 도시왕(都市王), 삼 년이 되면 오도전륜왕(五道轉輪王)의 심판을 받는다는 것이었다.

사바세계에서의 공죄를 심판 받아서 다음에 갈 곳이 결정되는 것이라 했다. 돼지로 태어나든지 소가 되든지, 다시 사람이 되어 나가든지 지옥으로 가든지.

그 심판관 십대왕(十大王)이 여기 한자리에 앉아 있는 것이라고 했다.

그중 무서운 일은 양푼만 한 둥근 거울을 무릎에 놓고 있는 목상이 있는 것이었다. 심판을 받을 때에 거짓말하면 "이런 일을 하지 않았던가?" 하며 거울을 내보이는데, 그 거울에는 사바세계에서 저지른 일이 그대로 나타나 보이게 되어 있다는 것이었다.

사람을 죽이는 장면이라든지 도둑질을 하는 장면이라든지 이십 년 전 삼십 년 전의 일이 그대로 나타난다는 것이었다. 지금 같으면 텔레비전이라는 것이 있고 텔레비전이 아니라도 60밀리 필름이라는 것이 있으니 얼마든지 두어두었다가 영사해서 볼 수 있는 일이지만, 그때는 상상조차 못할 놀라운 일이었고 무섭기만 했다.

돌아와서도 명부전의 양푼만 한 거울은 머리에서 사라지지 않았다. 죽은 다음에 거울을 내대며 불호령을 할 것도 그러려니와 내가 지금 하고 있는 짓 모두가 그 거울에 비치고 있으리라는 두려움을 오랫동안 느끼며 살았다.

얼마 후, 절에 재 구경을 간 일이 있었다. 큰 불공이다.

친구의 아버지가 돌아가신지 7·7일, 49일 되는 날의 사십구재였다. 조그만 절에서였다. 장안 갑부의 사십구재라 구경이 장할 것이라는 소문이 퍼졌었다. 그렇지 않아도 남의 불공 남의 집 재라도 구경을 많이 다니는 것은 죽은 후 저승에 가서 좋은 데로 갈 수 있는 일이라는 말이 있던 터라 장안 여인네들이 온통 모인 것 같은 소동이었다.

절의 재 구경은 여인네뿐이지 남자는 거의 없는 법이다.

상주인 나의 친구는 외아들이었고 나와는 아침저녁으로 같이 놀던 사이였으니 절에도 같이 가는 것이 틀린 일은 아니라 하더라도 좀 넉적은 일이라는 생각은 있었다. 그러나 중들이 어떻게 하는 것인가, 보고 싶은 마음이 간절해서 따라 나섰던 것이다.

그러나 웬걸, 절에는 남자도 한두 사람 아닌 수십 명이 있었다. 재가의 일가나 친척은 물론 아니었다. 장안에서 난다 긴다 하는 팔난봉꾼들이었다. 기생집 요릿집 출입만으로는 성에 차지 않아서 더기라는 소문 내지 않고 노는 여자의 집을 찾아다니기도 하고, 여염집 아낙네도 곧잘 꾀여 낸다는 소문 높은 패들이었다.

그런 축들이 말쑥하게 치장한 여자들과 나무 그늘마다 자리 잡고 앉아 있는 것이었다.

절의 축대 밑에는 중의 집이 있었는데, 그 집 안에도 남녀의 객이 왁자하고 있었고, 법당이 좁아서 마당에까지 여인이 꽉 차 있는데, 거기도 드문드문 난봉꾼의 모습이 얼씬거렸다.

입맛이 썼다. 이런 데까지 저 녀석들이 난봉을 피러 왔나, 하는 생각에서였다.

나무 그늘로 멍석을 갖다 주는 것도 중이었다.

중의 집 안방 건넌방을 모두 비워서 난봉 남녀에게 빌려주고, 거기 술상을 차려주고, 나무 그늘마다 난봉 남녀들의 놀음 자리를 마련해주는 중을 보매 놀라지 않을 수 없었다.

물론 중도 중 나름이지 모두 덕이 높은 사람만이 중이 아니라는 것쯤은 알고 있었다. 정월이면 꽹과리를 뚜드리며 집집으로 동냥을 다니는 중도 많이 보았기 때문이었다.

「회심곡(悔心曲)」이라는 노래를 늘어지게 부르면 어머님은 귀를 기울여 한동안 들으시기를 좋아하셨는데, 어떤 중은 꽹과리만 들입다 뚜드리며 한다는 소리가 얻어 들은 것 같은 두어 마디를 되풀이할 뿐 "동냥 왔습니다" 소리만 연해 소리 지르는 중도 많았다. 그런 중은 별로 배운 것도 없는 시원치 않은 중이라는 것을 알았다.

또 절에는 중 아닌 불목하니라는 밥 짓고 심부름하는 사람이 있다는 말도 들었다.

그러나 멍석을 나르고 주안상을 나르는 사람은 중이 틀림없고 안방 건넌방에서 왁자하는 집은 주지의 집이니 놀라는 것이었다.

재를 올리는 재가의 음식으로 주안상을 보아서 난봉꾼에게 날라주고 술심부름을 해주고 얼마나 돈을 받는 것인지, 살림방을 비워주고 얼마나 방세를 받는 것인지 입맛이 썼다.

중들은 도대체 명부전 십대왕이 겁나지도 않는 것일까, 하는 생각이었다. 절에서 술은 금한다고 들었는데 술을 몰래 구해다 주고 추잡한 남녀에게 방을 빌려주고 장구 치며 음탕한 노래를 멋대로 부르게 하니 말이다.

여느 때면 중이 두세 사람밖에 없다는 이 절에 어디서 모여들었는지 사십 명이나 되는 중이 제각기 가사 바람을 날리며 있는 것이었다.

해 질 무렵이 되니 여인네는 더 모여들었다.

내려다보면 동구에서부터 산허리를 올라오는 사람들이 줄을 잇고 있었다.

법당에서는 크고 작은 목탁과 징을 울리며 수십 명 중들이 송경하는 소리가 길게 흘러나오는데, 밖에서는 여기저기서 저녁 먹는 소리가 요란했다. 숟가락 소리 놋그릇 부딪치는 소리에 무엇을 더 달라는 소리가 비명같이 아우성을 이루고 있었다. 수백 명의 불청객에게 대접을 잘해야만 저승에 간 고인이 좋은 곳으로 간다는 것이었다.

상주는 법당 안 불단 앞에 얌전히 앉아 있어야 한다고 했지만 여인들만 꽉 차 있는 가운데 혼자 앉았을 맛도 없거니와 눈총을 받는 것도 같아서 밖으로 나와 사람 없는 숲 사이만 거닐고 있었다.

법당 앞뒤 마당과 판도방에서의 아우성은 거기까지도 들려왔다.

"아귀도(餓鬼道)로군!"

"다 좋은 일하는 거야! 공덕이라는 거지. 먹고 싶은 사람에게 배불리 먹도록 주고, 놀아나고 싶은 여자에게 좋은 기회 주고. 다 좋은 일이지. 공을 쌓는……"

우리들에게 저녁을 주려고 찾으러 다닌 사람을 만난 것은 밤참 때나 되어서였다.

뒤로 좀 떨어진 곳에 한 간짜리 방이 있었다. 대시주(大施主) 어떤 여인이 가끔 쉬러 오기 위해서 지은 방이라고 했다.

까물거리는 호롱불을 에워싸고 여인들이 가득 들앉아 있었다. 그 안으로 들어오라는 것이었다.

원 이런! 발 하나 들여놓을 곳도 없을 지경인데 그저 들어오라고만 하니 어이없는 노릇이었다. 그러면서도 한 사람도 일어서려고 하지는 않았다. 노인들은 들입다 들어오라고 하고, 젊은 여인들은 앉은 채로 비슬비슬 발 들여놓을 곳을 내어주는 것이었다. 길에 나설 때면 쓸치마 푹 쓰고 얼굴을 가려 내외하고 지나갈 여인들이 꼿꼿이 앉아서 우리들을 맞이하는 것이었다.

분 냄새 밀기름 냄새가 코를 벌룽거리게 했다. 그렇다면 우린들 망설일 것이 있겠느냐, 넓죽이 들어가 앉았다. 앉을 수가 있었다. 궁둥이도 발도 젊은 여인네의 살에 닿았고 얼굴을 돌렸다가는 어느 편으로 돌리더라도 젊은 여인의 뺨에 닿을 것만 같았다.

거기다가 또 밥상을 들여보내는 것이었다. 젊은 여인들은 그것도 앉은 채로 받아서 들여놓는데, 그 상이 또 들어앉을 수가 있는 것이었다.

절에 오면 젊은 여인들이 이렇게도 대담해지는 것인가 싶었다. 상주와 나와 둘이서 먹는 꼴을 젊은 여인들은 보고 앉았을 모양이었다.

나는 국이 무슨 국인지도 모른 채 밥을 두어 숟갈 말았다.

"절 음식이야 튀각이 제일이지!"

노인이 그런 말을 하자 내 옆에 앉았던 젊은 여인은 손을 내어서 큼직한 튀각을 동강을 내는 것이었다. 말은 없지만 먹어 보라는 뜻에 틀림없었다.

그런데 갑자기 젊은 여인들이 우르르 일어서는 것이었다. 그렇지 않아도 젊은 여인들의 눈총에 주눅이 들어서 무슨 실수나 하지 않을까 조심스러웠는데 갑자기 여인들이 일어서니 무엇이 잘못되지나 않았나 하고 질겁을 했다.

"바라죠?"

튀각을 동강을 내어 준 젊은 여인의 말은 노인을 향해서 하는 말이었지만 우리들에게 들으라는 말 같았다.

그제야, "바라!" "바라춤!" 하고 여인들의 떠드는 소리가 들렸고, 법당에서 울리는 큰 제금 소리를 알아들을 수 있었다. 법당에서 바라춤이 시작된다는 것이었고, 방에 앉아 있던 여인들은 그 구경을 가느라고 뛰어나간 것이었다.

노인들과 몇 여인만이 남아 있었다.

우리도 몇 술 뜨는 둥 마는 둥하고 그 방을 물러나왔다. 등이 시원했다. 진땀이었다.

바라 소리가 흥겹게 들려왔다.

법당은 밖에까지 여인들이 성을 쌓은 것 같았다.

솥뚜껑만 한 큰 제금을 치켜 올렸다 내렸다 할 때마다 휘황한 촛불에 비치어 금빛이 번쩍번쩍하고 소리가 인경 소리만큼이나 우렁차서 뱃속까지 울리는 것 같았다. 보아하매 무게도 상당할 것 같았다.

젊은 중은 한바탕 멋지게 추고는 땀을 닦으며 밖으로 나갔다. 땀을 들이러 나가는 모양이었다.

그러면 또 다음 중이 바라를 들고 일어서는 것이었다.

중은 대님을 매지 않는다 했지만 옥색 대님을 멋지게 맨 젊은 중은 바라를 울리며 빙빙 돌 때에 한 여인에게 눈을 보내고 있었다.

춤을 보고 앉았는 여인네의 눈은 한결같이 불을 품은 것같이 이글거렸다. 바라의 우렁차고도 흥겨운 가락은 여인네의 오장육부까지 흔들어놓는 모양이었다.

춤추는 중의 눈총을 받은 젊은 여인은 중이 바라를 내려놓고 물러나자 살며시 일어서는 것이었다. 눈 맞은 중의 땀이라도 닦아주러 나가는 것인지도 몰랐다.

그런 가운데도 늙은 중 몇은 한 옆에서 불경을 읽기에 여념이 없었다. 고인의 부인과 누이와 딸들은 그 앞에서 귀를 기울이고 있었다. 한결같이 눈에 눈물이 고여 있었다.

늙은 중이 불경을 읽으며 풀어 이야기해주는 것이었다.

지금 고인은 어느 대왕청에서 심판을 받고 계시다는 것이며, 생전에 지은 죄를 샅샅이 들추어내는 것이었다. 남에게 못할 노릇을 하며 돈을 벌었으면 그것은 무슨 벌을 받게 되고, 가난한 사람이나 동냥을 온 사람에게 보태어주지 않았으면 그것은 무슨 벌을 받게 된다는 길고 긴 이야기였다.

가족들의 생각에도 고인이 생전에 죄를 짓지 않았다고는 생각할 수 없는 것이었다. 그것도 저것도 죄라는 죄는 모두 진 것 같고 벌이라는 벌은 모두 받게 될 것만 같은 것이다. 눈물이 비 오듯 하는 것이었다.

살아 있는 우리들이 해드릴 수 있는 일이라면 무슨 짓이든지 해드리죠. 돈은 얼마든지 들어도 좋으니 빨리 면죄가 되어서 극락세계로 가시게 해줍시사, 하고 손을 모아 빌며 불경 책장 위에 돈을 놓는 것이었다. 누이도 놓고 딸도 놓고 며느리도 놓았다.

다시 급히 일어나 불단 앞으로 가서 큰절을 수없이 하는 것이었다.

부처님께 무수배를 하고는 다시 늙은 중 곁에 앉아서 이야기를 듣고는 또 절을 하고, 한가운데 벌어진 바라춤의 향연은 가족들에게는 아랑곳이 없는 것 같았다.

떨어진 한 간 방에 앉아 있는 늙은 여인들은, 고인은 팔자도 좋지, 생전에 돈을 많이 벌어서 갑부로 살았지, 죽어 저승에 가도 자손이 이렇게 정성을 드리니 극락세계 연화대(蓮花臺)에 앉을 것이 틀림없으니…… 하고 부러워해 마지않는 것이었다.

전생 차생에 무슨 죄를 그리 많이 지었기에 어려서도 고생, 자라서도 고생, 남편마저 잘못 만나 자식새끼라고는 한번 구경도 못했으니, 이 신세 내가 죽은들 나를 극락세계 가라고 재 아나 불공 한번 드려줄 연놈 없으니…… 하고 한숨을 쉬는 것이었다.

그러면 또 한 노인은 중얼거렸다.

"자식이 있으면 병날까 걱정, 돈 있으면 도둑이 걱정이라고, 아예 없는 것이 복이라고 부처님이 하신 말씀은 좀 고깝게 들려요. 걱정이 되더라도 자식도 있고 부자도 돼봤으면 좋겠어요."

"그야 이를 말씀요만…… 인제 다 틀렸지…… 후유……"

방바닥이 꺼질 것 같은 한숨을 파파노인이 쉬는 것이었다.

까르르……

딱따구리 우는 소리 같은 젊은 여인네의 웃음소리가 숲에서 번졌다.

이렇게 밤은 지새 갔다.

우르르……

사태가 내려앉는 소리는 법당에서 여인들이 밖으로 쏟아져 나오는 소리였다.

별은 빛을 잃고 실눈 같은 달만이 서녘 하늘에 걸려 있었다.

모두 밖으로 나왔다. 이 방 저 방에서도 나오고, 중의 집에서도 사람들이 올라왔다. 큰 구경거리가 시작되는 모양이었다.

땡추중 두 놈이 큰 북을 마주잡고 나왔다. 마당에 그득 모인 여인네는 자리를 비켜주었다. 법당 앞마당에 북을 가운데로 하고 둥그러니 모여서 겹겹이 섰다.

법고(法鼓)춤이 시작되는 것이었다.

검은 장삼에 붉은 띠를 늘어뜨리고 하얀 고깔 쓴 중 둘이 나왔다.

중 한 사람이 춤을 추기 시작했다.

발 한번 떼는데 가락이 맞고 어깨 한번 치키는데 장단이 맞는 진짜 춤이었다. 한 어깻쭉지를 일 밀리만 치켰다 내려도 어쩔 수 없는 아름다움을 느끼게 했다.

기생들이 추는 그런 춤을 이미 여러 번 보았기 때문에, 별짓도 다한다! 기생 춤을 중이 추고 있다, 고 생각했으나 기생의 춤에 비할 바가 아니었다.

그때의 기생이란 어려서부터 매 맞아가며 피땀 흘려 배운 재주였으니 요즈음 무대에 나서는 무용가들의 솜씨에 비할 바 아니었지만, 그런 기생의 춤보다도 더 한층 아름다우면서 격 있는 멋을 풍기고 빈틈이 없는 것이었다.

더욱이 새하얀 고깔에 가리운 얼굴이 주름살 깊은 시꺼먼 얼굴임에 놀라움은 벅찼다.

그렇다면 한삼 속에 들어 있어서 엿보이는 일이 없었지만 그 손이 나온다면 검은 마디가 갈퀴 같을 것에 틀림없었다. 그러나 춤 솜씨의 애틋한 부드러움은 영락없는 이십 전 처녀의 몸매였다.

땡추중 두 놈이 마주 잡은 북을 버쩍 치켜 올리자 장삼은 훌쩍 다가가서 북을 어루만질 듯하더니 슬쩍 물러서고 너울너울 한삼을 흩날리며 한낱 호랑나비처럼 넘나들었다.

다시 한 번 다가가서 북전을 건드리고 냅다 물러선다.

둥! 무딘 소리가 응한다.

장삼이 그 소리를 반기어 인젠 됐다는 듯이 남실남실 다가갈 때는 한삼 속에서 어느 틈에 북채 두 가락을 꺼내 잡고 있었다.

딱!

북전을 두드려본다.

딱 딱!

흐! 그놈 맛이 괜찮다! 그 소리 못 잊어운 양 신이 나서 뚜드린다.

뚝딱 뚝딱 또드락딱 딱……

냅다 때리는 급속조(急速調)는 기왓장을 뚜드리는 소낙비 빗방울 소리가 아니면, 콩 튀는 소리가 그럴 수가 있으랴. 북채커녕은 두 손의 움직임조차 보이지 않고 높고 낮은 북소리만이 흥겨운 것이었다. 숨이 막힐 듯이 끄을어 올려놓고는 딱 한 번 늦추어 슬그머니 물러서는데, 벌써 북채는 한삼 속으로 자취를 감추고 장삼은 의젓한 것이었다.

구경꾼은 그제야 막혔던 숨을 몰아쉬는 숨소리가 높았다.

다음은 둘이 추는 것이었다.

법고춤이라는 것이 기생 춤이 아니라 절의 춤을 기생이 본떠서 추게 된 것임을 그때에 알았다. 천 수백 년의 역사를 자랑하는 우리나라 불교는 이런 무용 예술까지를 가지게 되었고, 보잘것없어 보이는 시꺼먼 중이 그것을 이어받고 있다는 것을 알았다.

법고춤 구경에 정신이 팔리다 보니 어느 틈에 마당에는 아름다운 연(輦)이 놓여 있었다. 사인교(四人轎)같이 꾸민 작은 꽃가마였다.

법고춤이 끝나자 늙은 중이 나서서 꽹과리를 두드리며 소리 높여 노래를 부르는데, 그것은 「회심곡」이었다. 중이 집으로 동냥 다닐 때에 하던 소리였다.

여러 번 듣던 소리지만 동냥중은 처음 한두 구절만 하고는 그만 지나가거나 그것만 되풀이하는 일도 있었는데, 여기서는 처음부터 끝까지 하는 것이었다.

고대광실 높은 집에 근심 걱정 없이 떵떵거리고 살아 본들 무엇하랴. 멋모르고 살고 있지만 사람은 세상에 나올 때에 이미 명이 결정되어 있는 것이니 그 명이 진하면 하룻밤 사이에 명부에 불리

우는 몸이 되느니라. 일직 사자 월직 사자가 들이닥쳐 어서 바삐 가자고 호령하면 그만이라, 염라대왕 앞에서 심판을 받아야 하는 것이니 살아생전에 부처님을 공경하고 선심 공덕하여 저승의 길을 닦아야 하느니라, 는 긴 사설을 청승맞고 구슬프게 엮어 나가는 것이었다.

말마디를 분명히 알아들을 수 있어서 여인들은 모두 귀를 기울이고 있었고, 고인의 가족뿐 아니라 눈을 찔끔거리는 여인이 많았다.

서산대사(西山大師)가 지었다는 것으로 인생의 무상함과 부처님의 가르침을 알아듣기 쉽게 풀어 엮은 노래라고 했다. 구수하고 점잖고 능청스럽게 넘어가는 가락은 겨레의 멋과 냄새를 풍기는 것이었고, 고비가 까다롭지 않아서 누구나 곧 입에 옮길 수 있는 것이었다.

나는 듣고 섰는 사이에 벌써 입은 웅얼웅얼 그 가락에 맞추어 맞아 들어갔고, 다음에 나올 구절까지도 대충 들어맞는 것이었다. 들은풍월이요, 중의 학교에서 삼 년 배운 덕이요, 요릿집에 드나들어 장안 기생의 노래라는 노래는 못 들은 것 없이 듣고 있었기 때문일 것이다.

「회심곡」이 끝나자 연 돌리기가 시작되었다. 고인이 방금 연을 타고 극락세계로 올라간다는 것이었다.

연 뒤에는 상주가 고인의 위패를 들고 따랐고 가족이 그 뒤를 따랐다. 연은 서서히 절 울안을 돌기 시작했다. 징을 울리며 호적을 불며 염불 송경 소리도 구슬펐다.

바람은 없으나 선선한 새벽녘이었다. 모든 사람이 옷깃을 여미며 그 뒤를 따랐다. 울안을 샅샅이 돈 다음에 나선 곳은 남서쪽 축대 끝이었다.

축대 밑은 낭떠러지였고, 멀리는 첩첩한 산이 탁 트여 바라보였고, 가까이는 동구에서부터 이 절까지 올라오는 꼬불꼬불한 길이 실올같이 보였다.

하늘은 아직 동이 트지 않아 뿌옇기만 했다.

축대 끝에서 몇 발 뛰어 건너면 덩그러니 큰 바위 하나가 중천에 뜬 것같이 높이 놓여 있었다. 그 바위 위는 평퍼짐한 것이 웬만한 대청만 한 넓이였다. 그 바위를 바라보면 저쪽에는 오직 아득한 하늘만이 보였다.

중들은 그 바위를 향해서 축대 끝에 주욱 늘어서서 목탁과 징을 뚜드리고 호적을 불며 불경을 외웠다.

하늘을 찢을 듯한 높은 호적 소리에 간간이 울리는 징 소리는 창자에 울렸다. 거기 가사를 걸친 늙고 젊은 수십 명의 중들이 낮은 소리로 불경을 외우고 있으니 고인의 가족이 아니라도 비감함을 느끼게 하는 것이었다. 옆에는 꽃가마 같은 찬란한 연이 놓여 있고, 상주는 위패를 들고 서 있고, 고인의 영혼이 방금 극락세계로 올라간다는 것이었으니 말이다.

그런데 '확!' 하는 소리는 바위 위에서 불을 지른 소리였다. 언제 올라갔는지 바위 위에는 중인지 불목하니인지 두 사람이 서 있었고, 지핀 불은 검은 연기를 하늘로 시뻘건 불꽃이 넘실거렸다.

그 활활 붙는 불속에 재가에서 지어온 온갖 옷을 팽개쳐 불태우는 것이었다.

느닷없이 팽개쳐 불태우는 옷가지는 모두 값나가는 비단 옷이었다. 모본단 두루마기, 명주 바지저고리, 삼팔주 바지, 법단 저고리, 모본단 마고자, 온갖 비단 옷을 몇 벌이 아니라 몇 죽으로 던져서 태우고 돈을 또 던지는 것이었다.

그때는 동전도 백동전도 은전도 금전도 있을 때였지만 모두가 은전 금전에 지전까지 수없이 던져서 태우는데 이만저만한 돈이 아니었다.

한 가지를 던질 때마다 가족들은 흐느껴 울고 구경군은 입을 딱 딱 벌리는 것이었다. 엄청난 좋은 옷에 엄청난 큰돈이기 때문이었다.

저 모본단 한 벌은 며느리 집에서 해온 것이라는 둥 저 명주 한 벌은 누이네가 해온 것이라는 둥 알은체를 하는 여인도 있었다.

방금 연을 타고 극락세계로 올라가는 고인의 옷과 노자와 용돈을 보내주는 것이라고 했다.

그 옷가지는 평생을 두고 진솔로만 입더라도 다 못 입을 만큼 많은 것이었다.

"호사도 하시지. 살아생전에는 무명옷만 입으시던 분이……"

"글쎄, 생전에 저런 옷을 해드릴 일이지. 저게 원 아까워서……"

"생전에 해드린들 어디 입으실 분요? 저승에서나 입으셔야지……"

그런 말을 주고받는 여인도 있었다.

은전과 금전은 녹아서 덩어리로 남아 불목하니가 집어 가지게 된다고도 했지만, 숱한 비단과 지전은 곧장 재가 되어서 날아가고 있었다.

시뻘건 불꽃은 바위 위뿐이었다. 새하얀 연기만이 뿌연 새벽하늘에 끝없이 뻗어 올라가고 있었다.
 가족들의 흐느낌은 이내 통곡으로 변해갔다. 정말 저 실올 같은 연기가 하늘로 끝없이 올라가듯이, 고인이 그것들을 받아 가지고 하늘로 하늘로 올라가는 것이라고 생각하는지는 몰랐다.
 어이없는 일이라고 생각했다. 절에서 불태워주는 옷과 돈이 저승에서 입고 쓸 수 있는 것이라면 태워주는 사람 없는 사람은 저승에서 헐벗고 있어야 한다는 것인가. 노자와 용돈이 있어야만 갈 수가 있다는 말인가. 재물이란 허무한 것이라는 가르침이라면 차라리 저 많은 돈과 옷을 살아 있는 가난한 사람들에게 나누어주는 것이 좋을 것이 아닌가 하고 생각했다.
 문득 소지 올리는 것을 본 생각이 났다.
 대감님께 고사를 드릴 때에 축원을 외우면서 절을 여러 번 한 다음에 작은 백지 한 장에 불을 붙여서 위로 날리는 것이었다.
 백지는 극히 얇은 것이었다. 종이 가게에서 소지 종이라고 따로 파는 것이 있었다.
 불을 붙여서 위로 날리는데, 그것이 확 붙어서 거침없이 위로 날라 곧장 재가 되어버리면 대감님이 축원을 들어주신 것이라고 했고, 그 종이가 잘 올라가지 않거나 타다 남은 것이 있으면 새로운 근심거리가 되는 것이었다. 고사 음식이 잘못 되었거나 시루떡이 익지를 않았거나 정성이 부족해서 대감님이 받아주지 않는 것으로 믿는 것이었다.
 웃음을 자아내는 장난 같은 짓을 누가 생각해낸 것인지, 어리석은 사람을 농락하는 일이라고 생각했던 것이다.

늙고 점잖게 생긴 중이 목탁을 뚜드리며 의젓이 송경하고 돈과 비단 옷가지를 태우게 하는 일은 고약한 일이라고 생각했다. 언제부터 시작된 일인지, 중들이 시작한 일이겠지 부처님의 가르침은 아닐 것이라고 생각했다.

그러나 그 효과는 만만치 않은 것이 있는 것 같았다.

밤새 술 마시고 노래하며 시시덕거리던 놀아난 여자들도 눈을 찔끔거리고 있는 것이었다. 말쑥했던 옥색 모시 치마 저고리는 하룻밤 사이에 형편없이 후줄근해졌는데, 콧잔등 눈언저리에 얼룩이 지며 연해 훌쩍거리고 있는 것이었다.

얼마 후에 나는 다시 일본으로 건너갔다.

이번에는 도망꾼이었다. 연애 사건 때문에 아버지에게 갇힌 몸이 되었었지만 차츰 풀려서 서울에 며칠 동안 다녀오는 일쯤은 허락되던 터였기에 서울 갔다 온다고 떠난 그길로 바다를 건넜다.

부산에서 배가 떠날 때까지는 마음이 놓이지 않아서 무척 빌었다. 집에서 낌새를 채면 사람을 쫓아 보낼 수도 있을 것이요, 경찰에 수색 청원을 하면 형사가 붙잡으러 오기도 할 것이요, 그런 일이 없더라도 부산의 경찰관이 수상하다고 보면 불러 내리고 고향에 조회해보는 일도 있었기에, 배가 떠날 때까지는 마음이 놓이지 않았다.

어서 떠나게 해주십시오! 붙들리지 않게 해주십시오! 나무아미타불도 외웠고 총총한 별을 바라보면서도 빌었었다.

무사히 떠날 수가 있었다.

동경에서의 생활은 엄하고 완고한 아버지에게서 해방되었다는 즐거움으로 벅찼었다. 아버지는 아버지가 정해준 색시를 내가 싫어하는데도 이혼은 못한다 했고, 연애를 인정해주지 않았고, 애인과의 사이를 끊었고, 밖에도 나가지 못하게 가두어 두었던 폭군이라고 생각했기 때문이었다.

집을 나와서 아버지의 돈이 아니라도 내가 스스로 벌어서 먹고 살 수만 있다면 그것으로 족하다고 생각했던 터에 일자리는 신이 났고 낮이나 밤이나 공부도 할 수 있었으니 즐거울 수밖에 없었다.

엉둥 엉둥 삼사 년을 지냈다.

어머님이 돌아가셨다는 전보를 받았다. 찬물 벼락을 맞은 것 같은 충격을 느꼈다.

책상머리에는 '너는 단지 너 하나가 있을 뿐이다'라는 쪽지를 붙여놓고 아무에게도 의지하지 말고 혼자 살아나갈 결심을 굳게 했었고, 집에서 오는 편지를 받아도 답장을 쓰는 일 없이 외톨이를 자처하고 동경 복판에서 뻐기며 즐거운 나날을 보내던 터에, 어머님이 돌아가셨다는 기별은 어쩔 수 없는 현실에 부닥치는 차가움이었다.

어머님마저 안 계신 분으로 생각하자고 했었다면 그것은 그리운 마음을 억제하고 마음이 약해져서는 안 된다는 스스로의 채찍질이었지, 어머님이 돌아가시건 말건 상관없는 일이라고 생각할 수는 없는 일이었다.

아버지는 완고하고 엄한 분으로 생각했었지만 어머님은 나에게는 사랑뿐인 분이었다. 아버지가 나를 꾸중하실 때에 어머님은 으레 말씀이 없으셨다. 그것은 꾸중 듣는 나를 가엾다고 생각하시는 것으로 생각했었고, 아버지가 사랑방으로 나가신 다음에 나를 쓰다듬으며 말씀하시는 어머님의 말씀은 그 말이 그 말이었지만 귀에

쪽 들어왔던 것이다.

아버지께 말씀드려서 안 될 듯한 일은 아예 어머님께 여쭈었었고, 아버지가 안 된다고 하신 일도 어머님께 졸라서 된 일이 여러 번 있었다.

학교에서는 한 사람도 빠지지 말고 원족을 가야 한다고 했는데, 아버지는 그만두라고 하셨을 때도 어머님께 울며 졸라서 그예 갔던 일도 있었던 것이다.

아버지는 원망했었지만 어머님을 원망한 일은 없었고, 어떤 누구의 어머니보다도 어질고 착한 마음을 가지신 어머님이라고 생각했고, 또 많은 형제 중에서도 나를 제일 귀여워하신 것으로 생각하고 있었던 것이다.

집을 떠난 지 삼 년이 되도록 편지 한 장 올리지 않고 있던 차에 덜컥 돌아가셨다는 전보를 받고 보니 뉘우침과 슬픔이 한데 솟구쳐 어찌할 바를 몰라 했다.

이것도 전생에 지은 죄가 많아서 어머님을 일찍 여의게 마련되어 있었단 말인가, 좀더 오래 사셨더면 동경 구경이라도 시켜드리고 좀더 즐겁게 해드릴 수도 있었을 텐데, 하고 생각했었다.

어머님의 장례를 지낸 지 며칠 후였다.

면례라는 것이 있었다. 아버지의 아버지, 그러니 나의 할아버지와 할머니의 무덤을 옮긴다는 것이었다. 사십 년이나 되는 옛날에 돌아가신 그분들의 유골을 다른 곳으로 옮긴다는 것이었다.

산소 자리가 좋지 못하기도 하고, 또 그분들이 돌아가셨을 때에 아버지는 어렸고 집안도 넉넉지 못해서 잘 모시지를 못했기 때문에,

좋은 자리에 잘 모시는 일이 아버지의 평생 소원이었다는 것이다.

여러 달 전부터 차려놓으신 일이었다.

아버지와 둘째 형과 동생은 산소로 나가고 나와 큰형은 새 산소 자리로 나갔다. 새 산소 자리는 벌써 깨끗이 마련이 되어 있었다.

옹가를 쳐놓은 아래에 무덤 자리 둘이 깊이 파여 있었다.

들여다보고 놀랐다.

흰 회와 세사를 버무려서 다져놓은 두 구덩이는 칼로 깎은 것이 아니면 목재로 짠 것같이 반듯했고, 층층이 돈대 셋을 내려가서 관 놓일 자리가 마련되어 있었다.

미끈한 솜씨가 정신이 새로울 만큼 반듯했다.

일을 마치고 쉬고 있는 사토장이들은 장안 거리에서 가끔 보던 사람들이었다. 큰 넉가래나 괭이를 들고 다니며 흙일이나 하는 보잘 것 없는 사람으로 생각했던 사람들이었다. 어디에 저런 솜씨가 있었나 싶었다.

옛날을 자랑하는 우리나라 예술이나 문화라는 것이 한낱 광중(壙中)이라고 하는 무덤 구덩이 만드는 일에만 이어 내려와서 남아 있는 것 같은 놀라움을 느꼈다.

"어때? 잘됐지? 아버님이 할아버님께 이렇게 해드리지 못하신 것이 한이 되셔서 하시는 일인데……"

형의 말씀이었다.

아버지가 오랜 세월 살아오시는 동안에는 남의 광중도 많이 보시게 되었을 것이 아니냐? 그중에서 제일 잘된 것을 본받으신 것이라고 했고, 아버지가 일일이 역사를 감독하신 것이라고 했다. 왕의 능도 이와 다를 것이 없다고도 말했다.

'원 참!'

나는 속으로 웅얼거렸다. 사십 년이나 전에 묻은 것을 도로 파내어서 이렇게 돈을 들여서 옮겨 묻어야 하나? 사십 년이 지나도 할아버지의 유골이 남아 있는 것일까 하는 생각에서였다.

"오신다!"

형의 말씀과 함께 요령 소리가 들렸다.

돌아다보니 멀리 상여가 보이는 것이었다. 또 한 번 놀라지 않을 수 없었다. 사십 년 전의 유골을 옮겨 오는데 초상 때와 같은 기구범절이었기 때문이었다.

청홍색 등롱 여러 쌍이 앞서고 상여가 중천에 높이 떠서 유유히 건너오는데, 멀리 보아도 단청 칠이 새롭고 새파랗고 새하얀 앙장(仰帳)도 첫물이 틀림없어 보였다.

그렇다면 저런 것도 모두 돈을 들여서 새로 마련시킨 것일까 하는 놀라움이었다. 과연 저 속에 무엇이 들어 있을까? 사십 년이 지나도 추릴 만한 유골이 남아 있었을까? 하는 의문도 있었거니와, 있다 한들 또 이렇게까지 위해야 하는 것일까 하는 생각이었다.

이내 상여는 당도했다.

형과 아우의 눈은 젖지도 않았는데 눈물이 고인 아버지의 눈은 부어 계셨다.

관은 없었다.

미라와 같은 꼴의 유골은 영락없는 시신 같았다. 모시만큼 고운 베로 싸고 열두 매끼로 묶은 시신은 얼굴도 가슴도 팔도 다리도 분간이 갔다. 살 빠진 뼈뿐이라기보다도 바짝 마른 사람의 시신 같았다.

어떻게 된 일인가?

둘째 형은 다가오셔서 나를 이끈다. 소나무 숲으로 치우쳤다.

잠깐 쉬는 사이였다.

둘째 형은 생각이 많은 분이었다. 일찍 공부를 해서 뽑혀서 군청에 다녔었다. 그대로 그 자리에 있었더라면 고장의 군수쯤 되었으리라고들 말했었다. 그것을 그만두었다. 군수가 되더라도 한 가지 일도 제 마음대로 못하고 일본인 내무과장이 마음대로 해먹는 것임을 알게 되었고, 조선 백성으로라기보다 사람의 자식으로는 차마 못할 짓이라고 생각했다는 것이었다.

장사를 시작했다. 보따리 짊어지고 시골로 갔으나 장사라는 것도 잘되지 않았다. 가난한 사람에게 돈 재촉을 할 수 없었다는 것이다. "약조한 날 돈을 가지고 오지 않으면 그 집을 찾아가는데, 십 리 길 이십 리 길을 찾아가면…… 이게 형편없는 집이란 말야! 원 사람이라는 게 이런 데서도 살아야 하나? 거지꼴의 아낙은 여물 같은 것을 저녁거리라고 끓이고 있고, 아기들은 배고프다 울고불고…… 어떻게 차마 돈 갚으란 말이 나와야지." 이런 식이었다.

어른들의 눈에 뜨이지 않을 소나무 숲에서 형은 담배를 붙였다.

나는 내가 묻고 싶은 말부터 꺼내었다.

"유골이 저렇게 깨끗하게 있었어요?"

"원!"

너도 참 소견 없다는 듯이 한번 바라보시는 것이었다. 기가 막히고 어이없는 질문인 모양이었다.

　그도 그럴 것이었다. 흙을 헤치며 드러나는 뼈를 추려서는 솜으로 하나씩 닦고 그 뼈를 모아서 솜 덩어리로 싸서 겨우 저렇게 묶었다는 것이었다.

　나는 그 산소로 가지 않고 새 산소 자리로 나오게 된 것을 다행으로 생각했다. 둘째 형과 아우의 눈이 젖지도 않고 말똥말똥했던 것을 짐작할 수가 있었다. 두려움과 긴장뿐인 눈이었다. 무시무시한 일을 치르고 난 다음의 눈이었던 것이다.

　형은 담배를 비벼 끄고 흙을 헤쳐 묻으며 말했다.

　"너는 사람이 죽으면 혼이 있다고 생각하니, 없다고 생각하니?"

　이건 엉뚱한 물음이었다. 대답을 못했다. 대답을 기다리는 것도 아니었다.

　"참 놀랐어! 글쎄 그 흙 속에서 두 분이 얼굴을 비스듬히 모으고 계시단 말야."

　"예?"

　"두 분이 다 얼굴을 가운데로 돌리고 마주 보고 계셔! 이야기를 하고 계신 것이 틀림없어. 잘못되어서 그런 건 아니야. 몸은 똑바르거던! 그런데 고개만은 돌려서 마주 보고 계시단 말야."

　놀랍고 무섭던 광경이 눈앞에 보이는 것같이 한 군데를 골똘히 바라보더니,

　"애초에 안장 모실 때에 누가 조금이라도 삐뚜루 모셨을 리는 없거던! 더욱이 유골이라도 몸은 가슴이며 발이며 모두 똑바른데 얼굴만이 그렇단 말야."

"……"

"……과학자라면 무슨 인(燐)이 어떻다는 둥 말할는지 모르지만…… 그렇다면 한 분쯤 딴 곳으로 외면하고 돌릴 수도 있지 않겠어? 그런데 어쩌면 그렇게 다정하게 마주 보고 계시느냔 말야! 무덤 속에서도 두 분이 이야기를 하고 계시는 거야!"

힐끗 나를 바라보는 형의 얼굴은 놀라움에 벅차 있었다.

다음 날 나는 고향을 떠났다.

서울서는 친구들이 술을 사서 흑벅지게 마시었다. 일본으로 건너가서도 술타령이 계속되었다. 미련 없는 생활이었다.

그것은 몸을 상하게 했다.

의사의 권고로 바닷가에 가서 넉 달을 지냈다.

바닷가의 생활은 즐거워서 병구원이 되지 않았다. 폐병을 혼자서 요령껏 고친다는 일은 쉬운 일이 아니었다.

도져서 입원을 하게 되었다.

그때 하나밖에 없는 새너토리엄(sanatorium, 요양소)은 해발 3천 척이나 되는 산 위에 있었다.

11월 중순, 눈 쌓인 산꼭대기 새너토리엄을 찾아들었다.

동경의 의사 세 사람은 나를 맡지 못하겠다고까지 나의 증세를 나쁘게 말했지만, 새너토리엄의 원장은 그저 두어 달 동안 쉬고 갈 셈 치고 입원하라고 했다.

나도 한두 달 요양 생활을 견학하고 동경으로 돌아가서 그 식으로 생활하면 몸이 좋아질 것이라고 생각하고 입원했다.

바라보이는 것은 눈 덮인 산뿐이었다. 동남쪽으로 똑바로 후지

산(富士山)이 보였고, 그 왼편으로 새너토리엄 뒤까지 연해 온 산줄기는 일본 알프스라고까지 일컫는 아름다운 산이었다.

한두 달 견딜 만한 괜찮은 곳이라고 생각했다.

의사가 무어라고 해도 나는 자각 증세가 없었으니 마음은 편했다. 어디가 아픈 것도 아니요, 결리는 데가 있는 것도 아니요, 혈담이나 각혈이 있은 것도 아니었다. 저녁때 열이, 그것도 체온기로 재 보아야 알 만큼 있을 뿐이었다.

별장에 누워 있거나 어느 온천에 여행을 간 것처럼 덩그러니 누워 있었다. 밖에는 뚜걱뚜걱 작대기에 몸을 의지하고 다니는, 가랑이로 균이 터져 나온 환자도 있었고, 등골로 터져 나온 환자도 있었고, 덜거덕 덜거덕 덜거덕 바퀴 소리를 내며 간호부가 밀어가는 침대에 누운 채 일어나지 못하는 중환자도 있었기에, 내다보지도 않았고 나가지도 않았다.

호화스런 병실에 누워 있으면 식사는 갖다 주었고, 의사가 진찰을 오고 간호원이 열을 재고 맥을 짚으러 오고, 밖에 나가야 할 일이라고는 없었다.

넉 달 동안 지낸 바닷가에서도 그랬거니와 새너토리엄에도 젊고 아름다운 여자가 많았다. 바닷가로도 폐병 환자가 많이 가기 때문이었다. 폐병을 앓는 여자는 대개가 아름다워 보였다. 뚱뚱한 폐병쟁이란 드무니 목이 길고 야위어서 첫째 날씬해 보이고 얼굴이 하얗고 열이 오를 때면 양 볼이 발그레 상기하는 것이 또 가냘픈 아름다움을 풍기는 것이었다.

바닷가에는 일곱 여자가 한 떼가 되어서 쏘다니는 패가 있었다.

못생긴 것들도 아니었고 깡패도 아니었지만 나에게는 깡패같이 굴었다. 같이 놀아주지 않는다는 트집 때문이었다.

어울려 놀지를 않았다. 피했거나, 그들이 나올 만한 때는 애초에 방에서 나가지를 않기도 했었다. 그들이 보기 싫거나 예쁘지 않아서가 아니었다. 바닷가에서는 그중 예쁜 여자들이라는 소문이었고, 옷차림이나 몸매도 뛰어나게 눈에 띄는 여자들이었다. 바닷가에 나오는 젊은 남학생들은 거의 그들과 어울려서 놀았고, 그 여자들이 앉은 자리 둘레에는 항시 십여 명의 남자들이 에워싸고 있었다. 거닐 때에도 남자들이 뒤를 따랐다. 앉아서 놀 때에는 술래잡기, 제스처 놀이 따위로 웃음소리가 온 바닷가를 뒤흔들었다. 어른 아이들이 모여 와서 구경을 하는 판이었고, 그런데도 조그만 손거울을 꺼내서 머리 맵시를 고치기도 하는 여자들이었다. 모두 동경서 와서 별장에 있는 여자들이라고 했다.

그러나 한 번도 바다에 들어가는 일이 없었다. 몸조리를 위해서 온 여자들이 틀림없었다.

어떤 날이었다.

"여보세요! 이리 와서 같이 노세요!"

바닷가를 산보하는 나에게 그중 키 큰 여자가 말을 건넸던 것이다. 그 여자들을 멀리 보며 지나다니기는 했었지만 가까이 지나는 것은 그날이 처음이었다.

"네, 고맙습니다!"

그렇게 대답하고 지나쳤다. 그러자 속살거리는 소리는 저희끼리의 이야기라기보다 나더러 들으라고 하는 말이었다.

"바다에 와서 무엇 때문에 혼자서 빙빙 돌고 있담!"
"바다에서야 다 같이 어울려서 허물없이 노는 게 멋 아냐? 피이! 좀 건방지지?"
"애가 건방지게 생겼어!"
"제가 뽐내면 어쩔 테야?"
"어디 우리 한번 골려줄까?"
"모래 소나기?"
"밤에 한번 만나자! 되게 골려줄 테니……"
"깔 깔 깔……"
"깔 깔 깔……"

웃음소리는 멀리까지 나를 쫓아왔다.

나는 예사로 대답한 것인데 그들은 전부터 노리고 있었는지도 모를 일이었다. 그만 숙소로 돌아갔던 것이다.

옆방에 있는 남학생이 일러주는 것이었다.

"왜 그 여자들하고 같이 어울려주지 않아요? 같이 놀고 싶어들 하던데…… 괜찮은 애들야요. 하나가 대학생이구 모두 고등 여학교 학생들야요. 동경의 좋은 집 딸들이죠. 몸이 좀 약해서 여기 와 있는 거죠. 같이 노세요! 말씀을 듣고 싶어들 하더군요. 재미있는 이야기를 많이 가지고 계실 거라고……"

그러나 나는 그들을 피했다. 그들이 패를 지어 있기 때문에 두려웠던 것은 아니다. 그들이 같이 놀기에 못마땅할 만큼 못생겼거나 타락한 여자라고 생각한 것도 아니었다.

오직 내 마음에 맺힌 것이 있었기 때문이었다. 일체 여자에게 가까이하지 않기로 마음먹었던 것이다. 그것은 동경에서의 삼사 년도 그러했다.

아버지가 끊어놓은 사랑은 그 전에 벌써 좀 미묘한 관계에 있기는 했었지만, 어쨌든 그 사람이 지금 어디서 어떻게 살고 있는지를 모르는데 어떻게 또 다른 여자에게 눈을 팔 수가 있겠느냐. 그것은 죄를 짓는 일이다. 절대로 안 된다. 그 사람이 고생하고 있다면 그것은 어쨌든 내 탓이다. 나 때문에 한 여인이 고생을 하고 있는데 어떻게 나는 또 다른 여자를 사랑할 수가 있겠는가? 사랑이 아니라도 마음을 즐길 수 있겠는가? 마음을 주지 않더라도 몸인들 즐길 수 있겠는가? 그런 생각으로 일체 여자를 거들떠보지 않기로 했던 것이다.

다방이나 술집을 내 집 드나들듯이 드나들었지만 그런 집에 있는 예쁜 여자들의 흔한 손 한번 잡은 일이 없었던 것이다.

새너토리엄에도 젊고 아름다운 간호부도 환자도 있는 것이었다.

어떤 날 간호부는 맥을 짚어 세어서 차트에 적은 다음 이런 말을 했다.

"좋아하는 간호부가 맥을 짚을 때면 맥이 오른다고들 말하던데 당신은 어때요?"

나는 그런 일도 있을까 싶었다. 재미있는 이야기라고 생각했다.

"그럴까요? 역시 사랑은 병에 해롭겠군!"

그런 대꾸로 넘겼다. 스물네 살의 젊음으로는 반편으로 보였을는지 모를 일이었다. 그러나 돌아오는 말은 달랐다.

"예쁜 여자 동무가 많아서 산꼭대기 여자는 눈에 들지 않는 게죠."

이렇게 되면 재미없는 일이다.

바닷가의 여학생 일곱 명 떼처럼 모래 소나기를 안겨주려고 하거나 골려주려고 하지는 않겠지만 알뜰하던 간호가 소홀해질 수는 있는 일이요, 그렇지 않더라도 건방지다거나 주제넘은 녀석이라는 말을 듣기는 싫은 일이었다. 새너토리엄에 입원한 며칠 후부터 간호부들이 제각기 간호실로 놀러 내려오라고 여러 번 권하는 것을 한 번도 내려간 일이 없었던 것이다.

"이렇게 혼자 누워 계시면 심심하지 않아요? 간호실에는 환자들이 많이 내려와서 구락부 같아요. 좀 놀러 내려오세요!"

나는 이층 끝의 특별실에 있었다. 둘밖에 없는 특별실이었다. 입원실은 넓고 부속실이 둘에 변소와 목욕실까지 방 안에 있었으니 도어를 열고 밖에 나가야 할 일이라고는 없었던 것이다.

침대는 창가에 동쪽을 머리로 하고 놓여 있었다. 곱단하게 누워 있으면 창으로 하늘이 바라보였고 구름이 좋았다. 높은 산꼭대기였고 그 산의 구름은 일본서도 아름답고 변화 많기로 이름이 있었다. 해가 솟자부터 구름은 피어서 별별 꼴로 둥둥 떠다니다가 해 질 무렵이 되면 그렇게 많던 구름이 한 점 없이 싹 쓸어 없어지고 파란 하늘만이 온 창을 물들이는 것이었다.

아픈 데는 없었지만 그저 노곤해서 잠이 달았다. 종일 누워서 잠 자고, 창밖을 바라보면 그것으로 제법 족했다.

일어서서 밖을 내다보면 눈 덮인 잣나무, 백화(白樺), 용첨(龍瞻), 석남화(石楠花) 나무들이 보였다. 오른편으로 내리받이 복도가 있었는데 그 중간에 있는 간호실이 잘 보였다.

간호실 속은 성에 때문에 바라보이지 않았으나 언제나 즐거운 웃음소리가 멀리서도 들렸다. 간호부뿐 아니라 남녀 환자들이 모여서 지껄이고 있는 것을 알 수 있었다. 그러나 내려가 볼 생각은 일지 않았던 것이다.

한 달이 지나도 방 밖에 나간 일이 없었다.

"좀 놀러 내려오세요! 중환자도 아닌데 무엇 하러 그렇게 종일 누워 계세요?"

"어떻게 생긴 사람이냐고 환자들이 물어요. 깔깔……"

"괴짜가 아니냐고 묻는 환자도 있어요. 깔깔깔……"

"인사는 없지만 잘 안다는 환자도 있어요!"

"간호실로 좀 놀러 내려와요! 너무 뻐긴다고 욕해요!"

그런 말을 들어도 환자들을 만나러 내려갈 생각은 없었다. 도대체 원장이나 의사는 그저 안정이 제일이라고 입이 닳도록 말하는데 간호실에 나와서 떠벌리고 웃고 하는 그들이 틀린 일이라는 생각도 있었다.

오랜 병에 지쳐서 참을성을 잃은 사람이 아니라면 인제 희망은 끊어졌으니 될 대로 되라는 생각의 사람이라든지 아버지 어머니는 걱정해서 보냈는데 철딱서니 없게 구는 것들일 것이라고 생각되는 것이었으니, 그런 사람들을 사귀러 내려갈 생각은 없었다.

다만 간호부들에게는 달랐다. 그토록 간호실에 놀러 내려오라고 권하는데도 내려가지 않으면 정말 욕을 먹을 것 같았고, 산꼭대기 여자라고 멸시한다든지 주제넘다든지 따위는 내 속에 없는 일이니 인사를 치러야겠다고 생각한 것이었다.

  크리스마스도 지난 섣달 그믐께였다.

  아침부터 눈이 내렸고 지극히 조용했다. 기침 소리와 찜질할 얼음 깨는 소리가 간간이 들릴 뿐 간호실에서 지껄이는 소리도 없었다. 크리스마스를 여러 방에서 즐긴다는 말을 들었었는데 그날을 즐겁게 지내고 그만 열이 올라서 안정을 하지 않을 수 없게 된 환자가 많았는지도 몰랐다.

  입원 후 처음으로 도어를 열고 밖으로 나섰다. 층층대를 내려서 긴 복도를 걸어 간호실까지 갔다. 간호부 두세 사람과 간호부 아닌 여자 한 사람이 있을 뿐이었다. 간호부들도 눈을 크게 뜨며 놀라는 시늉을 했으나 다른 여자 한 사람이 더 반색을 했다.

  "아이구! 어떻게 이렇게 나오셨어요?"

  벌떡 일어서며 하는 말은 "아무개를 아시죠? 저는 그를 잘 알아요!" 알 만한 사람의 아는 사람이라고 하며 상냥하게 자기 소개를 했다. 안(安) 양이라고 했다.

  등뼈와 갈비의 카리에스*로 고름이 나오는 환자였다. 하도 오랜 환자가 되어서 오히려 환자 같지 않아 보였던 것이다. 옷차림도 그러했다. 여염 아낙 같은 옷차림이었다.

  그때 밖에서 호들갑을 떠는 소리가 들렸다.

  "이렇게 춥고 눈이 많이 쏟아지는데 어쩌자고 밖에를 나갔더냐"고 꾸짖는 소리와, 그보다도 높은 소리로 "이렇게 눈이 쏟아지는데

---

* 카리에스(caries): 만성의 골염으로 뼈가 썩어서 파괴되는 질환.

어떻게 방구석에 처박혀 있으란 말야요?" 대꾸하는 소리였다.

둘 다 웃음을 터뜨리며 다가온 여자는 하나는 간호부였고, 하나는 이건 또 안 양보다도 더 화려한 옷차림을 한 여자였다.

지우산에도 눈이 묻어 있었고 머리와 어깨와 앞자락에도 눈이 함빡 묻어 있었다.

깔깔대며 대꾸하고 들어오는 여환자는 간호실로 들어오려다 말고 안 양에게 "언니!" 하고는 쏜살같이 지나치는 것이었다. 쿵 쿵 소리를 내며 이층으로 올라가는 것이었다.

"할 수 없어! 할 수 없어! 인제 또 열이 올랐지 별수 있나!"

간호부는 그렇게 투덜거렸다. 그래도 웃으며 하는 말이었다.

"아무리 말해도 소용없어요! 갑갑해서 못 견디는 걸요!"

안 양의 말이었다.

안 양과 한 방에 같이 있는 환자라고 했다. 폐첨 카타르*로 37~38도의 열이 영 내리지 않는다는 것이었다. 청 양이라고 했다.

안 양은 간호부를 안동하고 내 방을 찾아왔다. 자기들의 방으로 초대한다는 것이었다. 사양했다.

그다음 날도 그다음 날도 간호부들이 더 야단이었다. 하도 졸라서 못 견디겠으니 한 번만 놀러 가주라는 것이었다. 방도 잘 꾸며놓고 있으니 살림살이도 구경할 겸 한번 가보라는 것이었다.

그것은 정월 초이튿날 밤이었다.

---

* 폐첨 카타르(肺尖 catarrh): 폐의 위쪽 동그스름하게 솟은 끝 부분에 발생하는 결핵성 염증. 폐결핵의 초기 증상이다.

이층 서쪽으로 맨 끝의 방인 그 두 사람의 입원실은 일류 호텔의 침실 같았다. 도어를 여니 타는 듯한 붉은빛과 코를 찌르는 향기가 정신을 아찔하게 했다. 다홍빛 쉐이드를 씌운 탁상 전등의 불빛보다도 그 빛이 두 대 나란히 놓인 침대의 빨간 꽃무늬 비단 이불에 비치어서 더욱이 타는 듯이 들이닥쳤던 것이다.

"이 방은 자꾸 보시면 안 돼요, 어서 저리로 들어가세요!"

안 양의 말이었다.

청 양은 침대 저편 그늘에 꾸부리고 앉아서 전열기에 차를 끓이고 있었다.

부속실은 밝은 전등에 더욱이 화려했다. 모두 빨간 빛이 많은 것이 놀라움이었다. 여자의 방이니 그럴 법도 한 일이지만 나의 입원실은 병원에서 주는 흰빛 일색이었기 때문이다.

청 양이 차를 들고 들어와서 깍듯이 초면 인사를 하는 것이었다. 갸름한 새하얀 얼굴에 눈이 맑은 미인이었다. 어디까지나 청결하고 범절이 분명했다.

홍차 찻잔도 병원이나 이 고장에서는 볼 수 없을 좋은 사기였고, 과자는 청 양이 또 고열을 무릅쓰고 병원을 빠져나가서 기차를 타고 사십 분이나 가야 하는 곳까지 가서 사 가지고 온 것이라고 했다.

빨간 꽃무늬 비단 이불을 씌운 고타츠(炬燵)에 발을 넣고 간호부와 넷이 앉으니 찻잔과 과자를 내려놓고 마작(麻雀)을 꺼내어 놓은 것이었다.

'새너토리엄에 마작이 당한가? 더욱이 열이 높다는 환자들이 이게 무슨 짓이람!' 하는 생각이었지만 하는 수 없었.

아름다운 새벽 95

마작이 힘들지는 않았다. 마지못해 한 판을 치르고 늦게야 돌아왔다.

기침이 나오는데 올라오는 것이 이상했다. 담 받는 컵에 뱉었다. 빨간 것이 있었다. 또 올라왔다. 새빨간 딸기 세 개가 유난히 아름다웠다. 담 컵을 높이 들고 들여다보는 사이에 정신이 아찔했다.

'이것이 객혈이라는 것이 아닌가?'

당장에 쓰러질 것같이 팔다리의 힘이 빠지는 것을 느꼈다.

의사는 문제도 안 되는 일이라고 했다. 혈담이 조금 나온 것을 놀라서 어쩌겠느냐는 것이었다. 피를 날마다 한 바가지씩 쏟는 사람도 얼마든지 있다고도 했다.

일주일만 절대안정을 하면 빨리 회복될 것이라고도 했다. 똑바로 천장을 바라보고 누운 채 양편으로 돌아눕지도 않고 물론 침대에서 내려와서는 안 된다는 것이었다.

소금물을 마시라고 했고 대통 같은 주사를 놓고 또 조그만 주사를 놓고 머리맡에 갖다 놓는 약이 많았다. 발그스레한 물약은 물 탄 포도주라고 했고, 누런 물약은 먹을 때마다 더운물에 중탕해서 마시라고 했다. 병 속에 굳어 있었다. 아교라고 했다.

가슴속 어디가 찢어져서 피가 나온 것이니 그곳을 아물게 하기 위해서 아교를 먹어야 하는 것이라고 했다. 누린내가 나서 마시기 고약했다.

문득 동경의 의사들이 하던 말이 생각났다. 세 사람이나 고명한 의사들이 맡지 못하겠다고 했던 것이다. 그런데 새너토리엄의 원장이나 의사는 한두 달 입원하면 나을 것이라고 했으니 잘 모르고 한 말이 아니었을까. 동경의 의사들이 결국은 잘 아는 것이 아니었을까. 이곳 원장이나 의사가 보는 것보다는 내 몸은 속으로 더 나쁜 것이 아닐까? 한 바가지나 쏟는 환자가 많다지만 그런 증세가 오히려 쉬운 것이 아닐까? 겉으로는 '괜찮다! 염려 없다! 일주일만 안정하면 된다!'고 하지만 의사는 속을 다 알고 하는 말이 아닐까? 인제 아무 짓을 해도 고칠 수는 없는 몸이니 마음이나 편하게 해주자는 허튼 수작일까! 그렇다면 죽음이란 말인가? 죽음!

번개같이 스쳐가는 생각이 많았다. 생각은 갈래갈래 뻗어 나갔지만 머릿속은 맑게 트여 있었다.

이십사 세 1월 3일. 이것이 전생에서 타고 나온 나의 명이란 말인가? 이렇게도 짧은 명을 타고 세상에 나왔더란 말인가? 억울하기도 하고 어쩔 수 없는 일이라는 생각도 들었다. 중의 학교와 절에서 얻어 들은 말이 머리 한구석에 크게 자리 잡고 있었던 것이다.

안 양 청 양의 방에는 무엇 하러 갔더란 말인가? 그렇도록 모질게 여자와는 상종하지 않기로 했으면서, 그 방에는 무엇 하러 넙죽넙죽 찾아갔더란 말인가? 그것도 저것도 모두 전생에서 작정된 일이란 말인가? 피하려야 피할 수 없는 전생의 약속대로 내가 움직였다는 것인가?

생각이 그렇게 미치자 과연 오늘 밤의 일은 모두가 이상한 것 같았다. 간호부의 안동으로 가기는 했었지만 여자들의 방을 아무 거리낌 없이 천연스럽게 찾아간 것도 내가 내 정신으로 한 짓 같지가 않았다. 동경에서도 그러했고 바닷가의 넉 달도 그러했고, 여자는 피해만 다니던 것이 오늘 따라 어떻게 그렇게 천연스럽게 새빨간 방에 들어가서 홍차를 마시고 마작을 하고 낄낄거렸는지 돌이켜 생각해도 알아낼 수 없는 이상한 일이었다고 생각되는 것이었다. 홍차는커녕 엽차조차도 몸에 해롭다고 해서 마신 일이 없었고, 그런 것보다도 입원 후에 입원실을 나선 일조차 처음이었기 때문이다. 모두가 전부터 내 힘이 미치지 못하는 어떤 힘이 마련해서 꾸며놓은 놀음에 끌려 나간 꼭두각시였던 것만 같이 생각되는 것이었다.

그렇게 생각이 가니 그 여자들을 처음 만나게 된 것까지도 이상스럽게 생각되는 것이었다.

인생은 인연으로 시작되어 인연으로 끝나는 것이라고 불교는 가르쳤던 것이다. 입원 후 한 달 만에 비로소 간호실에 내려간다는 것이 하필이면 그 여자들이 있을 그 시간에 들어서게 되었을까? 그런 일까지 전생에서 이미 작정되어 있는 일을 멋모르고 내가 행동했다는 것일까! 이것이 모두 인간의 힘이 미치지 못하는 전생의 인연, 삼세(三世)를 윤회하는 인과의 법칙이라는 것일까?

일본으로 건너 간 후로는 생각해본 적이 없던 굿당의 화상까지가 머리에 떠오르는 것이었다. 덕물산 최영 장군 사당 뒤에서 본 일이 있는 붉은 바탕에 얼굴 새하얗고 머리 까맣고 실눈에 눈알이 동그란 여자의 화상이 식칼을 냅다 팽개치며 "냉큼 물러가지 못할까!" 소리 지르던 무당, 작두 위에서 덩실덩실 춤추던 무당의 꼴과 뒤섞여서 떠올랐던 것이다.

그것은 또 열두 살짜리 신부의 모습이 되기도 하며 그의 저주를 받은 것이 아닌가 하는 생각이 드는 것이었다. 내가 일체 여자와 상종하지 않기로 한 것은 누구에게 걸어서 맹세한 일이 아니었지만 오늘 밤의 일로 해서 그의 저주를 받은 것이 아닌가 하는 생각이었다.

 잠을 이루지 못할 것 같았지만 약 기운 탓으로 깊은 잠에 떨어졌다가 깨었을 때는 해가 높았고 온몸이 매작지근해서 일어날 생각이 나지 않았다.

 아침 햇살이 창으로 쏟아져 들어오고 푸른 하늘이 바라보이니 지난밤의 두려웠던 상념은 맥을 못 추고 반발하는 마음만이 솟아오르는 것이었다.

 '네가 나를 저주해? 당치도 않은 말이다! 안 될 말이다! 네가 만일 나를 저주함으로써 나를 죽음의 길로 이끌 수 있는 일이라면 애당초에 나는 다른 여자들과 놀지 말자는 마음마저 먹지도 않았을 것이다. 어디까지나 나의 양심의 문제일 뿐이요, 이 몸을 깨끗이 하자는 의지였지 너에게 책임을 져야 할 일이라고는 생각하지 않는다. 더욱이 죄를 지었다는 말은 듣고 싶지 않다! 하물며 너에게 그런 권한이 있다고는 생각하지 않는다!'

 맹렬한 반발이 치솟는 것이었다. 설사 그것이 대감님들이라든지 무당이 숭상하는 오방신장이라든지 천하장군 지하장군에 오백 나한이 들이닥치더라도 무서울 것도 두려울 것도 부끄러울 것도 없다고 외치는 것이었다. 그런 것들이라면 그것은 신이 아닐 것이라고 생각되고 들이닥치더라도 빳빳이 맞설 수 있을 것 같았다.

 그럴 까닭이 몇 가지 있었다.

 열두 살짜리와 성례를 했다기로서니 그것은 나의 책임이 아니라는 것이었다. 어른들의 잔치거리가 되어서 큰 잔치를 벌였고, 신랑 집에서는 신부를 날마다 아니면 하루걸러 데려다가는 곱단하게 앉혀놓고 구경하는 잔치였고, 신부 집에서는 신랑을 데려다가 일갓집으로 돌려 구경거리를 삼았을 뿐이니, 그 신랑 신부라는 열두 살짜리 어린아이들은 부부가 무엇인지 남녀의 사랑이 무엇인지조차 깨닫기 전의 일이었다는 것이요, 육례(六禮)를 갖추어 초례상 앞에 마주 서서 절을 꾸벅꾸벅하고 바지저고리 입은 채 진땀을 흘리며 하룻밤 한 이불 속에서 잤다고 해도 숫처녀임에는 틀림이 없는 것이다. 책임이 있다거나 죄를 진 일이라면 그것은 신랑 신부의 부모가 질 일이지 나에게는 있을 수 없는 일이라고 생각하는 것이었다.

또 한 가지 다른 여자에게 눈을 팔았다는 일이라면 그것은 더욱이 말도 안 되는 일이라고 생각하는 것이었다. 나의 세 분 형님은 모두 두 분 아니면 네 분의 부인을 가지고 계셨었고, 고향 사람들은 지낼 만한 사람은 거의가 둘셋씩 있는 것이 의례건 되어 있던 것이다. 아들을 낳기 위해서 하는 일이었지만, 본부인에게 아들이 있는 사람이라도 첩을 하나둘 가지는 것은 예사였다. 그것은 원래가 철이 들기 전 어려서 결혼시키는 풍속이었고, 신랑보다 신부가 나이 위인 경우가 많았고, 동갑짜리라 하더라도 나이 지긋해지면 여자가 먼저 늙기 때문에 젊은 사람을 맞아들이는 일도 있는 것이었다. 그러니 만큼 '나를 두고 다른 여자에게 눈을 팔았다!'는 따위로 저주를 받을 까닭은 없다고 강경히 반발하는 것이었다.

지금 이 자리에서 날이 선 식칼을 나에게 향해 냅다 던진다 하더라도 나는 야구 볼 받아 넘기듯이 서슴지 않고 받아 넘길 수 있는 것 같았고, 감히 나에게 다가오지도 못하리라고 생각하는 것이었다.

더욱이 내가 다른 여자들에게 눈을 팔지 않기로 한 것은 그 신부보다도 내가 사랑하던 사람 '순'을 위해서였는데, 그 사람의 모습이 나쁘게 떠오르지는 않았던 것이다. 나를 원망하거나 저주하고 있으리라고는 생각되지 않는 것이었다. 오히려 그의 행복을 비는 마음이 간절했고, 지금 어디서 어떻게 살고 있는지 알아보아야겠다는 생각뿐이었다.

침대에 똑바로 누운 채 간호부의 손으로 세수하고 죽을 먹고 내처 누워 있었다. 의사는 두 사람 간호부와 같이 들어오면서 벌써 껄껄 웃는 것이었다.

"정말 절대안정을 하시는군! 뭐 그렇게까지 안 해도 좋아요! 곧 나아요!"

그런 말을 웃으며 하면서도 나중에는 덧붙이는 것이었다.

"그야 그보다 더 좋은 일은 없지만……"

그런 의사의 말이 곧이들리지는 않았다. 어디까지나 나의 마음을 편케 해주려는 겉치레로만 들리는 것이었다. 죽음! 죽는다는 것만이 머릿속을 차지하고 있었다.

그렇다면―죽음이 다가오고 있다면―하고 생각했다.

서둘러 치러야 할 몇 가지 일이 있는 것 같았다. 그런 일을 모두 깨끗이 치러놓고 뉘우침 없고 마음에 걸리는 것 없이 죽어가고 싶었다.

첫째로 장가든 색시의 문제였다. 분명히 해놓아야겠다는 생각이었다.

이대로 죽으면 죽은 다음에 그 색시도 내 무덤에 합장될지 모른다는 두려움이 앞섰기 때문이었다. 그것은 안 될 말이요 무서운

아름다운 새벽 101

일이라고 생각하는 것이었다. 그 시절에는 성례를 하기 전, 혼약만 해놓고 신랑이 죽더라도 신부는 일평생을 과부로 지내는 일이 많았고, 그러면 신랑의 무덤에 합장하는 풍속이었던 것이다.

십여 년을 돌보지 않고 부부 관계가 없는 사이였지만 그 색시가 나를 남편으로 여기고 종신한다면 그것은 반드시 그렇게 되고야 말 것이 분명한 것이었다.

생각하면 그에게도 나에게도 책임이 있는 일은 아니었으니 그 색시가 일찌감치 개가를 하면 그도 행복할 수 있는 일일 것이지만, 그의 의사나 그 집안의 의사가 그렇지 않으리라는 것도 짐작이 가는 일이었다. 한 남편을 섬기고 죽어야 하는 것이 여자의 길이라고 했고 개가한다는 일은 여자로서 옳지 않은 일이며 가문에 욕되는 일이라 했기 때문이었다.

내가 만일 그 여자에게나 그의 부모에게 나를 잊어버리고 개가하기를 권한다면 가문을 모욕하는 일이라고 크게 분개해서 어떤 사단을 일으킬는지 모를 일이었다. 그렇다고 그대로 두고 내가 죽어갈 수는 없는 일이라고 생각하는 것이었다.

세상은 하루하루 개화되어갔고 결혼, 이혼, 연애에 대한 젊은 사람들의 생각은 많이 변해가고 있었다. 내 또래로 이혼한 친구는 많았고 그중에는 개가한 여자도 있었다. 한동안 고향 사람들의 욕바가지가 되기는 했지만 차츰 그런 일도 남의 입에 오르내리지 않게 될 것같이 생각되는 것이었다.

이혼을 해서 우리들이 아무 관계가 없다는 것을 분명히 해놓는 일은 첫째 내 마음이 편하고 그 여자의 앞날을 위해서도 좋을 것이다. 죽어가는 사람으로서 마땅히 풀어주어야 할 사슬이라고 생각하는 것이었다. 당장은 욕을 하더라도 앞날에 행복의 길을 찾을 수도 있는 일이라고 생각하는 것이었다.

첫째로 이혼을 해야 할 것이라고 생각한 것이었다. 성례한 지 십여 년이 지났어도 호적에도 올리지 않은 관계였다. 두 집안에서 합의라기보다 신부와 그 아버지가 승인만 해주면 되는 일이었다. 이것을 서둘러야겠다고 생각한 것이었다.

곧 아버지에게 편지를 썼다. 집을 떠난 후 처음으로 쓰는 편지였다. 그것은 아버지가 정해주신 색시와 이혼을 해주셔야 마음에 걸리지 않겠다는 호소였다.

둘째로 사랑하던 '순'의 문제였다.

순을 처음 만난 것은 서울 학교에 오르내릴 때의 기차간에서였다. 기차간에서 유난히 눈에 띄는 아름다운 여자였다.

서울서 토요일 오후 네 시 차를 타면 그 차는 정거장마다 오랫동안 정거하는 완행차라 여덟 시가 지나서야 고향에 닿게 되었고, 객차가 하나나 둘밖에 없었다. 일곱 시가 지나서, 그러니 고향 가까이 간 셋째 못 미쳐 정거장에서 그 사람은 타는 것이었다.

그 사람이 차에 오르면 찻간은 갑자기 밝아졌고 한 송이 함박꽃이 거기 조명을 받으며 서 있는 것 같아서 내 가슴은 부풀었다. 그 사람이 차에 타지 않으면 고향 집에 가는 길이 허행인 것같이 허전했다.

토요일에 탔으면 월요일 새벽차에는 반드시 탔다.

다섯 시 차는 급행차라 전부가 객차였고, 두 시간이면 서울에 닿았다. 정거하는 시간도 불과 일이 분이었고 정거하지 않는 곳이 많았다. 고향에서 떠나면 다음 정거하는 곳이 그 사람이 내리는 곳이었다. 올라탈 때에 그 사람이 탈 만한 찻간에 타야만 잠깐 사이 바라볼 수 있었고 다른 찻간에 타면 그만인 것이었다. 만나면 멀리서 바라보기만 해도 흐뭇하고 즐겁고, 만나지 못하면 일주일을 헛되게 보낸 것 같았다.

기차 통학생 중에는 그 사람에게 눈독 들이는 사람이 많았다. 고향 어느 동네에 사는 어떤 집 딸이라는 것을 아는 학생이 있었고, 셋째 정거장 조그만 소학교 선생이라는 것도 순이라는 이름도 아는 학생이 있었다.

나는 편지를 써서 부쳤다.

답장이 왔다. 또 썼다. 또 받았다.

편지 쓰는 일과 편지를 부치고 나서 답장 오기를 기다리는 나날은 초조하면서도 즐거웠다.

편지를 부친 다음에는 기차간에서 만나면 어떻게 인사를 하고 말을 건네야 할까 부끄럼만이 앞서서 토요일에 기차를 타지 않기로 했다.

순은 이내 고향의 소학교로 전임이 되었다. 기차간에서 만날 기회는 끊어졌다.

'아차! 지난 몇 주일 동안 토요일마다 고향에 내려갈 것을!' 하는 생각도 있었지만 오히려 마음이 놓이기도 했다.

벌써 편지 왕래는 여러 번이었고 편지를 부치면 반드시 답장은 받는 것이었으니 기차간에서 눈독 들이던 다른 남자들의 눈에서 멀어지는 것이 오히려 좋았고, 인제는 나와 단둘이서만 편지를 주고받고 편지로 얼마든지 정이 두터워질 수 있으리라고 생각한 것이었다.

방학이 되자 단둘이 만나서 이야기하고 싶은 마음이 간절했다.

고향 정거장 앞에는 넓은 공원이 있었고, 연못이 있었고, 연못 가운데 조그만 정자가 있었다. 그 정자로 나오라고 편지를 썼다.

어두운 저녁이었다.

순은 어린 남동생에게 사방등에 불을 밝혀 들게 하고 같이 나왔다.

"먼저 들어가!"

순은 내가 정자에 앉아 있음을 보고 남동생을 돌려보내는 것이었다.

늦도록 이야기하고 어깨를 나란히 같이 돌아왔다. 이야기는 문학 이야기뿐이었다. 때마침 쏟아져 들어온 문학책은 일본서도 겨우 시작된 러시아, 독일, 프랑스의 시와 소설의 번역 책이었다. 나는 그런 책들을 일본으로 직접 주문해서 읽었고, 순도 몇 가지 읽은 것이 있었기에 이야기는 맞아 들어갔다.

고향에서 자주 만날 수는 없었다. 남의 이목이 두렵기 때문이었다. 내 처지도 그러했고 소학교 선생이 남자와 만난다는 일도 그러했거니와, 도대체 남자와 여자가 밖에서 만난다든지 같이 걷는다는 일은 해괴망측한 일로 생각하는 때였던 것이다.

개학이 되어 나는 다시 서울 숙소로 올라갔다.

학교에서는 여전히 동맹 휴학 바람이 가시지 않았다. 동맹 휴학이면 고향으로 내려갔었고 토요일이면 내려갔었다.

가을철 어느 토요일이었다.

오후 네 시 차는 조무래기들로 꽉 차 있었다. 서울까지 수학여행을 왔다가 돌아가는 고향 소학교 여학생들이었다. 그렇다면 순도 있을까? 화물차 십여 개 끝에 연결한 단 두 개의 객차였으니 두리번거려야 할 것도 없었다. 순은 없었다.

그래도 남의 눈에는 내가 두리번거리는 것으로, 그것은 앉을 자리를 찾느라고 두리번거리는 것으로 보였던지 "이리 앉으라"는 여자의 소리가 있었다. 일본 여자였다. 권하는 대로 맞은편 자리에 나는 앉았다. 그 학교 선생이었다. 말동무 없이 혼자 떨어져 앉아 있는 것이었다. 나는 그가 묻는 대로 대답해주었다. 말동무가 되어버린 것이었다. 일본서 건너와서 그 학교로 부임한 지 얼마 안 된다고 했다.

조무래기 여학생들은 참새 떼처럼 재잘거렸지만 일본 여선생은 조용히 묻는 말이 많았다. 조무래기들이 얼씬을 하지 않으니 조용히 이야기할 수 있었다.

정거하는 정거장마다 십 분 이십 분씩 정거하는데, 코스모스 하늘거리는 역 구내에는 까맣도록 참새 떼가 모여 앉아서 재잘거렸다.

기차 안팎에서 재잘거렸지만 우리들은 조용한 시간을 보냈다.

나는 책보에서 책을 꺼내 들고 읽으려고 했다.

여선생은 조그만 백에서 과자를 꺼냈다. 같이 먹자는 것이었다.

그 사람의 것만을 먹는 것은 인사가 아닐 것 같아서 나는 사과를 몇 개 사서 여선생에게 주었다.

여선생은 내 책을 보기도 했다. 그러니 내 이름도 알게 되었고 순과 아는 사이라는 것도 알았던 것이다.

  곧장 순에게 이야기를 했던 모양이었다. 순에게서 편지가 왔다.

  어쩌면 그렇게 일본 여자에게 친절하게 했더냐는 것이었다. 어떤 이야기를 했기에 기차 속 네 시간이 지루하지 않도록 재미있게 해주었더냐는 것이었다. 그리고 부러워 못 견디겠으니 나도 한번 서울까지 가겠으니 그만큼 친절하게 해주겠느냐는 것이었다.

  일본 여선생이 굉장히 풍을 떨었던 모양이었다.

  순이 서울 오는 날은 서울역까지 마중을 나갔다. 여선생같이는 보이지 않을 새색시 같은 옷차림이었다.

  저녁이기는 했지만 먼저 용산으로 나갔다. 아는 사람을 만날까 두려웠기 때문이었다.

  구두는 신었다 해도 노랑 법단 저고리 입은 여자와 중학교 교복에 더욱이 망토를 걸친 남학생이 한강을 거니는 모습은 그때 한창이었던 「장한몽」이라는 연극에 나오는 이수일과 심순애 같았을 것이다.

  다시 서울 장안을 거쳐 계산 꼭대기로 올라갔다.

  달이 밝았다.

  낙락장송 밑에 망토를 깔고 나란히 앉아서 이야기에 꽃을 피우며 밤을 새웠다.

  순이 이미 결혼한 지 오래된 것을 알게 되었다. 성례는 했지만 신랑은 곧 일본으로 건너가서 기선회사의 선원이 되었다는 것이었다. 세계의 바다를 돌아다니며 집에 돌아오지 않기를 벌써 육칠 년이 된다는 것이었다. 편지도 일 년에 한두 번 어쩌다 왔는데, 집에는 돌아올 생각이 없다고 했으며, 아버지에게 써서 보낸 글에 '순을 돌려보내주라'고 했더라는 것이었다. 아버지도 하는 수 없이 순을 본가로 돌려보내게 되었고, 벌써 그 집과는 아무 관계 없는 사이라는 것이었다.

그 신랑이란 사람도 나만큼 어릴 때에 집안의 잔치거리로 장가를 들고 쩔쩔 끓는 방에서 진땀을 뺀 사람인지도 모를 일이었다. 그러나 그런 사연은 아무래도 좋았다. 그런 사연으로 해서 순이 조금도 얕뵈지도 돈뵈지도 않는 것이었다. 나는 순을 사랑했고, 순이 나를 사랑하면 그만이었다. 손 한번 만지지 않는 사랑이었다. 하물며 장래에 우리가 결혼을 하고 살림을 차리고 어쩌고 하는 따위는 생각해본 일도 없었던 것이다.

겨울에는 일본으로 유학을 떠났다.

순도 유학을 가겠노라고 했다. 학교에서 받은 월급을 그대로 맡겨둔 것이 큰돈이 되어 있었고, 학기말 3월까지 근무하고 퇴직하면 또 목돈을 받게 된다고 했다. 3월 하순께는 동경서 만나기로 했다.

봄을 재촉하는 비가 부슬부슬 내리는 날 순은 동경에 닿았다.

음악 학교에 다니는 친구가 그의 남편과 살림을 차린 집에 순은 기숙하기로 했다. 방 하나를 쓸 수 있었다.

날마다 밖에서 만났다.

내 숙소에는 고향 친구가 많기도 했지만 방에서 단둘이 마주 앉을 생각은 없었다.

밖으로 다니며 음악 학교에 입학 수속도 했고 구경도 하며, 아침밥만 따로따로였지 점심 저녁은 함께 사 먹는 날이 많았다.

동백꽃이 텁텁해지며 벚꽃이 필 무렵이었다.

순의 친구 내외가 갑자기 귀국하게 되었다. 친구의 남편은 외아들인데 그의 부친이 별세했다는 전보를 받고 고향 함경도로 황황히 떠나게 되었다는 것이었다.

짐을 꾸리며 순에게 부탁하더라는 것이었다.

"못 오게 될는지도 몰라요. 우리들의 형편으로는 꼭 와야겠는데, 어쨌든 가 보아야 알 일이지만 이 셋집은 놓치기 싫고, 한 달 동안만 집을 맡아서 보아주어요! 곧 기별은 하겠지만 다시 오더라도 한 달은 걸릴 테니……"

그런 부탁도 짐을 꾸리며 두서없이 하는 말이었으니 '하겠다' '못 하겠다' 대답할 겨를도 주지 않고 그만 집을 떠나버렸다는 것이다. 꼼짝없이 집 한 채를 떠맡게 되었으니 무섭기도 하고, 같이 있어주었으면 좋겠다는 것이었다.

그런 일을 왜 맡았느냐고 할 수도 없는 사정이었지만 옳다구나 잘됐다는 생각도 없었다. 성이란 것에 아직 완전히 눈 뜨기 전 나이라고 할 수도 있겠지만, 그즈음의 사조는 성이란 것을 지극히 천하게 생각하고 정신적인 사랑만을 진짜 사랑이라고 했고 높은 사랑으로 여겼던 것이다. 그 관계는 몸을 더럽히는 일이라고 일컫기도 했다. 연애지상주의 문학이 유행했고, 사랑하는 젊은 남녀가 몸을 더럽히지 않은 채 정사하는 사건이 많이 일어났었다.

나는 짐을 옮겼다.

뜻하지 않았던 동거 생활은 열흘도 못 갔다. 여러 가지 사건이 한꺼번에 들이닥쳤던 것이다. 순의 학비가 제대로 오지 않았다. 순의 계산으로는 이 년 동안 학비로 쓰기에 넉넉한 돈을 맡겼던 것인데, 맡은 사람이 제때에 보내주지 않을뿐더러 남은 돈이 얼마 안 되니 속히 돌아오라고 기별해온 것이었다.

속이 들여다보이는 일이었다. 벌써 소문이 들어간 것이 분명했다. 옳지 않다는 비난과 반성을 권하는 일이라고 볼 수도 있지만 인제 고향에 돌아오지 못할 여자라는 딱지를 붙이고 배짱을 부리는 것이라고 순은 말했다. 넉넉히 그럴 만한 사람이었다. 편지로 아무리 애원을 해도 욕을 해도 돈을 보내줄 것 같지는 않았다.

순은 중국으로 건너가겠다고 했다. 중국에는 언니라고 부르는 제일 친한 친구가 넉넉한 사람과 살림을 하며 공부하고 있는데, 순이 동경으로 가기 전부터 중국으로 오라고 권했다는 것이었다. 같이 지내며 공부할 수 있다고 했다. 가면 안 된다고 붙들 수도 없는 처지였지만 그게 좋다고 선뜻 찬성할 수도 없었다.

마음만 어지러운데, 엎친데 덮쳐 남편이 나타난 것이었다.

하루는 학교에서 늦게 돌아오니 순이 벼락같이 내닫는 것이었다. 반가워서가 아니었다. 가슴에 안기듯이 하며 문 밖으로 미는 것이었다. 대문을 닫은 다음에야 입을 열었다.

"조금만 놀다가 들어오세요! 한 시간만!"

"……"

"그이가 왔어요! 기선 타고 세계를 돌아다니는 사람이 인력거를 타고 왔어요! 곧 돌려보낼 테니 꼭 한 시간만 있다가 들어오세요! 늦으면 안 돼요!"

"……"

"편지를 했죠! 호적을 갈아달라고! 한 달이 지났는데, 편지는 안 주고 집을 찾아왔어요! 곧 들어오셔야 해요!"

죽을 지경으로 난처해하는 얼굴이었다.

나는 고개를 끄덕이고 돌아서 걸었다. 짐작할 수가 있었다. 그들 집에서 성례하자 호적에 올렸던 모양이었고, 본가로 돌려보낸 지가 칠팔 년이 되어도 그런 수속까지는 아무도 손을 대지 않았던 모양이었다. 그런 사정은 쉽사리 짐작이 갔으나 신랑이 찾아왔다는 일은 간단히 넘길 수 없는 일이었다.

전의 숙소로 가서 친구의 방을 찾았다. 술을 마시고 같이 누웠다.

신랑이 예전 편지에 썼던 것과 같은 생각이라면 인력거꾼을 앞세워서 집까지 찾아올 리가 없으리라고 생각되는 것이었다. 호적을 갈아달라고, 정식으로 이혼해달라는 편지를 어떤 먼 나라 항구에 닿았을 때에 받았을 것이다. 일본에 닿자 곧 기차를 타고 동경으로 왔을 것이다. 그렇다면……

이혼 수속을 하려면 도장 한 장만 찍어 보내면 될 일인 것이다. 이혼 수속을 빨리 치러주기 위해서 찾아왔을 리는 없으리라고 생각되는 것이었다. 더욱이 칠팔 년 만에 만나는 신부! 한창 꽃핀 나이의 순을 만나 보면 이혼 수속을 치러주기 위해서 왔다 하더라도 놓아주고 싶지는 않을는지 모른다.

문득 톨스토이의 「산송장」이 머리에 떠올랐다. 그즈음 젊은이로서 읽지 않은 사람이 적었을 것이다. 일본의 문학이나 영화까지도 그 영향이 컸었고 젊은이들의 생각도 그에 기우는 편이 많았던 것이다.

아름다운 새벽 111

순의 성례한 사람이 찾아와서 순을 놓지 못하겠다고 한다면, 나는 물러서야 한다는 생각이었다. 순이 망설이거나 거절한다 하더라도 오히려 그를 좇도록 권해야 한다. 깨끗이 물러서야 한다는 생각이 솟는 것이었다.

내가 신랑보다 더 순을 행복하게 해줄 수 있다고는 생각할 수 없다. 마땅히 물러나서 그들의 행복을 비는 것이 순을 사랑하는 일이 될 것이다. 순이 무어라고 하더라도 모질도록 끊고 물러서는 것이 순을 사랑하는 일이 되는 것이다.

밤새 생각해서 얻은 결론은 이런 것이었다. 결심을 했어도 착 가라앉을 수는 없었다. 비 내리는 소리에 더욱이 쓸쓸하고 서글펐다.

이튿날도 비는 그치지 않았다. 늦게 일어나서 친구와 아침술까지 했다.

순이 나의 우비를 사서 들고 찾아온 것이었다. 비를 맞아 초라해 보였고, 눈은 부석부석 부어 있었다. 원망하는 눈매였다.

야속하다고 했다.

그 사람은 밤새 조르다가 새벽녘에야 돌아갔고, 다시 오겠다는 것을 아주 끊어 말했다는 것이었다.

같이 돌아가자고 했으나 나는 그럴 생각이 없었다. 내 짐작은 들어맞았고 내가 얻은 결론은 옳은 것이라고 다짐하는 것이었다.

그날도 친구의 방에서 지냈다.

그날 밤이었다.

찾아온 친구는 나 때문에 친구를 찾아온 것이었다. 술에 얼근해 있었다.

"마침 잘됐네! 큰일 났어! 내일 철권단이 자네를 찾아간다는 거야."

"뭐, 철권단이?"

방 임자가 먼저 놀라는 것이었다. 놀라운 소식을 들려주어도 눈 깜짝 안 하는 나를 두 친구는 겁에 질려서 말문이 막힌 것으로 보았던 모양이다.

"걱정할 건 없어! 나도 가겠네! 내가 가서 막아낼 테니 자넨 잠자코 보고만 있으란 말야!"

그리고 방 임자에게 말하는 것이었다.

"그래서 온 거야! 자네도 같이 가자고!"

"같이 가세! 깟 놈들이 무슨 참견야! 원 참!"

방 임자도 철권단을 비웃는 것이었다.

'철권단'이란 무쇠 주먹 단체란 말이다. 유학생들이 조직한 주먹질하는 단체였다.

1919년의 독립운동은 본국보다 한 달 앞서 동경에서 횃불을 올렸던 것이니, 그 후에 갑자기 향학열이 높아져서 동경으로 모여드는 유학생이 많았고, 그중에는 별별 사람들이 많았다. 젊은이보다 나이 많은 사람들이 많았고, 학교에는 다니지 않고 놀러만 다니는 사람도 많았다. 본국에 처자 있는 사람으로서 갑자기 신여성 유학생을 보매 정신이 팔린 사람도 많았던 모양이다. 나이 많은 사람들의 행동은 젊은 사람과 달라서 염치 불고하고 눈에 든 여학생을 숙소로 찾아가서 졸라댄다든지 길거리에서 붙잡고 늘어져서 못 살게 구는 일도 있었던 모양이다. 그런 일은 일본인의 눈에 띄는 일이니 민

아름다운 새벽　113

족의 위신을 손상하는 일이라고 해서 주먹맛을 보여주어야 한다는 것이며, 학교에 다니지 않고 놀고먹는 사람도 때려주어야 한다는 것이 철권단의 일이라고 했다. 그런 소문은 널리 퍼져서 알려져 있었지만, 드러난 일은 삼각관계의 한편 남자를 위해서 다른 남자를 주먹질했다는 소문도 있었다.

그러나 때는 바야흐로 연애 자유와 개인의 자유를 높이 찬양하고 주장하였던 것이니 일차대전이 끝난 후의 세계 사조이기도 했거니와 갑자기 쏟아져 들어온 외국 문학의 영향이 컸던 것이다.

철권단은 대개 힘깨나 쓰는 정치과 철학과 아니면 체육과의 학생인데, 내 친구 두 사람은 이건 국문학에 영문학 학도들이었다.

주먹다짐이라면 고스란히 맞았지 한번이라도 맞서지는 못할 나약한 젊은이들이었다. 술기운으로 큰소리는 치고 남의 연애를 방해하는 만행이라고 의분을 느끼는 것이었지만 주먹 앞에 겁이 없을 수는 없었다. 들뜬 목소리들이었다.

이튿날의 광경도 그러했다.

그들이 찾아온다는데 피할 필요는 없다 생각하고 집으로 돌아갔던 것이다.

내 친구 두 사람은 대낮인데도 술을 마시어 얼굴이 벌게서 왔고, 철권단이라는 사람은 한 사람뿐인데 모두 서로 아는 사이였다. 두 친구는 낮술로 기운을 돋우어 여차직하면 싸움이라도 할 비장한 각오를 가졌던 모양이었다. 우리 둘을 가로막고 앞에 앉는 것이었다. 철권단은 조용히 말했다.

"그렇게 흥분하실 게 아냐! 살림은 곧 치우는 게 옳지 않겠소?

학생 신분으로 옳지 않은 일이거니와 일본인들이 어떻게 생각하겠소? 잘 생각해서 곧 갈라서시오!"

주먹질도 말다툼도 없이 싱겁게 헤어져버렸다.

두 친구는 어깨가 으쓱했다. 철권단과 맞선다는 일은 부끄러운 일이라기보다 자랑거리로 소문이 도는 것이었고, 말하자면 폭력과 무저항, 정치 청년과 문학 청년의 대결이기도 했기 때문이었다.

그러나 나는 도시 무감각했다. 순을 신랑에게 돌려주어야 한다는 큰 문제만이 머릿속을 차지하고 있었기 때문이다.

두 친구는 나에게도 순에게도 절대 갈라설 것이 없다고 권고하고 격려해주었으나, 나는 곧 짐을 옮겼고, 며칠 후에는 순이 중국으로 떠났다.

나를 잊고 신랑에게로 가야 한다고 했으나 순은 그것은 안 될 말이라고 한 채였다. 이 년 후 공부를 끝마치고 만나자는 것이었고, 나는 영이별로 생각한 것이었다.

나는 귀국 후 연금 상태에 있었다. 철권단의 투서로 집에서 알게 되었기 때문이다. 가족은 이 놀라운 불량소년에게 누구나 냉랭했다.

몇 달 후에 순은 아이를 낳았다고 했다. 또 몇 달 후에는 아이가 죽었다는 편지를 받았다.

두 장 편지만이 집에서 나에게 전해진 순의 편지였다. 이런 일만은 알리지 않을 수 없다고 해서 나에게 전해졌을 것이다.

서울까지 오르내릴 수 있을 때에 얻어들은 소문은 순이 중국에서 다른 사람과 결혼했다는 것이었다.

도망꾼으로 일본에 건너온 후, 순에게 두 번 편지를 부쳤었다. 얻어들은 주소는 언제나 이사한 후였던지 모두 되돌아왔다.

　내가 여자를 멀리하기로 한 것은 순을 떠나보낸 때부터였다. 나의 행복이나 즐거움을 위해서 너를 이별하는 것이 아니다. 오직 너의 행복, 너의 옳은 길을 위해서 하는 일이다. 그러므로 나는 다른 어떤 여자에게서도 행복을 구하지는 않을 것이다. 그런 마음에서였다.

　지금 나에게 죽음이 다가오고 있다면, 순의 형편을 알고 싶었다. 직접 편지를 부쳐서가 아니라 다른 사람을 통해서 알고 싶은 것이었다.

　순이 살림을 하고 있다면 그의 행복을 빌고 싶고, 순이 내내 혼자 있는 것이라면 '나는 너를 사랑하고 있다, 모질게 끊었던 것도 사랑하기 때문이었다'고 한마디 남기고 싶었다.

　순에게 대해서는 어디까지나 책임을 느끼는 것이었다. 내 사랑이 아니었더라면 아직도 고향에 한 떨기 아름다운 꽃으로 피어 있을 것을, 이국땅을 헤매며 고향에 돌아오지 못하는 신세가 되어 있는 것은, 그것이 모두 내 탓이라고 생각했다. 그런 한편 만일에 순이 아직도 나를 잊지 않고 있다면 내가 죽은 후라도 순을 사랑하고 싶고 순의 사랑을 받고 싶고 그 사랑으로 해서 구원을 받고 싶은 것이었다.

　그즈음 「지옥의 돈 후안」*이라는 희곡이 있었다.

---

* 모차르트의 오페라 「돈 조바니(Don Giovanni)」의 대본을 일컫는 것으로 보임. 로렌초 다 폰테의 작품이며, 원작은 17세기 스페인의 극작가 티르소 데 몰리나가 쓴 「세비야의 탕아와 돌의 초대객」이다.

유명한 돈 후안이 지옥에서 심판을 받는 장면이었다. 생전에 진심으로 서로 사랑한 사람이 있으면 한 쌍이 되어서 천당으로 갈 수 있다는 것인데, 많은 여자를 사랑했고 또 사랑을 받았다고 믿고 있는 돈 후안이 자신만만하게 여자의 이름을 대면 그 여자가 나타나서 당치도 않은 소리라고 코웃음 치며 지나가고, 돈 후안이 이름을 대는 여자마다 진심으로 돈 후안을 사랑하지는 않았었다는 사실이 드러나서 당황하고 초조해하는 것이었다.

내가 만일에 그런 심판을 받게 된다면 순의 이름 하나밖에는 없지 않은가. 그러나 순이 과연 그렇다고 대답할 것인가, 코웃음을 칠 것인가…… 서둘러 순의 행방을 알아야겠다고 생각한 것이었다.

문득 정거장 앞 공원에서 순을 처음으로 만났을 때 사방등에 불을 밝혀 들고 같이 나왔던 남동생 생각이 났다. 그 아이도 자라서 지금은 어른이 되었을 것이다. 어째 그 생각을 못했을까. 곧 고향에 있는 친구에게 편지를 썼다. 순의 남동생을 찾아서 순의 형편과 행방을 알아서 기별해주면 고맙겠다고 썼다.

셋째로 글을 좀 써놓고 싶다는 욕심이었다. 동화를 몇 편 써서 발표했고 희곡도 발표한 일이 있었지만, 그것만으로 죽어가기는 억울하다는 생각이었다. 서둘러서 쓰면 좀더 탐탁하고 보람 있는 것을 써놓을 수 있을 것같이 생각되었던 것이다.

'좀더 살 수 있었으면……'

이런 일 저런 일을 생각하면 지금 곧 죽어서는 정말 안 되겠다는 마음뿐이었다.

창은 온통 파란 물감처럼 한 점 티 없는 맑은 하늘이 차지하고

아름다운 새벽　117

있었다. 높은 산에서는 산에서 구름이 나왔다. 해가 솟자부터 구름은 뭉게뭉게 피어나와 온 하늘을 둥둥 떠다니며 천 가지 만 가지 황홀한 무늬를 수놓아 보이고 해질 무렵이 되면 어디로 가는지 싹 쓸어 한 점 없이 없어졌다. 구름 한 점 없는 새파란 하늘은 무섭도록 높고 깊었다. 그것은 거룩하기까지 했다. 그 위 그 속에는 꼭 무엇이 있는 것만 같았다. 언제까지나 바라보고 눈을 돌리지 못했다.

"좀더! 일 년만 더 살게 해주십시오!"

문득 입술로 나온 말이었다. 끝없이 높은 하늘 그 위 그 속을 우러러보면 빌지 않고는 못 배겼던 것이다.

간절한 애원을 소리 내어 울부짖었던 것이다.

"부처님이십니까? 하느님입니까? 그저 간절히 빕니다. 일 년만 더 살게 해주십시오!"

말이 안 될 말이라고 할까? 망발된 말이라고 할까? 불교도가 들으면 팔대 지옥, 팔한 지옥, 팔열 지옥에 떨어질 악업을 쌓는 일이라 할 것이요, 예수교도가 들어도 역시 지옥에 떨어질 대죄라 할 것이요, 아무 교도가 아니라 하더라도 망발된 말이라 할는지 모르지만, 입 밖에 내어 울부짖은 다음에도 고쳐 말할 생각은 없었다. 뉘우침도 두려움도 없었고 불공(不恭)을 느끼지도 않았다. 저 끝없이 넓고 높고 깊은, 새파란 하늘 위를 우러러보면 거기 서로 다른 두 신이 있으리라고는 생각되지 않는 것이었다. 오직 하나요, 둘 없고 전부일 그것이 무엇인지는 모른다. 무어라고 불러야 하는지는 모른다. 그저 빌어야만 했던 것이다.

애원을 거듭하는 동안에 눈물은 양 볼로 흘러 베개를 질펀히 적시었다. 눈물을 닦을 생각도 부끄럽다는 생각도 없었다.
 해 질 무렵이 되면, 날마다 그 위 그 속에 있는 모르는 무엇에게 애절한 기원을, 눈물을 흘리며 드렸던 것이다. 그러면 가슴은 맑게 트여 후련했고 거칠 것이 없었다. 작두를 타며 날 선 칼을 냅다 꽂는 무당의 꼴도, 사당에 앉고 섰던 우락부락한 목상들의 몰골도 얼씬거리지는 않았다.
 의사는 일주일만 절대안정을 하면 효과적일 것이라고 말했지만 나는 삼 개월을 계속했다. 비는 삼 개월이었다. 의사가 일어나기를 권해도 안정을 계속하고 빌었던 것이다.
 입원 십일 개월 만에 건강한 몸이 되어 퇴원했다. 원장과 의사들은 삼 개월의 안정과 일광욕이 효과가 있었다고 좋아했지만, 나는 하늘에 빈 일을 잊어버리지는 않았다. 일 년만 늦추어 줍시사 하고 빈 것이 받아들여져서 말미를 얻은 것이라고 생각한 것이다. 그 생각은 오래 계속되었다.
 절대안정을 시작한 날부터 청 양은 내 방에 드나들었다.
 첫날은 간호부의 모자와 복장을 입고 들어왔었다. 뒤쫓아 들어온 간호부의 호들갑으로 그것을 알았다.
 "청 양! 장난도 작작하세요! 도대체 청 양의 지금 증세로 그런 장난이 될 말야요? 열이 삼십구 도야요!"
 간호부의 꾸지람에 청 양은 웃지도 않으며 대답하는 것이었다.
 "장난 아냐요!"
 열이 39도나 되면서 나를 간호하겠다고 들어온 것이었다. 간호부가 데리고 나갔지만, 간호부가 아래층으로 내려가면 또 들어왔고,

다음 날도 다음 날도 그러했다.

두문불출하던 나를 청해서, 또 마작을 하자고 해서 저지른 일이니, 저에게 책임이 있는 일이라는 것이었다.

시중 들어줄 일은 아직 없으니 방에 가서 누워 있으라고 타이르면 상냥하게 돌아갔지만 이내 다시 들어오곤 했다. 열이 높은데도 몰래 빠져나가서 꽃분을 사 오기도 했다. 내 방은 화분 천지가 되었었다.

돌아눕지도 않는 나의 눈에 보이라고 전등 줄에 작은 꽃분을 동여 매달아놓기도 했다.

고마운 일이기는 하지만 거북한 일이 아닐 수 없었다.

사양해도 타일러도 소용이 없었다. 안 양을 데리고 들어오기도 했고, 열이 많아서 안정을 취할 때는 쪽지를 하루에도 몇 번씩 보내왔다. 안 양이 가지고 오기도 했고, 간호부가 "할 수 없군요!" 하며 응석받이의 심부름을 해주기도 했다. "지금 무얼 하고 계세요?" "조용히 누워 계십쇼!" "죽에는 건포도를 넣어 잡수세요." "홍차를 넣어 보내드릴까요?" "가 뵈려 했더니 언니가 못 일어나게 해요. 무슨 원수가 졌다고? 원장 선생님께 매수당한 모양이죠?" "이렇게 누워 있어야만 한다니 차라리 죽고 싶어요. 그렇지 않아요?" 따위의 한두 줄씩 쓴 쪽지였다. 종이는 닥치는 대로 아무 종이에나 썼지만 향수 냄새는 언제나 풍겼다.

동경의 집에서 보내오는 과자나 과실이나 반찬이면 먼저 내게로 가져오는 것이었다. 그래도 내 방에서 쩝쩝거리는 일은 없었다. 나에게만 권하거나 두고 가는 것이었다. 그렇게 드나들어도 별 이야기가 있는 것도 아니었다. 잡지나 책이나 편지 온 것을 정리해주기도 했고, 이불을 바로잡아주기도 했고, 보조탁자 위를 깨끗이 치워주기도 했고, 한참 앉아 있다가 돌아가는 것을 되풀이하는 것뿐이었다.

4월도 늦어서 백화(白樺) 낙엽송에 파릇한 새눈이 돋으니 파란 아지랑이가 낀 것같이 안개가 뽀얘졌다. 봄이 온 것이었다.

복도를 걸어 다니는 간호부들도 노래 섞인 걸음걸이가 한결 가벼워졌고, 여환자들의 웃음소리는 숱한 새소리와 혼성을 이루었고, 남자 환자들의 웃음소리는 끔찍한 짐승의 냄새를 풍겼다. 그때까지도 침대에서 일어나지 않는 나를 원장까지도 권하는 것이었다.

"좀 일어나서 걸어보는 것도 좋지!"

담당 의사는 보다 못했던 모양이었다. 자기가 초대를 하겠다는 것이었다. 기차를 타고 사십 분을 가면 유명한 호수가 있는 작은 도시가 있었다. 그곳까지 데리고 가서 영화도 같이 보고 거리를 산보하고 점심을 같이 하고 돌아오자는 계획이었다.

일어나기를 권해도 듣지 않고 안정을 계속하기에 의사가 안동해 줄 터이니 가자는 것이었다. 그 말마저 거역할 수는 없었다. 며칠 동안 방 안팎을 거닐어 보았다. 아무렇지도 않았다.

일요일 아침에 몇 달 만에 양복을 꺼내 입고 구두를 신고 나서니 청 양 안 양이 밖에서 벌써부터 기다리고 있는 것이었다. 간호부도 한 사람 동행이 있었지만 청 양의 알뜰한 간호는 이루 말할 수가 없었다.

"괜찮아요? 괜찮죠?"

조금 가다가는 묻고, 귀찮을 지경으로 내 몸을 아껴주는 것이었다. 나는 평열(平熱)된 지 이미 오랬지만 청 양은 그때도 열이 높은 몸이었다. 제 몸은 생각하지도 않고 내 몸 걱정만을 하는 것이었다. 이렇도록 알뜰한 마음씨라는 것이 제 방에서 발병된 일이라는 책임감에서 나온 것이라기보다는 다른 것임을 알고도 남음이 있기에 고맙다는 생각보다도 난처하기 이를 바 없었던 것이다.

고향 집에서는 이혼 수속을 끝내었고, 친구에게 부탁했던 순의 형편도 대강 짐작할 수 있게 된 후이기는 했다.

이혼 수속을 해줍시사 한 말은 그닥 뜻밖의 일로 받지는 않은 모양이었다. 신부 집으로 이혼을 해주어야겠다고 말을 건넸더니 안 될 말이라고 들어주지 않아서 끝내는 경찰서에까지 불려갔었다는 것이다. 거기서 위자료라는 명목으로 얼마 만큼의 돈을 물고 일이 끝났다는 편지를 받았던 것이다.

편지를 받고 보니 수속이라는 것이 끝나서 시원한 것 같기는 하지만 신부의 아버지가 나를 원망하고 있을 것이 보이는 것 같고, 그 여자는 더욱이 나의 앞길에 5월 더위에도 서리를 내리고 싶을 만큼 원한을 품고 있으리라고 생각되는 것이었다.

그 여자의 마음이 가라앉고 또 마음을 돌려서 새로운 길이 트이기를 빌었던 것이다.

순은 재혼한 것이 틀림없었다. 내 편지로 간곡한 부탁을 받은 친구는 남동생을 만나러 먼 지방까지 찾아갔었다는 것이다. 벌써 살림을 차리고 있었는데, 그의 말에 의하면 순은 재혼한 지 오래고, 아이도 있다고 했으며, 연전에 받은 편지는 어디 갔는지 지금 중국의 주소를 알 수는 없다고 하더라는 것이었다.

그리고 친구는 "그런 생각일랑 아예 잊어버리고 건강을 회복하기에 전력함이 약하?"라고 덧붙여주었던 것이다.

그래도 나는 다른 사람과 새로운 사랑이라는 것을 생각하고 싶지는 않았다. 청 양의 살뜰한 마음씨를 받아들일 수는 없다고 생각한 것이었다. 그것은 드디어 드러나고야 말았다. 얼마 후 어느 날 밤에 안 양이 찾아왔던 것이다.

청 양과 결혼할 약속이 있느냐고 묻는 것이었다. 약속이 무슨 약속이냐고 웃어 넘겼더니, 그럼 결혼할 의사는 있느냐고 재차 묻기에 아무 하고도 재혼할 생각은 전혀 없다고 대답했다.

그러자 안 양은 "큰일 났어요. 야단났어요!" 하며 한숨을 쉬었다. "청 양에게는 약혼자가 있어요. 부모가 한 일이지만 청 양도 만나 보았대요. 그런데 요새 와서 갑자기 안 가겠다는 거예요. 매일같이 집에서 편지가 오고 야단났어요. 청 양을 좋아는 하시죠? 사랑한다는 말씀이라도 하셨던가요? 청 양이 그런 결심을 할 만한……" 하고는 빤히 내 얼굴을 쳐다보는 것이었다. 눈치를 보자는 것이리라. 무슨 행동이 있었던 것이 아니냐는 말뜻이었다. 어이없는 일이었다. 아무 일도 없었다고 말했다. 그렇게 생각할 리가 없다고도 말했다. 그러자 안 양은 "저도 그러실 줄 알았어요. 제 짐작이 맞았어요", 오히려 마음이 놓였다는 듯이 말하며 웃음조차 띠어 보이는 것이었다.

"안녕히 주무세요! 주무시는데 들어와서 공연히, 호호……"

요염하다고 해야 할, 그러나 신통치도 않은 웃음을 만면에 띠며 지극히 조용히 유리 장지를 열고 나가는 것이었다. 등뼈와 갈비에서 고름이 나오는 환자다. 어이가 없다는 정도가 아니었다. 청 양의 일은 그렇다 하고, 안 양마저 청 양의 사정을 염려해서 온 것만이 아닌 것 같기 때문이었다.

그뿐이 아니었다. 열일곱짜리 여환자는 이건 또 사내아이 같은 야성적인 데가 있는 여자였다. 시골 여학교 졸업반에서 입원해 온 여자였다. 폐첨(肺尖)이었다.

치맛바람을 날리며 허벅다리까지 드러내어 넙죽넙죽 산언덕을 걸어 다니고, 갖가지 꽃을 꺾어서 갖다 주기도 했고, 집에서 보내온 것이라며 메뚜기 볶은 것을 갖다 주기도 했다. 몸에 대단히 좋으니 먹으라고 했지만 입에 넣을 생각은 없었다.

"자네, 나하고 결혼해주지 않을래? 나 결혼하면 병 낫는다! 폐첨에 삼십팔 도 열쯤 문제 아니다! 자네도 나하고 결혼하면 병 나을 게다! 어때?" 그런 말을 수줍음도 없이 떠벌렸다.

"어서 병실에 가서 조용히 누워 있어!" 하면,

"체! 사내답지도 않게 왜 딴청을 하느냐? 병실에 어떻게 누워 있으란 말야? 모두 송장 같은 것들하고 같이 어떻게 누워 있어?"

그 아이는 한 방에 여덟 명씩 들어 있는 병실에 있었다.

내가 퇴원한 후에 동경까지 온 일이 있었다. 나는 찾지도 않고 나의 스승에게 면회를 청하고 나와 결혼시켜 내라고 졸랐던 것이다.

스승도 이건 좀 이상한 아이라고 생각한 모양이었다. 나에게는 말도 전하지 않은 채 잘 타일러서 돌려보냈다.

안 양이 다녀간 지 며칠 안 되어 청 양은 퇴원했다. 갑자기 어머니와 사환이 들이닥쳐 짐을 꾸리고, 안 양의 말에 의하면 청 양을 소 끌듯이 데려갔다는 것이었다.

　일이 그것으로 끝나지는 않았다. 10월에 내가 퇴원한 후 청 양은 머리를 가위로 끊고 나를 찾아왔었다. 아버지가 정한 자리로 가라고 하기에 "이것이 대답입니다" 하고 긴 머리를 가위로 싹둑 잘라버렸다는 것이었다. 요즈음은 암탉의 꼬리 같은 머리도 흔하지만, 그때에 여자가 머리를 끊는다는 일은 절에 들어가서 중이 되겠다는 의사 표시라든지 인생을 포기한다는 뜻으로 통했던 것이다.

　이건 큰일 났다고 가슴이 선뜻했으나 어름어름할 수는 없는 처지였다. 일 년만 더 살게 해달라고 빌어서 얻은 몸은 말하자면 깨어진 항아리를 얼기설기 겨우 붙여놓은 것 같은 것인 데다가, 이미 두 여자를 불행하게 해놓은 주제를 잠시도 잊을 수는 없었기 때문이었다.

　나의 의사였건 아니건 간에 지금 불행하게 되어 있는 두 여자의 행복을 비는 것만이 내가 할 일이라고 생각했다.

　문득 머리에 떠오른 것이 구소설 『구운몽(九雲夢)』이었다.

　이런 구소설 신소설은 어렸을 때에 누님이 어머님께 읽어드리는 것을 옆에서 자는 체하고 엿들어서 머리에 박히게 된 것이다. 어머님이 누우신 다음에 누님은 유경 앞에 바로 앉아 밤마다 소설책을 읽어드렸던 것이다.

　나더러는 어서 자라고 했었다. 동생은 이미 잠든 후였지만, 나는 어젯밤의 계속이 듣고 싶어서 자지는 않았다. 자는 체하고 밤마다 엿들었던 것이다.

　『구운몽』은 양소유라는 한 남자가 여덟 여자, 그것도 세상에 없이 뛰어나게 아름다운 여자를 데리고 살게 되는 이야기였다. 그것이 모두 우연하게 만나기는 했지만, 전생의 인연이라는 것이었다. 불교 소설이라는 말도 있었다.

 육관대사라는 덕이 높은 화상이 있는데 그의 수백 명 제자 중에 성진이가 가장 뛰어났다. 성진이가 대사의 심부름을 갔다 오다가 다리 위에서 팔선녀와 희롱한 죄로 인간으로 환생해서 양소유가 되고 팔선녀도 그 죄로 인간으로 환생하여 진채봉, 계섬월, 적경홍, 정소서, 춘운, 난양공주, 심의연, 백능파 등 아름다운 여자가 되어 양소유를 만나게 되는 것이다. 여덟 명이나 아름다운 여자를 차례차례 만나서 희롱하는 장면은 멋진 것이었다. 모든 것이 인연이라는 것과 인간 세상의 즐거움이라는 것이 한낮 꿈과 같은 것이라는 가르침이라 하더라도 양소유를 부러워하지 않을 사람은 없을 것이다.

 그렇다면 나를 따르는 이 여러 여성들도 모두 전생의 인연으로 이승에서 만나 인생을 향락하기로 점지되어 있는 여성들이란 말일까? 그것을 선뜻 받아들이지 않고 공연히 까다롭게 군다는 것일까? 문득 머리에 떠오르는 생각조차 송구스럽기만 했다. 천만의 말, 안 될 말이라고 고개를 흔들어버린 것이다.

 세 분 형님들은 한 분도 한 사람만의 부인을 가진 분이 안 계시었지만 언제나 불행한 일 아니면 어쩔 수 없는 일이라고 생각했을 뿐이었다. 아들을 낳기 위한 어쩔 수 없는 일이라 하더라도 불행한 일이라고 생각했었지 좋게 본 적은 없었다. 한 남자와 한 여자의 사랑만이 참된 사랑일 수 있다고 생각했던 것이다.

 그러나 이렇게 나를 사랑하고 사랑해주기를 바라는 여자들이 있는 것은 마음의 짐이 되지 않을 수 없었다. 이미 두 여자에게 죄를 짓고 있는 몸이 또 몇 여자에게 야속하게 굴었다는 것을 느끼는 것이었다.

'나에게는 책임이 없다!' 생각해도 그런 말로 마음이 가라앉지는 않았다. '제발 제발, 저 여자를 행복되게 해주십시오!' 비는 마음뿐이었다.

새너토리엄에서 퇴원하고 돌아온 동경의 생활은 즐겁기만 했다.

한 가지 일을 맡아서 하게 되었기 때문에 머리를 써서 차근차근 계획을 세우면 일은 성공했고, 신바람이 나는 것이었다.

그렇게 신바람이 나서 즐겁게 일하는 사이사이에도 잠자리로 돌아가서 잠깐 몸을 쉬고는 했었다.

매주 화요일에는 새너토리엄 원장이 동경으로 나와서 환자를 만나기로 되어 있었기에 찾아가서 진찰 받기를 게을리 하지 않았다.

어느 날이었다. 원장은 정색을 하며 말했다.

"나는 당신이 그토록 나쁜 사람인 줄은 몰랐소!"

나는 어리둥절했다.

원장은 얼굴을 좀 부드럽게 풀더니,

"새너토리엄에는 결혼 바람이 불어서 야단들이오. 당신이 퇴원한 후 그저 되는대로 아무나 붙들고 결혼을 하는 거야! 원, 몇 달이나 같이 살 수 있을는지 모르는 환자끼리도 결혼을 하고, 차마 퇴원시킬 수 없는 환자도 퇴원하고 가서는 곧 결혼야! 그런데 그 여자들이 모두 당신의 피해자라면서?"

"예?"

"죄가 많아요! 그처럼 불량한 사람인 줄은 몰랐어!"

원장은 의심도 않는 눈치였다. 나는 어이가 없어서 말없이 주저앉았다.

"소문이 굉장한걸! 모두 당신이 망쳐놓았다는 거야!"

나는 손을 들어 원장의 말을 막았다. 입 속이 바짝 말라서 말이 나오지 않았기 때문이었다.

"선생님!"

간단하게 부정해서는 통하지 않을 것을 짐작했다. 좀 긴 이야기를 해야겠다고 생각했다. 나직이 말했다.

"선생님! 사실 내 병실에 와서 노는 여자는 많았지요. 그러나 한 사람도 손 한번 만진 일이 없습니다. 좀 사정이 있어서…… 그 여자들을 놀러 오지 않도록 하지 못한 것이 내가 나쁩니다. 처음에는 그런 말도 했지만 되지도 않았고……"

"사정이란 것은?"

"좀 생각한 바가 있어서 여자관계를 끊기로 한 것이…… 칠 년이 됩니다."

"금욕 생활 칠 년 전에는?"

"있었습니다."

이건 일본인 원장에게는 드물게 듣는 일이었을 것이다. 칠 년 전이라면 열 일고여덟 살 때가 되기 때문이다. 처음에는 미심쩍어 하다가 잠깐 놀랐다가 다시 한 번 놀라는 얼굴이었다.

"그렇습니까……"

한숨 같은 소리였다.

"그게 사실이라면…… 그런 줄을 몰랐군. 그게 사실이라면…… 그건……"

원장은 한마디를 하고는 내 얼굴을 살피고, 살피고는 한마디 하는 것이었다. 아무래도 미심쩍다. 그럴 리가 없을 텐데, 속임수가 높은 것이 아닌가 의아한 것 같았다.

"그건 안 돼요! 육 년 징역을 살고 나온 사람이 불구자가 된 일이 있거든요. 어디 좀 보아드릴까? 이게 습관성이니까요. 십 년 금욕이면 볼 것도 없습니다만. 또……"

무슨 말을 덧붙이려고 했는지 모른다. 나는 벌떡 일어나 앞장서서 진찰실로 들어갔다. 홀홀 벗었다.

원장은 한동안 진찰을 하더니,

"알았습니다. 인제 좀 해방을 하셔야겠군! 무슨 까닭인지는 모르지만 그렇게 계속해서는 안 됩니다……"

원장은 웃었다. 의심한 것이 미안하다는 것이었다.

나는 그 진찰을 믿지는 않았다. 그러나 원장의 의심이 풀린 것은 고마웠다.

여름에는 한 달 휴가를 얻어서 입원했다. 원장이나 의사는 그 새너토리엄에서 목숨을 건진 사람이라고 해서 더할 수 없이 환영했다.

누워 있기에 편했다.

새너토리엄은 쓸쓸했다.

생각하면 청 양이나 안 양이나 열일곱짜리, 모두가 그립고 나의 은인으로 생각되는 것이었다.

그 밖에도 많았다.

브라질에 갔다 온 여자라고 해서 '브라질'이라고 부르던 여자는 양복으로만 지냈었고, 일요일마다 남편이 다녀가는데 그 밖의 날은 거의 내 방에서 지내는 짙은 화장을 하는 여인도 있었고, 그 밖에 도 있었다.

그들의 몸에는 열이 내리지 않는데도 내 방에 모여 앉아서 나를 즐겁게 해주었었다. 그야 말로 몸을 태우면서 나를 위로해주었고 나의 회복을 위해서 몸을 태웠다고 할 수 있었다. 나는 침대에 누운 채 그들의 지껄임이나 웃음소리를 자장가나 음악같이 듣는 둥 마는 둥 하며 잠들기도 했으니, 그런 은혜가 나로 하여금 여러 달 동안 안정을 계속할 수 있게 해준 것이라고 생각하게 되매, 그들 모두가 은인으로 생각되었다. 많은 아름다운 간호부들도 그렇다.

시조에 맹사성(孟思誠)의 「강호사시가(江湖四時歌)」라는 것이 있었다. 내가 좋아하던 시조다.

강호(江湖)에 봄이 드니 미친 흥이 절로 난다
탁료(濁醪) 계변(溪邊)에 금린어(錦鱗魚) 안주 삼고
이 몸이 한가하옴도 역군은(亦君恩)이샷다.

강호에 여름이 드니 초당(草堂)에 일이 없다
유신(有信)한 강파(江波)는 보내느니 바람이라
이 몸이 서늘하옴도 역군은이샷다.

강호에 가을이 드니 고기마다 살지것다

소정(小艇)에 그물 실어 흘리 띄워 던져두고
이 몸이 소일(消日)하옴도 역군은이샷다.

강호에 겨울이 드니 눈 기피 자이 남다
삿갓 비껴 쓰고 누역으로 옷을 삼아
이 몸이 춥지 아님도 역군은이샷다.

 이조(李朝) 세종(世宗) 때 좌의정까지 지낸 명상(名相)이다. 앉으나 서나 봄이나 겨울이나 모든 것을 임금의 은혜라 생각하고 읊었던 것을 알 수 있으나, 나는 '임금 군(君)' 자를 '임' 자로 생각하고 좋아했던 것이다. 모든 사람을 임이라고 생각한 것이다.
 밤늦게 내 집으로 돌아갈 때에 이름과 성을 모르는 것은 물론 말을 건네지 않고서라도 한동안 같이 걸어가게 되어 호젓함을 잊을 수 있으면 그것도 고마운 임이라고 생각했고, 내가 만들어 내는 잡지를 읽어주는 수십만의 독자도 임이라고 생각했다.
 내 집을 지켜주며 어디 한 군데 지저분하지 않게 깨끗하게 해주는 사람도 임이요, 나를 집에서 회사까지 사고 없이 데려다주는 사람도 고마운 임이다. 육중한 도어를 열어주며 웃음 띠어 인사하는 금테두리 모자 쓴 사람도 임이요, 엘리베이터 걸도 임이요, 책상 위를 깨끗이 치워놓고 꽃 한 송이 꽂아놓는 계집애도 임이다. 차 한 잔을 갖다 주는 계집애도 임이다. 그것이 더럽지 않고, 독약이 들어 있지 않고, 내 입을 시원하게 축이게 해주는 임이라고 생각한 것이었다.

첫새벽부터 찾아와서 일러주는 임도 있었다.

"여보게! 이게 무언가? 왜 이따위 것을 잡지에 실었나?"

지난 달치 잡지에 실린 것을 좋지 않다고 야단치는 사람도 고마운 임이다.

"이 새끼야! 무엇 때문에 이따위 놈을 추키는 거야? 나는 세상에 못마땅한 놈이 이놈인데! 나하고 한번 맞서보려고 한 짓인가?"

모두가 앞으로 일해 나가는 데 도움이 되고 힘이 될 일을 가르쳐 주는 고마운 임들이다.

공자는 『논어』에 "이로운 친구가 세 가지 있고, 이롭지 않은 친구가 세 가지 있다[益者三友, 損者三友]"고 따져놓기도 했고, "세 사람이 갈 때면 반드시 내 스승이 있으니[三人行必有我師焉] 착한 점을 따르고 옳지 않은 점을 고치게 된다"고 했지만 '손자삼우'도 임에 틀림없고 '불선자'도 임이다. 본받아야 할 사람도 임이거니와 본받아서는 안 될 일을 봬주어 깨쳐주는 사람도 고마운 임이라고 생각했던 것이다.

케케묵은 도덕군자 같은 소리라고 할는지 모르나 그렇지 않다. 몇 십만 명 독자의 구미를 맞추려면 조금이라도 탈 잡아 말해주는 사람이 더 고마웠던 것이니, 하물며 생명의 위협을 느끼며 입원 십일 개월을 지내는 동안 제 몸을 태우면서까지 나를 편히 쉬게 해준 그 여자들이야 얼마나 고마운 임들이냐. 이것도 저것도 역시 임의 은혜 '역군은(亦君恩)'이라고 생각하지 않을 수 없었던 것이다. 그것은 또 그들에게 복이 있으라고 비는 마음으로 읊는 것이었다.

따지고 들면 이런 생각이라는 것도 불교의 인연설이 머리에 박혀 있었기 때문에 우러나오는 것이었는지도 모른다. 그러나 무엇을 향해서 빌었더냐고 묻는다면 부처님은 아니었다. 마음속으로 빌었고, 어쩌면 하늘에게 빌었다고 할 수밖에 없을 것이다.

『노자(老子)』를 읽고 마음이 쏠렸기 때문이라고도 할 수 있을 것이다. 어떤 친구가 『노자』 한 권을 주며 "자네 마음에 들 것 같으니 읽어 보게……" 했다.

첫 줄 한 줄을 읽고 그만 무릎을 치며 좋아했다.

道可道 非常道 名可名 非常名

"도를, 이것이 도라고 할 때 그것은 도가 아니요, 이름이 있을 때 그 이름이 아니니—"라는 첫 줄은 해설해놓은 것을 보면 『노자』 한 권의 전 정신을 요약한 거나 다름없고, 그다음 줄부터 끝까지의 모두가 첫 줄 한 줄의 풀이라 해도 좋을 것이라고 했다.

이것은 참 속이 시원해지는 굉장한 책을 만났다고 기뻐했다. 내가 새너토리엄에서 해 질 무렵이면 날마다 눈물을 흘리며 빌었던 것이 결코 망발이 아니었다는 것을 증명해주는 것 같기 때문이었다.

'부처님입니까? 하느님입니까? 그저 빕니다! 그저 빕니다!'

나는 애타게 빌었을 뿐이었지 이름을 골라잡아 부르지는 않았던 것이다. 이름은 사람이 붙인 것이지, 사람이 이름을 붙이기 전에 이미 그것은 있었으리라고 생각한 것이다. 이름을 부르지 않고 빌었어도 틀린 일은 아니었다고 노자가 증명해주는 것 같아서 속이 시원해졌다.

'도(道)'라는 것도 그렇다. 이것이 '도'라고 가르친 사람은 많다. 이것이 올바른 일이라든지, 사람이 마땅히 해야 할 일이라고 가르친 사람은 많다. 그러나 언제나 그것만이 도일 수는 없지 않을까? 관운장이 죽을 때든지 살아서든지 내 앞에 와서 절하고 빌면 길흉화복을 점쳐주겠다고 가르치지는 않았을 것이요, 최영 장군도 내 목상 앞에 밥 지어놓고 술 따라놓고 무당을 시켜 춤을 추게 하면 재앙을 면하게 해주마고는 가르치지 않았을 터인데, 그 후의 사람들이 그것도 가르침이라고 가르쳐 왔을 것에 틀림이 없고, 고인을 위해서 비단 옷과 돈을 불 태워주면 저승에서 받아서 입고 쓸 수 있는 것이라고 가르친 일도 망발이 아닐 수 없으니, 가르침이라는 것이 허무하다는 것을 깨닫게 되어 『노자』의 첫 줄 한 줄이 그지없이 마음에 들었다.

반하다시피 읽으며 풀어갔는데, '천지도(天之道)'라는 대목에 이르러서는 내 방에 들어앉아서 조용히 읽어 넘길 수가 없었다. 사원들이 있는 넓은 사무실로 뛰어나갔다.

"여러분! 잠깐 이것을 보오!"

시간을 다투는 바쁜 일을 하고 있는 여러 사원들에게 그 구절을 보여주고 떠듬떠듬 풀어 읽었던 것이다.

그때 내가 하던 일은 많은 사람의 칭찬과 응원을 받기도 했지만 핀잔하고 훼방하는 사람도 있었던 것이다. 그러나 핀잔이나 훼방이 있으면 나는 반발해서 더욱 짜임새 있게 계획을 세우고 패기가 만만했으나, 많은 사원들 중에는 의기소침해지는 사람도 없지 않았던 것이다.

나는 항상 말했다. 일하는 사람에게는 칭찬과 핀잔이 상반해야지 칭찬이 많거나 핀잔이 많거나 하면 안 된다. 그것이 반반일 때에 그 사람은 살아 있는 것이다. 거리낄 것은 없다. 옳게, 정정당당하게, 꿋꿋하게 일하면 반드시 승리는 이편에 있다…… 그런 말로 의기소침한 사원들을 격려했던 것이다.

『노자』의 '천지도' 한 구절은 그것을 또 옳다고 뒷받침해주는 것 같았다.

"천지도는 싸우지 않아도 잘 이기며, 말하지 않아도 잘 따르며, 부르지 않아도 제물에 오고, 고루고루 잘되느니라. 천망(天網)은 회회(恢恢) 밝고 밝으니 실수하는 일은 없느니라."

'천지도'라는 말을 하늘의 길, 하늘의 가르침으로 풀었고, 그것은 곧 옳은 일, 옳은 사람에게 편들어주는 큰 힘으로 새겼던 것이다.

'천망회회 소이불실(天網恢恢 疎而不失)'이란 글 구절을 걸핏하면 썼다. '천망'은 하늘의 그물이니, 옳고 그름을 심판하는 그물이다. '소이불실'은 촘촘하지는 못하나 놓치지는 않는다는 말이니, 옳고 그름을 심판해서 옳은 편에 편들어주는 데 하나의 그른 놈도 놓치지는 않는다는 뜻으로 새겼다. 항상 옳게 일하며 싸우고 있다고 생각하는 나로서는 더할 수 없이 큰 힘을 얻은 것 같았다.

"두고 봐! 천망은 회회하니!" 그런 말을 걸핏하면 썼다.

노자의 책이라면 모두 모아들여 읽었고, 붓글씨로 베껴 쓰기도 했다. 공자보다 먼저 난 사람이라고 적은 책도 있었고, 조금 후에 났을 것이라고 적힌 책도 있었다. 공자의 『논어』와 석가의 『법화경(法華經)』과 그리스도의 『성경(聖經)』과 맞서는 것이라고 쓴 책도 있었다. 뱃속에 81년을 있다가 태어났기 때문에 날 때에 이미 백발이었다고 했고, 160여 세를 살았다는 책이며 200여 세까지 살다가 어디로 갔는지 모르게 사라졌더라는 책도 있었다.

불과 5천여 자 남짓한 이 책은 내 품안에 오랫동안 들어 있었고, 내 머릿속에 크게 자리 잡게 되었다.

퇴원해서 돌이 되는 10월 4일은 조용히 술을 마시며 지난 일 년을 돌이켜 생각했다.

그토록 울며 빌며 애원해서 연명한 일 년을 돌이켜 생각하면 허무하기만 했다. 일 년만 더 살면 굉장한 일이라도 해놓을 것 같았는데, 막상 지내놓고 보니 해놓은 일이라고는 아무것도 없는 것 같았다.

신문에 잡지에 부지런히 원고를 썼다 해도 그런 것이 그닥 가치 있는 것으로는 생각되지 않았고, 잡지 열두 달치를 편집해 낸 것뿐인 것 같았다.

두 여자의 문제를 해결 짓기는 했으나, 그것은 또 시원한 일은 아니었고 가시가 되어서 목구멍에 걸린 것같이 꺼림칙했다. 다만 언제 부르더라도 앙탈하거나 아차 후회하지 않을 마음의 마련만은 언제나 갖추고 있었다고 할 수 있었다.

술을 마시며 조용히 앉아 있는 것은 목을 늘리고 마음대로 하시오! 하는 자세였다.

다음 해 그날도 그랬다.

아침에 일어나면 마음을 마련했고 저녁에 잘 때면 또 그렇게 했다. 남의 책을 빌려 가지고 있지 않았고, 외상을 안 했다. 해야 할 일을 내일로 미루지 않았다. 책상 서랍을 깨끗이 해서 누가 보아도 알 수 있게 했고, 속옷을 하루에 두 번 갈아입어 언제나 추하지 않게 했다.

건강은 더욱 좋아지기만 했다. 누가 보더라도 폐병을 앓은 사람 같지는 않다고 했다.

청 양은 내 친구와 결혼했고, 안 양도 결혼했다. 열일곱짜리도 시골서 결혼했다고 했고, 브라질은 죽었다. 죽은 사람은 많았다.

오 년이 지난 여름에, 아버지가 돌아가셨으니 귀국하라는 전보를 받았다. 못 간다고 답전을 쳤다.

생각이 없기도 했거니와 떠나기 어려운 사정도 있었다. 초가을에 한몫 보려고 만들어 낸 임시 증간호는 그것이 흥하느냐 망하느냐 하는 단판 씨름이기 때문이었다. 잘 팔려도 그것 한 권으로 큰돈이 생기는 것은 아닌데, 잘 팔리지 않았다가는 아주 잡지사 경영을 계속하기 어려울 정도로 힘을 기울인 것이었다.

그 임시 증간호 견본을 겨우 받아 보고 있을 때였던 것이다. 삼사 일 후면 전국에 퍼져 나가게 되어 있었고, 첫날의 물론이나 인기나 팔리는 성적은 그것으로 판결이 나는 거나 마찬가지였으니 자리를 뜰 수 없는 형편이었다. 그러나 따지고 들면 그것도 핑계라고 볼 수 있는 일이었다. 여느 달치 잡지라면 견본이 나오기만 하면 사람들과 한잔하고, 곧 삼사 일 예정의 여행을 떠나기가 일쑤였으니 말이다. 말하자면 아버지가 돌아가셨다는 사실에 그다지 슬픔을 느끼지 않았고, 뛰어 돌아가서 머리를 풀어야 한다는 생각이 없었던 것이다. 69세까지 사셨으니 살 만큼 사시고 돌아가셨는데 슬퍼할 것도 없다고도 생각했다.

눈치를 보는 사원들에게 나는 귀국하지 않는다고 끊어 말했다.

이튿날 저녁 때, 사원은 기차표를 주며 말하는 것이었다.

"회사 일은 걱정 말고 갔다 오세요!"

하얀 일등 차표를 벌써 사 가지고 나더러 떠나라는 것이었다. 주제넘은 짓이라고 화를 낼 수도 없는 일이었다.

또 한 사원은 보자기를 주는데, 그것은 여러 군데서 들어온 부의였다. 사원들이 말을 내어서 벌써 부의를 가지고 온 사람이 많았던 모양이다.

이렇게 되면 일은 간단하지가 않았다.

만일에 그래도 떠나지 않는다면 '조선인이란 저렇게도 불효'라는 말이 나오게 될는지도 모를 일이기 때문이었다.

사원들이 하라는 대로 기차표에 적힌 대로 저녁 여덟 시 차를 타러 나가는데, 단골 바에서 술을 잔뜩 마시고 아슬아슬 차 시간에 대어 들어갔다. 홈에는 웬걸 사오십 명이나 전송하러 나온 사람들이 있었다. 움직이기 시작한 기차에 뛰어오른 다음에야 그것을 알았고, 사원이 쫓아오며 안겨 준 보자기는 그것도 부의 꾸러미였다.

부의를 마련해 가지고 정거장까지 나와서 나를 전송한 사람들 중에는 사원 아닌 거래처 사람들과 신문사 또는 글 쓰는 사람들도 있었다. 나는 당황했다. 술이 깨는 것 같았다. 손을 흔들고 고개를 연해 숙여 보였다. 떠날 임시해 나와서 뛰어올라 타느라고 인사를 차리지 못했기 때문에 죄송하다는 뜻이었다.

자리에 앉자 술은 완전히 깨었다. 떠나기로 결정한 것이 불과 세 시간밖에는 되지 않는데 너무도 뜻밖의 사람들까지 전송을 나왔기 때문이었다. 아버지의 죽음이라는 것이 이렇게도 중대한 일인가 싶었다.

다음다음 날 새벽 두 시에 고향에 닿았다. 마중 나온 사람은 모두 모를 사람들이었다. 내가 고향을 떠날 때 코 흘리던 조카아이들이 어른이 되어서 몰라보게 되었던 것이다.

참으로 오랫동안 나는 고향을 떠나 있었구나 하는 느낌이었다.

오밤중인데도 집에는 전등불이 낮보다 밝게 켜 있었다. 대문을 들어서자 안팎에서 곡성이 요란했다. 그렇지 않아도 어리둥절한 나는 어찌할 바를 몰랐다. 부랴부랴 물 한 동이를 갖다 놓고 그 앞에서 절을 하라고 했다. 절을 하고, 하라는 대로 '아이고 아이고' 소리를 질렀다. 그것은 마당 한가운데서였다.

빈소로 들어가서도 하라는 대로 소리를 지르며 절을 꾸벅꾸벅했다. 병풍 앞에서였다. 아무것도 보이지 않았다. 병풍 저 안에 관이 있을 모양이었다. 한 옆에는 가사를 걸친 중이 불경 책을 앞에 놓고 조용히 앉아 있었다. 그 방에는 촛불만이 까물거렸다. 아무 감정이 없었다. 어리둥절하고 얼떨떨할 뿐이었다.

시신이나 관을 무서워해서가 아니었다. 그런 것에 두려움이란 내게 없었다. 이미 여러 번 보았기 때문이었다.

새너토리엄에 있을 때 내 방에 드나들던 여인의 남편이 죽은 일이 있었다. 병원은 모두 그렇지만 새너토리엄에서는 더욱이 시체실을 눈에 띄지 않을 곳에 장만했었다. 뒤로 고개 하나를 넘어선 외따른 곳에 있었다. 밤중에 죽었기 때문에 그곳으로 옮겼다는 말을 듣고 그곳을 찾아갔었다. 간호부는 그럴 것이 없다고도 했으나 부인이 슬퍼할 것을 생각하고 일어섰던 것이다.

고개 너머 외따른 곳의 시체실에는 문 장지를 열어젖히고 간호부 한 사람과 부인이 앉아 있었다. 시체는 낮잠이라도 자는 것같이 그 옆에 있었다. 이불을 깔고 덮고, 얼굴에는 하얀 홑이불을 덮었을 뿐이었다. 이상한 것은 그 옆에 큰 칼 한 자루가 놓여 있는 것이었다. 잡귀가 범하지 못하게 하는 것이라고 했다.

고이 홑이불을 들추었다. 얼굴을 보는 것이 작별 인사이기 때문이었다. 평안히 잠들어 있었다.

그러니 그런 것을 보는 것은 아무 두려움도 없지만, 우리나라의 열두 매끼라는 것은 사실 보기 좋은 것은 아니다. 병원에서도 사후 처리라고 해서 온통 탈지면으로 코 눈 귀를 막고 붕대로 칭칭 감아버리는 일이 있기는 하지만, 열두 매끼는 한 포로 꽁꽁 묶어놓은 것이니 시신을 위해서는 좋은 일이라고 하더라도 보기에는 흉한 것이었다.

그것도 우리 집안은 퇴관하는 습관이라고 해서, 산소에 묻을 때면 퇴관하고 그 자리에서 관을 활활 불태워버리는 것이었으니, 벌써 여러 번 본 일이 있었던 것이다.

그런 일로 해서 어리둥절한 것은 아니었다. 여기서 절해라, 저리 보고 절해라, 곡을 해라 하는 바람에 다음에는 또 어떤 절차가 있는 것인가 해서 어리둥절한 것이었다.

대청으로 나와서 또 절을 하라기에 절을 하고 보니 웬 여인이 절을 받고 있는 것이었다. 서모라는 것이었다.

아차! 했다. 눈앞에 불이 번쩍 지나가는 것 같았다. 어머님이 돌아가신 것은 엄연한 사실이었고 그게 벌써 십 년이 되는 일이지만 일본에서 지낸 십 년 동안 어머님이 안 계시다는 일을 느껴본 적은 없었던 것이다. 인제 어쩔 수 없는 현실에 직면하게 된 것이었다. 고개를 돌이켰다. 그 여인의 얼굴을 더 보고 싶지 않았기 때문이었다. 내 마음속에 간직하고 있는 내 어머님의 모습을 흐리게 하고 싶지 않기 때문이었다.

사랑으로 나가니 굴건제복이 기다리고 있었다. 망사 같은 시원한 양복으로도 더웠는데 가죽 같은 삼베로 더께더께 옭아맨 것을 입고 삼으로 엮은 띠를 두르고 굴건을 쓰니 밤중인데도 몸이 후끈했다.

상청에 우두커니 앉아 있노라니 뒷문 쪽에서 손짓을 하는 사람이 있었다. 형님의 친구였다. 굴건제복을 벗고 중단만 입고 나오라는 것이었다. 상제가 밤중에 어디를 나가겠느냐고 했더니 형님이 하시는 일이니 아무 말 말고 따라 나오라는 것이었다.

굴건제복을 벗어놓고 중단 바람으로 나섰다. 여관으로 데리고 가는 것이었다. 차 타고 배 타고 이틀이나 걸려서 오느라고 고단할 텐데, 집에서는 상제가 자리에 누울 수 없는 것이니, 아무도 모르게 여관에서 자고 들어오라고 형님이 미리 마련하신 일이라는 것이었다.

새벽 세 시가 지났을 텐데 여관에서는 사람이 기다리고 있었다. 깨끗한 방에 이불도 깔려 있었다.

자고 일어나서 세수를 하고 밖에 나서니 십 년 만에 보는 고향 한길은 그대로였다. 오가는 사람 없는 새벽길을 걸어서 슬그머니 들어갔다. 모두 일어나 있었다. 정말 누워서 잔 사람은 없었던 것 같았다.

　벌써 조상 손님이 들어오는 것이었다.

　부랴부랴 굴건제복에 상장을 짚고 상청으로 들어갔다.

　조객은 내가 알아보지 못할 사람도 나를 반기고 다시 인사를 하곤 했다. 조객은 끊이지 않아 정강이가 아파왔다. 형님은 벌써 엿새째일 텐데 하고 돌아보았다. 형님의 눈은 부어 있었고 눈물이 고여 있었다.

　'이런!'

　나는 여태까지 '아이고 아이고' 소리만 질렀지 눈물은 나오지 않았다. 이건 안 되었다고 생각했다.

　'조상 손님을 보아서라도 나도 눈물을 좀 흘려야 할 것이 아닌가? 내가 상제다! 아버지가 돌아가신 것이다!'
하고 마음속으로 뇌이며 다짐을 해보았다. 그러나 눈만 말똥말똥해질 뿐이었다. '69세까지 사셨으니 잘 사신 것이지' 하는 대꾸가 나왔다.

　'너를 낳아주신 너의 아버지다! 지금 일등 차를 타고 뻐기고 거드럭거리고 다니지만, 너를 낳아주신 분이 돌아가신 거야!' '그러니 어떻단 말인가? 한번은 다 가는 길이 아닌가? 살만큼 살고 그것도 별로 부족 없이 잘 사신 것이 아닌가?' 대꾸만이 뒤를 이어 나오는 것이었다.

　조상 손님은 줄을 이어 들어왔다.

　'저 보아! 손님이 네 눈을 보고 있다! 울어야 한다! 아이고 아이

고 소리만 내서는 안 된다! 그건 불효자식이라는 것이다! 슬프게 울어야 한다!'

아버지를 생각해보려고 했다. 그것도 쉬운 일은 아니었다.

손님이 들어서기가 무섭게 절을 하고, 손님이 인사를 하면 곡으로 대답하고, 일어서서 나갈 때까지 곡을 하고, 그러면 또 다음 손님이 들어서는 것이었으니, 아버지를 머릿속으로 생각한다는 일은 쉬운 일이 아니었다.

'순'과의 사건으로 꾸지람을 듣던 일이 생각났다. 내 양복을 벽장에 넣고 쇠를 채우고, 나는 내내 뜰아랫방에서 지내던 일이 문득 떠올랐다.

눈에 띄어도 본체만체 지나가시던 쌀쌀한 아버지의 모습이 떠올랐다.

"이거 참 오래간만일세! 얼마나 놀랬나? 아직도 좀더 사셔도 좋을 것을 참……"

꿇어앉은 손님의 말이었다. 나를 반겨 나에게 주는 말이었다. 잘 생각나지 않는 얼굴이었다.

"……참 자네를 무척 귀여워하셨지! 교육에 열심이셨구! 자네 생각나나? 야학에 다닐 때 우산을 들고 학교에 오신 일이 있었지?"

그렇다면 중의 학교에 다닐 때에 야학을 일 년 동안 다닌 일이 있었는데, 그때의 동창인 모양이었다. 알은체를 했다. 말은 못했다. 다음 손님이 신을 벗고 기다리니 그는 쓸쓸히 일어서서 물러 나갔다.

야학은 일 년에 졸업이었고 하루에 두 시간씩이었다. 일 년 동안

다니면 졸업장 한 장을 받게 되는 것이었기에 졸업장 한 장 타는 맛에 다니기로 했던 것이다.

자진해서 입학하고 매일 저녁 다니는 것을 기특하게 생각하신 모양이었다.

어느 날 야학에 간 후에 비가 내리기 시작했다. 아버지는 야학이라니 무엇을 배우고 있나 보실 겸해서 우산을 들고 오신 일이 있었다.

선생은 아버지를 정중히 모시어 교단 옆에 앉으시게 했다.

나는 얼굴이 화끈 달아올랐다.

망건 쓰고 갓 쓴 아버지가 거기 들어오신 것이 부끄러웠다. 동급생은 모두 나이 많은 사람들이었고, 나는 제일 어린 축이었다. 내가 어린애 대우를 받고 있는 것을 동급생들이 알게 된 것 같아서 싫었다. 더욱이 그 시간은 주산 시간이었는데, 내가 제일 싫어하고 못하는 과목이었다. 열이면 열 번 틀렸지 맞히는 일이 없었다. 선생이 세 번만 부르면 나는 더 따라가지를 못했다. 그 꼴을 보시게 되는 것도 기막힌 일이었다.

한번 셈이 끝나면 동급생들은 기운 좋게 손을 버쩍버쩍 들었지만 나는 한 번도 손을 들어본 일이 없었다.

'우산을 보내시려면 하인을 시키든지 동생을 시켜 보내지 무엇하러 손수 들고 오셨어! 비도 대단치도 않은데, 우산이 없으면 못 돌아가나!' 원망스럽기만 했었다.

"아무개, 손을 들어! 아버지가 보고 계시지 않아? 손을 버쩍 기운 좋게 들란 말야!"

선생의 벽력같은 소리였다. 이건 어떻게 하란 말이냐? 그만 그대로 내가 없어졌으면 좋을 것만 같았다.

아버지가 알아듣지 못하는 일본 말로 연해 호령을 하는 것이었다. 동급생은 낄낄 웃는 사람도 있었다. 나는 진땀이 바짝 났고, 부끄럽고 창피해서 어쩔 줄을 몰랐던 것이다.

'왜 이렇게 못마땅했던 일만 떠오르나?'

생각을 돌리려고 애를 써도 앞을 가로막는 것은 순과의 일이었다. 순과 갈라서게 된 것도 아버지 탓이요, 또한 여자 색시라는 사람도 시방 어떻게 되어 있든 간에 불행하게 한 것이 아버지 탓이요, 내가 그 두 사람에게 죄를 짓고 있는 것도 아버지 탓이요, 나의 모든 불행이라는 것이 하나같이 아버지의 탓으로 생각되는 것이었다.

문득 소리가 있었다.

"시방도 너는 아버지를 원망하고 있느냐? 너는 아버지를 원망하고 있는 것이 아니다! 짜증을 내고 심술을 부리고 있는 것이다. 응석을 부리는 것이다. 아버지가 너를 사랑하셨다는 것은 네가 잘 아는 일이 아니냐? 모든 일은 너를 너무 사랑하셨기 때문이라는 것을 누구보다 네가 잘 알고 있지 않느냐? 그분은 지금 안 계신 것이다! 네가 원망한다는 분은 안 계신 것이다! 담벼락에 대고 원망을 퍼붓는 것이냐? 인제 원망할 데도 응석을 부릴 데도 없는 거야!"

분명히 귀로 들리는 소리였다.

담벼락이라야 모두가 새 삿자리였고, 천장도 삿자리에 바닥은 손님 자리만이 지직이었고 짚자리에 서 있는 것이었다.

나는 소름이 끼쳤다. 말소리가 또렷이 들렸기 때문이었다. 끝마디가 귀에서 떠나지 않았다.

"인제 원망할 데도 응석을 부릴 데도 없는 거야!"

왈칵, 졌다는 생각이 났다. 원망하던 대상이 없어지고 말았으니 나는 지고 말았다는 생각이 났다. 인제 원망을 해도 아무 소용이 없다는 생각이 났다. 억울하다고 생각했다. 억울한 일이라고 생각했다.

순 이외의 어떤 여자와도 다시는 사랑이라는 것을 하지 않겠다고 생각한 것이나, 모든 여자에게 목석이 되어왔던 것이나, 그렇게까지 스스로를 학대해온 것이, 그것이 모두 아버지를 원망하기 때문이었던 것같이 느껴지면서, 인제 원망을 해도 배 아파할 사람도 안타까워할 사람도 없다는 것을 억울하게 생각한 것이었다.

'……심술을 부릴 데도 응석을 부릴 데도 없는 거야!'

어처구니없이 지고 말았다는 생각이 들면서 왈칵 눈물이 솟았다. 눈물은 봇물이 터진 것같이 걷잡을 수 없이 솟았고 뱃속부터 느껴 올랐다. 안팎의 곡성이 그것을 더욱 돋웠다.

형님은 나를 엿보시더니 나직이 말씀하셨다.

"들어가서 울어드려!"

긴 여행에 지쳐서 갈피를 못 잡던 동생이 인제야 제정신이 든 것이라고 생각하신 모양이었다. 아버지 돌아가신 것이 그렇게 섧으면 빈소에 들어가서 울어드리라는 말이었다. 그렇다면 형님은 여태껏 내가 울기를 기다리고 계셨던가 생각하니 당황했다. 덜컥 두려움조차 일었다. 아무리 병풍을 격한 자리에서라도 이런 마음으로 통곡을 한다는 일은 시신이라도 노하실 것만 같아서였다. 문득 그렇게 해서는 아버지가 가엾다는 생각이 일었다.

　아버지가 가엾다는 생각이 일자 그것은 더욱 번져갔다.

　우리 형제가 다 살아 있다면 이 자리에 다섯 상제가 있을 터인데 모두 일찍 죽고 지금 단둘이라는 것도 아버지가 가엾다고 생각되었고, 그중에도 한 녀석은 아버지를 원망하고 있다는 것은 더할 수 없이 아버지가 가엾은 일이라고 생각되는 것이었다.

　"들어가자!"

　형님이 앞장을 섰다. 뒤따르지 않을 수 없었다. 안대문을 들어서니 새로운 곡성이 요란했다. 흑 흑 느껴 울며 들어서는 나를 보고 맞이하는 곡성이었다. 역시 '인제야 정신이 났구나! 그러면 그렇지!' 반기며 따라 우는 것이었다.

　빈실로 들어가서 재배할 겨를도 없이 한동안 통곡을 계속했다.

　"하루도 네 걱정 안 하시는 날이 없었어."

　누님이 옆에서 하는 말이었다. 더 울라는 말과 같았다.

　'응석'이란 옳은 말이라고 생각했다. 삐껴서 응석을 부렸던 것에 지나지 않는 일이지, 원망이 아니라 원망할 자리가 못 되는 자리에 대고 원망을 해왔다, 오직 사랑뿐이었다, 사랑하기 때문이었다, 잘못된 일이 있어도 오직 사랑하기 때문이었다, 열두 살에 장가를 들인 것도 사랑하기 때문이 아니었더냐고 생각되는 것이었다.

　그런 생각이 떠오르니 이혼 수속을 해주시기 위해 경찰서에 불려가셨던 일이 생각났다. 경찰서에 앉아 계시는 아버지의 모습은 그 옛날 야학에 오셔서 교단 옆에 앉아 계시던 초라한 모습이 연상되는 것이었다. 지금 영연(靈筵)에 모신 사진은 머리를 깎고 갈라서 넘긴 신식 모습이지만 그때는 상투에 갓을 쓰고 계셨던 것이다.

그런 모습으로 나를 치과 의원에 데리고 들어가셔서 벌레 먹은 이를 빼게 할 때에 옆에서 바라보시며 내가 아파하면 똑같이 아파하시던 일이 생각났다. 나를 시장에 데리고 가셨을 때 내가 손가락질하는 복숭아며 살구며를 그저 사 주시던 일이 생각났다.

그것은 잠깐 사이의 일이었다. 억울하다고 생각하고 가엾다고 생각하고 두려움조차 느끼며 흐느껴 우는 잠깐 사이에 머릿속이라기보다는 이마빼기를 스쳐간 것이었다.

끝이 없고 조건이 없는 큰 사랑 속에 안겼으면서 그것을 깨닫지 못하고 어쩌면 원망한다는 따위의 불손한 말마디라도 뇌까렸더냐는 뉘우침이 복받쳐 올랐다.

통곡은 몸부림으로 옮았다.

"잘못했습니다! 아버지, 잘못했습니다!"

울부짖으며 몸부림쳐 울고, 헉헉 느껴 올라서 숨이 막힐 지경이었다.

모든 일이 나를 사랑하시기 때문이었다고 생각하게 되니 순과의 일까지 생각이 달라지는 것이었다.

'나이 많은 유부녀와의 풋사랑을 어떻게 선뜻 용서할 수 있었겠느냐? 그렇지만 네가 그토록 그 여자를 사랑한다면 아버진들 굳이 막을 것이 있었겠느냐?'

아버지가 말씀하시듯 마음속으로 뇌어지는 것이었다.

형님과 누님이 붙들어 일으키며 그만 진정하라고 했다.

상청으로 나와서도 울음은 그쳐지지 않았다.

어렴풋이나마 내가 원망하고 있으리라고 짐작하셨을 가엾은 아버지가 돌아가신 이 마당에 아버지의 혼이라도 위로해드릴 수 있는 일이 행여나 없을까? 용서를 바랄 수 있는 일이 있을까? 있다면 어떤 일이라도 해드리고 싶다고 생각했다.

기다리고 있던 조상 손님의 조상을 받고, 손님이 뜸해지자 형님께 말했다.

"유언은 없으셨어요?"

"갑자기 돌아가셔서…… 말씀을 못하셨어! 그렇지만 하루도 네 말씀을 안 하신 날이 없었어! 누구하고든지 빨리 결혼을 해야 할 게 아니냐고…… 그것만이……"

말을 맺지 않고 딴 곳을 보시었다. 그것만이 한이라든지 그것만이 마음에 걸리는 일이라는 뜻일 것이다. '누구하고든지'라는 말은 순이라도 좋다는 뜻이었을는지도 모른다.

그것만이 아버지의 마음에 걸리는 일이었다면, 그리고 시방 내가 해드릴 수 있는 일이 그것뿐이라면…… 하고 생각했다.

"그 ○ 씨는 어떻게 됐나요?"

입 밖으로 튀어나온 말은 내 나이 열두 살 때에 아버지가 결혼시켰던—그러나 경찰서에까지 불려가서 이혼 수속을 끝마친—그 색시의 성이었다.

아버지의 마음에 들 일을 해드린다는 생각으로 앞뒤 생각 없이 튀어나온 말이었다.

내가 그토록 멸시했었다는 생각도, 아버지가 이혼 수속을 해주셨던 그때의 일도 모두 잊어버린 것처럼 천연스럽게 나온 말이었다.

아름다운 새벽 149

'그 색시와 싫건 좋건 같이 살면 될 것이 아니냐? 그러면 아버지는 제일 마음이 편하실 것이 아니냐?' 하는 생각에서였다.

'나는 한번 죽었다 살아난 몸이다. 여자고 사랑이고 결혼이고 그런 것에는 아무 흥미도 관심도 없다. 아버지가 원하는 일이라면 기왕에 아버지가 정해주신 그 색시와 같이 살아도 좋다. 그것이 제일 좋을 것이 아니냐! 그렇게 해도 나는 마음의 평화를 가질 수 있다.' 그런 생각이었다.

형님이 홱 돌아보는 눈은 나를 비난하는 것이 아니면 '애가 정신이 있나?' 하고 살피는 눈매 같았다. '네가 한 짓을 모두 잊었느냐?' 하는 눈매였다. 그러나 부드럽게 대답했다.

"모르고 있었니? 벌써 시집가서…… 군청에 다니는 사람하고 결혼해서 애를 셋이나 낳고 잘 살고 있지……"

"순은 어떻게 됐나요?"

재차 튀어나온 말이었다.

형님 앞에 순의 이름이나 성을 말한 것은 이번이 처음이었다.

무섭도록 곧은 분이라 애초에 그 사건이 있을 때부터 꾸지람도 없었거니와 일체 알은체를 안 하셨던 것이다. 말을 해놓고 너무 당돌한 질문이었다고 생각할 사이도 없이, 형님은 나를 돌아보시며 웃음조차 띠었다.

"그것도 몰랐어! 시집가서 잘 살고 있다지 않아? 참 거기도 애가 셋이라지!"

어쩌면 그 웃음은 비웃음 같기도 했다. '뭐 죽자 사자 하는 사이라더니 곧장 남편을 얻어 가지 않았느냐? 그런데 너는 그것도 모르

고 여태껏 그 여자만 생각하고 있었다는 말이냐!'

그러나 나는 그런 일까지 수소문해서 알고 계셨다는 데에 놀라지 않을 수 없었다.

"결혼하죠!"

나는 홀가분한 마음으로 대답했다. 순의 소문은 이미 들은 일이 있었지만 인제 아주 틀림없는 사실인 모양이었고, ○ 씨도 재혼해서 잘 산다는 소문은 희한한 일이 아닐 수 없어서 마음이 놓이는 것이었다.

"○ 씨 아버지가 개가를 다 시켰군요."

나도 웃으며 말했다.

"세상이 변해서 그런 일쯤 흠도 안 돼! 길에서 가끔 만나는걸! 잘 사는 모양야!"

어쨌든 잘된 일이라고 생각하며 마음이 놓였다. 마음속으로 그들의 행복을 빌었다.

그들은 나의 은인이다. 이제 내 마음을 놓이게 해주니 또 은혜라고 생각했다. 은인인 그들이 행복되어야 나도 또 행복할 수 있다고 생각한 것이었다.

이 년 후에 인연 있어 나는 결혼했다.

새로운 은인은 예술가로 이미 일가를 이룬 사람이었다. 그러나 그 길을 버리고 나와 결혼하기를 승낙했다.

첫눈에 마음이 쏠렸고, 자주 만나기를 열 달, 11월 4일에 식을 올리기로 했다.

생각하면 4일이라는 날짜가 자주 나왔다. 새너토리엄을 퇴원한 것이 10월 4일이었고, 결혼한 날짜가 11월 4일이었다.

  때는 전쟁이 한창 때였다.

  내가 경영하는 회사의 사원도 여러 사람이 군대에 불려 나갔고, 남아 있는 사원들도 언제 불려 나갈는지 모르는 불안한 마음으로 있었다. 거리도 소란했고 모든 일이 통제되어 시민 생활도 불안했다. 배급생활로 살림살이도 궁핍했다.

  결혼식이라면 으레 일본 신궁(神宮)이나 신사(神社)에 가서 신식(神式)으로 해야 했다.

  나는 그럴 생각은 없었다.

  집안끼리는 벌써 육례(六禮) 중에서 다섯까지 절차를 끝내었고, 남은 한 가지 절차는 식뿐이었다.

  나는 한 안을 생각했다. 나의 스승은 나를 길러주다시피 한 은인이었으니, 우리 두 사람이 예복을 갖추어 입고 나란히 스승의 집을 찾아가서 스승 내외에게 절하고 축복을 받음으로써 결혼식을 올린 것으로 생각하기로 하고, 그 시간에 스승의 이름으로 청첩장 아닌 통지서를 널리 내기로 했다.

  우리는 합의했고 스승도 승낙했다.

  나는 새로 지은 모닝코트에 새로 지은 칠피구두를 신고 신부는 최고급 웨딩드레스에 면사포를 쓰고 들어서니 스승 내외와 맏딸까지 놀라는 것이었다. 신부의 의상을 처음 보는 것이라고 했다.

  스승은 약간의 절차를 마련하고 기다리고 있었다. 이층을 넓게 터서 식장을 마련했고, 스승 내외가 절을 받는 것이 아니라 한데다 대고 절을 하게 했고, 술 따르는 계집애가 있어서 술잔 심부름하는 대로 신랑이 조금 신부가 조금씩 잔이 오고가기도 했고, 스승이 목청 내어 읽는 것까지 있었다. 맹세 말씀 같은 것이었다.

맹세하는 술잔을 엇바꾸고 맹세 말씀을 읽고 그 자리에 있던 사람들도 잔을 받았다. 아래층 넓은 방에는 간소한 음식이 마련되어 있었다.

스승은 내 등을 두드리며 말했다.

"이런 훌륭한 사람을 만나려고 결혼을 안 했었군! 난 처음 보는 격 높은 미인이야!"

간소한 절차는 성공적이었다. 스승은 신문 잡지 여러 군데에 이 결혼식 이야기를 했다. 주례를 많이 했지만 이 결혼식이 제일 마음에 들었고 청결한 맛이 있었다고 했으며, 재자(才子)와 가인(佳人) 사이에서 얼마나 훌륭한 아이들이 날까 기다려진다고 썼다.

일 년이 조금 지나서 아들을 낳았다.

그것은 내가 잠이 든 후 한 시쯤이었을까? 아내가 입원 중인 병원에서 전화가 걸려왔다.

"방금 산실로 들어가셨습니다. 다시 전화 올릴 때까지 기다리세요. 오실 것은 없습니다. 다시 전화 올리면 그때 오세요."

고운 목소리로 지극히 공손하고 친절한 전화였으나 사람이 못 살 지경이었다.

그때 집에는 '대구 할머니'라는 노인이 있었다. 아내 어렸을 때에 업어주기도 안아주기도 했다는 고향 사람으로, 살림도 보아줄 겸 아이를 낳으면 아이도 보아주려고 바다를 건너온 분이었다.

대구 할머니도 벌써 낌새를 챈 모양이었다. 병원에서 온 전화냐고 묻기에 아니라고 잡아뗴었다. 아내를 딸같이 생각하는 분이기에 나보다도 더 못 견딜 것 같아서였다.

나는 추운 날이기도 했지만 온몸이 떨렸다. 앉았을 수도 서 있을 수도 그렇다고 누울 수도 없는 것이었다.

'역군은'도 '천지도'도 이때는 맥을 못 추는 것 같았다. 죄 많은 나에게 과분한 복이요 은혜라고 생각하기에 자신이 서지 않는 것이었다.

'싸우지 않아도 잘 이기며 말하지 않아도 잘 따르며 부르지 않아도 제물에 오고 다 잘되느니라.'

그런 자신은 없었다. 그렇다고 무념무상 가만히 앉아 있을 수도 없었다. 비는 수밖에 없었다.

이층으로 올라간 다음, 침실 아닌 넓은 방으로 들어가서 전등을 밝게 켜고 그저 절을 했다.

"안산하게 해주십시오! 안산만 하게 해주십시오! 욕심은 부리지 않습니다. 딸도 좋고 아들도 좋고…… 모두 몸 성히 안산만 하게 해주십시오!"

가운데 서서 이쪽저쪽으로 돌아가며 절을 했다. 벽이 보이는 것도 아니요, 꽃병이 보이는 것도 아니요, 독자가 보이는 것도 아니었다. 무엇을 바라보며 무엇에게 향해서 하는 절이 아니었다. 그저 두루두루 돌아가면서 절을 했다. 절을 했다.

새벽 다섯 시나 되어서 전화가 걸려왔다.

"축하합니다! 훌륭한 아드님이십니다. 산모도 아주 태연하시고……"

소름이 쪽 끼치며 눈물이 핑 돌았다.

"고맙습니다."

라는 대답은 벌써 목소리가 달라졌을는지도 몰랐다.

대구 할머니에게 옷을 갈아입으라고 하고 자동차를 불렀다. 아직 어두웠다.

다급한 때면 방에서 두루두루 돌아가며 그저 절을 꾸벅꾸벅 하는 일은 그 이 년 후 둘째 아들을 낳을 때도, 그 삼 년 후 딸을 낳을 때도, 그리고 딸이 육십 일 되는 날, 도중 폭격을 각오하면서 가족을 귀국시킨 그날 밤도 그러했다.

내가 어렸을 때에 어머님이 두루두루 여러 군데 고사 드린 일을 기억해서가 아니었다. 그런 일은 머리에 떠오르지도 않았다. 머리에 떠올랐더라면 나는 속으로 웃었을 것이다. 어머님이 초하루 보름 날 고사 드리신 그 대감님들의 이름을 알게 되었기 때문이다.

마루 들보 위의 대감님이라는 것은 성주신(城主神)이라는 것이었다. 성주대감 또는 상량신(上樑神)이라고 했다. 집안의 모든 대감을 거느리는 제일 높은 대감이라는 것이었다. 집안의 평안을 맡은 신이라는 것이었지만 동경의 내 집에는 마루에 들보조차 없었다.

뒷터 장독대에 모신 것은 토주신(土主神)이나 터줏대감이라고 했다. 지신(地神)이라는 것이었다. 오방신장(五方神將) 중의 주신(主神)으로 사방신(四方神)을 거느리는 것이라 했고, 안방 아랫목 위의 고리짝은 제석신(帝釋神)이라고 했다. 세존신(世尊神)이라고도 했고, 단군(檀君)이라고도 한다는 것이었다. 수명과 양식과 옷가지를 통할하는 신이라고 했다. 세존이라면 석가세존이 틀림없은데 단군이라는 말

아름다운 새벽 155

도 우습고, 재석은 또 사천왕(四天王)과 삼십이천(三十二天)을 거느리고 부처를 수호한다는 부처의 하나니 알쏭달쏭 알 수 없는 일이었다.

부엌에는 조왕신(竈王神)이니 불을 맡은 신이요, 광에는 업위신(業位神)이니 재신(財神)이라 재수 복록을 주는 신이라는 것이었고, 문께는 문신(門神), 수문장군신(守門將軍神)이다. 출입에 안전과 나쁜 귀신이 들어오지 못하게 지켜주는 신, 우물에 수왕신(水王神), 뒷간에 측신(厠神), 이 밖에도 조상신(祖上神), 삼신(三神) 등이 있다는 것이었다. 삼신이야말로 '삼신할머니'라고 해서 삼신할머니에게 잘 뵈어야 아이를 잘 낳을 수 있다고들 흔히 말하는 것이었으나, 정작 내가 전화를 받고 다급해졌을 때는 머리에 떠오르지도 않았던 것이다.

대구 할머니와 같이 병원에 들어서도 곧 입원실로 인도해주지는 않았다. 원장실에서 한동안 기다리게 했다. 너무 빨리 왔다고 간호부며 원장까지 웃으며 말하는 것이었다. 무안해할 것도 없었다.

"자아 아드님을 만나 보십쇼! 우리 산원에서 자랑할 만한 훌륭한 아기입니다. 무게가 일 관 얼마······."

그런 말을 하면서 입원실로 인도해주었다.

방 안에는 향기가 진동했다. 원장의 마음씨였다.

누워 있는 아내는 아무 일도 없었던 것같이 웃음을 띠며 바라보았다. 옆에는 까만 머리가 뽀송뽀송 새빨간 아이가 누워 있었다. 눈은 뜨지 않았으나 코도 입도 귀도 또렷했다. 난생처음 보는 일이었다.

어제 없던 새로운 생명이다. 따지자면 한 시간 전까지도 없던 새로운 생명이다. 신기한 생각이 들었다. 나나 내 아내의 힘이나 재주로 이런 새로운 생명이 세상에 태어났다고는 생각할 수 없는 것이었다. 그것은 여러 날을 두고 생각해도 역시 그러했다.

첫 이렛날 이름 지은 것을 쪽지에 써 가지고 가서 아기 머리맡에서 읽어주며 말했다.

"죄 많고 보잘 것 없는 나의 아들로 너는 태어났다. 내게는 과분한 복이다. 그러나 우리 내외의 힘으로 네가 세상에 태어났다고는 생각지 않는다. 네가 어른이 될 때까지 우리들은 맡아서 기르며 기쁨과 즐거움을 같이 하는 것이다. 네가 어른이 되어서 무엇을 하겠다고 해도 못하라고는 하지 않을 것이다. 네가 세상에서 할 일은 네가 맡아 가지고 왔을 것이다. 고맙다. 우리들의 아들로 태어나준 것을 고맙게 생각하고 기쁘기 한량없다……"

나는 눈물이 글썽했다. 아내에게도 들으라고 한 것이었고 나 스스로도 마음에 새겨 두자는 것이었지만, 아내는 "무얼! 알아듣지도 못하는데 그런 말까지 하느냐"고 할 뿐이었다.

첫아들을 보아서 기쁘기 때문에 쓸데없는 소리를 지껄인다고 생각하는 모양이었다.

결혼해서 일 년이면 으레 아기가 있어야 할 텐데 늦어서 은근히 걱정이 되었었다고도 말했다.

내가 감격에 넘쳐서 눈물을 글썽거리며 엄숙한 어조로 한 말도 아내에게는 아무 감흥도 주지 않은 모양이었다. 도시 그런 사람이었다. 젊은 세대라고 해야 할는지 모를 일이었다.

내가 아침에 집을 나설 때에 구두끈이 툭 끊어졌다고 하자. 나는 혀를 차며, "에잇! 재수 없다!" 하기가 일쑤였는데, 그럴 때마다 아내는 웃어넘기는 것이었다. "그런 일 없어요! 쓸데없는 소리예요!"

　길을 가다가 고양이가 앞을 싹 지나가면 나는 멈칫 발을 멈추고 가던 길을 갈까 말까 망설이기까지 한 일이 있었는데, 아내는 그런 일에 무관심했다. "괜한 소리예요! 아무렇지도 않아요!" 내 소매를 잡아끌며 지나치는 것이었다.

　"미신야요! 낡은 생각야요!" 그런 말도 했다. 그런 때의 아내는 웃음을 띠기는 했지만 우습다기보다도 경멸하는 눈매가 분명했다.

　해마다 11월이 되면 나는 '구마데(くまで)'라는 것을 사 들고 돌아왔다.

　11월 들어서서 닭날이다. 첫째 닭날, 둘째 닭날, 셋째 닭날까지 있다. 유흥가 옆에 '오오도리 신사'라는 조그만 신사가 있었는데, 그날 그곳에 참배하고 구마데를 사 가지고 와서 모시어 두면 일 년 재수가 좋다는 것이었다.

　손님이 많이 들어오게 된다는 것이어서 음식점 요릿집 기생집 따위가 많이 참례하는 곳이었다. 잡지 장사도 손님이 많이 붙어야 하니 갈 만도 하지만 그날 밤 그곳의 구경이 장해서 간 것이 처음이었다. 경내에 들어서면 제 발로 걸을 수 없었고 떠다니다시피 해서 돌아 나오게 되는 것이었다.

　구마데는 갈퀴다. 대로 만들고, 작은 것은 신사의 부적만 붙어 있지만, 큰 것은 가면이며 옛날 돈 모형 따위가 다채롭게 장식된 것이었다. 이런 장식이 있는 것을 사 오면 내년에는 그보다 더 큰 것, 그

다음 해에는 그보다도 큰 것, 점점 큰 것을 사야 한다는 것이어서, 나는 부적만 붙은 제일 작은 놈을 해마다 사 들고 돌아왔다.

대개 떼를 지어 가서 그것을 사 들고는 근처에서 진탕 놀고 늦게야 돌아왔지만 그것을 잊어버리고 오는 일은 없었다. 그것이 있으면 정말 재수가 좋으리라고 단단히 믿는 것은 아니었지만 하룻밤 조는 재미요, 그것을 방 지장틀 위에 세워놓으면 모양이 예뻐서 그다지 흉한 것도 아니기에 한 것이었다.

"이게 뭐예요? 이런 것을 뭣 하러 머리맡에 세워놓아요? 버려도 괜찮죠?"

아내는 당장 내다 버리자는 것이었다. 믿는 마음이라든지 무엇에 의탁한다는 생각은 전혀 없는 사람이었다.

첫아이의 만삭이 가까웠을 때 밤중에 태풍이 분 일이 있었다. 해마다 늦가을이면 있는 태풍이었지만 비바람이 세어서 덧문짝이 튀어나갈 것같이 요란했고, 집채가 흔들리는 품이 당장에 떠나가든지 쓰러질 것 같은 형세였다.

도저히 이층 방에 누워 있거나 앉아 있을 수가 없었다. 아내는 더욱이 무서워했다. 자기 몸도 그러려니와 뱃속의 아기를 더 염려하는 것이었다. 아래층으로 내려갔다. 문간방은 단 한 칸짜리여서 집이 쓰러져도 그곳만은 괜찮을 것 같았고 동요도 적은 편이었다. 문간방에 주저앉았다. 사뭇 떨고 있는 것이었다.

"이런 때는 입 속으로 '나무아미타불, 나무아미타불' 하면 마음이 가라앉아서 떨리지도 않지!"

내가 부처님을 믿어서가 아니었다. 그저 마음을 가라앉히기 위해

아름다운 새벽

서는 하나에서 백까지 자꾸 외우면 좋다는 식으로 권한 것이었다. 또 대구 할머니는 부처님을 믿어서 염주를 몸에 지니고 항상 염불을 외우는 사람이었기에 그런 것을 본받아서 해보면 좋지 않겠느냐는 생각으로 권한 것이었다.

그러나 아내는 딴청을 할 뿐이었다.

"여기 있으면 바람 소리도 들리지 않는군요……"

그리고 내 무릎에 몸을 기대더니 쌕쌕 잠이 들어버리는 것이었다. 산 사람만을 믿는 모양이었다.

첫아이를 병원에서 해산하고 삼 주일이 지나서야 퇴원시켰다.

퇴원 후에도 단골 의사를 날마다 다녀가게 했다. 하루라도 와서 보아주지 않으면 마음이 놓이지 않았다.

이층 넓은 방이 양지바르기에 그 방을 아기 방으로 했다.

가스난로와 전기난로를 피우며 화로를 들여놓아서 방 안 온도를 60도로 만들었다. 미닫이 하나만 열면 밖은 영하 7~8도일 때였으니 내가 그 방에 들어가려면 외투와 저고리를 모두 벗고 와이셔츠 바람이라도 더울 지경이었다. 방이 더워서 아이의 눈에 눈곱이 낀 것을 모르고 안질이라고 법석을 한 일이 있었다.

몇 달이 지나서였다. 밤늦게 돌아오니 아내가 울상을 하고 맞았다.

"미안합니다! 아기를 다치게 해서……"

허둥지둥 이층으로 올라갔다. 아기는 내 방 내 침대에 뉘어놓았는데, 이마에 물수건을 얹고 있었다. 젖혀 보니 이마에 콩알 반쪽만큼 부르튼 곳이 있었다.

아기를 혼자 두고 아래층에 내려와 있을 때에 아기가 기어 나와서 미닫이를 열고 그만 층층대를 굴러떨어졌다는 것이었다.

아내가 울상을 하며 미안하다고 무릎을 꿇었기에 얼마나 크게 다쳤나 했던 것이 그만 웃음이 나왔다.

아기가 굴러떨어지자 아내는 곧 의사를 불러서 보이고 의사가 하라는 대로 내내 물수건으로 식혀주고 있었다는 것이었다.

나는 웃으며 말했다.

"미안합니다."

아기에게 한 말이기도 하지만, 아내가 내게 한 말씨를 그대로 입내 냈던 것이다. 아내가 내게 한 말은 옳은 일이요, 나도 또 그렇게 말하고 싶었던 것이다.

"당신이 내게 사과하는 것은 옳은 일이야. 그러나 나도 사과를 해야 해."

아내는 얼근한 내가 아내를 안심시키기 위해서 엄벙뗑하는 수작으로 들은 모양이었다. 마음이 놓였다고 했다. 얼마나 야단을 칠까, 아기보다도 내가 걱정되었다는 것이었다. 그러면서도 연해 물수건을 갈아 대며 아이가 굴러떨어져서 울 때는 정신이 아찔했고 뼈가 아팠다고 했다.

"이렇기가 만행이야! 보아주시는 분이 계셔서……" 나는 말했다. "……그 높은 층층대에서 굴러떨어지면 다리가 어떻게 될 수도 있을 것이고 팔이 어떻게 됐다는 수도 있고 그보다도 머리 속이 말야!"

"아이, 그만하세요! 내 아기는 그런 일 없에요!"

눈물이 글썽한 얼굴을 아기의 뺨에 대고 비비며 귀를 막는 것이었다. 아기의 머리가 어떻게 된다는 따위의 말을 듣기도 싫고, 아기의 귀에도 들릴까 저어하는 것이었고, '보아주시는 분이 계셔서'라는 말도 못마땅한 것이었다. 제가 낳은, 제 배 속에서 태어난 아기가 그럴 수가 없다는 자신만만한 태도였다.

그때뿐이 아니었다.

둘째 아들의 눈초리 밑을 쨀 일이 있었다. 겨우 걸음마를 할 무렵이었다.

나는 아침에도 일찍 집을 나섰지만 밤에는 늦어서야 돌아갔었으니 아이들과 같이 노는 시간이 적었다.

하루는 일찍 돌아가서 아들과 같이 저녁밥을 맛있게 먹을까 생각했었다. 미리 전화를 걸어놓고 들어가니 아내는 부엌에서 부산히 일을 하고 있었다. 식당 방 네모 상에는 벌써 술과 안주가 마련되어 있었다. 나는 거기 앉았다. 부엌에 있던 둘째 아이는 아버지가 반갑기도 하고 '이제 엄마가 맛있는 것을 가지고 온다'고 먼저 알려주려 했던 모양이다.

"아빠! 아빠!"

무어라고 소리를 지르며 쫄랑쫄랑 들어오다가 내가 일어설 사이도 없이 엎어졌는데, 하필이면 네모 상 모서리에 눈초리 밑을 다친 것이었다. 울음소리도 놀랍거니와 피가 나는 것이었다. 허둥지둥 병원으로 달려갔던 것이다.

네모 상을 넷이 차지하고 즐거운 저녁식사를 하려던 희한한 기대는 허사가 되고 말았다.

"밖에서 먹던 사람은 밖에서 먹어야 해!"

후회막급이었다.

병원에서 돌아온 다음 나는 아내에게 말했다.

"그래도 보아주시는 분이 계셔서…… 눈을 다치지 않은 게 만행야!"

"보아주시는 분이 누구야요? 부처님요?"

아내는 웃으며 말했다. 비웃음이었다.

아내는 안고 있던 아기의 볼에 입술을 대고 비비며 아기에게 말하듯이 말했다.

"아빠는 또 공연한 소리를 하셔…… 내 아기 보배둥!"

아기의 귀에 그런 말이 들어가지 말라는 듯이 귀를 감싸기도 했다.

큰아이가 여섯 살, 둘째가 네 살, 계집애가 산후 육십 일 되는 6월에 고향으로 먼저 떠나게 했다. 전쟁이 한창이라기보다 지는 편이었고, 폭격이 자주 있었기 때문이다. 계집애를 해산한 것도 동경서 한 시간 걸리는 온천장에서였다. 피란해서 석 달이나 머물러 있었다. 육십 일 되기를 기다려서 떠나게 한 것이었다.

동행 두 사람이 있기는 했지만, 아내는 아들 둘, 딸 하나를 데리고 집을 떠나는 것이었다. 기차에서 기선에서 언제 폭격을 만날는지 모르는 판이었다.

어둑어둑한 거리에서 아내에게 말했다.

"무사하도록 내가 빌게."

아내는 웃지도 않으며 꾸짖듯이 말하는 것이었다.

"그만 들어가서 일찍 주무세요! 아무 걱정 말고 주무세요!"

나는 그럴 수는 없었다. 집으로 들어가서 빌기로 했다.

큰아이가 이층에서 굴러떨어진 다음에 곧 이사한 집은 이층은 없고 방이 많았다. 다다미 사십여 장이 되는 집의 미닫이와 장지를 모두 뜯어 젖혔다. 우선 당장은 혼자 있기로 했으니 그런 것들이 소용없었고 폭격이 있으면 더욱이 걸리대는 것들이었다.

 전등을 있는 대로 다 켰다.

 운동장만큼이나 넓은 그 가운데서 두루두루 돌아가며 절을 하고 빌었다.

 "누구, 누구, 누구, 누구들 모두 도중 무사히 고향 땅까지 가게 해주십시오!"

 그렇게 할수록 안절부절못할 지경이었다. 이만하면 무사하리라는 자신이 서지 않기 때문이었다.

 뻥 뻥 돌아가며 절을 하고 중얼거리면서 불안한 생각은 더해갔다. 차라리 같이 갈 것을 그랬다는 생각도 났다. 그러나 그것은 안 될 말이었다. 일본인 사원이 절반이나 전쟁에 나갔고 그중에는 벌써 편지 끊어진 지 오래된 사람도 있었으니 말하자면 생사불명이라 남아 있는 사원들도 모두 불안한 데다가, 나는 가족이 우선 당장 써야 할 세간을 고향으로 보내었고 오늘 가족을 보내는데 나마저 같이 떠난다면 조선인 사장이 아주 뺑소니를 치는 것으로 생각하기도 쉬운 일이기 때문이었다.

 사업은 하루하루가 싸움이기 때문이었다. 종이니 인쇄 사정이니가 곤란하기도 했지만 아주 잡지를 먹어버리거나 없애버리려고 드는 편이 많기에 하루도 마음을 놓을 수가 없는 때였다. 다달이 잡지를 낸다는 일이 큰 싸움이었던 것이다.

 하루도 회사를 비울 수가 없어서 같이 떠나지 못하고 집 안에 혼자 들어앉았으니 몸이 달아서 잠시도 안절부절못했다.

　식당 방에 가서 술을 마시고는 운동장만큼 넓은 한가운데 나와서 두루두루 돌아가며 절을 하고 빌었다. 술기운도 있었으리라. 그대로 잠이 들어버렸다.

　그날 밤 지낸 일을 적어 보냈더니 아내의 답장은 이러했다.

　저를 믿어주세요. 복개를 믿어주세요. 그리고 당신을 믿으세요. 복개는 세상에서 행복할 수 있다고 믿어요. 불행이란 것이 없을 것을 믿고 살아요. 우리들의 걱정을 그렇게 하시면 몸에 해로우니 제발 걱정일랑 하지 마세요……

　복개란 아내 어렸을 때에 할머니가 부르던 별명이라고 했다. 개밥 줄 시간에 낳았기 때문에 '복 있는 개'라는 뜻이라고 했다.

　11월도 그믐께, 비 내리는 밤중에 공습을 겪은 일이 있었다. 열두 시나 되어서였다.

　넓은 집에 혼자서 구석진 침실에서 단잠을 자고 있을 때였다.

　비명 같은 경보 사이렌이 열 번만 부는 것이 아니었다. 여기저기서 사이렌이 뒤섞이고 뒤를 이어서 요란하게 울렸다.

　벌떡 일어나서 라디오를 틀어놓고 전투복 같은 옷을 입고 다리에는 각반을 치고 스키 구두를 신고 철모를 썼다. 열네 장이나 되는 큰 덧문을 부랴부랴 열어붙였다. 비가 철철 내리고 있었다.

　마당에 마련한 방공호는 이름만인 방공호였다. 등넝쿨 밑에 반 평쯤을 파고 헌 다다미 한 장을 얹어놓았을 뿐이었다. 비가 내리고 있으니 물구덩이가 되어 있을 것이었다.

라디오는 "B-29 수십 기가 동경만을 향해 들어오고 있다……"고 외치는 것이었다.

졸지에 대피할 자리가 마땅치 않았다. 애초에 동경에는 들어오지 못하게 한다고 장담해온 터였고, 들어오더라도 나는 집에서 당할 것은 생각지 않았던 것이다. 전차로 한 시간 걸리는 시골에 집을 마련해놓고 급해지면 갈 계획이었던 것이다.

문득 생각난 곳이 식모 방, 골방이었다. 골방에는 쥐가 드나들었기에 아래위 좌우 벽을 모두 함석으로 씌웠던 것이다. 지금은 텅텅 빈 그 골방에 두툼한 요를 깔고 또 두툼한 이불을 쓰고 엎디어 있기로 했다.

그것은 세상에 미련한 일이었다. 직격탄이 아니라 근처에 소이탄만 떨어지더라도 폭풍으로 해서 집이 쓰러지는 날이면 아래위 온통 함석에 깔리고 덮여서 뚫고 나올 재간이 없을 것이었다. 그러나 그 때는 그곳만이 안전할 것 같았던 것이다.

옷을 많이 입기도 했지만 각반 치고 구두끈 단단히 매고 철모까지 쓰고 두꺼운 이불을 푹 쓰고 엎디어 있으니 땀이 났다.

라디오는 B-29가 틀림없다고 했고, 수십 기 편대로 동경만을 들어선 다음에는 높이 떴다고 했고, 서북방으로 향하는 모양이라고 했다.

그때의 집은 동경만의 서북방이었다. 와세다로 가는 중턱, 오오마가리라는 곳의 뒷골목이었다.

라디오를 들으니 짐작되는 일이 있었다. 서북방이라면 그곳에 큰 비행기 공장이 있었고, 그곳만은 몇 번 폭격을 온 일이 있었던 것이다. 그러나 다른 방향으로 상륙했던 것이 이날 밤에는 곧장 동경의 정면으로 들이닥친 것이다. 동경만으로 상륙해서 서북방에 있는 비행기 공장을 폭격하러 가는 것이라면 그 직선 코스는 바로 내 집 위를 지나가게 되는 것이었다.

펑 하니 머리가 아찔했다.

라디오는 또 외쳤다.

"니혼바시 근처에 폭탄을 많이 떨어뜨리고 서북방으로 가면서 계속 폭탄을 던지고 있습니다. ……간다 방면에 폭탄을 떨어뜨리고 있습니다. 구단에도 떨어뜨렸습니다."

이건 내가 짐작한 코스 그대로였다. 그다음에 이이다바시까지 온다면 다음은 어긋날 일 절대로 없는 내 머리 위인 오오마가리다.

땀에 촉촉한 전신이 떨려서 지탱할 수가 없었다.

펑펑 우르르 우르르 소리가 들렸고, 그 소리가 점점 가까이 오고 있었다.

펑펑펑펑, 와그르르르……

집채가 흔들리고 배 속이 뒤집힐 것 같은 폭탄 터지는 소리가 몇을 사이 없었다.

다리를 뻗고 길게 엎디어 있을 수도 없었다. 다리를 오그려 당겼다. 꿇어 엎디어 철모 쓴 대가리를 바닥에 파묻었다. 귀를 두 손이 아니라 두 주먹으로 막았다.

"나무아미타불! 나무아미타불! 나무아미타불!"

그것도 소용이 없었다. 비행기는 더 다가오고 있었다. 수십 기의 육중한 날개 소리만도 배 속까지 울리는데, 폭탄 터지는 소리는 이이다바시보다도 가까운 것 같았다. 그렇다면 다음은 바로 머리 위다.

쿵! 와그르르 쿵! 쿵! 으르르렁……

마룻바닥이 불쑥 올랐다 내려앉고 전후좌우로 흔들렸다.

"복개야! 복개야! 복개야……"

아내의 이름을 불렀다. 너를 두고 나는 간다는 작별 인사가 아니었다. 네 힘으로 날 살리라는 애원이었던 것이다.

"복개야! 복개야!"

아내는 불행이 있을 리 없다고 믿고 사는 사람이기 때문이었다.

얼마나 있었는지 모른다.

내 이름을 부르는 소리가 들렸다. 머리에 쓰고 있던 이불이며 요를 빠끔히 들추고 귀를 기울였다.

"나와서 구경하세요! 불구경이 장합니다."

내 아침밥을 해다 주는 앞집의 대학생이었다. 물구덩이가 되었을 내 집 방공호에 있었던 것이다.

골방에서 나오니 철모에서 물이 주르르 흘렀다. 땀뿐이 아니었다. 눈물까지 온 얼굴을 적시고 있었다.

비행기 소리는 멀리 들렸다.

복도에 나서서 보이는 모두가 빨갛기만 했다. 불이며 연기였다. 하늘까지 빨갛다. 앞뒤 모두 빨갛다.

알고 보니 최후에 골방 마룻바닥이 튀어올랐을 때에 떨어진 폭탄은 정말 이이다바시보다도 가까운 곳이었다. 내 집을 가운데로 하고 앞 500미터 뒤 500미터 거리에 모두 떨어졌던 것이다. 소이탄이었다. 한 시간 동안이나 유유히 폭격을 하고 지나간 것이다.
그날 밤 일을 적어 보냈더니 아내의 답장은 이러했다.

그것 보세요! 곧 시골로 가신다던 복개와의 약속을 어기고 그 집에 계셨기 때문에 혼이 나신 거예요. 곧 시골로 가셔서 통근이라도 하세요. 편지가 어떻게 우스운지 아이들에게 읽어주고 한바탕 웃었답니다.

화가 치밀 지경이었다.
그 후에도 여러 번 공습을 겪었지만 나무아미타불을 외우거나 아내의 이름을 부른 일은 없었다.
그날 밤의 일을 생각하면 슬며시 웃음이 터지기까지 했다. '급하면 별소리를 다 지르지!' 그런 생각이었다.
1월 그믐께의 대낮의 폭격은 사무실에서 겪었다. 팔층에 있는 사무실에서 지하실로 대피했다. 한옆에서는 장기를 두는 사람도 있을 만큼 마음의 여유가 있었다. 그때도 한 시간 이상을 유유히 폭격했고, 장안이 불바다가 되었었다.
"더 볼 것이 있겠소? 떠납시다!"
친구가 권하는 대로 보따리를 쌌다.
류색에 식량만 잔뜩 넣고 라디오를 들고 귀국의 길을 떠났다. 무사했다.
8월까지의 일곱 달을 고향 집 한 간짜리 건넌방에서 지냈다.
해방이 되자 다음 해에는 서울로 이사를 했다.

친구의 덕으로 신문에 글줄이나 쓰고 후한 대우를 받아서 식량은 이었다.

6·25도 아슬아슬 넘겼다. 1·4후퇴엔 가족을 먼저 떠나보냈다. 그때 나는 군의 일을 거들고 있었기 때문이다.

"나는 군을 따라 행동할 테니 먼저 떠나시오! 대구든지 부산이든 마산이든!"

돈 한 푼 주지 못하고 가족을 먼저 떠나게 했었다. 12월 8일이었다. 그것도 지금 생각하면 이상한 일이었다. 나나 아내가 날을 받았던 것은 아니다. 장모가 부탁해놓은 트럭이 그날 갑자기 떠난다고 해서 떠난 것이었다. 짐은 도대체 가지고 떠날 생각을 말라고 했었다.

"가다가 도로 돌아오게 될는지도 모르는데 짐은 가지고 가서 무얼 해!"

그래도 아내는 이것저것 챙겨놓은 것이 큼직하게 있었지만 트럭 임자가 또 지분거리기에 홀가분히 떠나게 했던 것이다.

트럭에 타기만 하면 그날 곧장 부산에 닿을 것같이 아무 생각 없이 떠나보낸 것도 그저 아내를 믿는 마음에서였다. 내가 있으면 나로 인해서 불길한 일이 있을지 몰라도, 아내가 어린 것 셋을 데리고 떠나면 그것이 오히려 마음에 놓이는 것이었다. 도중에서 둘째 아이가 앓기도 하고 부산까지 트럭이 닷새 걸렸다는 사실은 석 달 후 마산에서 만났을 때에 비로소 알게 되었던 것이다.

트럭이 집을 떠날 때는 사람이 적었었는데 도중에서 많이 태웠고, 수원까지 가니 헌병이 정지시키고 "위험하니 모두 내리라"고 해서 모두 내리게 되었는데, 우리 가족 넷과 다른 두 식구만이 그대로 타고 있을 수 있었다고도 말하는 것이었다.

나는 크리스마스이브에 서울을 떠나서 대구에서 머물러 있게 되었다.

내가 아는 사람들 가운데도 각가지의 변고가 있는 것을 알았다. 어떤 사람은 트럭으로 내려오다가 어린 자식이 떨어져 죽었다는 사람도 있었고, 어떤 친구는 기차로 내려왔는데 화차 지붕 위에서 부인이 떨어져서 죽었다는 사람도 있었고, 어떤 사람은 트럭 두 대가 나란히 간다고 해서 가족이 갈라 탔었는데 한 대가 고장으로 멈추게 되어서 갈렸던 가족을 찾기에 몇 달이 걸렸다는 사람도 있었다.

나는 아내와 삼 남매가 부산에 있는지 마산에 있는지, 어떻게 되었는지 알려고도 하지 않고 걱정도 하지 않고 해를 넘겼다. 아무렇게나 되어도 좋다는 생각은 물론 아니었다. 나보다 아내를 믿었기 때문이다. 내가 끼어 있는 것보다 아내만이 더 미더웠다. 어디서든지 잘 있으리라고 마음 놓고 있었다.

또 다른 한 가지 생각은, 나는 죽어도 좋다는 생각이었다.

1950년 6월 25일의 공산군 남침은 내 친구를 거의 납치해 가고 말았다. 인민군이라는 이름으로 함부로 들이닥친 그들은 우리 동네의 아무 죄도 없는 내 또래의 점잖은 사람을 군중 앞에서 총살했다. 나는 모르는 사람이지만, 동회장과 청년단장이라고 했다. 우리들의 시민 생활에 심부름을 해준 그 사람들이 어째서 인민군의 총살감이 되는지 모를 일이었다. 인민재판이라는 형식을 갖추었고, 거기 모인 재판자인 인민이란 집집으로 돌아다니며 "한 집에서 한 사람씩 나와야 한다"고 해서 모여든 밥 짓는 아이들이었다. "나와야 한다"는 말도 살기를 띠었기에 나설 사람이 없었다. 물불을 가리지 않는, 두려움 없는 밥 짓는 아이들만이 바깥 구경삼아 나가서 모인 것이었다.

총을 겨눈 인민군이라는 군인이 무어라 무어라 지껄이고 "반동으로 규정한다! 어떻소?" 하는데, 거기 있던 그 축 몇 사람이 손을 번쩍 들며 "옳소!" 했다. 그것은 몇 사람 안 되는 것이었지만 그런 소리가 나기도 바쁘게 드르륵 드르륵 따발총을 쏜 것이었다. 철모르는 밥 짓는 아이들은 불똥 튀듯 튀었다. 세상에 무서운 구경이었다.

그런 짓은 우리 동네뿐이 아니었다. 소문은 빨랐다. 인민재판으로 총살했다는 소문과 불러 데려갔다는 소문이 뒤를 이었다.

하루는 나를 찾는 친구가 있었다. 오랫동안 만나지 못했던 친구였다. 어디로 보나 빨갱이는 아니었다. 그도 믿을 수 있었거니와 나는 그의 아버지의 친구였다. 그의 아버지가 돌아간 후에도 그는 나를 아껴주었으니 나는 그를 믿을 수 있었다.

그러나 그 시간에 나는 그를 믿지 못했다. 하루 이틀 동안에도 사람이 어떻게 변할지 모르는 판국이었다. 인간 같지도 않은 것들의 행동도 총과 따발총과 탱크와 끄나풀들이 있었기 때문에 그에 아부해서 날뛰는 철없는 것들과 또 끌려가서 억지로 앞잡이를 서게 된 젊은이들이 많았기 때문이다.

그는 들어오지도 않고 중문간에서 귓속말을 하는 것이었다. 그의 친구며 나의 친구인 사람이 밤중에 끌려갔다가 하룻밤을 지내고 풀려 나왔다고 했다. 끌려가서 밤새도록 샅샅이 심문을 받았다는 것이다. 지낸 경력과 한 일을 밤새도록 샅샅이 기록하고 일단 내보내주는데, "다시 부를 테니 꼭 집에 있어야 한다"고 했으며 두툼한 명부를 보여주더라는 것이었다.

"이 중에 아는 사람이 있으면 동무가 나가서 기별해주고 곧 자진 출두하도록 하시오! 빨리 자수하도록 권하시오!"

그래서 명부를 훑어보니 아는 사람이 굉장히 많은데 첫머리에 내 이름이 있더라는 것이다. 다 안다고 할 필요도 없고 아는 사람이 없다고 할 수도 없어서 두어 사람을 안다고 했다는 것이었다.

"아니 전할 수도 없어서 왔습니다만……"

친구는 밤을 새고 나와서 고단하기도 하지만 집에서 다시 불려가기를 기다릴 것이 아니라 한시바삐 몸을 피해야겠기에 오지 못하고 부탁을 받아서 왔다는 것이었다.

쥐라도 들을세라 더욱이 낮은 소리로 덧붙였다.

"전해드리기는 합니다만……"

그 말은 '가면 안 됩니다. 빨리 피해야 합니다. 말로는 못하지만 제발 알아들으세요!' 부드럽고 은근한 눈을 돌리지 않고 한동안 말 없이 있는 것이었다.

"고맙소! 알았소! 고맙소!"

나는 알아들었다는 시늉을 지나치도록 하며 그의 손을 쥐었다.

그는 대문 밖을 살펴보고 살짝 나서서 뒷길로 사라지는 것이었다.

나는 이마빼기를 정통으로 얻어맞은 것 같았다.

6월 25, 26일께 남쪽으로 피란을 떠나지 못한 것은 내 탓만은 아니었다. 라디오는 끝까지 "국군이 공산군을 격퇴하고 있으니 시민은 안심하라!"고 외쳤던 것이다. 그 밤이 새자 서울 장안은 공산군의 천지가 되었던 것이다. 그렇지만 '공산군인들 설마 나야 어떻게 하랴!' 하는 은근한 기대가 있었던 것이다.

나는 드러난 일이라고는 아무 일도 한 일이 없었기 때문이었다.

8·15 해방을 고향에서 맞이했을 때도 나는 나서지 않고 방을 지키고 있었다. 일본에서 일곱 달 앞서 귀국해서 들어앉았던 것을 고향 사람들은 높이 평가했던 모양이었다. 지금 따지면 좌우 양편의 고향 인사들이 내 집으로 모여들었던 것이다. 시청과 경찰서와 모든 기관을 접수하는데 나더러 위원장이 되라는 것이었다. 나는 끝까지 나서지 않았다.

"일본에서 이십여 년을 지낸 사람이 무슨 염치로 또 한몫 보겠소? 고향을 지키고 고향에서 싸워온 깨끗한 사람들이 나서야 할 것이오!" 하고 응하지 않았다. 그것은 잘한 일이었다.

그런 승강이는 낮뿐이었다.

밤이 되자 뿔뿔이 두 패로 갈려서 나갔고, 두 패 모두 나를 나오라고 하는 것이었으나, 안 나가고 배기기는 쉬운 일이었다. 우익이 사람 고르는 데 시간을 보내는 사이에 좌익에는 서울서 연락이 왔던 것이다. 이튿날 새벽에는 시뻘건 기를 휘두르며 내 집 문 앞을 지나가는 것이었다.

장안 사람이 휩쓸어 올라가도 나는 구두를 신지 않았던 것이다.

그렇다면 그런 일에 앞장서서 날뛰지 않았다는 것이 죄목이 되는 것일까? 그렇다면 대부분의 시민이 모두 자수해야 할 판인가?

내가 쓴 글도 그런 일에는 상관이 없는 것들이었다. 새 나라 새 살림은 어린이를 먼저 위해야 할 것을 호소했고, 개명한 나라 사람들의 살림살이와 예의범절과 상식을 소개하기에 힘썼을 뿐이었다. 그런 것도 인민군들에게는 죄목이 되는 일이란 말인가?

자수자 명단(자수시켜야 할 사람의 명단), 심문해야 할 사람의 명단 첫머리에 내 이름이 있더라는 소식은 놀라운 일이 아닐 수 없었다. 그것으로 끝날 것이 아님은 넉넉히 짐작이 가는 일이기 때문이었다. 들은 바 있는 재교육을 해야 한다는 교양소라는 이름의 감옥에 넣거나 카추샤가 간 시베리아 유형이 아니면 숙청이란 이름의 잔악한 행위가 있을 것이 짐작되는 것이었다.

'망할 놈들! 그 속에 나를 넣어! 내가 벌 받아야 할 대상이라면 벌 받지 않을 백성이 없겠구나!'

분하기도 했지만 떨렸다. 한여름 복중이었다.

'네놈들만 아니면 모두가 처벌 대상이란 말이냐?'

아이가 전해주는 명함은 내가 늘 글을 쓰던 신문사 간부의 것에 글귀가 적혀 있었다.

그 신문 편집국장이었던, 지금은 정부의 공보 관리로 있는 친구가 피신해 와 있으니 잠깐 만나러 오지 않겠느냐고 했으며, 술이나 안주가 있으면 가지고 와도 좋지 않겠느냐고 적혀 있었다. 바로 뒷골목에 사는 우리나라 야구계의 대선배의 집이었다.

우리 집에는 술에 안주는커녕 쌀도 도대체 가마니로 사지 못하는 형편이었는데 그나마 인민군이란 것들이 "이제부터는 식량의 자유 판매는 절대로 없다. 배급을 받아야 하는데, 쌀을 가지고 있는 집에는 배급을 주지 않기로 되어 있으니, 있는 쌀을 내놓고 배급을 받도록 하라"고 하며 광 부엌 뒷뜰 장독 속까지 샅샅이 뒤져서 훑어간 후로 배급이란 한 알도 준 일이 없었다.

술은 물론 없었다. 명태 한 마리를 껍질을 벗기고 갈가리 뜯고 찢어서 한 주먹에 들 만한 것을 그것도 감추어 넣고 뒷골목을 찾아갔다.

그 집은 뒤채가 깊숙이 있었다. 주인과 친구 두 사람이 있었다. 45도짜리 소주가 있었다. 악수도 어색했고 아무도 입을 여는 사람이 없었다. 그는 6월 25일에 미국으로 떠날 예정이었던 것이다. 비행기가 사고로 늦추어진 것이 이 꼴이 된 것이었다. 쓸쓸히 소주잔을 들었다. 잔을 맞대는 것만이 죽도록 반갑고 억울하고 분하고 기막힌 사정을 모두 전하는 것 같았다. 누구라도 한마디 꺼내는 날이면 울거나 소리를 지르거나 땅바닥을 치지 않고는 못 배겼을 것이다.

그도 자수하라는 것을 내통해준 사람이 있어서 피해 온 것이었다. 자수라는 일은 글자 그대로 만만한 일이 아니었다. 소위 반동분자라는 규정을 받은 사람이니 어떤 처형을 받을는지 모른다는 것이었다.

머리에 떠오르는 바 없지 않았다. 그들의 법전이요 성경이요 행동강령의 오직 하나인「공산당사」「약사」를 본 일이 있었기 때문이었다.

소위 문화인이라는 것들을 먼저 포섭하라. 손아귀에 들어오기 가장 쉬운 족속들이며 이용하면 그들의 힘은 만만치 않으니라. 그들은 커뮤

니케이션이기 때문이다. 그들을 주라통으로 해서 그들의 졸개, 그들의 독자, 그들의 팬을 공산주의자로 이끌어야 한다. 그러나 그 일이 이루어지면 그 문화인이란 족속은 숙청해버려야 한다. 문화인이라는 족속은 항상 비판정신을 가지고 있기 때문에 고삐를 늦추어서는 안 된다. 백 가지 해로운 일이 있어도 한 가지 이로운 일이 없느니라……

문화인이란 말은 인텔리겐차라고 씌어 있던 글귀다. 얼기설기 떠엄떠엄 읽어 넘겼다 하더라도 이러한 구절을 슬쩍 넘길 수는 없었고, 이런 일을 당하게 되매 대문짝만큼 큼직하게 떠올랐던 것이다.

그러나 이렇게까지 즉각적으로 착수하리라고는 생각지 않았던 것이다.

이틀인가 지나서 쌀을 조금 보내준 사람이 있었다. 그것을 절반하고 소주 한 되를 뒷집으로 보냈다. 쌀이나 소주는 어느 집이나 귀한 때였고 구하기도 힘들기 때문이었다. 뒷집은 여느 때 같으면 넉넉한 살림이었지만 지금은 그도 일반일 것이요, 피신해온 친구의 마음을 편하게 해주기 위해서였다.

마침 친구 두 사람이 와 있었다.

"좀 츰한 모양야! 어제 오늘은 찾으러 다니는 사람이 없는 모양야!"

이런 소식통의 말이 일을 저지르고 말았다.

공보 관리는 그날 어스름해서 밖으로 나갔다. 여러 날 만에 식구들을 잠깐 만나보고 싶어서였다. 골목 어귀 손수레 가게에서 소갈비 굽는 냄새가 코를 찔렀다. 비위가 동했다. 견딜 수 없어서 지나쳤다가 다시 발길을 돌렸다. 기웃해 보니 아무도 없다. 갈비를 집어 들고 술 한잔을 청할 때 쑥 들어선 젊은이가 "아! 이 선생 아니십니까?" 했다. 모를 얼굴이었다. "잠깐 뵈옵시다!" 그것이 그만이었다. 어디로 데려갔는지조차 몰랐다.

당시의 편집국장은 나의 종손이 된다. "신문 발행을 허락하고 용지를 배급할 테니 곧 신문사로 나오라"는 바람에 신문사로 나갔다. "잠깐 가십시다." 젊은이가 기다리고 있었다.

주간은 '이건 안 되겠다' 형편이 그른 것을 짐작하고 배를 타고 부산으로 내려가려고 했다. 배는 내일 새벽 김포에서 떠나기로 했다. 그날 밤에 들이닥쳤다. 파자마 바람으로 끌려갔다.

당시의 사회부장은 학생 시대부터 내 집에 드나들던 사람이었다. 내 일이라면 물불을 가리지 않고 거들어주는 사람이었다. 피신해서 밖으로만 돌아다니다가 역시 좀 춥하다는 소문을 곧이듣고 잠깐 집에 돌아온 그날 밤 공산군 병정들이 들이닥쳐서 총대로 떠밀며 데려갔다. 내 조카아이는 전기회사 사원이었다. 출근하지 않으면 해직이라는 바람에 출근했다가 영 돌아오지 않았다. 나와 가까운 사람은 거의 끌려갔다.

쌀은 구할 수 없고 먹을 것이라고는 내가 좁은 마당과 지붕 위에 기른 호박뿐이었다. 아이들은 꽈배기 장수 담배 장수로 나섰다. 꽈배기와 담배를 공산군에게 빼앗기고 울며 돌아왔다. 공산군의 말이 좋았다.

"어린 사람들은 열심히 공부를 해야지. 이런 일을 해서는 안 돼!"

철없는 아이들조차 욕을 했다.

아내는 노무 동원으로 끌려 나갔다가 돌아와서 눕고 지냈다. 한 번은 용산까지 밤길을 걸어 나가서 시체 치우는 일을 거들고 걸어서 돌아왔다. 한번은 신촌까지 걸어 나가서 탄약 상자 운반하는 일을 거드는 체하고 걸어서 돌아왔다. 탄약 상자는 무거워서 들 수가 없었다. 몸이 약한데 호박만 끓여 먹은 몸이 견디어 낼 수가 없었다. 누워서 날을 보냈다.

나는 7, 8월 더위에도 가죽잠바를 입고 지냈다. 먹은 것이 없었기에 얼굴은 헬쑥하니 시어빠지고, 33~34도 더위에 가죽 잠바를 입고 있으니 누가 보아도 폐병 3기가 틀림없었다. 그렇다고 마음 놓고 지낼 수는 없었다. 살얼음판을 건너는 따위가 아니다. 말하자면 사선을 넘은 것이었다.

9월 15일 유엔군이 인천으로 상륙한 이후의 공산군들의 잔학상이란 말이 아니었다. 여기저기서의 대량 학살은 말할 것도 없거니와 어떻게 산 사람의 혀나 입술이나 볼에 철사를 꿰어 죽이고 사람을 가두어 두고 불을 질러서 죽이는 따위의 짓을 하는지 모를 일이었다. 집집에서 훑어간 쌀을 쌓아 두었던 쌀 창고에는 불을 질러버리니 이건 또 어떻게 생각해야 할는지 생각해도 생각해도 알 수 없는 일이었다.

9·28에 국군과 유엔군이 서울에 들어오자 나는 그들 쫓겨가는 공산군의 꼬락서니도 볼 겸 내가 쫓는 셈 치고 뒤쫓아 올라갔다.

김소월의 영변까지 밀고 올라갔다가 난데없는 중공군의 징 소리를 듣고 도로 내려오면서 수긍되는 바가 있었다.

'그러면 그렇지!'

아름다운 새벽 179

공산군이 저지른 잔인성이란 우리 민족성에 없는 일이라고 생각했던 내 생각이 들어맞았다는 생각이었다. 공산군이 쫓기게 되자 중공군을 디밀듯이 공산군이 저지른 잔악상의 가지가지도 모두 뒤에서 가르친 바가 있었기 때문이리라고 확신할 수가 있었다.

이것은 말이 아니다.

인민군이라 해도 우리와 같은 민족이다. 열여섯에서 열여덟 살밖에 되지 않는 아이들이었다. 시골에서 농사짓고 있던 양순한 아이들을 데려다가 가르쳤는지 가르치지도 않고 군복만 입혀서 내보냈는지 모를 일이었다. 그들의 몸에는 나와 같은 조상의 피가 흐르고 있는 것이다. 집안끼리도 있을 것이다. 그런데 죄 없는 동족의 가슴에, 배에 따발총을 대고 드르륵 하기도 했고, 입술이나 볼에 철사를 꿰뚫기도 했고, 가두어 둔 채 불을 지르기도 한 일은, 이것은 말이 아니다. 아무리 뒤에서 가르치며 시키는 것들이 있다 하더라도 그런 짓이 민족의 이름으로 저질러져서는 안 될 말이다. 그것이 또 민족의 열에 배어서 다음으로 이어 내려가서는 안 될 말이다. 그것은 말이 아니다.

'내 동생들아! 그래서는 안 된다. 내 조카뻘 되는 아이도 있을 것이다. 손자뻘 되는 아이도 있을 것이다. 내 아저씨뻘 되는 사람도 있을 것이다. 그래서는 안 돼! 그래서는 안 돼! 그것은 네 조상의 얼을 더럽히는 일야! 너도 나도 우리 민족도 그렇게 잔인한 성품을 이어 받은 일은 없다! 그런 짓은 아버지 어머니도 형제도 조상도 겨레라는 것도 인정하지 않는, 욕심에만 불이 붙은 짐승 같은 것들이나 할 짓이야!'

분통이 터지는 것이었다. 양같이 양순한 우리 겨레의 어린 사람들이 짐승의 길로 이끌려 가는 데 분통이 터졌다.

바로잡아 주어야 할 것이라고 생각했다. 겨레의 얼을 알도록 해야 할 것이라고 생각했다. 너희들은, 아니 우리들은 착하고 어질고 씩씩하고 참된 조상의 후생으로 태어났다는 것을 알려주고, 우리들은 세상에서 드물게 평화를 사랑하고 서로 사랑하며 돕고 아낄 줄 아는 착한 민족이라는 것을 알려주고, 핏줄로 이어받은 아름다운 얼을 잃지 않도록 해야 할 것을 알려주어야겠다고 생각했다.

그들이 역사를 배웠다 하면 그것은 모두가 투쟁이요, 혁명과 반혁명으로 따져놓은 싸움의 역사일 뿐일 것이 분명한 것이다.

민족 생활에 정신적인 끼침을 주었거나 빛을 남긴 '사람'들의 역사는 무시하고 드는 것을 알고 있었다. 어느 한 시골구석에서 잠깐 있었던 일이라도 싸움만을 들추어 역사라고 엮는 그들이었다. 나라에 바친 '충'이라든지 겨레에 바친 '의'라든지 부모 형제나 이웃이나 스승이나 아랫사람을 위해서 몸을 바친 갸륵한 '사랑' 따위는 그들이 엮는 역사에는 한 줄의 가치도 인정되지 않는 것이었다. 사건이 중요하지, 사람은 무시하는 그들이다.

어린 인민군 병사들이 정몽주나 이순신 장군이나 세종대왕이나 이퇴계나 맹사성 같은 사람의 내력은 물론, 이름조차 들어보지도 못했을 것은 뻔한 일이다.

불국사나 석굴암 같은 위대한 건축과 조각을 이룩한 예술가가 우리 조상에 있다는 사실도 그들은 들어보지 못했을 것이다. 들려주지를 않았을 것이다. 세계에서도 뛰어난 아름다운 노래 또 미술과 음악을 창조한 조상들이 있다는 것도 그럴 것이었다.
　그들 어린 동포들에게 이런 역사적 사실을 알려주기만 한다면 엄연한 동족의 핏줄기는 곧장 깨달음이 있으리라고 생각했다. 붉은 이리 떼의 손아귀에서 벗어나 아름다운 조국의 품안으로 돌아올 생각이 치밀 것이라고 생각했다. 그 일을 해야겠다고 생각했다. 총탄과 포화로 무찌르는 국군의 뒤를 따라다니며 그 일을 해야겠다고 생각했다.
　6·25에 한번 사선을 넘은 몸이라 목숨을 바쳐서 아까울 바가 없다고 생각했다. 그뿐이 아니다. 생각하면 이미 스물네 살 때에 한번 죽었던 몸이다. 그리고 지금 믿음직한 아내와 아들 딸 셋이 있는 것이다. 거룩한 대열에 앞장은 서지 못한다 하더라도 한몫 끼지 않을 수 없다고 생각했다.
　정훈국에는 일간 신문이 하나 있었고, 편집실이라는 것이 또 있었다. 대적 공작과 대내 선전, 다시 말하면 사기를 돋우는 임무를 가진 것이었다. 그 두 가지의 고문이라는 임무를 맡게 된 것이었다.
　당장 최전선에 종군하라면 서슴지 않고 나설 판이었으니 가족의 안부는 생각할 여유가 없었고 사실 그렇게 머리가 돌았던 것이다.
　일본에서는 전쟁이 끝나자 잡지사 일이 활발해졌다고 곧 오라는 기별이 자주 왔다. 맥아더 사령부의 무슨 기관에서는 문관 이십 명을 일본으로 데려가기로 했는데 그중에는 내 이름도 있었다. 같이 떠나기를 권하러 부산에서 대구까지 다섯 번에 걸쳐 다섯 친구가 찾아왔으나 거절했다. 일본으로 건너가면 살림은 넉넉하고 잘살 수 있겠지만 그럴 수가 없다는 생각이었다. 사실 그때의 나의 살림은

182

하루 한 끼를 먹는 형편이었던 것이다. 그러나 그것도 6·25의 서울 살림보다는 낫다고 생각했다. 조국이 지탱하느냐 망하느냐 하는 판국이라고 생각했던 것이다.

일선 지구에 여러 번 갔다. 명령이 아니라 거의 자진해서였다. 경찰 전투부대가 전투하는 지역에도 갔었다. 도중에 배때기를 내놓고 있는 트럭은 몇 시간 전에 공비가 내습해서 불태운 것이라는 곳도 두려움 없이 지나갔다.

일본으로 건너가서 옛날 같은 화려한 생활을 하는 것보다 이렇게 돌아다니다가 총에 맞아 죽거나 지프차가 굴러떨어져 죽는 편이 훨씬 보람 있는 일이라는 생각이었다. 덤으로 받은 생명을 조국에 바치자는 생각에서였다.

한 번은 정말 지프차가 굴러떨어졌었다. 전투 지구도 아닌 삼랑진역을 조금 지난 평화한 마을에서였다. 부산으로 급행하는 길이었다.

왼편으로 굽어드는 급한 커브를 급히 달리다가 오른편으로 나가떨어져서 운전병은 즉사하고 세 사람 모두 부상한 일이 있었다.

오른편에는 나직한 개울이 있었다. 세 번 반 굴러떨어지는 것을 의식했었다.

'또 한 번 뒤집히면 차체 밑에 깔리게 되는구나!' 생각할 때,
"뉘우침 없다!"

거의 목구멍까지 소리가 되어 나왔었다.

그러나 지프차는 홀떡홀떡 재주넘듯이 세 번 반을 굴러서 삐딱이 섰던 것이다.

어떻게 된 일인지 운전병만이 개울에 떨어졌고, 즉사해 있었다.

또 한 번 죽을 고비를 넘어섰다는 생각이었다.
　마산에 있는 아내로부터 성당에 갔었다는 편지를 받은 것은 그 무렵이었다.

　당신이 하는 일은 언제나 옳은 일이라고 생각하지만 세상은 그렇지도 않은 모양이야요. 아주 평화하고 화려해요. 전쟁을 하고 있는 것 같지는 않아요. 다방은 늘고 손님은 종일 초만원이고 댄스홀이 많아졌어요. 물건도 음식도 없는 것이 없어요. 모두가 즐겁게 살고 있는데 우리만 왜 이렇게 헤어져서 살아야 해요? 이곳은 서울보다도 화려한 것 같아요. 돈을 물 쓰듯 하는 사람도 많고 일본에 밀선으로 갔다 왔다 하는 사람도 많아요. 언제나 우리 다섯 식구 한데 모여 살게 될까요? 그것만이 소원입니다. 당신이 하는 일은 옳은 일이라고 생각하지만 가끔 이상한 생각이 들 때가 있어요. 그럴 때마다 미안하다고 생각합니다만······
　어제 해 질 때는 성당에 갔었어요. 어떻게 그 높은 언덕 위까지 올라갔는지 몰랐어요. 종소리를 따라서 정신없이 올라갔어요. 아무것도 모르지만 무릎을 꿇고 앉아 있으니 가슴속이 아주 가라앉았어요. 참 성모상은 아름답고 거룩하고 인자했어요······

　이런 편지를 받고, 나는 그저 "성당에 가는 것은 좋은 일"이라고만 답장했다. 그때 나의 머리에 떠오른 것은 그보다 십여 년 전에 동경에서 한번 성당에 들어가 보았던 일이었다.
　음악평론가 '시오이리'라는 친구가 죽어서 그 영결식이 성당에서 있을 때였다. 그는 음악평론가이자 음악 잡지를 발행하고 있었기 때문에 음악가와 예능인과 저널리스트들이 그의 죽음을 아껴 동지장의 형식으로 성대한 장례를 지냈었다. 성당이 넘치도록 조객이 많았다.

그런데 성당에 들어설 때에 여인들은 머리에 흰 보, 검은 보를 쓰는 것이었고, 한 발 들어서자 마룻바닥에 한편 무릎을 꿇고 절하며 경건히 성호를 긋는 것이 세상에서 처음 보는 광경이었다. 내가 어려서 많이 드나들었던 예배당의 풍속과는 딴판으로 질서가 정연하고 엄숙한 품이 보기에 아름다웠다.

뒤 높은 곳에서 부르는 성가대의 그레고리오 성가는 레코드로 들은 바 있는 장엄한 것이었다. 제대에서 사제가 선창하면 성가대가 받들어 응하는 것도 듣기에 좋았고 가슴에 울렸다. 모든 절차가 엄숙했고 기침 소리조차 조심스러운 것 같았다.

그런 옛 기억이 떠올랐으나 마산에서 아이 셋을 데리고 고생하며 살고 있는 아내가 성당을 찾아갔다는 일은 좋은 일이라고 막연한 답장을 썼던 것이다. 바닷가를 거닐었다든지 댄스홀에를 가보았다는 기별보다는 반가운 소식이라는 정도였던 것이다.

아내와 세 아이가 마산에 있다는 소식을 안 것은 내가 대구에 머물게 된 후 월여가 지나서였다. 그보다 또 두 달이나 지나서 한번 기웃해본 일이 있었다.

아내가 어려서 자라난 곳이라 한 집안같이 지내는 사이가 몇 사람 있었다. 적이 마음이 놓였던 것이다. 그러나 세상은 하루가 달랐다. 전선에 큰 움직임이 없고 교착 상태에 있었기 때문이었을까? 집을 쫓겨나서 국토의 맨 끝 바닷가까지 피란해 내려와 있다는 사실을 잊은 것이, 나같이 그날그날을 즐겁게 보내자는 태도의 사람이 날로 늘어갔다. 돈벌이로 나서는 사람이 많아졌고, 또 하려면 일은 쉽게 되었다.

나에게도 청을 오는 사람이 많았다. 국방부의 신문인만큼 그 신문기자라는 가짜 증명서를 내달라는 청이 많았다. 증명서 한 장만 있으면 여행이 자유롭고 지방으로 다니며 큰돈을 벌 수 있다는 것이었다. 차량 운행증이라는 것도 있었다. 트럭을 가지고 다니면서 이 지방에서 저 지방으로 무엇이든지 값 헐한 곳에서 사서 귀한 곳으로 옮겨 넘기면 큰 장사가 되는 판이었다. 민간에 차량은 귀했고, 도중에서 징발 당하는 일도 있었고, 자유로이 운행할 수가 없었던 것이다.

그런 청을 들어주면 당장에 한 뭉치 돈을 주려고 했지만 무엇 하나 들어준 일이 없었던 것이다. 몇 가지만 들어주면 가족을 마산에 버려두지 않고 대구로 데려다가 집이라도 사서 떵떵거리고 살 수 있을 만큼 돈이 생길 것은 알았으나, 청을 오는 사람의 따귀라도 갈겨주고 싶을 만큼 미움을 느꼈던 것이다.

그러니 하물며 마산이라, 경비가 부족한 틈을 타서 일본과의 밀무역이 성하다고 했으니 타락한 항구의 풍속이 아내의 짧은 글귀로도 넉넉히 짐작되는 것이었다.

그런 가운데서 성당을 찾아갔다는 기별은 내 마음이 놓인다는 것만이 아닌 아내를 위해서도 아이들을 위해서도 고마운 일이라고 생각했던 것이다. 천주나 성모 마리아를 내가 알아서가 아니었다. 오직 타락의 길과는 반대되는 방향일 것임을 짐작했을 뿐이었고, 거리의 재즈 소리에 더럽혀질 수 있는 귀를 성가대의 성가로 깨끗이 한다면 그것은 좋은 일이라고 생각했던 것이다. 그러나 그것도 그때뿐이었다. 답장을 쓴 후로는 내내 잊어버리고 있었던 것이다.

환도한 후에 대구 할머니의 '연도(憐悼)'를 들었을 때 비로소 한 번 기억을 더듬은 일이 있기는 했다.

참 이상한 일이었다. 우리들이 대구 마산으로 피란 내려간 후에도 내내 서울 집을 지키고 있던 대구 할머니는 우리들이 환도하기 전에 혼자 돌아가셨다. 일본으로, 내 고향으로, 또 서울로, 우리들의 살림을 돌보아준 대구 할머니의 별세는 슬픈 일이었다. 임종을 보지도 못했고 장례도 치르지 못했기에 더욱이 마음이 아팠다.

환도한 후 몇 달 후에 그의 기일을 맞이하게 되었다.

"어떻게 할까?"

우리는 의논했다.

집에서 제사를 지낼 것이냐? 절에 가서 불공을 드릴 것이냐? 둘 중의 하나였다. 대구 할머니는 온 종일 틈만 있으면 염불을 외웠고, 일하면서도 어떤 때는 중얼중얼하던 분이었기 때문이다. 염주가 세 개나 집 안에 있었다.

환도 후에도 우리 살림은 지극히 어려웠다. 다섯 식구 모여든 것만이 기뻤지 아침거리 저녁거리가 걱정이었다. 일할 사람도 없었다. 아내 혼자서 제사를 차리기는 어려운 일이었다.

절에 가기로 했다. 고인도 그것을 좋아하리라는 생각에서였다.

쌀과 돈을 마련해서 하루 앞서 절에 부탁을 했다. 이튿날은 아이들까지 모여서 갔다.

　법당 부처님 앞에는 갖은 과실과 떡과 밥이 올려 있었다.
　나는 중이 인도하는 대로 판도방으로 들어갔다. 주지인 모양이었다. 나를 잘 안다고 했다.
　법당에서는 징 소리 목탁 소리가 시작되는데, 주지는 세상 형편을 내게 묻는 것이었다. 나는 담배를 끄고 일어서려고 했다. 불공에 참례해야 할 것 같아서였다.
　"무어 담배나 피우시다가 이따 제사 모실 때나 잠깐 들여다보시죠."
　주지는 지금 법당에 올라갈 것은 없지 않겠느냐는 말투였다.
　"제사도 드리나요?"
　"불공이 끝나면 제사를 차려드리죠. 모두 원하는 일이니까……."
　웃음을 보이는 것이었다. 나는 편히 앉아서 다시 담배를 꺼냈다. 불공을 드리고 있는 법당에 올라가지 않아도 주지나 중들이 허물하지 않는다면 그것은 마음 편한 일이라고 생각했다. 징 소리 목탁 소리를 듣고 벌떡 일어서려고 한 것도 고인을 위해서라기보다는 중들이 있으니 그렇게 해야 옳을 것 같았기 때문이었는데, 이건 고마운 일이라고 생각했다.
　대구 할머니의 영혼은 나의 정신을 알아줄 것이라고 생각했고, 더욱이 불공이 끝난 다음에 제사를 드린다니 그때에 신주를 모신 앞에서 절을 하면 훌륭할 것이라고 생각했다.
　주지는 문득, "노자를 좋아하시더군요" 하는 것이었다.
　그렇다면 정말 나를 알고 있었던 모양이다. 나는 내가 쓴 글 가운데 노자나 노자의 글귀를 자주 쓴 일이 있었기 때문이다.

'흐응, 그래서 불공 드리는 자리에 참례하지 않아도 좋을 것이 아니냐고 한 모양이구나!'

속으로 짐작이 갔다.

"깊죠! 깊은 데가 있죠!"

주지는 조금도 나를 비웃거나 삐끼는 것 같지 않은 혼잣말을 내게 들리도록 하는 것이었다. 학문이 있는 중인 모양이었다.

"색즉시공(色卽是空)이요 공즉시색(空卽是色)이나 무명천지지시(無名天地之始)요 유명만물지모(有名萬物之母)나 같은 뜻이겠지요."

『반야경(般若經)』의 구절과『노자(老子)』의 구절이었다.

'우주의 만물은 존재하는 것 같으나 실체 본성은 공이요, 그 실체는 공이지만 인연의 상속으로 해서 그대로 있음이라'는『반야경』의 구절과『노자』의 첫 구절 '도가도 비상도(道可道 非常道) 명가명 비상명(名可名 非常名)' 다음 줄을 견주어 말하는 것이었다.

나는 고개를 끄덕이며 아는 체하고 한마디 했다.

"제행무상(諸行無常)이죠!"

불교도 아니라도 흔히들 쓰는 말은 편리한 말이었다. '만물은 항시 유전하고 상주함이 없다'는 불교의 근본 사상이다. 번뇌 곧 보리요, 생사일여에 부처 곧 중생이라고까지 하니, 하필 금빛 칠을 한 불상 앞에 가서 넙죽 절을 해야 할 것은 없을 것이다. 그 진리를 옳게 깨달으면 곧 부처가 된다는 것이었다.

그런 말을 주고받으며 담배를 피우는 사이에 징 소리도 목탁 소리도 멎었다.

"올라가 보시싸!"

벌써 불공은 끝난 모양이었다. 제사가 시작될 모양이니 올라가보라는 것이었다.

법당으로 올라가니 중들이 불단에 올려놓았던 음식을 나르고 있었다. 왼편 낮은 곳에 대구 할머니의 지방을 써 붙인 신주를 모시고 그 앞에 진설하는 것이었다.

여염집에서 지내는 제사 같은 절차로 절을 꾸벅꾸벅 했다. 아내만이 눈에 눈물이 고여 있었다. 대구 할머니가 가엾다는 생각이었을 것이다.

판도방에서 늦은 점심을 먹고 절에서 꾸려주는 것을 가지고 돌아와 보니 몇 가지 떡과 실과가 많았다. 그것을 이웃집에 나누었다. 좀 멀기는 하지만 대구 할머니 임종 때에 있었다는 노파의 집에도 보냈다. 그런데 밤도 이슥해서 그 노파가 혼자도 아니고 몇 사람을 데리고 들어오는 것이었다.

"낮에는 떡을 보내주셨더군그래! 대구 할머니 불공을 드렸다지? 정성은 좋지만 그전에 좀 알려주었더라면 이런 일이 없었을 텐데……"

원체 목소리가 굵은 여인이라 이웃에도 들릴 만큼 호들갑을 떠는 것이었다.

"대구 할머니는 천주교야요! 천주교에 입교해서 영세까지 받았어! 그래서 우리들이 연도(煉禱)를 드리려고 온 거야! 어디, 안방 좀 치워주시구려!"

이건 놀라운 일이 아닐 수 없었다. 무슨 수작이냐는 생각이 들었다. 나는 건넌방에 앉아서 내다보지도 않았다.

　아내는 안방을 내어준 모양이었다. 몇 사람이 우르르 들어가는 것이었다.

　냅다 소리 높여 웅얼거리는데 하나도 알아듣지 못할 말이었다. 어이가 없었다. '가난한 살림에 돈과 쌀을 무리해서 모처럼 불공을 드리고 돌아와서 마음이 흐뭇하던 차에 이게 무슨 일이람?' 하는 생각뿐이었다.

　그 사람들이 돌아간 다음에 아내가 쫓아 들어왔다. 역시 질린 얼굴이었다.

　"영세를 받았대요! 마리아라는 본명이래요! 신부님과 수녀님들이 오셨대요! 운명할 때도 수녀님이 계셨대요……"

　"참 별일도 다 있지! 그 부처님은 어떡하고 천주교람?"

　"글쎄 말이죠! 참 이상한 일도……"

　아내도 어이없다는 듯이 말은 하면서 고개를 기울여 생각에 잠기는 것 같았다. 나는 그저 억울하기만 했다.

　"참 이상해요……"

　"이상하긴 무에 이상해! 돌아가실 때 사람은 없고 뒷일을 보아줄 사람이 없을 것 같아서 아무러나 맡긴 모양이지."

　나는 텅텅 말을 했다. 아내는 내 말에는 귀를 주지 않았다.

　"이상한 일이 있어서 그래요……"

　말을 꺼내기 싫거나 아니면 두려워하는 것 같은 말씨였다.

　"……할머니도 돌아가실 때는 천주교회에서 몸을 거두어주었다던데……"

이건 거의 혼잣말 같았다.

대구 할머니의 어머니는 아니지만 어머니라고 불렀으며, 아내는 할머니라고 불렀고 아내 어렸을 때에 거의 길러준 그 할머니도 내내 절에 다니며 염불하기를 지극히 열심이었는데 돌아갈 때는 천주교에 입교했고 천주교 묘지에 묻혀 있다는 것이었다. 대구 할머니처럼 피란통도 아니었고 살림이 넉넉한 제 집에서 죽으면서 죽을 임시에는 천주교로 돌았다는 것이었다. 그때 아내는 일본에 있었기 때문에 몰랐고, 귀국한 후에 들었던 것이 새삼 떠올라서 이상하다는 것이었다.

"그래서 당신도 마산에서 성당을 찾아갔었군?"

나는 비웃듯이 말했으나 아내는 비웃음으로는 듣지 않고,

"참 이상해요."

또 뇌는 것이었다.

나는 고개를 돌리고 말았다. 모처럼 불공을 드리고 온 판에 억울하다는 생각만이 앞서기 때문이었다. 그것도 그때뿐이었다.

그런 일 저런 일 모두 잊어버렸고, 아내가 내처 성당에를 다니는지 다니지 않는지도 모르고 지냈었는데 이 년이 지난 어느 날 영세한 기념사진을 보게 된 것이었다.

"무어야? 이건! 또 시집을 간 거야? 내가 못마땅해서 시집을 간 거야?"

화를 내지는 않았지만 사실 마음이 좀 별났다. 시집가는 신부 치장을 하고 신부와 수녀와 나란히 서서 찍은 사진을 보았기 때문이었다. 보라고 보여준 것도 아니었다. 가족 모두 식사하러 모인 자리

에 그 사진이 있기에 무심히 집어 보니 아내가 신부 치장같이 면사포를 쓰고 흰 치마 흰 저고리를 입고 있는 것이었다. 흰 치마에 흰 저고리란 치장을 아내가 한 것을 본 일은 없었으니 이런 옷이 도대체 있기나 했나? 그것도 나 모르게 새로 장만한 것인가? 그렇다면 대단한 일이로구나. 사진의 모습마저 지극히 엄숙한 것이었다.

"어쨌단 말야?"

나는 사진을 아내에게 주며 물었다.

아내가 그 사진을 내게 보이려고 일부러 그곳에 놓은 것은 아닌 모양이었다. 그렇다고 난처해하는 기색도 없었다.

"왜? 좋다고 하지 않았어요? 영세했어요!"

"영세?"

"세례죠. 세례 받는 것을 가톨릭에서는 영세라고 해요! 세례를 영한다는 말이죠."

"엄마 영세했어?"

"엄마 가톨릭야?"

"그럼 우리는 천주교구나!"

아이들이 서두르기에 나는 말없이 식사를 끝내었다.

아내도 별로 말이 없었다. 내 방으로 돌아왔다.

'왜? 좋다고 하지 않았어요?'

아내의 대꾸가 까닭 없는 일은 아니었다.

아내가 마산에 있고 나는 대구에 있을 때는 종소리를 따라 성당에 갔다는 것이 좋게 들렸으나, 환도해서 가족이 모두 모여 살게 된 지도 벌써 삼사 년이 되는데 아내가 신부 치장을 하고 신부와 수녀와 같이 찍은 사진을 보니 어쩐지 서운한 마음조차 이는 것이었다.

이튿날 밥을 먹으면서 실쭉한 마음으로 아이들에게 물었다.

"너는 무슨 교회에 다니니?"

"난 ○○문 교회!"

막내딸은 가까운 곳에 있는 장로교회의 예배당에 다닌다고 선뜻 말했다. 중학생이다. 그저 동무 따라 드나드는 모양이었다. 국민학교 때는 연극인가 가극인가를 한다고도 했고,『찬송가』책이나『성경』책을 상품으로 받아온 것도 있는 것을 알고 있었다. 그러나 아직 세례도 받지 않고 있는 것이었다.

"너는?"

"안식교회!"

큰아이였다. 대학생이 되었는데 안식교회에 다닌다는 것이었다. 전혀 알지 못하던 사실이었다.

"예쁜 여학생이라도 있나?" 웃음의 소리를 했더니,

"조용하고 좋아요! 그렇지만 아직 무어가 무언지 모르죠!"

"너는?"

둘째 아이에게 물었다.

"뭐 꼭 교회엘 다녀야 하나?"

전연 무관심한 편이었다. 내년이면 대학생이다. 그래서 나는 말했다.

"그건 자유야! 어디를 꼭 가야 한다고는 안 한다……"

"근데 엄만 또 한 번 시집간 거야?"

둘째 아이의 질문이었다. 역시 사진이 이상한 모양이었다.

"영혼이 시집간 거야! 예수님께로!"

아내는 둘째를 보고 웃으며 말했다.

"아버지는 만날 옛날 애인만 생각하고 계시단다. 순인가 하는…… 그래서 아버지의 종교는 '역군은'이래!"

"역군은이 무어야?"

딸이 물었다.

"옛날 애인이 모두 은인이래! 지나가는 사람도 은인이구……"

아내는 웃으며 말하는 것이었지만 나는 귀가 번쩍 띄었다. 아내의 입에서 이런 말이 나온 일은 없었기 때문이다. '아내가 그런 일을 생각하고 있었나? 질투라는 것이지!'

"쓸데없는 소리!"

나는 말하며 아내를 보았으나 별로 가시 돋은 말을 한 것 같지는 않았다. '역군은'이란 말을 무슨 종교나처럼 생각하고 혼자 도도하게 구는 태도를 말한 것이었는지도 모를 일이었다.

"내 영혼은 예수님께 시집가고, 나는 천주님의 의자가 되는 거야!"

아내는 아이들에게 이야기하는 것이었다.

성세를 영하는 날은 목욕하고 몸을 깨끗이 했고, 모두 깨끗한 옷을 입었으며 몸과 마음까지 깨끗하게 가졌다고 했다. 미사에 참례할 때는 여자는 누구나 머리에 미사보를 쓰는 것이라고도 말했다.

"근데 엄마는 왜 천주교에 들어갔어?"

막내가 물었다.

"나도 몰라! 그저 좋아서……"

"호호! 아무것도 모르고 천주교가 됐단 말야?"

막내가 깔깔거리니 대답이 달라졌다.

"까불지 마!"

그리고 이렇게 중얼거렸다.

"할머니나 어머니나 대구 할머니나 말야…… 내게 가까운 사람들이 믿는다고 하고 믿으라고 하는 데는 조금도 믿을 마음이 우러나지 않았었어! 그러면 내게 믿는 마음이 없었느냐 하면, 따지고 들면 그렇지는 않았어. 그 사람들이 믿는 것 외에 나는 나를 돌봐주는 무엇이, 아주 큰 무엇이 있는 것으로 단단히 믿고 지내온 거야! 나를 이 세상에 보내주고 너희 아버지를 만나라고 열일곱 살에 일본까지 건너가게 해주고 너희들의 어머니가 되게 하고……"

"아이 우스워!"

"돌이켜 생각하면 말야. 어떤 어려운 고비라도 불만이라고는 느끼지 않게 해주고…… 우리들이 피란을 갈 때도 말야. 폭탄이 하늘에서 떨어지건 땅속에서 터지건 우리 식구는 괜찮다고 했거든! 조금도 걱정한 일이 없었어!"

"그래 그래! 엄마는 정말 그랬어!"

"근데 돌이켜 생각해보니 그게 내게 믿는 마음이 있었던 거야! 큰 무엇을 단단히 믿는 마음이 있었던 거야! 그 큰 무엇이라는 거……"

"그게 무어야?"

"응! 그게 바로 천주님이라는 걸 알게 되었단 말이다. 그러니 안 다음에야 가만히 있을 수 있니? 성당에도 가야 하고 영세도 하게 된 것이지. 그런데 참 어렵더라! 이걸 다 외워야 해!"

아내는 포켓판 책 한 권을 내보였다. 130페이지나 되는 책은 모서리가 해어져 있었다.

"아이구 엄마, 이걸 다 외웠어?"

사실 쉬운 일은 아닐 것 같았다. 삼백 스무 대목의 문답으로 된 책이었다. 어느 틈에 무슨 정성으로 이런 것을 외울 수 있었나 싶었다. 큰아이도 둘째도 모두 입을 벌려 놀라는 것이었다.

"외우려면야 외우지 뭐!"

중학교 입학시험 때에 밤을 새워가며 외우기 공부하던 일을 생각했는지 막내가 말했다.

"한 번에 외우는 게 아냐! 나는 열흘도 더 걸렸어. 하루에 여남은 대목씩 외워 가지고 갔어."

"으응 그래! 그럼 문제없다!"

둘째도 그렇다면 대단치도 않다는 듯이 말했다.

그런 일이 있은 다음에야 아내가 무엇인가 중얼중얼 외우고 있는 것을 어느 날 보았다.

"또 외워? 외우는 것도 많다!"

나는 예사로 말한 것이었다.

"고해성사 준비야요."

"고해성사는 또 무어람?"

"죄 지은 것을 모두 고하는 거예요."

"그럼 어떻게 되누?"

"사함을 받는 거죠."

"흐응!"

"그런데 나는 아무 죄도 없거든요! 생각해보아도!"

그 후 며칠이 지나서였다.

아내가 깔깔 웃으며 들어왔다. 웃음을 그치지 못하는 것이었다.

"고해성사를 보았는데 말야요……"

말을 잇지 못하고 웃음을 참지 못하는 것이었다.

난생처음으로 고해성사를 보아야 하게 되었는데 십계명을 펴놓고 아무리 생각해도 죄 지은 일이 없는 것 같았는데, 여섯째 계명이 걸리는 것 같았다는 것이었다. '사음을 행치 말고.' 문득 식모아이를 꾸짖은 일이 생각났다는 것이었다.

"여섯째를 범했습니다" 했더니 신부가 한참이나 말이 없다가 "아아, 그럴 리가 없는데…… 어떤 일을 했느냐?"고 묻더라는 것이었다. "식모아이들을 몹시 꾸짖었습니다" 했더니 "여섯째 계명은 싸움이 아니라 사음, 음행을 말한 것"이라고 가르쳐주더라는 것이었다.

"무어야? 그런 것도 모르고 있었담?"

그렇게 말했지만 나도 웃음이 터졌다. 경상도 태생은 '싸움'을 '사움'이라고 흔히들 말하는 것이었다.

"이런 일은 사실은 입 밖에 내서는 안 되는 일인데!"

아내는 정색을 했다. 고해한 사실이나 신부의 말은 일체 입 밖에 내서는 안 된다는 것이었다.

그런 일이 있은 다음 어떤 신문의 청탁으로 짧은 글을 쓸 때에 이렇게 썼다.

큰아들은 안식교회에 다닌다 하고 딸은 예배당에 다니고 둘째 아들은 아무데도 다니지 않고 아내는 성당에 다니니 결국은 모두 천주교도가 될는지 모르나, 고해하면 모든 것을 용서받을 수 있다는 것이 마땅치 않다. 악을 범한 자는 알고 했건 모르고 했건 그 아니면 그의 자손이라도 반드시 벌을 받는다는 생각을 나는 가지고 있다.

천지도 불쟁이 선승(天之道 不爭而 善勝) ― 노자(老子)

내내 노자를 내세웠다.

악덕과 패륜과 사회악은 환도 후 더욱이 날로 성해갔고, 거기 따라서 어린 세대가 또 물들어 온갖 일을 저질렀으며, 악한 자만이 잘살 수 있는 것 같았고, 착한 사람은 낙오자나 패잔자가 되어가는 것 같았기 때문이었다.

영적인 죄뿐이 아니라 민족이나 국가나 인류사회에의 죄를 공공연히 범한 자들이 활개치며 떵떵거리는 것을 많이 보게 되었었으니, 그들이 벌을 받지 않고 고해함으로써 수월하게 용서를 받을 수 있다면 말이 아니라는 생각이었다.

나는 천주교와 멀어도 아내가 천주교에 입교한 것은 좋은 일이라고 생각했다.

나보다도 어쩌면 도도하던―아무것도 믿거나 의탁하려 하지 않고 오직 자기는 복 받을 수 있는 인생이라는 자신을 가지고 살아온―아내가 무릎 꿇고 고개 숙여 기도하여 '영혼이 시집을 갔다'는 둥 '의자가 되었다'는 둥 하는 일은 좋은 일이라고 생각한 것이었다. 어쨌든 나쁜 여자가 되지는 않을 것이니 나나 그나 자식들을 위해서도 든든한 일이라고 생각하는 것이었다.

한편으로는 그렇도록 자신만만하던 아내가 입교한 것은 피란살이에서 세 아이를 데리고 갖은 고생을 한 끝에 사람보다도 남편보다도 다른 무엇에 의탁하고 싶은 마음이 우러난 것이 아닌가 해서 가엾다는 생각, 미안하다는 생각조차 이는 것이었다.

나는 일본에 있을 때는 큰 사업을 해서 살림도 남부럽지 않을 정도였지만 귀국 후에는 십여 년을 한결같이 가난에 쪼들렸다.

일본에서 이십여 년 경험한 일은 우리나라에서는 그대로 써 먹을 수 없었다. 동경 복판에서 큰 잡지사를 경영했다는 일이나 큰 잡지의 편집장이 되었던 일은 한결같이 공교로운 일이었던 것이다.

큰 잡지라는 것은 스승인 소설가 기쿠치 칸(菊池寬)*이 포켓머니로 이삼천 부를 내던 것이 한때는 십삼만 팔천 부까지 내게 되었었고, 그것이 줄어들어 십만을 안 틀 때에 하필이면 삭제 명령을 받았던 것이다. 다 된 잡지의 몇 장을 찢어버리고 팔라는 명령이다. 그도 정치적인 기휘에 저촉되는 것이 아니라 풍속괴란이라는 죄명이었다. 처음으로 시도한 실화(實話)라는 것이 실렸는데 이야기가 좀 난했던 것이다.

스승은 크게 노했다. 편집을 어떻게 했기에, 풍속괴란으로 걸리게 하다니, 말이 되느냐? 다들 그만두어라! 편집부 네 사람을 당장에

---

* 기쿠치 칸(1888~1948): 일본의 극작가·소설가. 1923년 종합지 『문예춘추』를 창간하였고, 아쿠타가와 상·나오키 상 등을 설정했다. 주요 작품으로 『무명작가의 일기』『다다나오 경 행장기』『진주부인』등이 있다.

내쫓은 것이었다.

그것이 바로 내가 새너토리엄에서 열한 달을 지내고 건강을 회복했던 10월이었던 것이다.

나도 그 잡지 편집부의 한 사람이었기 때문에 새너토리엄에서 부랴부랴 돌아왔을 때는 거들어줄 조수 한 사람 없이 혼자 일을 맡아 보지 않을 수 없게 되었던 것이다.

신이 나서 일한 결과는 눈에 뜨이게 나타났었다.

신이 나서 일을 하면서도 몸을 상하지나 않을까? 열이 오르지나 않을까? 걱정을 했다.

그래서 겨울과 봄을 지내면 여름철에는 한 달쯤 쉴 수 있었으면 하고 생각했다.

건강한 몸이 되었다고 장담하고 돌아왔을 때는 스승이 기뻐해서 자택 이층에 단 하나밖에 없는 객실에 묵게까지 해주었는데 '한 달만 쉬게 해주시오……' 하고 또 돈을 청하기는 염치없는 일인 것 같아서 궁리했던 것이다.

'그저 달라고 하지 않고 벌이 될 일이 없을까?'를 궁리했던 것이다.

생각난 것이 임시 증간호였다. 다달이 나오는 잡지 외에 한 권을 더 내기로 하고, 그 일을 내가 맡아 하고, 그 몫으로 딴 돈을 받아 가지고 여름 한 달 새너토리엄에서 휴양을 했으면 했다.

봄철 경마(競馬)를 보러 교토(京都)에 갔을 때, 경마장 잔디밭에서 넌지시 그런 말을 했다.

스승은 내 생각보다도 더 좋아했다.

"잘해봐! 잘 팔릴 거야! 한번도 한 일이 없는 우리 사의 임시 증간이니 인기를 끌 수 있을 거야! 이익은 반타작하지!"

　이익을 잡지사와 편집하는 나와 반반으로 해주겠다니 신이 나지 않을 수 없었다.

　임시 증간호 편집 일은 거의 아파트 방에서 혼자 끙끙거렸다.

　편집뿐이 아니라 종이 장수도 인쇄소도 아파트 방으로 불러서 의논을 하고 계획을 세웠다.

　당돌하고 대담한 일이었다.

　본지가 십만을 훨씬 안 트는데 십오만 부를 발행하기로 했다. 누구에게 의논하는 일 없이 모두 혼자 했던 것이다.

　정말이지 이것이 팔리지 않는 날이면 잡지사는 형편없이 쓰러지고 큰 빚을 스승 혼자 짊어져야 할 판인데, 의논 한번 하는 일 없이 만들어놓았던 것이다.

　그것이 대성공을 했다.

　십오만 부가 불과 닷새 동안에 팔렸던 것이다.

　그런 소식은 새너토리엄에서 들었다. 나는 곧 새너토리엄으로 갔던 것이다.

　아무에게도 의논함이 없이 혼자서 대담한 편집을 했기 때문에 혹시 스승의 비위에 거슬리지나 않을까 해서 인쇄소에서 견본이 되기를 기다려 그것을 가지고는 곧장 동경을 떠났던 것이다.

　떠난 지 일주일이나 후에 발행이 되었고, 발행하자 닷새 만에 다 팔리니 잡지사는 잔치를 벌이는 판이었다.

　나는 돈을 마음대로 쓸 수 있었다. 이익을 반타작한다고 했지만 목돈을 받아서 내가 무엇에 쓰고 싶은 일이 있는 것은 아니었다.

가끔 새너토리엄에 가서 쉴 수 있으면 그것으로 그만인 것이다.

돈이 필요할 때면 나는 금액을 쓰지 않은 영수증을 스승에게 내밀었고, 그러면 스승은 선뜻 사인을 해주었다. 그 영수증을 회계에 내밀고 돈을 필요한 대로 받아 쓰면 되었다.

7월에 발행한 증간호로 여름 한 달을 새너토리엄에서 지내고 다시 11월에 두번째의 증간호를 내어서 겨울 한 달을 새너토리엄에서 지냈다.

이렇게 되면 임시 증간이 아니라 그런 편집으로 월간을 발행해도 좋을 것 같았다.

나는 그 뜻을 스승에게 말했다.

스승은 처음에는 듣지 않았다. 일 년에 두 번만 하라느니 여섯 번만 하자느니 했다.

그러나 나는 월간을 고집했다. 격월간이면 김이 빠져서 안 된다고 고집했다.

스승은 딴 생각을 하고 있었다.

"그러다가 또 쓰러지면 어쩔 테야?"

바락바락 고집을 부리는 나에게 이건 눈시울이 뜨거워지는 대꾸였다.

그러나 그래도 나는 고집했다. 내가 세운 플랜으로 누가 편집을 해도 될 수 있는 일이 아니겠느냐고 고집을 부렸다.

끝내는 월간 발행을 승낙했고, 그래서 연전에 한꺼번에 목이 달아났던 사람들을 차례차례 돌아오게도 할 수 있었다. 내 말이면 물리치는 일이 없을 만큼 신임도 귀염도 받았던 것이다.

그러나 사실 나는 월간 창간 4월호를 만들고 물러나게 되었다. 사의 더 중요한 일을 맡아 보게 되었기 때문이다. 사에는 벌써 잡지를 네 가지 발행하고 있었다. 네 잡지를 선전하는 일은 두뇌 활동도 필요하지만 그보다도 가장 큰 예산을 만지는 일이었다. 잡지사 그달 그달 경비의 3분의 1 이상 되는 큰돈을 요령껏 쓰는 일이다.

효과적으로 쓰는 일은 두뇌 활동이지만, 예산의 일 할(割)이나 이 할쯤 제 주머니에 넣기는 쉬운 일이었다.

신문 광고의 경우 1행(行) 값이 1원이라고 하자. 1단(段)이 180행. 6~7단 자리 광고를 한 번만 내는 것이 아니었다. 발행 후에 또 한두 번 내는 일도 있다.

신문은 언제나 광고란이 넘치기만 하지는 않는 것이니, 광고가 없어서 메꾸기에 애쓸 때에 "오 단만 주쇼! 절반은 드리리다!" 하는 수도 있다. 잡지사는 1행 1원으로 계산해서 지불하고, 그 절반을 선전부장에게 커미션으로 돌려주겠다는 경우다.

단가를 인상하는 경우도 있다.

"일 행 일 원 오십 전으로 인상해주쇼! 십오 전씩 당신에게 드리리다!"

그때까지 그 일을 맡아 본 전무 취체역이 그런 짓을 했는지 어쨌는지 쫓겨나고, 나더러 그 일을 맡아 보라는 것이었다.

참 기막힌 일이었다. 스물여섯의 새파란 젊은이에게 능구렁이 광고 대리업자나 신문사 광고부 사람들과 흥정을 하며 주판알을 튕기라니 신세 따분한 일이라 아니할 수 없었다.

나는 싫다고 했다.

며칠을 나가지 않았다.

그러나 스승은 거의 노하면서 말했다.

"사의 제일 중요한 일이 아닌가? 믿고 부탁하는데 싫다면 어떻게 하란 말야? 생각해봐!"

사원을 두루 살펴도 적임자가 없지 않느냐는 말이었다.

이것도 임시 증간을 발행할 때에 내가 너무 열심으로 했기 때문이었다. 내가 광고까지 만들었고, 교섭도 한 일이 있었기 때문이었다. 말하자면 한두 번 경험이 있었던 것이 탈이었다.

그 일을 맡지 않을 수 없었다. 열흘 만에 출근하니 스승은 좋아하고 큰 잔치를 베풀었다. 손님을 청해서 피로연을 한다는 일은 전무후무한 일이었다.

'호시가오까사료'라는 일류 요정에서 손님보다 기생 수가 많은 호화스런 잔치는 동경 각 신문사 중역을 모신 자리였지만 나는 조금도 즐겁지 않은 밤이었다.

나는 소임을 다했다.

우선 동경뿐 아니라 지방 신문까지 거래하는 모든 신문 광고료의 단가를 깎아 내렸다. 나는 1전이라도 국물을 받을 필요가 없었기 때문이다. 여름 가을 동안 그 짓을 했다.

겨울이 왔다.

9월에 또 새로 창간한 젊은이의 잡지는 12월호로 폐간하기로 한다는 것이었다. 넉 달 동안에 결손이 너무 컸기 때문에 아예 폐간을 한다는 것이었다.

나는 그런 젊은이의 잡지 한 권쯤은 조금 적자를 보더라도 끌어

나갔으면 싶었다. 또 어느 정도 수지를 맞출 수도 있으리라고 생각했다.

나는 폐간하는 것을 적극 반대했다. 그러나 폐간을 결정한 것이었다.

내가 혼자 해보겠다고 했다. 가망이 없으니 단념하라고 했다.

나는 고집을 부렸다.

잡지를 넷이나 발행하는 대 잡지사에 젊은이를 위한 것도 하나쯤 있어야 좋지 않겠느냐? 편집하기에 따라서 또 계획을 새로이 하면 수지가 맞게 될 수도 있지 않겠느냐고 고집을 부렸다.

나중에는 "사에서 안 하면 내가 혼자라도 해보겠다"고 내친 말을 않을 수 없었다.

이런 공교로운 일로 해서 독립 경영을 하게 되었고, 사장 노릇을 하게 되었던 것이다.

처음에 사장은 승낙하지 않았다. 사에 긴한 사람이니 내보낼 수 없다고 했다. 잡지를 줄 수 없다고는 안 했다. 지금 생각하면 그것이 제일 중요한 일일 텐데, 그때는 그런 일은 머리에 없었다.

아파트 방에서 혼자 일을 시작했다. 12월호를 내고 폐간했으니 1월호는 이미 늦었다.

2월호를 당겨서 발행하기로 하고 일을 서둘렀다. 생떼를 쓴 것이다. 고집을 부리면 들어줄 것을 믿고 덤빈 일이었다.

한편으로는 교섭을 게을리 하지 않았다.

스승과 친한 나오키*라는 소설가가 있었는데 그의 집을 사의 구락부로 쓰고 있었다. 사의 구락부 집에 그가 살고 있었다고 하는 것이 옳을 것이다. 밤마다 모이는 것이었다.

　나는 나오키 씨에게 교섭해주기를 부탁했다. 혼자 하겠는데 승낙해달라는 교섭이고, 하게 해주라고, 거들어달라고 부탁했다.

　하회를 들으려고 아침저녁 전화를 걸었다.

　일주일이 지나도록 "대답을 안 하더라"느니 "더 말을 못했다"느니 "그런 생각 말고 출근하라더라"는 말뿐이었다.

　그래도 나는 물러서지 않았다. 꼭 승낙을 받아 내라고 거듭거듭 부탁했다.

　열흘이나 지나서였다.

　"한번 만났으면 하던데…… 승낙해줄 것 같지는 않아……"

　이건 큰일이라고 생각했다. 2월호 편집을 거의 끝내가고 있었기 때문이었다. 애초에 사장과는 만나지 않을 생각이었으나 이렇게 되면 만나지 않을 수 없게 된 것이다.

　곧 차를 몰았다.

　구락부 이층 방에는 사람이 많았다. 사장도 있었다. 나를 보자 사장은 나오면서 딴 방으로 들어갔다.

　딴 방에는 화로는 있었으나 불기는 없었다. 빈 화로를 가운데 놓고 단둘이 마주 앉았다. 나는 이를 테면 최후 담판을 온 셈이요, 무엇 때문에 승낙을 안 하느냐고 잔뜩 토라져 있었기 때문에 긴장이 지나쳐서 입은 열리지 않았다.

* 나오키 산주고(直木三十五). 일본의 대중문학 작가.

그런데 사장은,

"그렇게 하고 싶은면 해도 좋아……"

이건 어이없는 대답이었다.

이렇게 쉬운 일을 십여 일을 두고 초조해했던 것이 억울했다. 직접 만날 것을 그랬다고 생각했다.

"……누구하고 하려는 거야? 같이 할 사람이 있어? 돈은? 돈도 있어?"

사장은 낮은 소리로 마치 어머니가 자식을 타이르듯이 말했다.

나는 토라진 채로 투덜거렸다. 아파트에서 혼자 하고 있다. 사람도 돈도 없다. 사람도 돈도 소용없다고 투덜거리듯 대답했다.

"후흐! 돈 없이 어떻게 독립 경영을 한담! 내 한 천 원 주지! 이건 투자야! 사람도 마음에 드는 사원이 있으면 돌려주지!"

내내 웃는 얼굴로 하는 말이었다.

그래서 일을 시작하게 되었다.

사람도 주고 본사 한구석에 자리를 주고 테이블이랑도 주었다.

송별회라는 것도 전에 없던 일이었다.

레인보우 그릴에서 만찬회를 해주고 사장이 인사를 하는데,

"마 군이 이번에 독립하게 되어서 저녁을 같이 하기로 했는데, 독립 경영이라 해도 본사 안에서 할 것이고, 어디로 나가는 것이 아니고, 그 잡지를 해서 성공하면 성공해서 돌아올 것이요 실패해도 돌아올 사람이니 송별회라는 것이 쑥스러운 일이지만……"

이런 인사를 했다.

사실 사람도 소용없고 돈도 소용없고 혼자서 할 수 있다고 장담

했던 일은 천둥벌거숭이였다.

본사에서 임시 증간을 혼자 계획 세우고 인쇄소랑 제지회사랑 광고대리업 회사를 아파트로 불러서 일하던 때와는 형편이 달랐다.

종이 값, 인쇄소 대금, 광고료는 구십 일 기한의 수형(手形)으로 거래했었고, 잡지 판매 대금은 그달 월말에 일부가 벌써 들어오고 두 달 후면 깨끗이 청산되었던 것이다. 이런 전례만을 믿고 나는 일을 시작했는데, 얼씨구 인쇄소도 제지회사도 광고대리업도 말을 들어주지 않는 것이었다. 그도 그럴 것이 따로 나서 독립 경영을 한다고 하니 무엇을 믿고 구십 일 외상을 주겠느냐 말이다.

이런 일을 나는 조금도 생각지 않고 있었던 것이다.

전화로 아무리 재촉을 해도 시원시원히 찾아오지도 않더니 세 군데 담당 회사원들이 의논을 했던 모양이다. 세 회사가 아니라 다섯 회사 담당 사원이 똑같은 말을 하는 것이었다. 종이회사가 둘 광고대리업이 둘이었다.

"당신이 하시면 꼭 성공하시리라고 큰 기대를 가지고 있습니다……"

그런 수인사는 들으나 마나다. 종이를 왜 빨리 넣어주지 않느냐 말이다. 다음 말이 청천의 벽력이었다.

"그런데…… 수형 거래도 좋습니다만…… 기쿠치 선생이 뒷도장을 찍어주시겠죠?"

아뿔싸! 이건 참 꿈에도 생각지 못했던 일이다.

이마빼기를 한대 얻어맞은 것 같았으나 안색을 변하지는 않았다. 나부랭이 회사원에게 투덜거릴 생각은 없었다.

"그런 걱정으로 지체하고 있었소? 염려 말아요! 찍으나 마나지만 꼭 필요하다면 얻어드리지!"

"참 무어라고 말씀드리기 죄송합니다만…… 이삼 개월 만이라도 뒷도장을 찍어주시면…… 헤헤 제 마음대로 되는 일이 아니라서……"

그런 말을 다섯 회사 사람이 판에 박은 듯이 했다. 기막히는 일이었다.

수형을 써 가지고 사장실을 찾아갔다.

뒷도장을 찍어달라고 안 나오는 말을 했다.

"거 봐! 돈 없이도 할 수 있다고 뻐기더니……"

그러나 웃음 띤 눈을 곧 수형 면으로 돌렸다. 내가 너무 긴장해 있었기 때문에 더 핀잔을 주기가 안 되었다고 생각해서였는지 모른다. 사실 긴장해 있었다. 그런 경우를 생각해본 일조차 없었지만, 혹시나 뒷도장을 찍어줄 수 없다고 한마디 나온다면 만사는 끝이기 때문이었다.

웃음 띤 얼굴만이 구원이었다.

"굉장한 금액인데! 이렇게 많이 박았어? 자신 있어?"

십만 부를 발행했기 때문이었다.

정가 십 전짜리가 팔리지 않아서 폐간해버린 것을 맡아서 속간하는데, 정가를 십오 전으로 올리고 십만 부를 발행했으니 배짱에 놀라는 것이었다.

그래도 지나가는 말처럼 자신 있느냐고 한마디 했을 뿐, 지배인에게 뒷도장을 찍어주라고 했다.

뒷도장 받아서 수형 치르기를 반년이나 했다.

돈은 모두 팔백 원을 받아 썼다. 천 원을 투자한다고 한 것은 한번에 주지는 않았다.

"돈 있어? 좀 줄까?"

그것은 사에 있을 때도 그러했다. 선생이 원고료를 두둑이 받았을 때면 가까이 있는 아무에게나, "돈 있어? 좀 줄까?" 하며 호주머니 속에서 집히는 대로 주는 사람이었다.

가난살이를 겪은 사람이었기 때문에 인정이 많았다. 그때는 문단의 대가로 다른 문학가들에 비하면 엄청난 수입이 있었지만, 학생 시절에는 남의 신세를 졌었고 졸업 후에도 가난살이를 겪은 사람이었다.

신혼 가정은 이층 한 칸 방 셋방살이였다는 것이다. 출세해서 재벌 부럽지 않은 생활을 할 때에도 주위 사람 돌봐주기를 좋아했다.

잡지사에서 돈이 생기는 것은 아니었다. 순전히 작가로서의 수입이었다. 잡지사에서 수입이 있었다면, 그것은 하룻저녁 저녁거리에 불과했을 것이다.

그는 밤에 집필하지 않는 사람이었다. 밤 열 시면 자리에 들고, 아침 일찍 일어나서 집필을 했다. 오후에 느지막이 잡지사에 나온다. 사에서 일이 있는 것은 아니었다. 편지를 뜯어 보고 손님을 만나고 탁구를 치고 장기를 두고, 말하자면 작가 생활의 휴식 시간이었다. 저녁때가 되면 그때까지 앉아 있던 작가라든지 사원을 데리고 저녁을 먹으러 나가는 것이다. 술은 한 방울도 안 하는 사람이었으니 맛있는 집을 찾아서 제각기 좋을 대로 먹는 것이다.

별일이 없는 한 날마다 그러했다. 나는 사원 중에서도 가장 많이 저녁을 먹으러 다닌, 또 용돈을 받은 축이었을 것이다.

그러니 내가 독립 경영을 하기 시작한 후에도 전과 다름없는, "돈 있어? 좀 줄까?"식으로 이백 원 삼백 원씩 받은 것이 팔백 원이 되었을 때에 벌써 첫달 수금이 들어온 것이었다.

잡지 판매 대금 수금도 첫 무렵에는 본사 사람이 함께 해주었기 때문에 첫 호(號) 대금, 그것도 한 군데서 육천여 원을 받아 온 것을 어찌된 일이었던지 나보다 먼저 스승이 알게 되었던 것이다.

"야! 굉장한데! 우선 대성공이군! 이젠 내 돈 소용없겠군?"

그렇게 되어서 팔백 원의 출자를 받은 셈이었고, 사실 그 돈은 긴하게 썼다.

이 년 후에 주식회사를 만들었다. 십만 원 전액 불입의 회사는 주금(株金)을 모집하는 것이 아니었다. 독립 경영한 결과 그만큼 돈이 남아돌아가게 되었기 때문에 법인체를 만든 것이었다. 내가 신세 진, 말하자면 좋은 원고를 써준 사람, 그림을 그려준 사람과 사원에게 주식을 나누어준 것이다.

기쿠치 선생에게 팔백 원은 그해 그믐, 그러니 두 달 후에 갚았지만, 주식회사를 만들 때에 삼만 원어치 주(株)를 증정하기로 했다.

"아이구! 이렇게 많이 주어? 그래도 과반수는 사장이 가져야 할 텐데?"

내 이름으로 과반수를 차지해야 할 것이라는 말이었다.

스승은 부인과 딸과 아들의 이름까지 네 이름으로 받아주었다. 신세 진 사람들에게 조금씩 주식을 고루 나누고 나니 내 앞으로는 이만 오천여 원의 주가 남았다.

사업은 날로 발전했다.

오대 잡지 중의 하나라는 말도 들었고, 삼대 잡지에 든다는 말도 들었다.

십주년에는 '조선판'이라는 임시 증간을 두어 번 발행했다. 내 조국의 역사와 문화와 풍물과 문학과 인물을 자랑하는 기획이었다. 일본 안에서 발행한다고 해서 절대 자유로운 것은 아니었으나, 우리 국내에서는 언론의 자유가 극도로 제한되어 있었기 때문에 그 의의는 작은 것이 아니었다.

일본이 우리들의 역사를 왜곡했고 말살하려 했고 우리들의 성명조차 일본 이름으로 창씨개명을 강요했고 우리말을 못 쓰게 했던 때인 만큼, 그 임시 증간의 내용은 일본의 젊은이들에게는 새로운 놀라움이었다. 조국의 옳은 모습을 전하려고 애써 편집했기 때문이었다.

우리 젊은이들에게도 그러했다. 이십대의 젊은이라 하더라도 어려서부터 내내 일본 말로 일본의 식민지 교육을 받아왔기 때문에 제 조국의 진정한 모습을 얻어 들을 기회가 거의 없었던 것이다.

애써 편집한 것은 말할 것도 없지만 수지에 있어서도 장사가 아니라 잔치로 생각했었다. 다 팔려도 크게 밑지는 계산은 십주년을 자축하는 한 턱으로 생각했던 것이다.

단행본 출판도 활발히 했었다. 그러나 그 모두가 두뇌 활동뿐이었다. 업무라든지 영업이라는 따위는 거의 자동적으로 되기 때문이었다. 편집의 플랜만을 생각하면 다른 일은 거의 자동적으로 구르는 것이었다.

종이회사와의 관계를 보더라도 처음에 견본 한 권을 만들어서 "이런 것 십만 부!" 하고 내주면 되는 것이었다. 종이회사가 그 견본으로 십만 부치를 계산해서 날짜 틀리지 않게 인쇄소에 넣어주는 것이다.

종이 어서 넣어주세요! 전화 한번 걸 필요가 없었던 것이다. 인쇄소와 종이회사가 서로 연락해서 빈틈없이 일을 진행시켜주는 것이었다. 인쇄회사에는 어느 총판에 몇 부, 어느 총판에 몇 부라고 쓴 배본 카드 한 장만 주면 되는 것이었다.

총판은 네 군데였다. 인쇄회사에서 네 군데 총판으로 배본이 끝나면 배본 전표와 용지 전표를 보내온다. 종이 회사에서 들어온 수량과 소용한 수량과 남은 수량의 전표다. 배본 전표는 말하자면 총판의 영수증이다. 이것으로 일은 끝나는 것이다.

월말이면 총판은 판매대금을 준다. 팔리지 않은 잡지는 두 달 후면 깨끗이 돌아오고, 그러니 두 달 후면 대금도 깨끗이 청산되는 것이었다.

잡지사에는 사십 명이나 사원이 있었지만 업무 관계는 한 사람이면 족했다. 머리를 써서 좋은 편집을 하면 되는 것이었다.

나는 1945년 1월까지 거의 십오 년 동안 사장 노릇을 했지만 주판을 가져보지 않았다. 잡지사에 주판이 있었는지조차 모른다.

그러나 우리나라의 형편은 달랐다. 피란살이 대구에서였지만 어떤 잡지 사장이 총판의 테이블을 엎고 전화통을 동댕이치고 호통하는 것을 보았다. 잡지가 팔렸는데도 돈을 주지 않는다는 것이었다.

이런 일은 드문 일이겠지만 편집의 일보다도 업무의 일이 많고, 그 일에 능해야만 할 수 있는 것 같았다. 내게 없는 재주다.

또 뒷도장을 찍어달랄 사람도 없다.

그렇다고 아무 데나 덥적거릴 생각은 또 없었다. 대학에 나와서 강의를 하는 것이 어떻겠느냐고 권하는 사람도 있었지만, 사실 해방 후 벼락감투로 대학 교수가 많이 나왔고 그 일을 하면 가장 든든하고 많은 수입을 얻을 수도 있었지만, 내 평생 사십이 지나도록 한 번도 해본 일 없는 일에 나설 생각은 없었다. 그것은 교단을 모독하는 일이라고 생각했기 때문이었다. 글을 쓰는 일은 일본에서 잡지 일을 하면서도 내내 써 보냈던 것이었고, 그 일만이 내가 할 수 있는 일이요 떳떳한 일이라고 생각했지만, 그 일은 넉넉한 수입을 얻기는 어려웠다. 일본에 있으면서 동화를 써서 보낼 때에는 한 편의 동화를 엮는데 삼사 년이 걸리기가 예사였고, 원고지로 겨우 삼십 장 정도밖에 안 되는 것이었다.

귀국 후에 그 일에만 전심하기로 했어도, 날마다 붓을 놀리고 있어도 일 년에 삼백 장을 쓰기는 어려웠고, 그것은 그날그날의 담뱃값이 될 정도였다. 상을 세워서 창작을 하는 경우는 반년은 쉬고 반년 걸려 쓰면 좋은 편이었으나 그 원고료라는 것은 석 달쯤의 생활비가 되면 좋은 대우를 받는 편이었다.

그러면 차라리 무슨 가게라도 하나 벌이면 벌이가 될 것도 같았지만, 첫째 밑천이 없고 어떻게 변통한다 해도 그 일을 해서 실패한 사람들의 이야기를 들으면 그럴 용기가 나지 않는 것이었다. 외상이 많고, 외상을 갚지 않는 사람이 많고, 세금이 많고 뜯기는 것이 많

아름다운 새벽

아서 못 해먹을 노릇이라고들 하는 것이었다.

"아예 그런 생각 마슈! 원고야 어쨌든 한 장 메꾸면 삼백 환이라도 꼬박 생기는 것이 아니겠수?"

그렇게 말하는 사람이 많았다. 그렇다고 아무거나 원고지를 메꾸기만 하면 된다는 생각도 없었다. 그러니 살림은 옹색하기만 했다.

이렇게 주변 없는, 말하자면 생활력 없는 남편에 대한 실망에서 비롯한 일인 것만 같아서 그 후 천주교나 성당 이야기는 건드리지 않기로 했다.

몇 달이 지난 어느 날이었다.

이른 봄이라 아직 추위가 가시지 않은 일요일이었다. 막내 딸아이가 『성경』 책과 『찬송가』 책을 들고 예배당에 간다고 나가더니 이내 뛰어들어온 것이었다.

"아이 무서워! 아이 무서워!"

새파랗게 질린 얼굴이었다. 방으로 들어가더니 아랫목에 깔아놓은 요 밑으로 손과 얼굴을 파묻으며 오돌오돌 떨고 있는 것이었다.

"왜 그러니? 감기냐? 열이 올랐니?"

어머니가 놀라서 물어도 말이 없었다. 요를 들추고 얼굴을 보니 눈물이 글썽했다.

"아이 무서워! 죽었을 거야! 사람 죽이는 걸 봤어!"

온몸을 떨며 가누지를 못하는 것이었다.

"어디서?"

어머니는 한결 마음이 놓였다는 듯이 천천히 물었다.

"예배당에서 말야! 목사님을 죽인다고 웬 할머니들이 마룻바닥에 끌어내려서 깔고 앉아서 마구 때려주는데 피가 나고 아주 야단났어! 아주 죽여버린대! 구경꾼이 산더미 같아! 아이 무서워! 정말 죽이면 어떡해? 아주 훌륭한 목사님인데……"

사뭇 달달 떨며 눈물이 글썽한 것이었다.

"그걸 가지고 네가 왜 야단이냐? 죽이기야 하겠니? 젊은 사람이냐?"

"아주 노인야! 젊은 사람이 새로 온 목사래!"

오래되는 목사는 노인이고 새로 젊은 목사가 오게 되었는데, 두 목사를 따르는 교인들이 제각기 제 예배당이라고 주장해서 싸움이 벌어졌고, 젊은 목사 편은 늙은 목사를 죽이겠다고 덤빈 것이라고 했다.

딸은 몇 해 동안 드나들어서 오래되는 목사에게 정이 들었던지, 아니면 젊고 늙은 여인들까지 섞여서 뭇매질하는 꼴이 무서웠던지 떨며 무서워하기를 그치지 못했다.

예배당의 싸움은 사실이었다. 어떤 결판이 났는지 또 한 군데 ○○문 교회가 생겼다. 예배당에서 겨우 사백 미터쯤 떨어진 길가 가겟방 이층에 그런 간판이 붙었고, 밖에서도 들릴 만큼 열변을 토하는 것을 보았다. 늙은 목사가 새로 차렸는지 젊은 목사가 새로 차렸는지는 알 바 없으나, 바로 건너편에 자리 잡고 있는 복덕방 노인들의 투덜거림은 이러했다.

"저 사람들은 말만 잘하면 아무 데나 혼자서 예배당을 벌이는 모양이죠? 저 위 ○○문 교회에 있던 사람이 또 새로 벌였어요. 이층을 세 얻어 가지고…… 인제 저러다가 통곡을 합니다요. 연설할 때마다 통곡야요! 제 설움이겠지요? 그렇게 섧을 수가 있을까요? 시끄럽고 뒤숭숭해 못 견디겠네요……"

예배당 싸움, 목사 싸움은 내가 어렸을 때부터 많이 듣고 보고 온 일이었고, 신문에도 자주 나타나는 사실이었다. 그러나 모처럼 우리 막내가 열심으로 다니던 교회에서 애들의 눈앞에서 피를 흘리며 보여주었다는 사실은 가슴 아픈 일이 아닐 수 없었다. 열세 살짜리 계집애에게는 지나친 충격임에 틀림없었다. 다시는 그 예배당 앞을 지나가기도 무섭다는 것이었다.

얼마 후의 일요일.

"나도 엄마 따라 성당에 다닐래!"

수줍은 듯 말하며 따라 나서는 것을 보고 그동안의 일요일을 어떻게 어떤 마음으로 지냈을까 가엾은 생각이 든 일이 있었다.

얼마 후에는 큰아들 아이가 역시 성당에 다닌다고 했다.

"안식교회는 어쩌고?"

나는 웃으며 물었다.

"성당이 좋더군요! 정말 거룩한 당야요. 들어서면 머리 숙여지고 무릎 꿇게 되어요. 분위기도 제일이고, 첫째 음악이 좋구요. 성당에 다녀야겠어요."

그것도 좋은 일이라고 생각했다.

아이들이 신앙심이 생기고 신앙을 갖는다는 일은 불량 학생, 타락한 학생이 많다고 신문이 떠드는 세상에 한결 마음 든든한 일이라고 생각했다.

그즈음 나는 6·25사변과 1·4후퇴를 돌이켜 생각하며 동화 한

편을 쓸 계획을 세웠다. 내 아들 딸도 그렇지만 우리나라 어린이들이 그 고난을 어떻게 겪었던가 한번 새겨보고 싶기 때문이었다. 간절하게 생각나는 일이 있었다.

서울 집에는 대구 할머니와 함께 영애라는 열 살짜리 계집아이가 남아 있었는데, 공산군에게 납치되어가고 만 것이었다. 피란 내려가서 살 때에도 아내나 아이들이 영애 이야기를 안 하는 날이 없었고 환도 후에도 그러했다.

"영애가 잘 있을까?"

"많이 컸을 거다!"

"잘 있어야 할 텐데!"

서울 집에 남겨 두었던 일을 뉘우치는 마음 모두가 간절했다. 대구 할머니가 남아 있겠다고 했고 대구 할머니 혼자서는 밥 지어 먹기도 힘이 들고 또 호젓하기도 하고, 피란 내려가는 다섯 식구에 영애 한 식구가 얹히는 것 같은 생각에서 "영애는 내가 데리고 있으마" 해서 남아 있게 되었던 일이지만, 공산군에게 끌려갔다는 말을 듣고는 모두가 입을 열지 못했다.

"아이 참! 같이 올걸 그랬어!"

막내딸의 말이었지만 다섯 식구 모두 똑같은 마음이었다. 가까운 아무도 없는, 말하자면 고아였고, 어떻게 어떻게 굴러들어 와서 같이 살게 된 아이였다.

환도 후 삼사 년이 지나도 밥상에 모이면 영애 이야기가 노상 나왔다.

나는 첫째 대구 할머니의 명복을 빌고 공산군에게 끌려갔을망정 영애에게 복이 있기를 비는 마음으로 동화 한 편을 엮을 생각이 버쩍 치올랐다.

동화 속에서 영애를 행복스럽게 해주기는 쉬웠다. 그러나 죽은 대구 할머니를 쓸 때에는 막히는 곳이 많았다. 머리에 떠오르는 대구 할머니는 염불하는 노파였는데, 우리들과 헤어진 후에 천주교에 입교했다고 했고, 신부 수녀의 따뜻한 간호를 받으며 운명했다니 말이다.

내 머리로 생각하는 환상이 갈피를 잡지 못하고, 그뿐 아니라 도대체 천주교인은 '나무아비타불 관세음보살'을 외우지는 않을 터인데, 그러면 어떻게…… 외우는 말귀라도 있는 것일까? 끼니를 여의면서도 피란 내려간 우리들이 잘 있기를 빌고 또 빨리 돌아오기를 빌었을 터인데, 어떤 식으로 어떤 말귀로 빌었을까? 그런 양식이라도 있는 것일까? 말귀가 있는 것일까?

원고를 쓰게 됨에 비로소 너무도 무식함을 느꼈고 아내와 딸이 다니는 교회의 풍속에 무심했다는 것을 느끼게 되었다.

"여보! 천주교에도 기도하는 문구가 있소? '나무아미타불'이라고 하듯이!"

아내에게 물어볼 수밖에 없었다.

"천주교에는 더 많아요. 성호경도 있고 삼종경, 성모경, 종도신경……"

"허, 이거 큰일 났군! 밥 먹을 때 하는 경도 있나?"

"있어요! 있긴 있는데……"

아내는 선뜻 가르쳐주지는 않고 두툼한 책 한 권을 주었다.

『성교공과(聖敎功課)』라는 두툼한 책은 오백여 면이 넘는 것이었고, 모두가 경문인데 제목조차 알아보기 어려운 문구가 많았다.

　내가 동화 속에서 당장 써야 할 것은, 대구 할머니가 앓아누워 있는데 뒷집 할머니가 죽을 갖다 준다, 고맙기 한량없다, 일어나 앉아서 숟가락을 들기 전에 무어라고 외워야 할 것 같다, 무어라고 외우는가, 그것이 알고 싶은 것이었다. 그 문구를 당장 써야 할 판이었다. 그러나 아내는 가르쳐주지 못했고 『성교공과』 책을 뒤져 보아도 얼른 눈에 띄지를 않는 것이다.

　"여보! 이 엉터리! 당장 신부님한테 가서 알아 가지고 오오!"

　아내에게 큰소리를 했다. 아내는,

　"아이 참! 그걸 어떻게 물어보러 가요? 책에 다 있을 텐데, 좀 찾아보시지……"

　처음부터 끝까지 몇 번을 찾아보아도 찾아내지를 못했다.

　신부에게 물어보는 수밖에 없다. 그렇다면 몇 가지 더 물어보아야 할 일이 있을 것 같았다. 도대체 대구 할머니가 어째서 어떤 교리로 천주교를 알기나 하게 되었을까? 가까운 이웃에 교인이 있어서 드나들었을까? 신부와 수녀는 1·4후퇴도 하지 않고 서울에 머물러 있었을까? 그렇다면 성당의 종소리는 공산군이 서울에 들어와 있을 때에도 울렸더란 말인가? 죽을 때에 신부와 수녀는 어떻게 해준단 말인가? 죽은 다음에는? 알지 못하는 일이 너무나 많았다. 나는 그것을 조목조목 쪽지에 적었다. 신부님께 대답을 적어달라는 형식이었다. 아내는 밥 먹을 때의 경문만이라면 차마 가기 어려운 일이었겠지만 다른 여러 가지 물음이 적혀 있는 것을 보고는 옷을 갈아입었다.

아름다운 새벽　221

신부는 일일이 대답을 써서 보내주었다.

식사 전에 외우는 경문은 '반전도문(飯前禱文)'이라고 했다. 공과책을 찾아보았다.

"흐 참!"

밥 반 자, 앞 전 자의 반전이니 그럴듯한 말이지만, 모르는 사람은 찾아낼 도리 없는 말귀였다. 천주교가 우리나라에 들어올 때에 중국을 통해서 들어왔기 때문에 그런 한문으로 된 것이 많은 모양이었다. 알아듣기 어렵고 외우기 서투른 낱말이 많았다. 어렵건 쉽건 그대로 동화 속에 옮겨 쓰는 수밖에 없었다. 대구 할머니뿐 아니라, 따지면 백삼십여 년 전부터 수백만의 사람들이 외우며 내려온 경문일 것이기 때문이었다.

신부의 답장은 여러 가지 새로운 사실을 알려주었다. 동화 속에 넣기 알맞은 재료가 있었다.

"1951년 1·4후퇴 후에는 서울에 종소리가 없었습니다. 3월 20일에 비로소 종이 울렸습니다."

이것은 참 희한한 이야깃거리가 아닐 수 없었다.

신부와 수녀들도 서울을 떠나서 피란을 갔었다. 그러나 서울 장안이 텅 빈 것이 아니라 노인들은 많이 남아 있다는 사실을 알게 되자, "이래서는 안 되겠다. 서울로 도로 들어가야겠다" 한강 목까지 돌아와서 장안에 들여보내주는 날을 기다렸다는 것이었다.

한강 목을 지키고 있던 미군 장병들도 신부 수녀들의 성심에 감동되어 신부 두 사람 수녀 세 사람을 통과시켜준 것이 3월 19일 늦게였고, 그래서 20일 새벽부터는 종을 울릴 수 있었다는 것이었다.

교회에 다니지 않는 사람들이라도 아침저녁의 종소리는 그것이 귀에 익은 것이 아닌가. 곧 사람 사는 마을의 상징과도 같은 것이 아닌가. 그렇다면 그 종소리 끊어진 석 달 동안의 서울 장안은 죽음의 도시 같았을 것이 아닌가 하고 생각했다. 석 달 만에 듣는 성당 종소리를 얼마나 반가워했을까? 얼마나 고마워했을까?

우연히 알게 된 역사적 사실은 내 동화 속에서 가장 감동적인 장면을 그릴 수가 있었다.

대구 할머니가 죽을 먹을 때에는 이마에서 가슴까지 또 왼편 어깨부터 오른편 어깨까지 십자를 그으며 성호경을 외우고 '반전도문'을 외우게 했고, 기도하는 장면을 여러 번 썼다. 대구로 피란 내려가 있는 우리들을 위해서도 기도하고 공산군에게 끌려간 영애를 위해서도 기도를 하게 했다.

아내에게 얻어 들은 대로 썼고, 신부가 적어 보내준 대로 옮겨 썼을 뿐이었다.

그러나 성당 종이 석 달 만에 어둑한 새벽하늘을 뚫고 울려오는 대목은 읽는 사람들에게 인상적이었던 모양이다. 독자 아닌 사람들에게까지 이야기가 번져나간 것을 알 수 있었다.

"천주교에 입교했다지?"

엉뚱한 질문을 하는 친구가 많았다.

"천만에! 좀더 살아야지!"

대번에 부인하며 덧붙인 말은 웃음의 소리지만 사실 천주교라는 것은 죽을 임시해서 입교하는 사람이 많았기 때문이었다.

연전에도 그런 친구가 있었다. 얼굴은 못생겼고, 술을 좋아했고,

술을 마시면 앞뒤를 분간하지 못하는 사람이었으나, 머리가 좋았고 기억력은 놀라운 사람이었다. 일본에 있을 때는 일본 외무부의 상당한 지위의 관리였으나 조선 사람이기 때문에 좋은 자리에는 있지 못했고 나를 자주 찾아주었었다.

전쟁이 지는 편으로 기울고 배급 생활이 각박해졌을 때에 더욱이 자주 만났었다. 전화를 걸어왔다.

"이거 죽겠구려! 맥주 있소?"

맥주를 마시고 싶어 죽겠다는 말이다.

맥주 배급이라면 한 달에 두세 병 있을까 말까였고, 밖에서 마시려면 직장으로 나오는 표를 얻어 가지고 길거리 비어홀 앞에 줄을 지어 서 있다가 차례가 오면 겨우 한 조끼 얻어 마시고 그만이었는데, 나는 내 사무실 아래 지하실 바에서 마음대로 마실 수 있었고 단골 요릿집이나 기생집에서도 얼마든지 마실 수 있었기 때문이다.

그는 그러나 그즈음은 염치를 차렸었다. 반드시 무슨 새 소식이 있을 때만 전화를 걸어 왔다. 나는 그 소식이 듣고 싶어서 환영했었다.

"얼마든지! 어서 오시오!"

신문에 보도되지 않는 국제 소식은 거의 그에게 들었다. '카이로 선언'도 그에게 들었고, 어느 날은,

"글렀어! 글렀어! 빨리 보따리 꾸리쇼! 크리스마스에는 미군이 전승 무도회를 여기서 하게 될 것이오!"

종전 전년 4월에 벌써 그런 말을 했기 때문에, 나는 부랴부랴 가족을 6월에 귀국시키기로 했던 것이다.

그러나 귀국 후 더욱이 피란 대구에서 만났을 때는 어떻게 할 수 없는 모주꾼이 되어 있었다. 울분이 곪겨 터져 나오는 주정이었겠지만 감당할 수가 없어서 나는 피하기를 잘했었다.

그 주정뱅이가 운명할 때는 간호원에게 소리소리 질렀다는 것이었다.

"신부님을 불러와! 영세를 해야 해! 내가 '탕아 아우구스티누스'야!"

나는 그의 죽음을 신문의 기사로 알고 곧 병원으로 달려가다가 비를 맞았다. 갑자기 쏟아지는 장대 같은 비를 맞고는 병원으로 갈 생각이 없었다. 물에 빠진 생쥐 꼴로 병원 시체실에 들어설 생각이 없었다. 내일 아침 열 시에 발인한다고 했으니 집으로 돌아가서 단벌 양복을 말려놓아야 내일 아침 입고 나설 수가 있기 때문이었다.

이튿날은 맑게 개었다. 아침 일찍이 병원으로 갔다. 뒷문 안 헛간에 관이 놓여 있었고, 아무도 없었다. 하릴없이 멍청히 서 있으니 한 사람이 들어왔다.

지난밤을 새운 친구들은 일단 집으로 돌아갔다는 것이었다. 사람들이 모이기 시작했다. 아직 발인 시간에는 이른 아홉 시가 조금 지났을 때였다. 나도 친구들과 가까운 곳에 가서 해장을 하고 돌아오니 마당에 뻘건 비단을 펴놓고 명정을 쓰고 있는 것이었다.

'……?'

명정은 분명히 관을 덮고 있었던 것 같은데 또 명정을 쓰고 있는 것이었다. '장 아우구스티누스 ○○지구'라고 쓰고 있었다.

'아우구스티누스가 무엇일까?'

아름다운 새벽 225

발인 시간이라고 신문에 발표한 열 시는 이미 지났다. 사람은 많이 모였고 여기저기서 쑤군거리는 소리는 열두 시 발인이라는 말이 엿들렸다.

"열두 시?"

나는 한 친구에게 물었다.

고인은 근친이 아무도 없었다. 어머니 다른 형이 먼 고향에 있을 뿐이었다. 친구들이 입원시켰고 다음 날 병원에 들르니 벌써 죽어 있었고, 그래서 사흘 되는 날 화장을 하기로 하고 친구들에게 알리기 위해서 신문에 발표했는데 그날 아침에야 그가 천주교에 입교하고 '아우구스티누스'라는 본명까지 받은 사실을 알게 되었다는 것이었다. 천주교인은 화장을 하지 않고 교회 묘지에 매장하기로 되어 있기 때문에 발인 시간을 변경하지 않을 수 없게 되었고 명정도 다시 쓰게 되었다는 것이었다.

"참 별일야! 그 주정뱅이가 천주교에 입교할 줄이야 누가 알았나?"

"생전에는 천주교 욕을 몹시 했어요!"

"나도 여러 번 들었어!"

"그러니 그게 천주교를 미워하거나 싫어서 욕지거리한 것이 아니로군!"

"관심이 있었단 말야! 본명까지 제가 정했다니, 아우구스티누스를 존경했던 모양이지!"

"생전에 벌써 천주교에 생각이 있었을 거야! 그런데 싫거든! 그래서 욕지거리나 하고 거부하려고 했던 모양이지! 그러나 임종이 가까우니까 손을 든 것이지 뭐요!"

그런 말을 하고 있었다. 우는 사람이라고는 하나 없고 마음속으로 아끼기는 하나 햇볕 쨍쨍한 마당에서는 웃음소리만이 높았다. 모두 고인의 친구였고 술주정 톡톡히 받은, 말하자면 피해자들 뿐이었다.

장 아우구스티누스가 운명할 때에 입교한 이후 또 몇 사람의 그런 사실이 있었다. 이름이 널리 알려진 사람들이었기에 신문에도 발표되었었다.

유명한 국사학자는 불교도로 알려져 있었는데 역시 천주교로 개종했고, 그 태도를 밝히는 성명서 같은 것이 발표되었었다. 신문이 두 군데나 실었고 잡지에도 옮겨 실려 있었다. 장안의 이야깃거리가 되었었지만 신통한 말은 없었다.

죽을 때에 천주교로 개종하는 사람이 많다는 사실만이 뚜렷했다. 그런 사실은 널리 알려졌던 만큼 나에게 뚱딴지같은 질문을 하는 사람에게 '천주교 신자가 아니라'는 대답대신 "천만에! 좀더 살아야지!" 하고 웃으며 선뜻 대답했던 것이다.

그러나 그런 질문을 하는 사람이 하도 많기에 가짜 신자 노릇을 한 것 같은 부끄럼을 느끼는 동시에 죽을 임시에서 입교한 사람들을 생각해본 것이었다.

'장례식의 절차가 좋아서 그러는 것일까? 절이나 길거리에서 영결식을 하는 것보다 성당에서 거행하는 것이 좋다는 것일까?'

과연 성당에서의 장례식은 아름답고 장엄하고 사뭇 음악과 같은 인상이었다.

음악가의 장례식을 공회당 같은 데서 할 때면 음악 연주와 합창이 많아서 듣기에 좋듯이 성당에서의 예식도 우리를 즐겁게 하며 엄숙한 맛이 있는 것이었다.

그렇다면 그것은 좋은 일에 틀림없지만 죽은 후의 장례식까지 생각한다는 일은 좀 사치한 것 같고 허영인 것 같고 쑥스러운 일 같았다.

그러나 생각하면, 나도 아내가 교인이니 내가 죽으면 아내가 그렇게 하지나 않을까 하는 생각도 들었다. 그렇다면 죽을 임시해서 신부를 불러다가 영세를 받게 하는 것이 아닐까? 그렇다면, 이왕 그렇게 해야 할 일이라면, 죽을 임시해서 입교한다는 일은 비열한 일이 아니라도 좀 얌치없는 일인 것 같은 생각도 드는 것이었다.

그렇다고 '나는 천주교가 싫으니 내가 죽으면 무슨 식으로 장례를 지내달라'고 유언을 써놓을 만큼 뚜렷한 분별을 가지고 있는 것도 아니었다. 천주교식 장례가 싫다는 이유도 분명치 않고 다른 어떤 식이 좋다는 생각도 없는 것이다. 도대체 그런 일을 생각한다는 것이 싫기도 했다.

죽으면 그만이지 화장을 한다고 해서 내 몸이 뜨거움을 느낄 것도 아니요, 그 유골을 또 가루를 만들어서 한강에 뿌려버리더라도 알 바 없는 것이다.

무덤을 잘 만들어놓는다 하더라도 그것은 그때뿐이지 해가 바뀌어 몇십 년이 지나면 알 것이 무엇이겠느냐?

내가 자주 성묘했던, 그리고 아버지 어머니의 산소도 있는 장단군 감바위라는 곳은 서울에서 개성 가는 국도에서 1킬로미터쯤 북쪽으로 빤히 바라다보이는 좋은 자리에 있었고, 오대조 할아버지의 산소까지 규모와 범절이 웬만한 임금의 능 못지않게 차려져 있었던 것을 기억하고, 눈을 감으면 눈에 선하였다. 그러나 지금은 '판문점'이라는 곳이라 '정전위'가 있는 마을일 것이요, 사람이 얼씬도 못하는 곳으로 되어 있으니, 그 좋은 돌로 마련한 비석이랑 상석이랑 망주랑커녕 봉분조차 어떻게 되었는지 알 수 없는 것이다.

묘지기에게는 땅을 많이 맡겨서 대대로 붙여 살게 되어 있었지만, 전투 막판에 공방이 심했던 곳이라 집은 날아갔고 땅과 산이 모두 곰보가 되었다고 쫓기어 서울까지 올라온 묘지기를 형님이 만난 일이 있었다고 들은 일이 있었던 것이다.

공산군들이 남의 묘지 따위에 마음을 써주리라고는 생각할 수 없고, 형님이 고향을 떠나 올라온 것이 이미 십여 년이 되고, 하필이면 완충지대라 누구 하나 얼씬 못하는 지대가 되어 있는 것이다. 산소를 잘 마련한다는 일도 말하자면 허무한 일이다.

햇볕 따뜻한 어느 날 한낮 때였다.

막내딸이 조그만 책을 들고 와서 묻는 것이었다.

"아버지! 이게 무어야요?"

그것은 『천주교요리문답(天主敎要理問答)』이라는 작은 책이었고, 아이가 짚은 곳은 첫 구절이었다.

　문 ― 사람이 무엇을 위하여 세상에 났느뇨?
　답 ― 사람이 천주를 알아 공경하고 자기 영혼을 구하기 위하여 세상에 났느니라.

나는 아이가 내미는 책을 기웃해 보며 말했다.

"천주란 말은 하느님이란 말야! 사람은 하느님을 알아야 하고 사랑하고 또 섬기어야 한다는 말야! 너는 어디서 났니?"

"어머니! 아버지!"

"응! 어머니 아버지에게서 낳았지? 어머니가 낳아주신 몸이니까 어머니를 위해야겠다고 생각하지?"

"응!"

"그리고 또 어머니 아버지가 낳아주신 몸이니까 네 몸을 아끼고 위해야겠다고도 생각하지?"

"응!"

"그런데 말야! 또 엄마나 아버지는 누가 낳았어?"

"할머니 할아버지지 뭐!"

"저 꽃은?"

"꽃씨지 뭐야!"

"꽃씨는?"

"꽃에서 따지!"

"저 구름은?"

"수증기가 올라가서 구름이 되지!"

"해는?"

"……"

"모든 것은 하느님이 만들어주신 거야! 네 몸도, 네가 생각하는 마음이라는 것도, 어머니 아버지에게서 받은 것이 아니라 하느님 천주님이 주신 거란 말야! 꽃은 꽃씨에서 나고 꽃씨는 꽃에서 딴다고 했지만 말야, 고 새까만 조그만 씨앗에서 어떻게 그렇게 큼직하고 탐스러운 꽃이 필 수 있겠느냐 말야?"

"으응......"

"쌀도 그렇지 않아? 벼알 한 알이 논에서 물에서 썩어버릴 것 같은데 어떻게 그렇게 햇볕과 바람만 쏘이고 파릇파릇 자라서 굵직굵직한 벼이삭을 열매 맺느냐 말야? 그래서 우리들은 그것을 먹고 살잖아? 농사짓는 사람이 다 해주는 것 같지만 무엇 하나도 사람의 힘만으로 되는 일은 없단 말야! 네 옷도 그렇지. 나일론은 석탄으로 만든다지? 석탄은 어디서 나? 땅 속에서 나지? 또 기계로 만든다지만 기계는 어디서 나니? 사람의 재주로 꾸미기는 하지만 땅 속에서 광석을 파내어서 강철을 만들어야 하지? 기계를 움직이는 기름도 그렇지? 모두 하느님 천주님이 주시는 거란 말야! 그러니까 그것을 알아야 한다는 말이고 네가 어머니 아버지에게서 낳았으니 부모를 공경하고 위하듯이 어머니보다 높은 천주님을 공경해야 한다는 말야!"

"응, 알았어!"

아이는 알은체를 하는 것이었다. 나는 또 덧붙였다.

"알긴 무얼 알았어? 공경한다는 건 무어야? 어머니를 공경한다는 것 말야! 어머니를 좋아하고 말 잘 듣고 사과나 과자를 두었다가 드리는 것뿐이 아니야! 네가 공부 잘하고 착한 마음 가진 사람 되고 남을 위할 줄 알고 훌륭한 사람 되는 것이 곧 어머니 아버지를 공경하는 일이 되는 것이거든! 너 자신을 위하는 일이 되기도 하구! 그러니까 더 높은 천주님께도 그렇게 해야 한다는 말야! 천주님은 모든 근원이란 말야!"

나는 그것이 교리에 맞는 말인지 아닌지 모르면서도 이렇게 중얼거리고 나서 소스라치게 놀랐다.

"무슨 것?"

책 꼴은 본 적이 있었지만 글귀를 읽어본 일은 없었고 따져본 일도 없던 그 책이었다. 막내딸이라고 해서가 아니다. 누구든지 책을 들고 와서 묻는 말에는 언제나 어쨌든 대답해주던 터였기에 거의 습성처럼 아는 체하고 풀어준 것이 그 아이에게 주는 말이라기보다도 나 자신에게 통겨주는 말 같은 꼴이 되었기 때문이다.

'천주님이 모든 근원?'

그렇다면 내 평생 여태까지 급할 때면 손 모아 빌던 그이가 천주님이었단 말인가?

'무어라고 불러야 하는지 모릅니다. 그저 일 년만 더 살게 해주십시오!'

'눈물을 흘리면서 빌던 그 대상이 천주님이었단 말인가? 그리고 어제 오늘도 마음속으로 빈 그 대상이?'

소름이 끼치고 그것이 등골을 타고 내려가는 것을 느꼈다.

사실 아침저녁 비는 마음 없이 지낸 날이 거의 없었다. 환도 후의 서울 거리는 사람이 많았다. 버스도 전에 못 보던 큼직한 놈이 쉴 새 없이 달리고 있었고, 또 택시도 전차도 많았지만 모두가 만원 만원에 주렁주렁 매달리고 달리고 있었다. 아이들이 아침에 학교로 갈 때면 사고 없이 다녀오게 되어야겠다고 비는 마음이었다. 저녁때에 하나씩 하나씩 돌아오면 감사하는 마음으로 쌓였다.

"잘 다녀오너라!" 그것은 비는 마음이었고, 저녁때에 "학교에 갔다 왔습니다!" 소리가 들리면 '아이! 고마워라! 무사했구나!' 고맙다는 마음이 치미는 것이었다.

며칠 전에도 큰 사고가 있었다.

좋은 중학교 3학년 학생이었다. 아침 버스에 겨우 매달리자 차는 떠났는데 버스가 다른 차를 비키느라고 뒤뚱하는 바람에 손을 놓쳐서 중학생은 떨어져서 버스 뒷바퀴에 깔려 즉사한 것이었다.

열다섯 살이라면 누구나 다 길러놓은 자식이라고 하는데, 하루 아침 등교하는 버스에 깔려서 즉사하다니 놀라움도 이만저만이 아니었다. 길바닥에 죽어 있는 아들을 보고 그의 아버지 어머니는 어떠했을까? 생각만 해도 피가 머리로 몰려서 내 몸마저 가누기 어려울 지경이었다. 그의 아버지를 아는 사이였고 우리 동네에서 일어난 일이기 때문에 더했다. 그러나 그런 일은 드문 일은 아니었다. 잠깐만 거리에 나서면 쥐나 고양이나 개가 차바퀴에 치어 죽은 것을 보지 않는 수가 없듯이 차는 인정사정없이 달리고 있었고, 서울 장안에서만도 하루에 다섯 사람이 치어 죽는 폭이 된다고 했으니 중상자 경상자는 얼마나 많은지 모를 일이었다. 말이 경상자 중상자지 다리나 팔이 부러지기도 하고 얼굴이나 머리를 다치는 수도 있으니 머리가 돌아서 하루아침에 바보 천치가 되는 일도 있다고 들었다.

아침에 집을 나가면 그것은 곧 결사적인 행동이었다. 죽을 고비를 적어도 한두 번은 넘겨야 무사히 돌아오는 것이었다.

"정말 오늘은 죽는 줄 알았다!"

"아이참! 나도 그랬어!"

아이들이 저희끼리 쑤군거리는 것을 자주 들었다.

저녁때에 하나씩 하나씩 돌아오면 참으로 생명을 건진 것 같은 기쁨이었다. 어린 자식을 군복 입혀 전쟁터에 보내는 심정, 죽지 않고 돌아온 자식을 맞는 심정, 그런 것이었다. 후유— 한숨을 쉬고 마음을 턱 놓으며 담배 한 대가 새로운 맛이었고, "고맙습니다!" 병풍에 대거나 하늘을 우러러 보거나 하며 한마디 안 하는 수가 없었다.

어려서 어머님이 초하루 보름날에 정성껏 고사 드리신 심정을 짐작할 수 있었다. 정말 대문께에 돼지 대가리와 소주 한 잔을 따라 놓고 빎으로써 출입의 안전을 보장해주는 대감님이 있다면 나도 그렇게 해주고 싶은 생각이 나는 일이 한두 번이 아니었다. 그러나 그런 것을 믿을 수는 없었고, 아무리 자식을 위하는 일이라도 그런 어리석음까지 범할 생각은 나지 않았다.

그렇다고 '인과응보'요 '제행무상'이라고 초연할 수도 없고 '천망은 회회하니 소이불실' 내 자식을 어쩌지 못하리라고 태연할 자신도 없는 것이었다.

"고맙습니다!"

담배 연기를 내뿜으면서라도 마음속으로 중얼거려지는 것이었다.

그 대상이 천주님이라면 천주교라는 것을 좀 알아보아야겠다는 생각이 났다.

넌지시 『성교공과』라는 책과 『요리문답』이라는 책을 당겨놓고 아내와 아이들이 나간 사이에 들여다보기로 했다. 다 떨어진 얄툭한 책은 서투른 책이었고 서투른 말귀만이 찍혀 있는 것이었으나 서투르게 생각되는 바는 없었다.

모두가 지극히 의당한 말이었다. 장을 넘길수록,

"옳은 말야! 옳은 말야!"

하며 읽어 넘기다가,

"천주는 누구시뇨?"

"천주는 만선 만덕을 갖추신 완전한 신이요 천지만물의 창조주시니라."

이 대목에 이르러 나는 책을 덮었다.

조물주 창조주의 존재를 나는 어렴풋이나마 인식한 지 오래라고 생각하기 때문이었다.

'무어라고 불러야 하는지 모릅니다. 그저 빕니다!'

수십 년을 내리 빌어왔고, 그래서 얻은 생명이라는 것을 잊지 않았기 때문이었다.

내가 빈 그것이 바로 그이였다면, 그이를 모르고 지낸 일은 이런 무엄한 일은 다시 없을 것이요, 천벌을 받아 마땅하리 만큼 송구한 일이라고 생각하기 때문이었다.

오십 평생 많은 책을 읽고 공부를 쌓았다고 자신하는 몸으로서, 가장 중요한, 가장 가까이 있는 그이를 알아보지 못했다는 뉘우침과 부끄럼과 놀라움이 있는 것이었다.

그러나 그것이 바로 그것이었다는 증거는 무엇인가?

그 대목에 앞서 "천주 친히 진리를 사람에게 가르치사 영적으로 그 진실됨을 증명하여주신 것"이라 했고, 『성경』은 직접 성신의 감도하심을 따라 기록된 천주의 말씀이니 강생 전에 쓴 것은 구약이라 하고 강생 후 종도 시대에 쓴 것은 신약이라 하느니 이 외에 『성경』은 또 없느니라"는 대목이 있었음이 떠올랐다.

곧 천주가 천지 만물의 창조주시라는 증거가 많은 모양이었다.

나는 신부를 찾아가서 가르침을 받아야겠다고 생각했고, 『성경』을 읽어보아야겠다고 생각했다. 어려서는 『성경』을 들고 다닌 일이 있었고, 좀 읽는 일도 있었고, 어떤 구절은 인용해서 쓴 적도 있었지만, 끝까지 읽지도 않았고 깊이 새겨 본 일은 없었다. 삼십여 년이 지났으니 아는 바 거의 없었다.

마침 막내딸이 가지고 다니던 큼직한 책이 있었다. 먼지를 털어서 내 방으로 옮겨 놓았다.

신부―아내를 통해서 두 번 물어본 일이 있었고, 환도하기 전에 일찍이 서울로 돌아와서 서울을 지켰다는 신부―를 짐작하지만, 그 성당으로 그 신부를 찾아다닐 생각은 없었다. 될 수 있으면 멀찌감치서 교리를 엿듣고 싶었다. 당장 입교하러 온 사람에게, 말하자면 '하나 걸려들었다'고 생각하는 태도의 강의를 듣고 싶지 않았다. 듣다가 못마땅하면 슬그머니 꽁무니를 뺄 수도 있고 한담으로 돌릴 수도 있는 여유를 가지며 듣고 싶었다.

생각난 신부가 있었다.

피란 대구에서 두어 번 만난 적이 있던 신부였다.

그때만 해도 천주라든지 신부라는 것에 별로 관심이 없었기 때문에 무심했지만, 몹시 수줍어하고 여자처럼 부드럽고 겸손했던 모습이 생각났다. 여러 나라 말을 알고 학문이 깊고 덕이 높은 신부라고 들었지만, 그때의 나는 그날그날을 당장에 죽어도 좋다는 생각으로 살았기 때문에 태도가 어쩌면 오만했을 것이라는 생각이 나서 주춤해졌다. 이럴 줄 알았더라면 좀더 겸손하게 다정하게 대할 것을, 하고 뉘우쳐졌다. 그의 시집과 수필집을 받은 일이 있었으나 천주교 선전일 것이라고 생각하고 거들떠보지도 않았고, 책마저 어디 박혀 있는지 몰랐다.

그러나 시를 쓰고 수필을 쓰는 신부라면 그즈음의 내 태도가 불손했다 하더라도 이해가 있을는지 모른다는 희망도 가져 보았다. 그 신부라면 자주 찾아가서 나무 그늘 같은 데서 예사로 이야기하는 가운데 교리를 엿들을 수 있지 않을까 생각했다.

용기를 내서 아내와 함께 찾아갔다. 가까운 곳이었지만 장안이 내려다보이는 언덕 위 높은 곳에 자리 잡고 있는 대학이었다.

마당이 넓어서 시원하고 둘레에는 나무가 많아서 그늘이 좋았다. 장안 같지는 않았다. 나무 그늘 걸상에 앉아서 이야기를 들을 수 있다면 좋겠다고 생각했다.

최 신부는 그때나 다름없이 수줍어하면서 부드러운 낯으로 반가이 맞아주었다. 날마다 놀러 와도 좋다고 했다. 날마다 저녁 후에 찾아갔다. 초여름이었다. 긴 벽돌담을 꺾어서 그 문 안에 들어서면 벌써 바람이 달랐다.

시원한 자리에서 이야기를 듣는 것이 싫지 않았다.

시원한 바람, 춤추는 나뭇잎, 잔잔한 잔디, 굽어보이는 높고 낮은 지붕, 저무는 해, 오가는 구름에 붙여서 조용히 말씀하는 말마디는 동서고금의 철학이요 신학에 문학마저 섞여서 해박한 지식의 샘이었다.

내가 모르는 것이 너무 많은 데 놀랐고, 읽은 일 있는 책들이라도 무심히 읽어 넘긴 것이 많은 데 놀랐다.

짓궂게도 찾아갔고 끈기 있게도 반가이 맞아주었다.

잎이 돋기 시작할 때부터였던 것이 잎이 떨어지게 되자 소위 '교리 강좌'는 끝나가고 있었다.

그러나 그것은 한낱 종교의 테두리밖에 별것이 없는 것으로 생각했다. 믿자면 믿는 수는 있을지언정 꼭 그것이 최상의 것이라고도, 그 외의 종교가 없는 것이라는 생각도 서지는 않았다.

불교도 그만한 교리는 갖추고 있을 것이요, 「독립선언서」의 필두 서명인인 손병희가 3대 교주였던 천도교에도 시천교에도, 또 대종교에도 그럴듯한 교리가 있을 것을 짐작하기 때문이었다. 일본에서 듣고 본 몇 가지 교(敎)도 역시 그러했다.

한 뛰어난 사람을 종주로 삼고 그의 명복을 빌며, 비는 사람이 많아짐에 따라 그는 초인적인 추앙의 대상이 될 수 있으니 곧 신이 되며, 신이 된 그의 끼침을 받도록 의탁하자는, 의지할 곳 없고 심약한 인간의 심리를 파악해서 빚어진 것이 한낱 종교일 것이라는 생각이었다.

그렇다면 최영 장군이나 관우의 사당을 대궐만큼 크게 지어놓고 그 목상 앞에 북어 한 마리 술 한 잔을 따라 놓고 비는 것이나 다를 것이 무엇이겠느냐?

망해가는 고려조에 충성을 다해서 불에 타 죽은 72인의 사당인 두문동도 그럴 것이다. 한 고장의 사람들만이 숭상하고 널리 알려져 있지 않기 때문이지 다를 것이 없지 않겠느냐는 생각이었다.

'이것을 믿어야 하나? 시답지는 않지만 아내가 믿고 있고 아이들이 좋아하고 어쨌든 극장에 다니는 것보다는 좋은 일이고 내가 죽으면 그 식으로 묻어줄 모양이니 눈 딱 감고 주일날이면 성당에 드나드는 것이 좋을 것인가?'

그것도 좋을 것같이 생각되었다.

지금 천주교 신자는 세계에 5억이 넘는다고 한다. 5억이나 되는 그 속에 한몫 낀다는 일은 좋을 것이라고도 생각했다. 그 사람들은 어쨌든 신앙생활을 하는 착한 사람들일 것임에 틀림없을 것이기 때문이었다.

또 한편 생각했다.

지금이 5억이라면 1천9백여 년을 내려오면서 그런 신앙을 가지고 죽어간 사람이 '몇만억'이 될 것이다. 그야말로 억이 아니라 몇 조, 그야말로 억조창생이 믿어 오고 갔을 것이니 그렇게 많은 사람들의 마음이 맺힌 곳에는 없던 신이라도 신이 맺혀 있지 않을 수 없으리라고 생각했다.

"교리가 끝나면 곧 입교하겠습니다. 세를 주십시오!"

교리 강좌가 몇 장 남지 않은 어느 날, 나는 신부께 말했다. 신부는 내 얼굴을 보지도 않고 말했다.

"세를 영하는 일은 일생에 한 번이니까요. 서두를 건 없어요. 더 잘 생각하셔야죠."

이건 내 속을 들여다본 것 같은 냉랭한 대답이었다. 찔끔했다. 무안했다.

대학 마당으로 신부 찾아가기를 멈추었다. 마음이 내키지 않았다. 무안한 마음도 있었다. 자신만만한 신부의 태도에 반발하는 마음도 있었다.

'체! 하다못해 최영 장군이라도 말야, 영국이나 프랑스에 태어났었더라면 영국 프랑스를 비롯해서 유럽 여러 나라로 퍼져서 또 세계를 휩쓸어 신앙의 대상이 되었을는지도 모를 일이 아니겠느냐 말야!'

대대로 임금이라는 것들이 쥐꼬리만 한 땅덩어리의 왕 노릇 하기에 바빠서 뛰어난 사람, 영웅 열사 위인이나 세계 사람들의 경애를 받을 수 있는 사람을 받들거나 들추어내는 짓을 하지 않았을 뿐 아니라, 조금이라도 뛰어난 재주 있는 백성이 나면 왕 자리를 빼앗길까 봐 겁을 먹고 죽여버리기까지 했던 것이 나라 역사에 뚜렷한 것이다. 임진왜란 때에 일본 해군을 물리친 이순신 장군만 하더라도 '사람이 아니라 하늘이 보낸 신인'이라 했고, 영국의 넬슨 제독조차 존경해 마지않았다는 이야기를 들은 일이 있었으니, 어쩌면 세계 각국이 해군의 군신으로 모셔서 오래오래 신앙의 대상이 되었을는지도 모를 일이 아니겠느냐고 생각했다.

일본에서 많이 본 신사라는 것이 떠올랐다.

학문이 높던 선비토 신사를 지어서 신으로 모시었고, 싸움패도 칼 잘 쓰던 말하자면 깡패도 신사를 지어서 신으로 모시었고, 예뻤다는 여자도 신사를 지어선 신으로 모시었고, 조그마한 마을이 위태로울 때에 그것을 모면하게 했다는 시골뜨기 농사꾼도 신사를 지어서 신으로 모시어 두고 많은 사람들이 참례하는 것을 보았던 것이다.

　예수라는 사람도 그런 신사나 사당에 모신 사람들과 마찬가지 하나의 인간에 지나지 않았을 것이요, 그렇지 않을 수 없으리라는 생각이었다.

　그렇다면 하필이면 서양 사람들이 존경하고 추앙하는 사람을 뒤따라 믿을 것이 있겠는가? 믿기로 들자면 내 나라 내 민족의 인물을 추앙하고 믿고 널리 세계 사람들에게까지 추앙의 대상, 따라서 신앙의 대상이 되게 하는 것이 옳을 것이 아닌가?

　하하…… 무심코 나는 웃음이 터졌다.

　'그래서 별의별 교라는 것이 있구나!'

　지금은 교회당이 결혼 예식장이 된 시천교라는 교도 있고, 천도교도 그 큰 교회당을 역시 결혼 예식장으로 세주고 있고, 시골에 가면 더욱이 듣지도 못하던 무슨 교라는 간판이 수두룩이 붙어 있었던 것이 생각났기 때문이다.

　아내가 어느 대학의 무용 교수로 나가게 되었을 때에 선뜻 응한 것은 가난한 살림을 돕기 위해서만은 아니었다. 해방이 되자 아내에게는 무용을 배우러 찾아오는 사람이 많고 학교에 나와달라는 말이 많았었다.

　시골에 있을 때였다.

　한번은 서울서 일부러 아내를 찾아온 사람이 있었다. 아내에게 무용 지도를 받으러 십여 명이 내려오겠는데 일주일이나 열흘쯤 가르쳐달라는 것이었다.

　"무용은 안 하시기로 하고 결혼하셨다는 말씀도 듣고 잘 알고 있습니다만, 나라가 독립이 되었으니 나라를 위해서 민족을 위해서 배우신 것을 전해주시는 것이 옳지 않겠어요?"

그런 말이었다. 여자 중학교 선생, 국민학교 선생, 유치원 선생들이 모여서 의논한 결과 교섭을 내려온 것이라고 했다.

아내는 나와의 약속이 있었기 때문에 대답을 못하고 있었다. 대답을 못했다기보다 거절하는 태도였다.

그것을 내가 엿듣고 아내를 불러서 승낙하라고 했다. 교섭 온 사람의 말이 옳다고 생각되었기 때문이다. 무대에 나서지 않고 연구소라는 영업을 하지 않고 새 나라에 이바지할 수 있는 일이라면 나서야 할 것이라고 생각했기 때문이다.

십여 명이라던 것이 칠십여 명이 내려와서 강습을 받은 일이 있었다. 고향의 여자 중학교 국민학교 선생들도 뒤미처 집으로 찾아와서 넓지 않은 큰 마루에서 배워 가지고 갔다.

그 춤은 곧장 학생들이 배우게 되었고, 그대로 서울로 올라가서 또 다른 곳으로 퍼져 나갔다.

그러나 학교에 나오라는 말이나 연구소를 차리자는 권고는 물리치고 듣지 않았다. 그 일에 몰두하게 되거나 돈벌이에 재미를 붙여서 어린 자식들을 소홀히 하게 될 것을 꺼렸기 때문이었다.

그러나 이제 아이들은 커서 대학생 고등학생 중학생이 되었으니 대학에 나가서 시간을 맡는 것은 좋으리라고 생각한 것이었다.

더욱이 어떤 여자 고등학교 여선생의 이야기를 듣고 놀란 일이 있었다. 지방이기는 하지만 상당한 도회지의 고등학교에서 무용을 가르친다기에, "무용은 누구에게 배우셨나요?" 하고 물었더니,

"뭐…… 혼자 배웠죠. ……배울 만한 사람이 있나요? 호호호……"
이런 깜찍한 대답은 예쁘장하게 보이던 얼굴마저 지저분하게 일그러져가는 것을 느꼈던 것이다.

아내의 무용 공부는 정통적이었고, 정규의 과정을 마친 다음 일본에 있을 때에 이미 안무도 지도도 강의도 했었고, 학문적으로도 연구가 있었던 만큼 대학생에게 무용에 대한 인식이라도 바로잡아주고 발의 포지션 하나라도 바로 이끌어줄 수 있다면 그것은 좋은 일일 것이라고 생각한 것이었다.

대학에 나가게 되니 정수입이 있었고, 나는 나대로 신문에 연재를 하게 되어 살림살이는 안정을 얻게 된 어느 날이었다.

누워서 뒹굴면서, 그래도 어쩐지 궁금해서 또 『요리문답』을 집어들었다.

신부가 『요리문답』을 강의해줄 때는 한 대목 한 대목에 대해서 『성경』 구절을 많이 인용했었다. 신부는 내가 『성경』을 잘 알고 있는 줄 믿고 이야기한 것에 틀림없었다. 나도 아는 체하고 슬쩍 넘겼었다. 그러나 아는 바는 거의 없었다.

나는 『신약전서』를 꺼내놓고 『요리문답』의 조목에 맞추어서 읽어보았다.

"사람이 무엇을 위하여 세상에 났느뇨?"

"사람이 천주를 알아 공경하고 자기 영혼을 구하기 위하여 세상에 났느니라."

첫 대목 한 대목만 해도 '요한 17장 3절, 에페소 1장 5절, 히브리 2장 10절'이라는 주를 붙여주었고 해설해주었건만 이야기를 들을 때에는 그저 얼렁뚱땅 넘겨버렸던 것이다.

그 구절을 찾아서 다시 읽어보았다. 알아들을 구절도 있었지만 모를 말도 있었다.

'이래서는 안 되겠다.' 처음부터 읽어보기로 했다.

예수는 대로마제국의 속령 유대 나라의 한촌 베들레헴에서 탄생했다. 밤중에 해산해서 강보로 싸서 말구유에 뉘였다. 사관이 만원이라 방을 얻지 못했기 때문이었다. 미미하고 가난한 탄생이었다.

그로부터 삼십 년 동안 나사렛이란 작은 고을에서 목수 일을 하며 지냈다.

삼십에 비로소 전교하기를 시작하여 단 삼 년. 삼십삼 세에 골고다에서 십자가에 못 박혀 죽었다.

단 삼 년 동안의 전교 행각이었다.

그의 '산상 수훈'은 훌륭한 도덕률이라고 말한 사람이 많았던 것을 기억한다. 내가 읽어도 그러했다. 마디마디가 한결같이 좋은 말이었다.

"내가 곧 길이요 진리요 생명"이라고 스스로 말했듯이 모두가 진리의 샘이다. 그가 죽은 지 2천 년이 가까워도 빛을 잃지 않는다기보다 더욱 새로운 빛을 내는 것 같았다.

유대인이라면 지금이나 그때나 멸시의 대상이었다. 그런 유대인으로 시골 사관 말구유에서 탄생했고 십자가에 못 박혀 죽었다.

십자가라면 죄인을 사형에 처하는 형틀이었다.

　십자가에 못 박은 후에 그 옷을 제비 뽑아 나누고 군졸이 거기 앉아 지킬새 명패를 그 위에 두었으니 쓰기를 '이는 유대인의 왕 예수라' 하였더라. 또 강도 둘이 함께 십자가에 못 박힐새 하나는 우편에 있고 하나는 좌편에 있더라.

예수의 십자가 형틀 좌우편에는 강도 두 사람이 같은 꼴로 처형되었더라는 것이다.

총독 빌라도 앞에서 군중들은 "저를 죽이시오…… 저를 십자가에 못 박아 죽이시오!" 하고 아우성쳤다. 빌라도는 "이 옳은 사람의 피를 흘림이 내 죄는 아니니 너희가 당하라" 하고 민란을 두려워해서 내어주어 십자가에 못 박게 했다. 형틀 십자가를 짊어지고 골고다로 올라가 한 벌 옷마저 벗김을 받고 외로운 몸으로 죽어갔다.

그의 제자는 모두 갈릴레아 바닷가에서 고기잡이 하던 가난한 어부들이었다. 권력도 재물도 아무것도 없는 한낱 어부들이었다. 예수가 십자가에 못 박힐 때 제자들은 흩어져 숨어버렸다.

"너희는 나를 뉘라 하느냐?" 시몬 베드로 대답하여 가라대, "주는 그리스도시요 살아계신 천주님의 아들이시니이다." 예수 대답하여 가라사대 "시몬 바요나야! 네가 복이 있도다. 육신이 이것을 네게 알게 한 것이 아니요 하늘에 계신 내 아버지께서 알게 하심이라. 나도 네게 이르노니 너는 베드로(돌반석)라. 내가 이 반석 위에 내 교회를 세우리니 음부의 권세가 이기지 못하리라. 내가 천국 열쇠를 네게 주리니 네가 땅에서 무엇이든지 매면 하늘에서도 매일 것이요 네가 땅에서 무엇이든지 풀면 하늘에서도 풀리리라."(마태오 16)

이렇듯 예수를 믿고 예수의 신임이 두터웠던 베드로도 예수가 처형될 때에는 그 자리를 피했다.

처형 받을 것을 예언하고 "다시 살아난 후에 너희보다 먼저 갈릴레아로 가리라"고 예언한 후였다.

"네게 이르노니 오늘밤 닭 울기 전에 네가 세 번 나를 모른다 하리라" 하신대 베드로 가라대, "내가 주와 함께 죽을지언정 모른다 하지 않겠삽나이다" 하고 모든 제자들도 이와같이 말하더라!(마태오 26)

그러나 "예수를 잡아 끌고 제사장의 집으로 갈새 베드로가 멀리 따라가더니 사람들이 마당 가운데 불을 피우고 같이 앉았거늘 베드로도 그 가운데 앉았더니 한 계집종이 베드로가 불을 향하여 앉은 것을 보고 주목하여 가라대 이 사람이 그와 한 가지로 다닌 사람이라 하니 베드로가 아니라 하여 가라대 이 여인아! 내가 저를 알지 못하노라 하더니 또 조금 있다가 다른 사람이 보고 가라대 너도 그 당이라 하거늘 베드로가 가라대 이 사람아! 나는 아니로다 하더니 한 시쯤 있다가 다시 한 사람이 있어 정녕히 말하여 가라대 이 사람이 참으로 그와 한 가지로 다닌 사람이니 대개 갈릴레아 사람이라 한대 베드로가 가라대 이 사람아…… 너 하는 말을 내가 알지 못하노니 하더니 말할 때에 닭이 곧 우는지라 주께서 돌이켜 베드로를 보시니 베드로가 드디어 주의 말씀에 '오늘밤 닭 울기 전에 네가 세 번 나를 모른다 하리라' 하심을 기억하고 곧 밖에 나가서 심히 통곡하더라."(루가 22)

이렇듯 예수는 외로이 죽어갔다.

생시에 기적을 많이 행하며,
"나를 믿으라."
"내가 곧 생명의 양식이니 내게 오는 사람은 배고프지 아니할 터이요 나를 믿는 사람은 영원히 목마르지 아니 하리라 내가 하늘로서 내려온 것은 내 뜻을 행하려는 것이 아니요 나를 보내신 이의 뜻을 행하려 함이니 내게 주신 자는 내가 하나도 잃어버리지 아니하고 마지막 날에 다시 살릴 터이니 이것이 나를 보내신 이의 뜻이라."(요한 6)
"너희는 마음에 근심하지 말라. 천주를 믿으니 또 나를 믿으라.""내가 곧 길이요 진리요 생명이니 나로 말미암지 아니하면 천주께로 올 사람이 없으리라."(요한 14)
"나와 아버지는 일체니라."(요한 10)
"천주께서 내 안에 계시고 내가 천주 안에 있는 것같이"(요한 17)
"너희가 무엇을 구하든지 내 이름으로 그것을 주시리라."(요한 16)했고,
빌라도가 물어 가라대 "네가 유대인의 왕이냐?" 대답하여 가라사대 "네 말이 옳도다"(루가 23)
대제사장이 다시 물어 가라대 "네가 찬송 받을 자의 아들 그리스도냐?" 하니 예수 이르시되 "내로다. 인자가 권능 있는 자의 우편에 앉음과 하늘 구름을 타고 옴을 너희가 보리라."(마르코 14)

사람의 아들로서 하느님의 우편에 앉을 것과 하늘 구름을 타고 다시 내려올 것을 예언한 것이었다.

예언이라는 것을 많은 사람들이 한 것을 알고 있다. 우리나라의 『정감록』이라는 것은 풍수설(風水說)로 따진 것으로서 내용이 모두 예언이다. 웬만한 학문 있는 사람이면 앞날을 내다보는 안목과 견식이 있는 모양으로, 제 죽을 날을 미리 알아채서 마련하게 한 사람은 많았고 큰 난리를 예언한 사람도 많다. 이율곡(李栗谷)이 임진강 기슭에 관솔로만 화석정(花石亭)을 지으면서 "이다음 급한 때 쓸 일이 있으리라" 한 것도 십 년 후에 일어날 임진왜란을 미리 알고 한 일이었고, 나의 십대조 할아버지도 병자호란을 십 년 앞서 예언했다는 기록이 있었다.

기적도 그렇다.

우리들이 대구에 피란해 있을 때 우리들의 셋방 건너편에는 예배당이 있었는데 어떤 굉장한 목사가 와서 대부흥회를 한다고 사람들이 밤새도록 득실대며 통곡까지 하는 것을 본 일이 있었다.

앉은뱅이를 서게 하고 곰배팔이를 펴주고 십 년 묵은 해소 병이나 죽어가는 폐병 환자도 당장에 고쳐주는 기적을 행한다는 것이었다.

나는 어렸을 때에도 고향에서 그런 이야기를 들은 일이 있었고, 그런 사람이 다녀간 다음에는 욕지거리만 장안에 퍼지는 일을 겪었던 터라, '또야!' 저절로 눈살이 찌푸려졌던 것이다. 과연 대부흥회가 끝나고 예배당이 조용해지자 욕지거리가 퍼져 나오는 것이었지만, 그러나 한두 사람은 고친 일이 있었기에 그런 목사가 지방으로 돌아다니며 많은 사람을 모을 수 있었을 것이 아니겠는가. 우리나라 역사에 빛나는 사명당(泗溟堂)이나 서산대사(西山大師)라는 중들도 많은 기적을 보였다고 했고, 『삼국지』의 제갈공명도 기적을 보였다고 했으니, 예수가 병을 고치고 바다 위를 걸어 건넜다는 것도 있을 법한 일이라고 예사로 생각했다. 도대체 몇 번이나 기적을 행했나 따져보기로 하고 여러 복음을 뒤져보았다. 엄청난 일이었다.

"'너희가 먹을 것을 주어라' 하시니 여짜오대 '우리가 가서 떡 이백 량어치를 사다 먹이리이까?' 이르시되 '너희게 몇 덩이가 있느냐? 가 보라!' 하시니 알아보고 가라대 '떡 다섯 덩이와 물고기 두 마리가 있더이다' 하거늘 제자를 명하사 '그 사람들을 떼지어 푸른 풀에 앉히라' 하시니 떼로 앉을새 예수께서 떡 다섯 덩이와 물고기 두 마리를 가지사 하늘을 우러러 축사하시고 떡을 떼어 제자를 주어 여러 사람 앞에 베풀게 하시고 또 물고기 두 마리도 모든 사람에게 나누어 주시매 먹고 배부른지라. 나머지 부스러기와 물고기를 주우니 열두 광주리에 가득하고 떡을 먹은 사나이가 오천 명이더라."(마르코 6)

"갈릴리 바다 가까이 이르러 산에 올라가 거기 앉으시니 허다한 무리가 예수께 나올새 앉은뱅이와 소경과 벙어리와 상한 자와 또 다른 병든 자 여럿을 데리고 와서 예수의 발 앞에 두매 고쳐주시니 벙어리가 말하고 상한 자가 낫고 앉은뱅이가 걸으며 소경이 보는 것을 무리가 보고 기이히 여기어 영화를 이스라엘의 하느님께 돌려보내더라. 예수 제자를 불러 가라사대 '무리가 나와 함께 있은 지 사흘에 먹을 것이 없으니 내가 민망하도다. 길에서 곤비할까 하여 굶겨 보내지 못하겠노라.' 제자들이 가라대 '들에 있으니 우리가 어디서 이런 무리의 배부를 만큼 떡을 얻으리이까?' 예수 가라사대 '너희에게 떡이 몇 덩이 있느냐?' 가라대 '일곱 덩이와 작은 생선 두어 마리가 있나이다.' 예수께서 무리를 명하사 땅에 앉히시고 떡 일곱 덩이와 그 생선을 가지사 사례하시고 떼어 제자에게 주시니 제자들이 무리에게 주매 다 배불리 먹고 남은 부스러기를 주운 것이 일곱 바구니에 차고 먹은 자가 여인과 아이 외에 사천 사람이더라."(마태오 15)

맨 처음의 기적인 가나의 혼사집에서 술이 떨어졌을 때 물동이 여섯에 물을 가득 붓게 하고 그것을 포도주가 되게 한 기적과 더불어 놀라운 일이 아닐 수 없었다. 허튼 수작이나 잠깐 동안 한두 사람을 최면술에 걸어서 감쪽같이 속여 넘긴 따위의 이야기가 아니라 이건 한 번에 오천 명, 또 사천 명에게 배부르도록 먹였다는 이야기이며, 그것이 만일 사실이 아니었다면 그런 기록이 내내 전해 내려올 수 없었을 것이 아니겠는가 생각되었기 때문이다. 그것이 또한 사람의 기록이 아니라 여러 사람이 같은 사실을 증거 삼아 기록해놓았음에랴.

이런 생각이 떠오르자 내가 여태까지 읽어온 『신약전서』라는 책에 대한 태도가 다시 한 번 생각되는 것이었다.

나는 성서를 그저 좋은 말씀, 보배로운 말씀, 배울 가치 있는 말마디로만 생각해왔던 것이었다. 그러나 그것에 그치는 것이 아니었다. 하느님이 동정 성모 마리아의 몸을 통해서 세상에 강생하였다는 사실과, 그분이 곧 하느님의 외아들이자 또한 하느님 그분이었다는 사실을 증명하기 위해서 그분은 많은 기적을 행해 보이시었고, 그 사실을 보고 들은 사람들이 직접 기록해놓은 것이라는 점을 까맣게 깨닫지 못하고 있었던 것이었다.

　주워듣고 주워 읽은 탓이었으리라. 어렸을 때에 예배당에 가면 대개 한두 구절을 읽어주었고, 그 구절은 그 구절대로 두고 전도하는 사람은 열변을 토했던 것이다. 구절을 풀이하는 일도 없지 않았지만 대개는 그 구절과 관계없는 연설이기가 일쑤였다. 같은 구절을 읽어주고, 전도할 때에도 사람 따라 전혀 다른 말이 되기도 했다.

　"구하라"(마태오 7)라는 제목은 많이 쓰였다. '일제하에서 죽어지낼 것이 아니라 구하여야 한다, 독립운동을 해야 한다'는 뜻으로 열렬한 웅변을 토했고, 청중은 흥분했던 것이니, 내용은 각기 달랐고 우리가 구하면 하느님도 감동해서 응해주신다는 뜻이었을 뿐이다. 이것이 곧 하느님이 세상에 내려오셔서 우리들에게 직접 가르치시고 약속하신 말씀이라는 것은 알지 못하고 지냈던 것이다. 무식했고 아둔했던 스스로를 부끄럽게 생각하지 않을 수 없었다.

　그런 생각으로 보니 기적이 몇 번이나 있었나 따져보고 세어보려고 했던 태도마저 무엄하기 짝이 없었다. 기적의 성질이 전혀 다른 것이기 때문이었다.

　사람들이 행한 기적이란 것은 매양 하늘에 제사를 지내며 빌어 이루어진 일이 아니면 잠깐 동안의 속임수로 저편을 놀라게 하고 내 편을 이롭게 하기 위해서 한 일이었지만, 예수의 기적이란 것은 무엇이든지 어떤 곳에서든지 스스로 행했고, 그것이 또 이미 『구약성서』에 기록되어 있는 그대로였던 것이다. 곧 하느님의 영광과 인간 전체의 행복을 위해서만 행해졌던 것이다.

　맨 처음의 기적. 물독의 물을 포도주 되게 한 일도,

"돌항아리 여섯이 놓였으니 매 항아리에 두세 통을 담겠는지라 예수 저희더러 이르시대 '항아리에 물을 부어 채우라' 하신대 항아리 아구까지 채우니 또 가라사대 '떠서 잔치 맡은 사람[宴會主任]을 주라' 하신대 곧 떠다 주었더니 잔치 맡은 사람이 맛 보매 물이 포도주가 되었으나 어디서 난지 알지 못하되 물 떠온 하인들은 알더라."(요한 2) 하였고,

"두 소경이 따라오며 소리 질러 가라대 '다윗의 자손이어! 우리를 불쌍히 여기소서' 하더니 예수께서 집에 들어가시매 소경들이 나오거늘 예수 이르시되 '내가 능히 이 일 할 줄을 믿느냐?' 대답하되 '주여! 그러하오이다' 하니 예수께서 저희 눈을 만지시며 가라사대 '너희 믿는 대로 되라!' 하신대 그 눈들이 밝은지라."(마태오 9)

이런 사설을 『아라비안나이트』라도 읽는 것처럼 예사로 읽어 넘겼던 일이 뉘우쳐지는 것이었다.

기적이란 것은 거기에 그치지 않았다. 생각하면 예수가 생시에 행해 보인 몇 가지의 기적보다는 그가 십자가에 못 박힌 후에 세상이 송두리째 뒤바뀐 사실이 더 큰 기적이라고 생각하지 않을 수 없었다.

한낱 말구유에서 탄생한 유대인 목수의 교설로 그것이 이교인들의 미움의 대상이 되어 강도 둘과 함께 십자가에 못 박혀 죽었다는 것뿐이라면 생전의 모든 기적은 『아라비안나이트』와 가릴 바 거의 없을는지 모르지만, 그가 못 박혀 죽은 후에 오히려 온 세상이 그

의 가르침을 받들게 되었다는 사실이다.

그를 "모른다" "그의 무리가 아니라"고 세 번이나 물리쳤던 시몬 베드로는 어째서 예수의 예언대로 교회를 반석과 같이 세우게 되었으며, 뿔뿔이 숨었던 제자들도 다시 십자가 못 박힐 각오를 하면서 전교를 시작했던 것인가. 그를 "죽이시오! 십자가에 못 박아 죽이시오!" 아우성을 쳤던 유대인, 그리고 로마인들이 예수 그리스도를 믿게 되었으며, 또 제자들은 그들 앞에서 어떻게 그렇게 대담하게 "그리스도는 하느님이시다"라고 전교할 수 있었을까.

그야말로 예수 생시에 거듭 예언했던 "죽임을 당하고 사흘 만에 다시 살리라"(마르코 8)

"죽었다가 제3일에 살아날 것을 제자에게 가르치시니"(마태오 16)

"그러하나 진리의 성신이 이르면 모든 진리 가운데로 너희를 인도하리니"(요한 16)

"조금 있다가 너희가 나를 보지 못하고 또 조금 있다가 다시 나를 보리라 하신대"(요한 16)

부활하여 승천할 것을 예언했고 승천한 후 성신을 보낼 것을 예언했으니 그 예언이 실지로 실현되지 않았다면 그를 하느님이라고 믿을 사람은 아무도 없었을 것이요, 믿었다면 그야말로 세상에 없을 기적이 아닐 수 없으리라. 그 예언이 실지로 실현되었다는 것이다.

"들어가서 예수의 시체를 보지 못한지라. 마침 주저할 때에 문득 두 사람이 찬란한 옷을 입고 곁에 섰거늘 여인이 놀라 땅에 엎디니 두 사람이 일러 가라대 '어찌 산 자를 죽은 자 가운데서 찾느냐? 여기 계시지 아니 하시고 이미 살아나셨으니 갈릴리에 계실 때에 너희에게 이르신 말씀을 기억하라.'"(루가 24)

맨 먼저 막달라 마리아가 살아나신 그분을 뵈었고 많은 사람들이 보았다는 것이다.

"수난하신 후에 많은 증거로써 자기 부활하신 몸을 종도에게 보이시고 사십 일 동안에 저들에게 발현하사 천주의 나라 사정을 강론하시고 또 한 가지로 잡수시며 저들에게 분부하사"(사도 1)

"이 말씀을 마치시고 종도들이 보는 데서 승천하시는지라. 올라가실 때에 제자가 자세히 하늘을 쳐다보니 두 사람이 흰 옷을 입고 곁에 서서"(사도 1)

"오십 일이 바야흐로 마칠 때에 모든 제자들이 일심하여 한곳에 모였더니 홀연히 하늘로 조차 소리 나, 마치 큰 바람이 밀려옴 같아 그 앉았던 온 집에 충만하고 불 같은 혀의 형상이 저들에게 나타나며 흩어져 각 사람 위에 좌정하매 모든 이가 성신을 충만히 받고"(사도 2)

곧 생시의 예언대로 다시 살아나서 여러 사람과 더불어 식사까지 하고 또 보는 데서 '하늘 구름을 타고' 승천하셨다는 사실을 여러 사람이 증언한 기록인 것이었다.

이즈음 대로마제국이 송두리째 그리스도교로 화한 사실을 짐작할 수 있을 것 같았다.

　예수가 처형 받을 당시의 십자가라는 것은 극악무도한 강도를 처형하는 형틀이었다는데, 그 형틀의 모양마저 이내 제왕의 표식이 되어 있는 것이다. 제왕의 왕관이라면 금이나 진주나 다이아몬드보다도 먼저 십자가가 눈에 띄게 치장되어 있고 하다못해 맥주나 와이셔츠 칼라의 상표로도 최고품 넘버원을 뜻하는 것으로 쓰여 있지 않은가.

　십자가에 못 박아 세워놓고 절명하기를 파수병들이 노름을 하면서 기다려 묻었는데, 그 묻었던 몸이 다시 살아나서 같이 식사를 하고 사람들이 보고 있는 데서 승천했다니 도저히 믿을 수 없는 일이지만, 이렇게 많은 증언이 있는 바에야 어떻게 또 의심할 수가 있을 것인가.

　도저히 있을 수 없는 일이란 그러나 인간의 재간으로 말이지 정말 만물의 창조주라면 무슨 일은 못할쏘냐. 그렇게도 생각되었다.

　오호라, 참으로 나는 너무도 아는 바 없이 살아왔구나. 오십 평생을 공부하며 글을 쓴답시고 써오면서 내가 빌며 살아온 그 대상이 이렇게 가까이 있는 것조차 모르고 있었단 말인가. 미련하고 어리석었던 스스로를 느끼지 않을 수 없었다. 그러나 정말이지 예수가 하느님이었던가?

　여러 날 만에 나는 최 신부를 찾아갔다. 송구한 마음이 앞섰다. 신부는 여전히 반가이 맞아주었으나 강좌를 계속하려고 하지는 않았다.

　신부는 옆에 놓여 있던 두툼한 책 두 권을 만지면서, "읽어보실까요?" 묻는 것이었다.

　일본 말로 된 『성인전(聖人傳)』이라는 책이었다. 1월 1일부터 12월 31일까지 날짜가 있고 그날그날에 성인의 이름이 있었다. 하루에도 몇 사람의 성인 이름이 있었다. 그날그날을 그들 성인의 축일(祝日)로 정해 있어 온 세계 성당에서 똑같이 축일첨례를 지낸다는 것이었다. 아는 이름이 많이 있었다. 우리나라에서 순교한 김대건 안드레아 신부는 아직 성인은 되지 못했으나 그와 더불어 많은 순교자를 위한 날짜도 있었고, 일본의 순교자를 위한 날짜도 있었다. 그런 사람들을 위한 축일을 세계 여러 나라 방방곡곡에서 똑같이 지낸다는 일은 놀랍고도 희한한 일인 것 같았다. 더 놀라운 일은 8월 15일을 '성모 몽소 승천 축일'이라 했고, 12월 8일이 '성모 무염 시태 축일'이라고 적혀 있는 일이었다.

　곧 우리가 해방된 날과 일본이 전쟁을 일으킨 날짜인 것이다.

　전혀 모르고 지낸 일이지만 세계에 5억이 넘는 천주교 신자들이 똑같은 날 똑같은 제사를 똑같은 마음으로 지내고 있었다는 사실은 놀라운 일이 아닐 수 없었다.

　『성인전』 두 권을 읽어보기로 했다.

　성인이란 것은 지식이 뛰어났다거나 덕행이 두드러졌다는 그런 것뿐이 아니었다.

　생시에 지식이나 덕행도 그러려니와 신앙이 깊어서 예수가 천주라는 것을 영웅적인 생활과 죽음으로 증명한 사람들이라는 것이었다. 생시에 이미 기적을 행한 사람도 있고, 죽은 후에 다른 사람들이 죽은 그의 이름으로 하느님께 빌어서 기적을 본 일이 한두 번 아닌 여러 번 있는 사람을 받들어 정한 것이라고 했다. 많은 의학자 과학자가 그 기적을 두고두고 심사해서 인정해야만 되는 것이니, 대개는 죽은 후 사오십 년이 지난 다음에 비로소 성인이란 칭호를 드리게 된 것이라고 했다. 몇 나라의 황제도 있었고 황후도 여왕도 왕자도 공주도 있었다. 어린 소녀도 있었다. 식모살이만 하고 죽어간 아낙도 성인이 되어 있었고, 유명한 철학자 과학자 의사 장군 장사치 농사꾼도 있었다.

잠깐 훑어보아도 천여 명이 넘었다.

예수 승천하시기 전에 마지막 하신 말씀, "믿는 자들은 이러한 이적을 가는 대로 행하리니 곧 내 이름을 인하여 마귀를 쫓아내며 새 말을 말하며 뱀을 집어내며 무슨 독약을 마셔도 해를 받지 아니할 것이요, 병자를 손으로 덮으매 나으리라."(마르코 16) 이것을 증명한 사람이었다.

그러니 순교한 사람 모두가 성인인 것도 아니었다. 순교자라면 우리나라에만도 만여 명이나 된다지만 아직 성인 칭호를 받은 사람은 없는 것이었다. 그들도 한결같이 예수를 하느님이라고 믿음으로써 목숨을 바쳐 아끼지 않았을 뿐만 아니라 오히려 자랑스럽게 죽어간 것이었다. 다른 나라 사람들까지 생각한다면 순교한 사람은 십만으로 세어야 할까 백만으로 세어야 할까. 책으로 영화로 어마어마한 장면을 많이 보았던 것이니 그렇게 많은 사람들을 한낱 최면술에 걸린 사람이라고 넘겨버릴 수는 없는 일이요, 더욱이 어리석은 사람들이라고 볼 용기는 나지 않는 것이었다.

4월 7일은 헤르만 요셉이란 사람의 축일이라고 했다. 독일 퀼른의 가난한 집에 태어난 어린이다. 가까운 곳에 있는 성당에 들어가서 성모상 앞에 꿇어앉아 빌기를 좋아했다. 어느 날은 새빨간 능금 한 개가 생겼다. 빛깔이 너무도 아름다워서 먹어버리기 아까웠다. 곧 성당으로 달려가서 마리아께 바치려고 했다. 그러나 키 돋움을 해도 마리아의 손에 닿지를 않았다. 어린이는 기를 쓰고 그 손에 쥐여주려고 했다. 그러자 마리아 상의 손이 쓰윽 내려와서 능금을 받아 들고 다시 아기 예수의 손에 쥐여주었다.

겨울, 아주 추운 날에도 어린이는 구두가 없었다. 구두를 신지 못하고 맨발로 성당에 들어가서 성모상 앞에 꿇어앉았다. "왜 신을 안 신어?" 소리가 들렸다. "아버지가 가난해서 구두를 사지 못해요." 어린이는 대답했다. 그러자 "그 밑을 보아!" 어머니처럼 인자한 말이었다. 어린이가 꿇어앉은 자리 밑에는 돌이 있었고, 그 돌 밑을 보니 꼭 구두 한 켤레를 살 수 있는 돈이 있었다.

4월 3일은 흑인 베네딕토의 축일이라고 했다. 부모 모두 노예였다. 자유의 몸이 되어 1578년에 팔레르모 수도원의 수사가 되었다. 규율을 엄하게 지켰다. 맡은 소임은 숙수였다. 많은 수도사들의 식사를 담당한 것이었다. 신공에 열중해서 식사 시간을 잊었다. 당황해서 부엌으로 뛰어가니 식사 준비가 모두 되어 있었다. 한번은 마땅한 찬거리가 없어서 난처한 일이 있었다. 베네딕토는 그저 천주께 빌 뿐이었다. 문득 물통에 소리 있어 가보니 난데없는 물고기가 물통에 넘칠 지경으로 가득 담겨 있었다.

2월 6일은 성녀 도로테아의 축일이라고 했다. 귀한 집의 딸이었다. 총독의 청혼을 받았으나 총독은 이교인이라 거절했다. 총독은 도로테아의 마음을 돌리게 하려고 타락한 두 여자를 보내어 도로테아를 꾀이게 했으나 성공하지 못하고, 오히려 타락한 두 여자가 도로테아에게 감동하여 회개하고 입교하게 되었다. 총독은 노해서 도로테아를 감옥에 넣었다. 달래도 듣지 않으니 죽여버리고 싶었다. 온갖 형벌을 썼다. 횃불로 옆구리를 지지기도 했다. 변호인이 있었다. 테오필루스라는 젊은 변호인은 도로테아가 참고 견디는 것을 보매 감동했다. "어떻게 그렇게 견딜 수가 있을까?" 도로테아는 대답했다. "하늘나라의 예수 그리스도께서 그런 힘을 주시니까요." 젊은 변호인도 총독과 같은 이교인이었다. "예수 그리스도가 있다는 하늘나라란 어떤 곳이냐? 정말 그런 곳이 있다면 당신이 그곳에 있는 장미꽃이라도 한 송이 보내주구려!" 젊은 이교인 변호사는 비웃으며 말했다. 도로테아는 "꼭 보내드리겠어요!" 하며 절명했다. 타락했던 두 여자도 순교했다. 다음 날 아침 젊은 변호인의 집에는 낯모르는 한 청년이 찾아왔다. 추운 겨울이었지만 싱싱한 장미꽃과 싱싱한 과실 상자를 주며 "도로테아께서 보내시는 것입니다." 그리고 사라졌다. 온실이라는 것이 없을 때의 일이다. 젊은 이교인 테오필루스도 감격해서 천주교 신자가 되었다.

  3월 3일은 쿠네군다 황후(皇后)의 축일이라고 했다. 수녀가 되고 싶었으나 결혼했기 때문에 하인리히 황제와 함께 동정을 지켰다. 여러 해가 지나니 황제는 황후의 순결을 의심하게 되었다. 낫 열두 개를 빨갛게 달구어놓고 "정말 네가 예수 그리스도께 바친 몸이라면 맨발로 열두 개를 밟고 건너가라"고 했다. 황후는 태연히 그것을 밟으며 건넜고, 아무렇지도 않았다. 황제가 돌아간 후에 황후는 수도

원으로 들어갔다.

1월 7일은 라이몬드 축일이라고 했다. 스페인 국왕의 인척이었다. 바르셀로나 대학 강사. 이탈리아에 유학해서 법학 박사, 대학 교수. 그러나 돌아와서 사제(司祭)가 되었다. 국왕 야코보의 고해를 받을 때에 "여자관계를 끊으시오!" 말했기 때문에 국왕이 대로해서 마요르카라는 섬으로 귀양을 보냈다. 섬사람에게 절대로 배를 빌려주어서는 안 된다고 엄명했다. 그러나 라이몬드가 바닷가에 나서서 빈 다음 망토를 물 위에 펴고 그 위에 서니 망토는 배보다도 빠르게 바다 위를 달려서 무사히 바르셀로나에 도착했다.

6월 15일은 성 비토, 성 모데스토, 성녀 크레센시아의 축일이라고 했다. 비토라는 소년은 유모 내외가 천주교 신자였기 때문에 천주교를 믿게 되었는데 아버지 히라스는 믿지 않는 사람이었다.

아버지는 비토를 꾸짖었다. 비토는 천주님을 어찌 안 믿겠느냐고 끝내 아버지의 말을 듣지 않았다. 아버지는 화를 내어 "아버지의 말을 듣지 않는 자식은 내 자식도 아니요 내가 네 아버지도 아니다" 하며 관청에 일러바쳤다. 천주교인을 잡아 죽이는 때였다. 아버지는 그저 혼을 좀 내서 마음을 돌리게 해달라고 부탁한 것이었다.

어린 비토는 끌려갔다. 그렇지만 천주교를 버리지는 못하겠다고 대답했다. 일단 풀려 나온 비토는 이대로 집에 있을 수는 없다고 생각했다. 유모 크레센시아와 유모의 남편 모데스토와 셋이서 집을 나가기로 했다.

배를 타고 이탈리아의 남쪽 사레루노 바닷가에 내렸다.

그런데 거기서도 천주교인을 잡아 죽이는 것이었다. 붙들려 갔다.

천주교를 믿지 않겠다고 한마디만 말하면 놓아주겠다고 해도 어린 비토는, "나는 천주님을 믿습니다" 하고 대답했다. 재판관은 하는 수 없이, "끓는 물에 넣어서 죽여라!" 가마솥에 물을 끓이고 어린 비토를 던져 넣었다. 유모 내외도 넣었다.

그러나 쩔쩔 끓는 물속에서도 세 사람은 덥지도 않은 것같이 살아 있었다.

꺼내 보아도 덴 곳도 없다. 재판관은 화가 머리끝까지 치밀었다. 운동장으로 끌고 가서 사자의 밥이 되게 하라고 명령했다.

구경꾼이 모였다.

비토와 유모 내외를 넓은 운동장 한가운데 놓고 굶주린 사자를 몰아넣었다. 문이 열리자 굶주린 사자는 두리번거리더니 한가운데 있는 세 사람을 보고 쏜살같이 달려갔다.

구경꾼들은 숨을 죽이고 바라보고 있었다. 넓고 넓은 운동장에 꽉 차 있는 수많은 구경꾼은 기침 소리 하나 없었다.

그러나 그처럼 쏜살같이 달려간 굶주린 사자는 어쩐 일인지 덥석 덤벼들지는 않았다. 살대같이 뻗쳤던 갈기가 축 늘어지며 비슬비슬 발길을 멈추더니 어린 비토의 옆으로 가서 길든 고양이처럼 슬그머니 주저앉았다. 어린 비토의 몸에 그 숱한 머리털과 갈기를 비비며 아양조차 부리는 것 같았다.

어린 비토와 유모 내외는 그저 두 손을 모으고 하늘을 우러러 빌고 있었다. 천주님께로 가게 되는 것을 기뻐하며 사자에게 물어뜯기기를 눈을 감고 기다리고 있었다.

굶주린 사자가 세 사람 앞에 한 마리의 고양이처럼 순하게 앉아서 하품을 하고 있으니 재판관은 더할 수 없이 화가 치밀었다. 비토는 열다섯 살이었다.

7월 6일은 성녀 마리아 고레티의 축일.

고레티는 이탈리아 로마의 남쪽 조그만 농촌에서 부지런하지만 지극히 가난한 농부의 맏딸로 태어났다. 아버지는 고레티가 아홉 살 때에 돌아갔다. 어머니는 신앙심이 두터웠다. 고레티를 학교에 보내지는 못했으나 가르치는 범절이 인자하면서도 엄격했다. 고레티는 하느님을 공경하고 괴로움을 괴로움으로 생각지 않고 마음과 몸을 닦는 데 힘썼다.

농사일을 하러 어머니는 일찍부터 늦게까지 밖에 나가 있어야 했으니 집안일은 모두 고레티가 도맡아 보아야 했다.

머슴살이처럼 남의 집에 곁들어 살며 농사를 했으니 그 집에는 다른 식구가 있었다. 나이 많은 아버지와 열일곱 된 알렉산더라는 아들뿐인 식구가 새로 들어왔다. 한 집 안에 살고 있으니 고레티는 그들의 밥도 빨래도 해주어야 했다.

알렉산더는 고레티를 종같이 부렸다. 그뿐이 아니었다. 열일곱 된 알렉산더는 열두 살 된 고레티에게 가끔 짐승같이 덤벼들었다. 야욕을 채우려는 것이었다. 고레티는 무서워서 항상 피했다. 그러면 알렉산더는 "이런 말을 네 어머니한테 해보아라! 모두 죽여버릴 테다" 하고 협박했다.

고레티는 어머니께 말하지 못했다. 어머니와 어린 동생들까지 괴롭힐까 봐 였다. "어머니! 저를 집에 혼자 있게 하지 마세요!" 그런 말을 했을 뿐이었다. 어머니는 어린 고레티가 혼자 있기를 그저 싫어하는 줄만 알았다. 그러나 일은 벌어지고야 말았다.

밭에 나가서 일하던 알렉산더가 슬그머니 혼자 돌아왔다.

말을 듣지 않고 피해 다니는 고레티를 알렉산더는 낚아채어 억센 힘으로 쓰러뜨렸다. 고레티는 "안 돼! 안 돼 이런 짓하면 지옥 간다! 이건 죄다! 천주님이 금하신 일이다. 놓아라!"

비명을 질렀다.

알렉산더는 더욱 흥분했다. 미친 분노로 칼을 들어 고레티의 가슴과 배를 되는대로 내리 찔렀다. 열네 번이나 강철 칼로 내리 찔렀다.

병원에 입원시켰으나 스물여섯 시간을 괴로워하다가 절명했다.

임종 때에 고레티는, 불과 열두 살짜리 고레티는 "저는 그를 용서합니다. 그도 천당에 들어올 수 있도록 천주님께 빌겠습니다." 그런 말을 남겼다.

이 소녀의 죽음은 많은 사람의 아낌과 공경을 받았고 나잇살 먹은 딸 가진 어버이들이 그 딸의 정절을 위해서 빌 때에 또 젊은 여자들이 '거룩한 마리아 고레티'를 통해서 천주께 비는 사람이 많아졌고, 과연 하느님이 받아들여준 증거가 될 만한 기적이 많았고, 그래서 고레티가 세상을 떠난 지 사십팔 년이 지난 1950년에 로마 교황이 그를 성녀로 모시기로 했다는 것이었다.

열두 살짜리가 정절을 지켰다는 사실도 갸륵한 일이기는 하지만, 예수 그리스도의 가르침을 받들어 행하며 영광을 천주께 돌렸다는 것, 그가 생시에 믿었던 것과 같이 죽어서 하느님이신 예수 그리스도 앞에 있다는 것, 그래서 그의 이름으로 빌면 하느님의 은총을 받을 수 있었다는 많은 증거가 그로 하여금 성녀의 위치에 오르게 한 연유인 모양이었다.

우리나라 맨 처음의 신부인 김대건 안드레아' 신부를 비롯해서 일흔아홉 명의 순교자를 위한 축일은 9월 26일로 되어 있었다.

그중에는 열세 살짜리 소년 '유대철(劉大喆) 베드로'가 있고 '김효임(金孝任) 골룸바' '김효주(金孝珠) 아그네스'의 자매 동정 순교자도 있었다.

골룸바와 아그네스, 두 처녀를 고문할 때의 일이다. 여러 차례 천주교를 버릴 것을 종용했으나 끝내 듣지 않고 오히려 형리들에게 천주교를 믿는 일이 옳은 일임을 타이르게 되자 격분한 형리들은 두 처녀를 발가벗겨 남자들의 감방으로 몰아넣었다고 했다.

"너희들 마음대로 하라!"

남자 죄수들에게 말했으나 험한 십여 명 남자들이 감히 범하지 못했다는 이야기가 있다.

어린 비토처럼 굶주린 사자가 머리를 숙이고 덤벼들지 않은 순교자는 많았다. 바다 위를 맨발로 걸어간 성인도 많았다.

허황한 일이요 믿지 못할 일, 차마 그런 따위를 믿다니, 하는 비웃음을 받을 것 같지만 믿을 수 없다는 증거 또한 없는 것이었다. 과학시대라고 하지만 조물주가 하는 일은 사람으로서 감당 못하는 일이 하도 많다는 생각을 가지고 있기 때문이다.

내 고향에서 나는 인삼 하나를 두고 생각해도 '과학시대'가 콧방귀 같은 것이다.

인삼의 성분이 무엇이라는 것은 일본이나 미국에서도 이미 삼십여 년 전에 똑같은 발표가 있었지만, 그러면 왜 그만한 약 효험을 낼 수 있는 환약이나 가루약을 합성해내지 못하느냐 말이다. 삼십여 년이 지난 오늘까지도 사실은 알아내지를 못하는 것이요, 영구히 알아내지 못할는지도 모를 일인 것이다.

삼포 하는 집안에서 태어나 어릴 때부터 종삼(種蔘), 수삼(水蔘), 백삼(白蔘)을 군것질하듯이 먹은 사람이 팔순이 되어서 죽었는데, 맥은 끊어졌지만 몸의 열이 식지를 않았던 것이다. 의사는, 고명한 의사들이 드나들며 운명을 선언하면서도 고개를 갸웃거렸던 것이다. 몸이 식지 않는 까닭을 양의가 알아낼 도리가 없는 것이었다. 고향의 고로(古老)들만이 잘 아는 일인 것이었다.

"삼 기운이 식지를 않아서 그래요. 삼사 일 가겠지."

군것질하듯 먹어낸 인삼의 기운으로 체온이 식지 않기를 나흘 동안이나 계속했던 것이다.

과학이 발달되어 마침내 월세계를 정복하게 되었으니 인제는 하느님도 무색하리라고 말하는 사람이 있다. 그러나 나는 생각했다. 남병산에 칠성단(七星壇)을 마련하고 북두칠성에게 제사 지내어 동남풍을 빈 제갈공명이라면 감히 달을 건드릴 쏘냐고 기겁을 할는지 모르지만, 월세계 아니라 태양 세계라도 하느님 아래의 해요 달일 것이요 하느님 밖의 존재는 아닐 것이라고 생각했다.

『서유기』에 이런 대목이 있다.

손오공의 장난이 심해서 관음은 손오공을 석가에게 맡긴다. 석가를 보자 손오공은 "너는 또 무어냐?"고 방자하다. "근두운을 타면 당장에 십만 팔천 리를 달리는 재주가 있다"고 뽐낸다. 석가는 "어디 내 손바닥에서 빠져 나갈 수 있나 한번 해보아라!" 하고 말했다.

손오공은 손바닥 위에서 근두운을 일으킨다. 근두운을 타고 냅다 달린다. 구만 리쯤 가니 높은 산이 앞을 가로막는다. 오행산이다. 제일 높은 가운데 봉우리에 '손오공 다녀 간다'는 표적을 큼직하게 써 놓고, 다시 근두운을 타고 의기양양 돌아온다. 석가에게 여봐란 듯이 뽐낸다.

석가는 웃으며 "네가 구만 리를 갔다는 곳이 여기로구나!" 하며 손바닥을 옴츠려 보인다. 오행산이란 석가의 다섯 손가락 끝이요, 가운데 손가락 끝에 손오공이 쓴 표적 글씨가 조그맣게 있는 것이다. 손오공은 석가의 손바닥에서 가운데 손가락 끝까지를 구만 리로 생각했고, 결국 손아귀에서 뽐냈다는 이야기다.

인간의 조그만 재주를 고작 발휘해서 달이나 별에까지 여행할 수 있게 된다 한들 창조주인 하느님 앞에 무엇이 그리 대단한 일일 것이냐. 대견한 일이라고 '인제야 겨우 여기까지 알게 되었느냐'고 둔한 자식을 반기어 어루만지듯 받아들일는지도 모를 일이지만, 그 일이 신의 존재를 무시하고 그와 동등한 위치에서 맞서자는 일로 비롯한다면 소돔, 고모라 성과 같은 불세례를 받게 되는지도 모른다고 생각했다.

우리 인간은 피조물에 틀림이 없다. 그렇다면 많은 피조물 중의 작은 하나인 것이요, 그것을 인식한다면 조물주와 동등한 위치에서 맞서려는 경우에는 자식이 어머니와 맞서서 집안을 망치는 일보다 더하게 심한 조물주의 미움을 받게 될는지도 모른다.

푸시킨의 동화 「황금어와 늙은 어부 이야기」는 늙은 고기잡이의 마누라가 쓰러져가는 오막살이에서 깨어진 빨래통을 앞에 놓고 빨래하는 데서 시작이다. 늙은 고기잡이가 잡았다가 놓아준 황금빛 물고기의 덕택으로 새 빨래통이 생기고 새 집이 생기고 마누라는 부자가 되고 귀부인이 되고 나중에는 여왕까지 되어 대궐에 살게 되었지만, 마누라의 욕심은 오만해져서 여왕 자리마저 부족하여 "아예 이런 조화를 부릴 수 있는 지배자가 되게 하라"고 함에 이르러 지배자의 미움을 받아, 도로 오막살이 깨어진 빨래통의 임자가 되어버리는 것이었다. 조물주와 맞서려는 경우 모든 자연의 조화는 깨뜨러질 것이요, 그것은 곧 과학 만능을 내세우는 공산주의자와 가릴 바가 없을 것이라고 생각했다. 그러니 『성인전』에 있는 그들 성인들의 행적이나 기록을 의심할 용기는 나지 않는 것이었다. 그들의 전기는 고작 두세 장씩밖에 기록되어 있지 않았으나 더 자세한 전기를 읽자면 내 평생을 두고 읽어도 못다 읽어낼 것 같았다.

　내가 여태까지 배웠다는 것, 안다는 것 하나도 그 앞에는 소용이 없는 것 같았다. 따져볼 재간도 재료도 트집 잡아 볼 아무것도 없는 것 같았다. 한결같이 골고다에서 십자가에 못 박혀 죽은 예수, 그분이 그리스도요 하느님이요 성신과 한 분이라는 증거를 밝혀놓은 것들이었다.

　내 평생을 두고 빌어온 그분이 바로 이분이었다는 것을 이렇게 많은 사람들이 증명하고 있는 것만 같았다. 더 무엇을 바라랴, 더 무엇을 망설이랴. 2천 년 전부터 이 일을 증명하는 행동과 학문이 이토록 많이 있어 내려왔는데 오십 년이나 공부를 한다며 살아온 인생이 어찌 이럴 수가 있었으랴 싶었다.

해 질 무렵마다 눈물을 흘리며 빌어 이어 받은 생명이라고 생각하지 않았던가. 그러면서도 그가 누군지를 모르고 오지 않았던가.

부처는 '내게 구하라'는 말은 하지 않았다. 구중궁궐 안에 태어난 몸으로 인간의 네 가지 고생을 구경하매, 느낀 바 있어 산중으로 피하여 묵상을 거듭하여 깨달아 돌아와 "모두가 인연이다. 인연으로 인간계에 나왔으니 이왕이면 착하게 살라. 옳게 깨달으라. 정각을 얻으라. 곧 불타. 부처가 되느니라"고 했다.

나는 내가 옳게 깨닫는 수는 있다고 생각했었다. 그건 한두 번이 아니었다.

스물네 살, 폐병을 앓았을 때에 내가 부처를 믿는 마음이 있었더라면 '생자필멸, 회자정리', 나면 반드시 멸하는 것이오, 만나면 헤어지는 것이니, '이것도 인연이다' 하고 모든 것을 체념하고 염불을 외우며 죽는 날을 그저 기다렸을 것이다. 그러나 나는 빌었다. 사뭇 빌기만 했었다.

빈다는 일은 옳게 깨닫는 일은 아니었다. 번뇌를 끊고 무념무상, 무아의 경지에 들어간다는 선(禪)이라는 것도 아니었다. 오히려 '자기 발견'이라고 할 수 있었다.

외로움이 절정에 달해, 한정 없는 외로움과 슬픔 가운데에 있을 때 저쪽 높은 곳 그 안에서 나를 찾으려 했고, 그 섭리 그 은총 안에 있는 나를 발견하려고 했고, 그에 빌었다고 할 수 있었던 것이다.

그것은 독백은 아니었다. 기막힌 울부짖음이었고 애원이었다. 대화였다. 저쪽 없는 대화가 있을 수 없는 것이다.

나의 애원 나의 울부짖음을 받아들여주었던, 또 주고 있는 분이 바로 이분에 틀림없고, 다른 아무도 아니라는 것을 믿지 않을 수 없었다.

다른 소위 신이라는 것은 따지자면 성현이나 명장을 후세 사람들이 받들어 신격화한 것에 지나지 않는 것이요, 말하자면 허수아비다. 객관적으로는 절대로 존재하지 않는 것임을 알게 되었기 때문이다.

문득 노자라는 사람도 예수 강생 이후에 태어났다면 '천지도(天之道)'라는 추상적 언사를 쓰지 않고 '예수 그리스도'라든지 '천주'라고 바꿔놓았을는지도 모를 일이라고 생각했다. 그가 '천지도'라고 쓴 그것이 바로 그를 예견하고 쓴 것 같기도 했다.

노자를 찾아서 다시 한 번 훑어보았다.

'천지도'뿐 아니라 '도(道)'라는 글자를 '천주'라고 바꿔 생각하고 읽어보아도 근사한 대목이 많았다.

내가 오랜 세월 빌고 호소하고 속삭였던 그분이 이렇게 가까이 실재하고 있는 것을 모르고, 그 밖으로만 뱅뱅 돌았다는 일이 부끄럽기도 하고 두렵기도 했다.

두려움을 느끼게 되자 또 자기변명이 떠오르는 것이었다.

'몰랐으니까 어쩔 수 없지 않느냐 말야! 그래도 내가 빌면 들어주었고, 또 이대로 교회에 나가지 않더라도 내가 깨끗이 살고 악을 범하지 않고 옳게 살면, 하느님이라면 미워할 리는 없지 않은가? 꼭 교회를 다녀야 하고 세례라는 것을 받아야 하고 고해라는 것을 해야 할 것이 있겠느냐 말야?'

'참! 예배당에 다니면 그것도 저것도 귀찮은 일이 없지 않은가?

예수님을 믿는 일은 같은데!'

이렇게 되면 반발하기 위한 반발이었다. 예배당에 실망하고 흥미를 잃은 지 오랬기 때문이었고, 막내딸이 겪은 일도 있었기 때문이었다. 그러나 다시 한 번 반발해보았다.

'교역자인 사람이 나쁘지, 교회에 다니는 일이 나쁠 것이야 있나?'

그러나 곧 『요리문답』 셋째 대목이 생각났다.

"천주교는 무엇이뇨?"

"천주 친히 세우신 참 종교니라."

그래서 또 『성경』을 뒤져 보았다.

"저희로 하여금 다 하나이 되게 하사 아버지께서 내 안에 계시고 내가 아버지 안에 있는 것같이 저희도 우리 안에 있게 하사 세상이 아버지께서 나를 보내신 것을 믿게 하옵소서. 아버지께서 주신 영화를 내가 저희에게 주어 하나이 되게 하기를 아버지와 나와 하나이 된 것 같게 하오니 내가 저희 안에 있고 아버지께서 내 안에 계셔 저희로 하여금 다 온전함을 이루어 하나이 되게 하야 세상이 아버지께서 나를 보내신 줄 알게 하옵고 또 아버지께서 저희 사랑하시기를 나를 사랑하신 것 같은 줄 알게 하옵소서."(요한 17)

"모든 겸손함과 온유함으로써 하고 참으로써 행하며 사랑하는 가운데서 서로 용서하고 화평으로 연합한 중에서 성신이 하나 되게 하신 것을 힘써 지키라. 몸도 하나이요 성신도 하나이니 이와 같이 너희가 부르심을 입은 부름의 소망도 하나니라. 주도 하나이요 믿음도 하나이요 세례도 하나이요 하나님도 하나이시니 곧 만유의 아버지시라. 만유 위에 계시고 만유를 통일하시고 만유 가운데 계시도다."(에페소 4)

"당 짓는 자를 한번 경책한 후에 곧 멀리하라. 대개 이러한 사람은 도를 배반하고 죄를 얻었으니 제가 저를 정죄하는 자니라."(디도 3)

당을 지어 열교할 사람 있을 것을 미리 알고 예언이나 한 것 같은 무서운 구절이었다.

시몬에게 베드로라는 이름을 주시며 "열쇠를 네게 주리니" "내 교회를 세우리니" 하신 말씀은 이미 기억한 바 있었으니, 천주교회만이 '친히 세우신 참 교회'라는 것을 알 수 있을 것 같았다.

『성인전』의 6월 22일 '요한 피셔' 순교자를 읽으매 더 잘 알 수 있는 것 같았다.

피셔는 영국 케임브리지 대학 출신으로 박사 학위를 가진 사제였다. 헨리 7세 왕의 고문이었다. 모두 천주교였다. 7세가 죽고 8세가 등극해서도 피셔 주교를 존경했다. 때에 루터가 종교개혁을 칭하여 천주교회의 교리와 성사를 폐기함에 이르러 헨리 8세 왕은 감연히 호교(護敎)의 붓을 들었다. 『일곱 성사』라는 책을 썼다. 그만큼 천주교를 위해서 루터와 싸운 헨리 8세 왕이 천주교를 배반하게 되었다. 궁녀 안나 보레인과의 사랑 때문이었다. 황후 카타리나와의 결혼을 취소해달라고 피셔 주교와 토마스 무어 재상에게 명령했다. 이혼이란 천주교에서는 인정하지 않는 것이다. 주교도 재상도 왕명에 응할 수가 없었다. 왕명보다는 천주를 배반할 수 없고 천주교회의 규율을 범할 수가 없기 때문이었다.

왕은 두 사람을 런던 탑 감옥에 넣었다. 왕명을 거부할 수 있는 교회의 규율을 거부했다. 왕이 교회의 지상권을 쥐기로 했다.

피셔 주교와 토마스 무어 재상을 1535년 6월 22일에 사형에 처했다. 곧 영국 성공회의 발상이라고 했다.

그리고 끝에 이런 말이 있었다.

"세월은 흘러 바야흐로 영국에는 천주교회로 돌아오는 귀정 운동이 성하다. 세상에는 아직도 천주 친히 세우신 천주교회와 일치하지 않는 이단자가 많다……"

한탄하는 말을 짐작할 수 있을 것 같았다.

일요일 나는 명동 대성당을 구경 갔다. 주일에 미사 참례를 하지 않으면 대죄가 된다고 하기에 그런 짓을 감행해 나갈 수 있을까 싶어서였다.

어둑어둑해질 무렵이었다.

아는 사람을 만나면 창피할 것 같아서 눈치를 보아가며 살그머니 들어섰다. 가파른 언덕길을 올라갔다.

대성당 안은 제대의 촛불만이 눈에 뜨이고 아무도 없는 것 같았으나 앉을 자리가 만만치 않을 만큼 사람이 그득히 앉아 있었다. 기침 소리 하나 없는 고요였다.

그윽하고 엄숙한 광경이었다.

파이프오르간이 울리며 합창 소리가 들리자 모두 일어서는 것이었다. 제대에 사제가 두 어린 복사를 앞세우고 나타난 것이었다.

조용한 의식이었다. 테이블을 두드리며 호령호령하는 웅변도 열변도 아니었다. 오직 하느님께 제사를 드리는 것이었다. 눈에 아름답고 귀에 즐겁고 마음 흐뭇하여 저절로 고개 수그러지고 무릎 꿇는 것이 조금도 어색하지 않았다.

입 속으로 새어 나오는 말은 책에서 익힌 '성호경'과 '천주경'이었다.

"성부와 성자와 성령의 이름으로. 아멘."

"하늘에 계신 우리 아버지, 아버지의 이름이 거룩히 빛나시며 아버지의 나라가 오시며, 아버지의 뜻이 하늘에서와 같이 땅에서도 이루어지소서! 오늘 저희에게 일용할 양식을 주시고, 저희에게 잘못한 이를 저희가 용서하오니 저희 죄를 용서하시고 저희를 유혹에 빠지지 않게 하시고, 악에서 구하소서. 아멘."

떠듬떠듬 더듬으며 새겨보니 모두 마음에 드는 아름다운 말귀였다. 또 '성모경'을 더듬어 보았다.

"은총이 가득하신 마리아님, 기뻐하소서! 주님께서 함께 계시니 여인 중에 복되시며 태중의 아들 예수님 또한 복되시나이다! 천주의 성모 마리아님, 이제와 저희 죽을 때에 저희 죄인을 위하여 빌어주소서. 아멘."

'당신이 정말 나를 오늘 있게 해주신 하느님이십니까? 감사합니다. 이렇게 늦게야 알게 되어서 죄송합니다. 죄송합니다……'

그런 생각이 떠오르자 눈시울이 뜨거워지는 것이었다.

방울 소리가 나자 꿇어앉았던 사람들은 일제히 고개를 들고 제대를 바라보았다.

사제가 희고 동그란 영성체 한 장을 높이 올려 보이고 있었다. 떡이다. 그러나 실상은 '이는 내 몸이니라' 하신 성체였다. 한번 바라보고 또 고개를 깊숙이 숙였다. 또 방울이 울렸다. 이번에는 포도주 잔을 높이 올려 보였다. 성작이다. '이는 내 피니라' 하신 예수님의 피의 상징이었다. 고개 들어 바라보던 사람들은 다시 깊숙이 고개 숙이는 것이었다.

사제와 한마음이 되어서 제물을 올리는 것이었다. 곧 일체가 되는 것이었다. 말하자면 사제 신부는 모인 사람들의 대표로 제주 노릇을 하는 것 같았다.

앉았던 사람들이 여기저기서 일어서서 제대 앞으로 걸어갔다. 발소리도 조심스러웠다.

제대 앞 성체 난간에 꿇어앉은 사람들에게 사제 신부는 일일이 강복하면서 영성체 하나씩을 입에 넣어주었다.

성체를 영하는 것이다. 곧 음복이다.

도로 나올 때는 두 손을 모아 합장하고 고개 숙이며 조용히 걸어 나오는 것이었다. 몸에 성체를 모시었다는 생각에서였다.

모두가 경건하고 엄숙한 가운데 진행되었다. 어디 한군데 소란한 일이 없었고 빈틈이 없었다.

이내 미사는 끝나고 교인들은 조용히 일어서서 다시 한편 무릎을 꿇어 절하고 밖으로 나가는 것이었다.

시간 가는 줄 모르고 지낸 사십여 분이었다. 거룩하고 아름다운 행사였다. 이것이 하느님께 제사 드리는 형식으로 2천 년을 내려오며 행해지고 있는 것이라 생각하매 천9백여 년 전에 어쩌면 이렇게 세련된 제사 범절을 마련할 수 있었을까 싶었다.

생각하면 제사 없는 민족은 없는 것이다.

중국에서 왕이 제사 지낼 때는 황소 온 놈을 껍질을 벗겨서 제단에 올려놓는다고 들었다.

우리나라 왕이 조상들의 제사를 종묘에서 지낼 때면 소 열두 마리, 돼지 스물일곱 마리를 잡는다고 들었다. 한여름 제사라 그것들이 썩어서 할 수 없이 종묘 안 숲 속에 묻게 된다는 이야기도 들었다.

비가 내리지 않을 때 기우제를 지내려면 그 제물은 돼지라고 들었다. 작년에도 지낸 일이 있었던 것이다.

『심청전』은 열다섯 살짜리 처녀를 바다에 제물로 던지는 이야기다. 인당수를 지날 때마다 풍랑이 세어 배가 파선하거나 대파하기에 제사를 드리는데 "큰 소 잡아 사지를 갈라 올려놓고 큰 돼지 잡아 통째로 삶아 큰 칼 꽂아 기어가는 듯이 받쳐놓고 삼색 실과, 오색 탕수, 생선은 동쪽, 고기는 서쪽, 왼편에 포, 오른편에 혜, 붉은 것은 동쪽, 흰 것은 서쪽에 방위 차려 괴어놓고 심청을 목욕시켜 소의 소복 정하게 입혀 상 머리에 앉힌 후 북을 둥둥 치면서 33천, 28숙, 비비천, 3황 5제 도리천 10왕, 인당수 용왕님은 사람 제물을 받삽기로 도화동에 사는 15세 된 효녀 심청을 제수로 드리오니 사해 용왕님은 고이 받자옵소서. 동해신 아명, 서해신 거승, 남해신 축융, 북해신 옹강, 칠금산 용왕님, 자금산 용왕님, 개개섬 용왕님, 영각대감 성황님, 허리간의 화장성황, 이 물 고을 성황님네, 다 굽어 보옵소서……"

주먹구구로 세어 보아도 아흔한 가지나 되는 귀신 이름이다. 불교에서 나온 이름도 있지만 그렇지 않은 것도 있다.

어지간히 재주 있는 사람—한 사람 아닌 여러 사람—의 지혜로 꾸며진 귀신의 이름이겠지만 지저분하기 짝이 없고 그 제물마저 지저분하고 잔인하고 야만되다.

사람을 제물로 드리는 제사는 영화로도 많이 보았다. 둥 둥 둥 북을 치며 산 사람을 제물로 삼아서 제사를 지내는 장면은 눈에 선하다. 발가벗고 사는 사람들의 일이 많았고 처녀를 제물로 드리는 제사는 우리나라에도 옛이야기로 많다.

'내 몸을 바쳐서 빌어야 마땅하지만 내 몸이야 어찌 바치겠소. 나 대신 하나 드리오니 나 대신으로 받아주이소!'

사람을 사서 나 대신의 제물로 드리는 것이다. 사람 중에 가장 깨끗하다고 생각한 열 대여섯짜리 처녀가 제수가 되었었고, 이내 사람 대신 소, 돼지가 된 것이다.

초하루 보름날 고사를 드릴 때에도 돼지 반 마리가 소용되는 것을 보았었지만, 지금도 해마다 여남은번씩 내가 참례하는 집안 제사에는 닭 한 마리가 제상에 올랐다. 심청전의 제수와 같은 삼색 실과, 오색 탕수, 어동육서, 좌포우혜, 홍동백서 모두 있고, 닭 한 마리를 통으로 튀겨서 털 뜯고 그 주둥아리에 빨간 대추 하나를 물려 놓는 것이었다.

돌아가신 아버지 어머니께 혹은 할아버지 할머니께 정성을 바치되 내 몸을 바쳐도 못다 하겠지만 내 몸 대신 이것을 받으소서, 그런 뜻의 제수로 닭 한 마리일 것이다.

모두가 희생이다.

천주교회에서는 예수 그리스도를 희생으로 바쳐 천주께 제사를 드리되, '이것은 내 몸이니라' 하신 빵—영성체, '이것은 내 피니라' 하신 포도주를 제물로 하는 것이었다. 2천 년 전 그분이 세상에 내려와서 '이대로 하라'고 일러 가르치신 그대로를 내내 이어받아 받들고 행하는 것이었다.

더할 수 없이 깨끗하고 거룩한 제사라고 생각되었다. 제물도 깨끗하고 거룩하거니와 눈앞에 전개된 제대의 모습 움직임이 움직이는 그림이었고 귀에 오는 음률과 성음이 가슴에 울려 속된 세상 아닌 곳으로 이끌어 올리는 것 같은 범절이었다.

제사란 어느 나라 어떤 민족 어떤 집안에도 있는 것이다. 『영웅전』을 쓴 플루타르코스는 "성곽이 없고 건축이 없고 운동 경기장이 없고 법률이 없고 화폐나 문자가 없는 나라를 발견할 수는 있어도 신이 없고 기도가 없고 거룩한 예식, 제사가 없는 민족을 본 일은 없다"고 말했다.

우리나라에도 제사는 여러 가지가 있다.

집안에서 드리는 제사만 하더라도 고인의 기일에 기제사, 생일에 생신차례가 있고, 정월 초하루, 2월 한식, 5월 단오, 8월 추석에 차례를 지내는 것은 물론이지만 옛날식으로 하자면 다달이 있고 철마다 있는 것이다.

그 밖에도 아들이 장가갈 때, 딸을 시집보낼 때에 제사가 있고, 집안에 경사가 있으면 또 제사다.

'불효자 이 자식이 박사가 되었습니다' 하고 보고하는 제사도 있고 '오늘 무슨 벼슬자리로 올라갔습니다' 하는 제사도 드려야 하기 마련인 것이다.

그러기에 종갓집 맏아들로 태어나면 제사만 지내기에 바빠서 직업을 가지지 못했었고, 그래서 어떤 집이든지 아들이 몇이 있더라도 맏아들에게 재산의 절반을 상속 주기로 정해 있었던 것이다.

그런저런 제사를 생각할 때 성당에서 천주께 드리는 제사는 더할 수 없이 정갈하고 더 어떻게 할 수 없이 세련된 범절이기도 했다.

하느님께 드리는 제사에 참례하는 일은 좋은 일이요, 또 하는 것이 마땅하리라고 생각했다.

그러나 아무나 와도 좋다고는 하지 않는 것이었다. 영세를 해야 하며 영성체를 하려면 미리 고해성사를 보아야 한다는 것이었다.

집안 제사에 참례하면 음복이라는 것이 있다. 제사가 끝난 다음에 술 한 모금으로 목을 축이고 밤 한 톨이나 대추 한 알을 먹는 것이다. '복을 마신다[飮福]'고 쓰는 것이니 '복을 받자'는 것이다. 하느님께의 제사는 미사라고 하며 미사에 참례한 사람은 음복과 같이 성체를 영하는 영성체라는 절차가 있었다. 곧 복을 받자는 것이요, 성체를 몸에 모시는 일이니 일체가 되는 것이다. 말하자면 인류를 위하여 강생하시고 한번 십자가에 못 박혀 자기를 성부께 드리셨던 그가 이제는 제대 위에 사제의 손에 다시 오시어 제물이 되어 자기 고난의 공로를 성부께 바치시며 죽으신 공효를 모든 이에게 나누어주사 천하고 더럽혀진 마음 가운데로 내리시는 것이다.

어버이가 자식을 사랑함도 불과 젖으로 기를 뿐이로되 예수 그리스도는 우리를 천주와 하나가 되게 하려 하여 그 '본 몸'과 '본 피'

로 우리 영혼을 기르시니 절절한 사랑을 느끼게 되는 것이며, 사랑으로 사랑을 갚고 죽음으로 죽음을 갚기를 원하여 온전한 마음과 온전한 힘으로 주를 만유 위에 사랑하게 되는 것이리라.

몸가짐과 마음과 생각이 경건하고 겸손하고 또 떳떳해지고 밝아지고 흐뭇해질 것은 넉넉히 짐작이 가는 것이었다. 나도 그런 자격을 지니어야 하겠다고 생각했다. 돌아가신 내 양친도 형제도, 또 사랑하던 사람도 그 안에 있을 것이니 명복을 빌어야 하겠고, 나를 오늘 이토록 복된 위치에 있게 해준 내가 '역시 임자의 은혜'라고 생각해온 여러 여인과 친구들…… 지금 어디서 어떻게 지내고 있든지 하느님의 은총 안에 있게 해주십사 하고 빌어야 하겠다고 생각했다.

나는 오랫동안 '명복을 빈다'는 말을 많이 썼었고 '행복을 빈다'는 말도 많이 써왔지만 그것이 모두 빈말이 되지나 않았을까 하는 생각도 났다. 불행을 당한 사람에게는 '고인의 명복을 빕니다' 하고 말했고, 결혼하는 사람에게는 '행복을 빈다'고 말했던 것이다.

더욱이 나는 지난 이십 년 동안 백 쌍이 넘는 결혼식의 주례를 섰는데 주례는 '고천문'이라는 것을 읽는 일이 중요한 일인 것이었다.

고천문은 '상천(上天)께 고하나이다' '상천은 홍복을 내리시옵소서'라는 글귀였다.

그 상천이란 말이 애매하기 짝이 없는 말이었다. 고천문을 읽음으로써 결혼이 성립된다고 하여 읽기 시작한 것은 불과 사십 년이 못 되는 일이었다. 독립운동이 있은 후의 일이었다.

그때까지는 그저 중매 할멈이나 머리 어멈이라는 할멈이 초례상 가운데 서서 각설이 같은 덕담을 늘어놓는 것이었으나 세상이 개화되어 사회식이라는 결혼식 절차가 마련되었고 그래서 주례가 생겼고 주례는 고천문을 읽기로 한 것이었다. 그것은 그 당시 인기 높았던 천도교의 영향이었다고 할 수 있는 것이었다. 그렇지 않으면 그저 '옥황상제'라고 보겠으나 그것도 아니요, 천도교는 '인내천(人乃天)'이다. '사람이 곧 하늘'이라는 교인만큼 대상은 없는 것이다.

그래서 나는 처음부터 고천문을 읽지 않기로 했었다. 내가 '맹세 말씀'이란 글을 지어서 읽기로 했던 것이다. 신랑 신부 두 사람이 친척 선배 지우들 앞에서 맹세한다는 것이며 그것을 주례자가 대독한다는 글귀였다.

그러나 그것을 읽은 다음에 다시 두 사람의 장래를 축복하며 행복을 빈다고 말해야 하는 것이었다.

누구에게 빌었던가? 대상이 없었다고 지금은 분명히 말할 수 있는 것이니 모두가 헛된 말이 되지나 않았을까 생각하는 것이었다.

그러나 나는 마음껏 간절히 빌었으나 헛말이 되었을는지도 모르는 그 많은 신랑 신부들을 위해서도 이제는 분명히 존재하신 것을 알게 된 천주께 빌어야 하겠다고 생각한 것이었다.

밖으로 나오니 명동 거리는 화려한 밤의 막이 열려 있었다. 오색 불빛이 휘황하고 오가는 자동차의 헤드라이트로 눈이 부시었다. 팔뚝커녕은 가슴팍 잔등이까지 드러낸 여인들과 말쑥하게 차린 젊은 남자들이 어깨바람을 피우는 틈바귀에는 거렁뱅이 어린이들이 무늬라도 수놓듯이 쫄랑거리고 있었다. 젊음을 즐기며 도도한 그들을 볼 때 의당 달콤한 부러움을 느껴야 할 것이언만 값진 향수 냄새

분 냄새 기름 냄새마저 썩는 냄새처럼 느껴지는 것이었다.

'허! 내가 늙은 탓일까?'

그래서 나는 나를 장사 지내 줄 성당을 찾아 기어들었고, 그래서 젊은이들의 즐거움을 못마땅하게 여기게 되는 것일까? 아름다운 여자를 아름답게 볼 양기조차 말라 비틀렸단 말인가? 사랑도 느끼지 못하고 투기도 느끼지 못하는 것일까?'

각도를 달리해 보려고 눈을 껌벅이며 애써도 느낌이 바뀌지는 않는 것이었다.

파리 떼처럼 몰렸다 흩어지는 거렁뱅이 어린이들에게서는 눈을 잠깐 돌리자.

어깨바람을 피우며 오가는 젊은이들이 얼른 보기에는 도도하고 즐거움에 넘친 것 같으나 어디 하나 악이 스미어 있지 않은 곳이 없는 것 같은 것이었다.

날씬한 여자의 허리춤을 껴안고 지나가는 유들유들 기름진 얼굴의 젊은이는 이름 있는 깡패가 아닌가. 배운 것이라고는 글자 한자 없고 오직 주먹 힘만을 믿고 살며 여자 다루기를 껌 하나 씹듯이 한다는 자가 아닌가. 또 어디서 저런 여자를 꾀어내 왔을까.

깡패라는 것은 수단 방법은 옳지 않지만 그래도 약한 편을 편들어서 강한 편을 치고 옳은 편을 들어서 그른 편을 치는 패거리라고 듣기도 보기도 해왔던 것이다. 속셈은 휴머니즘에서 출발하는 사랑과 외로움의 행동이라서 은근한 매력을 품기도 하며 흠모를 받는 일도 있었건만 요새 깡패는 그와는 정반대의 행동만이 많은 것이었다.

"누가 그 벗을 위하여 자기 생명을 버리면 이에서 더 큰 사랑이 없느니라"(요한 15)는 말도 있지만, 벗을 위해서도 아니요 동포 형제를 위해서도 아닌 그저 돈 때문에 움직이는 것이니 사랑이라고는 동포 형제에게 대해서도 국가에 대해서도 털끝만큼도 없는 행동인데다가 그 행동마저 잔인무도한 일이 많은 것이었다.

"누구든지 제 형제에게 분노하는 자는 심판을 받을 죄인이요, 제 형제더러 미련한 놈이라 하는 자는 공회의 죄인이 될 것이요, 미친 놈이라 하는 자는 지옥 불의 죄인이 되리라."(마태오 5)

입으로 '미친놈'이라 하는 정도가 아니다. 집권한 자, 집권한 정당의 앞잡이가 되어서 옳은 일하는 착한 동포 형제를 미친개 때려눕히듯 하는 일이 많은 것이었다.

그런 깡패가 아니면 유들유들 기름진 얼굴은 뇌물과 협잡으로 배를 불린 탐관오리의 자식이나 밀무역으로 벼락부자 된 집안의 젊은이인 것이요, 그렇지 않으면 거의가 삐삐 마른 몰골들이었다. 직업이 없거나 직업은 얻었으되 그것으로는 제 한 몸 치레도 어려운 판에 식구를 짊어져서 시달리고 지친 젊음들의 행렬이었다.

그들의 집에서는 지금 저녁거리가 없어서 그가 돌아오기만 기다리고 있는 집도 있을 것이요 학교에 바쳐야 할 막대한 등록금이 마련되지 않아서 어머니와 누이동생은 수면제를 마시고 있을는지도 모르는 것이다. 어쩌면 저의 아내는 제가 늦게 돌아오는 밤이 많기에 '너만 사람이냐? 나도 한다!' 바람을 맞으러 뛰쳐나가는 시간일는지도 모르는 것이다.

사랑의 현세적인 아름다움을 부정하려고 하는 것은 아니다.

오직 본능만이 춤추는 불륜과 악덕과 치욕의 행렬인 것이다.
'부조리'를 한탄하면서 부조리를 즐기고 위로 뻗쳐야 할 '저항'을 하염없이 밑으로 깔기면서 보람을 느끼려 하고 풍속이 되어 내려오는 도덕률을 거부하여 선과 악의 선을 트며 '실존'이라고 으쓱대는 것이다.
정치적 경제적 도덕적 부조리의 거대한 쳇바퀴 안에서 속절없이 돌아가면서 스스로도 또 돌고 있는 몰골들이었다. 사랑도 외로움도 휴머니즘도 어떤 구원도 여기는 없는 것 같았다. 맥을 못 추는 것 같았다.
영혼을 등진 몸뚱이만의 행렬인 것이다. 자기 불만에서 자기를 건져 아끼려고 한껏 애쓴다는 짓이 영혼을 저버리고 오직 몸뚱이를 아낀 데 그쳤고, 그것은 또 몸뚱이를 스스로 학대하고 있는 몰골인 것이다. 그것을 또 합리화하려는 데서 별의별 낱말이 튀어나오게 된 것이 아닌가.
퇴폐 불의 악덕, 그 모든 것은 우리들의 마음속에 하느님을 모심으로써만 비로소 자리를 물려주게 될 것 같았다. 하느님이 우리들의 마음속에 자리 잡고 지배자가 되어주는 날 비로소 우리는 누구나 서로 반가운 사이가 될 수 있고 구원이 있을 것만 같았다.
"앗! 웬일이세요?"
사람의 물결을 바라보며 기슭에 서 있는 나에게 반가운 소리를 건네는 사람이 있었다.
"무얼 그렇게 보고 계세요?"
이 시인이었다. 오래간만에 만나는 사이였다. 권하는 대로 한잔하러 가기로 했다.

비어홀에 들어서서야 이 시인이 혼자가 아니었다는 것을 알았다. 여자가 뒤를 따라 들어서는 것이었다. 자리에 앉은 다음에 비로소 이 시인은 여자를 소개하는 것이었다.

"미스 오!"

여자를 턱으로 가리키며 간단히 소개하는 품은 마지못해 소개하는 것 같았고, 더 알 것은 없다는 것 같기도 했다. 맥주를 제법 맛있게 마시며 말이 많았다.

이 시인은 뜨음해지자 또 나에게 물었다.

"아니 오늘은 무슨 바람이 불어서 명동에를 나오셨어?"

그래서 나는 바른 대로 말을 할까 말까 망설이다가 문득 그가 대구에 있을 때에 성당에 다닌다는 이야기를 들은 기억이 났다.

'참! 그렇지!'

적이 마음이 놓이는 것 같아서 낮은 소리로 바른 대답을 했다.

이 시인은 호들갑을 떨며 반가워했다. 손을 잡고 흔들기도 하고 맥주 글라스를 부딪치고 한숨에 비우기도 했다. 거기까지는 좋았다. 엉덩방아를 찧다시피 호들갑을 떨며 좋아하는 이 시인을 멍청히 바라보고만 있던 미스 오가 겨우 눈치를 채고 말참견을 한 데서부터 나는 배우게 된 일이 많았다.

"나도 교회에 많이 다녔어요. 가톨릭은 마리아 숭배죠?"

미스 오가 이런 말을 꺼내자 이 시인은 얼굴빛이 달라졌다.

"그리고 마리아는 개가를 해서 예수의 동생을 많이 낳았고? 쓸데없는 소리 말아!"

이 시인은 미스 오를 비웃듯이 말을 퍼붓는 것이었다.
"……나도 예수님의 동생야! 미스 오도! 모두 형제라고 하셨거든! 그리고 마리아 숭배라고 하는 것도 틀린 소리야. 천주님의 어머님이니까 공경하는 것이지. 미스 오도 그렇지 않아? 나를 좋아하면 내 어머님도 좋아해야 할 것이 아냐? 해야 한대서가 아니라 자연히 그렇게 될 것이 아니겠느냐 말이야. '야! 너만 좋다. 네 어머닌 보기 싫다.' 그거야 후레자식이지 뭐야! 그런데 사실은……"
이 시인은 목소리를 낮추었다. 웃음을 띠며 귓속말같이 말했다.
"……나같이 죄 많은 인간은 성모 마리아 아니면 안 돼요. 사실은 천주님은 좀 두렵거든! 성모 마리아께 전구할 수 있다는 게 구원이지. 그렇지 않아? 누구든지 아버지께 조르기 어려운 일은 아예 어머니한테 조르지 않아! 아버지가 안 된다고 딱딱거린 일이라도 어머니를 조르면 다 되게 되거든! 흐흐! 마찬가지지 뭐야! 흐흐흐……"
이 시인은 또 글라스를 부딪치고 높이 올렸다.
미스 오도 글라스를 부딪치면서 말했다.
"정말이지 성당의 마리아 상은 언제 보아도 아름다워요."
"아름답기로! 세상에 아름다운 것의 최고지!"
이 시인이 또 입을 열었다.
"여성의 아름다움이란 것이 무어야? 따져 보아요!"
맥주를 주욱 들이켜고 말을 이었다.
"……처녀성? 모성? 처녀성의 아름다움을 최고라고 말하는 사람도 있지. 또 처녀성보다 모성미를 최고라고 생각하는 사람도 있어요. 그렇지만 모성미를 어떻게 둘째로 칠 수야 없지 않아? 모성미도 처녀미에 못지않지! 그렇지 않아요?"

"나는 모성미가 좋아요!"

미스 오가 말하자 이 시인은 잠깐 말을 멈추더니 다시 말을 이었다.

"처녀미도 최고요, 모성미도 최고지. 어느 것을 어떻다고 할 수가 없어요. 그런데 성모 마리아는 그 둘을 갖춘 단 한 분이거든! '동정 성모 마리아' 아니야요? 인간이야 처녀면 모성이 아니고, 모성미를 갖춘 사람이면 처녀성은 이미 잃은 것이니……"

맥주를 어지간히 마시었다. 나도 얼근했고 이 시인도 거나했다. 홀 안이 훗훗해서 일어서고 싶은 마음이 간절했으나 오고 가는 이야기가 모두 나를 가르치기 위해서 벌어지는 연극 같아서 귀를 기울이지 않을 수 없었다. 끝의 말은 더욱이 나에게 큰 힘을 주었다. 고해성사에 대해서 이야기가 벌어졌던 것이다.

"그럼 선생님도 신부한테 가서 죄지은 일을 모두 일러바쳐요?"

미스 오가 화냥기 넘치는 실눈으로 이 시인을 바라보며 묻는 말로 시작되었다. 이 시인은,

"그걸 고해성사라고 해!" 하면서, "물론이지. 얼마나 좋은 일이라고!"

말하자 미스 오는 기다리고나 있었던 듯이 까르르 웃음을 터뜨렸다.

"아이 참! 창피해라! 도도한 시인도 프라이드는 제로구만! 이성이 있는 사람이 어떻게 그런 말을 다 한담? 신부도 사람이 아니야요?"

"그건 말야……"

이 시인은 미스 오를 보는 것도 아니요, 나를 보지도 않으면서 이야기했다.

"……고해를 들을 때의 신부는 '사람'이 아니라고 생각해도 좋아요. 죄 지은 일은 담벼락에 대고라도 한번 털어놓고 사과하고 싶을 때가 있지 않아요? 그런데 들어주는 '사람' 앞에서 모두 털어놓을 수 있다면…… 그 사람이 또 수줍어할 것도 부끄러워할 것도 염치를 차릴 것도 없는 사람이라면…… 한번 털어놓으면 얼마나 시원하겠어요? 그렇지 않아요? 나는 그렇게 생각하는데……!"

이 시인은 고개를 들었다.

"……그 시간의 신부는 바로 예수님이야요. '예수 그리스도, 신부에게 죄를 풀고 풀지 아니하는 권한을 주셨은즉 풀고 풀지 못할 죄를 분별하기에는 고해를 듣는 것밖에 도리가 없느니라.' 한번 쏟아놓으면 어쨌든 속이 시원해지는 거야! 걱정 근심을 입 밖에 내지 못할 때에 얼마나 마음이 괴로우냐 말야? 돈 걱정 사랑 걱정! 하물며 죄를 지었다고 생각하면서 그것을 입 밖에 내지 못하고 혼자 끙끙 앓으면 어떻게 되겠어? 속으로 속으로 곪아 들어갈 것이 아니겠어? 그뿐이 아니야! 곪은 다음에는 만성이 되는 법이거든! 그러니까 한번 입 밖에 내는 일은 스스로 명심하자는 일이 되기도 하는 거야! 참! 미스 오는 「나는 고백한다(I confess)」를 보았겠지?"

"영화 말이죠?"

"음!"

"보았어요."

이 시인의 물음에 미스 오는 대답했다. 그러나 뚜렷한 기억은 없는 성싶었다. 기억을 더듬는 것 같더니,

"오오! 그거! 몽고메리 클리프트가 참 좋았어요."
하며 고개를 끄덕이었다.

"신부로 나온 사람? 고해를 들은 신부가 살인범의 혐의를 받게 되는데도 고해 들은 사실을 밝히지 못하는 것 아니야요? 고해 들은 사실은 어떤 경우라도 절대로 입 밖에 내어서는 안 되게 되었으니까……"

나는 보지 못한 영화의 이야기였다.

"참 그랬어요. 그렇지만 그래서 고해한 사람의 죄가 면죄가 되는 거예요?"

"면죄는 안 됩니다. 어디까지나 영적으로 사해지는 것이지 현세적으로는 보속을 해야 합니다. 가령 남의 돈을 훔쳤다든지 사기를 했다든지 하고 그 사실을 고해한다면 신부가 '용서한다, 잘했다' 할 수는 없을 게 아니겠어. 곧 돌려주어야 한다고 가르치고 영적으로는 사함을 받게 되는 거죠. 다시 말해서 양심의 재판을 받는 거라고 생각해요! 그리고 죄를 지은 몸이라도 다시 천주님과 화합할 수 있는 기회를 마련해주신 것이 아니겠어?"

"그렇지만 그렇기로……"

미스 오는 그렇기로 어떻게 그렇게 모든 일을 신부에게 일러바칠 수가 있겠느냐는 듯이 고개를 갸우뚱했다.

"흥! 사람끼리 사이에 체면도 있고 부끄럼도 있지 천주님 앞에서야 프라이드니 이성이란 게 무슨 말라죽은 거야! 그러기에 영세할

때에 '세속을 끊어버립니까?' '끊어버립니다' 하거든! 자아, 맥주나 들어요!"

뜻하지 않았던 맥주 좌석은 오로지 나를 가르치기 위해서 베풀어진 것만 같았다. 가슴속에 아직도 조금 남아 있었을까, 구름이라도 걷힌 것같이 후련해짐을 느꼈다.

'역군은(亦君恩)!'

무엇을 하는 어떤 여자인지, 또 이 시인과 어떤 사이의 여인인지 알 바가 아니다. 나와는 다시 만날 기회가 있을 것 같지도 않은 미스 오라는 여자가 고맙기 짝이 없었다. 내가 마음에 걸리는 일이라고 생각한 일도 없었고 알고 싶어 한 일도 없던 일을—그러나 사실은 알아 두어야 마땅할 몇 가지 일을—미스 오는 나를 대신해서 질문해준 것 같기 때문이었다.

며칠 후에는 더 놀라운 일을 당했다. 스무 살 되는 큰아이가 세례를 받기로 했다는 것이었다.

나는 이마빼기를 한 대 얻어맞은 것같이 놀라지 않을 수 없었다.

"교리 공부는?"

"사 개월, 십육 주일 개근했죠. 명동성당에서 교리 강좌가 있었거든요! 어른들이 많았어요. 사장, 판사, 대학 교수, 중고등학교 선생도 있었고……"

내가 아름아름 망설이고 있는 사이에 스무 살짜리 젊은이는 슬기롭게 앞서가고 있는 것 같았다.

내일이 광복절이자 성모 몽소 승천 축일이라는 8월 14일이었다.

첫새벽에 큰아이는 나가면서 여덟 시에 영세한다고 했다.

"어머니도 아버지도 오지 마세요! 오십 명이나 같이 늘어서요. 찾지도 못할 거예요. 아침밥이나 좀 잘해 두세요! 배가 고파서 돌아오게 될 테니……"

그런 말을 남기고 총총히 나가는 것이었다.

오십여 명의 성세 예절은 시간이 많이 걸릴 것이라는 것이었다. 가슴이 뭉클했다. 무엇 때문에 가슴이 뭉클해지는지 모를 일이었다. 눈시울이 이상해졌다. 무엇 때문인지 모를 일이었다.

그러나 이대로 조용히 아침 밥상을 받고 있을 수는 없을 것 같았다.

주섬주섬 옷을 챙겨 입고 집을 나섰다.

맑은 날씨였다.

성당 앞에는 사람이 많았다. 주일이 아닌 목요일인데도 이렇게 많은 사람이 서성거리고 있는 것을 보면 역시 그들도 영세하는 사람들의 가족인 것 같았다.

성당 앞을 비켜서 뒤로 돌았다. 뒤에는 대학으로 올라가는 언덕길이 있었다.

나는 언덕길에 서서 성당을 바라보기로 했다. 아무도 없다. 이렇게 해서 그 아이가 영세하는 것을 축하하려는 마음이었다.

그런데 오르간 소리와 성가대의 합창이 들려오자 왈칵 눈물이 솟아오르고 눈물은 뒤를 이어 그치지를 않는 것이었다.

'이게 무슨 일야? 축하하러 와서 이게 무슨 일야? 그 애는 인제 원죄를 깨끗이 씻고 천주님의 의자가 되는 것이 아닌가! 눈물을 흘리다니?'

내 마음에 타일러도 눈물은 쉬지 않고 솟아 이내 흐느껴 오르는 것이었다.

"여기 계셨군! 그런데?"

최 신부님이었다.

아이가 이 시간에 영세하는 것도 알고 계시었고 아이의 본명도 지어주신 것이었다.

나는 기겁을 하고 눈물을 보이지 않으려 했으나 소용이 없었다.

"좋아서요! 좋아서 그럽니다!"

그런 말이 튀어나왔다. 창졸간에 튀어나온 말이었다.

'좋아서?'

나는 내게 물어보았다.

'좋아서'라는 말은 이성의 대답이었는지 모른다. 감정은 서운함이 앞섰다. 스무 살이라고는 하지만 오늘까지 내 품 안에서 내 손 안에서 구슬처럼 귀히 기른 그였다. 어디 한 점 그늘도 티도 없이 깨끗이 자라난 그였다.

그것이 인제 원죄라는 것을 깨닫고 스스로 물과 성신으로 다시 낳아서 천주의 의자가 된다는 것이다.

깨달은 것이라고 할 것이다. 철이 든다는 것일 것이다. 어른이 되는 것에 틀림없을 것이다. 그렇지만 내 품 안에서는 떠나가는 것만 같은 서운함을 느끼는 것이었다.

그런 한편 명동 거리에서 많이 듣던 말귀가 떠올랐다.

"태어나서 미안하군요!"

그것은 일본 소설가로서 자살한 사람이 그의 어머니께 꾸중을 들을 때면 대꾸했다는 말귀라고 했다. '아버지 어머니인 당신들이 좋아한 끝에 낳아놓고 왜 이렇게 잔소리를 하느냐? 귀찮게 구느냐?'는 대꾸였다는 것이다. 세상에도 듣기 드문 불측스런 말귀를 전해 듣고 그것을 또 받아들여서 술자리에서까지 항용 쓰는 것을 들었던 것이다.

그뿐이 아니었다.

18, 19세짜리가 염세자살하는 꼴을 신문에서 자주 보았고, 일본에 있을 때에도 많이 들었던 것이다. 철이 드는 무렵의 일이요, 모든 것이 더럽게만 생각되는 탓이었으리라.

이 아이도 생각이 그에 미칠 나이인 만큼 "혈기로 좇아 남도 아니요, 정욕으로 좇아 남도 아니요, 사람의 뜻으로 좇아 남도 아니요, 오직 천주로 좇아 남"(요한 1)을 인식하고 세례를 영하여 원죄를 씻고 새로 나려 하는 것일 것이니 고맙기도 하고 대견하기도 했다.

돌이켜 생각하면 그것이 하찮은 응석이라 하더라도 내가 내 아버지를 싫어하고 집을 떠났던 것이 이 아이보다 더 어릴 때였다. 그러나 이 아이는 그 아버지인 나를 싫어하지 않고 지극히 따르고 아껴주는 것도 또한 고마운 일이요 복된 일이었다. 이후에 설사 그런 경우가 생긴다 하더라도 나처럼 모질게 굴어서 나를 슬프게 하지는 않으리라고 그리스도의 가르침으로 믿을 수도 있을 것 같았다.

나갈 때 돌아올 때 또 어떤 경우라도 천주의 의자로 자처하여 몸가짐과 마음가짐이 나로 하여금 근심 걱정을 시키지는 않으리라. 안 해도 좋으리라고도 생각되는 것이었다. 그런 생각은 고맙기도 하지만 어쩐지 그가 측은하게 생각되기도 하는 것이었다.

성난 물결처럼 세상은 거칠어만 가고, 또 들이닥치는데, 거기 휩쓸리지 않고 곱단히 가누기는 힘이 들 것이라는 생각에서였다. 또 한편으로는 많은 영혼을 구하고 세상을 바로잡을 큰 빛은 못 된다 하더라도 악을 물리치는 반딧불만 한 가냘픈 빛이나마 빛이 될 수도 있을는지 모른다고 생각하자 그 둘레에는 세계 5억이라는 큰 힘이 얼키설키 감싸주게 되는지도 모를 일이라고 생각했다. 나도 나 하나의 영혼을 위해서도 그러려니와 이 세상의 포악과 불의와 패덕을 무찌르는 빛의 대열에 한몫 서둘러 참례해야겠다고 생각했다.

"신부님! 저도 성세를 주세요!"

최 신부는 빙그레 웃으며 그저 어깨를 어루만지는 것이었다. 아직도 멀었다는 뜻인지도 몰랐다.

사실 그러했다. 더 계속해서 강좌를 끝내야 했고 문답을 해야 했고, 몇 가지 외워야 하는 것이 있었다.

달포가 지났다.

"언제 성세를 주시겠습니까?"

"10월 3일! 성가수녀원에서!"

최 신부는 이번에는 선뜻 대답해주었다. 10월 3일 새벽 여섯 시 성가수녀원에서 나 하나를 위해서 성세예절을 집전해주시겠다는 것이었다. 10월 4일은 아시시 프란체스코 축일, 3일은 테레사 축일이라고 했다. 본명은 프란체스코. 또 4일이었다.

3일 새벽, 아직 동이 트기 전에 우리들, 아내와 큰아이와 나와 셋은 몸을 깨끗이 하고 새 옷을 입고 집을 나섰다.

안개 낀 거리에는 지나가는 사람 하나 없었다. 긴 벽돌담을 꺾어서 올라가는 언덕길 기슭의 잔디는 이슬을 담뿍 받아 은구슬을 뿌린 것 같았다.

언덕 길 왼편 높이 솟은 수녀원 문 밖에는 벌써 최 신부와 대부될 분이 기다리고 있었다. 반기는 인사는 퇴짜를 맞았다. 나중에 알게 된 일이지만 이날 첫 말씀은 나를 위해서 천주님께 드리려고 입을 봉했다는 것이다.

수녀원 이층 윤이 흐르는 정갈하고 아담한 성당에는 수십 명 수녀들이 단좌하고 있었다.

나는 서서 들어설 수가 없었다. 모르는 사이에 두 무릎을 꿇었다. 그것은 격식에 맞는 일이었지만 격식으로 한 일은 아니었다.

수녀들의 성가는 이 고장의 노래가 아닌 하늘 위에서 들려오는 성스러운 그저 음률 같았다.

최 신부는 내게 가까이 오셨다.

"프란체스코! 마귀를 끊어버리십니까?"

나는 고개를 숙이고 대답했다.

"끊어버립니다."

"그의 모든 영광과 체면을 끊어버립니까?"

"끊어버립니다."

"천지를 조성하신 전능 천주 성부를 믿으십니까?"

"믿습니다."

"그 외아들 우리 주 예수 그리스도의 강생하심과 수난하셨음을 믿으십니까?"

"믿습니다."

……

"세 받기를 원하십니까?"

"원합니다."

신부는 내 머리 위 오른편에 물을 세 번 흘리며 말했다.

"프란체스코! 내가 그대를 씻기되 성부와 성자와 성신의 이름을 인하여 하노라……"

영세하기 전에 지은 죄는 얼마나 많은 죄를 지었든 간에 고해할 것 없이 모두 씻김을 받는 것이라 했지만, 나는 그동안 머리 숙이고 있는 동안 오십 평생에 지은 죄를 살피며 그 죄를 사해주십시사 하고 빌었고, 그 사람들에게 복을 내려주십시사 하고 빌었다. 나 한 몸도 건져주시려니와 내 둘레의 많은 사람과 그 다음을 이어오는 암담과 절망에 허덕이는 모든 사람들을 이끌어주십시사 하고 비는 마음이 가득하였다.

성세 예절과 미사와 첫 영성체…… 모든 절차가 끝나고 신부님을 따라서 층층대를 내려올 때까지도 이미 그친 지 오랜 성가의 음률이 그 안에 가득한 것 같았다.

햇살이 창을 쏘아 들었다. 엷은 햇살이었다.

밖으로 나오니 아까는 미처 보지 못했던 꽃밭 바윗돌 속에 모신 성모상이 눈앞에 다가왔다.

루르드의 성모를 본뜬 것이리라. 아름답고 인자한 모습이었다.

"천주의 성모님, 저희를 위하여 빌으시어 그리스도께서 약속하신 영원한 생명을 얻게 하소서."

"영광이 성부와 성자와 성령께 처음과 같이 이제와 항상 영원히.

아멘."
 자욱한 안개에 덮인 거리를 엷은 햇살이 걷어 헤치는 것같이 차츰 지붕들이 드러나 보이기 시작했다.

오후의 좌석

● 원문 출처: 『오후의 좌석』(어문각, 1962)

편편상(片片想)

불 삼대

할머니의 시집은 불씨를 떨어뜨렸다가는 쫓겨 가게 된다는 시집살이였다.

불씨래야 산에서 긁어온 갈퀴나무로 땐 불이니 불돌을 꼭 눌러 두어야 하지 화젓가락으로 헤쳤다가는 당장에도 재가 되어버리는 잿불이었다.

종일 담뱃대를 놓지 않는 시아버지는 꼬다리를 화로에 꾹 박고 뻑뻑 빨아서 불을 붙인 다음에는 또 불손으로 차곡차곡 눌러 두어 꺼뜨리는 일이 없는 시아버지였다.

사랑방에도 부엌에도 잿불 화로의 불씨가 끊어져서는 집안이 망한다는 것이었다.

신랑보다도 대감님보다도 고이 모시기에 머리가 빠질 지경이었다.

하루 아침, 그 불씨가 꺼져서 할머니는 간담이 서늘했다. 호호 불어도 후후 불어도 불이 일어나지 않는 것이었다. 큰일 났다.

살그머니 뒷집으로 가서 불씨를 얻어왔다. 그것을 시아버지는 사랑방에서 빤히 보고 있었다. 본가로 가라는 것이었다.

며느리는 옷을 갈아입고 하직 인사를 하러 들어가서 의젓이 말했다.

"아버님께서 가라 하시니 가겠습니다만, 억울한 사정이 있습니다."

"억울한 사정? 그게 무슨 소리냐?"

"사실은 뒷집에서 불씨를 얻어온 것이 아니오라 엊저녁에 빌려준 것을 오늘 아침에 받아온 것입니다."

시아버지는 한참이나 말이 없다가 얼굴이 풀렸다.

"허허, 그랬드냐! 하마터면 내가 실수를 할 뻔했구나!"

속으로는 무릎을 쳤다는 것이었다. 그만한 국량과 주제가 있는 며느리라면 불씨쯤 문제가 아니라는 것이었다. 그래서 소박데기는 면했다.

어머니가 시집와서 시어머니에게 들은 첫마디가, "불조심해라!" 였다.

살림이 넉넉해져서 나무는 사다가 때었다. 산에서 솔가지를 베어서 두 아람이나 될 만큼씩 새끼로 묶어 착착 재워 두었다가, 바짝 마른 다음에 달구지에 싣고 나무장에 팔러 나온 것을 시아버지는 사왔다.

부엌에 세 뭇, 그러고는 헛간에 쌓아 둔다. 그럴 때마다 말했다.

"불조심해라!"

새끼로 엮은 방석에 앉아서 불을 때다가 깜빡하는 사이에 치마에 불이 붙었다.

벌떡 일어나니 당장 얼굴에까지 불기다.

"불야아!"

"저것 봐! 저를 어째! 물! 물!"

"물은 안 돼! 뒹굴어라 뒹굴어!"

마당에 뒹굴어서 불은 껐으나 화독으로 누워 있어야 했다. 헛소리가 "불! 불!"이었다.

　달포가 되어 일어났을 때는 정강이와 턱에 흠집이 있었다.

　전등이라는 게 생겨서 한 개로 온 집 안이 낮같이 밝아지고 그 딸은 일찌가니 외국 유학을 갔다.

　거기서 결혼을 하고 아들딸을 낳고 보니 내 나라 내 고장이 그립다고 돌아왔다.

　전열과 가스 있는 집을 사서 외국 살림 못지않게 살림을 차려놓으니, 해방이 되자 가스는 안 나오고 전열선은 끊어놓았다.

　평생 만져보지 못한 장작개비에 불을 붙이고 아궁이 속을 들여다보아야 했다. 아궁이 속을 들여다보고 있으면 끌어들이는 귀신이 있는 것만 같아서 무섭기만 했다. 앞 머리카락 타는 노릿내에 기겁을 하는 동안에, 내워서 찡그리는 얼굴이 그대로 주름살이 되어가는 것을 느끼고, 서러워서 또 주름이 늘었다.

　깡통 예술 석유 등잔을 사야 하고 양초도 사야 했다. 석유풍로와 십구공탄도 만져야 했다.

　손톱 발톱의 매니큐어커녕 손톱 발톱 사이의 검댕을 끄집어 낼 시간의 여유조차 없었다.

　6·25에 남편을 납치당하고 1·4후퇴에 여인 한참인 오십 고개를 칠십 노파같이 되어 아들딸의 부축을 받아가며 남하하다가 무너진 집 담벼락 밑 거적자리에서 운명할 때에 아들딸에게 이렇게 유언했다.

　"불조심해라!"

(『전망』 1955년 2월)

악(惡) 삼대

말라죽은 귀신의 새끼는 구걸을 나섰다.
구걸도 힘이 세어야 굶지 않을 수 있었다.
귀신이 씌었는지 힘이 세었다. 힘주어 쥐면 손가락뼈가 으스러진다고 우는 거지도 있었다. 무엇을 먹어도 잘 삭아서 알통이 툭 툭 벌그러지고 젖가슴이 언덕 같았다.
자랄수록 주먹으로 한번 치면 점잔 빼는 작자의 갈빗대도 몇 개씩 박산이 되고 다리뼈 팔뼈도 작별을 시켜주었다.
주먹으로 다스리면 표가 나기에 연장을 장만하였다. 납덩어리를 솜으로 싸고 또 싸고 고무껍질을 씌워서 흐느적흐느적하게 만들어 가지고 다녔다. 한번 맞으면 흔적도 없이 속만 곯았다.
걸리대는 게 바람 맞은 계집이었다. 꼬리를 치면 닥치는 대로 집어세웠다. 쉬면 녹이 슨다고 했다.
언제 봤는지 생각도 나지 않는 못생긴 게 씨를 받았다고 했다. 보기도 싫었다. 못생긴 게 찔끔거리는 건 더 보기 싫었다.
새끼는 어미 앞에서 자랄 대로 자랐다. 허여멀건 게 키가 크고 뼈대가 굵은 것이 아비 못지않은 장사였다.
아버지라고 찾아가면, "말라깽이 자식이 아버지가 무슨 놈의 아버지야!" 하고 속절없었다.

말라깽이도 제법 밸이 있어, "해! 땅귀신 다 된 게 아버진 무슨 놈의 아버지야!" 그렇지만 말라깽이란 말이 거슬려서 잊혀지지 않았다.

"몸이 좀 나아야겠군."

그래서 밥을 많이 먹기로 하고 술도 많이 마시기로 했다. 먹고 싶은 건 언제나 지체 없이 졸개들이 대령했다. 졸개는 늘어가고 계집도 늘어가고 새끼도 쳤다.

새끼와 새끼 친 계집을 보기 싫은 건 대물림 같았다.

연놈 죽이고 살리는 것쯤 여반장이었다.

코 아래 수염이 근사하고 마카오 양복이 빈틈없으니 거리로만 헤매는 것이 꼴이 아니라 생각했다. 빌딩에 방을 얻어 덜커덕 나자빠지니 에헴 천하에 거칠 것이 없었다.

빼돌리기 족치기 골리기 죽이기 일은 많았다. 근사한 간판도 내걸었다. 말라깽이는 몸이 나아서 으스대며 사장이라고 부르게 하였다.

아비가 죽게 되었다고 해서 어미에게 끌려서 만나러 갔다. 말라깽이가 돼서 숨이 가쁜 아비는 굴비 누깔을 찐끔거리며 말했다.

"직업이 무어야?"

"사장."

"네깟 놈이 사장은 무슨 사장야! 무슨 일을 하는 거야?"

"대(代) 물렸지 별수 있어!"

"무엇이!"

굴비 누깔이 번쩍이더니 이내 풀 없이 감기고 넘어가는 소리로 중얼거렸다.

"자식아! 온당한 직업을 가져야 해! 온당한 직업을 가져야 새끼도 온당한 사람이 되고……"

사장은 먼지를 털고 일어서면서 내뱉었다.

"영 돌았군! 사장도 몰라보니! 헹! 고이나 뒈져라 얘!"

어미는 놀랐다. 가르치지 못한 탓이라고 한탄했다.

어미는 또 한 번 놀랐다. 아비의 장사를 굉장하게 차리기 때문이었다. 아비를 생전 보지도 듣지도 못한 어마어마한 이름들이 친척 대표, 우인(友人) 대표, 장의위원으로 열을 짓고 조객이 길을 메웠다.

은행원이 출장 나와서 부의를 받고 현찰은 부대에 넣어서 실어 내갔다.

어미는 사장을 붙들고 울부짖었다.

"네가 배운 게 없어도 아버지에게 이만큼 효도하니 나는 한이 없다. 네가 효자다!"

사장은 중얼거렸다.

"효자가 무어 말라죽은 귀신야! 아비는 다 무어구!"

예복을 갖춘 어마어마한 것들은 가장 엄숙한 태도로 심심한 조의를 표하며 무어 말라죽은 귀신이 들어 있는지 모르는 영구차의 뒤를 따랐다. 납덩어리 든 고무 방망이로 대가리를 얻어맞은 것 코가 터진 것 귀가 찢어진 것 갈빗대가 부러진 것 다리 뼈다귀가 부스러진 것 아주 숨이 넘어갈 뻔했던 것 아비를 받친 것 계집을 빼앗긴 것 목 달아난 것 그것을 잘린 것 송두리째 우려 먹힌 것들이……

(『전망』 1955년 10월)

부(富) 삼대

김 장자(金長者)는 윗사랑에서 하루 종일 사랑 손님 윤 교관(尹敎官)과 골패짝을 놓고 끙끙거린다.

외아들은 아랫사랑에서 껄렁한 친구들과 바둑 장기로 소일하고, 손자는 안채 뜰아랫방에서 큰 꿈을 꾸고 있다.

석양이 되어 윗사랑에 주안상이 들어가게 되면 종년은 윗사랑 대문을 지우치고 아랫사랑에도 석양배(夕陽杯) 상을 들고 나온다.

가양주(家釀酒)는 얼마든지 있으니 석양배는 거르지 않지만, 돈은 좀처럼 만져보기 어려웠다.

김 장자가 골패짝을 떼우느라고 끙끙거리고 있을 때 종년은 가끔 안 심부름을 나온다.

"돈 열 냥만 주십시사구요."

김 장자는 본 체도 안 한다. 몇 번 되풀이한 다음에야 보지도 않고 말한다.

"무얼 한다든?"

"참기름 사신다구요."

김 장자는 다시 말이 없다. 몇 번 되풀이해야 소용이 없다. 종년은 그만 안으로 들어간다. 다시 나올 때는 달래는 돈이 적어진다.

"닷 냥만 주십시사구요."

"닷 냥? 참기름을 닷 냥!"

골패짝을 잘그락 절그럭 저으면서 대문턱에 서 있는 중년은 본체 만 체다. 다시 안으로 들어갔다가 나올 때는 또 적어진다.

"두 냥 반만 주십시사구요."

"옛다!"

절그렁, 돈이 마루에 떨어진다.

외아들이고 손자고 돈을 타야 할 때는 윤 교관을 구슬려야만 했다.

윤 교관은 언제 벼슬을 했는지 젊어서는 나귀를 끌고 장도 보러 다녔다는데 관상, 사주, 팔자, 택일, 궁합을 잘 보고 어쩌면 약방문 (藥方文)까지 곧잘 써냈다.

집은 어떻게 살아가는지 아침 일찍이 윗사랑에 와서 점심 저녁을 먹고 늦어야 돌아갔다.

김 장자는 윤 교관의 말이라면 들었다.

하루는 의례건 윤 교관과 마주 앉아서 며칠째 떨어지지 않는 골패짝을 떼고 있는데 훤히 열려 있는 대문 밖에서 주인을 찾는 소리가 요란했다.

"이료나라—"

윤 교관은 놀란 토끼같이 발딱 바로 앉으며 눈이 둥그래졌다.

"이료나라—"

대청에 울리는 그 목소리는 겉으로 거칠면서 속으로는 어디까지나 맑고 우렁찬 음성이었다.

귀를 기울이고 있던 윤 교관은 고개를 한번 끄덕이더니 골패짝을 한편으로 밀어놓고 김 장자에게 말하는 것이었다.
"이게 범상한 인물이 아니오. 무엇이든 하자는 대로 하시오. 돈 십만 냥쯤 달라면 주시구……"
그래서 어디 사는 아무개인지 따지지도 않고 장사 밑천이란 오만 냥을 선뜻 내주었다.
김 장자의 옥답(沃畓) 천 석짜리에는 일인(日人)의 말뚝이 박히고, 토지조사국에서는 일인의 소유로 측량해 가고, 김 장자는 일본도 찬 사람에게 사전분(私錢分)을 받고 울화가 터져서 죽었다.
아들은 등쌀에 못 견디고 큰 집을 지탱하기 어려워 낙향하고 손자는 외국으로 뛰었다.
육순을 바라보는 손자가 1·4후퇴를 부산으로 남하하여 처자 먹여 살릴 주변조차 없이 그저 광복동을 오르내리고 두어 군데 다방에 벽화같이 늘어붙어 앉아서 날을 보내는데, 하루는 긴히 찾는 사람이 있었다. 난다 긴다 하는 실업가였다.
"김 아무개 씨죠? 아무개 씨를 아시죠?"
"제 할아버지죠."
실업가는 손을 힘 있게 쥐며 말했다.
"아무개 씨가 제 아버지입니다."
알아들을 도리가 없었다. 조용히 할 말이 있다고 해서 그의 집까지 동행했다.
실업가는 돌아간 아버지가 써놓은 것이라는 유서 같은 것을 보였다. 김 장자에게 오만 냥을 받아 간 당자였다.
죽을 고비를 넘겨준 은인이라고 했고, 찾아갔으나 찾을 길이 없었다고 했고, 너희들이 세상에 난 것도 은인의 덕이라 했고, 은인을 찾아서 보답해주어야 할 것을 자손에게 당부하는 글이었다.

벼락부자라기보다 '벼락사장'이 된 어떤 친구의 이야기다.

(『전망』 1956년 1월)

소낙비

소낙비가 흐벅지게 쏟아졌다.
여기저기서 아이들이 밖으로 뛰어나왔다.
시원하게 비를 맞고 뛰논다.
빗발은 굵어졌다. 땅바닥이 뚜두려 맞는 소리를 낸다.
아이들은 어느새 흩어지고 두 아이가 총총총 뛰어온다.
판자가게 집 아이와 병원 집 아이다.
병원 집으로 들어가려는 것이다.
앗!
판자가게 집 아이가 엎치락 땅바닥에 두 손을 짚고 엎어졌다.
병원 집 아이가 돌아다본다.
판자가게 집 아이는 두 손바닥을 보이면서 울상을 한다.
진창이 묻었다.
병원 집 아이는 선뜻 두 손으로 두 손등을 거머쥐고 제 옷에 비볐다.
그리고 싱긋 웃었다. 손은 깨끗해졌다. 그 애도 웃었다.
병원 집 아이는 깨끗한 스웨터에 새 흰 바지를 입고 있었다.
병원 집으로 뛰어들어갔다.
어머니는 뛰어나왔다.

물에 빠진 생쥐가 된 아이들을 보고 서둔다.

새로 입힌 노랑 스웨터가 흙투성이 된 것을 보자 어머니는 불이 붙었다.

큰 소리를 지른다.

아이는 판자가게 집 아이에게 생글 웃어 보인다.

판자가게 집 아이는 웃지 않는다.

어머니는 더 야단이다.

아이는 잠자코 있다. 울지는 않는다.

빗발은 가늘어졌다.

병원 집 아이는 판자가게 집 아이를 툭 치고 밖으로 쏜살같이 뛰어나간다.

두 아이는 밖에서 비를 맞고 놀고 있다.

두 아이는 웃으며 뛰놀고 있다.

(『신태양』 1953년 8월)

폐허

전쟁이 부숴놓은 폐허를 간다.
차가 지날 때마다 타고 남은 기둥이, 주춧돌이, 장독대가 들먹인다.
나비가 그 위를 너울거리고 한 송이 봉선화가 피어 있었다.

(『신태양』 1954년 12월)

내 집

 내 집에 가서, 내 집에 가서…… 하고 숨을 돌리지 못하는 남편을 가벼이 업고 아내는 싸움이 끝난 내 집을 찾아갔다.
 돌과 잿더미를 헤치고 지붕 없는 흙 장판에 뉘어놓으니 비틀어진 문지방을 어루만지며 남편은 외웠다.
 "내 집이 좋아, 내 집이…… 앗, 저 박 보아…… 주인이 없어도 박이 열렸네!"
 그리고 고요히 숨을 돌렸다.
 잿더미 위에 달만 한 박이 하나 있었다.

습성

　기쿠치 칸(菊池寬)과 아쿠타가와 류노스케(芥川龍之介)*는 잊어버리기 잘하는 사람이요, 아쿠타가와는 그래도 멋을 부리려고 한 사람이지만 기쿠치 칸은 갱충이 없었다. 허리띠는 늘 질질 끌고 다녔다.
　한번은 기쿠치가 넥타이를 매지 않고 나갔다.
　다음에 아쿠타가와는 넥타이를 두 개 매고 나간 일이 있었다.
　누가 나은 편이냐고 따지는 광경은 우스운 일이었다.
　사토미 돈(里見弴)과 세 사람이 케이한(京阪)으로 여행한 일이 있었다.
　돌아와서 기쿠치 칸의 술회가 이러했다.
　"나도 아쿠타가와도 옷이든 버선이든 그저 벗어버렸지. 개는 버릇이 없잖아! 그런데 사토미 씨는 남의 것도 그런 것은 보고 앉아 있지를 못하는 모양야! 우리가 벗어 던진 것을 일일이 차곡차곡 버선까지 개어서 놓는 데는 참 미안했어!"

　나도 차곡차곡 하는 편이고, 남의 것도 눈에 거슬리는 편이었다.

---

* 아쿠타가와 류노스케(芥川龍之介, 1892~1927): 소설가. 대표작으로 「라쇼몽(羅生門)」 「지옥변」 「거미의 실」 「갓파(河童)」 등이 있다.

'담대 세심(膽大細心)'이니 하는 말이 있기는 하지만 이런 습성은 사람을 잘게 하기 쉬우리라고 생각했기 때문에, 아이들에게는 아쿠타가와나 기쿠치 같은 좀 무심한 편이 되기를 기대하는 마음으로 그런 것의 정리를 요구하지 않기로 마음먹었다. 그래서 아이들이 무엇이든 지저분하게 해놓은 것이 있으면 아무 말 없이 그것을 치워주곤 해왔다.

그런데 어느 날이었다.

밖에서 돌아오니 마악 돌아온 중학생 놈이 모자도 벗지 않고 방 안에 서서 밥 짓는 아이를 타이르는 것이었다.

어머니도 또 다른 아이들도 나간 방 안이 지저분했다.

"방이 이렇게 지저분해서야 어디 앉을 자리나 있느냐? 이런 데서 어떻게 공부가 되느냐? 어머니가 나갔으면 곧 네가 들어와서 깨끗이 치워주어야 할 것이 아니냐"는 등의 말이었다.

놀라지 않을 수 없었다. 항시 그렇게 지저분하게 어질러놓고도 무관심한 것 같던 놈이 결코 무관심한 것이 아니라 치워주는 사람이 있다는 것을 속셈한 엉뚱한 짓이었다는 것을 알게 되자 놀라지 않을 수 없었다.

그리고 내가 기대하던 것과는 다른 결과가 나타난 것은, 나의 말보다도 생각보다도 나의 행동이 끼친 바가 컸다는 것을 알게 되었다. 행동이 곧 가르침이 되었고 닮기를 원하지 않는 것을 닮게 한 것이었다.

(『신태양』 1954년 12월)

이야한 사람들

"어머니!"

밖에서 돌아오는 어머니를 보고 혼자 남아 있던 열 살짜리 딸은 급히 또 자랑스럽게, 그러나 남에게 들리지 않을 소리로 불렀다.

귓속말이었다.

"저어 아까 안집 할머니가 이렇게 큰 대접에 시금치를 무쳐 가지고 와서 '얘, 착하지. 여기 참기름 한 방울만 한 방울만……' 그래. 곧 방으로 들어와서 참기름 병을 감추어두고 '어디 있는지 나는 모르겠어요' 하고 대답했어. 어머니 같으면 주었지. 한 숟가락으로 안 될 거야. 두 숟가락은 돼! 나 잘했지?"

어머니는 어이가 없었다. 대답을 못했다.

어린아이들이 이렇게 자라서 어떻게 될 것인가? 과연 잘했다고 해야 옳을 것인가 생각하지 않을 수 없었다.

하기는 아이들이 좋아하는 참기름을 떨어뜨린 지 여러 날 만에 안집에서 한 병 살 때에 겨우 반병 산 것이었다.

끼니를 거른 일도 있었고, 멀건 죽을 훌훌거린 일도 있었고, 간장만으로 보리밥을 먹은 일도 있는 피란살이였다.

말없이 우두커니 서 있는 어머니에게 아이는 퍼부었다.

"잘했지 무어야! 엄마는 허영덩어리…… 파이라……"

'허영덩어리'란 삼남매가 어머니를 놀리는 유행어였다.

거지가 들어오면 거지라고 해서는 안 된다 하고, 무엇이든 주어야 한다. 그러나 무엇을 주면 거지가 "이런 것을 주느냐"고 투덜거리며 나갈 때에 아이들이 시작한 말이었다.

며칠이 지난 어느 날이었다.

밖에서 돌아온 어머니에게 딸은 이렇게 말했다.

"어머니! 간장병은 방에 두지 말고 밖에 두어야 한대. 할머니가 그랬어. 모두 장을 담아서 독으로 있는데 무얼라고 장병(醬瓶)을 방에 두고 잠그고 다니느냐고 그래!"

그리고 딸은 장병을 밖에 내어 놓았다.

어머니는 대답이 없었다.

사실 안집은 물론 한집에 사는 다른 세대도 장을 담갔다.

딸의 어머니는 한 병씩 사다 먹었다. 그나마도 떨어지면 가끔 소금을 대용도 하는 것이었다.

어머니는 저녁 준비에 바빴다.

안집 할머니가 쫓아왔다.

"여기 장 조금만!"

할머니는 큰 대접에 제 마음대로 장을 따라 가면서 말했다.

"댁에 장이 맛이 있어서!"

딸은 빤히 보고 있었다. 얼굴이 빨개지고 울상이 되었다.

(『신태양』 1953년 8월)

주름살

주름살도 여러 가지가 있다.

공연히 짜증을 내서 사람을 못 견디게 구는 여인의 주름살은 누가 봐도 알 수 있을 만큼 뚜렷이 살아 있다.

살림살이에 쪼들려서 지어진 주름살은 팔자를 고치어 호의호식하게 되어도 가난이 배겨 보인다.

가난하건 넉넉하건 초조함이 없이 마음이 너그럽고 덕이 있는 사람의 주름살은 보기에도 싫지 않게 복스럽고 탐스럽게 부드러운 선을 나타낸다.

이와 근사한 주름살에 악덕의 주름살이 있다. 근사하게 보이면서도 어딘지 속되고 천하고 흉하게 보이는 것은 사람을 많이 속인 사람의 그것이다.

어린이들의 꾀죄죄한 잔주름은 덕도 악덕도 아닌 그저 먹지 못해서 되는 것이다. 가장 참혹한 주름살이지만 잘 먹기만 하면 곧 펴져서 언제 그랬더냐는 듯이 좋은 얼굴이 될 수 있는 희망 있는 주름살이다.

(『신태양』 1953년 8월)

원(圓)·환(圜)

 한잔 얼근해서 돌아가려니, 집에서 정구지니 시나나빠니 풀만으로, 눌러도 다져도 다져지지 않는 깡보리밥을 먹고 있을 애들을 생각한다.
 "사람이란 당분을 취해야 하는 게라……"
 가위 소리 요란하게 "사 가이소, 사 가이소"를 외치는 엿장수에게 가서 10환짜리 엿 네 가락을 사 가지고 들어간다.
 "옛다! 이게 한 가락에 천 원이라!"
 애는 한 입 뚝 꺾고 가만있지 않았다.
 "십 환이라!"
 "천 원야! 천 원!"
 "십 환이라!"
 "이놈아, 정신 차려! 한 가락에 천 원야!"
 "으으, 천 원이면 십 환인데!"
 '그야 그렇지, 계산이야 틀림없는 옳은 계산이지' 하고 생각할 때 문득 옛날 생각이 머리에 떠올랐다.
 어려서 보통학교에 다닐 때였다.
 "아버지! 이 원만 주서요" 하면, "이 원? 이 원이 무어야, 백 냥이다. 백 냥이야!"

오후의 좌석 319

"십 원만 주서요" 하면, "십 원? 십 원이 무어야, 오백 냥이다. 오백 냥야!" 하고 반드시 말씀하셨다.

그것이 듣기에 대단히 못마땅했고, 그 말이 도대체 무슨 말인지조차 알아듣지 못했던 것이다.

사십 년이 흘러간 오늘, 내가 또 내 자식에게 못마땅하게 알아듣지 못할 말을 퍼붓고 있는 것이 아닌가 생각되어서 얼른 고치어 말하는 것이었다.

"옳다. 네 말이 옳다. 한 가락에 십 환이구나!"

그러나 '환'이 된 후로 5~6백 원 하던 것이 10환이 되고, 7~8백 원 하던 것이 10환으로 된 것만은 사실이다.

(『대구시정월보』 1953년 5월)

묻힌 장상(將相)

시장에는 파는 사람보다 사러 오는 사람이 더 많다.

사러 오는 사람보다 어정어정하는 사람이 더 많다.

오늘 시세는 어제보다 어떠한가, 물가도 물어보고 인심도 살펴보고 내일은 어떻게 될까 하는 예상도 해보고, 그것으로 천하대세를 점도 쳐보고, 어정어정하는 같은 부류의 사람 얼굴과 모습으로 그 사람이 어정어정하게 된 속사정을 더듬어도 보고 그날그날을 어정어정 보내는 사람들이 많다.

한끝에서는 윷을 놀고 한끝에서는 장기판이 벌어지고 있다.

장기판에 구경꾼이 많다. 몇 시간을 구경하던 노인이 이런 말을 하는 것을 엿들었다.

"그 장기 어디로 보나 장상(將相)감이로군! 때를 못 만나 아까운 사람! 끌끌."

(『대구시정월보』 창간호)

정

우리 동내(洞內)로 "구두 닦으세요" 하고 지나다니는 소년은 거지였다고 한다. 푼푼의 돈을 모아서 약과 상자와 솔을 장만했다고 해서, 지나가면 이집 저집에서 불러들이기도 하고 돈 10환쯤 더 주기도 한다.

대구 삼 년, 환도(還都) 2동(冬), 겨울마다 소년의 동시체(凍屍體)를 대로에서 보아왔다. 금년도 겨울이 닥쳐왔건만 그들의 거처는 마련되어 있지 않은 것 같다. 고아원 보육원이 많다 해도 역시 거리에서 자는 소년이 없어지지는 않는다.

아무 간섭과 제약을 받는 일이 없이 그들이 밤을 지낼 수 있는 거처를 마련해주었으면 한다. 무료 숙박소라는 시설은 일본만 해도 삼십 년 전부터 있다. 유지(有志)의 자그만 선의로 이루어질 수 있는 일일 것이다. 그들은 타인이 아니요 이방인이 아니다. 어쨌든 이 삼십 년 후의 이 나라의 주인공들이다. '학벌 없고 깡통 찬 경력 있는 자'만의 정당이 생길는지도 알 수 없는 일이다. 나라는 가난해도 동족애의 정만은 어린 날의 기억으로 남겨주고 싶은 일이다.

(『동아일보』 1955년 12월)

해마다 설

해마다 설은 온다. 365일을 자고 일어나고 일하고 살아왔다는 생각은 없다. 그저 꽃이 피고 떨어지고 잎이 푸르러 우거지고 더웁고 시원한 바람이 더위를 가시어주면 잎이 물들고, 이내 우수수 떨어지고 모진 바람에 손을 호호 불게 되면 어느덧 설은 찾아왔다.

동지 팥죽에 새알을 나이만큼 세어 먹고 나면 쫀득쫀득한 새알이 맛이 있어서 좀더 먹고 싶어서 나이가 적은 것을 섭섭하게 생각하고, '어서 한 살 더 먹었으면, 몇 살쯤 한 번에 나이를 먹었으면' 하고 생각한 일도 있었다.

해마다 아버지께서 인천에서 사다 주시는 청목뎅이 파란 가죽신이 머리맡에 기다리고 있고 새 옷이 이불 위에 기다리고 있어서, 초하룻날은 새벽 일찍이 눈을 뜨게 되고 새 옷을 입고 차례 제사 모시고 세배하고 눈길을 밟으며 산소에 나가는 것이 그저 즐겁기만 했었다.

해마다의 설을 그저 즐겁게만 생각했다.

열아홉 살에서 스무 살이 되는 해의 그믐날은 몇 친구와 술 한 병에 게 통조림을 앞에 놓고 앉아서 밤을 새웠다. 까닭 모를 눈물이 주르르 흘렀다. 눈물로 맞이한 설은 그해뿐이었다. 왜 눈물이 나오는지 그때는 몰랐다. 그 후에도 몰랐다.

이제는 어린애가 아니다. 어른이 된다는 생각에서 흐르는 눈물이었을 것이다. 어린 시절과 작별하는 설움이었으리라고 생각한다.

혼자 살아가야 한다. 혼자서 어떻게 살아가나 하는 두려움과 외로움에서의 눈물이었으리라고 생각한다.

그해뿐이었다. 삼십 년이 더 지나갔다.

쉰둘이라는 나이를 맞이하는 이날, 나는 나보다도 키가 큰 두 아들과 작은 딸을 앞에 두고 있다.

새해는 좀더 잘살 수 있는 해가 되어야 한다고 생각한다. 내 아들 딸이나 내 집안만이 아니다. 힘껏 일하고도 먹고 살아가기 어려운 많은 사람들이 모두 고루 잘살 수 있게 되어야 한다고 생각한다.

남부끄럽지 않게 우리도 살 수 있는 세상을 우리들이 이룩하여야 한다고 생각한다. 그런 우리들의 세상을 찾아야 한다고 생각한다.

눈물은 안 흘린다. 이를 악물고 맞이하련다.

(『평화신문』 1956년 1월)

애회반장(愛賄班長)

그 신문사에는 날마다 신문을 사러 오는 아이가—그러니 신문 파는 아이가—삼백 명은 모였다. 아침부터 와서 신문이 나오는 세 시 지나도록 주위에서 떠드는 아이도 많았다.

신문사에서는 그 아이들을 위해서 위안 겸 교양을 주는 기회를 만들어보기로 하였다.

첫날은 아동잡지의 동화 한 편을 읽어주었다.

아이들은 조용히 재미있게 들었다. 그리고 합창을 시켰더니 우렁차고 씩씩하게 부르는 품이 어떤 국민학교 합창보다 못지않았다.

신문사 사람들은 한편 놀랐다. 이럴 줄 알았더면 좀더 일찍부터 해줄 것을 그랬다고 말하는 사람도 있었다.

날마다 오후 두 시부터 모이기로 하였다. 이야기도 해주고 노래를 가르치기도 하고, 영화도 보여주고, 고등학교 악대(樂隊)가 와서 연주를 해주기도 하였다. 어떤 사람은 빵떡을 선사해 와서 나누어주기도 하였다.

이렇게 해서 여러 날을 지내니 신문사 사람은 그 한 가지 일로 해서 일이 많아졌다.

아이들에게 조력도 얻을 겸 그들이 자치적으로 하도록 하는 것도 좋은 일일 것이라고 생각한 결과 반장을 뽑기로 하였다.

스무 명에 반장 한 사람씩을 선거시켜서 열일곱 명의 반장이 선출되었다.
　열일곱 명 신문 파는 아이들을 모아놓고 제1회의 반장회의를 열었다.
　"무슨 의견이 없느냐?"는 질문에 어떤 반장이 불쑥 이렇게 말했다.
　"우리 반에는 이 뜨거운 날에 신발을 안 신은 아이가 둘이 있어요."
　그러자 다른 반장도 말을 했다.
　"우리 반에도 하나 있어요."
　"우리 반에도 하나 있어요. 참 가난해요."
　뜨거운 볕에 신발을 못 신고 뛰는 아이가 결국 네 사람 있다는 것이었다.
　신문사 사람은 한참 생각한 후에 이렇게 말했다.
　"우리가 사 주지! 네 사람이지. 곧 사 주기로 하지."
　반장 모두가 대단히 만족하였다.
　그리고 곧 산회(散會)하였다.

*

　그 일이 있은 지 며칠 후였다.
　제법 어깨를 부리고 곧잘 뻐기는 한 반원(班員)이 반장을 불러내더니 아이스께끼 집으로 들어갔다.
　아이스께끼를 두 개씩 먹고 빵떡을 두 개씩 먹고 그 애는 40환을 척 내주었다. 신문 여덟 장을 팔아야 떨어지는 40환이었다.
  반장은 제가 먹은 값은 제가 내려고 했다. 20환이란, 만만치 않은 돈이지만 영문 모르고 따라와서 먹어버렸으니 제가 먹은 값은 제가 치러야겠다는 생각이었다. 그러나 그 애는 그 순간이야말로 어깨를 부리듯이 뻐기고 듣지 않았다.
  "염려 말어! 내일 또 살게. 나는 네가 좋아서 그러는 거야!"
  그리고 귓속말로 이렇게 말했다.
  "내 신 봐라! 너는 신문사에 말만 하면 되지 않니? 하나 부탁한다!"
  반장은 가슴이 선뜻했다. 그런 배짱이었구나, 생각하니 올걱질이 나오려고 했다.
  그 애는 뛰어가버렸다.
  반장은 생각했다. 아무리 생각해도 그 애를 신발도 못 사 신는 아이라고 보고할 수는 없었다. 그 애는 신문 파는 아이들 중에서도 넉넉한 편이었기 때문이었다.
  문득 신문에서 읽은 뇌물을 주고받은 '부정사건'이란 기사가 생각났다. 아이스께끼와 빵떡이 역시 뇌물일 게다 생각하니 더욱 마음이 편하지 않았다.
  하룻밤을 곰곰이 생각했다.
  다음 날 반장은 신문사 사람에게 반장을 그만두겠다고 말했다.
  신문사 사람은 머리를 쓰다듬으며 "왜 그러느냐?"고 재차 물었다.
  반장 아이는 대답이 나오지 않았다. 불쑥 생각하지도 않던 대답이 나왔다.

"서울 가요!"

"서울!"

신문사 사람은 펄쩍 뛰고 만면 웃음을 띠었다. 그리고 다른 사람에게도 들리게 이렇게 말했다.

"얘 서울 간대…… 환도 제일착…… 송별회를 해야겠다."

반장 아이는 가슴 뛰는 소리가 다른 사람들에게도 들릴 것 같았다. 곧 그 자리를 물러서려고 했으나 신문사 사람은 잠깐 기다리라고 하고 다른 방으로 들어갔다.

생각한 일도 없는 '서울 간다'는 말이 어째서 나왔을까, 입이 원망스럽기도 하였다. 큰일을 저지른 것 같았다.

곧 두 시가 되었다. 아이들은 모였다.

「소년의 노래」를 합창하고 신문사 사람은 반장 아이를 불러 세웠다.

"이 사람은 이번에 서울 가게 되었소. 피란 내려와서 많은 고생을 하고 있다가 인제 여러 분도 차례차례 환도할 텐데, 이 사람이 맨 먼저 환도하는 사람이오. 환도하게 되었다고 인사를 왔으니……"

반장 아이는 아득해졌다. 무슨 말을 하는지 들리지도 않았다.

아이들은 또 합창을 시작했다. 신문사 사람은 고개 숙이고 있는 반장 아이에게 말했다.

"너도 같이 해! 너를 송별하는 거야!"

반장 아이는 눈물이 핑 돌았다.

신문사 사람은 더 말을 하지 않았다. 감격해서 고개를 들지 못하는 것으로 생각했다.

그러나 반장 아이는 큰일을 저질렀다는 것, 환도는 꿈도 안 꾸는데 거짓말을 한 것, 내일부터는 신문 장사도 못하게 된 것, 길에서 아이들을 만나면 어떻게들 생각할 것인가 생각하면 생각할수록 큰일을 저질렀다는 생각밖에는 없었다.

합창이 끝난 모양이었다. 불쑥 눈앞에 어른거리는 것이 있었다. 박수 소리가 요란했다. 신문사 사람이 공책과 연필과 그림책을 주는 것이었다.

헤어지니 여러 아이들이 반장 아이를 에워쌌다. '아이스께끼'도 가까이 왔다.

"정말 서울 가니?"

"응!"

시원한 대답이 나왔다. 선뜻 그렇게 대답이 나온 것이 이상스러웠다.

신문을 받아 들고 나올 때였다. 반장 아이는 쏜살같이 뛰어나와서 앞서가는 '아이스께끼'에게 신문사에서 받은 기념품을 송두리째 떠맡기고 되돌아 뛰었다.

싫증

유행가나 유행곡은 정이 들기도 빨리 들고 싫증도 빨리 난다.
맨 먼저 정든 알쏭달쏭하고 멋들어진 고비가 맨 먼저 싫어진다.
한번 싫어지는 날이면 걷잡을 수 없이 싫어진다.
명곡은 정이 들기도 덤덤히 들어서 오래오래 간다.
사람의 사귐에도 그런 일이 있다.

육친(肉親)

아내는 오른편에 누워 있다.
아이들은 왼편에 누워 있다.
부르르 배 끓는 소리가 들린다.
누구 배가 끓나, 하고 생각해본다.
불룩했던 배가 꺼지고 곧장 스르르 방귀가 나올 것같이 생각된다.
내 속이 다 시원해진다.

모순(矛盾)

사장은 이렇게 말했다.

"나는 구두 닦는 아이에게 구두를 닦인 일이 없어. 그 애들을 보면 내 자식만 같아서 차마 그 짓을 시킬 수가 있어야지!"

구두 닦는 아이들은 말했다.

"그놈의 집 사장 같아서야 우리들은 깡통을 차고 나와야만 되겠지. 찌!"

(『문예』1953년 12월)

악동 탄생

라디오를 듣다가 자식이 아버지에게 물었다.
"이게 무슨 노래야요?"
"달아 달아 밝은 달아 이태백이 놀던 달아……"
"이태백이가 누구야? 이씨 조선인가?"
"옛날 중국 사람야!"
"응, 호떡 장사가 달하구 잘 놀았단 말인가!"
"호떡 장사는? 왜 중국 사람은 모두 호떡 장산가? 이태백은 중국의 유명한 시인야……"
"시인? 우리나라엔 없는 거야?"
"우리나라에도 시인은 많지…… 그렇지만 옛날에는 중국이 크고 훌륭하고 힘도 세어서 우리나라는 중국의 말을 듣고 살았기 때문에 중국 것은 다 좋다고 생각했기 때문에……"
"응, 알았다! 그다음에는 일본의 식민지가 돼서 일본 말 배우고 일본 것은 다 좋다고 했구, 시방은 영어를 해야 잘살고 미국 것은 다 좋고……"
"아니다. 미국은 우리나라를 원조해주는……"
"그건 알아요. 그렇지만 이태백인 그만두고 우리 노래를 쓰면 좋지 않아요."

"글쎄……"

그때다.

발 벗고 저고리 벗은 토인 같은 아이들 일고여덟 명이 들어오더니 자식을 보고 "손들어!" 하니, 자식은 두 손을 번쩍 들고 '딱 딱 딱' 소리에 벌떡 자빠진다.

일고여덟 명은 모두 손에 까만 딱총을 들고 있었다.

"나왓!"

명령 일하(一下)에 자빠졌던 자식은 아버지를 돌아다볼 겨를도 없이 밖으로 나가버렸다.

저녁밥을 먹을 때 어머니가 이렇게 말했다.

"너는 왜 날마다 손들고 자빠지는 것만 하니?"

"살인강도니까 그렇지! 나는 대장이 되고 싶은데……"

"무어!"

아버지가 버럭 소리 질렀다.

"나도 총이 있으면 대장이 될 텐데, 총을 안 사 주니까 그렇지 무어야!"

"그런 아이들하고 놀지 마라!"

아버지의 호령은 무용(無用)이었다.

나오라고 할 때에 나가지 않으면 다음에 여러 아이들이 데리고 가서 때려주는 것을 아는 어머니는 그날 밤 아버지에게 어떻게 말을 했던지 다음 날은 딱총과 화약을 사 주어서 '살인강도'는 면하게 되었으나 매일 화약 값이 대단했다.

여러 날 후였다.

아버지는 집에 돌아오다가 자식이 대장이 되어서 길가에서 아이들을 지휘하고 호령하고 노는 것을 보았다. 그리고 딱총을 사 주자고 주장한 어머니의 의견도 그럴듯하고 사 준 것도 잘되었다는 듯이 빙그레 웃었다.

 그러나 집에서는 어머니가 백 환 한 장을 잃어버리고 머리를 앓고 있었다. 그것은 자식이 대장이 한번 되고 싶어서 아이들에게 향응한 것이었다.

심부름

낮잠 자던 아버지가 자식을 불렀다.
"야아, 이놈아!"
"뭐?"
"담배 한 갑 사오너라!"
"시방 공부하는데……"
"얼른 갔다 오지 못해!"
자식은 슬그머니 밖으로 나가버린다.
"앗, 이놈이!"
아버지는 불끈 일어났다.
"하, 이런 놈 봐! 자식을 어떻게 가르쳤는지, 심부름이라고는 당초에 안 하거든! 찌!"

*

어머니는 부엌에만 들어가면 짜증이다.
"세상두! 당초에 먹을 것이 있어야지. 야, 아무개야……"
자식을 불렀다.
"새 집에 가서 간장이라도 조금 달라구 해라……"

"……"

"이 병 가지고 가서 좀 얻어와."

"싫여!"

어머니고 아버지고 심부름이라면 밖으로 새어 나가는 자식이었다.

어느 날 늙은 손님 한 분이 왔다.

아버지도 어머니도 뛰어나와서 쩔쩔매고 자식에게는 "절을 하라" 하고 서두는 품이 아버지 어머니에게는 대단한 손님인 것 같았다.

어머니는 부엌으로 들어가더니 자식을 눈짓 손짓으로 불렀다. 치마 밑에 차고 있는 주머니에서 차곡차곡 접힌 돈 한 장을 꺼내서 자식에게 주며 "반찬 가게에 가서 콩나물하고 두부하고 무엇 무엇 하고 사오너라" 하고 말했다.

자식은 살그머니 나가서 부탁한 대로 모두 사 가지고 들어왔다. 희한한 일이라고 생각할 사이도 없이 자식은 또 어머니에게 이렇게 말했다.

"엄마! 나 아무 데도 가지 않고 대문 밖에서 놀 테니 심부름할 게 있으면 불러!"

*

위급한 때에는 어린 자식도 자진해서 협력하고 오히려 기쁨을 느낀다.

권세나 폭력이나 위협으로는 아버지 어머니라 하더라도 자식을 움직이지는 못한다.

그것이 진정 나라를 위하는 일이라면 막대기를 휘두르지 않아도 백성들은 자진해서 한다.

자식은 민주주의라는 글자가 생기기 전부터 언제나 민주주의적이다.

꿈과 과학

그렇다고 최근 국민학교의 지도방침과 같이 과학에만 치중하는 것을 옳다고 생각할 수는 없다.

과학 과학 하는 그 교육이 결코 장래의 과학을 지향하는 기초 과학 지식의 함양이 아니라, 과거의 과학, 기성과학(旣成科學)의 전수에 그치기 쉬운 까닭이다.

과학 교육 제일은 정서를 망각하게 되고 정서교육의 결여는 꿈을 저버리게 되어 발랄하고 백화찬란(百花燦爛)한 공상의 세계를 몰각하여 과학의 진보성과 창의의 발아를 삼제(芟除)하는 결과를 초래하기 쉬운 까닭이다.

*

다섯 살 된 딸이 사기그릇 조각, 유리 조각, 병 깨어진 것, 전구 깨어진 것, 양철 조각을 앞치마에 가득 넣어 가지고 들어와서 방바닥 머리맡에 우수수 쏟아놓았다.

아버지는 간이 서늘했다.

"원, 이게 다 무어야! 다 내다 버려라…… 하, 전부가 큰일 날 거야…… 하나라도 밟았다가는 발을 벨 거야! 하필 저런 것만 가지고 놀까? 또 어디서 저렇게 모아 왔을까!"

아버지는 고이고이 모아서 밖에 내다 버렸다.

딸은 불이나 붙은 것같이 울고 그치지 않았다.

"내 소꿉! 내 소꿉!"

아버지가 아무리 야단을 해도 그치지 않고 아무리 달래어도 듣지 않았다. 업어주고 과자 사 주고 재워주었다.

밤중에 딸의 잠꼬대 소리에 깨어서 아버지는 눈이 둥그래지고 겁이 더럭 났다.

"내 소꿉야! 내 소꿉 주어. 싫여 싫여! 내 소꿉야!"

소름이 끼치었다.

새벽이 되자 아버지는 내다 버린 사기 조각 양철 조각 중에서 날카롭지 않은 것으로 골라서 도로 가지고 들어와서 딸의 머리맡에 놓아주고 일어나기를 기다렸다.

*

저녁때 집에 돌아온 아버지는 문간에서 딸이 동내(洞內) 여러 아이들과 소꿉장난하고 있는 것을 보았다.

딸은 아버지를 보자 동무에게 이렇게 말했다.

"여보오! 손님이 오셨어요. 밥을 드릴까요? 술상을 차릴까요?"

한참 후에 딸은 아버지에게 무엇을 고이고이 가지고 왔다.

조그만 나무판에 사기 조각 유리 조각이 놓여 있고 그 위에 풀도 있고 모래도 있고 진흙도 있고 과자 부스러기도 있었다.

"잡수서요!"
하고 풀을 집어서 입에까지 가지고 왔다. 그리고 낮은 소리로 말했다.
"냠냠 하면 돼!"
"냠냠. 이게 무어냐?"
"나물이지 뭐야!"

*

　유리 조각을 유리 대접으로 사기 조각을 밥그릇으로 양철 조각을 칼로 생각하는 대여섯 살의 어린이는 꿈과 현실의 구별이 없다. 그리고 아버지 어머니 동내 사람들이 하는 짓을 본대로 재현하는 것은 물론, 아버지 어머니들이 이렇게 해주었으면 하는 희망까지도 표현한다.
　이것이 공상이요 창의요 발전이다.
　꿈이 있어야 발전이 있고 진보가 있다.
　어린이의 세계에서 풍부한 상상력과 비약하는 공상력을 북돋아 주는 동화의 세계를 제거하고는 과학의 발달과 진보는 기대하기 어려운 것이다.
　꿈을 현실화하려는 데서부터 과학은 시작한다.

(『신천지』 1953년 7월)

최후의 긍지

동부로 여섯 시간 지프차를 달려서 ○○사단을 방문했을 때였다.
사단장 민기식(閔機植) 소장은 여기저기를 안내해주었다.
한 군데를 가니 위병소가 있고 문은 장대로 가로막혀 있었다. 이것을 올려주어야만 들어갈 수 있는 것이었다.
별 두 개 단 HQ I 지프차와 헌병대장의 차와 두 대다.
차를 보고 위병은 부리나케 위병소로 들어가더니 기록부와 연필을 들고 나왔다.
"어데서 오셨습니까?"
하고 묻는 것이었다. 자기의 상관을 알아보지 못하고 묻는 것이었다.
모두 벙어리가 되어서 잠시 동안 아무 말이 없었다.
한참 만에 민 소장이 이렇게 말했다.
"내가 누구인지 모르나?"
"……"
한참 동안 별 두 개의 계급장을 들여다보더니 위병은 대답했다.
"앗, 알았습니다. 중장입니다."
모두 어이가 없어서 웃지 못할 웃음을 웃었다.
헌병대장이 이렇게 말하는 것이었다.
"제일 높은 사람이 누구냐구 물으면 지서(支署) 주임이라고 하는 예가 많습니다. 요새는 많이 나아졌습니다."

또 다른 부대에 갔을 때였다.

교육을 받고 있는 오십여 명에게 민 소장은 이 분 동안에 옷을 벗고 마당에 집합하라고 하였다.

벼락같이 웃저고리를 활활 벗고 마당에 정렬하였다.

"보시오!"

하고 사단장은 사병들의 몸뚱이를 지적했다.

시커멓게 탄 살은 기름이 질질 흐르고 알통이 터질 지경이었다. 모두가 고르게 살진 건장한 육체였다.

"팔 개월 전 처음 입대해 왔을 때는 사람이 아니구 귀신이라고나 할까, 삐삐 말라서 걸음조차 제대로 걷지 못했어요……"

이 사단은 사병의 보육(保育)을 제일주의로 했다는 소문을 들은 일이 있었다.

쇠약한 사병은 보육대라는 곳에 입대시켜서 잘 먹고 잘 자고 잘 놀게 해주어서, 이삼 주일 동안에 몸이 부쩍 늘게 하는 기구를 만들었다는 소문을 들은 일이 있었다.

사단장은 정렬한 사병들에게 물었다.

"중학교에 다닌 사람 손 들어봐!"

졸업이라고 하지 않고 '다닌 사람'이라고 했다.

몇 사람이 손을 들었다.

다음에는, "소학교 졸업한 사람?"

여러 사람이 손을 들었다.

그다음에는, "소학교 중퇴! 좀 다닌 사람?"

이번에는 많은 사람이 손을 들어다.

사단장은 나를 돌아보았다.

나는 문득 '소학교에도 가보지 못한 사람도 있을 것이니 그런 사람은 몇 명이나 되나?' 알고 싶어졌다. 그래서 사단장에게 귓속말로 이렇게 말했다.

"소학교에 못 간 사람?"

민 소장은 머뭇머뭇하다가 아무 대답 없이 앞으로 나아갔다. 사병들에게 간단한 훈화를 하는 것이었다.

내 질문은 완전히 채택이 되지 않았다.

그리고 다음 부대로 가는 것이었다. 달리는 지프차 안에서 민 소장은 이렇게 말하는 것이었다.

"소학교 중퇴한 사람이라면 그중에는 가보지도 못한 사람이 대부분입니다. 대부분이 못 다닌 사람들이야요. 그렇지만 동료들이 있는데 '소학교도 못 가본 사람'이라고 하기도 창피하고 손을 들기도 부끄러운 일이니까요. 후방에서 명사(名士)들이 오면 대개 그런 질문을 하는 사람이 있는데 참 곤란할 때가 있어요. 그 애들도 긍지는 있으니까요. 그 약간의 긍지라 할까 최후의 긍지라 할까, 그런 점을 직속상관 소대장, 중대장들도 좀 이해해주어야 할 터인데……"

지나가는 말같이 나지막한 소리로 이렇게 말하는 것이었다.

(『중앙일보』 1954년 3월)

권 중위

  낮에는 아직도 더위가 가시지 않아 땀이 쉴 새 없이 흘렀으나 아침저녁은 제법 쌀쌀해서 간밤에 서리가 내리지 않았나 의심하게 하였다.
  숙소 앞마당에는 무궁화와 코스모스가 피어 있고 감나무에 감이 주렁주렁 열려 있었다.
  깨끗하게 청소한 마당에 내려가서 감나무를 쳐다보았다.
  한 나무에도 백여 개쯤이나 열린 나무가 여러 그루 있었다. 탐스럽게 열린 감나무를 따라서 차츰차츰 뒷동산까지 가보니 뒷동산에는 밤송이가 주렁주렁 매달린 밤나무가 산 위까지 빽빽이 서 있고, 이건 또 호두가 조롱조롱 열린 호두나무도 있었다.
  마을은 흔적도 없이 다 타버리고 서너 집밖에 남지 않은 여기, 몇 해 동안을 총탄과 폭탄에 그저 뒤흔들리기만 하고 아무도 가꾸는 사람이 없었으련만, 밤나무 감나무 호두나무는 철 따라 열매를 맺고 꽃나무는 꽃을 언제나 다름없이 아름답게 피우고 있었다.
  강원도 건봉산(乾鳳山) 밑 ○○사단 사단장 숙소. 뒤도 산 앞도 산, 바라보이는 곳 모두가 산이었다.
  뺏겼다 뺏었다 하기를 수십 번 거듭하기에 무수한 포탄의 세례를 받아 산봉우리가 몇 미터는 낮아졌으리라는 '대머리 고지'는 이글이글 타오르는 화산과도 같이 시뻘건 발가숭이 산이었다.
 그것을 무심히 바라보고 있는데 아래서 중위 한 사람이 따라 올라왔다.
 경례도 정들게 붙이고 얼굴에 미소를 띠우며 이렇게 말했다.
 "안녕히 주무셨습니까? 고단하시죠? 각하가 기다리고 계십니다."
 여자같이 예쁘고 깨끗한 얼굴에 미소가 사라지지 않았다. 몸매와 말솜씨에 학생 티가 풍기는 것 같았다. 권(權) 중위라고 하였다.

*

 종일토록 전선을 시찰하고 돌아와서 누워 있을 때 권 중위는 신문과 잡지를 들고 와서 보겠느냐고 묻는 것이었다.
 나는 고단했지만 신문이나 잡지보다 그와 이야기를 해보고 싶은 생각이 나서 그를 들어오라고 했다.
 그는 ○○대학교 공과대학 화공과 1년 때에 입대했다고 해서 나를 놀라게 하였다. 나는 고작 고등학생쯤으로 생각하였고, 더욱이 공과는 생각지도 않았기 때문이었다.
 "공과면 입대 안 할 수도 있었을 텐데……"
 "시방도 제대할 수 있겠습죠. 그렇지만……"
 "응?"
 "공과를 한다고……" 하고 상글상글 머뭇거리다가, "나라 있는 다음에 공부가 아닐까요? 국가의 운명이 위급할 때에 어떻게 교실에 앉아 있겠어요. 저는 그렇게 생각했습니다만, 제가 잘못 생각한 것일까요?"

　상냥한 얼굴을 들어 나를 쳐다보니 나는 대답할 말을 찾지 못했다. 그렇게 깊은 생각과 뚜렷한 분별을 가지고 있는 데 감동하였기 때문이다.

　그는 또 이렇게 말했다.

　"동기생을 만난 일이 있었습니다. 벌써 삼학년이 되었어요. 참 부럽기도 하고 며칠 동안은 견딜 수가 없었습니다. 그렇지만 요새는 아무렇지도 않습니다. 언제든지 따라갈 수 있다는 자신도 생겼습니다. 여기서도 시간이 있는 대로 공부를 계속하고 있으니까요!"

　그리고 권 중위는 입을 닫는 것이었다. 입가에는 어떤 일에도 지지 않으리라는 굳센 투지조차 깃든 것을 엿볼 수 있었다.

　나는 손을 내밀어 그의 손을 잡았다. 힘 있는, 그러고도 정다운 악수를 하였던 것이다.

(『민병순보』 1954년 9월)

까부는 아이

'가화만사성(家和萬事成)'이란 말이 있는가 하면, '말 많은 집에 단장이 쓰다'는 말이 있다. 단장도 써진다는 말이다.

상을 받으면 반드시 한마디하는 사람이 있다.

"그 국 싱거워서 먹겠나?"

"그 찌개 짜기만 하군!"

"그 밥 돼서 어디 먹겠나!"

이런 사람을 복 없는 사람이라고 한다.

아주 보기 드물게 좋은 말만 쓰는 사람이 있다.

싱거우면 "거 참 슴슴해서 좋군!" 짜면 "허허, 짭짤해서 좋군!" 맵기만 하면 "얼근해서 좋은데!" 따위의 말을 골라서 쓰는 사람은 그리 흔히 있지는 않으나 복 있는 사람이라고 한다.

*

큰놈은 고등학교 1년. 둘째 놈은 중학 2년, 막내로 딸이 국민학교 5년생이다.

큰놈은 발이 길었다. 아버지 어머니는, "이놈은 키가 클 게다"고 말했다.

사실 커갔다. 쑥쑥 쑥대같이 자라서 아버지보다 커졌다.

둘째 놈은 발이 작았다. 작고 통통한 발을 어머니는 어루만져 귀여워하며, "이건 크지 않을 거야! 땅딸보야!" 하고 말했다.

사실 크지 않았다.

큰놈은 아버지 책장에서 시집을 뽑아 들고 가끔 읽었다.

어머니는 "저 애는 시인이 될 거야!" 했다.

사실 시를 흉내 내는 것이었다. 몇 군데 잡지에 발표된 일이 있은 후로는 아주 시인인 체하고 일요일이면 노트를 들고 들판으로 나간다.

둘째 놈은 망치를 들고 못을 박고 나무토막 장난을 잘했다.

"저놈은 공과(工科)야! 무엇이든지 고쳐주거든!" 했다.

사실 일요일이면 집 안을 두루 살펴서 큰 것 작은 것을 고치느라고 야단이다.

두 놈의 성질이 그다지 다른 것이 아니었으나, 아버지 어머니의 어쩌다 한 말이 그대로 되어가는 것이었다.

큰놈은 '부지런하다'고, 둘째 놈은 '게으른 놈'이라고 한 말이 점점 그대로 되어가고 있다. 큰놈은 "일어나라!" 한번 말하면 발딱 일어나고, 둘째 놈은 "이잉" 하고 뒹굴고 열 번도 더 깨워야만 일어나게 되었다.

'잘한다, 잘한다' 하면 잘하고, '못한다, 못한다' 하면 정말 못하게 되었다.

"얘는 공부를 하려고 하는데, 저애는 당초에 공부를 안 해!" 했더니 정말 이 애는 자주 책상 앞에 앉고, 저 애는 장난만 하고 책을 들여다보는 일이 없다.

막내딸은 자주 무용에 뽑혔다.

"무용가가 될 거야! 무엇을 해도 몸매가 있어!"

사실 딸은 공부는 안 하고 체경(體鏡)에서 몸매만 보고 무용의 연습과 창작을 하는 것이었다.

"엄마! 이렇게 하는 것보다 이렇게 하는 게 좋지 않아? 선생님은 이렇게 하라구 하는데."

막내인 만큼 귀엽기도 하지만 재롱이 또 예뻐서 대견한 마음으로,

"까불지 마라!"

하고 뺨을 대기도 하고 입을 맞추기도 한다.

이것이 잘못이었다. 까분다는 것이 어른의 귀여움을 받을 수 있는 일로 생각하게 되었던 모양이다.

어느 날이었다.

학교에서 돌아올 때에 두어 아이와 같이 들어왔다.

"얘도 무용하는 애야! 무용 아주 잘해!"

그리고 이렇게 말하는 것이었다.

"얘도 까불어! 그렇지만 학교에서 내가 제일 까부는 편야!"

어머니는 대꾸를 못하고 아버지를 바라보았다. 아버지도 어이가 없어 말이 없었다.

(『새교육』 1954년 9월)

위조(僞造) 협력

"구리무 갑이나 분 갑 있으면 파세요!"
"구리무 갑이나 분 갑 있으면 파세요!"
하루에도 여남은 사람씩 이런 장수가 대문을 두드린다.
"세상에 원! 부끄럽지도 않을까?"
가짜를 만들기 위해서 빈 병, 빈 갑을 저렇게 큰 소리를 지르며 사러 다니니……
"없소."
그래도 못 들은 체 또 묻는다.
"구리무 갑이나 분 갑 있으면 파세요!"
"안 팔아요! 없어요!"
그만 얄미운 생각이 앞서서 소리를 질렀다. 가짜를 속아서 사다 쓴 사람같이 화를 낸 소리다.
그러자 장수는 쓰윽 중문 안으로 들어서는 것이었다.
"있으면 파세요!"
"없어요! 안 팔아요! 있어도 안 팔아요!"
"그러지 말고 팔아주세요!"
장수는 아주 사정사정 애걸하는 시늉을 한다. 그물 망태를 보인다. 크림 병이 단 하나 들어 있었다.

"이걸 누군 하구 싶어서 하겠어요! 이것도 장사라구…… 입에 풀칠이나 하려구 하는 거지…… 에그 원! 그렇지 않아두 요샌 안 판다는 댁이 많아요! 무얼! 있으면 팔지! 한두 집에서 안 판다고 가짜가 안 나올 것도 아닌데……"

'아이쿠!'

그 말에는 질렸다. 한두 집에서 안 판다고 가짜가 안 나올 것도 아닌데 공연히 그런다고……

귀가 솔깃해진 모양이었다. 동정하는 마음도 있는 모양이었다. 말이 없으니 건넌방에서 남자의 목소리가 나왔다.

"없습니다."

"그러지 말고 있으면 파세요! 오늘 하루 종일 돌아다니고 겨우 구린 병 하나예요……"

"없습니다."

그래서 빈병 장수는 그만 나갔다.

나간 다음에 건넌방에서는 호령이 내렸다.

"병이고 갑이고 그런 것이 있으면 모두 내다가 깨뜨려버려라! 팔아선 안 된다…… 강냉이를 사 먹어도 안 된다…… 가짜 만드는 데 협력하는 거야……"

(『사조』1958년 6월)

값 떨어지는 미인

덕수궁 앞, 그러니 '시청 앞'이라는 버스 정류장에는 버스를 기다리는 사람이 이삼십 명 있었다.

퇴근 시간이 아닌 만큼 많은 사람이라고는 할 수 없었다. 더욱이 효자동으로 가는 버스와 삼선교로 가는 버스가 정차하는 곳이기 말이다.

날씬한 양장에 하이힐을 신고 다리가 더할 수 없이 매끈한 젊은 여자가—키도 후리후리하고 얼굴도 짙은 화장에 어느 모로 보나 어디 한 점 험잡을 곳 없는 젊은 여자가—서 있는 것이었다.

그러니 뭇 남자가—늙고 젊고가 없었다—멀리서 빙글빙글 돌며 곁눈질을 해 가면서 보거나 바싹 다가서서 보거나가 다를 뿐이지, 그 많은 남자들의 시선을 한 몸에 받고 꼿꼿이 서 있더란 말이다.

그만큼 아름답고, 말하자면 시선을 집중시킬 조건이 완전히 구비되어 있었다고 할 것이다.

버스가 왔다. 효자동 행이었다.

학생이 날름 올라탔다.

그 젊은 여자도 그 버스를 보고 종종걸음으로 다가가는 것이었다. 앞서 가던 젊은 신사가 쓱 비켜서는 것이다. 먼저 타라는 신사도라 할까, 여인에게 대한 예의 또는 아름다운 사람에게 양보하는 즐거움이라고 할까.

떠꺼머리 같은 차장은 무표정하게 그저 손을 내밀 뿐이다. 그러자 그 젊은 여자는 핸드백을 열고 그 속을 뒤적거려서 조그만 지갑을 찾아내고 그 지갑을 여는 것이었다.

먼저 타라고 길을 비켜준 젊은 신사는 뒤에서 얼굴을 찡그리고, 그러나 먼저 올라탈 생각은 하지 않고 있다.

버스를 탈 때에는 먼저 돈을 내고 타는 것쯤은 다 알고 있기 때문에 30환씩 혹은 100환짜리라도 들고 있는 것이 보통인데, 그 아름다운 여자는 차장이 손을 내민 다음에야 돈을 찾아내노라고 서두르는 것이었다.

이게 늙은 파파 할머니라든지 시골서 올라온 노인이라면 모르되 어디 한 점 험잡을 곳 없이 세련된 여성미를 완전 구비한 젊은 여자가 이래놓으니 비켜준 신사나 그 뒤에 잇대 서 있는 사람들의 얼굴빛이 달라지는 것이었다.

올라탄 다음에도 중얼중얼 투덜대는 말은 당장에 그 여자의 값이 떨어지는 것이었다.

"무어 그따위야!"

"양갈볼 거야!"

"양갈보나 될까 원!"

(『사조』 1958년 6월)

편지질하는 여학생

 일요일이었다. 아이들은 뿔뿔이 놀러 나가고 아버지 어머니가 집을 보는데 편지가 왔다.
 편지도 큰아들 ─ 고등학교 3학년생 ─ 인 창수에게 여자 이름의 편지가 왔으니 말이다. 어머니는 고개를 갸웃하고 생각했다. 여자 이름이 틀림없는데 아버지가 보면 창수가 꾸중을 듣지나 않을까 첫째 걱정이고…… 이것을 모르는 체하고 창수 책상 위에 던져두었다가는, 난생처음 받아보는 여자 이름의 편지인데, 아아니 이런 편지가 늘 오느냐고나 하지 않을는지, 또는 이런 걸 창수 놈에게 그냥 전해주느냐고 야단이나 치지 않을까 생각했다.
 또 이게 도대체 어떤 여자일까? 궁금하기도 하고, 한편 ─ 호, 우리 창수가 벌써 여학생하고 편지질을 하게 되었다 ─ 대견한 생각도 있고……
 "아 누구한테 온 편진데 그래?"
 남편은 벌써 창으로 내다보고 있었다.
 "창수한테 온 거예요."
 대답을 해놓고 남편 앞으로 다가가서 넌지시 말했다.
 "이게 여자 편지 아냐요?"
 "안인순이라, 흠 여자군그래……"

남편은 어쨌느냐는 듯이 무심했다.
"여학생일까?"
"글쎄 그걸 어떻게 알겠수?"
"좀 뜯어 볼까?"
"무어!"
남편은 정색을 했다.
"……신서(信書)의 비밀은 지켜야지. 안 될 말! 부모가 뜯어 보면 애들도 저희끼리 오는 편지마다 서로 뜯어 젖히면 어떻게 하려구 그래! 그대로 두어요. ……근데 근석이 벌써 여자 동무가…… 무어 그럴 나이도 됐지…… 어떤 여자지?"
아버지도 궁금한 모양이었다.
"글쎄 말이에요."
어머니도 궁금하다. 그런데 돌아온 큰아들 창수는 편지를 보고 앞뒤를 살피더니 북 찢어서 아궁이에 틀어박는 것이었다. 솥깃이 창으로 내다보던 아버지 어머니는 기겁을 하고 얼굴이 마주쳤다.
저녁상을 받은 다음에야 어머니가 넌지시 묻는 말에 창수는 이렇게 대답했다.
"깡패야요. 유명한 불량 여자야요. 얼굴은 호박이구 낙제생에다가 남학생 이름과 주소만 알면 편지질하는 깡패야요. 후유……"
고등학교 3년생인 아들은 호들갑스레 한숨을 쉬며 중얼거리는 것이었다.
"남학생한테 편지질하는 여학생을 무엇에 써!"

(『사조』 1958년 6월)

안 나오는 수도

　우리 집에는 수돗물이 나오지 않는다. 뒷집의 펌프 물을 길어다가 쓴다.
　그런데, "수도 고장난 것 없습니까? 수도 고치세요!" 대문을 흔들며 수도를 고쳐주겠다는 사람이 있었다.
　"이 수도에 물이 나올 수 있겠습니까?"
　"염려 맙쇼! 안 나오면 돈 안 받죠!"
　그래서 물이 나오도록 해달라고 했다.
　온 집 안을 흙 산더미를 만들고 대문 밖도 파헤치고…… 수도 꼬다리를 집어치우고 한 길이나 되는 땅 속에 꼬다리를 달고 트니 물이 졸졸 나오는 것이었다.
　"독을 하나 주세요! 독이 있어야겠는데……"
　그래서 대자 장독 하나를 주었다.
　밑에 구멍을 뚫은 다음 그 독을 땅 속에 묻고 그 구멍으로 꼬다리가 나오게 하니 독 속에 물이 고이는 것이었다.
　"으응, 괜찮아! 참 세상에, 재주도 좋군!"
　그저 수돗물이 나오는 것이 고마워서 달라는 대로 돈을 주었다.
　독 뚜껑을 하나 장만했다.
　깨끗한 수돗물을 먹으려고 일금 500환으로 양철 뚜껑을 만들고 파란 페인트칠까지 해서 덮었다.

그런데 이삼 일이 지나니 물이 나오지를 않는 것이다.

"아니 그 사람이 봉이 김 선달인가? 왜 물이 안 나올까?"

그래서 하는 수 없이 또 뒷집 펌프 물 신세를 지게 된 것이었다. 물통으로 하루에도 열 통 스무 통……

"아이 참, 뒷댁에 미안해서 어떡해! 애당초에 우리도 그놈의 수도를 박지 말고 우물을 팔걸 그랬지!"

뒷집에도 미안하지만 물을 긷는 아이에게도 미안한 일이다.

그런데 수도 요금을 내라는 사람이 오는 것이다.

"수돗물은 나오지도 않는데요!"

아이도 화가 난 모양이었다.

요금을 내라는 사람은 거침없이 들어서서 양철 뚜껑을 열어본다.

"이만하면 나오겠는데! 밤에는 나오지?"

"밤에도 안 나와요!"

"그렇지만 이건 기본요금뿐이니까 기본요금은 내어야 하는 거야?"

점잖게 생긴 사람은 그렇게 말하지만, 물 긷는 아이는 화가 난 모양이었다.

"기본이 뭐예요? 기본이고 뭐고 물 길어다주세요! 뒷집에서 하루에 열 바께쓰씩만 길어다주세요! 기본이구 기부구 돈 내가 드릴게!"

(『사조』 1958년 6월)

거짓말 전화

　전화기가 많이 들어온 덕택으로 우리 가게에도 전화를 놓게 되었다. 그러나 가게에서 쓰는 것보다는 손님에게 빌려주는 일이 더 바쁘다.
　앞뒤 이웃집에야 걸려오는 전화까지 받아서 불러드리기도 하지만, 어떻게 알고 그러는지 불쑥 들어와서,
"전화 좀 빌려주쇼!"
하면 없다고 할 수도 없고, 그래서 아주 손님들이 쓰기에 편하도록 밖에 내어놓았다.
　하루에 평균 삼십 명이 넘을 것이다. 하기는 공중전화라는 것을 쓰면 저편이 나오지 않는 경우에도 50환을 꼬박이 내어놓아야 하니 불쑥불쑥 염치없이 들어오게 되는 것이리라.
　그것은 괜찮다. 이것도 조그만 사회봉사라고 생각하면 좋은 일을 하고 있다는 생각으로,
"어서 쓰십쇼!"
하고 선선히 빌려드리고 있지만, 거짓말 전화를 거는 데는 딱 질색이었다.
"엄마요? 여기 신당동인데, 이영자 집인데…… 저녁 먹고 놀다 가라 그래서…… 응 엄마 기다릴까 봐, 응."

'멀쩡한 종로 한복판에서 전화를 걸면서 신당동이 어디 당한 말이야. 신당동 누구의 집이라면 어머니가 안심하는 곳인 모양이지. 그래놓고 영화 구경을 들어가는 것이 뻔한 일이 아닌가?'

그래서 '여기는 종로3가 삼가상회'라고 큼직하게 쪽지를 써서 전화통 앞에 붙여놓기로 했다.

그러나 그런 쪽지는 아무 소용이 없었다.

중년 남녀가 같이 들어오더니,

"얘, 정자냐? 아저씨 안 들어오셨지? 들어오시거든 말야, 나 지금 청파동 이모님 댁에 있는데…… 좀 일을 거드노라고…… 좀 늦을 테니…… 응 열 시까지는 들어간다고 그래, 알았지?"

'무어, 여기가 청파동이야!'

나는 그만 화가 치밀어서 두 남녀의 얼굴을 똑바로 바라보며 말했다.

"여긴 종롭니다. 종로야요!"

남자보다도 여자가 더 대담했다.

까르르 웃더니 나를 보고, "아이, 재미있는 아저씨!"

그리고 남자의 옆구리를 치면서, "열 시까지 오케이!"

그저 당장에 전화통을 깨뜨려버리고 싶었지만 이런 쪽지를 써 붙이기로 했다.

'거짓말 전화 절대 사절.'

(『사조』 1958년 6월)

구두닦이와 제사

어떤 교의로 해서 그 아이가 우리 집 단골이 되었는지는 모른다.
전라도 태생이라는 그 '살짝곰보' 구두닦이 아이가 우리 집 단골이 된 것은 벌써 삼 년은 된다.
구두를 날마다 닦는 것은 아니다. 일주일에 한 번쯤 온 가족의 구두를 닦으니 그 값도 적지는 않다.
그런데 그 살짝곰보가 와야만 아이들이 닦을 생각을 하는 것이었다. 얼굴이 못나서 그런지 정성껏 닦아주는 것이 좋기도 했지만 한편 정도 들었던 것이다.
어머니는 조금 해진 팬티를 입으라고 주기도 했고, 작아서 아이들이 못 입게 된 학생복을 주기도 했다.
우리 동내 산 위에서, 어머니는 없고 늙은 아버지와 둘이서 산다고 했다. 산 위에 집이 있는 것은 아니니 조그만 천막을 치고 사는지 토굴 속인지 모른다.
하루는 내가 늦게 돌아왔더니 아이들이 잔뜩 기다렸다는 듯이 보고를 쏟아놓는 것이었다.
"아버지! 살짝곰보가……"
"살짝곰보가 할아버지 제사라고……"
"에이, 너는 좀 가만있어! 구두닦이가 말야요. 오늘이 할아버지 제삿날인데, 아버지가 제사는 꼭 지내야겠다는데, 돈이 모자란다고 팔백 환만 빌려달라고 왔어요!"

"응, 그래서?"

"팔백 환이 있어야지요? 어머니도 안 계시고. 그래서 우리 셋이서 주머니를 톡톡 털어서 칠백 환 빌려주었어요!"

"응, 잘했다."

나는 잘했다고 칭찬을 했다.

"살짝곰보가 가져오겠죠? 우리들 잘했지?"

막내딸이 말했다.

"응, 잘했어. 잘했어. 칠백 환은 틀림없이 가지고 올 거야! 안 가져와도 괜찮고…… 어쨌든 잘한 일이다! 자, 우선 너희들이 주머니 턴 것은 내가 돌려주지!"

나는 천막집이나 토굴 속에서 외로운 아버지와 구두닦이 소년이 제사 지낼 것을 생각하니 가슴이 뻐근해졌다. 돈을 모아서 빌려준 아이들에게 잘했다 고맙다고 인사를 하고 싶었다.

그 후 살짝곰보는 오지 않았다.

오지 않을 아이라고는 생각할 수 없었다. 그보다는 세 아이가 실망할 것이 두려워서 '오늘 살짝곰보가 칠백 환을 가지고 왔더라'고 거짓말을 할까도 생각했다.

그런데 하루는 구두닦이 소년 둘이 찾아와서 대문을 두드리고 쪽지 한 장을 주더라는 것이다.

아이들은 쪽지를 바로 펴보기보다 먼저 물어보았다는 것이었다.

"살짝곰보 편지냐?"

"응!"

"요새 왜 안 온대?"

"아버지가 죽었어! 오늘 아버지가 죽었어!"

살짝곰보의 아버지가 앓다가 오늘 죽었다고 하더라는 것이었다.

그런 말을 듣고 나는 쪽지를 펴 보았다. 쪽지에는 이렇게 씌어 있었다.

칠백 환 고맙게 빌려주셨는데 늦어서 미안합니다. 사고가 있어서 못 갔습니다. 꼭 가지고 가겠습니다.

(『사조』 1958년 6월)

능금 반쪽의 살인

능금 반쪽을 가지고 내가 먹느니 네가 먹느니 하다가, 급기야 살인 사건이 경상북도 월성군 하에 벌어진 일이 있다.

대구지방검찰청에 보내온 이 살인범은 열여섯 살이라는 것이었다. 나이는 열여섯 살이라지만 잘 먹지 못한 탓이겠지, 영양실조로 말미암아 그의 발육 상태는 아무리 좋게 보아도 열세 살 정도로밖에는 보이지 않는다는 것이었다.

열여섯 살 난 서 군이 사는 농촌 초가삼간에는 또 한 가구가 살고 있었다. 김 씨네 집이다. 김 씨네는 여섯 살과 네 살짜리 소년이 있었다.

서 군의 어머니는 근처 능금밭에 일을 나간다.

김 군의 어머니는 시장에 벌이를 나간다. 김 군의 어머니가 새벽에 시장에 나갈 때에 서 군에게 능금 한 개를 주며, "이따가 네 살짜리가 울면 이것을 좀 벗겨 주어!" 하고 당부하였다.

열 시쯤 되어서 서 군은 식칼로 능금을 벗겼다. 반으로 잘라서 네 살짜리에게 반쪽을 주고 반쪽은 서 군이 먹으려고 했다.

그런데 새벽부터 그 능금만 골똘히 바라보고 있던 여섯 살짜리가 가만히 있지를 않았다.

"왜 너희들만 먹는 거야?"

대들어서 빼앗으려 하고, 서 군은 빼앗기지 않으려고 그러다가, 서 군은 그만 들고 있던 식칼로 여섯 살짜리 소년을 찔렀다는 것이다. 여섯 살짜리 김 소년은 즉사했다는 것이었다.

집에 돌아온 두 어머니의 마음은 어떠했을까.

서 군의 어머니는 "내가 능금밭에 가서 일을 하면서도 너에게 능금 한번 마음껏 먹게 해주지 못했구나!" 하고 통곡을 하며 붙들려 가는 서 군의 호주머니에 능금 세 개를 넣어 주었다는 것이다.

한편 참혹하게 죽은 여섯 살짜리 김 소년의 어머니는 김 소년의 시체를 담은 가마니 속에 능금 다섯 개를 넣고 통곡하더라는 것이다.

(『사조』 1958년 6월)

세대는 다르다

"우리 집 아이들은 책을 너무 좋아해서 난처할 때가 있습니다."
그렇게 이야기를 시작했다.

좋지 않은 만화책 같은 것은 되도록 보지 않게 하기 위해서 자주 좋은 화책(話冊) 같은 것을 골라서 사다 주지만 4학년 5학년 6학년 이렇게 연년생이라 돌려가면서 읽어도 훌떡훌떡 넘겨가는 것이 고작 이틀이면 그만이었다. 누에가 뽕잎 먹는 것보다도 백지장에 물이 번져나가는 것보다도 빠르다고나 할까. 웬만한 책 한 권쯤 앉은 자리에서 읽어버리는 것이다.

그런데 돈도 돈이려니와 어디 그렇게 좋은 책이 나오지를 않는다.

그래서 그렇다고만 할 수도 없겠지만 신문 잡지를 닥치는 대로 읽는 모양이었다. 신문이 오면 냉큼 몰래 소설을 읽지, 잡지는 있는 대로 당장에 헌책이 되어버리는 것이다.

"하, 이거 참 큰일 났군! 저런 걸 읽어서 어떡해!"

우리 내외가 그것을 걱정하기도 했는데, 정말 기막힌 일을 당하고야 말았다.

하루는 5학년짜리가 어머니에게 넌지시 묻는 말이,

"엄마! 엄마하구 아버지하고는 맨 처음에 어디서 만났수?"

어머니는 기겁을 한다.

"뭐야? 얘는 별소리를 다하는구나!"

"그럼 엄만 원산이구 아버진 청주라면서 무얼…… 어디서 만났길래 연앨 한 거 아냐? 누가 먼저 걸었소?"

어머니는 어이가 없어서 그만 입을 딱 벌리고, 6학년짜리가 오히려 타이르듯이 말하는 것이었다.

"것두 몰랐니? 서울야 서울! 그런 것 물으면 싫어한다!"

"아이구, 얘들 좀 봐요!"

어머니는 하도 기가 막혀서 남편을 불렀다. 남편도,

"허 참, 얘들이 야단났어!"

"아니 학교에서는 애들을 어떻게 가르치기에 저런 소리를 할까?"

아내는 사뭇 비명이었다.

그런데 그때도 책을 들여다보고 있던 4학년짜리가 중얼거리는 것이었다.

"세대가 다른걸 뭐!"

"무어, 세대가 달라?"

하도 엄청난 말을 하기에,

"아아니, 세대란 말이 무슨 말인지 알고나 하는 말이냐?"

하고 물었더니, 열 살짜리는 거들떠보지도 않고 또 중얼거리는 것이었다.

"아버지 어머닌 늙었지 뭐야!"

(『사조』 1958년 6월)

버르장머리

 어린아이들에게 버릇을 가르친다는 일은 세상에 어려운 노릇이다. 소위 가르치기 위해서 타이르는 말보다는 가르치고 싶지 않고 어쩌면 눈에 뜰세라 걱정하고 들을까 봐 두려워하는 어른의 짓을 어린아이들은 빈틈없이 받아들여 본받기 일쑤이기 때문이다.
 "얘야! 창수야! 너는 아버지 아니냐? 아버지가 저녁밥 먹으러 들어오는데 '밥 주어!' 하는 아이가 어디 있단 말이냐? 삐딱삐딱하고 들어오든지, '술 한 잔만 주어!' 하고 들어오든지…… 에이 창수는 재미없다. 영수가 아버지 해라!"
 소꿉놀이 할 때에 어머니 노릇하는 계집애가 아버지 노릇을 맡은 창수라는 얌전한 아이를 거부하고 술주정도 입내 낼 줄 아는 다른 아이와 바꿔친다고 해도 계집애를 나무랄 수는 없는 일이다.
 계집애의 아버지는 만날 술에 취해서 집에 돌아오는 모양임을 넉넉히 짐작할 수 있는 것이다. 삐딱거리고 돌아오거나, 술이 취해 있어도 다시 아내에게―그러니 계집애의 어머니에게―술 한 잔만 더 달라고 곧잘 추정을 퍼붓는 사람임을 짐작할 수 있는 것이다.
 그러나 그 아버지라는 사람은 어리디어린 제 딸이 그런 꼴을 눈여겨 보고 기억하고 있다가 아이들하고 소꿉놀이할 때에 그런 일을 곧장 본받으리라고는 꿈에도 생각지 못했을 것이다.

아버지 차례를 퇴짜 맞은 창수라는 아이의 경우는 또 이런 딱한 일도 없으리라.

물끄러미 바라보며, 어쩌면 손가락을 입에 물고 멀리 떨어져서 바라보며, '흐응, 아버지란 저렇게 삐딱거리고 혀 꼬부라진 소리를 해야 하는구나!' 그래야만 비스킷 반 토막이나마 캐러멜 한 알이나 복숭아 토막이나 놓인 소꿉놀이 밥상을 받게 된다는 것을 알게 될 것이요, 저녁때 제정신으로 돌아오는 아버지가 원망스럽게 생각될는지도 모를 일이다.

참말 진정 어린아이들에게 버릇을 가르친다는 일은 힘드는 일이다. 그래서라고 할 수는 없겠지만, 그래서 나는 아이들에게 '이래야 하느니라, 저래야 하느니라'라는 버릇 가르치는 말을 아예 해오지 않고 있다. 나의 일상생활이 그만큼 자신만만해서냐 하면 그런 것은 아니다. 가르치고 싶은 일보다 가르치고 싶지 않은 일부터 본받아 익히는 데는 어찌할 도리가 없다는, 말하자면 이렇건 저렇건 내 자식이지 별수 있겠느냐 될 대로 되라는 식인 것이다. 여봐란 듯이 얌전이나 점잔을 아이들 앞에서만 의식적으로 피울 수는 없다고 생각하는 때문이다.

하루는 시골서 온 젊은 대학 교수 한 분이 술이 고래로 취해서 밤늦게 대문을 두드리는 것이었다. 우리 집 근처에서 술을 했다는 것이었다.

오래간만에 만난 인사가 끝나기도 전에 옆으로 쓰러지면서,

"애들은 어디 갔어? 나와서 절을 해야지!"

고함을 치는 것이었다.

아이들은 절할 줄은 아는 아이들이었다. 불러서 '아무개 선생이다. 인사 여쭈어라' 하면 잘하건 못하건 절은 넙죽이 할 줄 아는 터이었다.

그러나 그날 밤, 나는 아이들을 부르지는 않았다. 그가 너무 취해 있었기 때문이다.

"어허, 호래자식들이로군! 호래자식들야!"

또 고함을 치는 것이었다.

그럴 수록에 나는 더욱 아이들을 부를 생각이 나지 않았다. 젊은 교수가 돌아간 다음, 나는 아이들에게 중얼거렸다.

"너희들을 호래자식이라고 욕하더라!"

그랬더니 한 아이가 불쑥 말하는 것이었다.

"술 취한 개라면서요!"

"흐!"

나는 어이가 없었다.

나는 그런 말을 가르친 일도 없고, 써본 일도 없다고 생각하면서 말했다.

"버르장머리 없는 소리!"

(『소설계』 1958년 9월)

오후의 좌석

오후의 좌석

　혼자 하면 반 되 석 잔이면 족하고, 좌석이 좋아서 장시간에 걸치는 경우라도 한 되 이상 하는 일이 없다고는 장담 못한다 해도 대단히 드문 일일 것이다.
　그렇지만 피란 삼 년을 지낸 대구의 멀고 가까운 친구들은 나를 아주 모주꾼이나 고주망태기로 생각하는 사람이 있는 것 같았다. 자주 드나드는 막걸리집에서는 동석한 친구의 소개로 초면 인사를 하는 일도 많고, 아주 미지(未知)의 인사(人士)가 잔과 주전자를 들고 와서,
　"선생은 익히 들었습니다. 아무개의 술도 한잔 받아보이소."
하고 권함을 받는 일도 많았다. 그렇게 되면 나도 한잔 권해야 하고, 그러면 연거푸 따라 주려는 인사가 많았다.
　나는 그것을 감당 못하기에 사양하면 사양이 과해서 섭섭하다 하고, 그 다음에는, "여보오, 그까짓 것 가주고 술이라 카나?" 하고 핀잔을 주거나, "말과는 딴판이라 어데 술꾼이라 카겠나!" 하고 실망을 주는 경우가 많았다.
　나는 대구에 와서 비로소 막걸리를 사귀었고, 깊이 친해졌다. 그러나 그것은 석양(夕陽)의 석 잔이다.
　나는 커피를 좋아한다. 그러나 그것은 아침에 한 잔이다. 다방에

오래 앉아 있지를 못하고 오후의 다방에 들어가기를 즐기지 않는다.

그러니만큼 오전의 커피 한 잔은 사무적이요 생리적인 것이다.

친구와 오래오래 앉아서 정회(情懷)를 풀 좌석도 분위기도 마음의 여유도 느끼지 못한다.

오후의 막걸리 좌석만이 그것을 할 수 있는 곳이었다.

혼자 앉아서도 오락가락하는 구름의 흐름과 나뭇가지 나무 이파리를 보면서 친구를 기다릴 수도 있고, 친구를 만나면 마음이 턱 놓여서 얼마든지 정을 주고받을 수 있었다.

이러구러 피란 대구 살이 삼 년에 많은 친구도 얻었고 평생지기(平生知己)도 만났고 인생 오십 맞이하기를 별고 없이 하였다.

나는 어려서 엿들은 어른들의 이야기를 가끔 생각한다. 이 동란기(動亂期)를 예견하는 것 같은 이야기였다.

"이 애들이 그 고비를 넘길 수 있을는지? 구곡(九谷)에 일남(一男)이 남고 오산(五山)에 일녀(一女)가 남고, 임진(臨津) 이북(以北)은 재작(再昨) 호지(胡地)요 한양(漢陽) 백리(百里)에 인영(人影)이 불견(不見)이라, 아아!"

『정감록(鄭鑑錄)』에 나오는 그런 장탄식이었다.

그러나 나는 그 고비를 조용히 막걸리와 더불어 즐거움 가운데 보내었다. 그리고 우리들의 뒤를 이어오는 아이들에게 비추어 생각해보는 것이었다.

'그 아이들도 또 우리와 같이 잘 살아가리라' 하고.

(『대구일보』 1953년 6월)

아름다운 광경

 나는 피란 삼 년을 지낸 대구를 가끔 생각한다.
 대구에서의 나의 살림살이란 나의 일생에 가장 처참한 것이었으나, 그 고장이 가끔가다 어쩔 수 없이 그리워질 때가 있다. 너무 고생을 했기 때문인지도 모른다.
 내가 대구를 생각할 때면 대구의 이모저모—내가 다니던 석류나무 집이니 말대가리 집이니 감나무 집이니 횟집이니 또는 돼지국물 집이니 약전골의 셋방, 남산동 셋방에서 나오면 구두가 송두리째 빠지는 진창길이며 해토가 되기도 전에 지게에 잔뜩 짊어지고 팔러 나오는 시나나빠라는 배추 같은 채소, 여름의 모기, 겨울의 추위와 먼지—그런 것들과 같이 문득 머리에 떠오르는 눈물겨운 광경 하나가 있다.
 나는 『영남일보』라는 신문사의 한 방을 차지하고 거기서 삼 년을 지내었다. 국방부 정훈국 편집실과 『승리일보』라는 신문의 고문으로 대적 선전과 국민의 사기 앙양에 관한 일을 보는 자리에 있었으나, 국방부가 부산으로 내려간 후에도 나는 대구에 머물러 있는 편이 되었다.
 『영남일보』는 대구에서 가장 많은 부수를 발행하고 있었고, 그렇기 때문에 신문팔이 아이들이 가장 많이 모였고, 어떤 때는 삼백 명이나 되는 그 아이들이 아침부터 신문사 안팎을 드나들어 뒤숭숭하기가 이루 말할 수 없을 정도였다.

나는 가끔 신문사 사람들의 막걸리 대접을 받았다. 신문사 건너 골목에 있는 감나무 집에 가서 마루에 앉아서 먹는 것이었다.

자주 가게 되니 그런 사람들과 친해지고 허물없이 말할 수 있게 되었을 때에, 나는 그중에 목우라는 기자에게 이렇게 말했던 것이다.

"신문 장수 아이들이 아침부터 뒤끌어서 귀찮은데 어떻게 좀 하루에 십 분이든 이십 분이든 모아놓고 이야기도 해주고 좀 가르쳐 주기도 했으면 좋겠는데……"

이런 말을 막걸리를 안주 삼아서 몇 번 했었다. 목우도 하루는 무릎을 치고 좋다고 하더니 이내 그것을 시작한 것이다.

첫날은 사장도 나와서 이야기를 해주고, 『소년세계』라는 잡지에 실린 동화를 여기자가 읽어주었다. 삼백 명이나 되는 아이들은 조용히 그것을 듣고 있었다. 구경꾼은 창살 밖을 에워싸고, 신문사 유리창에는 신문사 사람들이 주렁주렁 내다보고, 공장 사람들도 아이들의 뒤에 서서 이 광경을 보고 있었다. 아이들에게는 즐거운 시간이었겠지만 어른들은 모두 감동에 겨워서 눈시울이 뜨거워진 것이었다.

"참 좋군! 그 개망나니들이 이럴 줄은 몰랐어!"

어른 모두가 이런 감탄을 한 것이었다. 좀더 어떻게 즐겁게 해주어야겠다는 생각이 목우는 물론 신문사 사람들의 마음을 움직인 모양이었다.

여름도 정 여름, 방 안에 앉아 있기도 괴로운 더위였다. 두 다리를 테이블 위에 뻗고 부채질을 쉬지 못하고 있을 때에, '뿌우—' 하고 난데없는 호른 소리가 들리더니 유량한 취주악 소리가 들려왔다. 나는 벌떡 일어나서 편집실을 지나 밖이 내다보이는 유리창가로 달음질했다.

마당에는 뙤약볕을 쪼이며 아이들 삼백 명이 정렬해 있고, 이건 어찌 된 일인가, 하얀 정복에 정모를 쓴 경찰 악대 삼십여 명이 은빛도 찬란한 악기를 번쩍거리며 취주악을 연주하고 있지 않은가!

지휘자는 흐르는 땀을 닦을 생각도 안 하고 지휘봉을 두르고, 한 가락 흐림 없는 완전한 아름다운 연주를 계속하고 있는 것이었다.

삼백 명 거렁뱅이 같은 신문팔이 아이들의 눈은 샛별같이 총명하게 반짝이고 즐거움과 고마움에 벅찬 가슴을 두 손으로 꼭 껴안고 있는 것이었다.

나는 가슴이 뭉클해지고 이내 흐르는 눈물을 어찌할 수가 없었다. 손가락 끝으로 한쪽 눈을 살그머니 닦았다. 그러나 감격과 감동에 벅차 흐르는 눈물은 멈출 줄을 몰랐다. 나는 사람들 틈을 빠져서 내 방으로 돌아왔다. 아무도 없었다. 나는 흐르는 눈물을 반가운 마음으로 흘렸다. 뻐근하던 가슴이 흐뭇해지고 한결 후련해지는 것이었다.

대구 생각이 날 때마다 그 장면이 가끔 머리에 떠오르는 것이었다.

(『수도경찰』 1956년 3월)

잘 살으리

갓난애가 겨우 기어 다니게 되면 방 안에 있는 여러 가지를 집어 먹는 일이 있다. 어떤 애는 방바닥의 흙을 핥아 먹기도 하고, 어떤 애는 숯을 집어 먹기도 하고, 어떤 애는 문창호지를 부욱 찢어서 맛있게 먹기도 한다.

이것은 모두 그 갓난애의 몸에 그런 성분이 부족하거나 더 필요하기 때문에 하는 짓이다.

"아이구, 저를 어찌해! 숯을 집어먹었어!" 하고 어른들이 놀라고 야단하는 동안에, 그 갓난애는 숯을 맛있게 먹고 싱글벙글 잘 놀고 잘 자란다.

*

아이들은 어머니가 밖에 나가기만 하면 이 구석 저 구석을 뒤지고 찾아서 있는 것을 먹어댄다. 자라가는 아이에게 그런 것이 부족하고, 더 필요하기 때문이다.

어머니는 밖에서 돌아오면 조용히 앉아서 의젓이 공부하고 있는 아이들을 보고 고개를 기웃하고 생각한다. 그리고 찾아본다.

"앗! 설탕 봉지에 설탕이 좀 있었는데……"

아이들은 아무 소리 없이 공부를 하고 있다.

"너희들이 먹었구나!"

"……"

"앗! 아버지 드리려고 감춰두었던 땅콩도 먹었구나! 아이 참!"

"……"

"앗! 원 어쩌면 깨소금 항아리도 다 먹었구나! 난 모른다. 난 몰라."

어머니는 화를 낸다.

아이들은 고개 들지 않고 킬킬댄다. 그리고 잘 자란다.

*

남산동 셋방에 살 때였다.

주인집 색시가 시집을 가게 되어서 방을 내어달라고 해서 우리들은 내일은 이사를 하게 된 그날 밤이었다.

밤늦게 집에 돌아가는데 곬 모퉁이 쓰레기통 같은 궤짝 속에서 부스럭거리는 소리가 들렸다.

라이터를 켜서 비춰 보니 한 소년이 있었다.

"웬 아이야?"

"……"

대답이 없었다.

"몇 살? ……열여섯 살? ……여기서 무엇을 하고 있는 거야?"

"여기서 자요."

"아버지 어머니는?"
"6·25에 다 없어졌어요."
"어디서 왔는데?"
"성주서 왔어요."
"저녁은 먹었나?"
"……"

그 소년은 깡통을 가지고 있었다. 그리고 오늘 저녁밥은 주는 집이 없어서 못 먹었다는 것이었다.

나는 돈을 주고 무엇이건 사 먹으라고 했다.

얼굴도 똑똑하게 생기고 국민학교 5학년까지 다녔다는 것이었다.

나는 한참 동안 우두커니 서 있다가 이렇게 말했다.

"내일 아침 내 사무실로 찾아오너라. 세수도 잘하고 목 세수도 하고 오너라. 어떻게 의논을 해보자."

아침에 만나서 공부한 실력도 알아보고 마음씨도 알아보고, 어쩌면 어떤 사무실에 심부름을 하며 먹고 살고, 야학이라도 다니게 해줄 수 있을는지 모르겠다는 생각에서였다.

다음 날 아침에 그 애는 세수를 깨끗이 하고 나를 찾아왔다.

"어떻게 했으면 좋을까?"
하고 나는 물어보았다.

신문 스무 장을 사주면 5천 원이 남는다고 하였다.

나도 우선 오늘은 신문 스무 장을 사주고 며칠 지내볼 생각으로 그 애의 의견대로 해주었다.

그 애는 신문을 받아 들고 활발하게 뛰어나갔다.

그러나 그다음 날 그 애는 오지 않았다.

그다음 날도 오지 않았다. 나는 문 밖에 나가서 기다렸다. 그러나 며칠이 되어도 오지 않았다.

나는 섭섭한 마음을 어찌할 수 없었다. 겨우 이렇게 생각하게 되었다. 신문 값이 스무 장에 5천 원, 그것이 생기니 오래간만에 먹고 싶은 것을 그만 마음대로 사 먹고 나서 다음 날은 나를 찾아오기가 부끄러웠나 보라고.

오기만 하면 아무 말 않고 또 하루치쯤은 사줄 것을.

그러나 나는 이렇게 생각하고 있다.

어디서 또 어떻게든 잘 먹고 잘 살리라고. 잘 살아가고 잘 커 가리라고.

(『학원』 1953년 1월)

깨끗하고 곧고 바르게

대판(大版)이 되기 전 타블로이드판 『고려시보(高麗時報)』에는 좋은 글이 많이 실려 있었다.

"한강(漢江)은 한강(恨江)이었다"라고 쓴 여인의 글을 잊지 못한다.

단 두 자매가 피란길을 떠나서 갖은 고초를 겪다가 마침내 이십삼 세 처녀인 동생을 영양실조로 잃고 토장(土葬)한 후의 소원문이었다. 그 끝에 이런 구절이 있었다.

내 고향 개성에로 길 터지는 그날까지 명회 너의 넋을 안고 맹서한다. 깨끗하고 곧고 바르게 살라는 너의 부탁 지키기를……

'깨끗하고 곧고 바르게' 사는 것이 개성인의 성격이라는 말은 근 이십 년 전부터 써 내려온 바이지만 이 개성인의 긍지를 잃지 않기 위해서 그 여인이 그 후 또 얼마나 고초를 겪고 있나 하는 생각이 머리에서 사라지지 않는다. 비단 그 여인뿐 아니라 모든 개성인의 경우를 생각할 수 있기 때문이다.

'깨끗하고 곧고 바르게'란 인생 태도가 '옹졸하고 소극적'인 데 통해서는 안 될 것이고, '얌전하고 깔끔'한 데만 주저앉아도 안 될 것이다. 난세와 역경에 처해서는 흙탕물 연못 속에서 연꽃이 피듯 지저분한 환경과 처세에서도 깨끗할 수 있을 것이다. 활달하고 융통성이 있으면서도 곧고 바르게 살 수 있다. 남의 집 식모를 살아도 깨끗할 수 있고, 음식점에서 상을 나르더라도 곧고 바르게 살 수 있다.

그렇다고 개성인 모두가 활달하지 못하고 융통성이 없고 옹졸하고 소극적이라고는 보지 않는다. 지나치게 활달하고 적극적이어서 남의 영역을 범하고 직장이나 직위까지도, 혹은 이권까지도 탈취하고 있는 사람의 이야기를 듣는다. 물론 극히 소수의 사실일 것이요, 결코 개성인의 자랑거리가 못 될 일이지만, 그것은 또 당인(當人)의 후세를 위해서도 취할 바가 아닌 것이다.

내가 '깨끗하고 곧고 바르게' 살기 위해서는 인인(隣人)도 그렇게 살 수 있도록 용념(用念)이 있어야 할 것이다. 내 문전(門前)을 깨끗이 하기 위해서 앞집 문전에 쓰레기를 밀어 버릴 수는 없는 일이다. 오죽해야 식수를 얻으러 가랴마는, 아침이면 재수 없다 하고 해 지면 재수 없다 해서야 어찌 사람의 도리라 할 것인가?

내가 잘살기 위해서는 남도 잘살 수 있도록 해야 한다는 것은 일면정치(一面政治)의 요체이기도 하자 정치가의 최소한 자격이기도 할 것이다.

그러나 나는 남하 이후 많은 사람의 부탁을 들어드리지 않았다. 옳지 않은 일이기 때문이었다. 들어드리면 나는 깨끗한 집에서 깨끗한 옷에 깨끗한 밥을 먹고 지낼 수 있었을 것이지만, 그것은 결코 고향을 빛내는 일은 못 되는 일이라고 생각했기 때문이었다.

(『고려시보』 1953년 5월)

노교사의 독백

　내 집에 가끔 들러주시는 노선생님 한 분이 계시다. 중학교에서 대수(代數) 기하(幾何)를 가르치시던 유명한 K 선생님이시다.
　내 집에는 친구가 꼭꼭 보내주는 소주가 떨어지는 일이 별로 없었기 때문에 선생님이 들르시면 소주를 대접했었다. 그것을 K 선생은 맛있게 잘 자시었다. 그러면 세상 이야기가 재미있게 쏟아져 나오고, 나는 배우는 점이 많았다.
　서울 복귀 후에도 K 선생이 찾아주셨다.
　나는 "누구십니까?" 하고 물었다.
　"허허, 몰라보는군그래……"
　삼 년 만에 뵈옵는 K 선생은 그만큼 늙으시었다. 그러나 피부에는 윤이 흐르고 기운이 좋으셨다. 말씀마저 삼 년 전과 조금도 다름이 없었다.
　이번에는 소주 길이 끊어진 지 이미 오래고, 약주 사올 돈마저 떨어져서 미지근한 차 한잔을 놓고 이렇게 여쭈어보았다.
　"학교에는 지금도 나가십니까?"
　"정년제라는 게 생겨서 노인들은 좀 그만두슈 하는 게지. 젊은 사람들이 많으니까……"
　"그럼 적적하시겠군요."

그리고 중학 시대에 그 어려운 대수 기하를 줄줄 풀어내시던 생각이 나서 이렇게 물었다.

"지금도 그 대수 기하 잊지 않으셨어요?"

"수학이라는 게 한번 머리에 들어가면 잊지 않고 언제나 응용할 수 있도록 가르쳐야 하는 것인데, 요새 미국이나 일본만 해도 그 교과서가 많이 진보돼서 가르치기도 좋게 되었어. 그런데 우리나라 교과서는 이건 왼통 그대로야! 하긴 중학교 선생이란 사람들이 월말에 출석부 통계를 못 내는 사람이 많으니 더 말할 게 있나!"

그리고 한참이나 묵묵하시더니 이렇게 말을 이으셨다.

"중학교 선생이라는 사람이 '노(盧)'자 '배(裵)'자를 분간 못해요. '노'가를 '배'가라고 하고 '배'가를 '노'가라고 하고, 하하하…… 하긴 일전에 어느 중학에 갔더니 대학 교수라는 사람이 들어와서 교장에게 하는 말이 '이번에 제 자제가 귀교에 입학을 하게 되었다'나 인사를 하드군그래. 원 사람들이 모두 유식해져서……"

나는 한참이나 웃어댔다.

웃다 말고 K 선생의 얼굴을 보니 K 선생은 웃지 않으시고 흘연히 앉아 계시다.

한곳을 바라보고 계시는 K 선생의 얼굴은 엄숙해 보였다. 세상을 개탄하는, 어디까지나 지사의 모습, 노교사의 모습이었다.

(『고려시보』 1954년 1월)

진짜 · 가짜

"이게 진짭니다. 그렇지만 가짜가 훨씬 맛이 좋습니다요."

공작 담배만 피울 때의 일이었다. 공작 담배도 가짜가 나와서 진짜보다 단단하고 맛이 좋은 것이 있었다.

진짜는 봉지 인쇄가 깨끗하고 가짜는 봉지 인쇄가 흐려서 곧 짐작할 수 있었지만, 진짜는 담배가 빠졌는지 적게 넣어서 그런지 봉지를 만져보면 퍽석한 것이 첫째 불쾌했다. 가짜는 담배를 꽉 차게 넣어서 단단하고 맛도 좋았다.

그도 그럴 것이 충청도 황색 엽초에다가 양담배 꽁초를 많이 섞은 것이라니 모리스니 럭키의 냄새가 풍기면서 양담배같이 싱겁지 않아서 좋았다. 그러나 그것을 만드는 사람들이 좋지 않다고 해서 공작 담배 피우기를 그만두고 건설을 피우다가 백구로 승격했다.

백구 담배는 가짜가 없었는데 이게 또 가짜가 나오고, 가짜가 걸리면 피우기가 싫을 만치 불쾌했다. 그러나 백구 가짜는 봉지 인쇄도 다름이 없고 뜯어보아도 담배 빛깔이며 담배가 꽉 차 있는 품이 좀처럼 분간하기 어려웠다. 한 개 피워보고야 퉤퉤, 알아보게 되는 것이었다.

"어떻게 알아보는 도리가 없을까?"

진짜를 파는 담배 장수에게 물었더니 싱글싱글 웃으며 가르쳐주는 것이었다.

"속껍질 있죠. 유산지 말입니다. 유산지로 꾸릴 때에 가짜는 밑바닥을 뒤로 젖혀놓는답니다. 그렇게 어디든지 한 군데를 진짜와 다르게 하지 않으면 안 된답니다……"

이건 큰 비밀을 발견한 것 같아서 기뻤다. 그 후부터는 백구를 살 때마다 밑바닥을 뜯어보기로 했다. 얼마 동안은 그 방법으로 가짜를 안 집을 수 있었다. 그러나 그 위대한 발견도 오래가지는 못했다.

그 사실을 한탄했더니 어떤 친구는 내 몸뚱이가 날아갈 만큼 폭소를 하면서 늘어놓는 것이었다.

"여어보쇼? 어느 시절 분이쇼? 골 샌님 같은 소리 작작하쇼. 지금 세상에 대관절 진짜가 어디 있어요, 가짜 판이지. 애국자도 가짜, 정치가도 가짜, 실업가도 가짜, 학자도 가짜. 가짜 아닌 게 어디 있어요. 댁은…… 실례했습니다…… 하긴 댁은 벌거 있소? 나도 가 짭니다. 분명 가짜죠. 거울을 가끔 들여다보죠."

그렇게 한숨에 떠벌려놓고 한숨을 쉬더니 이렇게 말을 이었다.

"내 말 좀 들어보시료? 가짜 타령입니다……

'왕자(王子)'라는 상표가 잘 나갔습니다그려. 신발야요. 품질도 좋고 양심적으로 만들어서 인기가 버쩍 좋아지니 '옥자(玉子)'라는 상표가 나왔습니다. 옥자야요. 구슬 옥 자하고 임금 왕 자하고 분간이 되겠습니까. 하하하…… 또 하나 들어보시료. '동명(東明)'이라는 상표가 잘 나갔습니다그려. 뒤쫓아 '동붕(東朋)'이라…… 후후 밝을 명 자하고 벗 붕 자하고 신발에 찍힌 글자가 얼마나 다를까요. '백설(白雪)'이 잘 팔리니 '설백(雪白)'이라고 가로쓰기로 나왔습니다. 허허허 후후후. 재미있죠? 어때요?"

그 친구는 삿대질이나 할 듯이 다가오더니 그저 물러앉으며 또 말을 이었다.

"그런데…… 이건 참 나도 놀랬습니다. 아뿔싸, 이거! 차 한잔으로 이런 걸 가르쳐드려선 안 되겠는걸…… 장판지 살 때 조심하쇼."

"장판지요?"

"석분(石粉)가루 아셔요? 모르시겠지. 가세잉*에 쓰는 겁니다. 이걸 만드는 공장이 있습니다. 장판지 회사에서 석분가루를 사러 기차를 타고 올라왔대요. 팔라구 하니 팔았죠. 또 왔어요. 굉장히 많이 사 가드래요. 이상하다, 장판지 회사에서 석분가루를 무엇에 쓸까? 넌지시 물어봤댑니다. 걸작야! 일곱 장을 부해서 만드는 장판지를 만들 때에 풀에다가 석분가루를 섞어서 부하면 다섯 장만 부하면 그 무게 그 두께가 된답니다그려. 원 이런! 쌀가게에서 자꾸 사가드래. 대체 무엇에 쓰슈? 시굴서 올라오는 보리쌀은 아무래도 빛깔이 검어서 한 섬에 한 되씩 석분가루를 섞으면 새하얘진다는구만…… 원 이런!"

(『저축순보』 1955년 5월)

---

* 수용성 퍼티(putty). 건축용 접합제의 일종.

거리에서

　나는 일본에서 오랫동안 살았다.
　동경 긴자 같은 거리는 주야로 사람이 많이 다니는 곳이다. 다닌다는 것보다는 걷고 있다고 하는 것이 옳을 것이다. 낮과 같이 밝은 밤거리를 산보하는 것이다.
　그런데 그렇게 사람이 많이 걷고 있는 긴자 거리를 걸으면서 사람이 걸리대서 괴롭게 생각한 일이 없다. 길이 메도록 많은 사람이 거닐고 있는데 마주 부딪치는 사람도 없고, 옆에서 튀어나와서 떼밀고 가는 사람도 없다.
　그저 걷고 있으면 물결에 흘러 내려가듯이 사정목에서 팔정목까지 갔다가 다시 돌아올 수도 있는 것이었다. 순경이 서서 정리하는 것도 아니요 누가 그렇게 하라는 것도 아니지만, 한편으로는 가고 한편으로는 오고, 급히 가야 할 사람은 아예 뒷골목으로 빠져 나가고, 모두가 똑같은 걸음걸이로 걷고 있기 때문이다.

　대구나 부산이나 서울서도 사람이 많이 걷고 있는 번화한 거리에서는 마주 부딪치는 사람도 있고 아주 싸우는 사람도 보았다.
　"눈이 없어? 무엇 하라는 눈깔야……" 하면, "이 자식이, 네 눈망울은 안 보이는 눈망울이냐?" 하고 싸움이 벌어지기도 한다.

사람이 많은데 자전거를 끌고 뚫고 지나가려는 미운 사람도 있다.

싸움이 벌어지거나 자전거를 타고 가려는 사람이 있으면 한 사람의 지각없는 짓으로 해서 오고 가던 많은 사람이 오지도 가지도 못하게 된다.

이런 일이 여기저기에 있으면 사람들의 사이를 뚫고 다니기에 힘이 들고 혹은 다치기도 하고 공연히 지나치게 신경이 피로해진다.

이것은 모두 제 마음대로만 하고 싶은 사람이 많기 때문이다.

자기가 잘 살려면 남도 잘 살 수 있도록, 자기가 편하려면 남도 편할 수 있도록, 조금이라도 생각하는 마음이 있으면 간단히 잘될 수 있는 일이다.

내가 일본에서 오랫동안 살았다고 해서 일본이라면 무엇이든 좋다고 생각하는 사람은 아니다. 우리보다 못한 것도 있지만 좋은 점은 거리낌 없이 선선히 배워야 한다.

우산을 들고 다닐 때에는 세로 곤두세워서 들고 다녀야 한다. 가로 들고 앞뒤로 흔들고 다니면 행여나 남의 궁둥이나 가슴이나 눈을 찌를까 염려되기 때문이다.

코 푼 종이는 아예 거리에 버려서는 안 된다. 길이 지저분해지기 때문이다.

지저분한 것을 깨끗이 해주는 사람이 되면 더욱 훌륭한 일이다.

변소에서

나는 어느 신문사의 한 방을 빌려서 사무실로 쓰고 있다.

그 신문사 변소에는 대변소가 두 개 있다.

오후가 되면 신문 파는 아이들로 사무실은 물론 변소에도 만원이 된다.

"이노무 자식, 빨리 나오지 않으면 죽인다!"

만원 된 대변소 문짝을 두드리며 재촉하는 아이를 보면 미워서 소리를 지르고 싶어진다.

그러나 그 아이도 들어가서 통설사를 하고 주저앉아 또 재촉을 받아야 나온다.

"이노무 자식, 빨리 나오지 않으면 죽인다!"

다음 들어간 아이 역시 통설사를 하고 나올 줄을 모른다.

나올 것만 같고 나올 것은 없고, 모두가 온당하지 않은 것으로 배를 채운 영양실조아들이기 때문이다.

소리를 지르고 싶도록 미웠던 아이들을 얼싸 안아주고 싶어진다.

(『학원』 1952년 12월)

부자이간설(父子離間說)

　신년호 신문이나 3·1절이나 어린이날이나 광복절 날이면 여러 군데서 원고 의탁(依託)을 받는다. 한 사람의 글이 여러 군데 나오면 그 사람이 잘난 것같이 보일는지 모르지만, 내용이 대동소이(大同小異)하면 불쾌감이 앞선다.
　내 생각이 그러니, 내가 그런 짓을 하면 보는 사람이 얼마나 불쾌할까 두려워, 그런 짓은 아예 안 하기로 마음먹었다.
　금년 신년호에도 그저 벙어리로 지내려 했더니 어떤 신문이 고료를 두둑이 꾸려서 집에 두고 갔다.
　지전(紙錢)에 날개가 돋혔던지 들어 번쩍 날아가버리니, 후흐, 안 쓸 수 없어서 쓴 것이 주문대로 '어린이들에게 주는 말'이었다.
　"부지런한 사람 됩시다. 아름다움을 알고 아끼는 사람 됩시다. 옳은 사람 됩시다. 옳고 바르게 사는 사람 됩시다.
　길에 나서면 좁은 골목이나 백화점 층층대에서도 반드시 왼편으로 치우쳐 걸으면 사람과 부딪히지도 않을 것입니다. 좌측통행, 왼편으로 다니자고 약속이 되어 있기 때문입니다.
　정한 약속을 지키는 것도 옳은 일입니다.
　전차나 버스 탈 때에 새치기하는 것은 옳지 않은 일입니다.
　어른들이 다 하니까…… 그런 핑계로 옳은 일 옳지 않은 일이 뒤

바뀌어지지는 않습니다. 옳지 않은 일은 언제나 옳지 않은 일입니다.
　아버지 어머니가 하시는 일도 그렇습니다.
　아버지의 월급이 얼마라는 것을 뻔히 아는데 국물이라는 것을 많이 받아 오거나, 어머니가 계를 한다거나 고리대금을 해서 펑청펑청 넉넉한 살림살이를 하는 집이라면, 그 부모가 어린이들을 위하는 마음으로 하는 일이라 하더라도, 어린이들은 그것이 옳지 않은 일이라는 것만은 알아야 합니다.
　옳지 않은 돈으로 나 혼자 잘사는 것은 부끄러운 일이라는 것을 알아야 합니다."
　이런 말을 썼더니 어떤 친구가 편잔을 주는 것이었다.
　"낫살이나 자신 분이 정초부터 부자 이간(離間)을 붙이려 드시오?"
　이런 시비조는 물론 삿대질을 하는 것은 아니었지만 마음에 걸리는 것이었다. 소천(小泉)에게 그 말을 했더니,
　"옳습니다.『성경』에 있습니다. 에베소 육 장에……"
　서슴지 않고 말하기에, 집에 돌아와서『신약전서』를 찾았다.
　에베소 6장 첫머리에는 이렇게 씌어 있었다.
　"자녀들아 너희 부모를 주 안에서 순종하라. 이것이 옳으니라."
　이 간단한 한 줄은 물론 목사나 전도사의 한 시간 설교의 주제가 되겠지만 묘미 있는 말이라고 생각했다.
　'주 안에서'라는 가장 간단한 말이 만만치 않은 넓고 깊은 내용을 지니고 있음을 짐작할 때, 친구의 편잔에 잡혔던 주름살은 시원히 풀리는 것이었다.

1월도 다 지나간 날 '신춘상(新春想)'을 쓰라는 『조선일보』는 음력 과세(過歲)를 하는가 보다. 나 역(亦) 음력으로 차례를 지내고 도소(屠蘇)*에 거나하다. 거리도 설 일색.

명령으로 되는 일이 아니다. 모두 정치와 경제와 사회와 관련이 있는 것이다.

(『조선일보』 1957년 2월)

---

* 연초에 마시는 약술.

거룩한 장례

내가 장철수(張澈壽)를 알게 된 것은 일본 동경에 있을 때였다.

나는 잡지사를 경영하고 있었고, 그는 일본 외무성에 근무하고 있었다.

'선인(鮮人)'이라 높은 자리에는 앉지 못했으나 동경제대 출신으로 격 높은 외교관이었다.

가끔 전화를 걸어왔다.

"맥주 있소? 맥주?"

일제 말기 배급제가 심각하여 맥주를 구하기 극히 곤란할 때였으나, 나는 나의 사무실의 지하실 바에서 언제나 마음대로 마실 수 있었던 만큼 그를 환영하였다. 술동무로 환영한다기보다는, 그런 때면 그는 반드시 외무성에서만 들을 수 있는 큰 뉴스를 전해주기 위한 전화이기 때문이었다.

'카이로 선언'을 재빨리 전해준 것도 그였다.

한번은 이상백(李想白)과 셋이서 제국호텔에서 만찬을 같이한 일이 있었다.

식후에 옥상 노대(露臺)에서 쉴 때, 이런 말을 두 사람은 번갈아 나에게 하였다.

"뭣 하러 이러구 있는 거야? 미군을 환영할 셈인가?"

"올 크리스마스에는 여기서 미군의 전승 파티가 있을 거야!"

그래서 나는 가족을 부랴부랴 귀국(1944년 6월)시켰고, 9월에는 나도 잠시 귀국하였다가 다시 도일(渡日), 다음 해 정월에는 아주 귀국했던 것이다.

그의 예상보다는 반년이나 일 년은 늦은 셈이었다.

독립 후에는 외무부 무슨 국장을 지냈다는데 만날 기회가 없었고 피란살이 대구에서 자주 만나게 되었다.

취하지 않으면 침체하다고 보리만큼 온화한 신사였으나, 한번 취하면 상대하기 어려운 주책망난이였다. 세태를 비분강개하고 축적된 울분이 폭발하는 것이었다.

그 심리를 이해할 수 있되, 주정을 받아줄 수 있는 체력이 나에게는 부족하였다. 연방 떠다 미는 때문이었다.

환도 후, 나는 수요일만 외출하여 대구서부터 계속되어오는 모임에 출석하기로 하였는데, 6월 들어 첫 수요일이었다.

장철수가 상경하여 발병하였는데, 숙소가 마땅치 않고 주인에게 폐스러워서 조지훈(趙芝薰) 이한직(李漢稷) 두 분이 업다시피 해서 입원시켰다는 말을 엿듣고 문병을 가야 하겠다는 생각이 있었으나, 계란이나 과실을 마련할 준비조차 없었기 때문에 다음 수요일로 미룬 그다음이었다.

일요일 저녁때에 배달된 신문에 '장'이 성모병원에서 급서(急逝)했다는 인사(人事) 소식을 보고, 아차 빈손으로라도 한번 가보아야 할 것을, 하고 뉘우치는 마음에 가슴이 선뜻해서 곧 일어섰다.

종로까지 나가는데 폭우가 쏟아졌다.

단벌 양복을 쫄딱 적시고 나니, 병원 시체실에 갈 생각이 없어졌다.

이튿날(1954년 6월 7일) 영결식 시간이 열 시라 하였으나 일찍이 집을 나섰다.

성모병원 시체실에는 아무도 없었다.

열 시가 되어서야 사람이 모였다.

시간이 되지 않았느냐고 물으니 의외의 대답이었다.

"가족은 아무도 없고 의논할 사람조차 없어서 그저 화장을 하려고 했더니 이 사람이 가톨릭에 입교를 해서요. 가톨릭 묘지에 매장하기로 했기 때문에 성당에서 미사를 올리고 열두 시쯤 발인이 될 겝니다."

나는 놀랐다. 장철수와 가톨릭이 먼 것같이 생각되었기 때문이다.

그러나 이야기를 듣는 사이에 결코 먼 것이 아니었다는 것을 알게 되었다.

임종이 가까워오자 '장'은 수녀를 불러 세례를 받겠다 하고, "내 본명은 아우구스티누스야! 내가 탕아(蕩兒)야! 죄 많은 탕아야!" 하고 울부짖었다는 것이었다.

조객(弔客)이 마당에 그득한 가운데 이상로(李相魯)는 명정(銘旌)을 쓰고 있었다.

'장(張) 아우구스티누스 철수지구(澈壽之柩)'

천주교 묘지 산 위에도 친지가 그득하였다. 혈연 한 사람도 없이 생전에 주정으로 괴롭히던 선배와 지우(知友)들뿐이었다.

"좋은 사람이었어! 때를 못 만나서……"

그런 말이 여러 번 엿들렸다.

나도 어제부터 이 자리까지 곰곰이 생각해보았지만 악(惡)이라고는 없는 사람이었다고 생각하는 것이었다.

친구들이 차례차례 삽을 들어 흙을 덮어주고 있었다.

상주도 없고 호상(護喪)도 없는, 그러나 그를 지극히 아끼는 사람들만이 모여서 거행된 거룩한 장례였다.

(『가톨릭 청년』 1955년 1월)

사람 나름

십여 년 살면서 집에 손질을 해본 일이 없다. […]
 십 년을 살아도, 1·4후퇴 삼 년을 비웠다가 돌아와도 집이 새는 곳 없고 방에 불도 잘 들이니 그저 하느님의 은혜로 생각하고 있지만, 어디를 손질을 하게 된다면 차라리 이사를 하고 싶다.

『신태양(新太陽)』잡지에 내가 매달 쓰고 있는 '요설록(饒舌錄)'에 이런 말을 쓴 일이 있었다.
 추려 말하자면 사람을 사서 쓰는 일이 뒤숭숭하고, 서로 거북하고 민망하고, 값을 정하고 시작한 경우라도 일이 끝나면 좀더 생각해달라는 말을 한다든지, 밥 대접을 하는 것이 신경을 쓰게 되는 일이고, 식후에는 늘어지게 한잠 자는 것을 보는 일이 지저분하기도 하고, 도대체 일하는 것이 능률적이 아니라는 말을 했던 것이다.
 9월호였으니 그것을 내가 쓴 것은 6월쯤이었을 것이다.
 그런데 두 달이 조금 지나서 나는 내가 한 말을 뒤집어버리고야 말았다. 결국 입이 가벼웠다는 핀잔을 들어도 할 수 없게 되었다는 말이다.
 내가 거처하는 건넌방 왼편 끝 기둥은 곧 골목 밖의 모서리이자 저쪽 편은 또 뒷집과의 사이담 블록으로 덮여 있는데, 그 기둥 밑이 조금 썩었던 것이다. 방 왼편 끝 도리가 처지니 벽지가 주름 잡히는 것이었다. 골목 밖으로 나가서 밑을 보니 약간 썩어 있었다. 그리고 보니 큰마루와 안방 사이의 기둥 밑도 조금 상한 것 같았다. 큰마루와 안방 사이의 도리 밑 흰 벽이 주름을 짓고 있었다.

그것을 안 다음부터는 날마다 걱정이 되었다. 자다가 베짱이 튀는 소리를 잠결에 들어도 기둥이 내려앉는 것만 같았다. 이사를 해야겠다고 생각했다. 친구마다 만나는 사람마다 붙들고 의논을 했다.

도대체가 십삼 평짜리 나의 소유도 아닌 집에다가, 또 반쯤은 은행에 들어가 있는 터이라, 이사를 한다면 전세방이나 얻어 나가야 할 형편임을 알게 되자 당황했다.

"수리를 하면 되잖아요? 기둥 밑만 조금 갈아 대면 될 걸 가지고 그래!"

그런 말을 하는 것이었다.

두 달 전의 호언이 무색해지는 것이었다.

집에 드나드는 김 서방이라는 사람은 기술자는 아니지만 아무 일이라도 하는 사람이었다.

김 서방에게 부탁을 했다.

하루는 김 서방이 사람 한 사람을 데리고 왔다. 기둥 갈아대는 기술자라는 것이었다.

기둥 밑 1척(尺)에서 1척 5촌(寸)쯤 두 개를 갈아 대는 데 1만8천 환이라는 것이었다.

그야 18만 환이라고 하더라도 그 값이 싼 것인지 비싼 것인지 분간이 나에게는 없었다. 그러나 가진 돈은 없었다.

"값을 알았으니 만 팔천 환이 준비되면 다시 기별하리다" 하고 보내었다.

다음 날 김 서방은 다른 두 사람을 데리고 왔다.

나에게는 인사를 시키지도 않고 집 앞뒤를 두루 살피고 나가더니 김 서방만 들어왔다. 건넌방 기둥은 위까지 통으로 갈아야 한다고 말하더라는 것이었다. 놀래서 뛰어나갔다. 김 서방은 기둥 모서리를 블록 담 속으로 꾹 꾹 찔러 보이는 것이었다. 겉은 말짱한데 쑥쑥 들어갔다.

큰일 났다.

김 서방은 집으로 들어가더니 "여기도 갈아야 한답니다" 하고 아랫방과 광방 사이 기둥 밑을 가리켰다. 겉은 말짱한데 역시 속이 상해 있었다.

"팔천 환이면 될 거라고 합니다."

나는 또 한 번 놀랐다.

"아니, 단 팔천 환?"

김 서방은 어제 데리고 온 사람이 그렇게 엉터리로 값을 부를 줄은 몰랐다고 말하고, 몇 군데 알아보았더니 오늘 데리고 온 사람이 기술도 좋고 사람도 진짜라고 말하더라는 것이었다.

두 사람이 하는데 한 사람 2천5백 환씩 그저 하루 품값과 기둥 통째 하나와 몇 자짜리 하나에 2천여 환, 잭(jack) 세(貰) 해서 8천 환쯤이라는 것이었다.

희한한 일이라고 생각했다.

"합시다!" 했다.

다음 날 두 사람을 데리고 왔다. 누런 국방색 챙 긴 모자를 쓰고 같은 누런색 아래 위를 깨끗하게 입은 삼십대의 청년은 콧날이 선 얼굴이 단정해서 우선 인상이 좋고 믿음직했다. 또 한 사람은 좀 나이 많은 키 작은 사람이었다.

기둥 재목 두 개를 사 왔다. 대패질을 한 다음 상한 기둥을 들여다보며 똑같이 여기저기 구멍을 내는 것이었다. 상한 기둥 양편의 흙담을 조심스레 긁어 허물고 양쪽 도리에 장목을 대고 밑을 잭으로 조심스레 올렸다.

상한 기둥은 쑥 빠져 나오고 거침없이 새 기둥을 맞춰 끼워 올리는 것이었다. 멋지게 들어맞아 감쪽같이 세워지는 것이었다.

점심상이 나올 때는 나는 밖으로 나가서 커피 한 잔을 사서 마시고 돌아왔다.

그 사람들이 일하는 사이에도 나는 방에 앉아서 원고를 쓰고 있었다. 그 사람들은 떠드는 소리도 없고 주고받는 말소리도 높지 않았다.

안방과 큰마루 사이 기둥은 벽을 헐지 않기로 하자고 의논하는 소리가 들렸다. 귀를 기울였다. 젊은 사람의 주장에 나이 많은 사람이 응한 모양이었다.

한참 후에 뒤로 돌아가 보았다. 기둥 밖 도리 아래 목침만 한 장목을 못 박아놓고 거기에 장목을 세우고 밑에 잭을 대는 것이었다.

감쪽같이 추켜올리고 밑을 톱질해서 잘라내고 1척 2~3촌짜리 새 나무를 갈아 끼는 것이었다. 1만 8천 환이라고 한 사람은 안방 벽과 마루 벽을 뜯어야만 한다고 말했던 것이다. 벽은 흙덩어리 하나 떨어지지 않았으니 고맙다는 생각이 우러나올밖에.

뒤의 일을 끝마친 두 사람은 담배 한 대 붙이지도 않고 아랫방과 광방 사이 기둥 일을 시작하는 것이었다.

그런데 젊은 사람이 나이 많은 사람에게 하는 말이, "허, 이 기둥보다 저 기둥이 더 내려앉았어!"

"그래!" 나이 많은 사람도 끄덕이었다.

광방 끝, 그러니 그것도 골목 밖으로 나간 기둥이다.

"이게 일곱 치라면 저 기둥이 한 자야!"

그런 말을 하더니 방에 앉아 있는 나를 들여다보는 일도 없고 나의 귀에 들어가라고 큰 소리를 지르는 일도 없이 바깥 기둥부터 갈아대는 것이었다. 밑 상한 기둥 잘라낸 것을 내던지는 소리가 속 빈 강정 떨어지는 소리 같았다.

온 기둥 하나, 기둥 밑 1척에서 1척 2촌짜리 셋을 갈아댄 것이었다.

일을 끝마치고 안팎을 깨끗이 치어준 때는 다섯 시가 지났었다.

약주 한 되를 받아다가 상을 보라고 했다.

속으로는 '이 사람들이 얼마를 달라고 할 셈인가? 웬만만 하면 아무 말 않고 선뜻 주리라' 생각했다. 김 서방에게 알아보라고 했다.

알아볼 것도 없이 5천 환이라는 것이다.

그래도 알아보라고 했다.

물어보았는지 묻지 않았는지 한참 만에 그대로 5천 환이라는 것이었다.

한 사람 2천5백 환씩 5천 환하고, 따로 1천 환하고 둘을 만들어서 젊은 사람에게 주었다.

젊은 사람은 5천 환을 세고 "이건 무업니까?" 하는 것이다.

"하도 기분 좋게 일이 되어서 한턱 하는 것입니다" 했더니 1천 환을 도로 내놓는 것이다. 억지로 떠맡기고 내가 약주를 잔에 따라 주었다.

잔을 받은 젊은이와 나이 많은 두 사람은 잠깐 머뭇거리더니 잔을 상에 놓고 이마에서부터 십자를 그리는 것이었다.

나는 가슴이 찌르르했다.

상을 물리자 나는 젊은이를 건넌방으로 들어오라고 청했다.

또 부탁할 일이 있을는지 모르니 주소와 성명을 적어달라고 했다. 서울 집은 기둥 밑 상한 집이 많으니 친구든지 누구든지 아는 사람에게 소개해주고 싶었기 때문이다.

서슴지 않고 써주는 글씨는 요새 같으면 대학생의 글씨 솜씨였다.

주소는 내 집에서 고개 하나 넘는 가까운 동내였다.

(『가톨릭 청년』 1957년 1월)

기생

기생이란 것을 처음 본 것은 소학교 1, 2학년 때인 것 같다.

소학교에 들어가기 전에는 서당에를 다녔었고, 채하동(彩霞洞)이나 관덕정(觀德亭)에 올라간 것은 소학교 동무들과 같이 간 것 같기 때문이다.

채하동 가설무대가 먼저인지 관덕정 편사회(便射會)가 먼저였는지 모른다.

개성에는 사정(射亭) 세 군데가 남아 있었다. 장안에서 쳐다보이는 자남산(子男山) 위에 관덕정이 있고, 거기서 더 동쪽으로 가서 포은(圃隱) 선생의 숭양서원(崧陽書院) 뒷담을 끼고 내려갔다 올라가면 선죽교를 멀리 내려다볼 수 있는 곳에 호정(虎亭)이 있고, 남부 끝 용수산(龍首山) 밑에 반구정(反求亭)이 있었다.

세 사정은 여름이면 편사회를 했었고, 그러면 장안 사람이 모두 모인 것같이 구경이 장했다. 엿장수 무릇 장수, 떡 장수가 먼 시골서도 모여들었고, 밥장수, 콩국 장수, 술장수는 차일을 치고 장사를 벌였었다.

편사는 한 사정에서 두 사람씩 나온다.

활 쏘는 사람이라고 모두가 넉넉한 사람만은 아니겠지만, 이 날만은 아래위 깔끔한 새 옷이 날아갈 듯하다. 옥색도 짙은 모시 두루마기라든지, 항라 두루마기 속에 새파란 조끼가 비치어 보이는 따위다.

왼손에 활을 들고 오른손 엄지손가락에 각지를 끼고 다섯 대 화살을 허리에 질끈 차고 나서면 좌우 양편에 기(旗)를 가진 사람이 긴장한다.

기는 세 사람씩 양편에 있다. 관덕정은 검은 기, 호정은 남색, 반구정은 홍기다.

깃대는 모두 마당 가운데로 머리를 숙이고 있다.

화살을 시위에 메겨 한번 힘껏 당기면 구경꾼의 고개는 일제히 획 돌아 과녁 쪽을 바라보게 되고, 시위 퉁기는 소리보다 하늘 높이 화살이 나는 소리가 귀에 매섭게 울린다. 아무 소리 없는 긴장한 순간이다.

아슬아슬 과녁을 맞히지 못하면 '아유우 —' 소리가 최저음 제창으로 울리고, 고개는 일제히 사정으로 돌아온다. 다음 화살이 날은다.

과녁을 맞히는 따악 소리보다도 먼저 깃발이 번쩍 올라간다.

"김××벼언……"

맞힌 사람의 이름을 부르는 것이다. 목청껏 신이 나서 부르며 활짝 치켜 휘두르는 깃발은 어떤 먼 곳에서도 알아볼 수 있는 것이다. 기 빛을 보고 어느 편인가를 알고 한 점을 기록해서 승부를 계산하는 것이다.

한 사람이 일순에 삼중(三中)하면 비로소 기생 소리가 나오는 것이다.

사원(射員) 여섯 사람이 서 있는 뒤에는 사정 마루 위에 기생이 여러 명 서 있었다. 쪽진 머리, 비취 비녀, 반회장 적삼에 남 갑사 치마다. 대청에는 한편에 악사(樂士), 한편에 기록하는 사람들이 있고, 가운데는 화문석을 깔아놓고 3사정 사두(射頭)가 주안상을 받고 있다.

다섯 대 화살로 세 번 맞히면 북이 울리고 장구 소리, 피리 소리, 해금 소리에 따라 기생이 "김 서방님 지화자 지화자……"를 부르는 것이었다.

"일리이리 쿵…… 김 서방님……"

단 서너 소절쯤의 짧은 음률이지만 세상에 처음 듣는 아름답고 그윽하고 멋진 가락이었다.

맨 나중에 사두가 나올 때는 해도 기울 무렵이 된다. 단 세 사람이 나서고 화살을 옆에 차지는 않는다. 사원이 일일이 살수건으로 닦아서 대령한다.

한 대만 맞아도 기생 소리와 풍류다. 긴장과 멋이 최고조로 올라간 클라이맥스다.

채설동(彩雪洞)은 북부 끝을 동쪽으로 삼십 분쯤은 올라간 산 속이었다. 연잎이 가득 찬 연못을 지나서 더 올라가면 또 큰 연못이 있고, 가운데 멋진 배 다리가 걸쳐 있고, 맞은편에 석실(石室) 이층 양옥이 있고, 왼편 높은 바위 위에는 일실(日室)이 있었다. 일실은 서울 창경원(昌慶苑)의 수정(水亭) 같은 맵시였다.

물 맑은 연못 동쪽 끝에 가설무대를 지어놓고 기생들의 가무(歌舞)를 보여주는 것이었다. 무슨 날 무슨 잔치였는지는 기억이 없다.

화관 쓰고 활옷 입고 오색 한삼(汗衫) 늘어뜨린 기생들의 삼현육각(三絃六角)에 맞추어 유유히 춤을 추기도 하고 두 손에 쥔 칼로 마루를 슬쩍슬쩍 스치며 핑핑 돌아가는 검무(劍舞)도 보여주었다. 겹겹이 입은 새하얀 속것 자락, 청홍상(靑紅裳) 짙고 붉은 치맛자락이 꽃잎처럼 엉키는데, 새하얀 버선발을 번쩍 들어 내뻗으며 한 발로 핑핑 돌아가는 턴은 점점 속도를 가해서 어지러워 넘어지지나 않을까 걱정되면서 즐겁기만 했다.

아름다운 음률 아름다운 춤이라고 생각했다. 높고 그윽하고 맑고 깨끗한 멋이라고 생각했다.

오륙 년이 지나서는 요릿집에서 기생을 불러 놀기도 하고, 채설동 일실에 복(伏)놀이를 차려서 놀기도 했었다.

해월(海月)이라는 나이 지긋한 가야금을 잘하는 기생은 C라는 연배 친구와 좋아 지낸다는 말을 들었으나, 단골 기생 누구 하나 지저분한 뒷소문이 없었다. 어디로 보나 그저 깨끗하고 아름다운 사람들이 그윽한 멋을 풍겨주는 것으로 생각했다. 돈으로 그날따라 아무에게나 몸을 맡기는 기생은 갈보라고 부르기도 하고, 지체 있는 기생들은 같이 앉기를 좋아하지 않았다.

고무신이라는 것이 나오기 전이다.

요새도 기생이란 이름의 여인은 있다. 요정(料亭)에서 "기생을 불러달라"고 하면 기명(妓名)을 가진 여인보다 무슨 마담이라는 이름이 더 많고, 노래를 하라 하면 선뜻 수저나 젓가락을 집어서 상을 냅다 뚜드리며 유행가를 떠나가라 부른다. 춤을 추라 하면 객의 두 팔을 잡고 일으키려 한다. 사교댄스를 추자는 것이다. 못 추더라도 서로 껴안고 비비대기를 치자는 것이다. 춤을 보여달라고 애걸을 하면 전후 좌우 상하로 엉덩방아를 찧으며 맘보 맘보라고 한다. 우리나라 춤을 추라고 하면 두 팔을 벌려 고이 일어나다 말고 손수건을 홱 내던진다. 방바닥의 손수건을 입으로 집으려고 어른다. 객은 좋다고 돈을 던진다. 그것을 또 입으로 문다. 또 문다. 아무리 천 환짜리라도 뭇사람의 손때 묻은 것을 입에 문다고 어떤 시인이 화를 버럭 내는 것을 본 일이 있다. 춤이 아니라 애크러배트다.

고무신, 퍼머넌트, 나일론의 풍속이 그렇듯이, 그윽한 멋을 찾을 나위 없다.

(『자유문학』 1957년 9월)

저널리즘의 공죄(功罪)

태평양전쟁이 말기에 가까웠을 때에 일본 수상 도조(東條)는 민병대를 조직하고 죽창 훈련을 강요하였다. 태평양 제도서(諸島嶼)가 실함(失陷)되고 점점 본토에 접근해오는 미 함대가 상륙작전을 하게 되면 그때에는 수륙 양용 주정(舟艇)이나 화염 방사나 전차를 죽창으로 격퇴시키라는 명령이요 훈련이었다.

함대는 전멸 상태였고 패전상(敗戰相)이 농후하나, 그것을 보도 관제로 억압하고 연재(連載) 연승(連勝)의 공보(公報)만 게재케 한 후였다.

동경『마이니치 신문』기자 신묘 다케오(新名丈夫)란 사람이 이것을 보도할 때에 비판을 가했다. 그것은 국민은 물론 군(軍)도 공감하는 정론이요 정견이었다. 그러나 도조는 신문을 벌하여 편집국장 이하 수 명을 면직케 하고 신묘 기자는 이튿날 새벽에 영장을 지참한 헌병에게 연행되어 이등병으로 행방을 모르게 되었다. 헌병 정치를 한 독재자 도조의 전광적(電光的) 처리였던 것이다.

국민의 정론을 봉쇄하고 탄압한 도조는 오래지 않아 손들고 패망하고, 신문인은 전부 제자리에 앉게 되었다.

언론을 강압하고 보도를 통제한 예는 도조 이외에도 히틀러와 무솔리니가 있고, 공산주의 국가에 있어서는 현재도 동단(同斷)이니

오후의 좌석 409

언론의 자유가 보장되지 않는 국가에 민권이 있을 수 없고, 민주 발복이나 국운의 진전이 있을 리 없는 것이다.

　미국이나 영국 등 선진 국가에서는 언론의 자유는 국회나 법의 권한 외라고 한다. 국회도 헌법도 언론의 자유를 건드릴 권한이 없다는 것이다(2차대전 이후에 반[反]국가 행위에 대한 제약이 생겼지만).

　신문을 '사회의 목탁'이라 하고, 신문인을 '무관(無冠)의 제왕'이라 하고, 소론(所論)을 '춘추의 필법'이라 한다. 그것은 모두 독자, 즉 국민 일반이 공명할 수 있는 정론인 경우에 한해서만 있을 수 있는 것이다. 어제의 론(論)과 오늘의 론이 다르고 어제의 보도와 오늘의 보도의 각도가 달라도 그것을 사회의 목탁이니 무관의 제왕이니 춘추의 필법이라고 할 수는 없는 것이다. 때려야 할 놈은 맥이 끊어질 때까지 때려눕혀야만, 살려야 할 놈은 내가 맞는 한이 있어도 살려야만 과연 춘추의 필법이라 할 것이요 무관의 제왕이라 할 수 있을 것이다.

　우리나라 신문의 역사는 찬연한 바 있으니, 소위 신문이라는 것이 생긴 동기가 독립정신을 함양하자는 민족운동의 효종(曉鍾)이었고, 일제하의 신문이 모두 민족정신 작흥(作興)의 한 목표하에 이루어진 치열한 투쟁의 역사를 지니었던 것이다. 그러므로 신문인은 대개 지사(志士)의 풍이 있었고, 독자는 또 이것을 보관하여 자손에게 전하려는 사람이 많았다.

　해방 후의 신문의 사명은 반공 투쟁에 있었고, 동란을 겪은 후에는 반공 민주 발전에 그 대본(大本)이 있다 할 것이니, 우리가 지닐 수 있는 민주 자유를 충분히 향수함으로써 적치(赤治) 독재하에 신음하는 동포로 하여금 자유대한을 흠모케 하고 집권자를 무색케 하여 무력 이전에 정신적인 통일을 가기(可期)케 하는 데 그 사명이 있다고 볼 것이다.

권세에 아부하고 비굴하여 무문곡필(舞文曲筆)하고 독자의 기호에 첨(諂)하여 엽기 탐색 말초신경의 자극을 일삼는다면 그것은 결코 신문의 사명을 다한다고 볼 수 없는 것이다.

어디까지나 파사현정(破邪顯正)의 보검이어야만 할 신문이 현실 사회에도 희괴(稀怪)한 음담패설로 독자를 끌려 함은 속출하는 신문지의 물불을 가리지 않는 판매 경쟁에 기인한 현상일 것이나 신문 본래의 사명을 몰각하는 파렴치한 행위라 할 것이다. 그런 것은 또한 나라의 문화 향상에 아무런 플러스도 되지 않을 뿐 아니라 마이너스 되는 것이 크다 할 것이다.

신문은 그 나라의 사회 현실을 그대로 반영하는 거울이라고 한다. 이것은 세계 공통의 상식이니, 우리나라를 지나가는 외국인이 어느 신문을 보면 우리나라의 현실을 정확하게 파악했다고 할 수 있을 것인가.

독자가 소수라 하여 그의 영향력 전파력의 위력을 결코 과소평가할 수는 없는 것이다. 그것은 언제고 어느 나라고를 막론하고 항상 그 사회를 개혁하고 발전시키고 좌우하는 원동력이 되는 분자는 신문을 읽을 수 있는 소수의 지식인인 것이기 때문이다.

(『대구매일신문』 1955년 7월)

나와 여름방학

나의 중학 시절이란 것은 기미년 1919년 전후이니, 일주일 동안을 사고 없이 등교 수업한 일이 별로 없었다.

일본인 교사가 학생을 꾸짖었으니 민족을 모욕했다 하여 동맹 휴학이다, 엿들은 바에 의하면 교원실에서 일본인 교사가 우리 선생과 말다툼을 했다니 민족적 모욕이다 하여 동맹 휴학이다. 한 학생이 반에서 큰 소리를 지르면 책보를—그때는 책보를 가지고 다녔으니—꾸리고 우르르 몰려서 퇴장하였다.

교원령(敎員令)이란 것이 생겨서 일본 교육의 대학이나 고등사범학교 출신이 아니면 중학 교사 자격이 없다 하여 수 년 내내 잘 가르쳐주고 정든 선생님들이 일고여덟 명이나 송두리째 면직이 되게 된다니 그럴 수가 있느냐 동맹 퇴학이다. 학교에는 다녀 무얼 하겠느냐, 보따리 싸들고 고향으로 돌아가자.

이러한 사건이 연달아 생기니 학업이란 보잘것이 없고, 좋게 말하면 민족투쟁이라 하겠지만 수업을 거부하는 스트라이크에 시종(始終)했던 것이다.

그러나 하계휴가인 여름방학이 오게 되면 반반(班班)이 계획이 대단했으니 고향에 좋은 선물을 가지고 가자는 것이었다.

내 고향 개성을 예로 들면 서울 유학생은 '개성 학생 친목회'가 있어 백여 명의 회원이 있었고, 일본 유학생은 '송경(松京) 학우회'가 있어 사오십 명의 회원이 있었다.

이 두 학생 단체는 거의 경쟁적으로 고향에서의 하계 사업을 했던 것이다. 교회당을 빌려서 강연회, 음악회도 했었고, 극장을 빌려서 연극을 공연한 일도 있었다.

또 어느 해에는 야학을 한 일도 있었으니 열 두세 살에 출가한 예쁘디예쁜 문맹(文盲)을 모아놓고 국문과 가감승제(加減乘除)를 가르친 일은 결코 무의미하지는 않았다. 야학 강습을 마친 신부들은 신랑의 권고와 부모의 양해를 받아서 대개 학업을 계속하게 되었던 것이니 쪽진 머리 은비녀 꽂은 여학생이 많아졌던 것이다.

1921년 여름에는 '조선학생대회'라는 거창한 대동 단결체가 있어서 여름방학에 연극 순연(巡演)을 하기로 되어 회장 김윤경(金允經) 부회장 신 모 씨의 권고로 무교동 어떤 큰 집 대회사무소에서 합숙을 하였는데, 어른 단체인 '조선교육회'에서 "학생이 연극이 무엇이냐?" 하여 와해된 일이 있었다.

그러나 다음 1922년에는 동경 유학생 단체인 '동우회(同友會)'가 순회 연극단을 조직하여 전국을 순연했으니 나도 그의 한 멤버로 김우진(金祐鎭), 홍해성(洪海星), 홍난파(洪蘭坡), 윤심덕(尹心悳), 황석우(黃錫禹), 오상순(吳相淳), 조명희(趙明熙) 등과 같이 전국 도시를 순연하였다.

조명희 작 「김영일(金英一)의 사(死)」, 홍난파 작 「최후의 악수」, 던세이니(L. Dunsany) 작 「찬란한 문」이 예제(藝題)였고, 우리나라 신극(新劇) 운동의 첫 페이지를 장식하게 되었던 것이다.

1924년 갑자년에는 대단한 홍수가 있었다. 개성의 번화가 남대문로가 깊이 이삼 척의 강같이 되었으니 전무후무한 대홍수였고, 따라 근군(近郡)이 모두 수해를 입었다.

유학생 단체와 청년회는 수해 구제 활동을 즉각 개시하였다.

의연금을 거두는 한편, 연극이라도 해야겠는데 준비가 없었고 시각을 다투는 일이라 '기생 연주회'를 했던 것이다. 유학생들이 기생 연주회를 주최한다는 비난과 욕설은 있었으나 기생들의 인기를 좌우하는 거액의 의연금이 경쟁적으로 갹출되어 본래의 목적을 달할 수 있었다.

한 여름 동화를 구연(口演)하고 다닌 적도 있었다.

학생 시절의 여름방학 한철을 일하고 의의 있게 지내는 일은 아름답고 즐거운 회상거리를 만들어도 준다.

요즘 학생들은 금년 방학에 어떠한 계획을 가지고 있는지 궁금한 일이다.

만일 중고등학생들이 방학 동안의 하루씩을 '문맹 교육'을 위해서 제공한다면—한 학생이 이십사 시간씩을 봉사한다면—우리나라 문맹은 9월까지에 완전 퇴치될 수 있고, 다음 선거에는 작대기 붓두껍의 투표가 아닐 수도 있으리라고 생각한다.

일본이 이십오 년 전에 보통선거를 시작할 때, 그때 이미 작대기 투표는 아니었고 투표장에는 매 칸에 필묵(筆墨)이 마련되어 있어 선거권자는 피선거권자의 성명을 수필(手筆)로 기입하여 투표했던 것이다.

일제의 교육정책 때문이라고 한대도 해방 후 이미 십 년이요, 동란의 탓이라고 한대도 소수의 문맹을 깨우치는 데 수 년의 시일이 필요한 것은 아니니 빼길 수는 없는 일이다.

학생의 선의와 일일봉사로도 가능한 일을 문교부나 당국만을 책(責)할 것은 없으리라. 문교부나 교장이나 호국단장이 명령한다면 그건 또 효과를 얻기는 어려울 것이요, 어디까지나 학생의 자각과 선의에 호소할 뿐 사후 포상을 고려함은 좋은 일일 것이다.

둘째로 요청되는 것은 대학생들의 민주주의 계몽 강화일 것이다.

민주와 자유는 시여(施與)되는 것이 아니라 쟁취해야 하는 것이요, 공산국가보다 우리나라가 복된 국가라는 것, 어째서 주권은 재민(在民)이란 것, 투표권 행사의 신성성 등을 강화함으로써 국민이 자기의 복된 위치를 자각하도록 하는 것은 현하(現下) 대학생의 임무이기도 할 것이다.

삼사 년 전의 학생의 하기(夏期) 사업은 대개가 경관(警官)의 임석하(臨席下)가 아니면 사복의 미행이 있었고 요시찰인(要視察人)의 주목을 받았으나, 오늘의 학생이 여상(如上)의 사업을 한다면 면장이나 서장이 앞서서 알선의 노(勞)를 취해줄 것이요, 어쩌면 표창장이라도 받게 될 것이라고 생각한다.

(『동아일보』 1955년 7월)

독서수상(讀書隨想)

'먼저 사람이 되어야 한다'는 말은 어떤 부문에서든지 쓰는 말이니 무용을 가르치는 선생도 제자에게 그런 말을 하고 있다.

서화(書畵)를 가르치는 선생도 그런 말을 하고, 문학을 지도하는 사람도 그런 말을 한다. 정치하는 사람 경제하는 사람도 물론 그래야만 할 것이니, 그 자리에 나서기 전에 사람이 되기에 힘쓴 사람이면 그 자리가 자신에게 옳고 그름을 가릴 수 있을 것이요, 나서고 물러서는 시기를 가지는 데도 그릇됨이 없어서 마침내는 국가나 국민을 복되게 할 수 있을 것이다.

사람 되기에 힘쓰는 방법에 옛날에는 산중에서 수도(修道)하는 일도 있었지만, 현대에 있어서는 독서가 으뜸이요 첩경이라 할 것이다. 전문 지식을 암통(暗通)하기 전에 인간 수업에의 독서를 권하고 싶은 일이다.

*

흔히 우리나라에서는 책이 안 팔린다고 하고 불경기라고도 한다. 혼미 암울한 현실에서 생존을 위한 동물적인 투쟁에 바쁜 대중에게 서적의 구매력이 넉넉하리라고는 생각할 수 없으나, 한편 거리에

범람하는 밀수입 서적을 볼 때나 사람마다 끼고 다니는 일본 잡지 서적을 볼 때에 결코 구독욕이 없어졌다고 생각할 수는 없다.

한때 호경기를 이루었던 소위 전후파(戰後派)적인 경조부박(輕佻浮薄)한 서적이 아니면 저속안이(低俗安易)한 아동도서와 같이 팔리지 않음을 탄(嘆)하는 말이 아닌가 생각한다. 안 팔리는 책이 있는 반면에 팔리는 책이 새로이 있는 것이 사실이다. 존재조차 희미하던 수준 높은 잡지『사상계(思想界)』가 놀랄 만한 독자를 획득하고 있는 사실이나 원문 역서(譯書)가 소매점에서 자리를 잡기 전에 매진되는 사실을 보면 짐작할 수 있을 것이다.

독자의 수준이 높아진 것과 부화(浮華)에서 실질로 저속에서 탐구로 옮겨진 향상된 독서 경향을 엿볼 수 있을 것이다.

*

외국 문화를 받아들여 섭취하는 데 인색하지 않고 우리의 것을 보여주는 데 대담하고 싶다.

오늘을 알고 내일에 살기 위해서는 우리가 원하건 원하지 않건 우리의 머리 위, 발밑을 오고 가는 세계 문화의 조류를 포착해서 이해를 널리 해야 할 것이요, 낙후와 고립을 경계해야 할 것이다. 세계의 관심이 우리에게 쏠리건만 정치와 경제에 실망한 그들이 절망하기 전에 일절의 뒷받침인 우리의 문화를 널리 또 깊이 보여주어야 할 것이다.

*

　우리의 문학을 급속히 향상 발전시키기 위해서 격려하는 것은 좋은 일이다. 그러나 보잘것없다고 비하하는 것은 옳지 않다. 어쨌든 그것이 우리의 문학이요, 우리들의 자녀가 그것을 양식으로 자라나고 있는 엄연한 사실을 몰각할 수는 없는 것이다. 어느 나라에 내보이건 부끄러워할 것은 없다.

　서투른 솜씨에 간이 맞지 않는 양식을 만들어 은접시에 놓고 우리의 음식인 양 보이려는 것보다 알뚝배기에 보글보글 끓는 된장찌개를 보여주는 것이 옳다. 코를 막는 무례한 외국인은 전세대인(前世代人)이다.

　정치 이념이 다르고 적대하는 국가끼리도 문학과 예술의 교류는 격렬하리만큼 활발한 것이 현세대이다.

　이해 없이 정이 있을 수 없는 것은 개인이나 국가나 마찬가지다. 이해를 넓히기 위해서 받아들이기에 부지런하고 우리의 문학을 읽어볼 수 있도록 마련해주는 일도 서둘러야 할 것이다.

(『동아일보』 1955년 2월)

십승지(十勝地)의 풍속

꽃봄이 다가오고 있는 서울에 앉아서 대구 생각을 가끔 하게 되는 것은 피란 대구 살이가 너무 고된 고생살이였던 탓인지도 모른다.

하루 한 끼의 밥이 어렵고, 그저 막걸리로 배를 채우는 날이 많았으니, '격자판 집'이니 '석류나무 집'이니 '감나무 집'이니가 눈앞에 선하고, 그 친절하고 깨끗하던 할머니 아주머니들이 지금도 잘 있나 하고 생각하는 것이다.

대구를 떠나 환도할 때에는 서울에는 집이 남아 있으니 그래도 대구 살이보다 나으리라고 생각했었고 사실 형편이 많이 좋았던 것이었으나, 날이 갈수록 해가 바뀔 수록에 이건 도루래미가 되어가는 꼬락서니에 가끔 대구 생각이 나는 모양이었다.

대구 생각이 날 때면 문득 머리에 떠오르는 일이 있으니 그것은 대구에서도 삼백 리나 되는 산골짜기를 찾아갔던 일이다.

왕 교수와 조 교수의 유인으로 동행하여 상주에서 일박하고 문경 산북이라는 버스 종점에 내린 것은 이른 봄 보슬비 내리는 석양 머리였다.

거기서부터 시오리 산길을 걸었다. 보슬비는 오락가락하여 두루 바라보며 갈 수 있었으나 먼 산 또 산의 구름은 혹은 감돌고 혹은 피어오르기도 하여 마치 청전(靑田)*의 화폭 위를 더듬는 것 같았다.

어디를 보나 초가 한 칸 보이지 않고 오고 가는 사람 하나 보이지 않는 민듯한 언덕길을 걸어간다. 무덤이 띄엄띄엄 있는 사이를 가기도 하고 낭떠러지를 종종 굴러내리기도 하니 산 위에서는 보이지 않던 사십여 호의 인가가 언덕바위 뒷구석에 펼쳐져 있었다. 언덕바위 하나만 돌아서면 영영 눈에 띄지 않는 곳에 남녀노소가 웅성거리고 있고 닭도 있고 개도 있고 꽃도 피어 있었다.

돌각담과 삽작문 안에 납작한 집은, 그러나 안채와 사랑채가 엄연했다. 사랑은 도배를 새로 하고 돗자리 깔아놓고 우리들을 기다렸다. 동(東) 군은 양복바지 위에 흰 새 두루마기를 입고 우리를 맞아들이기에 바쁘다.

앉아서 담배 한 대 필 새도 없이 상이 들어왔다. 묵 한 대접씩 하고 엿 강정과 시커먼 막걸리였다. 동 군의 부친은 큰 갓 쓰고 흰 두루마기를 입고 들어와서 절을 한다. 나는 앉은 채로 예사로 꾸뻑했더니 아직도 절을 하고 있다. 두 손이 갈퀴 같다. 나는 다시 절을 했다. 저녁은 닭을 잡은 모양이었다. 저녁상을 물리니 큰 갓 쓰고 흰 두루마기 입은 어른이 들어와서 또 절을 한다. 역시 일반이다. 또 들어온다. 모두 같은 성(姓) 숙부요 오촌이요 육촌이라고 했다. 삼십여 명이나 절을 하기에 진땀이 났다.

삼백여 년 전에 피난 내려온 분의 후손 사십여 호가 한 집안이라고 했다. 이번 난리에도 군복 입은 군인이 이곳을 지나간 일이 없다

---

* 이상범(李象範, 1897~1972). 한국화가.

고 했다.

　밤새 이야기는 보학(譜學)이었다. 누구누구의 십대조 이십대조의 행실이 환하다. 말하자면 남의 집 족보 들추기라 하겠지만, 그것은 나라 일을 맡아 본 사람의 족보요 나라 일을 맡기기에 족하냐 부족하냐 하는 것을 평가하는 것이지 결코 남의 집 일이 아니다. 조상이 누구니 후손인 그도 간(奸)이 있을 수 있고 조상에 누가 있으니 그는 의(義)가 있을 수 있다는 것으로의 유전학 혈통학의 보학이다.

　밤참이 나온다. 보학 담의(談議)는 계속된다. 모두가 유식하다. 농군이요 골샌님들이건만 온통 정치의식 아닌 것이 없다. 두 시나 되어 자리에 든 우리는 동 군이 깨우는 것을 거부했으나 듣지 않았다. 해장 상을 들고 나온 것이었다. 곰국이 맛이 좋아 한 그릇을 다 마시었다. 생전 처음으로 구탕(狗湯)을 먹은 결과가 된 것을 알게 된 것은 귀로에서였다. 조반상은 돼지를 잡은 모양이었다.

　그런데 이것이 모두 밤참은 누구네가 차린 것, 해장은 누구네, 조반상은 누구네가 차린 것이라고 했다. 집안 간이지만 사십여 호가 차례차례로 우리들의 접대를 담당한 모양이었다. 조반상을 물리고 누운 자리에서 이런 말이 나왔다.

　"닭 잡고, 개 잡고, 돼지 잡고, 다음은?"

　"허허, 소 잡을 차례군!"

　그래서 우리들은 떠나기로 했다. 귀한 농우(農牛)를 희생시키게 되어서야 될 말이냐고 떠나기로 했다.

　보슬비는 나리고 있었다.

　동구 언덕바위 하나만 돌아서면 어디 그런 동리(洞里)가 있었더냐는 듯이 아무 소리 없다.

"이게 『정감록(鄭鑑錄)』에 있는 십승지(十勝地)로군."

누가 그런 말을 했다.

대구 생각이 날 때마다 가끔 그때의 광경이 떠오른다.

치사하고 지저분하고 교활한 진세(塵世)를 멀리하고 산 깊이 들어앉아 맑은 공기를 호흡하며 옳은 세상 찾아오기만 기다리는 태고와 같고 조상과 같은 그분들도 투표권을 행사해야 할 것이니, 금년 선거에 과연 누구에게 신성한 한 표를 던지려는지 아예 앉아서 먹고 살게 해달라고는 아니 할 테니 부지런히 일하면 근심걱정 없이 깨끗이 먹고살 수 있게 해줄 사람이 누구라고 보학에서 나왔는지 점괘가 나왔는지 또는 생각하고 있는지 두루 궁금할 때가 있다.

(『동아일보』 1956년 3월)

인생의 의의

해공(海公)* 선생의 국민장(國民葬) 의식을 방송으로 들었다.

때마침 왕학수(王學洙) 씨가 번역한 요하네스 헷센(Johannes Hessen)이란 사람의 『인생의 의의』란 책을 뒤적거리고 있을 때였다.

― 인생이란 덧없는 무상(無常)한 것이다. 하루아침 이슬과 같이 사라질, 그야말로 초로(草露) 인생이 아닌가. 참으로 허무한 것이 인생이구나!

― 서로 사랑하고 미워하고 슬퍼하고 즐거워하면서 그날그날을 보내고 있으되 결국에 가서는 다 같이 백골로, 아니 한줌의 흙으로 되어질 운명에 처하여 있지 않은가!

― 시대는 바야흐로 새로운 사회 국면을 개막한 채 악몽과 같은 현실의 혼미가 백귀(百鬼)를 난무시키고 있다. 그로 말미암아 사람들은 인생의 의미를 상실한 채 고뇌를 계속하고 있다. 이런 혼돈 속에서 인생의 의미에 대하여 다시 한 번 진지한 반성을 하여 봄으로써 고매한 이상주의 정신을 본받아 올바른 인생관 및 세계관을 수립함이 절실하게 요청된다.

따위의 글줄을 보고 있을 때 방송은 해공 선생을 애도하는 여

---

* 신익희(申翼熙, 1892~1956). 독립운동가, 정치가.

러 사람의 조사(弔辭) 낭독이 들려왔다. 나는 무릎을 꿇고 귀를 기울였다. 한결같이 고인의 행적을 듣는 사람의 귀가 닳도록 되풀이했다. 약관(弱冠) 시절부터 해외에 망명하여 조국 광복을 위해서 헌신했고, 풍찬노숙 삼십 성상(星霜) 불굴의 투쟁을 쌓았다 했고, 민주주의에 살았고 민주주의를 위해서 전 국민이 아끼는 가운데 돌아오지 못할 길을 떠났으니 슬프다는 것이었다.

더욱이 어떤 분은 "선생은 이미 돌아오지 못할 길을 떠났으나 선생의 정신은 길이길이 이 민족의 마음속에 영생하리라"고 했다. 그것은 곧 해공이라는 한 사람의 인생을 해부한 것이요, 그가 생전에 지닌 인생의 의의 생전에 실천한 인생의 의의를 판단 내려서 해설한 것으로 볼 수 있는 것이었다.

대소 상사(喪事)도 물론이지만 성대한 장의(葬儀)일수록 많은 사람들이 인생의 의의에 직면하고 화제를 같이하는 장면을 나는 경험했다. 이번 국민장을 보면서, 또는 치르고 나서도 많은 사람들이 그 문제를 생각하리라고 생각한다.

5월 5일 급서의 보(報)가 전해지자 거리에서는 몇 가지 같은 말을 들을 수가 있었다. 하나는 어디까지나 아깝다고 하고 죽어도 눈을 못 감으리라는 사람과, 어떤 사람은 한강 백사장에 삼십만을 모아 놓고 갔으니 선생은 그것만으로도 세상에 나온 보람이 있다고 하는 사람이 있었다. 모두 인생의 의의에 대한 견해라고 할 것이다.

인생을 어떻게 살아야 할 것인가는 그다지 쉬운 일은 아닐 것이다. 그러나 망한 세상이라고 세상을 개탄하는 사람이라면 망한 세상에 물들지 않는 사람, 악에 편들지 않는 사람이 많아져야만 세상이 바로잡힐 수 있다는 것만은 쉬운 말로 할 수 있을 것이다. 흔히 "별수 있소. 세상 따라 살아야지" 하고 그것이 옳지 않은 길인 줄을 알면서도 악을 범하는 사람을 본다. 그런 사람도 "세상이 언제나 바로잡히겠소?" 하고 세상 걱정을 하는 것을 보면 자기 스스로가 바로잡히기를 늦추고 있다는 사실을 모르는 사람이라고 하지 않을 수 없고, 그런 사람이면 그것을 깨달을 때는 곧바로 돌아설 수도 있으리라고 생각하는 것이다. 그것은 또 인생의 의의를 깨닫는 일에 가까운 일이 될 것이다.

어떤 외국인은 "한국인의 생활은 생활이라기보다 존재라고 하는 편이 타당할 것"이라고 말했다고 한다. 가혹한 이 말은 물질문명을 향수하지 못하고 있다는 의미보다도 인생의 의의를 체득하지 못한 사람이 많다는 말일 것이다.

장례식에 모인 수십만 명은 해공 선생을 영결하고 과연 어떻게 사는 것이 해공을 아끼는 일, 해공을 영생시키는 일이라고 생각했을까. 그리고 돌아오면서 인생을 어떻게 살아야겠다고, 또 인생의 의의를 어떻게 생각했을까.

책 속에 있는 끔찍한 구절 하나를 적어본다.

나의 형제여! 그대에게 묻노라! 그대는 젊어서 결혼과 자녀를 얻으려 원했노라. 하지마는 내 그대에게 묻노라. 그대, 자녀를 얻으려고 원할 수 있는 값있는 인간인가?

(『동아일보』 1956년 5월)

논산·인천·대천

논산

논산훈련소를 견학할 기회를 가졌다. 190만 평이라는 광대한 지역에 온갖 시설이 정비되어 있음도 놀라운 일이었으나, 서울대학이나 어느 종합대학교 못지않은 지역을 차지하고 문맹 퇴치의 교육을 실시하고 있는 것은 놀라운 일이 아닐 수 없었다.

어느 전선(戰線)에 갔을 때나 연대마다 그런 '공민학교(公民學校)'라는 시설이 있는 것을 보아왔고, 그럴 때마다 복잡한 감상을 가졌던 것이다.

4주 교육을 아홉 번 거듭해도 그야말로 낫 놓고 'ㄱ'자를 모른다는 장정, 하나부터 열까지를 셀 줄 모르는 장정이 "이것이 사과다. 몇 개냐?" 하면 돌멩이를 사과로 생각하고 열까지 잘 셀 수 있는 동포를 만나기도 했고, 스물로부터 스물아홉, 서른에 이르는 장정들이 앉아서 '가갸거겨'를 배우고 있는 자리에는 차마 서 있기가 민망했다.

문맹 퇴치가 민족의 비원(悲願)이라면 단 일 년으로도 이루어질 수 있는 일일 것으로 생각되는데, 해방 십 년 아직도 스물로부터 서른에의 장정이 이렇게 많이 문맹으로 있었더냐는 서글픔과 통분이었다.

논산에서는 문맹자에게 신병 훈련을 받기 전 6주간을 문맹 교육에 충당하고 있는데, 6주간에 깨우치지 못하는 자에게는 또 6주간을 제공한다 하니 문맹 장정은 국군 신병이 되기까지 6주 내지 12주 지연되는 것이다. 문맹 퇴치를 위해서 군복과 식사와 침실이 마련되지 않으면 안 될 이유는 어디 있느냐는 것을 생각하는 것이다.

이렇게 하면 일선의 공민학교라는 것은 없어졌으리라고 생각하고 그 교실에 들어가 볼 용기는 없었다.

발 뿌리에 닿은 풀만이 몇 포기 걷어채였을 것이다.

인천

인천 전 국민학교 아동 동화대회라는 모임의 심사를 하라고 해서 간 일이 있다. 아동의 동화 경연이라는 일에 흥미도 관심도 없지만 찾아온 사람이 하도 권하기에, 또 파괴 후의 인천을 본 일이 없었기에 갔더니, 구경도 못하고 내리 서른여섯 명의 동화를 듣기에 진땀을 흘렸다. 그러나 간 보람이 있었다. 회장인 창영국민학교는 오랜 역사를 자랑하는 학교인데 교내 전부를 경유로 청소하고 있었다. 깨끗한 마루에 아동들이 고무신과 운동화를 신고 다니는 것이었다. 이것은 놀라운 일이 아닐 수 없었다. 어느 국민학교나 중고등학교라도 모두 학동들이 물걸레질하는 것이나 꿇어앉아서 양초 동가리로 박박 닦고 있는 것을 흔히 볼 수 있는데, 이 학교는 기름으로 청소하고 신 신고 다니게 마련인 것이다.

교장은 작년 터키에서 열린 '세계 교육자 회의'에 갔다 온 분이라고 했는데, 외국인이 가끔 참관을 오면 어린아이들이 마루 걸레질하고 있는 것을 보이기가 싫고 어린이들의 보건과 또 걸레 부담 양초 동가리 부담을 덜게 하기 위해서 기름으로 닦기를 시작했다는 것이다.

해보니 월 3만 환이 조금 못 되는 경비로 삼십여 교실과 직원실, 강당까지 깨끗하게 할 수 있다고 말했다.

서울에서는 교실을 기름으로 닦고 신 신고 들어가는 국민학교가 있다는 말을 듣지 못했다. 나는 아동에게 걸레질 시키는 악풍을 반대해오기 십 년이다. 인천으로부터 새바람이 서울에 들어와서 전국에 퍼지기를 바라는 마음으로 인천 바다는 보지도 못한 채 돌아왔다.

대천

전국 제일의 해수욕장이요, 기차는 대천 행 급행을 운행한다기에 연래(年來) 흥미를 느꼈다. 급행도 천안까지는 기차를 탄 것 같지만 천안서부터 대천까지는 보통차라면 이 이상 더 어떻게 느리게 갈 수 있을까 고개를 기울일 만큼 인내력을 강요한다.

역에서 해수욕장까지 트럭 버스는 길 아닌 것 같은 길을 한 시간 달리고 납작한 초가집들은 이게 절량농가(絕糧農家)가 아닐까 생각되니 환경은 영점, 해수욕행의 감흥은커녕 송구한 감이 앞선다.

모래사장은 조개껍질로 발을 베게 되고 멀리 얕은 바다가 아니라 당장에 풍 빠지는 바다에 경비선이라고는 모터보트 하나 없으니 눈 앞에서 헐떡거리고 익사하는 사람이 있어도 구경만 하고 있을 수밖에, 수영 선수 구명원이 대기하고 있는 것도 아니니 기가 막힐 일이었다.

해변 가까이 판자집이 늘어 있기에 여럿이 그것을 주시했다. 변소일까? 한 여인이 뛰어가서 보고 왔다.

"변소는 아냐요. 다시마를 말리는 곳이야요."

다시마를 방에서 말리다니…… 그러나 웃음도 오래는 못 갔다. 그것이 숙소라는 것이었다. 날은 개었지만 여러 날 장마에 젖을 대로 젖은 판자 위에 거적을 깔고 자라는 것이었다.

자비(自費)로 구한 방은 이름이 호텔, 이층에 다다미를 깔았으나 2첩 일박 방값만 2천 환, 3첩 3천 환. 2첩짜리만 조르륵 늘어 놓여 있었다.

2첩이라면 서울 한 간 방이니, 자려면 서너 사람이 못 자랴마는 대해(大海)를 바라보며 몇 시간 호연(浩然)하려는 사람들을 위해서 건축한다는 것이 이렇게도 옹졸할 수가 있을까 생각하는 것이었다.

'호텔'이란 모두가 그러했다. '국가의 장래를 위해서 큼직하고 널찍한 마음을 가질 수 있는 민족의 장래를 위해서 방통 넓고 천장 높은 방을 마련합시다' 하고 대천 업자들에게 호소하는 것은 무리일까.

귀로의 연선(沿線)은 암흑이 에워싸고 있었다. 온양, 천안 등 몇 군데 도시를 제외하고는 전등을 켠 마을이 별로 없었다. 전등선은 어엿이 있건만 호롱불 까물거리는 아래서 저녁들이나 먹은 것일까, 무엇을 생각하고 있을 것인가, 마음조차 어두워지는 것이었다.

(『동아일보』 1956년 8월)

상식이 문제

　수십 년 동안 무관심하지는 않았지만 종사하지는 않았던 부문의 심사원이 되어달라는 청탁을 받은 일이 있었다.
　두 번 거절했다.
　세번째 찾아온 사람은 문학 클럽의 동인이라 고사하기도 어려웠지만, 그의 말이 '모두 전문가들이 심사를 하고 있으니 발언을 하지 않아도 좋고, 생각나는 일이 있으면 한두 마디 해주면 족하다'고까지 말하기에 참석하지 않을 수 없었다.
　일을 당하면 무책임하게 구경만 하고 앉았을 수도 없는 성미다. 임무를 끝내고 저녁을 같이하고 나섰다.
　한 패는 지프차로 떠나고, 나는 과장이 권하는 대로 고급차에 올랐다. 식후의 산보도 할 겸 타지 않겠다는 것을 굳이 모셔다드리겠다는 것이었다.
　밖이 번화한 품이 내 집 근처에 닿았나 하고 물었다.
　이건 당치도 않은 먼 곳이다.
　"어딜 가는 거요?"
　"과장 댁이 여기죠……"
　과장 댁에 먼저 가고 차가 차고로 돌아가는 길에 나를 내려줄 모양이었다.

나는 그곳에서 내리고 말았다.

휘발유를 절약하기 위한 일이라면 굳이 태울 필요가 없는 것이요, 그런 코스를 취해야 할 필요가 있었다면 한마디 말이 있어야 할 일이겠건만, 그런 것도 저런 것도 아닌 그저 그들의 상식이요 상습인 모양이었다.

*

내 집 들어가는 골목은 좁다. 골목 어귀에 트럭이 들어서면 사람이 지나다니기 어렵다.

담벼락에 착 붙어서 몸을 납작하게 해야만 지나갈 수 있다. 골목 어귀에는 차를 못 들어가게 하는 말뚝이 있었고, 말뚝이 부러진 다음에는 드럼통을 묻어놓았었다. 그것마저 없어진 지 오래다.

어느 날 밤의 트럭은 술 상자를 잔뜩 싣고 있었다. 어두우니 담벼락을 더듬을 수도 없고 아주 차단이다.

호통을 쳤다. 사람은 어디로 다니라고 이따위 짓을 하는 것이냐고 호통을 쳤다.

키가 장다리 같은 사람이 썩 나서더니 아래위를 훑어보고 나지막이 말하는 것이었다.

"무얼 하시는 분인지는 모르겠습니다만 영감도 대한민국 국민이시지! 대한민국에 이럴 수도 간혹 있지 않느냐 말요! 에! 잠깐 기다려주면 곧 떠날 게 아니냐 말요! 에! 무얼 소리소리 지르고 야단이요! 쳇!"

내가 조금만 젊어 보였더면 우선 한 대 되게 얻어맞았을는지도 모를 서슬이었다.

조국을 욕뵈는 무례한 폭언에 몸도 떨렸지만 말문이 막혔다.

*

식인종에게는 식인종끼리의 상식이 있을 것이다. 미개인의 상식은 우리 한국인에게는 통하지 않는 것이요, 야만인으로 생각하고 멸시하거나 측은하게 여길 것이다.

먼 곳이라도 자기 집부터 가야 하는 과장이나, 술 상자 트럭 임자의 사려(思慮)를 한국인의 상식이라고 요청한다면 현대 한국의 상식이 부족한 한국인은 많을 것이다.

그러나 다른 나라 사람들이 볼 때에 야만으로 생각하고 멸시하거나 측은하게 여기지나 않을는지 두려운 일이다.

*

어떤 친구가 은행에 보증수표를 부탁하러 갔다. 그 창구에는 마침 십여 명이 한 덩어리가 되어서 들끓는데, 키 큰 사람 팔 긴 사람이 먼저 하게 되더라는 말이었다.

*

내 집의 수도는 지하에 있는 미터 꼭다리에서 제 마음대로 나온다. 나오고 싶으면 나오고 나오고 싶지 않으면 하루 이틀 한 방울도 나오지 않는다.

연전에 수금원 노인이 왔을 때도 물은 나오지 않았다. 그러나 가끔 곧잘 나와서 식수로 귀하게 사용하니 도천(盜泉)을 마실 수는 없는 일이라 약간이라도 수도료를 내겠다고 말했다.

두 달에 400환씩을 내기로 한 것이 금년 들어 1,200백환으로 껑충 뛰었다. 수도는 여전하다.

물으니 1,120환이 기본요금이요 80환이 물값이라는 것이었다.

80환 물값은 헐하지만, 기본요금이라는 것은 무엇을 하는 것이냐고 물었다. 젊은 수금원은 픽 웃었다.

"예전에야 고장이 나면 즉시 수리를 해준다든지 헐었으면 새것으로 바꿔주고 한 값이 기본요금이라는 것이겠지요만……" 하고 우물우물하는 말이, 몇 식구에 월급이 얼만데 그 월급마저 몇 달치를 못 받았다는 것이었다.

종일토록 걸어 다녀야 하는 그 사람의 구두 한 켤레 값도 못 되는 월급이다. 그것마저 몇 달을 못 받았다는 사람을 정당한 수금원으로 인정하고 돈을 주어야 할는지조차 의심되는 것이었다.

이렇게 되면 여태까지 지니고 있던 상식이란 것으로는 도저히 이해하기 어려운 일이다.

상식이란 그 나라 국민 일반이 지니고 있고 지니고 있어야 할 표준 지력(知力)·이해력·판단력이다. 그 수준이 높으면 문화가 발달된 국가라 할 것이요, 민도(民度)가 높다 할 것이다. 교육은 그 수준을 높이기 위해서 노력하는 것이요, 정치는 그와 더불어 국민 생활의 향상을 도모하는 것이어야 할 것이다.

판단력을 혼란케 하고 비판의 척도를 마비시키는 정치는 국민의 생활, 국민의 도의는커녕 국민 일반의 상식조차 저하시키는 죄를 범하는 것이라 할 것이다.

(『동아일보』 1956년 9월)

웃음에 층이 있다

"오동지 섣달에 강아지가 어떻게 추워하는지, 달달달 떨고 있는 것이 하도 가엾어서 그만 잡아먹었다네!"

이런 이야기를 하는 사람이 있다고 하자. '하하' 하고 폭소하는 사람도 있을 것이지만, 그래서 어쨌단 말인가 하고 다음 이야기를 기다리는 사람, 무감각하게 멍멍히 앉아 있는 사람도 있을 것이다. 흩어져서 집으로 돌아가는 전차 속에서 생각이 나서 혼자 웃는 사람도 있을 것이요, 어쩌면 이튿날 아침에야 픽 웃는 사람도 있을는지 모른다.

웃음에도 층(層)이 있다. 웃음이란 그 사람의 상식을 토대로 한 감성의 노정이기 때문이다.

예를 들자면, 미국의 희극 영화의 웃음을 생각해볼 수 있다. 지금은 미국에 있지 않은 모양이지만 채플린의 영화의 웃음을 위시해서 버스터 키튼의 웃음, 해럴드 로이드의 웃음, 에디 캔터의 웃음, 올리버 하디와 피터 로레의 웃음 등이 있다.

사람 따라 즐기고 즐기지 않는다는 점도 있겠지만 로이드의 영화에서 테 굵은 로이드 안경이라는 것을 걸고 맥고모자를 쓰고 갖은 어리광을 부려도 웃지 않는 사람이 채플린의 영화를 보면 쿡쿡 웃다가 나중에도 가끔 생각나면 홍소(哄笑)하는 사람이 있는가 하면,

로이드나 뚱보와 말라깽이 긴 얼굴의 하디, 로레의 못난이 짓을 보고 허리를 못 펴는 사람이 채플린의 영화는 싱겁다고 하는 사람도 있다.

채플린의 웃음은 로이드의 웃음보다 단이 높은 웃음이라고 할 수 있을 것이다.

어느 나라에나 많은 소연예관(小演藝館)도 그렇지만 일본의 요세(寄席)라는 소연예관을 들어보자.

저녁 여섯 시부터 열 시까지에 곡예·마술·무용·재담·쌍재담 등 열두 가지 프로그램쯤을 한다고 하면 여섯 시부터 일곱 시까지의 네다섯 종목은 속도 있고 천착한 것으로 웃긴다. 곡예·무용·음담들이다. 음담도 차마 옮기기 거북할 정도의 음담이다. 여기까지는 지식 정도가 낮은 사람들이 잠깐 들어가서 한바탕 웃고 나오게 마련되어 있는 것이다.

그다음은 서서히 객이 바뀌어 회사원등 가족의 자리가 된다. 일곱 시에서 여덟 시, 여덟 시에서 아홉 시까지의 대여섯 종목은 이런 가족 중심의 중간치기 품위 있는 웃음을 제공한다.

그다음 시간은 불과 한 시간쯤을 즐기려고 새로운 객이 똑같은 입장료를 내고 들어오게 마련이다. 웃음소리도 별로 없고 객도 드문드문하지만 이야기도 여러 번 들은 것이기가 일쑤다. 그윽한 맛이요 진득한 웃음이다. 집에 돌아가면 그 화술을 입내 낼 수도 있고, 또 틀림없는 비평까지도 할 수 있는 사람들이다.

여기서 여섯 시 객을 아홉 시 후 자리에 앉힌다면 자리를 박차고 퇴장해버리거나 잠들어버릴 것이요, 아홉 시 객을 여섯 시 자리에 앉혀본다면 귀를 막고 눈을 감아버릴는지도 모른다.

　열두 가지 프로그램이라고 해서 열두 개의 층이 있다고는 할 수 없으나 네다섯 층은 분명히 있는 것을 짐작할 수 있다.

　방송으로도 서울방송의 「천문만답(天問萬答)」에 웃는 사람과 「홀쭉이 뚱뚱이」에 웃는 사람이 갈릴 것이다.

　문학이나 연극에는 반드시 웃음이 있는 것이지만, 우리나라는 거기서도 웃음을 주지는 않고 있다. 외국의 명작이라는 극은 아무리 비극이라도 여기저기에 갖가지의 웃음을 지니고 있는 것이지만, 연기하는 사람들이 연기에 집심(執心)이고 모두 심각하기만 해서 웃음의 장면도 웃음을 주지는 못하고 있는 것 같다.

　미국에서 시작되어서 일본까지도 웃음을 만들어 파는 영업이 있다. '눈물주머니를 차고 오시오' 하고 선전하는 비극영화에도 반드시 웃음을 주는 장면은 몇 토막 마련해야 하겠기에 어떤 장면에 어떻게 웃음을 넣을까 그 재간을 사고파는 것이다.

　'이 장면에서 주역 남자가 담배꽁초를 버리는데 척 받아 무는 거지가 있게 합시다그려' '여기서 같이 걸어가던 남녀가 발이 맞지 않아서 남자가 발을 맞추는 시늉을 서너 번 크게 합시다' 따위로 영업이 되는 것이다. 심각한 경우일수록 이런 웃음을 삽입하는 것은 거의 상식이요, 그런 것은 원작자나 시나리오 라이터의 일이 아닌 다른 영업으로 되어 있는 것이다.

　여러 달 전이지만 유엔 방송이 이북 동포에게 보내는 소극(笑劇)을 들은 일이 있다. 김일성이 아침에 면도를 하는데 날이 좋지 않아서 상처를 내고 피를 보자 여비서를 불러 꾸짖는다. 여비서 왈, 오늘 아침에 모스크바에서 소련 제일의 공장 최신의 제품을 보내온 것인데 그 말이 웬 말이냐고 하기에 대답이 궁한 것이었다.

은유가 있는 고급 유머로 프랑스식 소극을 연상케 했으나 아나운서가 한결같이 "이때에 김 장군께서는"을 연발하는 데 신경이 쓰이는 것이었다. 듣는 이북 동포가 그런 은유를 알아들을 수 있을는지 혹은 '이건 미군 방송인데 미군도 깍듯이 김 장군께서라고 합디다' 하고 웃음을 웃음으로 이해하지 못하지나 않았을까 하는 두려움이었다.

미국인의 웃음과 한국인의 웃음은 같을 수도 있지만 일률적으로 다룰 수는 없는 경우도 있다. 심리 신경 작전에 있어서는 더욱이 겨레의 냄새를 풍기는 웃음이어야 효과적일 것이라고 생각한 것이었다.

우리나라에는 웃음을 공급하는 곳이 너무도 적다. 각박한 생활에 시달릴수록 한 가족이나 더 많은 사람이 한 자리에서 웃음을 웃을 수 있는 기회가 많았으면 하고 생각한다.

그렇다고 우리들이 웃음을 즐길 줄 모르는 사람이냐 하면 결코 그렇지는 않은 것이, 오랜 세월을 두고 내려오는 구수한 이야기, 구수한 음담(淫談)이 풍부한 것으로 미루어 짐작할 수 있는 것이다.

각박한 살림살이에 웃음을 잃고 있다고 볼 수 있을는지 모른다. 고작 할아버지나 어린아이의 방귀 소리에 온 집안이 웃음을 터뜨리게 되는 것은 서글픈 일이다.

(『동아일보』 1956년 2월)

공산주의의 만가(挽歌)

1·4후퇴에 대구로 내려가서 나는 곧「한국은 앞섰다」는 단문을 발표한 일이 있다. 그것은 영문 잡지 『KOREA』에 역재(譯載)되었고, 후에 일본 잡지에도 역재되었다. "세계 인류가 반드시 한 번은 겪어야 할 대공산제국주의(對共產帝國主義) 결전(決戰)을 먼저 겪었다"는 것을 첫째로 몇 가지 조목을 따져 들고, 다른 모든 나라가 "우리들의 뒤를 따라, 옳게 깨달을 날은 멀지 않아서 반드시 있을 것"이라고 썼다.

최근 헝가리 국민이 소련 제국주의의 패반(覇絆)에서 해방되고자 하는 비원(悲願)은 소련의 탱크에 깔리고 있다.

인류 사상(史上)에 드문 무도(無道)한 참극은 세계 모든 나라 국민의 경악의 적(的)이 되었다. "어린 자녀를 국경까지 데리고 가서 꼬리표를 붙여서 피란을 보내고 젊은이들과 어머니들은 다시 수도를 향해 발을 옮기고 있더라"는 보도는 어떤 나라 사람이건 눈물 없이는 읽을 수 없었으리라.

미국은 망명 헝가리 인민 십여만 명을 받아들이겠다고 하고, 다른 여러 나라도 그런 의사를 표시했다.

지도상에서 헝가리라는 나라는 자취를 흐리게 하고야 말는지도 모를 일이다.

회고하건대 공산주의의 선전은 반세기에 걸쳐 끈기 있고 뿌리 깊게 세계를 휩쓸었다.

한때 성행한 학생 클럽이니 독서회란 것들은 모두가 공산주의 서적을 읽고 배우는 모임이었다. 대학생 지식인들은 거의 다음 세상은 공산 사회가 되리라고 생각하고 어렴풋한 동경을 가졌었고, 그런 클럽에 가담하지 않은 층은 어렴풋한 불안을 느꼈던 것이다.

그런 환각은 이차대전 후부터 차차로 허물어지게 되었으니 공산주의란 인간의 존엄과 자유와 평등과는 거리가 멀다는 것을 알게 된 까닭이요, 한국전쟁에서의 비인도적 잔학성이 널리 알려졌기 때문이다.

이 비인도적 잔학성이란 것은 어떤 개인이나 한 민족의 감정이나 야만성에서 우발된 사건이 아니라 공산주의 정치 이념에서 출발한 계획적이요 조직적인 행동인 것이다.

그들이 성서같이 받들고 암송해야만 한다는 당사(黨史)나 약사(略史)에 그것이 명백히 있다. "학생, 지식층, 문화인, 불평분자 등을 먼저 포섭한다. 그들은 손쉽게 공산주의 이론을 받아들이고 공명할 수 있다. 그러나 다음 단계에 그들은 가장 장애되는 족속이다. 단호하고 무자비한 숙청을 해야만 한다."

다음 단계라는 말은 그 민족 그 국가를 침식한 다음을 말하는 것이니, 말하자면 비판 능력이 있는 족속은 기껏해야 사회개량주의자나 점진주의자—멘셰비키이지 볼셰비키는 되지 못하는—성분을 지니고 있는 것이니 무자비하게 살육하거나 영구적 유형(流刑)으로 숙청해야만 한다는 것이다.

대량 살육과 대량 유형은 공산 사회를 이룩하는 데 필요 불가결하다는 것이다. 그러니 이쯤 되면 헝가리 국민의 적수(赤手) 공권(空拳)을 중전차(重戰車)로 무찌르고 분마(奔馬)와 같이 휩쓸고 있는 것도 짐작할 수 있는 일일 것이다.

그러나 소련이 헝가리를 휩쓸고 살육과 유형과 추방을 마음대로 자행하는 사이에 세계 인류는 한결같이 학살자 소련에 대해서 정이 떨어지고, 그 정은 드디어는 공산주의라는 그것에까지 증오를 느끼게 될 것이 뻔한 일이다.

철의 장막 안의 인민이라도 이런 사실을 알기만 한다면, 눈물 있는 인간이라면 또한 같을 것이니, 소련 전차의 수레바퀴에 무찔리는 것은 헝가리 인민뿐이 아니라 소련 그 자체이자 공산주의 그것이라 할 것이다. 많은 사람이 사랑하지 않고, 동경하지 않고, 따르지 않고, 미워하고 몸서리 처 하는 '주의'라는 것이 제 혼자 자라고 퍼질 수는 없는 것이기 때문이다.

그들은 환호를 부르며 헝가리 전국을 결정하고 있을는지 모르나, 그 수레바퀴 아래서 공산주의 그것이 백조의 노래를 울부짖고 있는 것을 들을 수 있는 것 같다.

(『동아일보』 1956년 12월)

의(義)는 하나다

밤마다 거나하게 취해서 늦게 돌아오는 자식을 아버지가 책(責)하니 한결같이 '친구, 친구' 하기에, "너의 그 많은 친구라는 것이 과연 믿을 만한 친구냐, 한번 시험해보자" 했다.

하루는 아버지가 돼지 한 마리를 잡아서 거적으로 뭉쳐놓고, "자, 이것을 짊어져라. 네가 가장 믿을 수 있는 친구를 찾아가서 '내가 잘못해서 사람을 죽였는데 들키면 살인죄를 받게 되니 어떻게 좀 감추어달라'고 말해보아라."

자식은 짊어지고 친구의 집을 찾아갔다. 아버지는 뒤를 따른다. 밤중에 문을 두드리는 소리에 놀라서 나온 친구는 반색을 하여 맞이하더니 자식의 호소를 듣자 싹 돌아섰다.

자식은 실망하였으나 아버지에게는 "또 얼마든지 있습니다" 하고 다음 친구의 집을 찾아갔다.

다음 친구 역시 "이 밤중에 웬일인가?" 하고 반색을 하여 맞이하더니, 자식의 애원을 듣자 싹 돌아섰다.

"누굴 죄인을 만들려고 이따위 수작야!"

셋째 친구, 넷째 친구 모두 질겁을 하고 받아주지 않기에 아버지 왈,

"네가 친구 친구 하고 죽느니 사느니 하던 것이 모두 그따위냐?

아버지는 친구가 많지는 않지만 어디 보아라."
하고 한곳을 찾아갔다.

아버지가 거적더미를 짊어지고 문을 두드리니 친구가 나왔다.

잘못해서 살인을 했다는 말을 하니 친구는 빨리 들어오라고 했다. 뒷산에 구덩이라도 파서 날이 새기 전에 묻어버리자고 말했다.

아버지는 자식을 돌아보고, "이래야 친구가 아니겠느냐."

아버지는 친구에게 실토하고 거적더미를 끄른다. 술상이 벌어진다.

의(義)를 말할 때 이런 옛날이야기를 예로 드는 사람이 많다.

이런 옛날이야기로 정말 의라는 것을 인식하려는 사람도 있다.

'의(誼)'라고 할 수는 있으나 '의(義)'는 아니다. 어수룩한 옛날이야기는 이야기로 구수하지만, 그것은 진정 과실치사에—짊어진 거적더미가 시체라면 현대 국가의 국민 생활에 있어서는 아버지의 친구는 몇 가지 죄명을 받아야 할 범죄인이 될 것이다—언제든지 한번은 처형을 받아야 할 것이요 받게 될 것이 틀림없다.

친구로서의 '우의(友誼)'라면 차라리 동반하여 자수하게 하고 형이 경(輕)하도록 하는 것이 옳을 것이다.

우의(友誼)는 의(義)는 아니다.

의(義)란 '군신유의(君臣有義)'의 의다. 부자유친(父子有親), 군신유의(君臣有義), 부부유별(夫婦有別), 장유유서(長幼有序), 붕우유신(朋友有信)에 있어서의 의다.

우정이나 우의는 '신(信)'이다.

신(信)이나 의(誼)나 국법 안에서 있는 것이지 국법을 무시하거나 초월해서 있을 수는 없다. 그것은 국법이라는 것은 왕자(王者)가 임의로 해서 국민에게 덮어씌우는 것이 아니라 민주주의 국가에 있어서는 국민 자기가 만든 것이기 때문이다.

의(誼)를 의(義)로 오산, 혹 착각하여 국법을 경시하고 혹은 배반하며 비장감을 느끼려 드는 감상이나 영웅심리는 왕정 시대의 학정에 시달린 인민, 또는 반정(反正) 찬탈을 위한 거사에 헌신하여 후에 의사(義士) 의인(義人)의 이름을 받게 된 사람들의 전설에 취한 가장 어리석은 만용이라 할 것이다.

반정(反正)이라 하더라도 그것으로 말미암아 국민이 따르고 시인하는 경우라야 소상하여 의라 할 것이니, 시간의 경과가 필요한 것이다. 의사 의인을 자처할 수는 없는 것이다.

왕정 시대에도 그러했거늘 민주주의 시대에 있어서랴.

군신(君臣) 간의 의(義)는 민주 시대에 있어서는 전체 국민과 개인 국민의 사이로 보아 옳을 것이다.

전체 국민의 이익과 행복을 위하여 개인 국민은 의(義)하여야 할 것이요, 집권자 역시 마찬가지다. 국민이 뽑아서 국사(國事)를 맡아보게 한 국민의 한 사람이니 그가 전체 국민에게 대해서 의(義)하지 않는다면 역시 불의(不義)의 인(人)이 될 것이다.

의(義)는 하나다.

(『동아일보』 1957년 1월)

방중한담(房中閑談)

일제 때에 할 일은 없고, 해 먹을 일도 없고, 집에 있으면 답답하고, 어쩌면 바가지가 두려워서 사랑방 쓰는 집으로 모여들어 세월을 보내는 사람이 많았다. 서너 명 또는 대여섯 명이 온 종일 앉아 있어 일제가 망하고 세상이 바뀌기만 기다리는 사람들을 그 방의 방중(房中)이라고 했다.

어떤 방중의 오가는 이야기를 적어본다.

"참, 모자를 잃어버리셨다드군요."

객이 주인에게 물으니 주인은 끄덕이고, 또 다른 객의 물음에 주인의 대답은 이러했다.

"이삼 초 동안이야요. 눈 깜빡할 사이죠. 그 다방, 가끔 가는 그 다방에서, 시간도 늦고 사람이 얼마 없었어요. 우리들 세 사람이 잡담을 하고 있는데 신문 파는 아이가 들어왔어요. 석간은 이미 다 보았겠다, 안 산다 하면서도 옆에 의자 위에 놓은 모자를 조심했죠. 참 좋지 않은 짓이지만 신문 파는 아이들이 다방에서 모자니 핸드백을 슬쩍하는 일이 가끔 있다는 이야기를 들었기 때문에 여내 조심하면서 이야기를 듣고 있다가 다시 의자 위를 보니 모자가 없어요. 참말이지 이삼 초 사이야요."

그러자 또 한 객이 불쑥 말했다.

"그 말 다해 무얼 해. 눈 감으면 코 베어 가는 세상이지. 내 친구도 모자를 잃어버렸는데, 다방 의자 위가 아니라 쓰고 있는 모자를 노상에서 잃어버렸어요. 그것도 백주(白晝)에 말입니다."

 "백주 대로상에서?"

 "그러믄요. 그 은행에 다니는 내 친구 말입니다. 최근 일본서 돌아오는 친구에게 부탁해서 일만 팔천 환짜리 모자를 사왔거든요. 그 모자를 쓰고 친구와 둘이서 점심을 먹으러 나갔답니다. 차를 세우려고 차도 깃을 걸어가는데 뒤에서 고급차가 오드래요. 최신형 고급차는 자가용인지 사람이 타고 있기에 그런가 보다 하고 어슬렁어슬렁 걷고 있었더니 그 고급차에서 손이 쑥 나오더니 모자를 홱 벗겨 가지고 미끄러지듯이 가버리더라는 거예요. 아차 할 사이도 없이 고급차가 뺑소니를 치니 헐끔할밖에…… 설마 차에서 손이 나올 줄은 몰랐지."

 "하하, 번호도 못 보았나!"

 "그건 보면 무얼 해요. 두 사람이 한참 동안 꿀 먹은 벙어리가 되었대요."

 "눈 깜빡할 사이에 십오만 환을 잃어버린 이야기를 할까요."

 또 한 객이 입을 열었다.

 "친구의 미망인이 외아들을 미국에 보내고 있지요. 무슨 일인지 빨리 십오만 환을 부쳐달라고 왔드래요. 그래서 동분서주 여기저기서 그 돈을 만들어 은행 수표 석 장으로 해 가지고 환(換)을 부탁할 사람을 만나러 다방에를 들어갔대요. 핸드백은 테이블 위에 놓고 손잡이 끈은 손목에 잔뜩 낀 채 이야기를 하고 있는데 신문 파는 아이가 들어왔대요. 안 산다고 해도 테이블 위 핸드백 위에 신문 한 장을 놓고 다른 데로 가드래요. 단단히 조심하던 미망인도 마음을 놓고 이야기를 계속하는데, 테이블 위의 신문이 없어졌다, 어느 틈에 들고 갔나 보다, 아차 핸드백이 안 보이드래요. 저놈 봐라, 펄쩍 뛰어나가니 핸드백을 신문 사이에 움켜쥐고 뛰어가는 아이는 골목으로 빠져나가 어디로 갔는지 흔적도 없고 그만 미친 사람 모양으로 소리소리 질러도 누구 한 사람 도둑을 잡아줄 생각은 않고 구경꾼만 모여들더래요."

"하, 참 무서운 세상이군."

"그런데 참……"

한 객은 주인을 보며 말해다.

"주인은 그 모자를 다방에서 잃어버리고 허허 웃으며 위스키 티를 사셨다죠?"

주인은 웃으며 대답했다.

"웃을 수밖에 없잖아요. 애들에게 죄는 없으니까. 너를 원망하지 않겠다, 너를 욕하지 않겠다는 것이지요. 그보다 우리들은 더 큰 도둑을 앉아서 맞고 있잖습니까. 가만히 앉아서……"

"가만히 앉아서?"

그때에 식모 아이가 나타났다.

"육백오십 환 아니랍니다. 천오십 환 가져오랍니다."

주인은 고개를 기울이고 새겨듣는다.

"연탄 열 개에 천오십 환? 엊그제 육십오 환하던 연탄 한 개가 오늘은 백오 환이란 말이냐?"

"맞습니다. 한 개에 백오 환이랍니다."
식모의 대답이다.
연탄 열 개를 사오라고 650환을 주어 보낸 모양이었다.
"허허……"
주인은 한숨을 쉬고 객을 돌아보며 말했다.
"……앉아서 하루에 사백 환 도둑을 맞았습니다그려……"
"으응!"
"그것뿐입니까, 매일같이 돈값을 도둑맞고 있잖아요. 점잖은 큰 도둑은 눈에도 띄지 않고 고작 모자나 핸드백을 집어가는 좀도둑은 당장에 때려죽여야 할 것같이 떠드는 사람들이 참 어리석은 일이라 하겠지요……"

(『동아일보』 1957년 2월)

문학 외교의 긴요성

　많은 외국 빈객(賓客)이 우리나라를 내방하면 비원(秘苑)을 구경하고 일선으로 가서 부대 장병의 모습을 보고 가는 경우가 많다.
　비원의 구문화와 일선 장병의 오늘의 모습은 우리나라를 종합적으로 간단히 엿볼 수 있는 쉬운 방법일 것이다.
　그러나 비원으로 가는 도중에 똥 냄새 시궁창 냄새를 반드시 맡는 모양이다. 더욱이 쓰러져가는 초가집을 눈에 띄지 않게 하기 위해서 6척 판자로 담을 세우고 페인트칠한 그 뒷모습을 모르고 가지는 않는 모양이다.
　일선 장병의 씩씩한 모습에 대해서는 또 다르다. 그들의 부모 처자의 원수를 갚고 국토 통일과 공산군 섬멸을 위해서 몸을 바치려고 나선 장병들임을 인식하기 전에, 그의 본국 장병의 입대 조건과 환경으로 미루어 그저 그쯤으로 생각하고 지내는 사람도 많은 모양이다.
　환영연이나 환송연은 모두 본국의 군용 물자로 된 것에 본국산 양주를 마신 다음 나전칠기가 아니면 금은보화나 골동품이 아니면 현대 작가의 미술품을 선사 받아 가지고 돌아간다.
　이렇게 극진한 대접을 받고 돌아간 그들이 그들의 본국에서 가정에서 혹은 직장에서 눈앞에 어른거려 떠오르는 한국의 회상이란 것이 어떠한 것일까.

　지역을 분별하지 못할 어색한 파티의 광경, 초가집을 가리운 판자벽, 자동차가 푹푹 빠지는 포도, 악취와 함께 앞에 걸린 골동품이나 미술품이 한데 어울려 어떠한 환상을 구성해낼는지 자못 의심스러운 것이다. 악취에 대해서는 많은 외인이 소감을 쓴 것을 보았기 때문이다. 악취만이 앞서는 모양이다.

　판자벽 그늘의 쓰러져가는 초가집 안에도 씩씩하고 참된 인생, 아름답고 즐거운 단란(團欒)이 있음을 짐작해주지는 못할 것이요, 얼빠진 멍텅구리같이 먼 하늘만 바라보고 있는 사병의 얼굴에서 공산군에게 학살당한 부모를 생각하며 피눈물을 머금고 있음을 짐작해주지는 못할 것이다. 그저 갓 붙들려온 신병의 바보 같은 꼴이라고 생각해버릴는지도 모를 일이다. 생각하면 그것은 무서운 일이 아닐 수 없다.

　빈객뿐이 아니다. 십육 개국 장병들도 그렇다. 수십만 외국인들이 본국으로 돌아가서 한국을 어떻게 생각하고 있을까. 산에서 데리고 놀던 고아의 체취나 욕심 많은 양갈보나 대로에서 차바퀴에 치일 뻔했던 부랑아나 노파, 구두닦이 소년들만이 눈앞에서 어른거리고 있을는지도 모를 일이다.

　그렇다면 한국에 와서 몇 달이나 몇 년씩 한국을 위해서 몸을 바쳐 싸우고 돌아간 그들이 사실은 한국을 모르고 있다고 할 수 있지 않을까.

　한국이란 어떠한 역사와 전통과 문화를 지니고 있는 국가인지, 한국민이 어떤 풍속 어떤 사상 어떤 감정 어떤 사고방식을 가지고 있는 민족인지를 모르고 지나갔다고 보아 옳을 것이요, 그것은 유감된 일이라 아니할 수 없을 것이다.

'아는 것만이 힘'이라는 말은 여기도 적용된다. 서로 이해하는 데서만 힘이 될 수 있는 것이다. 이해하는 데서 친할 수 있고 어려운 때에 도울 수 있는 힘이 될 수 있는 것이다.

모르는 한민족을 이해하기에는 영화를 통해서도 될 수 있을 것이요, 연극을 통해서, 미술·음악·무용을 통해서도 될 수 있을 일이지만, 그러나 깊이 또 널리 그리고 제 위치에서 간단히 이해할 수 있는 길은 문학작품을 통하는 것이 첩경인 것이다. 겉볼상만이 아니고, 속사정을 알 수 있고, 심리 감정의 움직임까지를 알 수 있기 때문이다. 어떤 마음씨 어떤 마음보를 가진 민족이라는 것을 짐작할 수 있기 때문이다. 그러나 우리나라의 문학작품은 언어 문자의 장벽이 너무도 엄연해서 그들의 눈에 띠지는 않고 만 것이다.

많은 외인들은 혹은 서울에서 연극도 보았을는지 모른다. 음악회도 구경했을는지 모른다. 미술 작품은 어쩌면 사서 가지고 간 사람도 많을 것이다. 그러나 문학작품에 대해서는 "한국에도 소설이나 시나 수필을 쓰는 사람이 있소?" 하고 질문한대도 "우리를 멸시하려는 것이냐! 우리가 문화 민족인데 문학이 없을 것으로 생각하느냐!" 하고 대꾸할 수 있는 조건은 되어 있지 않은 것이다. 그 사람들의 눈에 띨 수 있게 되어 있지 않기 때문이다.

어시호(於是乎)* 그러므로 우리는 서둘러 우리의 문학작품을 번

---

* (부사) 이즈음. 또는 이에 있어서.

역해서 외인들의 눈에 띄게 해야 할 것이요, 그것만이 우리 한국과 한국민에 대한 그들의 이해와 친선을 빨리 또 깊이, 널리 촉진시킬 수 있는 조건이라고 생각하는 것이다. 1·4후퇴 부산에서는 『KOREA』라는 월간지가 있어서 많은 문학작품을 역재(譯載)한 일이 있었다. 나의 동화와 수필도 각 한 편씩 역재된 것을 본 일이 있다. 환도 후에는 그나마 자취를 감추고 영자 신문은 있으나 정책과 보도에 바빠서 그런 일에 지면을 제공해주지는 못하고 있다.

휴전이 되어서 그의 필요성을 느끼지 않는 탓이라고는 생각할 수 없다.

"번역해서 보여주는 일이야 좋지. 그러나 그럴 만한 작품이 우리 나라에 있소?"

이런 말을 하는 사람도 있다. 유식한 사람이다. 그러나 이야말로 뚱딴지같은 소리다.

내가 쓴 잡문도 국민학교 교과서를 비롯해서 중고등학교와 대학 교재에 많이 채록된 것을 보면 그다지 무가치한 것으로는 취급되지 않고 있는 모양이니, 하물며 많은 시인 소설가들이 심신을 기울여 누골(縷骨) 창작한 작품들이랴. 그 많은 작품이 그들 자신의 정신의 양식이 되어 있다는 사실을 생각하지 못하고, 또 그들의 자녀가 주야(晝夜) 섭취하기에 애쓰고 있음을 모르는 뚱딴지같은 소리인 것이다.

민족의 정신의 양식이 되어 있는 문학작품이 어찌해서 민족문학이 아닐 것이며, 어찌해서 외인에게 보여주기에 부끄러울 것이냐 말이다. 그야말로 외국 작가의 작품이라면 되었건 못 되었건 사족을 못 쓰는 사대주의자거나 혹은 문학을 아는 체하면서 사실은 아무 것도 모르는 뚱딴지의 망언이라 할 것이다.

보여주어서 부끄럽지 않은 작품이 얼마든지 있다고 생각하는 것이다. 또 번역자의 문제로 논란하는 사람도 있다. 문학작품을 번역할 만한 외국어 실력자가 없을 것이라는 말이다. 이야말로 기우일 것이라고 나는 생각한다. 실력자를 생각할 때에 대개 이미 이름이 높은 교수나 교사급을 지목하는 것은 편견일 것이다. 외국어 배우기가 유행된 지도 이미 십여 년을 경과했으니 무명의 실력자가 시정(市井)에 많이 묻혀 있으리라고 생각하는 것이다.

또 번역이라는 사업에 완벽이란 있지 않은 것이다.

예를 들어보자. 십여 년 전에 이광수(李光洙)의 『무명(無明)』을 일어로 번역 발표한 일이 있었다. 명역(名譯)이라는 중평(衆評)을 아직도 듣고 있는 것이다. 역자는 김사량(金史良)이라고 발표했었으나 사실 그는 초역을 했을 뿐이다. 그 초고를 나는 차마 읽을 수 없어서 일인(日人) 사원에게 읽게 하고 수정하게 하기를 일고여덟 명에게 돌려가며 했었다. 첫째 읽을 수 있어야 하겠고 알아들을 수 있어야 하겠기 때문이었다.

앙드레 지드의 『좁은 문』이라면 우리나라에도 번역되어 있지만 일역(日譯)은 원문에서 번역한 것이 적어도 열 명 가까이 10차에 걸쳐서 새로운 문장으로 새로 번역된 것이 있을 터인데 최근 또 새로 번역 발간한 책에서 오역을 지적한 것을 본 일이 있다.

"서슴지 않고 식탁에 앉았다"란 구절이 "스스로 기도함이 없이"라고 오역되어 있다는 것이다. 얼토당토않은 오역이지만 이런 따위 오역으로도 지드의 『좁은 문』은 수십 년 동안 애독되어왔고 비판되어왔고 냄새를 풍겨왔고, 더욱이 그 오역 투성이 일문(日文) 책을 통해서 재역(再譯)된 것을 한국 사람들은 읽고 눈물을 흘리고 지드를 존경하고 프랑스 문학을 자랑하고 동경하고 있다는 사실을 잊어서는 안 될 것이다.

처음 번역된 것에 많은 사람이 만족을 느끼기는 어려울 것이다. 그러나 그런대로 한국의 냄새는 풍겨줄 수 있을 것이요, 한국민의 생활 감정을 전해줄 수 있으리라고 생각하는 것이다.

연전에 나의 수필 수 편이 일본 잡지에 역재(譯載)된 일이 있었다. 역자는 지명(知名)한 일인 작가였으나 나는 만족할 수 없었다. 마음에 들지 않는 구절도 있었거니와 전연 반대되는 역문(譯文)이 있기도 해서 불쾌를 참기 어려웠다. 그러나 그런대로 독자는 싸우고 있는 한국인의 모습을 짐작할 수 있었고 감명을 얻을 수 있었다는 것이다.

번역에 완벽이란 있지 않은 것이다. 그러나 서투른 솜씨라도 어느 정도 감득하게 할 수 있는 것이다.

한국을 다녀간 빈객(賓客)과 십육 개국 장병이라면 지구상 거의 방방곡곡에 있다고 볼 수 있을 것이다. 전사한 외군이라면, 그들의 부모 처자 친척까지도 지구상 어디 있는지 어떤 나라인지도 짐작하기 어려운 한국의 하늘을 바라보며 어쩌면 기도를 올리고 있을는지도 모른다. 상병(傷兵)도 그렇고, 무사히 환국한 장병들도 한국에 평화 있기를 기원하고 있는지도 모른다. 그러나 그들의 눈에 어른거리는 한국의 회상 점경(點景)은 무엇일까.

그들의 회상을 아름답게 해주기 위해서 그들이 우리를 정당하게 이해하게 해주기 위해서 우리의 문학작품을 속히 번역 출판하여 보여주고 싶은 것이다.

서울을 떠나 본국으로 돌아가는 비행기 위에서 선사받은 금은보화를 한아름 안고 있다고 해도 한 권의 한국 소설집·시집·창작 동화집·수필집을 들추어 볼 수 있는 경우에 더욱 정을 느끼고 인상을 되살려 이해를 바르게 할 수 있을 것이다. 각 대학교를 비롯해서 큰 회사·은행에서 한 권씩만 발간해주어도 족할 것이다. 그것은 한국 문학계를 위해서보다도 한국의 위신 민족의 체면을 위해서 긴요한 일이라고 생각하는 것이다. 문학 없는 민족을 결코 우수한 민족, 문화 민족, 친할 수 있는 민족이라고는 그들이 생각하지 않기 때문이다.

(『동아일보』 1957년 4월)

피아니스트와 육손이

대구 거리의 화제는 온통 '피아니스트'였다.

오 년 만인가 대구를 찾았다. 지난 5월 5일 대구 달성공원에 '어린이헌장비'를 세울 때에 참석하라는 연락을 여러 번 받고도 떠나지 못했었기 때문에 미안한 마음도 있고 한번 보고 싶은 마음도 있던 차, 우연한 기회 있어 5월 30일 대구를 찾게 되었다. 달성공원을 바라볼 수 있는 큰길에서 이미 사진으로 본 어린이헌장비의 모습이 뚜렷이 바라보였다.

돌 층계 위 정면 높은 곳에 우뚝 서 있었다.

왼편으로 정정(亭亭)한 괴목(槐木) 네 그루가 서 있고 화강석을 곱게 다룬 삼층대석 위에 우뚝 선 괴석(怪石)은 높이 6척, 명찰 동화사 골짜기에서 발견한 것이라고 했다. 수천 년 비바람 맞고 맑은 물에 씻기운 괴석은 두 대의 기중기에 의하여 끌어올려 이곳에 옮겨졌다는 것이다. 머리를 한편으로 삐겨 들고 뒤통수 툭 불그러져 만만치 않음을 보이고, 앞모습 어디까지나 부드럽고 아름다운 돌이었다.

그 가운데 길이 4척, 폭 2척의 놋쇠 판이 박혀 있고, 거기 어린이헌장 전문이 가로쓰기로 양각되어 있는 것이었다. 꺼멓게 끄슬린 바탕에 글자 만이 금빛으로 빛나 멀리서도 분명히 읽어 내려갈 수가 있었다.

벌써 많은 사람들의 손때가 묻어 하얀 대석(臺石)은 까맣게 윤이 흐르고 있었다.

대구 행의 목적은 비석을 보면 그만이었지만 마음대로 되지는 않았다. 비석을 세운, 말하자면 산모(産母) 이목우(李沐雨) 형은 나를 완전히 포로로 하여 예순여섯 시간을 그의 임의로 하는 것이었다.

다음 날은 난데없는 해인사 행이었다. 피란 때도 가고 싶었고 환도 후에도 벼르기만 하던 해인사를 구경하게 된 것이다.

두 시에 떠나 네 시가 훨씬 지나서 가야에 도착, 더 달리는 중도에서 차를 내리니 바로 홍류동 앞이었다.

만수(萬樹) 장림(長林) 울울한 한가운데로 길은 뻗었는데, 왼편에는 하얗게 닦인 돌 돌 돌 위로 맑은 물이 소리 내어 흐르고, 그 건너 농산정(籠山亭)에는 장구 꽹과리 징을 울리며 늙은 남녀들이 춤을 추고 있다.

먼지를 일으키며 달려 내려오는 버스 차 안에서도 장구 소리가 요란하다. 그런 차가 쉴 새 없이 내려온다. 해인사에서 돌아가는 전세 차들이라는 것이었다. 마침 토요일이기도 했지만, 그런 차들은 놀이삼아 나온 것으로, 날마다 그렇게 많다는 것이었다.

지난 4월 8일에는 2만 명이 넘었고, 해인사부터 오 리 밖까지 만등(萬燈)에 불을 밝혔었다고 했다.

절승대(絶勝臺)에서 목욕하고 신부락(新部落)까지 천천히 걸어 올라가니 어느새 해는 지고 어둠이 내렸다. 신부락이란 작년에 된 것이라는데, 여관 음식점 삼십여에 선물 가게가 좌우로 큰 거리를 이루고 있었다.

십삼야(十三夜) 둥근 달이 아아(峨峨)한 산 위로 불끈 솟아오르니 풍악 소리, 노래 소리가 미치다시피 되매 우리들은 다시 걷기를 시작했다.

향기롭고 싱싱한 나무 굴을 걸으니 달빛은 교교하고 온갖 새소리가 고요한 가운데 소연(騷然)할 지경이었다.

1킬로미터를 올라가니 오른편에 달빛에도 요요(窈窈)한 삼층탑이 있고, 마침내 '가야산(伽倻山) 해인사(海印寺)'라는 현판이 걸린 일주문이 보였다.

봉황문 해탈문을 지나 관음전에 이르니 여기도 속인(俗人)의 어성(語聲)이 높은지라 다시 이슬을 밟고 극락전을 찾아갔다.

한 가락 불빛은 까물거리고 만발한 불두화는 우리를 반겨주었다.

이튿날 대적광전과 장경각과 삼층탑을 두루 구경하고 내려올 때 동행 중의 한 사람은 이렇게 말했다.

"돌이 좋은데, 물이 많아서 좋은 모양야! 산에 나무가 많기 때문에 물이 많은 게지!"

사실 대구는 가물어서 식수까지 곤란한 형편이었다.

"산에는 나무가 있어야 해! 나무가 많으면 물이 마르지 않고 경치가 좋고 그러면 인심도 좋고……"

"선거도 잘 되고 피아니스트라는 것도 안 나오고……"

피아니스트라는 말은 무효표를 만들기 위해서 표에 인주를 찍는 손가락 재주 부린 사람을 말하는 것이었다.

가야까지 7킬로미터를 걷고 버스에 오르니 버스에서도 그런 말이 쏟아져 나오는 것이었다.

"저기 저놈이 바로 피아니스트다!"

"저놈이 인제 곧 결혼을 한다는데 말야! 열 달만 지나면 색시가 아이를 낳는 게 아니라 표를 낳을 게다!"

"아니다! 아이는 아인데 그게 육손이라! 하하하……"

손가락 여섯 짜리라는 말이었다. "저놈도 아비도 에미도 있겠지!" 하기도 하고, 이토록 모진 악담이 버스뿐 아니라 합승에서도 다방에서도 시장판에서도 길거리에서도 들리는 것이었다.

그러기에 아직도 '부정 개표 종사원 처단'이란 글자가 자주 눈에 띄는 것이었다.

나쁜 짓은 안 할 일. 대구는 더욱이 민주 역행 따위 나쁜 짓을 하고는 못 살 곳이라는 느낌이었다.

(『동아일보』 1958년 6월)

오래 사는 것만이 잘난 것 아니다

"요새는 정말이지 목욕이나 이발하는 시간이 아까워요. 왜 고등학교 때에 좀더 공부하지 않았나 후회가 돼요."

어떤 의예과 1학년에 다니는 대학생이 하는 말을 엿들은 일이 있었다. 고등학교 때에 공부를 못한 학생이냐 하면 그렇게 성적이 나쁜 편도 아닌 모양이었다.

대학 1학년에서도 괜찮은 성적인 그 학생의 하소를 듣고 한참 동안 물끄러미 그의 얼굴을 바라보았다.

자아, 저 대학생이 몇 살일까? 열아홉 아니면 스무 살이겠지. 스무 살에 예과 1학년이라, 그러면 예과 이 년 본과 사 년, 육 년 과정의 대학교를 졸업하는 것이 스물여섯인가 다섯인가, 인생 오십으로 따지면 반생(半生)을 학교에서 보내게 되는구나! 그리고 또 인턴 생활이라나 하는 조수 생활을 이삼 년은 해야 겨우 의사 노릇을 할 모양이니 이 년치고라도 스물여덟. 그러나 의학사(醫學士)로 의사 간판을 붙이기는 싫을는지도 모르지. 의학박사 아무개라는 간판을 붙이고 싶다면 조수 생활 사 년이면 될까? 나이 삼십에 겨우 의사 한몫을 보게 되는구나.

그러나 햇수만 채운다고 모두가 되는 것도 아닐 테고……

이렇게 생각해보니 인생 일생을 오십 년으로 잡는다면 삼십 년까지를 학창(學窓)에서 보내고 나머지 겨우 이십 년을 사회에 인류에 봉사하게 되는 것같이 생각되는 것이었다.

　삼십 년 공부를 채우기만 하면 어쨌든 봉사하게 되느냐 하면 그것도 의문이 없을 수 없다. 그 많은 의예과 학생들이 모두 끝까지 과정을 마칠 수 있을는지도 모를 일이요 끝마친다고 해서 모두가 봉사하게 되는지도 모를 일이다. 서울 종로구에만 팔백여 의사가 있다는 말을 들은 것 같은데, 그 모두가 사회를 위해서 인류를 위해서 봉사를 하고 있는지 장담하기는 어려울 것 같다.

　또 여생 이십 년을 완전히 봉사할 수 있겠느냐는 것도 의문이다. 의학은 더욱이 시간을 다투어 새로워지고 있느니만큼 그 후에도 연구와 공부를 게을리해서는 안 될 것이요, 차례차례 새 학문을 쌓은 새 사람들이 해마다 나타날 것이기 때문이다.

　그렇다면 사람이 세상에 나서 사람을 위해서 봉사하는 시간이란 지극히 짧은 시간인 것 같다.

　어느 날 아침 방송은 '계절의 향기'라고 해서 시 한 편을 낭독하고 있었다.

　「소년」이라는 제목이었다.

　　여기저기서 단풍잎 같은 슬픈 가을이 뚝뚝 떨어진다. 단풍잎 떨어져 나온 자리마다 봄을 마련해놓고 나뭇가지 위에 하늘이 펼쳐 있다. 가만히 하늘을 들여다보면 눈섭에 파란 물감이 든다. 두 손으로 따뜻한 볼을 씻어보면 손바닥에도 파란 물감이 묻어난다. 다시 손바닥을 들여다본다. 손금에는 맑은 강물이 흐르고, 맑은 강물이 흐르고, 강물 속

에는 사랑처럼 슬픈 얼굴 [하략]

스물아홉 살에 죽은 윤동주(尹東柱)란 사람의 시라고 했다.

그래서 나는 아이의 방에 들어가서 윤동주란 사람의 시집이 있나 하고 찾아보았다. 있었다.『하늘과 바람과 별과 시』라는 긴 이름의 시집이었다.

어려서는『어린이』잡지의 애독자였고, 연전(延傳)을 졸업할 무렵에는 벌써 자선(自選) 시집을 내려고 했었으나 이루지 못하고 일본으로 건너갔다. 종전(終戰) 직전의 일제의 발악으로 허물없이 붙들려 후쿠오카(福岡) 형무소에서 해방되기 육 개월 전에 옥사했다고 씌어 있었다.

1945년에 29세로 요절한 그의 시고(詩稿)를 십 년 후에 모아 낸 것이 긴 이름의 시집이었고, 많은 사람들의 애독과 아낌을 받는 모양이었다.

사람이 죽고 십 년이 지나면 잊어버리는 것이 예사일 터인데, 그의 경우는 십 년이 지나도 그를 생각하고 아끼고 따르는 마음 새로운 사람이 많은 모양이다. 생전에 가져보지 못한 시집도 상재되었고, 많은 젊은이와 학생들의 가슴속에 한 자리를 차지하고 있는 것이다.

이십구 년의 생애다.

더욱이 오륙 년간의 소작시(所作詩)다.

오래 사는 것만이 잘난 것 아니다.

권두의「서시(序詩)」가 또 좋았다.

죽는 날까지 하늘을 우러러
한 점 부끄럼이 없기를,
잎새에 이는 바람에도
나는 괴로워했다.
별을 노래하는 마음으로
모든 죽어가는 것을 사랑해야지
그리고 나한테 주어진 길을
걸어가야겠다.

오늘밤에도 별이 바람에 스치운다.

1941년의 작(作)이라고 했으니 25세 때였을까.
"죽는 날까지 하늘을 우러러 한점 부끄럼이 없기를" 기원한 높은 인생 태도가 많은 젊은이들의 마음에 울려줌이 있는 것이 아닐까.
29세로 세상을 떠난 사람에 시인 고월(古月)*이 또 생각난다.
고월은 29세에 세상을 스스로 버렸구나.
그의 시는 모두 열한 편이 전해지고 있지만 한결같이 귀하게 전해지고 있고, 「봄은 고양이로다」 따위는 많은 사람의 입에 익고 있으며, 또 얼마나 오랜 세월 전해질는지도 모른다.
시인의 시에 그치는 것만은 아니다.
'피아노의 시인'이라는 별칭을 받는 쇼팽은 39세에 죽었지만 죽

---

* 이장희(李章熙, 1900~1929). 시인.

은 지 백 년이 지나도 그의 많은 작곡이 아직도 젊은이뿐 아니라 음악가뿐 아니라 나이 많은 사람들에게까지 젊은 마음 즐거운 마음 깨끗한 마음을 일깨워주기도 하고 외롭고 슬플 때에 곱게 어루만져주기도 하고 있는 것이다.

그러나 그들은 천재라고 할 수 있는 사람들이다.

성삼문(成三問)도 천재라고 해야 할까. 성삼문은 39세에 형사(刑死)한 모양이다.

오백 년이 지난 오늘까지도 어린 학생들이 그의 이름을 외우고 있고, "이 몸이 죽어가서 무엇이 될꼬 하니 봉래산 제일봉에 낙락장송 되었다가 백설이 만건곤할제 독야청청하리라"라는 시조 한 수를 외우지는 못하는 어린이라도 의로운 인생을 살고 모진 형벌에도 굽히지 않고 죽어간 사람이라는 것은 알고 우러러 생각하는 것이다.

신숙주(申叔舟)는 성삼문을 배반하기는 했지만, 그 후 이십 년 동안 세조(世祖)를 위해서는 더할 수 없는 공을 세웠고 외국 사신으로도 많이 다녔고 책도 썼고 나라를 위해서 큰일을 했다. 그러나 오늘의 어린 학생들은 그런 이야기를 들었으면서도 공은 들지 않고 오직 성삼문 등 사육신의 의로운 일을 배반한 일만을 들추어 이야기하고 욕하는 것을 자주 듣는 것이다.

신숙주는 성삼문등 사육신보다 오래 살았다.

오래 사는 것만이 잘난 것 아니다. 뿐이 아니다. 나라를 위해서 일하고 공을 세우는 데도 또 다른 분간이 있는 모양이다.

미국 대통령 워싱턴은 건국의 부(父)로 전 국민의 존경을 받았으면서도 세번째 대통령 되기를 거부하고 육십 이전에 은퇴했다고 한다. 한 사람이 오랫동안 집권하면 본의 아니라도 독재에 흐르기 쉽다는 것이 은퇴한 이유였다고 한다.

두 차례 대통령 자리에 있다가 은퇴하여 팔 년 동안을 유유자적하고 세상을 떠난 모양이다.

그가 어렸을 때 벚나무를 도끼 장난으로 찍은 사실을 정직하게 고백했다는 이야기도 오늘날까지 백칠십여 년 널리 전해지고 있지만, 3차 대통령 자리에 앉기를 거부한 일은 미국에서는 물론 모든 민주주의 국가에서 하나의 본보기와 같이, 상징과 같이, 위대한 교훈과 같이 꽃을 피우고 살아 있는 것이다. 또 이후에도 그의 이름은 벚나무 도끼 이야기는 잊어버리는 일이 있더라도, 민주주의의 본보기를 내세운 일은 민주주의 세계에 언제까지나 살아 있으리라고 생각하는 것이다.

죽은 후에 오래도록 살아 있는 것은 잘난 일이다.

그러나 이승에서는 오래 사는 것만이 잘난 일은 아니다.

오십 평생에 삼십 년간을 학창에서 보내고 나머지 이십 년 동안에 봉사해야 할 인생이다. 짧은 이십 년 동안에서 또 얼마나 짧은 시일을 봉사할 수 있을 것인가.

의예과 학생에게 나는 말을 건넸다.

"여보, 학생! 목욕이나 이발할 시간이 아깝다니 그게 될 말요! 목욕도 하고 이발도 해야지. 공부도 하고 음악도 좀 듣고 친구도 골라서 널리 사귀고 인생을 어떻게 살아야 옳은가도 좀 생각해보고 옳은 사람 옳지 않은 사람 분간도 있어야 할 것이 아니겠소……"

(『희망』 1958년 1월)

인생 노트

인생 노트

별의 천신(遷身)인가

누가 어떻게 해서 생긴 것인지는 기억하지 못하나 나의 평생 사주(四柱)라는 것을 내가 베낀 것이 오랫동안 굴러다니고 있었다. '윤가지성(尹家之姓) 마씨가지(馬氏可知)'란 구절로 시작해서 백여 구가 넘는, 한 벌이나 되는 가운데는 여기저기 이런 구절이 있었다.

    목안횡비(木雁橫飛) M씨지문(M氏之門). 여R논심(與R論心). ××××.
    백년가약(百年佳約) 박씨지문(朴氏之門).

이런 구절이 머리에 떠오를 때마다 뚱딴지같은 소리라고 비웃던 기억이 있다.
  그러나 지내놓고 보니 그것이 모두 들어맞은 사실에 놀라지 않을 수 없었다.
  그렇다면 사람은 별의 천신(遷身)이요, 사랑은 별 때의 짝을 찾는 역정(歷程)이란 말도 허무한 말은 아닐는지도 모른다.
  M 씨와의 결혼은 열두 살 때에 어른들의 잔치거리였을 것이다. 서울 유학을 하게 되자 그의 부친에게 공부를 시키도록 편지하고

나는 R 씨를 사랑하게 되었다.

칠남매의 여섯째, 오형제의 넷째로 태어난 나는 넉넉한 집의 귀여움을 함빡 받아 열여섯에 바다를 건넜다.

R 씨와의 사랑은 어른의 폭력에 의하여 끊기었고 유학의 길마저 끊기었다. 일 년여의 연금(軟禁) 생활은 고독하였으나 절망은 아니었다.

"아아, 오늘도 아무도 오지 않고 해가 졌구나!"
하고 또 다음 날을 기다리는 것이었습니다.
또 다음 날 아침에 해가 동해 바다에 불끈 솟아오르면,
"옳다, 오늘은 누가 꼭 와주겠지!"
하고 이렇게 몇 날 동안을 날마다 날마다 노래를 부르면서 동무가 오기를 기다렸지만 아무도 바위나리를 찾아와주는 동무는 없었습니다.
바위나리는 소리를 질러 울었습니다.
그런데 이상하게도 이 울음소리가 밤이면 남쪽 하늘에 맨 먼저 뜨는 아기별의 귀에까지 들려 올라왔습니다. (「바위나리와 아기별」, 1924)

이내 아동의 인격을 존중해줄 것과 어른의 노리개로부터 해방해줄 것을 호소하는 부르짖음으로 나왔다. 나의 청년운동의 첫출발이다. 색동회가 조직되기 전이다.

두번째 바다를 건널 때는 도망군이었다.
"너 평생 먹고 살 것은 있으니 아무 생각 말고 집에 있어라!"
아버지의 선언은 지극한 사랑이었으리라. 그러나 주저앉을 수는

없었다. 십구 세의 피뿐은 아니다. 지각(知覺)도 있었다.

　식민지 백성의 대단치 않은 재산이 믿을 만한 것이 못 된다는 것과 의뢰심(依賴心)이 옳지 않다는 생각이었다. 과연 삼사 년 후에 오사카(大阪)에서 일어난 패닉은 서울은 물론 개성에까지도 미쳐 한바탕 뒤흔들어놓았다.

　십오 년 전, 개성을 떠나 동경 왔을 때에는, 혼자서 먹고 살고 있다는 점에 생활의 의의를 의식하고 있었다. 그때 벽에 붙여놓았던 조그만 쪽지─너는 의지할, 아무도 없다. 사랑하는 부모 형제도─단지 너 하나가 있을 뿐이다.
　제2년. 직업은 생활의 방편이요, 생활의 의의는 '혼조(本所), 후쿠가와(深川)'의 어린이를 가르치고 아동 문제를 연구하는 점에 두었다.
　그다음, 중병으로 일 년 동안 병원에 누워 있을 때, 피를 토할 때, '일 년만 참아다오. 일 년만 참아다오' 하고 애원할 때에는 퇴원해서 일 년만 더 살 수 있으면, 하고 싶은 일을 다 하고, 언제 죽든지 한이 없을 줄 믿었다.
　일 년 후, 퇴원 후는, 다만 고이고이 생명을 유지하고 연명하기에 전 노력을 경주하였다.
　건강을 얻은 후에는 비로소 훌륭한 조선 사람으로서의 '생활의 의의'를 찾고자 한다.
　조선을 사랑하는 법을 생각할 필요가 있다.
　조선인 악(惡)은 각자 이위(以謂) 대장(大將).
　존경하는 사람을 가지지 못하는 점. (「조선을 사랑하자」, 1936)

푸른 하늘에의 기원

　해발 3천3백 척. 이곳에 일광(日光) 요양소가 있다. 고원의 공기와 안정과 산상의 일광욕으로, 소위 불치의 병을 정복하려는 곳이다.
　이곳에 처음 온 것이 1928년 겨울 11월이다. 적설(積雪)이 수 척이요, 영하 10도의 혹한을 무릅쓰고, 재생(再生)의 길을 이곳에서 찾았다.
　생사의 경계를 몇 번이나 왕래하면서 '일 년만 참아주시오', 딸기와 같은 아름다운 핏방울을 토할 때마다 '한번 귀국하고야!' 그것이 소원이었다.
　겨울이 가고 봄이 오매, 적설은 녹아가고, 집 새는 지저귀고, 색시 환자와 간호부들이 낭하(廊下)를 노래 반(半)으로 뛰어다닐 때에는, 나도 정신을 차리고 석 달 동안 돌아눕지도 못하고 누운 채로 지냈던 병상(病床)에서 내려와 차츰차츰 베란다에 나가서 하늘을 쳐다보고, 물오른 백화나무와 소나무 벌판을 바라보며, 하늘이 이렇게도 아름다웠나, 나무 나무가 이렇게도 아름다웠나, 이 산 저 산이 이렇게도 아름다웠나, 구름이란 이렇게도 아름다웠나, 세상이란 이렇게도 좋은 곳이었던가, 하고 눈에 보이는 것, 귀에 들리는 것, 모든 것을 고맙고 즐거워했으니, 이것이 재생의 제일보(第一步)였던 것이다.
　'발등 오 분'이란 일광욕으로 시작해서 둘째 날은 십 분, 넷째 날은 십오 분…… 이렇게 하기를 350여 시간, 십일 개월 동안 몸뚱이와 얼굴을 흑인과 같이 하고, 튼튼한 몸으로 산을 내려와서, 동경으로 간 것이 1929년 10월이다.

  제2의 고향—틈을 낼 수 있으면 오고, 병인(病因)하면 오고—실로 이번이 제7회의 등산이다.

  오면 생각한다. 이렇게 세상은 아름답고, 삶이란 귀한 것이니, 하고.

  생과 사의 경계선에 서서, 오히려 나는 이곳에서 보이는 앞산 뒷산 가운데, 송악산을 보고 남산을 보고 북악산을 그리며, 이곳 산 위에서 보이는 맑고 깨끗한 하늘을 조선의 하늘로 보는 까닭이다.

  나는 돌아가고 싶다. 하늘을 보며 산을 보며 조선을 그리워한다. 라디오의 라우드스피커를 껴안고, 몇 해 만에 듣는 조선의 소리를 목메게 마신다. '우리에게는 자유가 있다'고 부르짖는, 라디오 드라마의 반가운 소리가 들린다. (「후지미(富士見) 고원에서」, 1931)

  죽은 듯이 고요한 넓은 방 안에 혼자 누워서 시퍼런 하늘을 쳐다보면, 그 높고 깊은 하늘 위에는 꼭 무엇이 있는 것만 같았다.

  나는 두 줄 눈물이 흘러서 베개가 젖는 것을 느끼면서 높고 깊은 하늘을 쳐다보며 이렇게 빌었다.

  '나를 살려주십시오. 좀더 살게 해주십시오. 나를 살려주시면 부지런히 좋은 일을 많이 하고, 언제 죽더라도 한이 없게 하오리다.'

  날마다 날마다 해 질 무렵이 되면 이렇게 빌었다. (「가을 하늘」, 1952)

불행하게 하지 말자

퇴원 후에는 진정 푸른 하늘에의 기도로 해서 연명된 것으로 생각하고 일 년 되는 날 죽더라도 후회 없는 삶을 살려고 했다. 서둘러야 할 것은 두 여성을 불행하게 했다는 사실이었다. 두 여성 모두 결혼했다는 소식을 들었다. 개가(改嫁)란 그다지 쉬운 일이 아닌 시대였던 만큼 적이 안심되었으나 불행하게 했다는 생각만은 가시지 않았다.

사랑으로 해서 저편을 불행하게 해서는 안 된다는 생각만이 굳어 갔다.

나의 주위에는 많은 귀하고 아름다운 여성이 오고 갔다. 그러나 그들에게 나는 아름다운 목석(木石)이었을 것이다. 내가 불행하게 한 두 여성에의 공양(供養)이요 자기를 벌하는 간절한 마음에서였다.

아버지가 돌아가셨다고 해서 십여 년 만에 귀국했을 때에 두 여자 모두 수삼(數三)의 자녀의 어머니가 되어 좋은 가정을 이루고 있다는 것을 알았다.

그 이 년 후에 나는 내 별을 찾았다.

까맣게 잊어버리고 있던 사주 베낀 것에 적혀 있는 것을 알게 된 것은 또 그 후였다. 사주의 신기는 아직도 풀 수 없는 일이다.

은사

우리 내외의 주혼(主婚)이요 주례인 은사(恩師)는 이십 년의 내 어버이였으나 첫 아들 둘째 아들의 명명(命名)을 청하지는 못했다. 창씨개명을 강요하는 판에 굳이 내려오는 항렬자(行列字)를 존중하고 싶었기 때문이다. 고향으로 사백(舍伯)께 명명을 청했다. 두 이름은 일본음(日本音)으로는 차마 부를 수 없는 이름 자였다.

다음에 딸을 낳았다. 은사에게 명명을 청했다.

은사는 그의 출세작의 이름 한 자와 내 이름 한 자를 추려서 이름을 지어주며 이렇게 다지는 것이었다.

"아주 좋은 이름이 되었는데 조선 이름으로 되겠수?"

그의 말을 듣지 않고 두고 보라는 듯이 한 잡지를 가지고 독립 경영하게 되었을 때에 그는 송별연에서 이런 연설을 했다.

"성공하면 성공해서 돌아올 것이요 실패해도 돌아올 사람이니 송별회라는 것이 쑥스러운 일이지만……"

은사의 부보(訃報)는 그 시절 신이 알려줌같이 라디오의 오류 초의 혼선 잡음으로 해서 분명히 들었다. 인생 이십오 년의 인연은 인위적인 것만은 아닌 것 같았다.

공산주의

일본에서 들은 공산주의는 정의와 진리의 편으로 들었었다. 공산당의 일을 한다는 친구를 많이 두둔했었다. 50원 월급을 받을 때에 2원을, 100원을 받을 때 10원을 주는 것으로 독립운동에 가담하는 것으로 생각했었다.

해방이 되자 개성의 북부 끝 열한 간짜리 내 집을 찾아온 사람은 문전(門前)의 채전(菜田)을 변형시켰다. 지금으로 보면 장관도 몇 사람 있었고 북으로 간 새빨갱이도 많았었다. 나는 그들의 요청을 고사했다. 재일(在日) 이십오 년. 일 년 이 개월 앞서 고국에 자리잡았다고 해서 한몫 볼 생각은 없었다.

신문을 창간하려는 염파(念坡)는 여러 번 찾아주었다. 그러나 나는 개성서 움직이지 않았다.

내가 매던 넥타이 열 개를 서울에 보내어 3천 원을 받았다는 말을 듣고 그는 5천 원을 보내어 왔다. 다음 달에도 보내어 왔다. 그것으로 다섯 식구 시량(柴糧)이 족하였다. 신문에 기고하지 않을 수 없게 되었던 것이다.

그 7회치로 해서 필화를 입었었다. 지금 읽어도 대단치 않은 것이지만 필화 입은 사람이란 지목은 면할 수 없었다.

공산당도 나를 어쩌지 않으리라고 생각했던 것은 대단히 어리석은 일이었다. 동내(洞內)의 학살이 있은 다음 나에게 자수하라는 기별이 두 차례 왔었다. 정이 떨어졌다. 많은 친족과 친구를 거의 잃어버렸다.

얼마 안 되는 오랜 친구는 거의 끌려갔다. 손과 발을 빼앗긴 몸이 되었다. 살아남은 것만이 기적이었다.

부족인생(不足人生)

1·4후퇴를 나는 군을 따라 대구로 가고 앞서 떠난 가족은 대구, 부산을 거쳐 마산에 자리 잡았었다. 나는 몇 번 마산을 찾아간 일이 있었다. 그래서 이런 것을 썼다.

일터에 일이 바쁘다. 무엇이 부족하다. 이백육십 리. 가족을 찾아간다. 코를 맞대고 앉아 있다. 무엇이 부족하다. 일터로 달린다. 이백육십 리. 일터에 일이 바쁘다. 무엇이 부족하다. 달이 흐른다. 해가 흐른다. (「부족인생」, 1954)

한 개 졸장부(拙丈夫)

세 사람은 지프차로 대구를 출발하여 부산으로 향하였다.
삼랑진 철교를 건너서 한참 간 급굴곡(急屈曲)에서 좌향(左向)하려 할 때에 우(右) 쪽 낭떠러지로 지프차는 전락(轉落)하였다. 한 번 두 번은 몰랐다. 세 번 굴렀다. 머리 위에 있는 호로와 호로 사이로 돈쪽만 한 하늘이 뚜렷이 보였다. '이놈이 내 몸뚱이로 떨어질 때에 나는 차체에 깔리게 되는구나!' 하는 순간 참으로 여러 가지 생각이 한꺼번에 왕래하였다. 첫째, 아내에게 미안하다는 생각이었다. "당신이 오래 살면 얼마나 오래 살겠다고 대구, 마산, 이렇게 떨어져서 고생을 각기 해야 하겠소. 기왕 마산서 다방에까지 나섰으니 대구에 간들 이만 벌이야 없겠소?" 하고 대구에 와서 같이 살기를 애원하는 것을, 그저 기왕 마산에서 자리가 잡혀 아이들도 학교에 댕기고 두 끼 먹기에는 걱정이 없으니 그대로 견디어주구려. 설마 몇 달 걸리겠수, 하고 떼밀어버린 것이 벌써 한 달이나 된 것. 바로 대구를 떠날 때에 받은 큰애의 편지에 "나의 온 힘을 빼어 한번 힘껏 마음껏 쳐보겠으니 아버지도 사무를 보면서라도 나의 앞길을 좌우하는 중학 입학시험에 합격되도록 빌어주세요" 하고 쓴 구절과 꼬부랑 글씨까지 눈앞에 뚜렷이 어른거렸다.

　서울서 헤어진 지 석 달 만에 마산에 거처한다는 소식을 듣고 찾아갔을 때에, 첫번에는 여덟 살 된 딸애가 뛰어올라 와서 미닫이를 열고 "아버지!" 부르고는 그냥 마루에 주저앉아 '엉' 하고 울고, 또 둘쨋 놈, 또 한참 있다가 큰애가 똑같은 시늉을 하던 일이 생각났다. 아버지라면 못난 복숭아뼈까지 어루만지고 좋아하는 이 애들이, 이 산더미 같은 차체의 밑에 깔려 으스러지면 마침내 거적때기에 씌워서 놓여 있거나 다른 곳에 옮기어 있거나, 그것을 대할 때의 아이들이 가엾다는 생각, 그리고 반문(反問)이 나왔다.

　일본만 갔더면 이런 일도 없고 가족도 남부럽지 않게 잘살 수 있지 않았느냐? 무엇이 잘났다고 세 번 네 번 갈 기회를 포기하고 애국한답시고 스스로 택한 길이 겨우 이 꼴이냐? 그러나 대답은 간단하였다. 그것은 지기 싫은 성격으로 나온 것이지만, '좋지! 후회 없다.' 그것이었다. 좋지! 또 한 번 굴러라! 나는 아직 죽지 않을 터인데! 하는 자신이 있었다. 차는 굴렀다. 덜컥! 완만한 회전은 정지하였다.

또 한 번 재주를 넘은 것이었다. 삐딱이 우익(右翼)을 논두렁에 박고 정지한 차체 위에 나는 앉아 있었다.

"아이구 얼굴이…… 골이…… 이게 웬일이요…… 절명입니다."

멍하니 정신없이 서 있던 나는 그 소리에 그 방향을 보았다.

차체 저쪽에 피투성이 되어 누워 있는 운전수와 그 위에 엉거주춤 서 있는 C 문관의 피투성이 된 손팔을 보았다.

여기 한 생명이 갔다는 엄숙한 생각이 떠올랐다. 후회가 없느냐? 반성이 없느냐? 없다! 하였다. 논두렁 잔디밭에는 K 소령이 맥 못쓰는 양 자빠져 있고 C 문관마저 주저앉았다.

하늘은 맑게 개고 멀리 보이는 몇 집 농가는 그림 같고, 물이 그득한 이곳 수전(水田)은 풍양(豊穰)을 기약하는 것 같았다. 지나가는 사람도 차도 없다.

두 사람이 누워 있고 한 사람이 피투성이로 절명하고.

나도 몸을 내어던졌다. 하늘이 온 안계(眼界)를 점령하였다.

아까 차가 다시 한 번 뒤집히기 직전에 왜 내 생각이 나의 가족에 대한 것뿐이었을까? 하고 슬그머니 부끄러운 생각이 떠올랐다.

애국한다는 대장부의 최후 순간의 상념이 이다지도 졸렬할 수가 있을까? 하는 원망스러운 마음까지 떠올랐다.

그러나 대답은 간단하였다. '좋지, 좋아.'

후회함이 없었다. 졸장부의 이름을 받기를 부끄럽지 않다 하였다.
(「생사」, 1951)

무엇을 할 거나

사람이 세상에 무엇 하러 생겼느냐? 한 모퉁이 한 고장을 위해서 팔매가 되어야 한다고만은 생각하지 않는다.

한 사람을 복되게 할 수 있다면 그것은 좋으리라. 많은 사람을 즐겁게 해주고 복되게 해줄 수 있다면 더 좋으리라. 자기 스스로 즐기는 가운데 그것이 곧 많은 사람에게 즐거움을 줄 수 있다면 그것은 더욱 좋으리라.

천지도(天之道)

아내는 성당에 다니고 큰놈은 안식교회에 다닌다고 한다. 예쁜 여학생이 있는지 동행하는 동급생이 있는지 모른다. 둘째 놈은 어머니를 따라서 성당에도 가고 누이동생을 따라서 예배당에도 간다. 딸은 이건 예배당에 집심(執心)이다.

나는 어려서 예배당에도 집심했고 절에도 다니었다. 불경도 배웠다. 그러나 가족에게 무엇을 요청할 생각은 없다.

아내가 성당에 다니고 있으니 결국은 모두 천주교도가 될 운명에 있으나, 고회(告悔)하면 모든 것을 용서 받을 수 있다는 것이 내 마음에 마땅치 않다.

악을 행한 자는 알고 했건 모르고 했건 그 아니면 그의 자손이라도 반드시 벌을 받는다는 생각을 나는 가지고 있다.

天之道 不爭而善勝 不言而善應 不召而自來 坦然而善謀 天綱恢恢 疎而不失 (老子) (「천지도」, 1955)

부자(父子)

내 아버지는 엄하였다. 나는 내 아이들에게 엄하지 않은, 무슨 말이라도 할 수 있는 정다운 벗이 되고 싶다. 그러나 버릇없이 굴 때면 불쾌하다. 그리고 아버지를 닮아가지 않도록 경계한다.

갈 길

세리(稅吏)는 "왜 대학에라도 나가지 않느냐"고 한다. 대학도 흔하고 교수도 흔하고 월급도 좋다지만 당장 궁해도 내 길 아닌 길을 갈 생각은 없다. 교단(敎壇)을 모독하는 일이라기보다도 지금 세월이 없지만 나의 길은 나의 길대로 가난하나 일생을 걸어 겨누어볼 만한 일이라고 생각한다.

술

　혼자 하면 반 되 석 잔이면 족하고, 좌석이 좋아서 장시간에 걸치는 경우라도 한 되 이상 하는 일이 없다고는 장담 못한다 해도 대단히 드문 일일 것이다.
　그렇지만 피란 삼 년을 지낸 대구의 멀고 가까운 친구들은 나를 아주 모주꾼이나 고주망태기로 생각하는 사람이 있는 것 같았다. 자주 드나드는 막걸리집에서는 동석한 친구의 소개로 초면 인사를 하는 일도 많고, 아주 미지(未知)의 인사(人士)가 잔과 주전자를 들고 와서,
　"선생은 익히 들었습니다. 아무개의 술도 한잔 받아보이소."
하고 권함을 받는 일도 많았다. 그렇게 되면 나도 한잔 권해야 하고, 그러면 연거푸 따라 주려는 인사가 많았다.
　나는 그것을 감당 못하기에 사양하면 사양이 과해서 섭섭하다 하고, 그 다음에는, "여보오, 그까짓 것 가주고 술이라 카나?" 하고 핀잔을 주거나, "말과는 딴판이라 어데 술꾼이라 카겠나!" 하고 실망을 주는 경우가 많았다.
　나는 대구에 와서 비로소 막걸리를 사귀었고, 깊이 친해졌다. 그러나 그것은 석양(夕陽)의 석 잔이다.
　나는 커피를 좋아한다. 그러나 그것은 아침에 한 잔이다. 다방에 오래 앉아 있지를 못하고 오후의 다방에 들어가기를 즐기지 않는다. 그러니만큼 오전의 커피 한 잔은 사무적이요 생리적인 것이다.
　친구와 오래오래 앉아서 정회(情懷)를 풀 좌석도 분위기도 마음

의 여유도 느끼지 못한다.

오후의 막걸리 좌석만이 그것을 할 수 있는 곳이었다.

혼자 앉아서도 오락가락하는 구름의 흐름과 나뭇가지 나무 이파리를 보면서 친구를 기다릴 수도 있고, 친구를 만나면 마음이 턱 놓여서 얼마든지 정을 주고받을 수 있었다. (「오후의 좌석」, 1953)

대구에 있을 때 석양이면 날마다 가는 막걸리 집이 있었다. 처음에는 HH 클럽, 다음에는 석류나무 집이다.

마당에 평상 깔아놓고 앉아서 먹는 곳이다.

혼자 가도 나중에는 십여 명이 되어서 즐거운 시간을 보내고 피란살이의 신산을 잊을 수 있는 그 자리는, 돈이 없으면 그대로 일어서고 가진 돈이 있으면 극히 작은 돈을 내면 족한 그런 자리였다.

내 고향 개성은 내가 열서너 살까지와 사십이 지나서 이태를 살았을 뿐이라 아는 사람이 많지는 못하지만 조상누십대(祖上累十代)가 살아온 고향인 만치 개성에 가게만 되면 마치 석류나무 집에 들어설 때와 같이 모두가 반겨주고 또 반가운 사람들뿐인 것같이 항시 생각되는 것이다. (「고향 산수」, 1954)

술은 즐겨 한다. 많이는 못한다. 대구에서 막걸리를 많이 한 것은 그것이 거의 대용식이었기 때문이다. 잔을 받을 때 술을 따를 때 반드시 두 손으로 한다. 아래 윗사람 층등이 없다. 첫째 술을 사랑해서요, 둘째 끝까지 문란하지 않기를 원하는 마음에서다.

술친구를 가리지 않는다. 술 즐기는 사람에 악이 없다고 생각하기 때문이다. 늑장 부리는 좌석에서 중퇴하고 후회하지 않는다. 주정을 받는 취미는 없다.

거니는 성냥개비

겉볼상 근사한 거리를 성냥개비들이 거닐고 있다. 못난 것, 잘난 것, 빙충맞은 것, 대가리에 약이 아주 없는 놈, 맞부딪히면 탁 터져서 태워버릴 성냥개비들이 제법 뻐기고 내로란 듯 으스대고 또 초라하게 거닐고 있다.

나는 그중에 어깨바람 신바람 불똥을 피해가며 조심스레 거니는 꺼진 성냥이다.

성냥공의 서투른 솜씨로 해서 내 허리 아래 어드메 한 점 약이 붙어 있는 것이다. 거기 불이 일어나 마저 태울 날을 기다리며 거닐고 있는 것이다. 그렇게 생각하고 거닐고 있는 것이다. 다리가 무겁지는 않다.

(『사상계』 1956년 3월)

족보

이조(李朝)에 벼슬해서 소위 양반이 된 사람을 송도(松都; 개성) 사람들은 대단치 않게 여기는 풍이 있었다.

나중에 '鞦宮(추궁; 醜宮)'이라 하고 5월 단오가 되면 여인들이 그네 뛰는 놀이터가 된 경덕궁(敬德宮)에, 이태조가 앉아서 뵈오러 오면 벼슬을 주겠다고 했으나 선비 모두가 삿갓 비껴쓰고 그쪽을 가리고 지나갔다고 해서 '부주개[不朝峴]'라 이름 짓게 된 동네가 남부 끝이요,

不朝峴 在敬德宮前 我太祖 親臨設科 麗土無一人入場 擧皆踰峴而去 故名.
掛冠峴 在不朝峴北 麗土踰不朝峴者 掛冠于 此云.

문 굳이 닫고 이태조를 거부하다가 불 지름에 타 죽은 칠십이현(七十二賢)의 원혼이 사무쳐 있을 두문동(杜門洞)이 서쪽에 있고,

杜門洞 在西十五里 壬申鼎遷後 曹義生 林先昧等 七十二人 聚入洞中 不肯從化 因名焉.

북부에 왕궁지(王宮趾) 만월대(滿月臺), 동부에 포은(圃隱)의 피가 흐려지지 않는 선죽교(善竹橋) 피다리와 사시 축축하게 젖은 읍비(泣碑)가 있어, 그것을 어루만지며 살아온 개성 사람들은 창옷(도포) 입고 가게를 벌린 선비의 자손들이라 이조의 벼슬은 하지 않는 것으로 가문을 생각하는 풍이 있었다.
　끝내 서울은 '내려간다' 하지 '올라간다'는 말을 쓰지 않았다.
　그런 가운데 반상(班常)을 가리는 풍은 서울 못지않았으니 그 표준이 다른 것이다.
　창옷 입고 가게에 앉은 사람들이란 모두가 집안 대대(代代)를 서로 알 수 있는 사람끼리 도가(都家; 조합)를 만들어서 대를 이어 나갔으니 주단(綢緞) 포목(布木)의 선전(縇廛) 도가에 속하는 몇 집, 청포전(靑布廛) 도가와 포목(布木) 지물(紙物)의 백목전(白木廛) 도가, 세물(貰物)하는 의전(衣廛) 도가의 사대전(四大廛)이다. 결혼 의상과 교거(轎擧)를 세 주고 앉아 있어도, 집안이 뚜렷하지 못한 사람에게는 당장에 '해라'를 할 수 있는 어엿한 양반 행세를 했던 것이다.
　어디까지나 조상의 행실과 가도(家道)를 들추는 것이니 네 조상이 옳게 살았느냐 바르게 살았느냐 깨끗하게 살았느냐 충성됨과 의로움에 어긋남이 없었느냐가 문제지 시체 벼슬은 문제 아니었던 것이다.
　그러기에 이조 벼슬로 행세하려는 사람 보기를 후년에 '부일(附日) 귀족' 보듯이 그저 멀리만 하였다.
　그 풍은 오백 년이란 세월이 흘러도 가시지 않았다.
　해방 후 우리나라에는 새로운 귀족 양반이 많이 생겼다. 높이 앉아서 큰소리를 하고 말을 놔 하고 신바닥에 흙을 묻히지 않고도 살 수 있는 족속이 많이 생겼다.
  이 사람들의 자손이 과연 조상의 덕을 입어 가문을 내세우고 많은 사람의 경의를 받을 수 있게 될는지는 알 수 없는 일일 것이다.

(『현대문학』 1955년 6월)

족보 2

마씨의 본관은 목천(木川; 충청남도 천안시)이니,

    高麗 建邦之初 木爲百濟 彊場而不肯就義 故太祖惡不服 賜五畜姓以辱之 遂爲馬氏.

고려 건국 초에 강복(降服)하지 않는 백제 후예에게 오축(五畜)의 성(姓)을 주어 욕 뵈었기 때문에 마씨 성이 되었다고 있고,『세종실록지리지(世宗實錄地理志)』충청도 목천현 조에는 다음과 같은 것이 있다.

    土姓六. 牛 馬 象 豚 場 申. 改牛爲于, 改象爲尙, 改豚爲頓, 改場爲張—

목천 마씨 외에 장흥 마씨를 칭하는 파가 있으니,

    馬 天牧 長興府 屬縣會寧人, 李太祖七年 上將軍, 太宗元年 翊戴 佐命功臣 己酉 長興府院君 世宗十三年卒 諡忠靖.

이란 장흥부원군을 시조로 하고 있으니 목천 마씨의 분파일 것으로 나는 생각한다. 전라남도 장흥에 많다.

목천 마씨는 개성 송도와 목천읍에 많다.

'송마(松馬)라야 한다'는 말이 있고, 송도의 대성(大姓)은 허(許) 홍(洪) 마(馬) 3씨라는 말이 전해지고 있는 것이 사실이다.

내가 성묘한 가장 선조는 나의 십이대조 우동(羽東), 개성 장흥동에 있고 3월 10일이 시제 일이었다.

십일대조 승원(乘元), 십대조 희경(羲慶), 장단(長湍) 대사현(大蛇峴)에 산소가 있고 여기는 9월 9일 날이다.

희경은 '자 중적(字仲積) 호 죽계(號竹溪)'로 유명하다.

『임꺽정(林巨正)』에도 "송도에 인물을 누구를 칠 것인가. 아마도 중적(仲積)이 첫째일까 둘째일까" 하고 꼽는 대목이 있었다.

『국조인물고(國朝人物考)』에는 다음과 같이 있다.

馬羲慶 字仲積 木川人 丁卯 司馬 家在 松都善竹橋南 性至孝 花潭 講道山中 羲慶往從 潛心經學 李珥在東 銓薦以孝廉 除參奉 謝恩歸 尹根壽留後西京來訪曰 幽蘭在谷 香氣自襲 公有遠識 嘗以建虜 日盛爲憂 終夜不寐 謂子曰吳老矣 汝輩必當其難 至丙子果驗 人益異之. 仁祖己丑以病終 享年六十五.

『중경지(中京誌)』에는 아래 몇 자가 덧붙여 있다.

朴玄石 世采 銘其墓 享四賢別廟

사현별조(四賢別廟)는 박연폭포 못미쳐 서사정(逝斯亭) 옆에 있다.

  四賢別廟 在花谷書院東 詞宇 竝享 竹溪 馬義慶 市隱韓舜繼 訒齋 金玄度 西村 李慶昌.

죽계(竹溪) 선생의 주위가 『중경지(中京誌)』에 다음과 같이 있다.

  馬義祥 字仲奎 號槐堂 竹溪義慶之兄也 以孝廉 除 厚陵參奉不起 栗谷李珥 嘗遺書讚之曰 家傳孝友 學貫天人.
  馬伏龍 字大見 義慶之子也 有儒行勢其家 動止以禮 敎誨諸弟 雖飢饉之時能不食不義之食……
  馬嗣宗 號樂圃 竹溪之孫也 少以文學名世 遊月汀尹先生門 先生稱以西京儒雅嘗著五倫通義 四禮備要 居考妣喪盧墓終制.
  馬尙遠 字而重 號八垓 義祥之孫 文章宏博 司馬壯元 與車五山天輅兄弟 齋名並馳 時人稱兩車一馬.

죽계(竹溪) 선생 2남 덕용(德龍), 구대조의 장남이 악포(樂圃) 선생, 3남이 팔대조 기종(冀宗), 칠대조 정리(貞履), 육대조 행진(行眞), 오대조 은표(殷杓), 고조 사예(思睿), 증조 성천(聖天), 조부 주양(周良), 부 응휘(應輝).

오대조부터의 산소에는 정월 초하루 초이틀에 성묘하기로 되어 있어 나도 눈에 익다. 장단(長湍) 판문교(板門橋)와 풍덕(豊德) 삼월

현(三月峴).

　오대조와 육대조가 모두 90수를 하여 수계(壽階)와 추증(追贈)이 많다. 선조비(先祖妣)는 대개 정부인(貞夫人) 숙부인(淑夫人)이요, 상석(床石)과 비명(碑銘)이 심심치 않음은 불사(不仕) 불기(不起)[죽계(竹溪), 괴당(槐堂), 팔해(八垓)]의 집안에 어울리지는 않는 것 같았다.

　나에게 효의 길이란 멀고 미처 닦아보지 못한 일이지만, 어쨌든 나에게도 송도라는 태생지의 전통과 선조의 유풍이 무관하지는 않은 것같이 생각되는 것이다. 그것을 과분하다고만도 생각하지 않지만 더럽혀서는 안 되겠다고는 생각한다.

　족보에 누구라서 악을 기록하리요마는 사람은 누구나 크게건 적게건 조상의 끼침이 반드시 있으리라고 생각한다. 조상의 덕이 음덕(蔭德)이 되어 오늘의 삶에 끼침이 있고, 조상의 악이 적악(積惡)이 되어 오늘의 삶에 끼침이 있고, 오늘의 삶의 옳고 그름에 따라서 또 그의 자손에게 어느 때든 반드시 끼침이 있으리라고 생각하는 것이다.

『자유문학』 1956년 6월)

해송(海松)의 변(辯)

아명(兒名)은 창록(昌祿). 목천(木川) 마씨(馬氏) 죽계공(竹溪公) 희경(羲慶)의 십대손의 항렬자는 아래 규(圭) 자라 온(溫), 연(演), 준(浚)의 세 형님 아래 태어난 나는 상규(湘圭)란 관명(冠名)을 열 살 때에 받았다. '창록'이란 이름조차 쓰기 어려웠는데, '상규'란 이름자는 아무리 연습을 해도 맛대가리가 없었다.

삼수변에 나무목을 하고 또 눈목 자를 쓰니 마(馬) 자나 규(圭) 자의 세 배가 되어 아무리 연습을 해도 아래위가 어울리지 않았다.

그렇지만 선고(先考)는 "상(湘) 자는 좋은 글자다. 소상강(瀟湘江)이라는 상 자다"라고 하셨다.

동생의 완(浣) 자가 훨씬 부러웠다.

'소상강(瀟湘江)'이란 말씀에 바다를 생각하고, 소나무를 생각해서 '해송(海松)'이란 이름을 생각했다. 일본 옥편에 해송은 '조선 소나무'라고 있었다.

열여섯 살에 도일(渡日)하여 '동우회(同友會)' 극단으로 환국할 때 프로그램에 '상규'라고 쓰기는 싫었다. 이내 '해송'이 이름이 되었다. 다시 도일하여 취직할 때에는 해송이라고 했다. 상(湘) 자는 활자가 있을는지조차 의심스러웠다.

내 이름이 상규라는 것을 아는 사람은 드물 것이다.

그러나 해방 후, 또 1·4후퇴 후, 어름어름 호(號)를 본명으로 바꾼 사람이 많은 것을 알지만, 호적명(戶籍名)을 그대로 두고 반장을 할 때나 투표를 할 때나 대부(貸付)를 얻을 때에 상규란 이름을 쓰고 있는 것은 협잡을 하려는 것이 아니라, 지명(知命)의 나이를 지나매 불효자 추모의 정이 날로 구구한 까닭이리라. 져버릴 생각이 없다.

(『동아일보』1957년 4월)

명명(命名)

　마(馬) 자를 일본 음으로 '마'라고 읽는 경우는 없다. '바' 아니면 '메'라고 읽는 일은 있어도. 그러기에 내 이름을 보고 일본인은 대개 '바 상' 아니면 '바가이 상'이라고 부르는 것이었다. 그것이 지극히 싫었다. '바아 상'이라고 부르면 '할매'가 되는 까닭도 있었으리라.
　"내 성은 마요. 마라고 불러주시오!"
　상냥하게건 퉁명스럽게건 나는 반드시 이렇게 말했다. 그것은 학생 시대부터였다. 그러기에 어디를 가나 내가 드나드는 곳에서는 오뎅 집, 바, 온천, 여관, 어디서든 내 성 대로 불러주었다. 은사 기쿠치 칸(菊池寬)도 물론 그러했다. 그리고 십여 년을 지내었다.
　창씨개명을 강요하는 시기에 당도했다.
　그때는 이미 내 이름은 잡지와 신문에 수만 번도 인쇄된 후였다. 이렇게 되면 성명이라기보다 상호요 상표다, 그렇게 버티려고 생각했다. 그곳에서는 그다지 바람이 세지도 않았다.
　그런 어느 날, 기쿠치 칸이 나에게 말하는 것이었다.
　"모두 창씨를 하라구 그런다지? 마씨란 성은 일본에도 있드군! 내가 「성씨고(姓氏考)」를 조사해보았지. 성을 갈지 않아도 될 거야……"

그 후에 나는 결혼했다. 은사 댁에서 은사의 주례로 식을 올렸다.

이 년 후에 생남(生男)했다. 응당 은사에게 명명(命名)해주기를 청해야 할 일이지만 그것을 하지 않았다. 고향으로 사백(舍伯)께 명명을 청했다.

항렬자가 '종(鍾)'자라 내가 은근히 생각하고 있던 '종기(鍾基)'란 이름을 보내주셨다. 마음에 흡족했다. 그것을 일본 음으로 읽으면 차마 이름이 되지 않았다. 귀신 이름에 그런 음이 있었다. 그러나 우리나라 이름으로는 좋은 이름이라고 생각했다.

거기 풍속으로는 아이를 낳으면 축하 선물이 많이 들어오고, 또 그 반례(返禮)를 하는데 이편이 경사인 경우는 돈을 더 들여서 하는 것이었다. 마침 결혼 때 도모토 인쇼(堂本印象)란 화가가 축하 선물로 홍매(紅梅) 한 폭을 보내준 것이 있어서 그 그림을 직경 1척 2촌쯤 되는 대접에 옮겨 그리게 하고 도기(陶器)를 만들어서 돌리는데 그 속에 쪽지를 인쇄해서 넣었다.

"종기라고 명명했습니다."

이것을 받아 보는 은사가 섭섭하게 생각하리라고 생각했다. 그러나 한편으로는 이런 일도 이해해주리라고 생각해보기도 했다. 더욱이 창씨개명의 강요가 심한 때였기 때문에 굳이 이런 것도 알아주어야 한다는 생각도 있었다.

내외가 같이 아이를 보러 왔을 때도 명명에 대해서 아무 말이 없었다.

이 년 후에 또 생남했다. 은사는 남의 일 같지 않게 기뻐해주었으나, 역시 명명은 고향으로 전보를 쳐서 청했다. '종훈(鍾壎)'이라고 왔다. 이건 원 일본 음으로는 어떻게 할 도리가 없는 이름이었다. 대동아전쟁이란 것이 터진 해였다.

감 세 개와 이파리를 조각한 목조 쟁반에 접시 다섯 개를 만들어서 돌리는데, 역시 쪽지에 그 이름을 인쇄해서 넣었다. 도대체 어떻게 읽느냐고 묻는 사람도 있었다.

삼 년 후에 딸을 낳았다. 패전 전년 3월 29일, 유가와라(湯河原)란 온천장에 삼 개월을 피란해서 해산한 것이었다.

다음 날 내 집을 들여다보았다. 반장이 배급 담배를 주며 "해산하셨어요?" 하고 묻는 것이었다. 칠십 노인이었다. 딸을 어제 안산(安産)했다고 하니, 인사를 하며 "마침 잘됐습니다. 내일부터 배급이 좋아지는데 한 식구면 한결 다릅니다" 하는 것이었다. 이름을 짓지 않았다 하니, "허어 아무렇게나 말씀하시는 대로 우선 반원(班員) 명부에만이라도 올리면 됩니다" 하는 것이었다.

나는 곧 은사에게 전화를 걸었다. 명명을 청하는 일도 그렇거니와 안산을 보고하기 위해서라도 찾아뵈어야 할 일이지만 공습에 쪼들려 움직이기 어려웠고, 또 시간도 급했다. 은사는 흔연히 이름을 생각해보겠다고 대답했다.

한 시간 후에 전화로 이름을 받았다.

"진주의 주(珠) 자와 자네 이름에서 한 자 따서 '주해(珠海)'라고 생각해봤는데…… 일본 말로는 좋은 이름이 되는데 조선 이름으로도 이름이 될까?"

그런 스승의 성음(聲音)을 들으며 나는 어쩔 수 없는 감격에 잠졌었다. 조선 이름으로도 이름이 될까, 라는 말과 그의 출세의 대작 (大作), 동경과 오사카의 『마이니치 신문(每日新聞)』에 연재되어 일세를 풍미했던 장편소설 『진주부인』에서 한 자를 딴 것을 생각했기 때문이었다. 그 후 육십 일이 지난 날, 가족은 모두 귀국하였다.

　주해는 중학생, 스승은 이미 없다.

(『코메트』 1956년 7월)

내 방

내가 밤잠도 자지 못하고 그야말로 스물네 시간 머리를 쓰며 일하던 때의 내 방은 불과 두 평 반의 양실(洋室)이었다.

아파트 육층의 두 평 반짜리 양실은 그때 그 아파트에서 가장 좋은 방이었다. 동남으로 창이 있고 북서가 벽인데 북서 벽 정 가운데 그러니까 모퉁이에 도어가 있었다. 이 도어만 닫고 안에서 걸어놓으면 방에 있는지 없는지 밖에서는 알 도리가 없으니 사람을 만나고 싶지 않을 때에는 얼마든지 혼자서 조용한 시간을 가질 수 있었다.

독신 아파트니 방 안이 지저분할 것 같지만, 독신 남자들만 있는 아파트인 만큼 세탁업자가 하루에도 서너 번 오고, 그러면 양말에서 손수건까지 내주는 것이 아니라 모두 챙겨서 집어 가고 시간 지체 없이 대령해서 아침마다 아래위 온통 말쑥한 것을 입고 나섰던 것이다. 세탁업자도 수건 한 장 양말 한 켤레에 2~3전이지만 경쟁 속이 되고 바지런한 놈 깨끗한 놈이 아니면 어느 방 하나 상대를 해주지 않아 자연 그자가 방방의 청소를 도맡게 되었고, 그러면 주인의 성미 따라 방 치장까지를 해주었다.

"이번에는 침대를 이쪽에 놓아볼까요?"

"양복장을 저리 옮겨볼까요?"

철 따라 치장을 달리하고 어쩌면 한 달에도 몇 번씩 옮겨놓아 기분 전환을 했었다.

　방 안에 빗자루 하나 걸레 한 조각 있는 것은 아니었지만 새벽 머릿속 만치나 방 안은 깨끗하다고 생각했었다. 손수 먼지를 털거나 후후 불어본 일도 없었다.

　결혼 후에는 집을 얻어 옮겼다.

　마당이 넓고 아름드리나무도 너덧 그루 있는 큰 집이었다. 방이 여덟, 다다미로 사십 장.

　그 집에 살 때에 고향에서 유학 온 학생들이 일요일이면 곧잘 놀러 왔다. 그 학생들이 방학 동안 귀국했다가 다시 오면 나는 여러 구우(舊友)의 안부를 물었다. 십여 년을 귀국하지 않았기 때문이었다. 그러는 내가 안부를 묻는 구우는 대개가 동경서 같이 학생 시절을 보낸 사람들이었다.

　"누구도 잘 있소? 어떻게 지내누?"
하고 물으면 물끄러미 내 얼굴을 바라보다가 지긋이 웃으며,
　"종일 방바닥의 먼지를 손가락 끝으로 찝어서 재떨이에 털고요…… 석양이 되면 술상이 나오죠……"
　다 아는 일이 아니냐는 듯이 대답하는 그 말을 사실은 나는 알아듣지를 못했었다.
　"손가락 끝으로?"
　그러면 학생은 둘째손가락 끝을 세워서 다다미를 집고 그것을 재떨이에 떠는 시늉을 하고,
　"이렇게요!"
하는 것이었다.

그래도 그것이 무엇을 의미하는 것인지 잘은 모르고 그저 먼 데 일같이 생각했었다.

지금 내가 거처하고 있는 방은 간(間) 반 온돌방이다.

남쪽이 장지, 동쪽이 큰마루로 나가는 장지, 북서가 벽이다.

사방탁자와 문갑이 있고 교자상 같은 책상과 글 쓰는 작은 소반이 있다. 책상 위에는 쌓인 것이 많기도 하지만 시간 따라 밝은 곳에서 독서해야 하겠기에 이동에 편한 작은 소반을 쓴다.

남창(南窓)이 아랫목이라 이불을 깔만한 작은 요를 깔고 앉아 있다. 머리맡에 라디오, 발치에 이불을 쌓아 둔다.

좌우에 긴한 약간의 서적과 신문 잡지, 쓰다 둔 원고와 메모의 상자는 탁자 위 문갑 위와 탁자와 문갑 사이의 두 자도 못 되는 방바닥서부터 척척 쌓아 올리고 있다.

방바닥에 방석이 두 개 있다.

객(客)이 세 분만 앉으면 드나들 때에 무릎을 치거나 잔등을 떠밀 우려가 있다.

기분 전환을 위한 세간의 이동, 방 치장이란 엄두도 못 낸다.

높이 6척이 넘는 사방탁자가 서북 구석에 좌정하고 있으니 북의 문갑과 서의 책상 위치를 바꾸는 도리밖에는 없고, 사방탁자를 동북 구석에 모시면 어쩐지 안정감이 없다. 북의 문갑을 서로 옮기고 책상을 북벽에 놓으면 오른편 큰마루로 나가는 장지에서는 광선이 들어오지 않으니 남창을 배광(背光)으로 받게 된다. 꼼짝 달싹 없다.

재떨이는 큼직한 놈을 서너 개 마련하고 있고, 열 사람이 앉더라도 한 사람 앞에 하나씩 내놓을 용의가 있지만, 나는 직경 2촌쯤 되는 청동화로 모양의 놋재떨이를 쓰고 있다.

어쩌다 보면 방바닥에 흘린 담뱃재를 둘째손가락을 세워서 찍어 가지고 재떨이에 떨려고 하는 나를 본다. 손가락 끝을 뒤집어보고 '흐흐' 어이없는 웃음을 웃는다.

(『사상계』 1957년 1월)

나와 8·15

1944년 4월 18일에 미기(美機)가 동경을 첫 공습한 수일 후였다.

동경 제국호텔 옥상 정원에서 이상백(李相白)과 장철수(張澈壽)는 나에게 이렇게 말했다.

"언제까지 동경에 있을 셈야?"

"어서 보따리 싸지!"

"늦어도 금년 크리스마스에는 미군이 여기서 전승 무도회를 할 거야!"

지난해 12월 1일 세계에 방송된 '카이로 선언'의 조문을 해석하고 일본이 항복한 후에 벌어질 사태를 상상하며 이야기의 꽃을 피웠다.

해산(解産) 후 육십 일이 되는 6월 10일에는 부랴부랴 가족을 귀국시키고, 다음 1945년 1월 말에는 나도 동명(東溟) 형과 더불어 귀국하였다.

8·15까지 칠 개월 동안을 고향 개성에서 어름어름하고 있기는 '필승의 신념의 결여' '패전 사상'에 걸려 상당히 힘드는 일이었다.

'보발'이라는, 말하자면 '스파이'가 여러 번 넌지시 찾아왔었다.

5월 8일에는 서울에서 '조선예술상' 제6회 시상식이 있었지만 상경도 하지 않았다. 이것이 말썽이 되어 5월 하순에는 인사차 상경하지 않을 수 없었다. 친구들은 명함 한 장으로 두루 인사를 치르게 해주었다. 색동회 동인들과 망우리 소파 묘를 처음으로 찾고, 남창(南滄, 손진태[孫晉泰]) 댁에서 저녁 하고 연암(淵岩) 댁에서 오래간만에 기생 소리를 듣고 귀향하였다.

8월 4일에는 백수동(白水洞) 별장에 물놀이를 차렸는데, 염파(念坡)는 '포츠담 선언' 등사한 것을 주었다. 신문에 내지 못한 것을 일부러 가지고 내려온 것이었다.

8·15의 개성은 저녁때부터 내 집에 객이 모였다. 16일에는 새벽부터 모였다. 한 간짜리 건넌방 두 간짜리 마루에 장안의 명사 삼십여 명이 모이고, 문 밖에는 젊은이들의 자전거 수십 대가 대기 태세다.

관공서를 접수할 것과 시민대회를 열 것과, 그러나 위원 인선 문제로 옥신각신 하루해를 보내었다. 부회의원(府會議員)을 지낸 사람은 제외해야 한다는 패와 그중 세 사람만은 꼭 써야 한다는 패로 갈려 끝장이 나지 않았다. 내 이름은 언제나 필두에 적혔으나 내 집에 모여준 것만 영광으로 생각한다 하고 일절을 고사했다.

그러는 사이 밤이 되자 그런 일은 아랑곳없다는 듯이 골목골목에서 취군(농악)이 쏟아져 나왔다.

이튿날 아침에는 시뻘건 기가 내 집 문 앞을 멀찌감치 지나가고, 두 단체가 생겨 있었다. 모두 어제 하루를 내 집 한 간 방에서 지낸 사람들이었다.

(『평화신문』 1957년 8월)

고향 산수

나는 오다가다 이런 꿈을 꾼다.

지금은 없어진 하얀 파나마(panama)를 비스듬히 쓰고, 이것도 지금은 없어진 가느다란 등단장(藤短杖)을 휘두르며 친구와 같이 장안의 더위를 피해서 북산으로 길을 잡는다. 지저귀는 새 소리 매미 소리 먼저 요란하고 흐르는 맑은 물 소리에 장구 소리 노래 소리 웃음소리가 섞여서 흘러나오니 걸음걸이마저 흥겨워진다.

그 소리가 점점 가까워진다.

오른편으로 내려다보이는 곳에 물 놀이터가 보인다. 세 줄기로 떨어지는 폭포에 등덜미를 맞으면서 가남을 세는 발가숭이도 있고, 축대 위에는 바둑을 두는 신선도 있고, 자리에는 교자상이 벌어져 주거니 받거니 한창이다. 장구를 걸머메고 너울거리는 사나이 맞은편에서 노래 부르며 춤추는 두 기생은 낯익은 기생이다.

우리를 보고 반기며 맨발로 뛰어올라 와서 끌어내리는 그 사람은 이름도 성도 생각나지 않는 사람, 그러나 평생을 정답게 살아온 것같이 반갑고 그리운 사람이요, 거기 있는 나이 지긋한 사람과 젊은 사람이 모두 낯익은 반가운 사람들이다.

"몇 해 만이오!"

"얼마나 고생이 되었소?"

얼싸안고 한바탕 울어도 볼 그리운 사람들이다. 주거니 받거니가 시작된다.

내 이런 일을 경험해본 일이 없으되 이런 꿈을 꾸는 것은 필시 대구 피란살이와 고향 생각이 얼버무려져서 이루어지는 것이리라.

대구에 있을 때 석양이면 날마다 가는 막걸리 집이 있었다. 처음에는 HH 클럽, 다음에는 석류나무 집이다.

마당에 평상 깔아놓고 앉아서 먹는 곳이다.

혼자 가도 나중에는 십여 명이 되어서 즐거운 시간을 보내고 피란살이의 신산을 잊을 수 있는 그 자리는, 돈이 없으면 그대로 일어서고 가진 돈이 있으면 극히 작은 돈을 내면 족한 그런 자리였다.

내 고향 개성은 내가 열 서너 살까지와 사십이 지나서 이태를 살았을 뿐이라 아는 사람이 많지는 못하지만 조상누십대(祖上累十代)가 살아온 고향인 만치 개성에 가게만 되면 마치 석류나무 집에 들어설 때와 같이 모두가 반겨주고 또 반가운 사람들뿐인 것같이 항시 생각되는 것이다.

'아아, 저분도 내가 아는 분! 저분은 몇째 형님의 친구! 저 사람은 내 동생의 동창! 아아, 나하고 같이 자라난 친구!'

이렇듯 정다웁고 그리웁게만 생각하는 고향의 소담하고 아늑하고 단정하고 정다운 모습은 봄이면 봄 가을이면 가을, 어느 때고 그리웁지 않을 때가 없지만, 여름 한철 더욱이 간절하게 느끼게 됨은 아름다운 산골짝마다 흘러내리는 맑은 물에 일 년 열두 달의 시름을 씻어버릴 수 있는 그 즐거움일네라. 가고지고 가고지고.

(『고려시보』 1954년 7월)

시원한 내 고장

옛 도읍지로 개흙바닥인 고장은 없다. 땅바닥이 깨끗하고 산수가 볼 만하고 앞이 트인 곳이라야 왕이 자리 잡을 만한 곳이라고 했던 모양이다.

그중에도 고려의 왕도 개성은 땅바닥이 깨끗하고 산수가 수려하기로 아마 으뜸갈 것이다.

앞은 트이었으나 궁터 만월대 꼭대기에 올라서서 바라보면 서울의 삼각산이 삐죽이 고개를 내어 밀고 있는 것이 맑게 갠 날만 어렴풋이 바라보인다. 서울에서 보는 삼각산의 모습과는 달리 그 삐죽이 내어 민 꼴이 무시무시하도록 흉악하게 바라보이는 것이다. 그러기에 삼각산이 막혀서 왕건(王建)의 고려는 오백 년을 지탱하기 어려우리라는 말이 있었다는 것이다.

한번 비가 내리면 지저분한 것 싹 쓸어버리고 새하얀 덜 굳은 화강암 바닥이 된다. 꺼먼 아스팔트나 돌 포장도로가 어디 당할 수 있으랴!

북에 송악산, 남에 용수산, 동에 자남산!

자남산을 마당 가운데 쌓은 소담한 가산(假山)이라고 본다면 용수산은 민둧하고 유한 품이 자모(慈母)의 정이라 할 것이요, 북쪽에 우뚝 솟은 송악산은 아버지 같은 산이라고 하겠으나 엄하기만 한 아버지는 아니다.

 오른손 손등을 멀찌감치 예우고 바라보면 된다. 가운데 손가락과 둘째손가락과 무명지가 상상봉이다. 뚝 떨어져 엄지손가락은 그렇게 내려가서 슬그머니 예성강으로 빠지고 새끼손가락은 그만치 한 번 처졌다가 천마산 줄기로 이어 나가는 것이다.

 상상봉 바로 밑에 만월대가 편편히 자리 잡고 있다.

 송악산의 나무를 아무리 베어가고 뽑아가도 다른 고장 산과 같이 붉고 누른 속살을 상처처럼 추하게 드러내 보이지는 않는다. 탈대로 타고 익을 대로 익은 검푸른 바위에 천년만년 이끼가 입성되어 짙은 푸름을 잃는 일이 없다.

 뭇 골짜구니에서 피어오르는 아지랑이는 아침이나 낮이나 저녁때나 항시 보랏빛으로 서리고 있는 것이다. 자하동(紫霞洞)이란 그 한 골짜기 물터의 이름이지만, 그곳만이 보랏빛 아지랑이 있는 것은 아니다. 송악산은 보랏빛 아지랑이를 풍기고, 그것은 온 개성 하늘을 감도는 것이다. 옛사람들이 생각한 선경(仙境)이란 이런 곳을 일컬음이 아니었을까.

 뭇 골짜기에는 맑은 물이 마르는 일 없고 한 골짜기에도 십여 군데씩 아담하게 마련된 물 놀이터가 있다. 물 놀이터마다 어른의 키만큼 축대를 쌓고 막았던 물을 흐르게 하는 골을 두세 군데 마련하고, 거기 굵은 왕대 반짝을 올려놓으면 그것이 곧 폭포라, 흘러 떨어지는 물줄기가 세차다. 머리에 맞으면 그해 두통이 없어지고, 가슴과 등에 맞으면 그해 가슴에 병이 없고, 배때기에 맞으면 체증이 떨어진다는 것이었다.

여름이면 물터마다 사람이 가득하지만 그렇다고 올라갔다가 허탕 치는 일은 없다.

강은 예성강, 바다는 서해가 가깝지만 여름이라고 해서 개성 사람들은 바다나 강을 찾아갈 것은 없었다.

그러나 이제…… 초복도 지나고 중복이 다가오건만 '깟때미' 금년도 찾을 길 바이 없고나!

(『서울신문』 1958년 7월)

화초 없는 정원

개성 사람들이라기보다, 개성의 집은 초가삼간의 오막살이 콧구멍만 한 좁은 마당이라도 그 마당에 화계석(花階石)이 있기 마련이다. 화강석 돌을 다룬 한 단짜리 두 단짜리 삼층짜리 꽃분 놓는 돌평상이다. 부잣집이건 가난한 집이건 넓은 집이건 좁은 집이건 반드시 있다. 넓은 집 부잣집이면 안채에도 있고 사랑채에도 있고, 사랑채에만도 두서너 군데 있기도 한 것이다.

겨우내 땅광이나 움에 묻어 두었던, 혹은 방 안에 두었던 화초분을 새봄이 오면 화계석에 내어 놓는다.

매화, 난초, 석류나무 분, 천도복숭아 분……

봉숭아니 분꽃이니 채송화니 과꽃이니 하는 따위는 사랑채에는 없는 법이다. 그런 꽃들은 안마당 장독대 앞이나 뒤채에 가꾸기 마련이다.

그러나 서울 집에는 그런 것이 별로 없다. 사람 따라 일본식 정원을 꾸미거나 서양식 정원을 꾸미는 집이 있는가 하면, 덩그러니 큰 집에도 일 년 내 푸른 것 붉은 것을 볼 수 없는 집도 있는 모양이다.

넓지 않은 마당이라도 작은 나무나 꽃을 심고 꽃분을 치장하는 일은 아무리 세상이 살기 어렵고 각박하더라도, 오히려 그럴수록에 메마름을 축여주고 마음 흐뭇한 한 올의 평안함을 얻을 수도 있는 일이다.

그런 것을 모르는 바 아니나, 지금의 내 살림에 '나와 정원'을 쓰라는 부탁은 슬픈 일이 아닐 수 없다. 정원이 없기 때문이다.

여남은 평의 마당은 장독대와 수채가 반을 차지하고 있고, 부엌으로 안방으로 건넌방으로 아랫방으로 드나들어야 하는 좁은 마당은 마당이 아니라 길이다. 빤빤해서 풀 한 포기 돋아날 수가 없는 것이다. 장독대에는 텅텅 빈 크고 작은 장독이 십여 개 늘어놓여 있는 것이다.

그러나 나 역시 푸른 것이나 꽃이 마당에 있었으면 하는 마음 어쩔 수 없어 해마다 박씨를 심었다.

처음에는 화분에 심어서 일찌감치 떡잎이 나와, 그것이 자라면 비 내리는 날 장독대 앞에 모종을 하고, 그것이 자라면 새끼줄을 쳐서 지붕 위까지 올라가게 했었다. 그렇게 되면 장독을 아주 덮어버리게 되었고, 지붕 위에서 해마다 큼직한 박 다섯 통을 땄고 열 통도 딴 일이 있었다.

박꽃은 밤에 핀다. 장독대를 덮어버린 박 덩굴은 푸른 물결 같고, 거기 새하얀 박꽃이 함빡 피는 것이다. 그것을 즐겼다.

아이들은 박 덩굴을 싫어했다. 낮에는 지저분하고 파리가 많이 꼬이기 때문이었다.

"내년엔 박을 심지 말고 꽃밭을 만들어요……"

그런 말을 하면서 동네 집에서 봉숭아 채송화 양귀비 따위를 얻어다가 심는 것이었다.

낮에도 제법 아름다운 꽃밭이 되었었다.

그런데 아들아이 둘은 넌지시 조르는 것이었다.

"여기다가 평행봉을 세웠으면 좋겠지?"

"매일 아침 평행봉을 타면 우리들 몸이 좋아지겠지! 알통도 나오고……"

그것은 무심히 흘려버릴 수작이 아니었다.

그런 말을 이태 동안이나 듣고 나니 내 욕심만 차릴 수가 없었다.

장독대 앞에 좁기는 하지만 평행봉을 세우기로 한 것은 재작년이었다. 계집아이는 채송화 모종을 얻어다가 댓돌 밑에 조르륵 심었다. 그것은 신발에 밟혀서 더욱 처량했다. 그러나 나는 아이들이 아침저녁으로 평행봉을 타며 쭉쭉 힘을 내는 것을 보고 꽃나무가 자라는 것을 바라보는 것보다 더한 기쁨을 느끼는 것이다.

(『동아일보』 1958년 4월)

박과 수요일

 나는 수요일 저녁때만 외출한다. 피란 대구에서 시작한 어떤 모임을 환도 후에는 수요일 석양에 한 번씩 만나기로 했던 까닭이다. 환도 후 해를 거듭하니 모임도 매주마다 만나야 할 일도 없으려니와 어쩌면 패거리라는 오해를 받기도 쉬운 일이라, 그저 밖이 궁금해서 한번 바람을 쏘이러 나가는 정도의 타성이 된 것이다. 여섯 시쯤 명동서 만나는 친구와 더불어 퇴계로 선술집에서 두세 잔을 같이 하는 것이 일과(日課) 주과(週課)라 하겠다. 혼(婚), 상(喪)은 열외지만 그 밖의 외출은 거의 없다.
 그러니 수요일이 기다려지는 마음조차 간혹 있다. 집에서는 다섯 평쯤 되는 마당에 한 평쯤 자리 잡고 박을 기르고 있다. 박씨는 많이 심었지만 순이 났을 때에 모종을 나누어주고, 지금 네 뿌리만이 지붕까지 올라가고 있다.
 기와지붕 위에 여기저기 박과 호박이 열려 있는 것을 보는 사람들은 희한하다고 놀라기도 하고 부러워하는 사람도 있었다. 박이 많이 열린 해는 지붕 위에 열다섯 개가 자리 잡고 있었다.
 작년까지는 호박도 심었으나 금년에는 호박씨는 심지 않았다. 따 먹는 재미밖에, 그 꽃은 좋아하지 않기 때문이다.
 박꽃을 좋아한다. 호박꽃은 누런 게 아침나절 피어서 저녁때 지고 박꽃은 하얗게 밤에 피어서 아침에 진다. 꽃이 좋아서 박을 심는다. 바가지가 탐이 나거나 더욱이 흥부의 박을 생각하고 심는 것은 아니다.

　음력 6월 보름까지는 박이 까치 대가리만 해야 굳는다고 하는데, 닷새 앞둔 오늘 아직 꽃도 피지 않고 있다. 온 마당과 지붕 위에 푸른 물결 같은 이슬 받은 박 잎 바탕에 하얀 박꽃이 뿌옇게 피어줄 날을 기다리고 있다.

(『중앙일보』 1956년 7월)

납량무용(納凉無用)

　개성에 살 때에는 고만고만한 세 아이가 "방학이 되었으니 어디 한번 놀러 가야 할 것이 아니냐"는 바람에 그 말도 그럴 듯하다 해서 쌍폭동(双瀑洞)으로 물놀이를 간 일도 있었고, 안화사(安和寺)에 놀러 간 일도 있었다.
　쌍폭동은 만월대를 뒤로 돌면 되는 가까운 곳이자, 가까운 친구가 사슴을 기르고 있었다.
　쌀과 찬거리를 여섯이서 조금씩 들고 나갔다. 자리와 그릇과 솥은 주인이 빌려주었다.
　두 갈래 폭포는 물이 깨끗하고, 나무숲이 우거져 더운 줄을 모르고 하루를 지냈었다.
　안화사는 송악산 동쪽 중턱이라 비탈이 강파롭다. 점심만 꾸려 가지고 올라갔었는데, 오르내리기에 땀을 뺀 기억만 있다. 아이들은 제법 좋아했다.
　피란 삼 년 환도 삼 년은 그런 짓도 못했다.
　나 혼자만은 친구 따라 정릉도 가 보고 우이동도 가 보고 세검정도 가 보았다. 불암사(佛岩寺)에도 가 보았다. 도봉산 천축사(天竺寺)도 올라가 보았다.
　세검정 개천에서 어린이들이 미역을 감고 있는 것이 보기에 좋았다. 학교나 주일학교에서 단체로 온 것 같았다. 기와집 마당에서 맥주를 파는 집이 있어서 한잔하고 총총이 돌아왔었다.

우이동도 암자를 지나서 깊이 들어가면 인적이 없고 수석(水石)이 좋은 곳이 있었다.

불암사는 태릉에서 한참 올라간 산 중턱에 있었다. 절 뒤에 오십 명이라도 앉아서 놀 만한 둥근 바위가 있었다. 새소리가 좋았다.

도봉산이나 정릉은 명동 거리보다도 사람이 많아서 시원한 맛이라고는 맛보기 어려웠다. 자리에 앉으면 자리 값을 몇천 원 내라고 했다. 모두가 지프차로 가서 기다리게 하고 돌아온 총총한 나들이였다.

가족과 같이 하루 놀이를 가보고 싶은 생각이 나지 않았다.

조용히 앉아서 책을 보면 그것이 그중 시원한 것 같다.

세 아이는 제각기 여비를 달라고 예산표를 내놓지, 아버지 어머니에게 같이 가자고는 안 한다.

(『연합신문』 1957년 8월)

불고기에 칵테일

강호시지 염하절(江湖時之 炎夏節)
초당일지 사불번(草堂日遲 事不煩)
파랑송풍 여유신(波浪送風 如有信)
차신량청 역군은(此身凉淸 亦君恩)

맹고불(孟古佛)*의 「강호사시가(江湖四時歌)」를 가람(嘉藍)이 한역(漢譯)하고 성재(惺齋)가 전자(篆字)로 쓴 병풍 앞에는 경주에 있는 에밀레종이라는 봉덕사종의 비천상(飛天像) 탁본이 높직이 붙어 있다. 구름을 타고 하늘로 올라가는 아름답고 거룩하고 시원한 모습이다.

그것을 바라보며 나는 잔을 든다. 러닝에 팬츠 바람이란 말도 안 된다. 한산 세저(細苧) 고의적삼에 옥색 생고사 허리띠다.

앵무 잔에 오미자주다. 앞에는 불고기 석쇠에 고기가 자글자글 익어간다.

"하나 들어보세요."

---

* 맹사성(孟思誠, 1360~1438). 자는 자명(自明), 호는 고불(古佛). 세종 때에 우의정·좌의정을 지냈으며, 작품에 「강호사시가」가 있다.

젓가락으로 집어 주는 그 손이 아름답구나! 옥가락지가 무거울라! 고깃점보다 새하얀 손가락이 먹음직하구나!

바람이 시원하다.

그럴 것이 복중에 병풍이 어디 닿는 소리냐, 탁 터진 정자로구나. 마당에 학 두루미가 춤을 춘다.

닭고기 양고기 돼지고기 소고기는 양푼에 가득 재워 있고 온갖 화채는 꽃무늬같이 아름답다.

"오미자로는 안 되겠다. 칵테일 셰이커를 가져오너라. 글라스를 가져오너라!"

은빛도 찬란한 칵테일 셰이커에 얼음덩어리와 달걀 흰자위와 갖은 양주를 섞어서 아래위로 멋지게 흔들어 칵테일을 만든다……

그런데 이게 웬 사람들이냐?

좁디좁은 마당에 그득히 들어서 있는 여인들은 이게 소금장수들이 아닌가.

"소금 사세요. 소금! 소금! 소금!"

수십 명 소금장수들이 소금을 사라는 것이구나! 늙고 젊고 앳된 소금장수들.

남편 대장부의 벌이로는 먹고살기 어려워 모두 소금장수로 나선 모양이로구나. 그 소금을 사서 소금물에나 들어앉았으면 시원할까. 요새 세상에 시원한 이야기만 바치는 사람은 무엇 말라죽은 귀신인지 모르겠다.

(『서울신문』 1957년 8월)

정불서(靜不署)

 마음씨 고마운 친구가 있어서 선풍기 한 대를 갖다 준 것은 장마가 시작되기 전이다. 선풍기를 두 대 가지고 있기 때문이라고 말했고, 온종일 방에만 들앉았으니 얼마나 더웁겠느냐고도 말했다. 고마운 일이다.
 그러나 나는 기계 바람을 원래 싫어하기 때문에 돌리는 일이 거의 없다.
 아주 내게 준 것이라면 팔아서 돈을 쓰겠는데, 그저 놓아두라고만 했지 아주 준다는 말은 없었다.
 손님이 오면 악수보다도 먼저 기계를 틀어놓고 마중을 일어선다. 손님은 대개 좋아하고 "요샌 얼마나 하느냐"고 묻는다. 바람을 피해서 비켜 앉은 내가 더 알고 싶은 일이다.
 장판 방에 조용히 앉아 있으면 그닥 더운 줄 모른다. 펜을 든 손목에서 구슬땀이 떨어지는 것은 문제가 다르다. '정불서(靜不署)'라고 생각해본다. '정불한(靜不寒)'은 안 될 말이다.
 나는 여름 겨울을 좋아했었다.
 봄가을은 이국(異國)에서는 더욱이 싫은 계절이었다. 맥이 풀리는 것이다.
 히포콘드리*다.

더 더워보아라, 더 추워보아라, 그것을 이겨내며 흥겨워했었다.

우리나라 출판계는 여름철을 '하고(夏枯)'라나 아주 책 안 팔리는 계절로 치고 있지만, 나는 여름철에만 엄청난 부수의 임시 증간을 내었었고 실패한 일이 없었다. 아주 망해 없어지느냐 이기느냐의 싸움이었다. 내게는 도박의 계절이었고, '책 잘 팔리는 여름철'이었다.

의욕과 투지의 여름이다.

종일토록 땀 흘려 일하고, 저물어 한탕 한 다음 진건한 청요리를 하고, 다시 한탕 하는 맛이란 여름밖에 없는 즐거움이었다.

여름 겨울을 좋아하는 마음은 세월이 흘러도 마찬가지다. 그러나 싸움의 꼴은 달라졌다.

조용히 앉아서 견디어 내는 것이다.

"더 더워보아라. 더 못살게 굴어보아라!"

(『조선일보』 1957년 7월)

---

* 히포콘드리(Hypochondrie): 심기증(心氣症), 우울증.

삼복(三伏) 식성

내가 어렸을 때는 복날이면 우선 참외 한 구럭이 들어왔다. '구럭'이란 한편은 짚으로 싸고 한편은 새끼로 뜬 망태다. 참외 오십 개 들이 백 개 들이가 있는데 백 개 들이였다.

식구는 여남은 되었었으니 대가족이지만, 지금 생각하면 그 참외를 어떻게 다 먹었을까 싶어진다. 그렇지만 하루에 다 먹었다. 요새 참외 같은 맛없고 싱거운 것이 아니다. 파랗다 못해 시커먼 먹물이 뚝뚝 흐르는 먹참외다. 연하고 달다. 십여 연래(年來)는 구경도 해본 일이 없다. 모두 종자가 나빠지고 익도록 밭에 두지 않는 탓이리라.

쌈을 먹는다. '복(伏)쌈'이자 '복(福)쌈'이라고 했다.

호박잎, 피마주잎, 깻잎, 취쌈이다. 취는 봄에 따서 말린 것을 다시 불린 것이다. 산 향기다. 식욕을 돋운다.

농어국에 닭볶이다. 농어는 5월 시식(時食), 연계(軟鷄)는 6월 시식이다. 닭볶이는 새우젓에 볶는 것이니 체할 리 없다. 소화제로 조미하는 식문화의 최고다.

어쨌든 한참 더울 때에 더위를 먹지 않더라도 더위에 시달려서 소모가 심하니 소화 좋은 기름기를 먹어 두라는 날로 되어 있었다.

밀전병도 닭고기와 채소를 종잇장같이 얇게 붙인 밀전병에 쌈 싸 먹는 것이다.

일본도 그렇게 지내는 날이 있다. 토용중(土用中)의 축(丑) 날이다. 세 번쯤 있다. 장어 요릿집, 미꾸라지 집으로 모여드는 날이다.

미꾸라지도 냄비에 지져서 갖다 주는 '류천(柳川)'이라는 것이 아닌, 아주 '미꾸라지 냄비 집'에 더 모여든다.

도사리고 앉은 정강이 앞에 뻘건 숯불 화로가 주욱 놓였는데, 한 화로에 두 사람씩 마주 앉아서 미꾸라지를 '스키야키'*해 먹는 것이다. 미꾸라지는 뼈 뽑은 것이다. 덥다니 그럴 수가 없다. 내서(耐暑) 훈련인지도 모른다.

개성서는 그저 물놀이였다. 음식 차려 가지고 산으로 물놀이를 가는 것이다.

송악산 밑은 몇 갈래 골짜구니가 있고, 깨끗한 물이 마르는 일이 없었다. 골짜구니마다 수십 처씩 물놀이 터가 있었다.

기생의 노래 소리, 장구 소리, 웃음소리가 골짜구니마다 울렸다. 아버지도 할아버지도 손자도 어디선가 물을 맞고 있는 것이다.

펑청거리는 것도 사치도 아니다. 50원짜리 월급쟁이도 몇 번은 차례에 오는 물놀이였다. 아버지 상사(喪事) 때나 혹은 어머니 상사 때에 돕기로 하는 계(契)는 일 년에 두 번 약간의 곗돈을 내고 일 년에 한 번 물놀이로 친목하는 정관이었기 때문이다. 아버지를 위해서 계 둘, 어머니를 위해서 또 계 두 군데쯤 들었다면, 네 번은 물놀이요, 안 가면 벌금이라, 요새 떼어먹고 깨지는 계라는 것과는 다르다. 환갑도 득남도 득손(得孫)도, 경사에는 한번은 물놀이도 차

---

* 스키야키(すきやき): 일본식 전골 요리.

리기 마련이었다. 놀이이자 일 년의 보건을 위한 레크리에이션이다.

요리는 그저 활계(活鷄) 찜이 '앙트레'*다. 닭, 제육, 무, 도라지, 버섯, 밤, 대추, 은행의 찜이다. 개성밖에 없다는, 고려 적부터 내려오는 요리다. 애호박찜, 오이선, 호박편주, 이렇게 늘어놓으면 2만 환짜리 쌀 사 대기에 허덕이는 요새 사람들에게 죄스러운 일이지만 나역(亦) 일반이다. '왕왕탕(王王湯)'이라도 두둑히 하면 되겠지만, 나는 그것도 사귀지 못했기 때문에 복날에는 추탕이라도 한 그릇 차례에 오면 족하다.

어쨌든 민족의 보건을 위한 민속적 미풍(美風), 가족의 안전을 위해서 가장이 베풀던 양속(良俗)만은 잊지 않고 이어가고 싶은 일이다.

(『경향신문』 1957년 7월)

---

* 앙트레(entrée): 서양요리에서, 생선 요리와 로스트 사이에 나오는 요리. 코스의 중심이며 주로 조수(鳥獸)의 고기를 사용하여 채소를 곁들여 소담하게 담아 낸다.

세월의 흐름을 그저 바라보며

그날이 그날, 그날이 그날, 무엇 하나 다를 것이 없건만, 하루는 섣달그믐이라 하고 다음 하루는 정월 초하루라고 이름 지어서, 어린 사람은 즐겁게 해주고 나이 먹은 사람은 속상하게 해주는 것도, 생각하면 인생의 묘미인 것 같다.

나 역(亦) 즐겁다기보다는 다른 편에 가깝겠으나, 그러나 그닥 속상할 것도 없이 세월의 흐름을 그저 바라보며 보내고 있다.

나는 세 편의 동화를 썼다.

신년호 어느 신문이 새해의 계획을 물어왔기에 동화 세 편을 쓰겠다고 쓴 일이 있었으니, 말하자면 계획을 실천 완수했다고 할 것이다.

「후라이 치킨」 42장은 해방 전후(前後) 개성에서 닭 마리를 기르다가 봉변한 체험을 되뇌어 닭의 생태를 그리고 동란(動亂)으로 어머니를 잃은 어린이들의 복을 빌었다.

『앙그리께』는 작년에 신문에 60회 연재한 것의 후편(後篇)을 82회 총 142회로 완결한 근 900장의 장편이다. 어린이가 겪은 동란의 정사(正史)를 엮으며, 겸하여 우리나라에 많은 어린 식모들의 복을 비는 나의 기도로 쓴 것이다.

「영애」는 신문사가 내건 제목을 가지고 억지춘향으로 시작했지만 주제는 생각한 지 오랬던 것인 만큼 116회를 신문에 연재하여 완결하고 후회가 없다.* 원자(原子) 과학의 진보는 좋지만 이것의 악용을 비방하는 동시에 그 실험 때마다 많은 물고기의 희생을 생각해본 것이다. 고전 「별주부전」에는 물고기 39종이 등장하는데, 여기서는 우리나라 물고기 136종을 들추어 보았다. 생선 가게나 가정에서도 생선 이름을 일본 이름으로 부르는 것이 많은데, 이것은 어쩌면 물고기 이름의 소사전(小辭典)이 될 수도 있을 것이다.

내 평생 가장 많이 쓴 해일 것이다.

이만하면 게으른 편은 아니었다고 마음 흐뭇하나 살림살이는 별문제다. 가난 구제는 나라도 못한다는 말이 있다지만, 우리나라의 가난은 나라 탓인가 보다.

(『경향신문』 1956년 12월)

---

* 1956년 『연합신문』 연재 당시의 제목은 「영애」였으나, 단행본으로 간행될 때는 『물고기 세상』으로 제목이 바뀌었다. 마해송 전집 제6권 참조(편집자 주).

전공의 변(辯)

'전공(專攻)'이 여인의 이름이라면 내게는 외면을 하고 토라져 돌아앉을는지도 모른다. 전공이 아니라 휘뚜루 잡문가(雜文家)이기 때문이다.

동화「바위나리와 아기별」을 발표한 것은 1926년이다. 짓기는 그보다 삼 년 전이었다. 그러나 1924년부터 1944년까지, 나이로 따져도 나이 사십까지의 생애를 저널리스트가 아니면 편집자로 살아왔던 것이다. 아동문학과는 전연 다른 길이다.

일본에서 그런 일을 하면서, 그래도 조국에「토끼와 원숭이」「호랑이 곶감」따위 동화를 지어서 보내고 발표하게 되었던 것은 알아주는 친구들이 채근해준 덕분이라고 할 것이요, 그랬기 때문에 전연 다른 두 가지 일을 할 수 있었다고 할 것이다. 전공이 요절할는지 모른다.

한때 신문에 연재했던 '편편상(片片想)'이란 이름의 짧은 글도 마찬가지 우연한 일이었다. 그 제목만은 1926년『송경학우회보(松京學友會報)』에 수차 연재한 일이 있었지만, 해방 후『자유신문(自由新聞)』에 연재하게 되어 비로소 많은 독자들의 눈에 띄게 되었다고 할 수 있을 것이다.

해방 후 가난에 쪼들린 나에게, 친구 정인익(鄭寅翼)은『자유신문』을 경영하게 되자 한 달에 5천 원씩을 보내주었다. 5천 원이면 시량(柴糧)이 넉넉했었다. 두 달 후에 매달 보내드려야겠는데 이번에 신문사에 자본주(資本主)가 생겨서 신세를 져야 할 형편이 되었으니 매월 한두 번쯤 원고를 보내주었으면 좋겠다고 하기에 쓰기 시작한 것이 '편편상'이었다. 한 달에 두 번도 쓰고, 많아야 일곱 번을 썼었다. 100회에 이르렀었다. 단행본으로 네 권째 나왔다.

냉전(冷戰)이 아니라 백열화(白熱化)하는 세상에 아무리 집 안에 들어박혀 산다고는 하지만 일 년에 세 편의 동화만을 쓰고 앉아 있을 수 없어서 쓴 것이다. 그것이 오히려 마음이 후련하고 직성이 풀리는 것 같을 때가 있는 것이다.

그러나 혓바닥 짧은 어린이 말투로 동화를 쓰건 입이 비뚤어질 지경의 '편편상'을 쓰건, 주제는 같은 것이요 정신은 하나다.

내가 쓴 동화, 또 쓸 동화는 어린이뿐 아니라 어린이를 무릎에 앉혀놓고 할아버지도 할머니도 팔팔한 젊은 아버지도 난다 긴다 하는 마담 어머니도 같이 읽어도 좋다는 말이다.

(『세계일보』 1958년 3월)

취미역정(趣味歷程)

한평생 같은 취미를 지닐 수 있는 사람은 복 많은 사람이라고 할 수 있을 것이다. 혹은 바보인 경우도 있을는지 모른다.

나는 나이 사십까지에 여러 가지 취미를 가지고 있었다.

정구도 하고 당구도 하고 탁구도 했다.

라켓을 파란 케이스에 넣어 가지고 다니었다. 당구는 30까지 쳤다. 그때는 30점이면 치는 편이었다. 30점 이상이 되려면 연구를 해야 하는데, 골똘히 연구할 마음은 없었다. 매일같이 구락부라는 당구장에 가서 쳤지만 연구를 하게 되면 그것은 사도(邪道)란 생각이 있었기 때문이다.

지난번 동화백화점 당구장에서 십 수 년 만에 한번 쳤는데, 그대로 칠 수 있었다. 요새 사람들의 점수란 것은 향방이 없는 모양이었다. 예쁜 여자가 앉아서 점수를 세어주는 것이 아니고 시간으로 세를 얻어서 치는 까닭이겠지만, 50이니 70이니 하는 젊은이들이 형편없었다.

사진기도 골똘했었다. 필름 값도 좋이 썼다. 그러나 역시 현상이니 인화니 확대니까지 할 생각은 전혀 없었다.

장기 바둑의 취미는 모른다. 장기는 일 없는 사람들이 정자가 아니면 정자나무 그늘에서 참외나 걸고 하는 천한 장난으로 생각했고, 바둑은 골샌님들이 할 일이라고 생각했기 때문이었다.

은사 기쿠치 칸(菊池寬)은 장기를 여러 번 가르쳐주었지만 배울 생각이 없으니 될 리가 없었다. 겨우 길을 알 뿐이다.

마작은 들어오자부터 배워서 2단이란 단위(段位)까지 받았지만 더 연구할 생각은 역시 없었다. 돈을 걸고 하기 시작할 때부터 손을 떼었다. 화투나 트럼프도 그렇다. 알기는 모두 알지만 하는 일은 전혀 없다. 도박이 나쁘다는 의식적인 것도 아니고, 돈을 물 쓰듯 할 때였지만 그럴 생각이 없었다.

성냥갑 레테르 딱지 모으는 사람이 많았지만 그것도 한 일은 없었다. 소파(小波) 방정환(方定煥) 군이 그것을 한다고 좀 어떻게 모아 달라고 하기에 모아 준 일이 있었다. 모으는 사람에게 모아 준 일은 있어도 내가 모아서 즐긴 적은 없다.

단장(短杖)도 모아 보았다.

파이프도 모아 보았다. 요새 미국제처럼 빚은 것이 아니다. 장미 뿌리 진짜다. 'Dunhill'이니 'three B'니 'Orlik'이니, 그렇지 않으면 흰 장갑을 끼고 만지기로 된 수포(水泡)니 강냉이 속대, 호박(琥珀) 등으로 말이다. 귀국할 때에 일곱 개를 가지고 왔었다. 문갑 위에 늘어 세워놓고 한 대 피우면 그대로 재를 털지 않은 채 세워 두고 다른 것으로 피우는 것인데, 찾아온 친구들은 "어이구, 웬걸 이렇게 많이 가지고 있소?" 하고 하나씩 가지고 갔다.

넥타이는 세계 각국 것을 가지고 있었다. 체코니 네덜란드니, 이탈리아, 프랑스, 독일, 미국은 물론 스위스, 오스트리아, 스페인, 스웨덴 여러 나라의 것을 모으고 있었다. 몇천 개가 되었었다. 그중

몇백 개를 가지고 왔었다. 해방 후 고향에서 살림살이가 군색해지니 그것을 열 개씩 서울에 보내서 팔아서 자량(紫糧)을 구한 일도 있었다. 해방 직후의 서울 가게에서는 열 개에 3천 원을 선뜻선뜻 주었었다. 지금은 하나도 없다. 시체(時體) 속된 것이 서너 개 있을 뿐이다.

술도 세계 각국 것을 모으는 취미를 가졌었다. 친구 집의 파티에는 내가 흰 저고리 입고 칵테일 셰이커를 흔들게 되어야 흥이 도도해지는 것이었다.

영화 연극 음악 무용의 프로그램, 포스터는 고리짝으로 세어야 할 만큼 모았었다. 귀국하면 전람회를 해볼 욕심도 있었다. 외국에서 오는 예술가면 누구든지 내 이름 쓰고 사인한 사진을 주었었다. 주최 측이 아니라도 후원 측이 되든지, 반드시 거드는 편이 되었었기 때문이다.

식도락(食道樂)은 중국 요리건 일본 요리건 프랑스 요리건 숙수(熟手)를 불러서 이렇게 이렇게 저렇게 저렇게 해달라고 해야만 직성이 풀렸었다. 무슨 생선이면 그것은 어떻게 조리하고, 무엇과 무엇으로 소스를 만들어서 얹고, 무엇 무엇을 양념으로 해달라고 하면 숙수도 '헤헤, 지기(知己)를 만났다'는 듯이 신이 나서 해주었다. 통닭을 그대로 가루를 만들어서 그 가루로 수제비를 만드는 요리는 사흘의 말미가 필요했다. 가재미의 대가리, 몸뚱이 다 버리고 변두리만 살짝 데치는 솜씨는 웬만한 숙수로 될 일이 아니었다. 같은 소꼬리 스프라도 뚝배기 같은 질그릇에 담고 생파를 둥둥 띄워서 가져오라는 멋을 부린 사람은 그리 많지는 않을 것이다. 아마 없을는지도 모를 일이다.

그렇지만 나이 사십에 귀국해서 일곱 달 만에 해방을 맞이하니 그런 것들은 옛날도 옛날 꿈같은 일이었다.

소란한 세상에 휩쓸리지 않으려면 한 간 방을 지켜야 했고, 독서의 여가에는 골패짝을 잘그락거리지 않으면 안 되었다.

새끼손톱만 한 골패와 마작 패를 깎아서 조각한 골패와, 두 친구가 준 두 틀의 골패짝을 잘그락거리고 이 년을 보냈다. 6·25는 그것마저 행방불명이 되었다.

이 사오 년은 구멍가게나 부엌 구석 같은 데서 술 파는 집을 찾아다니는 것이 유일의 취미라 하겠다.

돼지 뼈다귀만 삶아서 주는 뼈다귀 국물 집이 있다. 국물 30환, 밀주(密酒) 한 사발 30환, 통칭 '따귀 집'이라고 한다. 형편없이 되었다고는 생각하지 않는다. 그런 곳에는 아직 인정의 따뜻함이 있고 모략과 중상과 음모와 간교와 살기(殺氣) 따위가 아직 얼씬하지 않고 있다. 동족의 체온과 체취를 느낄 수 있는 아름다운 곳이라고 생각하는 것이다.

(『해군』 1956년 8월)

내 생활 내 가정

　내 집은 명륜동 코끼리 우는 마을에 있다.
　성균관대학 길 들어서서 왼편 첫 골 막바지는 바로 창경원 뒷담 밑이라 새벽이면 코끼리 우는 소리가 들리기도 한다.
　백로는 지붕 위 하늘에서 너울너울 춤을 추고, 이름 모를 예쁜 새들은 앞집 추녀 끝에 앉아서 우리들을 바라보며 노래를 불러준다.
　봄. 꽃놀이 한창때면 창경원에 꽃놀이 온 사람들의 즐거운 소리 소리가 하이든의 합창이 멀리서 들려오듯이 바람을 타고 담장을 넘어서 아름답게 들려온다.
　내 집은 터가 삼십 평, 건평이 십삼 평, 안방 큰마루 건넌방 아랫방에 반듯한 마당이 있다. 대문 밖에서 보면 보잘 것 없는 납작집 같으나 중문을 들어서면 반듯한 비둘기장이다.
　안방에는 아내와 딸과 춘자, 건넌방은 내 차지, 아랫방에 아들 둘이 있다.
　아침에 맨 먼저 일어나는 사람은 춘자다. 그러나 내가 먼저 일어나는 날도 많다. 춘자는 일어나면 곧 큰마루 유리 장자를 열고 마당으로 내려가서 세수를 하니까 맨 먼저 움직이는 사람이지만, 나는 일찍 일어나도 밖으로 나가지 않기 때문이다. 전등도 켜지 않은 채 반듯이 일어나 앉아서 고요한 시간을 보내고 있을 때가 많기 때문이다. 이런 일은 아무도 모른다.

　소반도 극히 작은 예쁜 소반이 내 책상이다. 원고지 두 장을 펴 놓으면 꽉 차는 작고 예쁜 소반 위에 왼편에는 메모 원고지 오른편에는 흰 원고지와 만년필이 놓여 있는 것을 닦아놓고 생각나는 것을 적어 두기도 한다.

　다음에 안방에서 딸이 일어난다. 중학교 2학년이다.

　아내가 일어날 때면 춘자는 부엌에서 바쁘다. 밥이 끓는 냄새 국 냄새도 풍겨 온다.

　아랫방에서는 일어나지 않는다. 자명종이 울려도 들은 체 만 체다.

　일어나면 장독대 앞에 새로 세운 평행봉을 타고 기운찬 소리를 지른다.

　장독대 앞에는 해마다 박을 심었다. 박 넝쿨은 장독대를 덮고 양편 지붕 위로 올라가서 작년에도 바가지 다섯 통을 땄다. 그러나 아이들은 한사코 반대하는 것이었다. 나는 박꽃을 좋아하지만 박 잎에는 파리가 많이 꼬이고 파리똥이 더럽기가 이만저만이 아니다. 그것이 싫다는 것과 건강을 위해서 평행봉을 세워달라는 것이었다. 삼 년 전부터였다.

　평행봉을 세우기에는 마당이 좁으니 일찍 일어나서 성균관 뒷산까지 뜀박질이라도 하는 것이 좋지 않겠느냐고 했다. 하루 이틀 밖으로 나가는 것을 보았다. 그러나 그만이었다. 일어나서 세수할 때면 벌써 아침상이 마련되어 있으니 밖에 나가기보다 밥 먹기에 바쁘고, 그런 아침밥은 많이 먹지는 못했다. 부랴부랴 책가방을 들고 학교에 가는 것이었다.

조르기 삼 년째 되는 금년에야 그것을 세우기로 했다. 그것은 잘한 일이었다. 일어나면 이 닦기 전에 벌써 평행봉에 오르고, 세수하고 나면 또 오르고, 변소에 갔다 오면 또 오르고, 그리고 아침을 먹게 되면 한결 밥맛이 있어 보였다.

밥만 먹고 나면 모두들 나간다. 이화중학, 서울고등, 연세대학.

아내도 나간다. 이화대학 무용 교수다.

무용은 안 하기로 하고 결혼을 한 것이었지만 나라가 독립이 되니 사정은 달라졌다.

해방 전해에 귀국해서 개성에 있을 때에 해방이 되었다. 해방이 되자 개성의 두 여자 중학교와 국민학교 유치원에서까지 무용을 가르쳐달라고 집으로 찾아왔다. 좋은 일이니 가르쳐주라고 했다. 그 무용 안무한 것은 곧장 서울로 올라가고 여러 고장으로 퍼졌다.

서울서 여학교 선생 국민학교 선생 유치원 보모들 칠십여 명이 무용 강습을 받게 해달라고 부탁이 왔다. 나는 또 좋다고 했다. 칠십여 명이 개성까지 무용을 배우러 오겠다는 것을 거절할 이유는 없다고 생각했다. 갸륵한 일이라 생각하고 쾌히 승낙했다. 칠십여 명은 개성에 내려와서 호스돈 여학교 안에 있는 영생유치원에서 무용 강습을 받는 것이었다.

그렇게 되니 선생으로 나오라는 학교가 많았다. 무용연구소를 만들자는 사람도 많았다. 그것은 모두 거절했다.

"곧 국립 무용학교가 서게 될 것이오. 그러면 그때에는 교사로 나가시오."

그런 말을 했었다. 국립 무용학교는 해방 후 십 년이 지나도 설립

되지는 않았다.

환도 후 이화여자대학에 나가겠다는 것을 못한다고 할 핑계는 서지 않았다. 한 주일에 이틀만 나간다고 했다. 좋다고 했다. 하루 더 나간다고 했다. 좋다고 했다. 몇 해가 지났다. 거의 매일같이 나간다. 어쩌면 일요일까지도 나가는 때가 있다.

그러는 동안에 나는 나대로의 생활을 즐기게 되었다.

아침에 모두 나가면 집 안에는 나와 춘자뿐이 남는다. 춘자는 안방에서 일하고 나는 건넌방에서 일한다. 책을 읽고 원고를 쓰고 생각을 하고 서화(書畵)를 보고 조용한 시간을 보낸다. 아무 소리 없다. 강냉이 장수의 가위 소리가 골목에서 가끔 들려오고, 내 방에서 곧장 내다보이는 앞집 추녀 끝에 이름 모를 예쁜 새가 앉아 노래를 들려주기도 하고, 지붕 위 하늘에 너울너울 춤추는 백로가 보일 뿐이다.

"하하, 조용하외다. 장안 같지는 않군. 선방(禪房)에 든 것 같아요."

찾아주는 객은 이렇게 말하는 사람이 많다. 산간 절간에 앉아 있는 것 같다는 말이다. 원래가 조용한 것을 좋아하는 성미라 원하는 자리를 차지한 즐거움이다.

방학이 되어서 모두 집에 있게 되면 뒤숭숭하기 이를 바 없어 나는 차라리 여행을 떠나고 싶을 때가 많고, 그래서 하지 않던 외출을 자주 하게 되기도 한다.

외출은 수요일만 한다. 수요일 오후 다섯 시를 기다려 명동으로 나간다. 친구를 만나고 약주를 나누고 돌아오는 것이다. 혼상(婚喪)

참례를 제외하고는 수요일 이외에 외출하는 일은 거의 없다.

건넌방에서 작은 소반을 앞에 놓고 가만히 앉아 있으면 여름도 더웁지 않다. 공부도 되고 원고도 쓸 수 있다.

해가 우리 집을 다 지나간 다음에야 돌아오기 시작한다.

중학생인 딸이 먼저 돌아온다. 대학생, 그다음이 아내, 그다음에 고등학생이 돌아온다.

책가방을 내던지기가 무섭게 평행봉에 뛰어오르는 것을 보는 것은 또한 즐거운 일이다.

둥그렇게 다 모여 앉아서 저녁상을 받는다.

아내가 학교에 나가지 않는 날의 저녁상은 잔칫상이다. 아내가 솜씨를 보이는 것이다.

저녁을 먹고 나면 딸은 또 무용소로 간다. 아홉 시 십 분쯤에 돌아오는 딸을 마중하러 나는 큰길까지 나가서 기다린다. 바람을 쏘이는 것이다.

토요일 밤은 모두 내 방에 모여서 트럼프 장난이다. 일등이 센베이 두 장, 이등이 센베이 한 장짜리 내기다.

이러구러 나는 늙어가고, 아이들은 자란다.

(『주부생활』 1957년 6월)

어린이 · 어머니

십대 고문의 계절

우리나라의 연중행사 십대 고문(拷問)의 계절은 금년도 어김없이 또 오고 있다.

'왜색(倭色)을 일소하자'는 표어는 전차, 버스, 시장, 음식점, 다방, 도처에 휘날리고 있건만, 일제가 남기고 간 십대 고문의 풍속만은 그렇게도 본받아야 할 일인지 해마다 끈기 있게 계속된다. 열 두세 살짜리 어린애의 쑥대같이 그저 자라려고 하는, 그중에도 여아는 인제 막 앞가슴이 부풀려고 하는 발육을 저해하고, 꿈같이 하늘만큼 뻗으려는 지능을 제약하는 육체적 정신적 고문이 우리나라 교육자들의 고도한 지능에 의하여 엄숙히 거행된다.

열 두세 살짜리가 무엇을 잘못했다고 이 고문을 감수해야 하는지, 얼마나 훌륭한 인물로 성장시켜주겠기에 이 액년(厄年)을 치러야만 하는지 진정 이해하기 어려운 일이다.

고등교육을 받을 사람이라면 국가의 인적 자원의 확보, 적정 균형을 잡기 위해서 그의 적성 여부를 판단할 필요가 있어 엄격한 고사가 필요하다고 할는지 모르나, 국민학교 육 년을 수료하고 삼 년을 더 공부하기 위한 중학교의 과정이란, 말하자면 국제 수준에의 국민 상식을 함양하는 데 불과하고, 선진 제국(諸國)은 물론 린방(隣邦) 일본도 의무교육에 속하는 과업인 만큼 우리나라에 있어서도 그다지 좁은 문이 아니어야 할 것이건만, 실제에는 이십대의 대학입시보다 못지않은 좁은 문을 이루고 있고 괴로움을 끼치고 있는 것이 사실이다.

*

여아 열두 살, 6학년이 되자 가장 긴장한 얼굴로 청하는 것이 과외 공부를 해야겠다는 것이었다.
"육학년이 됐으니 중학교 입학시험 공부를 해야지 않아요!"
나는 언하(言下)에 거절했다.
학교에서 회장이라는 분이 왔다. 사친회장(師親會長)은 아니니 무슨 회장인지 모른다. 과외 공부를 시켜야겠으니 협력하라는 것이었다. 반대라고 했다. 어색하게 헤어졌다. 여아는 저녁도 늦어서야 돌아왔다. 과외 공부를 한다는 것이었다. 여름방학도 있는 둥 만 둥이었다. 학교의 과외 공부 이외에 또 외부 선생 집으로 가서 과외 공부를 해야겠다는 것이었다. 방학 동안 한두 달만 하겠다 하고 일고여덟 명 동무들과 같이 조르는 바람에 보내기로 했다.
밤 열 시, 집으로 돌아올 때면 길에 주정꾼이 있어서 무섭다기에 어머니나 오빠가 날마다 전찻길까지 마중을 나가야 했다.
개학이 되니 그 과외 선생에게 가는 것은 그만두기로 했다.
가을바람이 불었다. 같이 다니던 수은자(水銀子)는 카리에스로 눕게 되었다고 했다. 오구자(五九子)는 늑막염으로 쉰다고 했다. 네 아이가 학교를 쉬게 되었다고 했다. 이 사실은 상당한 충격이었던 모양이다. 모두 다니는 교외 과외 선생에게 가기를 조르지 않았다.

어두워서 돌아와서 저녁을 먹고는 책을 펴놓았다. '단기 3725년 고려 망함, 34대 475년. 단기 3234년 후고구려 세움, 궁예 송악에서. 단기 2712년 백제에 불교 들어옴, 고구려보다 14년 뒤.' 이런 것을 외우고 있는 것을 보면 가만히 있을 수가 없었다.

"야, 그만두어라! 무용이나 해라! 창가나 해라!"

여아는 울상이 되는 것이었다. 외워야 할 것은 깨알같이 프린트한 것이 삼십 장도 더 되었다. 고사 성적은 낙제점이 많았다.

새해 들어서는 담임선생의 권고로 또 교외 선생에게 한 달만 보내기로 했다. 주말마다 있는 고사의 성적은 쭉쭉 올라갔다. 그러나 학교에서 저녁 일곱 시에 돌아오면 혼자 저녁을 몇 술 훌훌 뜨고는 또 나가서 열 시가 되어야 돌아왔다. 잠꼬대도 '입학시험'이요, '맞았다' '틀렸다'요, '단기 2700'이니 키가 자라야 할 무렵의 어린 가슴을 얼마나 조아리게 하는 것일까.

마귀 할머니같이 꿈에 보일 교장선생 담임선생, 여기 아버지 어머니마저 한 패가 된다면 얼마나 가엾은 일이냐!

오늘은 새벽이었다. 마당에 전등이 밝고 서성대는 데 깨었다.

"누구냐?"

나를 깨우지 않으려고 했던 모양이었다. 새벽 여섯 시부터 과외 공부를 간다는 것이었다.

어이쿠! 정통으로 이마빡을 한 대 맞은 것 같아서 아무 말을 못했다. 대문의 쇠고리 여는 소리 빗장 빼는 소리가 나고 이내 골목의 얼음길을 종종걸음으로 걸어가는 발소리가 울려왔다. 밖은 아직 어둡다. 영하 15도. 이렇게 하면 가고 싶은 중학에 갈 수 있을는지, 기막힌 일이 아닐 수 없다.

  버스나 전차에서 또렷또렷한 어린이를 보면 이내 이것도 며칠 안 가서 그 고문을 겪고 무딘 백성 될 것이 아니냐는 애처롭고 서글픈 마음이 앞지른다.

  빨리 없어져라, 세상에 참혹한 십대 고문의 계절이여!

(『동아일보』 1956년 2월)

해방 십 년의 어린이들

　　창고 No 2
　　제일분교
　　사무실
　　화기 책임자 ×××
　　6의6 교실
　　서울 ××국민학교
　　송월관

　이것은 십대 소년이 백묵으로 아무데나 그려놓은 낙서다.
　현재는 어엿한 본건축(本建築) 본교사(本校舍)에서 공부하고 있지만, 그 옛날 창고나 음식점 같은 곳에서 배우던 괴로움을 생각하면, 그 가운데도 즐거움이 있었던 나날을 잊지 못하는 것이다.

*

　수요일마다 큰길가에 와서 종을 흔드는 청소 차부(車夫)가 사람이 갈려 낯선 사람이 왔다.
　"인사이동이다!"

십대 소년의 입속말은 곧 옮는다. 어린이들은 골목으로 뛰어들어 가며 외친다.

"인사이동이다!"

"쓰레기차 인사이동이다!"

"이놈아, 누구를 비웃는 거냐! 불손한 언사다" 해도, 그런 말은 어린이들에게 통하지 않는다.

그저 어른들의 말투가 옮았을 뿐이다.

*

아버지는, "산수가 삼십 점이라니, 이게 웬 말이냐? 주판셈은 두 줄도 못하고, 이래서야 어떻게 해!"

자식은, "내가 사장 되면 원자 계산기를 쓸 테야! 산수는 골치 아파서 안 돼."

어쨌든 십대의 소년은 원자탄과 제트기의 동기생이다. 내 나라에 있건 없건 문제가 아니다. 인공위성을 멀리 생각하지는 않는다.

달구지[牛車] 동기생, 인력거 동기생의 윤리와 규율로 다루려는 데 비애와 착오가 발생한다.

"이래서야 세상이 어찌 될 겐고!"의 장태식(長太息)은 그 어른 자신이 자랄 때에 싫도록 듣던 반주였음을 잊어버리고 있는 것이다.

국제원자력회의에 모인 세계적 과학자들의 평균 연령은 삼십 세라고 하는데, 그들이 한국인이라면 중학교 입시에 낙제, 고등학교 입시에 낙제, 대학 입시 낙제. 아직도 대학에 적(籍)을 두고 남의 노트 베끼기에 바쁠는지도 모른다.

    십대 소년기부터 특기 장기를 발휘시킴으로써 인적 자원 발굴에 조루(粗漏) 없기를 기해야 하겠건만, 장기 천재를 마멸 순화하기에 분망한 것은 달구지 동기생들이 차대(次代)를 아끼는 지극한 애정에서 나오는 비애일 것이다.

*

    호사(豪奢)한 치장을 하고 명동을 거니는 여인을 깡통 든 깜둥이 소년들이 놀려대고 찐덕거린다.
    입속으로는 이런 말도 한다.
    "이년아! 나도 좀 주어……"
    깡통 든 십대 소년에게는 양가의 부녀와 천부의 분동(分棟)이 서지 않는다.
    요릿집 권번(券番), 기생 화대, 여급 팁의 정의를 아는 어른들도, "당초에 요샌 알 수가 없어! 사장 부인인지 기생인지 은근짜인지 처녀인지 과부인지……"
    하물며 십대 소년에게랴.
    백주 대로상에서, 지프차 속에서, 외인(外人)의 허리를 끼고 접문(接吻)하고 있는 장면을 보았고, 그들이 인도(引導)하면 두둑이 소개료를 주는 골목골목의 여인들이 한번 점잖게 차리고 나서면 모두 그게 그거고 그것이 그것이니 직업 부인과 양가 부인의 구별이 설 수 없고 처녀와 부인의 분동이 설 리 없다.

번질하게 차린 여인이면 모두가 그렇게 보이는 것을 깡통 소년 구두닦기 소년만 탓할 수는 없을 것이다.

학살, 납치, 혼란(混亂), 음란, 패륜, 아무 보장 없는 피란, 유난(流難)…… 이것을 기저로 하고 성장한 것이 십대 소년이다. 국가의 보장 사회의 비호 없이 자란 이들도 적령이 되면…… 생각이 여기 미칠 때, 율연(慄然)한 감을 느끼지 않을 수 없다.

그러나 그들이 친공(親共) 분자로 성인(成人)하리라고는 생각하지 않는다. 선천적으로 혈연적으로 반공에 철(徹)한 족속들이기 때문이다.

(『평화신문』 1955년 8월)

입학시험장의 인생

A 교정에서

입학시험이 시작되는 날 교정은 학동보다도 어른들 부형(父兄)으로 인산인해를 이뤄 사뭇 시장판같이 우글우글하고 여기저기서 엿듣는 이야기가 재미있었다.

"요 몇 해 동안에 교육열이 대단해졌어. 우리가 학교 다닐 때에는 교장이며 선생이 가정 방문을 하고 학교에 보내라고 권고를 했었는데……"

"그런 옛날이야기야 말도 안 되지만 어디 교육열로 보내는 겁니까. 국민학교만 졸업했대서야 이건 무어 시집을 보낼 수가 없으니 울며 겨자 먹기로 보내는 거지."

"남자는 대학에 안 가면 병정(兵丁) 가야 하니까 그렇구……"

"대학도 남자뿐 아닙니다. 이런 일이 있었어요. 잘 아는 고향 선배 한 분이 찾아와서 하는 말이, 막내딸이 나 닮아 키도 작고 얼굴도 못생겼는데, 시집은 보내야겠구, 혼처가 나서질 않으니, 자네네 대학에 좀 넣어주면 곧 출가를 시킬 수 있을 것 같다구 해요. 정도 참 이상한 청이죠. 그래서 마침 정원 미달된 수(繡) 놓는 과에 보내라고 했더니 입학이 됐는데 두 달이 못 가서 청첩이 왔어요. 그 학생이 시집가는 거예요."
"대학생이라면 잘 팔리는 게지……"

B 교정에서

"아니 그래, 낙제를 했으면 일 년 더 가르쳐주면 되지, 이백 명씩이나 딴 학교로 가라고 내팽개치는 법이 있단 말유. 학교는 책임이 없나!"
"그렇지만 고수한 점도 있어요. 집안만 믿고 으스대고 뻐기고 다니던 것들이……"
"말 마슈. 집안이 난리요. 딴 학교는 죽어도 안 간다는걸!"

C 교정에서

필답고사가 끝나자 둥우리에서 쏟아져 나오는 병아리 떼같이 가지각색의 양복을 입은 여학생들이 쏟아져 나오고, 어머니 아버지들은 이름을 부르며 찾노라고 야단법석이다. 한 구석에서 어머니와 딸이 낮은 목소리로 이런 말을 주고받고 있다.
"어땠어? 어렵지 않았어?"
"……"
딸은 새침해서 말이 없다.

"못한 게 있니?"

"그까짓 건 문제없어……"

"그럼 다 했니? 근데 왜 그래?"

"고사는 어렵지 않았어. 백점 틀림없어! 그렇지만 입학이 돼도 난 이 학교에 안 다닐 테야!"

딸의 표정은 복잡하다.

"얘는 무슨 소릴 하는 거야……"

"이런 떨어진 운동화 신고 온 아이 하나도 없잖아! 모두 새 양복에 새 구두에 고급 자동차 아니면 지프차 타고 오고…… 엄마같이 다 떨어진 외투 걸치고 온 사람 없잖아……"

"얘는 별 소릴 다 하네. 입학시험 때니까 그렇지……"

"아냐, 여느 때도 늘 이렇대. 모두 매일 아침 고급차도 자가용 아니면 지프차 타고들 온대. 난 다른 학교 갈 테야."

D 교문에서

엄격한 훈육으로 장안에서 이름을 떨치고 가장 인기 있는 D중학은 여느 때도 시업(始業) 십 분 전에 예령(豫鈴)이 울리고 십 분 후 본종(本鍾)이 울리면 동시에 교문이 닫히고 지각생은 들어가지 못하게 마련이었다.

필답고사 제2일, 본종이 울리고 교문이 닫힌 직후, 실로 오십 초 후에 헐레벌떡 당도한 외톨배기 수험생이 있었다. 수위는 열어줄 리 없다. 더욱이 십 분 지각이란 말은 처음 듣는 그 학생에게는 체념을 준 모양이었다.

가쁜 숨도 죽이고 어깨만 들먹거리고 흐느껴 우는 수험생은 지각했다는 설움뿐은 아니었다. 그날 아침에 갑자기 아버지가 세상을 떠난 것이었다. 하늘이 무너진 설움을 주먹으로 닦으면서 정신없이 뛰어왔다는 것이었다.

(『동아일보』 1956년 3월)

33회 어린이날에

'아동헌장(兒童憲章)'이란 것은 1922년에 영국에서 비로소 선포하였다.

제1차 세계대전이 끝난 이후의 전재아(戰災兒) 고아들을 위해서 일어난 '아동구제기금단체'라는 단체에서 사 년간이나 일해본 결과 아동 보호의 구체적 방안으로 가꾸어 모은 것을 거두어 '세계아동헌장'이라는 이름으로 발표했던 것이니, 이것은 아동을 사망에서 구하고 생명을 보호하여 건전한 성장 발달을 바라는 정신에서 일어난 세기적인 호소였던 것이다.

1924년에는 당시의 국제연맹이 이것을 받아들여 제네바에서 '아동의 권리에 관한 선언'으로 채택 선언하였다.

"어린이는 다음 세대를 짊어진 사람이므로 그의 심신의 건전한 발달을 도모하는 일은 사회 전체의 책임"이라고 규정하고 그 선언을 발표하였다.

그 선언을 1946년에 유엔에서 재확인할 것을 제의하고 수정안을 1951년에 채택하였다.

그 '세계아동헌장'의 초안은 다음과 같다.

'제네바 선언'으로 널리 알려져 있는 이 '아동의 권리 선언'에 의해서 모든 국가의 남녀는 인류는 어린이에게 대해서 최선의 노력을 다해야 할 의무가 있다는 것을 인정하여 모든 점에 있어서 책임을 수행하는 것이 그들의 의무임을 선언한다.

1. 어린이는 인종·국적·신조(信條)를 전혀 도외시하고 보호되지 않으면 안 된다.
2. 어린이는 물질적으로 도덕적으로 또 정신적으로 그 정당한 발달에 필요한 생활이 주어지지 않으면 안 된다.
3. 어린이는 가정적 단위 테두리 안에서 사회보장이 요구하는 바에 따라 보호되지 않으면 안 된다. 굶는 어린이에게는 급식되지 않으면 안 된다. 병든 어린이는 치료되지 않으면 안 된다. 신체상 정신상 결함 있는 어린이는 원조되지 않으면 안 된다. 불량아는 교화되지 않으면 안 된다. 또 고아와 부랑아에게는 집을 주어야 하며 구제되지 않으면 안 된다.
4. 어린이는 위난(危難)의 경우에 맨 먼저 구제되지 않으면 안 된다.
5. 어린이는 그 시기가 오면 생계를 세울 수 있는 훈련을 받아 모든 종류의 착취에서 보호되지 않으면 안 된다.
6. 어린이는 그의 능력이 인류 봉사를 위해서 공헌하지 않으면 안 된다는 것을 자각하도록 육성하지 않으면 안 된다.

*

미국은 1930년에 아동헌장을 발포하였다. 사회의 차대(次代)를 짊어진 어린이에게 사회 전체가 그의 심신의 건전한 발달을 도모하고 어린이의 자유와 권리를 존중하지 않으면 안 된다는 생각으로 전문(全文) 19조의 사회보장의 수준 높은 헌장이다. 제1조에는 이런 말이 있다.

"1. 모든 어린이에게 인생의 거친 세파를 극복할 수 있는 정신적·도덕적 훈련을!"

그리고 19조에 가서는 수준 높은 사회보장의 3항목이 있는데 예를 들면, "복지 조직에 잘 훈련된 전속 위생관, 보건부(保健婦)를 두어야 한다"는 등이며, 끝에 이런 말이 있다.

"모든 어린이는 인종을 불문하고 미국기(美國旗)의 보호하에 있는 어떠한 곳에서든지 이상의 모든 권리를 가진다."

*

일본은 1951년에 역시 '아동헌장'을 선포하였다.

그리고 우리나라의 어린이날인 5월 5일을 어린이날(고도모노히[こどものひ])로 정하고 있다.

전문 12조로 되어 있는데 이 년간에 걸쳐서 학식, 경험자 오십오 명이 초안하고 수상이 제정회의를 소집하여 심의 승인하여 선포한 것이니, '제네바 선언', '미국 아동헌장', 유엔 '세계아동헌장'을 참고로 한 최신의 헌장인 만큼 발췌 정선되어 있는 감이 있다.

전문(前文)에는 다음과 같은 글이 있다.

"우리들은 일본국 헌법의 정신에 따라 아동에 대한 올바른 관념을 확립하고 모든 아동의 행복을 도모하기 위해서 헌장을 정한다."

*

　대한민국에는 아동헌장이라고 이름 박은 것이 없다.
　그러나 아무리 훌륭한 명문장의, 또 오랜 역사와 빛나는 유래를 가진 헌장을 지니었다 해도 그것이 실천되지 않는다면 차라리 없는 것만 못할 것이요, 자랑도 될 수 없는 일일 것이다. 이해 있는 많은 동포의 선의에 의해서 하루라도 빨리 우리나라 어린이들의 사람 대우, 국가의 일원이란 대우, 차대를 짊어진 희망의 새 사람이란 대우를 받게 된다면 얼마나 다행한 일일 것인가.
　교사와 어른에게 매 맞아 부상하지 않을 수 있는 보장, '보행자 우선' 중에도 '어린이 최우선'으로 자동차에 치어 죽지 않을 수 있는 보장, 빈부를 가리지 않고 부모 유무를 가리지 않고 어린이 모두가 기아(飢餓)를 면할 수 있고 국민의 기초교육을 받을 수 있게 된다면 민족의 차대를 위하여 국가 만년(萬年)을 위하여 얼마나 다행한 일일 것인가.
　제33회 어린이날을 맞이함에 있어서도 나는 해묵은 구호를 작은 소리로 동포에게 전하고 싶다.
　'욕하지 말고 때리지 말고 부리지 말자!'
　그리고 우리들의 희망인 어린이들에게는 이렇게 말하고 싶다.
　'어려운 가운데도 씩씩하고 참된 소년이 됩시다……'

(『동아일보』 1955년 5월)

식모에의 참회

생각사록 가엾은 일을 하고 있다고 생각하는 것이다.
너도 남같이 할아버지 할머니가 계셨을 것이요, 아버지 어머니에 형제도 있는 아이였다.
할머니 할아버지가 살아 계시기만 하면 너는 아직도 그 무릎에서 어린양을 부리고 있을는지 모른다. 할머니 할아버지가 계시지 않아도 너의 아버지나 어머니께서는 지금 이 시간에도 너를 생각하고 밥이나 굶지 않나 옷이나 제대로 입고 있나 겨울에 손발이 얼어 터지지나 않았을까 아주머니에게 뚜드려 맞고 있지나 않나 하고 걱정 근심을 하고 계실는지도 모른다. 어머니는 멀리 서울로 보내놓은 어린 딸 너를 생각하고 밤낮을 눈물로 보내실는지도 모른다.
네가 우리 집에 처음 들어온 것은 작년 늦은 가을이었다.
네 어머니가 신신당부한 사람, 그 아주머니가 너를 우리 집에 데리고 왔을 때, 안주인은 대단히 반기어 너를 맞아들였다.
"이 애가 시집갈 때까지 딸같이 맡아 기르죠. 시집도 보내주고 잘해줄 터이니 염려 마세요."
그런 말을 하고 너는 우리 집 식구가 되었었다.
네 또래의 우리 딸이 입던 떨어진 스웨터에 아들아이가 입어서 해진 양복바지를 줄여서 너에게 입혔다. 너는 양복바지를 처음 입는다고 우스워하기도 했었다. 안주인도 너에게 친절했고 아이들도 너를 좋아했었다.

그러나 며칠이 지나니 형편은 달라졌다. 너는 연탄을 넣을 줄 몰랐다. 시간이 늦어서 꺼뜨렸다. 안주인에게 야단을 맞았다. 너는 울었다. 다음에는 너무 일찍 바꾸어서 반밖에 타지 않은 것을 버리게 되었다. 또 야단이었다. 떨어뜨려서 부스러뜨렸을 때는 더했다. 연탄을 모르니 거기서 밥이 잘될 리가 없었다. 생쌀이기도 하고 떡이 되기도 했다. 아주 태워버린 일도 있었다.

아이들이 못 먹겠다고 안 먹고 학교에 가버리면 너는 종일 꾸지람과 짜증을 받게 되었다. 꾸중과 짜증을 들으면 둔이 들어서 너는 더 못했다.

너는 아침 다섯 시면 일어나야 했다. 불을 보고 쌀을 안치고 마당을 쓸고 마루를 닦고 국을 끓이고 상을 보고, 그때쯤 해서 모두 일어나면 너는 세숫물을 대령해야 했다. 고단하다고 늦게 일어나는 식구가 있으면 너는 또 부랴부랴 딴 상을 보아야 했다. 한 상에서 같이 먹으라고는 하지만 너는 가만히 앉아서 밥을 먹을 수는 없었다. 한 술 뜨고 심부름, 두 술 뜨고 심부름이었다. 모두 밖에 나가버리면 너는 또 부엌을 치우고 방을 한 번 더 치우고 빨래를 해야 했다. 빨래를 해놓고 방에 들어오면 고단해서 소르르 잠이 왔다.

그럴 때 밖에 나갔던 안주인이 돌아온 일이 있었다. 대문 흔드는 소리에 놀라 깨어 뛰어나가서 대문을 연 너는 온갖 욕설을 들으며 뚜드려 맞았었다.

도둑놈이 들어오면 어쩌겠느냐, 일은 안 하고 낮잠만 자느냐고 궁둥이도 맞고 다리도 맞고 대가리도 맞고, 너는 부엌으로 들어가서 울고 있었다. 밤이면 식구들은 모두 안방에 모여서 찝적거리며 낄낄거리고 즐겁게 노는데, 너만은 아랫방에서 까박까박 졸리는 것을 참으며 떨어진 양말을 찍어매야 했다.

밥상을 받을 때 나는 딸아이에게는 생선 가시를 골라 버리고 살점을 먹여주면서 너에게는 한 토막 먹으라고 준 일이 없었다.

너는 솥 울치만 훌훌 떠먹고 된장찌개를 떠 마시었다.

부엌에서 계란 한 개가 없어진 일이 있었다. 시골서는 흔한 계란이지만 우리 집에 온 후론 네 차례에 간 일이 없었다. 그것으로 너는 호되게 맞았다. 나도 안주인 편을 들어서 너를 꾸짖었다. 너는 그날 나가서 돌아오지 않았다.

생각샤록 가엾은 일을 하고 있다고 생각하는 것이다. 너나 내 딸아이나 무엇이 다르단 말이냐. 너의 아버지가 가난하다는 것밖에, 무엇이 다르단 말이냐. 남의 귀여운 딸을 데려다가 죽도록 부리고 갖은 욕설을 퍼붓고 때리고 설움을 주어야만 하는 까닭이 무엇이냐 말이다.

대한민국의 다음 대를 짊어진 너는 마땅히 아버지 어머니와 한 집에서 살고 학교에 가서 공부를 해야만 할 것이다. 너의 아버지가 힘껏 일하면 그렇게 살 수 있는 세상이 되어야 하고, 그것은 너의 아버지 어머니가 그런 세상을 만들어줄 수 있는 사람을 대통령으로 뽑으면 되는 것이다.

또 나는 식모 없이 살 수 있는 세상을 생각해본다.

일본이나 미국같이 한 집에 이삼백 가구씩 들 수 있는 큰 아파트먼트 하우스를 여기저기 세우고 우리는 거기 한두 방을 얻어 들면 된다. 전열로 밥을 짓고 난방·냉방 장치하고 전부 외출할 때면 잠그고 나가면 되지 않느냐 말이다. 전도(前途)가 요원한 수작 같지만, 하기로 들면 쉽사리 될 수 있는 일인 것이다. 내가 이십 년 전까지 살았던 어느 나라의 국가 시설이었기 때문이다. 우리나라 도회 생활인의 가정에 식모 없는 집은 드물 것이요, 그 많은 가엾은 어린 식모들의 앞날을 생각하면 국가의 장래가 두려워지는 것이다.

  어린이들의 앞날을 위해서 생각하는 사람은 그것이 곧 나라의 앞날을 생각하는 것이요, 민주 자유 세계의 장래을 위해서 공헌할 수 있는 일이 될 것이다.

(『동아일보』 1956년 5월)

아동헌장에 대하여

아동헌장(兒童憲章)에 대해서는 재작년 33회 어린이날에 본지(本紙)에 쓴 일이 있었다. 유래(由來)의 대강을 소개했고, 유엔의 아동헌장도 들추어보았었다.

그러나 우리나라의 국회나 문교부나 보건사회부나, 또는 아동의 보육을 위한 사업에 종사하는 기관이나 인사가 이에 관심을 가지고 있지는 않은 것 같았다.

우리나라에도 그런 것이 요청되리라고 생각했건만 관심을 표명한 곳도 고려하는 곳도 없는 것 같았다. 이러구러 또 이 년이란 세월이 흘렀다.

아동에 관한 선언이란 것은 1922년 영국에서 비롯됐고, 1924년에는 당시의 국제연맹에서 채택 선포하였다. 미국은 1930년에, 일본은 1951년에 제정을 보았다.

우리나라는 헌장이란 명칭은 가지지 않고 있으나, 그 헌장의 정신만은 1922년에 이미 선언했다고 볼 수 있다. 당시 조선청년회 연합회 안에서 일하며 전국 청년회에 호소한 아동운동의 제일성(第一聲)은 내가 초(草)하여 설산(雪山)의 교열을 받은 것으로 그 문중(文中)에 있고, 다음해 5월에 색동회가 어린이날을 제정하여 선전하는 전단에 그것이 있었다고 할 수 있다.

이렇도록 아동의 인격과 권리를 인정하는 선언은 세계에서 둘째로 일찌감치 했다고 할 수 있고, 또 어린이날을 제정한 것도 자랑할 수 있는 일이지만, 그만큼 우리나라의 아동들이 다른 나라의 아동들보다 복을 누리고 있다고 볼 수는 없을 것이다. 또 국가적으로 헌장을 가지고 있지 않다는 것도 마찬가지다.

헌장이 있다고 해서 갑자기 아동들이 복을 받으리라고는 생각할 수 없으나, 그러나 그러한 국가 헌장을 지님으로써 아동에 대한 국민과 국가의 인식이 바로잡히고, 드디어는 점차로 아동복지의 향상과 진전이 있어질 것을 믿을 수도 있을 것이기 때문이다.

아동헌장을 가지고 싶다는 염원은 나로서는 십 년의 연륜을 거듭했다. 더욱이 금년 5월 5일, 제35회 어린이날을 맞이하게 됨에 그 비원(悲願)은 간절한 바 있었다.

때마침 지난 2월 18일 오후에 모옥(茅屋)을 찾아준 동화작가 방기환(方基煥) 강소천(姜小泉) 이종환(李鐘桓) 제씨(諸氏)는, 용담(用談)은 다른 것이었으나 나의 이상(以上)의 소회를 선뜻 받아주었다.

그 자리에서 기초하여 야심(夜深)토록 7개 조건(條件)의 초안을 얻었다.

이것을 다시 다루어 좀더 여러 동지와 같이 검토하기를 약속하였다. 20일에는 김요섭(金耀燮) 임인수(林仁洙) 홍은순(洪銀順) 제씨와 일곱 명이 합석하였다.

내가 성문(成文)한 초안은 22일의 회합에서 축조(逐條) 심의(審議), 문장을 다루어 성안(成案)을 얻었다.

대한민국 어린이헌장

어린이는 나라의 앞날을 이어나갈 새 사람이므로 그들의 몸과 마음을 귀히 여겨 옳고 아름답고 씩씩하게 자라도록 힘써야 한다.

1. 어린이는 사회의 한 사람으로서 올바르게 키워야 한다.
2. 어린이는 가정에서 참된 애정으로 교육하여야 한다.
3. 어린이에게는 마음껏 놀 수 있는 환경을 마련해주어야 한다.
4. 어린이는 공부나 일이 몸과 마음에 짐이 되지 않아야 한다.
5. 어린이는 위험한 때에 맨 먼저 구출되어야 한다.
6. 어린이는 어떠한 경우에라도 착취의 대상이 되어서는 아니 된다.
7. 굶주린 어린이는 먹여야 한다. 병든 어린이는 치료해주어야 하고, 신체와 정신에 결함이 있는 어린이는 도와주어야 한다. 불량아는 교화하여야 하고, 고아와 부랑아는 구제하여야 한다.
8. 어린이는 자연과 예술을 사랑하고 과학을 탐구하며 도의(道義)를 존중하도록 이끌어야 한다.
9. 어린이는 자란 후에 국민의 한 사람으로서 인류의 자유와 평화와 문화 발전에 공헌할 수 있도록 키워야 한다.

이상이 전문이다.

미국의 19조 조문, 일본의 12개조 헌장보다 간결하고 정선된 좋은 헌장 원문이라고 생각한다.

3월 1일, 3·1절을 기하여 우리들 일곱 명의 이름으로 세상에 내놓았다. 국회나 행정부는 한낱 동화작가들의 참월(僭越)한 행위라탄하지 말고 허심(虛心), 또 대견하게 여기고 반기어 받아들여주기를 바라는 바이다.

  다가오는 5월 5일, 35회째의 어린이날에는 이것이 국가의 헌장으로 발포되어 아동에 대한 관심이 세계 만방에 뒤떨어짐이 없다는 것을 자랑할 수 있게 하기를 바라는 바이다.

(『동아일보』 1957년 3월)

어린이날의 이상(理想)

35회의 어린이날을 맞이한다. 해마다 어린이날이 오면 경향 각지에서 어린 학생들을 한곳에 모아놓고 알아듣지 못할 어른들의 웅변을 들려주어 땀을 빼게 하고 골치를 앓게 하는 일이 있다.

어린이의 동원으로 해서 사고도 염려되고 뙤약볕에 오랜 시간 서 있는 것이 가엾기도 하고 먼지를 뒤집어쓰는 것도 보건상 생각할 문제가 아닐 수 없다.

더욱이 어린이들을 모아놓고 '어린이는 나라의 꽃이다. 어린이를 위해주어야 한다'고 외치는 따위는 웃음거리가 아닐 수 없다.

제발 이런 일은 그만두기를 바란다는 의견이 어린이날을 지낸 후면 해마다 몇 군데 토로되는 것을 보았으나 금년에도 전국적으로 시정되지는 않는 것 같다.

삼십오 년 전 일제 치하에서의 어린이날에는 '어린이날'이라는 글자와 하트 속에 병아리를 그려서 감쪽같이 태극 모양을 보인 깃발을 휘날리며 거리를 행진하는 데 다른 뜻이 있었던 만큼, 오늘날에는 또 좀 다른 재주를 발휘해야 옳을 것이다.

어린이헌장 제4에는 "어린이는 공부나 일이 몸과 마음에 짐이 되지 않아야 한다"고 있다. 모처럼의 어린이날이 어린이들의 몸과 마음을 괴롭히는 날이 되어서는 아니 될 것이다.

가정에서 학교에서 사회에서 국가에서 어린이들을 즐겁게 해주도록 하고, 또 어린이들의 복지 증진을 위해서 금년에는 어떠한 일을 마련해주어야 할 것인가를 계획하고 실천하는 날이 되어야 할 것이라고 생각한다.

가정에서는 살림살이에 고달파 그저 밥 먹여서 학교에 보내기에만 바빴던 부모라도 어린이날 아침은 달걀 한 개 과자 한 개라도 주며 '우리 집의 귀동(貴童)'이라고 궁둥이라도 두드려주면 부모의 사랑을 의심하던 자녀라도 재인식하고 긍지를 느껴서 악동(惡童)이 되지는 않을는지도 모른다.

학교에서는 선생님들이 이야기와 음악을 들려주든지 연극을 보여주든지 해서 전 교사와 학동이 함께 웃을 수 있는 기회를 만든다면 무섭던 선생까지도 정을 느낄 수 있고 학교에 가는 재미가 새로워질 수도 있고 공부에도 신이 나게 될는지 모른다.

사회에서는 모든 극장이 이날 하루를 차대 국민에게 봉사해주든지, 상점이나 기관이나 운전수까지도 어린이를 소중하게 여기는 어떤 방법을 표현하는 일은 좋을 것이다.

국가에서는 해마다 창경원과 덕수궁을 무료로 개방하여왔기에, 이날을 기다리는 가정도 있으니 고마운 일이 아닐 수 없다. 지방에서도 박물관을 무료 개방하여온 곳이 있다.

이런 일은 어린이들을 즐겁게 해주는 한편, 어른들이 소중하게 생각해준다는 것을 깨닫게 되어 긍지를 느끼고 자신을 얻게도 되는 좋은 일이라 할 것이다.

그러나 어린이날 하루에 그치지 않고 어린이의 복지 향상을 위해서 원대한 계획을 세우는 일도 좋을 것이다. 요새 불량아 문제가 세인(世人)을 놀라게 하고 있는데, 어떤 중학 교장을 비롯해서 몇몇 교육자도 그런 악경향은 영화에서 오는 일이라고 지적한 것을 본 일이 있다.

물론 수긍할 점도 있다. 그러나 '영화의 영향'이라고 해서 영화 전체를 기피하는 풍(風)이 생긴다면 그것도 후진성을 우려하지 않을 수 없는 일이다. 현대 생활에 있어서 영화는 라디오나 도서(圖書)만큼 필요불가결한 것이요, 더욱이 어린이들이 가장 즐기는 것의 하나인 만큼 덮어놓고 못 보게 한다면 오히려 더 큰 악영향을 가져올 것이다. 적당히 보여주는 방법을 세워야 할 것이다.

학교에서 동원해서 보여주는 것도 좋고 교내에서 보여주는 것도 좋지만 자의로 가기를 더 좋아하는 어린이들의 생리도 무시해서는 안 될 것이다.

어린이를 위한 영화 극장이 필요한 소이인 것이다. 어린이를 전위(專爲)한 극장이 긴요하지만, 그런 것이 불가능하다면 차선적으로 어린이가 자유로 입장해도 좋은 시간과 일자를 정하는 방법도 있을 것이다. 무슨 요일은 '어린이 날'이라든지, 무슨 요일 몇 시부터 몇 시까지는 '어린이 시간'이라고 정하고 몇몇 극장이 어린이를 위한 영화를 정기적으로 상영하는 것이다.

또 한 가지는 '어린이 공원'이다.

어린이헌장 제5에는 "어린이는 위험한 때에 맨 먼저 구출되어야 한다"고 있다.

우리나라 어린이는 자동차에 치어서 많이 죽고 자전거에 치어서 많이 부상한다. 그런 위험에서 구출하기 위해서 소규모의 어린이 놀이터를 만들어주자는 것이다.

전국의 도시는 물론 서울시에는 한 동에 하나씩 245개의 '어린이공원'을 만들어주었으면 하는 것이다.

공원 245개라고 해서 놀랄 것은 없다. 2백 평, 3백 평짜리 공원이다. 그네도 있고 목마도 있고 맨발로 놀 수 있는 대여섯 평의 모래밭이 있고, 자전거도 못 들어가고 장사꾼도 못 들어가는 어린이 놀이터를 만들어주면 얼마나 많은 어린 생명을 윤화(輪禍)에서 구출할 수 있을 것인가. 생각만 해도 즐거운 일이 아닐 수 없다.

"어린이에게는 마음껏 놀 수 있는 환경을 마련해주어야 한다."(어린이헌장 제3)

(『동아일보』 1957년 5월)

어린이헌장과 대구

작년 어린이날에 공포된 '대한민국 어린이헌장'은 세계 어떤 나라의 아동헌장보다도 깔끔하게 정리된 것이었다. 조건(條件)도 대범하고 어린이들을 위해서 수월하게 해줄 수 있을 만한 것으로 채워져 있다.

미국의 어린이헌장에는 복지관(福祉官) 보육부(補育婦) 등의 규정까지 있고, 일본의 어린이헌장에도 "영양·주택·피복이 주어져야 한다"는 등 "부려먹어서는 안 된다"는 말까지 있다.

우리나라의 어린이헌장은 그런 모든 정신을 내포하면서 더 점잖은 글로 정리되어 엮여 있다고 할 수 있을 것이다. 우리 헌법이 다른 여러 민주 국가의 그것보다 깔끔하게 정리되어 있는 것과 같다 할 것이다.

유사한 점이 있음은 의당한 일이니 헌법과 더불어 똑같은 구절도 넉넉히 있을 수 있는 일이다.

"어린이에게는 마음껏 놀고 공부할 수 있는 시설과 환경을 마련해주어야 한다"(헌장 제3)

이 한 구절은 위험한 대로상에서 놀지 않을 수 있도록 어린이 공원 같은 것을 마련해주어야 한다는 속셈도 있을 것이요, 공납금 따위 때문에 공부를 못하게 하는 일이 없어야 한다는 뜻도 있다고 볼 수 있을 것이다.

"어린이는 위험한 때 맨 먼저 구출하여야 한다"(헌장 제5)

물에 빠진 사람을 건져줄 때나 불붙은 집에서 사람을 구해낼 때나 눈사태에서 사람을 구출할 때에 어린 사람부터 먼저 구출하는 것은 헌장이라는 이름의 어마어마한 조문(條文)이 아니라도 으레의 일이다.

그러나 그런 일을 미연에 방지할 방법도 강구해야 할 것이니, 여기도 노상에서 놀고 있는 어린이들의 문제가 따르게 되는 것이다. 노상에서 놀고 있는 어린이만큼 위험한 일은 없다. 이 위험에서 구출하자는 것이다. 일 년에도 수백 명의 희생자를 내는 것은 한 어린이나 한 집안의 슬픔이나 불행에 그치는 일이 아니라 대한민국 전체의 손실이라는 생각을 가져야 할 것이다.

살인적 만원버스는 언제나 힘센 어른들의 폭력에 의한 절대 우선이지 '맨 먼저 어린이'는 아닌 것이다. 매달려 가다가 떨어져 죽은 어린이를 잊을 수 없다. 한 집안의 불행뿐이 아니요, 더욱이 학생을 나무랄 수 있는 일은 아니요, 국가적 민족적 체면으로 보아서도 남 부끄러운 일이 아닐 수 없는 것이다.

교통 때문에 발생하는 살상의 위험에서 어린이를 구출해야 할 것이다. 어린 사람들의 통학을 위한 '금(禁) 어른'의 학생 전용 버스 등 교통시설이 요청되는 것이다.

"굶주린 어린이는 먹여야 한다. 병든 어린이는 치료해주어야 하고……"(헌장 제7)

자녀를 가진 어버이라면 누구나 제 배를 채우지 못하더라도 자녀에게만은 배불리 먹여주고 싶을 것이다. 그러나 길거리에는 먹지 못해 삐삐 마른 어린이가 너무도 많은 것이다. 내 자식이라고 위해줄 사람 없고 내 자식같이 생각해주는 사람 없기 때문일 것이다. 그들 어린이들이 다름 아닌 몇 해 후면 우리나라의 임자가 될 사람들인 만큼 좀더 따뜻한 사랑으로 품어야 할 것이라는 말이다.

'어린이 위하는 마음 나라 위하는 마음!'으로 생각하자는 것이다.

깔끔하게 정리되고 수월한 조건만으로 엮은 '어린이헌장'이 공포된 지는 이미 일 년이 지났으나, 36회째 맞이하는 어린이날의 행사가 그렇듯이 어린이들을 위해서는 아무런 효용도 진전도 없는 것 같다. 있다면 이번 36회 어린이날인 5월 5일에 대구에서 '어린이헌장비'를 세우는 일이라 하겠다.

사실은 서울에서 세우고 싶어 하는 인사가 많았으나 서울에 서기 전에 대구가 먼저 그 일을 이루었다. 지나다니는 어른들의 눈에 자주 띄어서 하루라도 빨리 한 가지 일이라도 이루어지기를 기원하는 마음에서이리라.

'대구아동문학협회'와 대구일보사가 주창하여 2군사령관 최영희(崔榮喜) 장군의 전적 협조를 얻어 달성공원 안에 세우게 된 것이다.

달성공원 안에는 시인 상화(尙火) 이상화(李相和)를 추모하는 '상화 시비(尙火詩碑)'가 있다.

'상화 시비'에 새겨 있는 그의 시「나의 침실로」는 우리나라 시문학사와 더불어 오래도록 어쩌면 영원히 빛날 것이겠지만, 한 울타리 안에 설 '어린이헌장비'는 하루라도 빨리 무색해지는 날이 오기를 바라고 싶다.

헌장의 아홉 조문이란 내 자식에게라면 누구나 해주고 싶은 일인 만큼 우리나라 어린이들에 대한 모든 어른들의 마음씨가 내 자식 대하듯이 하게 되는 날이면 헌장의 조문은 한낱 웃음거리가 될 수도 있을 것이기 때문이다.

(『동아일보』 1958년 5월)

공군과 어린이

삼 년 전이었을까? 웬 낯선 청년 한 사람이 집으로 찾아왔다.
어디서 본 적이 있는 것 같기도 하고 초면 같기도 하고, 그러나 그 청년은 얌전히 인사를 하며,
"기억이 없으실 것입니다."
사 년 전인가, 대구에 있을 때에 공군의 현상문예에 당선된 일이 있었다는 것이었다.
정훈감실에서 영예의 상을 받았는데, 나는 심사원이었고 김기완 정훈감에게서 상을 받은 후 내가 무슨 말을 했는데, 그것을 잊지 않고 있다는 것이었다.
그리고 일간 결혼식을 하게 되었는데, 그날 좀 참석해주었으면 좋겠다는 말이었다.
그것이 웬걸, 영등포였다. 가고 오는 데 두 시간 이상 걸릴 것이요, 식이 또 한 시간 이상이라면 거의 하루 일이 될 모양이니 선뜻 귀찮다는 생각이 앞섰다.
그저 어름어름 대답해서 총총히 내보내었다.
그런데 곧 편지가 왔다.
깨알같이 쓴 편지는 이런 정성이 어디 있으랴, 놀랄 만치 지극정성을 들인 편지였다.

더욱이 그 글귀에 "고향을 등지고 친척이라고는 아무도 없는 혈혈단신 외로운 몸이…… 그래도 하느님의 은혜로 인연을 얻어 결혼의 식을 올리는 자리에 자주 찾아 뵈옵지는 못했으나 평소에 아버지같이 생각한 선생님이 꼭 참석하셔서 아버지 대신……"이라는 데 이르러서는 그만 눈시울이 뜨거워지는 것이었다. "……아직 졸병으로 있지만 문학을 하려는 희망은 버릴 수 없고 제대하게 되는 날에는 외로운 어린이들을 위해서 정성을 다하겠다"는 말도 있었다.

아예 괴로움은 끼치지 않을 생각이니 식장에 참석만 해주면 좋고, 그날은 오전 열 시까지 차를 보내겠다는 말도 적혀 있었다. 귀찮다고 생각했던 지난 순간이 괴롭도록 죄스럽게 생각되고, 차를 보낼 것이 무어 있겠느냐 내가 일찌감치 버스를 타고 나서면 될 일인데, 하고 생각했다.

영등포도 한끝 자그마한 예배당에서 식은 진행되고 있었다.

찬송가 소리가 들려 나오는데 문밖에서 기다리고 있던 젊은이는 곧 나를 안으로 인도했다. 목사의 주례로 교회인과 교회의 어린 남녀들이 식장 안에 꽉 차 있었다.

그러나 한참 둘러보아야 신랑의 가족 같은 사람은 눈에 띄지 않았다. 신부 측의 가족도 눈에 띄지 않았다. 모두가 교회 속 교우와 선배가 아니면 부대 친구들뿐인 것 같았다.

신부와 나란히 긴장해서 서 있던 신랑은 내가 들어간 것을 눈치 채었는지 힐끗 고개를 돌려 보는데 시선이 마주쳤다. 순간 한쪽 눈과 눈 아래 볼이 경련을 일으키는 듯하더니 갸웃이 고개를 숙여 보이고 이내 몸가짐을 바로잡는 것이었다.

반갑다든지 멀리 나와주어서 고맙다든지 하는 인사에 그치는 것이 아니라, 그 눈은 감사와 더불어 '인제 마음이 놓인다'는 표정임을 깨달을 수가 있었다.

'나를 사랑하고 아끼고 귀히 키워준 아버지는 남북이 가로막혀 이 자리에 있지 않지만, 당신이 아버지를 대신해서 이 자리에 있고 나는 당신을 아버지로 생각하고 그 앞에서 성례를 하는 것이오.' 그런 눈치임을 알아볼 수 있었다.

신랑은 주례자 목사를 똑바로 보면서도 입술을 연해 빨고 있었다. 침이 자꾸 마르는 탓이었으리라.

나는 더 그 자리에서 신랑을 바라보고 있을 수가 없었다. 눈물방울이 안경알에 옮겨져서 눈앞이 흐려지니 그만 그 자리를 물러가서, 그러나 신랑의 눈에 띌 수 있는 외따른 곳에서 먼발치로 보고 있었다.

식이 끝나고 촬영이 끝난 다음, 신랑은 또 바깥마당에 서 있는 나를 서둘러 찾았다.

식에 모였던 사람들뿐 아니라 마을 사람과 아이들까지 마당에 그득히 있고 색색의 테이프를 치장한 자동차도 몇 대 들어서 있는 마당에서 나를 찾더니 사진을 한 장 찍게 해달라는 것이었다. 이번에는 주례자 목사도 제쳐놓고 자동차 옆에 신랑 신부와 나란히 서서 사진을 찍자는 것이었다.

집에 돌아오니 해는 높았지만 일이 손에 잡히지 않았다. 그곳까지 가고 온 시간은 서너 시간이었는지 모르나 하루를 바치고 만 것이었다. 그러나 조금도 아까운 생각이나 후회되는 마음은 없었다. 뼈근하고 뿌듯한 감격에 벅차 있었다. 그들의 행복을 비는 마음, 그들의 앞날에 어떻게든 힘이 될 수 있어야겠다는 마음으로 저무는 해를 넘겨 보냈던 것이다.

추석과 크리스마스에는 꼭 편지가 왔다. 깨알같이 정성 들여 쓴 글씨였다.

아들을 낳았다고 편지가 왔다. 깨알같이 정성 들여 쓴 글씨였다. 백날을 지냈는데 모시지도 못했다고 아기의 사진을 동봉해 왔다. 제대가 되었다고 편지가 왔다. 학교에 가지 못하는 가난한 어린이들을 모아 가르치는 곳에서 일을 맡아 보게 되었다고 편지가 왔다.

나는 그에게 아무 힘도 되지는 못했다. 편지를 받아야 생각날 만큼 거의 잊어버리고 있었다.

그러나 편지를 받으면 받을 때마다 그들에게 복 있기를 기구(祈求)하며 그동안 잊고 있었던 일을 부끄럽게 생각하는 것이었다. 그런 한편 생전(生前) 차생(此生) 무슨 인연이기에 이렇도록 얌전하고 진실 일로(一路)로 살아가는 외로운 젊은이와 만나게 되었을까 생각하는 것이었다.

공군이 맺어준 인연인 것만은 틀림없는 사실이었다. 그리고 공군이 베푼 인연이라는 것을 생각해보았다. 참으로 많은 인연을 맺게 해준 사실이 떠올랐다. 개인과 개인의 것만이 아닌 공군과 어린이들의 어쩔 수 없는 인연이 두드러지는 게 머리에 떠오르는 것이었다.

그 당시는 조르다시피 했었고, 치사스럽고 구차스럴 정도의 교섭의 결과였지만, 해가 갈수록에 인연은 깊어가고 그것이 곧 빛나는 역사로 옮겨지는 것을 느끼는 것이었다.

1953년 5월 5일, 제31회 어린이날을 피란 대구에서 맞이하게 되매 서임수 정훈감은 비행기로 삐라를 뿌려주었다. 서울, 대구, 부산으로 뿌린 삐라는 "씩씩하고 참된 소년이 됩시다"라는 소파(小波) 방정환(方定煥)의 구호와 "욱하지 말고 때리지 말고 부리지 말자"라는 나의 구호를 실었고, 유래의 정통을 밝힌 '제31회'라는 글자를 잊지 않았다. 일부에서 이십 몇 회라는 그릇된 횟수를 칭한 행사가 있었기 때문이다.

　그때에 삐라를 주워 읽은 어린이는 오늘 중학생 고등학생 혹은 대학생도 있으리라고 생각할 수 있는 것이다.

　1955년에는 이종승 정훈감이 더욱 대담한 획기적인 행사를 했다. 5월 5일 어린이날에 비행기로 삐라를 뿌리는데, 삐라에 '상 타기 문제'를 내걸어 알아맞힌 어린이를 비행기에 태워준다는 것이었다.

　5월 25일 여의도(당시 본부)는 남녀 어린이들과 부형들로 꽃밭을 이루었고, 국민학교 어린이 서른다섯 명을 삼차에 걸쳐 비행기에 태워주었던 것이다.

　장덕창(張德昌) 소장이 시상하고 김신(金信) 준장은 손수 조종하여 어린이들을 태워주었으니 그 인상 그 감격은 그들의 일생 절대로 잊을 수 없으리라는 것을 믿을 수 있는 것이다. 국민학교 3년생으로부터 6년생까지 있었으니 이번에 고등학생이 되는 사람도 있는 것이다.

　그때에 그들의 감격에 넘친 감상문은 『코메트』에도 실렸고 일간신문에도 실렸던 것을 나는 잊을 수 없는 것이다.

　1957년 어린이날은 35회이기도 했지만 '어린이헌장'을 발포하게 된 역사적인 날이었고, 모든 행사가 일절 정통적인 '제35회'를 칭하게 된 기념할 만한 해였다.

이종승 정훈감은 이계환 인쇄소장과 협력해서 삐라를 제작할 것을 약속해주었고, 김신 준장 장성환 준장은 서울, 대구, 부산에 비행기 움직일 것을 승낙해주었다. 5월 5일이 마침 일요일이기 때문이었다.

그러나 이런 교섭을 하고 있을 때에는 '어린이헌장'이 정식으로 발포되지는 않았었다.

5월 5일부 석간이 비로소 "5월 5일 제35회 어린이날에 '어린이헌장'을 4부 장관 명의로 발포하기로 하였다"는 것을 보도했던 것이다. 5월 5일 일요일, 유난히 맑게 갠 푸른 하늘에서 우리 공군 비행기는 방금 발포된 '대한민국 어린이헌장' 전문을 인쇄한 삐라를 서울, 대구, 부산에 뿌렸던 것이다. 지방 신문은 공군 삐라로 비로소 전문을 알게 된 곳도 있었던 것이다.

해마다 어린이날이면 어린이들을 기쁘게 해주는 대한 공군은 어린이들의 가슴속에 어엿이 한 자리를 차지하고 있을 것이요, 그 어린이는 또 쉬지 않고 자라는 것이다.

공군이 베푸는 기쁨을 맛보고 감격하고 잊지 못하는 인상을 가슴 깊이 간직하며 자라나는 어린이들은 마침내 대한 공군을 보금자리처럼 찾아들게 되는 인연을 맺는 일이 될는지도 모를 일이다.

(『코메트』 1958년 5월)

광복 13주년에

나라를 찾은 다음 태극기 휘날리는 하늘 아래 고고(呱呱)의 소리를 울린 첫 아기들이 벌써 열네 살이 된다는 것이다.

육십이 된 어른도 난리통에 나서 자랐고, 오십이 된 사람도 난리통에 생(生)을 얻었고, 사십대 삼십대 모두 그렇다 하겠지만, 우리나라가 해방된 그 무렵에 출생한 아기들만큼 끔찍한 소란과 난리 속에 내내 자라난 세대는 세상 천하에 드물 것이다.

해방의 기쁨은 이내 좌우 분열로 해서 부자간 형제간 친척간이 원수같이 된 집안도 있었고, 국토 양단이란 것은 부자 모녀 내외의 생이별을 자아내었고, 적군 남침은 동족상잔이라는 인간지옥을 보여주었고, 인간 이하의 만행과 살육을 도처에서 어린 그들의 눈앞에서 자행하였고, 많은 사람을 납치하여 단란한 가정을 일조(一朝)에 비참하게 하였고, 피란 또 피란 유리(流離)의 고행은 이것을 인생고해의 본보기로 압축하여 보여준 것이라 하더라도 너무나 지나친 시련이었다고 말하지 않을 수 없으리라.

아우성과 통곡과 비명과 악담과 흐느낌은 그것이 그들의 하염없는 자장가였을 것이니, 이런 슬픔을 지니고 유년기 전기(全期)를 살아온 세대란 세상 천하에 다시없을 것이다.

그들이 올해 열네 살이라고 하면, 중학교 1학년 혹 2년생이 되어 있는 것이다. 네 살 때에 대한민국 정부가 수립되었고, 여섯 살 때는 벌써 6·25 남침이라 피란을 떠나지 않았다면 적도(赤徒)들의 만행을 목격하기도 했을 것이요, 굶주림이라는 것도 맛보았을 것이다.

그들의 장난이나 놀이는 막대기 하나를 좌우로 돌리며 드르륵 따발총 소리를 내어 사람을 죽이는 시늉, 몇 아이가 한꺼번에 나가 떨어져 죽는 시늉이 아니면, 꽈배기장수 담배장수의 소꿉놀이였다. 다시 1·4후퇴라는 피란살이가 시작되었으니 유리걸식하는 시늉이 아니면, 눈 날리는 가운데 화차의 지붕 위나 트럭 꼭대기에 매달려 가는 한편으로 굴러떨어져 죽기도 하고 부모를 잃어버리기도 하는 장난이 아니면, 밥 한 공기커녕 물 한 공기 나누어 먹지 않고 감추어 먹거나 무엇을 받고야 파는 소꿉놀이였다.

여덟 살 아홉 살 때에 환도하게 되었으니, 말이 좋지 집이 재 된 집안도 있었고, 집은 있되 살 길 막연한 사람이 많았다. 국민학교에도 들어가야 했고, 신문이나 담배장수를 해야만 하는 아이가 많았다. 여간 출중한 가정이 아니고는 이런 고난과 역경을 한결같이 겪은 어린 사람들이라고 보아서 과히 어긋남이 없을 것이다.

말하자면 거의 모두가 무(無)에서 새 살림을 시작하다시피 했고, 아이들이 한몫 단단히 거들었다고 볼 수 있는 것이다.

정신 바짝 차리지 않고는 살아갈 수 없다는 인생관을 유년기에 체득한 영리하고 모질고 계수(計數) 빠르고 강인한 십대 소년들이라고 보아서 옳을 것이다. 실존주의니 저항정신이니 하는 따위는 삼십대 사십대에게는 난해의 학문인지 몰라도 열네 살 동이에게는 몸에 밴 생리다. 콧물이나 겨드랑의 땀방울에도 스며 있을 것이다.

일전 어느 해수욕장에서 서울로 돌아오는 유람선에는 S중학생과 K중학생들이 있었다. S중학도 K중학도 서울의 일류 학교다. S중학생은 열다섯 명, K중학생은 세 명이었다.

오고 가는 말이 어긋나서 말소리가 높아졌다. 말다툼이 시작되니 선실에서 모두 올라왔다. 15 대 3이다. 소수의 학생은 다수당의 뭇매를 맞게 될 형편이었다. 세 명 중의 한 명은 선창으로 뛰어내려 가더니 이내 큰 도끼를 들고 올라왔다.

"너희들이 이 애를 건드리면 그대로 두지 않겠다!"

동행 동창을 위하는 것은 사랑이요 우의다. 모표(帽標)의 위신도 세워야 했고 다수를 믿고 행패하려는 불의는 더욱이 용납 못할 일이라고 생각한 모양이었다. 결사적 태도다.

여기서 다수당이 한 사람이라도 손을 대었다가는 당장에 수라장이 벌어지고 유혈의 참사는 곧장 열여덟 명의 난데없는 불량학생이 급작스레 탄생했을 것이지만, 백지장 한 장의 차인 잠깐 동안의 시간이 흘러서 그 자리는 무사히 되었던 것이다.

세칭 불량학생과 선량한 학생의 거리는 백지장 한 장만 한 일이 흔히 있는 것이다. 선과 악, 의와 불의, 그것도 대의와 소의를 분명하게 분간하지 못하고 행동하는 데에서 벌어지는 일이 많은 것이다. 그것은 다름 아닌 어른 사회에서 옳고 그름을 흐리고 있는 데에서 기인하는 것이라 할 것이다.

어린 사람들에게는 언제나 옳고 그른 것을 분명히 알려주도록 해야 할 것이지만, 그러나 그들의 척도가 언제까지든지 그렇게 흐리고만 있을 것이냐 하면 그건 그렇지 않다.

지금 잠깐 어른들 놀음에 휩쓸려 흐리고 있지만 멀지 않아서 척도는 제대로 바로잡힐 것이요, 그렇게 되면 자기의 부조(父祖)의 행실조차 냉정하게 비판할 날도 있을 것은 넉넉히 믿을 수도 있는 일인 것이다.

어른들은 자기의 자녀와 후손을 위해서도 옳은 일은 옳다고 그른 일은 그르다고 분명한 판단을 보여주어야 할 것이요, 당장의 이해에 좌우되어 후세에 자손의 타기(唾棄)를 받지 않도록 해야 할 것이다.

무서울손 열네 살 둥이의 냉철한 비판이 머지않아 내릴 것이요, 그들의 앞날에는 오직 영광이 있을 것이다. 어린 날의 역경은 힘이요, 우리 해방둥이만큼 지독한 역경 가운데 자라난 사람은 세상 천하에 드물 것이기 때문이다.

(『동아일보』 1958년 8월)

화려한 결혼식

　나는 결혼식의 주례를 여러 차례 맡아 보았다.
　사람은 한평생에 세 사람은 짝을 지어주어야 하는 것이요, 세 짝을 지어주면 저승에 가도 좋은 데로 간다는 말을 일찍이 들은 일이 있다. 그러나 중신이라는 사업은 귀찮기도 하고 잘해야 술 석 잔, 잘못되었다가는 뺨 맞는 일이라기에 중신 대신에 주례를 서너 번 서면 그 몫이 되리라는 생각도 있어서, 어색하고 싱겁고 뻔뻔스럽고 그러나 높은 자리에 서는 영광스러운 그 소임을 맡아 보기로 한 것이 벌써 백 번은 되었으리라고 생각한다.
　그리고 속셈으로는 나도 그 자리에 설 만한 자격이 있기 때문에 청을 받는 것으로 생각했던 것이다.
　자격이라는 것이 문제다.
　학문이 많아서 많은 사람의 존경을 받는 사람이라든지 시체 지위가 높은 사람이라든지 재산이 많은 사람이라든지 그런 자격을 말하는 것이 아니다.
　우리나라의 결혼 예식은 육례를 갖춘다고 해서 여섯 절차가 있는데 다섯째와 여섯째 절차의 주인공인 '큰아범'이라는 소임이 곧 시체 결혼식의 주례의 소임이 될 것이요, 큰아범의 소임을 맡을 수 있는 사람은 자격이 엄연히 있기 때문이다.

말하자면 식 전날에 예장지와 신부가 입을 치마저고리를 담은 예장함을 짊어지고 혹은 인도해서 신부 집에 가는 것이 큰아범이요, 여섯째 절차인 결혼식장(신부의 집)에 가는데 신랑이 남여나 사인교를 탄다면 그 앞에 인력거를 타고 앞서 가서 기러기를 전하고 초례에 신랑이 할 일을 모두 거들며 인도하는 것이니, 이 소임을 맡을 수 있는 사람은 첫째 집안 내력이 좋고 부부의 의가 좋고 많이로 아들을 두고 자녀 모두가 잘 자라고 있는 사람이어야만 한다고 하였다.

그런 사람이 그런 절차와 범절을 다 잘 알아서 하느냐 하면 여러 번 해봐서 능한 사람이 간혹 있기도 하지만 모르는 사람이라도 그저 간판 삼아 내세워놓고 전문가인 여인들이 하는 것이 의례건이었다.

그 자격 말이다. 이 큰아범의 자격이 나에게 있을 것이라고 생각했던 것이다.

그러나 몇 해 안 가서 내가 생각한 자격이란 것은 문제도 안 되는 우수개가 되어버린 것을 알게 되었다.

하루에 열두 쌍의 결혼식도(1955년 11월) 해내는 예식장이라는 영업 장소가 서울 장안에는 목욕탕보다 훨씬 많고, 어떤 시골에 가도 있는데, 이런 장소에서 거행하는 결혼식의 범절은 그것이 시작된 지 불과 삼십 년 남짓한 것이다. 예전엔 서울이고 시골이고 부자건 가난하건, 초례는 신부의 집에서 드리기로 마련이고, 신랑 신부 두 집에서 잔치를 했던 것이다.

교인이 교회당에서 목사 주례로 식을 거행하는 것이 보기에 근사했다. 신랑은 빌어 입은 것이나마 검은 프록코트에 흰 나비넥타이를 매고, 신부는 새하얀 치마저고리에 면사포를 쓰고 아버지가 인도하여 유량한 풍금 소리에 발맞추어 나타나서, 기도하고 맹세하고 목사의 물음에 대답하고 신랑이 신부의 손가락에 반지를 끼워주는 그 식이 보기에 아름답고 대견하고 엄숙하고 신성해 보였다.

초례상 앞에서 굿거리마냥 엮어대는 머리어멈의 덕담이나 구경꾼이 패가 갈려서 주고받는 추잡한 문답을 듣는 것보다 깨끗했다.

교인 아닌 사람이 교회당에서 하겠다 해도 해주었지만, 교회당에서 목사님 앞에서 하지 않고도 그만큼 할 수 있지 않겠느냐 해서 청년회관, 공회당, 사립학교 강당 같은 장소를 빌려서 장안에서 인망 있는 큰아범감을 세워놓고 하게 된 것이 곧 '사회식'이라는 것이다. 신부는 그 맵시지만 신랑은 프록코트를 구하기 힘들어서 흔한 모닝코트에 흰 나비넥타이를 매게 했다.

모닝코트에 흰 나비넥타이란 맵시는 아마도 우리나라뿐일 것이다. 그것도 세물집에서 세 내어 입는 일이 많기 때문에 더럽고 크고 작고 짝짝이고 우스꽝스런 일이 많았다.

그러면 예식의 절차는 어떻게 할 것이냐? 기도도 없고 『성경』 낭독도 없으니, 그래도 무엇 하나쯤 읽어야 매듭을 지을 수 있지 않겠느냐.

그래서 하늘에 고한다는 '고천문(告天文)'이란 것을 읽기로 했다.

하나님도 예수도 부처님도 아닌 그저 하늘이니, 우리 조상이 옛날부터 그저 숭상하던 하늘이지만, 따지고 보면 원시 종교의 하나님에 틀림이 없다.

고천문

삼가 상천(上天)에 고하나이다.
이제 ○○○ 군과 ○○○ 양이 혼인의 예를
행하와 백년가약을 맺으오니,
상천은 소감(昭鑑)하사 권우(眷遇)하신 홍복(鴻福)을 길이 받게 하소서.

역시 하늘이 복을 내려주시기를 바라는 글귀다.
나에게도 이것을 읽으라는 것이었다. 그래서 나는 이런 것을 써보았다.

맹세 말씀

년 월 일 좋은 날을 받아
신랑 누구
신부 누구는
친척 선배 지우 제위를 모시고 백년의 가약을 맺어 서로 사랑하기를 내 몸과 같이 하고 고락을 같이 하고자 이에 맹세하나이다.
친척 선배 지우 제위는 저희들을 위하사 길이 높으신 축복과 애호를 아끼지 마시옵소서.
신랑 신부를 대신하여 주례 누구.

신랑과 신부에게 자필로 이름을 쓰게 하고 이것을 낭독했다.

나에게 주례를 서라고 청해 오는 사람은 성당도 예배당도 절에서도 하기 싫은 사람일 테고, 부모의 허락은 얻었다 하더라도 서로 마음이 맞아서 하는 사람들임에 틀림없어 이것을 싫어하지 않았고, 나는 내내 읽어왔다.

그다음에 주례사라는 차례가 있다.

이것은 맨 처음의 상견례, 서사(誓辭) 낭독, 선물 교환이 있은 다음에 주례가 "이것으로 두 사람의 결혼은 성립되었다"고 선언하는 것이요, 이어서 식사(式辭)나 훈사(訓辭), 축사 같은 것을 말하기로 마련인데, 이것을 한 시간 반 동안이나 열변을 토한 명사가 있다고도 하고, 대개는 '삼라만상이 음양으로 시작되는 것이니……' 하고 시작하기 때문에 이 차례를 '삼라만상'이라고 하는 사람도 있다고 한다.

이 연설을 잘하면 '주례 잘한다' 하고 이것을 잘못하면 '그 주례 틀렸다'고 한다는데, 나는 말주변도 없으려니와 높은 자리에서 내려다보면서 장래를 타이를 만큼 잘났다고도 생각할 수 없고 좀 주제넘은 일 같아서, 지나가는 이야기로 들어달라고 동화를 두 가지 해드리기도 했다.

하나는 푸시킨의 「황금어와 늙은 어부 이야기」라는 것이요, 또 하나는 안데르센의 「영감은 언제나 좋아」라는 것이다.

하나는 마누라가 욕심이 많고 쫑쫑거려서 도루래미가 되는 이야기요, 하나는 천치 바보 같은 영감쟁이를 그저 하늘같이 믿고만 살아서 복 받는 이야기다.

　말하자면 바가지 긁지 말라는 말인데, 정면으로 그렇게 권할 수는 없고, 또 그런 말을 한댔자 사랑과 희망과 이상과 포부에 벅차도록 가슴 울렁거리고 있는 그 사람들에게는 바가지란 말이 도대체 어디 당한 말이냐고 귓등으로도 들리지 않을 터이니, 그저 지나가는 말로 들어달라고 할 수밖에 없는 것이다.

　물론 결론이라는 것도 없고 밑도 끝도 없는 동화 두 가지다.

　다음이 내빈(來賓) 축사인데, 주례가 꼭 해야 할 말이 있다면 축사하는 분이 대개는 하게 마련이다. 선배로 두어 분이 하게 되면 그 말 가운데는 모두 있는 것이다.

　그런데 그다음에 신랑의 친구쯤의 차례가 되면 별의별 망측한 소리가 쏟아져 나오는 모양이다.

　그래서 나는 애초에 신랑이 청을 오면 이것을 다짐하는 것이었다.

　"추잡한 축사는 없겠지?"

　그래서 나는 차마 듣고 앉아 있을 수 없는 철없는 축사를 들은 일은 없다.

　그러나 백 쌍이나 되는 그 젊은 내외들에게 반드시 내가 긴요한 주례였는지는 알 수 없게 되었다.

　이삼 일 후에 신랑 신부가 내 집을 찾아오면 나는 국수 한 대접을 놓고 둘이서 이마 맞대고 먹도록 대접하기로 했다. 그러나 찾아온 사람은 이십 쌍 정도 뿐이고, 사진을 준 사람은 십여 쌍밖에 안 된다.

　더욱이 어떤 식장에서는,

"다음 주례도 좀 서주세요. 사례는 하겠습니다."

내가 맡은 식이 끝나자 그런 말을 하는 것을 대구에서 한 번, 서울서 한 번 들었다. 내 눈은 토끼 눈 만이나 되었을 것이다.

일전에는 이런 말을 들었다.

"그 주례 참 잘하드군! 목청도 좋고 한마디 빼놓지 않고 하는데, 그 예식장 전속 주례래! 사천 환이라드군!"

예식장 전속의 직업인이 있는 모양이었다.

이쯤 되면 내가 은근히 속셈한 근사한 자격이란 것은 문제도 안 되는 우스개였음을 알게 되는 것이었다.

식이 끝나서 신랑 신부가 껴안고 퇴장하게 되면 이것은 또 언제부터 이런 풍속이 시작되었는지 쌀, 콩, 팥이 벼락치듯 쏟아져 와서 안경은 벗어야 하고 안경을 벗고 고개 수그리면 대머리에 흠집이 날 판이요, 테이프와 오곡으론 부족해서 딱총을 쏘고 고무 호뚜기를 불어 터뜨리고, 나중에는 물딱총까지 쏘고 흙탕물까지 끼얹으며 좋아라고 웃음바다를 이루는 화려한 결혼식은 과연 한평생에 한 번이어야 할 인류대사에 필요한 것인지 치를 때마다 고개를 기울이게 하는 것이었다.

그럴 때마다 나는 옛날에 본 영화의 한 장면이 머리에 떠오르는 것이었다.

사랑하는 젊은 남녀가 밤중에 교회를 찾아간다. 목사를 깨워서 이야기한다. 목사는 두 사람을 교회당으로 인도하고 『성경』 위에 두 사람의 손을 얹게 하고 결혼식의 절차를 치르는 것이었다.

어떤 사정이었는지는 기억하지 못하나 그 엄숙한 장면이 잊혀지지 않는다.

　단 두 사람이라야 좋다고는 생각하지 않는다. 그렇다고 많은 것이 좋다고도 생각하지 않는다.

　화려한 결혼식보다는 엄숙한 결혼식, 신성한 결혼식이 좋다고 생각하는 것이다.

(『여성계』 1956년 1월)

봄·여인·유행

바야흐로 백열화(白熱化)하려는 이 시간에 '유행을 비판'하라는 기자의 재촉이 심하니 이럴 수가 있나!

그러나 거리에 나서서 새하얀 옥양목 치마저고리를 입은 여인을 보면 향수(鄕愁)와 같은 아늑하고 그윽한 아름다움을 느끼는 것이다.

그 옛날이 아니라도 우리나라 여인의 단장은 봄에는 백옥 색이었다. 푸르른 산언덕 아래 울긋불긋 꽃 아지랑이 지고 연초록 버들가지 휘날리는데, 새하얀 치마저고리가 마치 하늘에서 물 길러 내려온 선녀 같은 아름다움을 내내 풍겨왔던 탓일는지도 모른다.

어쨌든 우리나라의 높고 그윽한 아름다움은 옥색이나 흰 것이 유난했던 것이다.

진한 색깔은 시집갈 때에 입는 활옷이고, 저승 갈 때의 상여 색깔일 뿐이다. 진한 색깔을 우리 백성이 숭상해서 했던 것이라면 어버이의 품을 떠나갈 때에 한 번 진한 색깔의 치장을 해주었고, 인생이 끝나는 경우에 끝 가는 짙은 색깔을 치장해서 보냈다고 볼 수도 있는 것 같다.

그런데 6·25 이후의 서울 거리는 울긋불긋 짙은 색깔에 난한 무늬의 옷차림이 눈에 많이 띄는 것이다. 구제품(救濟品) 바람에 의복의 색깔이 대담해진 탓일 것이라고 생각한다면 지나친 선의의 해석이 될 것이다. 중성 여인들의 단말마적인 초조에서 빚어진 일부의 현상이지 그것이 우리나라의 유행이라고 볼 수는 없다.

첫째는 반과부(半寡婦)의 성적 불만에서 오는 현상이요, 둘째는 가난 때문이요, 셋째로 실용적인 면이 있다. 남편이 벌이가 없다든지, 남편의 벌이만으로는 살 수 없는 경우, 여인은 가방만 한 '핸드백'을 들고 나서야 하니 옷차림이 번지르르하지 않고서는 아무도 상대를 해주지 않는 탓이요, 요정이나 댄스홀에 출입한다면 흰옷이나 옥색을 입었다가는 당해낼 도리가 없기 때문일 것이다. 물수건으로 손을 닦았다 하더라도 정력적인 개기름이 번질한 남자의 손바닥이 등에 어깨에 겨드랑에 와서 닿는 대로 당장에 검은 자국을 찍어놓을 것이니 말이다.

더러움 덜 타는 짙은 색깔, 난한 무늬의 도발적인 의상이 필요하게 되는 것이다. 그것이 일본의 오비[帶] 감이건 가사(袈裟) 감이건, 귀신이 있다는 신사의 홍살문[鳥居]이나 탑의 무늬가 있건 안락의자 껍질 감이건 아랑곳이 없게 된 것이리라. 옛날 같으면 감찰(鑑札)을 가져야 하는, 그러나 오늘은 반(半) 직업여인들의 일부적 현상이라고 보는 것이다. 양가(良家) 부녀의 풍속은 아니다.

젊은 여성들의 '맘보바지'라는 인력거꾼 바지는 이름이 남미풍 맘보바지지, 사실은 중국도 홍콩의 어쭙지않은 여인들의 풍속이 들어온 것이다. 결코 양가의 처녀의 풍속은 아니다.

나중에는 별것을 다 들여온다고 생각하는 것이다.

궁둥이부터 디밀어서 탈 수 있는 자가용차 없고 엘리베이터 없고, 그러니 버스에도 올라타야 하고 삼층 오층에도 뛰어 올라가야

오후의 좌석 587

하고 장판방에 앉기도 해야 하는 우리 살림으로는 '타이트스커트'라는 것도 슬프기만 한 것이다.

『신태양(新太陽)』 잡지 4월호에 체한(滯韓) 이미 십 년, 이후도 일생을 한국에서 살고 싶다는 칼 밀러(Carl. f. O. Miller)라는 미국인이 쓴 글 가운데 다음과 같은 구절이 있었다.

　　요컨대 내가 한국인들에게 말씀드리고 싶은 것은, 외람된 일일는지 모르나, 서구로부터 받아들이는 것은 더한층 선택적이어야 하고, 당신들 자신의 나라가 제공해야만 하는 것이 무엇인가를 발견하라는 말씀인 것이다……

지각 있는 사람들의 공감이 있으리라고 생각하는 것이다.

어쨌든 우리나라 여인의 봄단장은 새하얀 옷이 아니면 옥색, 엷고 부드러운 담장(淡粧)인 것이다.

(『연합신문』 1958년 4월)

한국 여성의 비극

중년 남자로서 한복을 입고 나선 사람을 볼 때면 그의 부인은 그보다 연세가 위건 아래건 남편보다 훨씬 나이가 많아 보이고 어쩌면 형편없이 되었으리라고 짐작하게 된다.

그야 넉넉한 살림에 식모(食母) 침모(針母) 유모(乳母) 찬모(饌母)까지라도 두고 지내는 집안이라든지, 둘째 마누라 셋째 마누라라는 경우는 여기서 잠깐 덮어 두기로 한다. 겨우 살아가는 일반 대중의 가정부인을 말하는 것이요, 아내가 손수 남편의 옷 치다꺼리를 하는 집안의 부인을 짐작해본 것이다. 그토록 남편의 의복 한 벌을 깨끗하게 해서 입혀 내보내려면 아내는 나이보다 빨리 늙어야 하고 형편없이 되어가게 마련이라는 것을 말하는 것이다. 더럽힌 옷은 뜯어야 하고, 빨아야 하고, 삶아야 하고, 또 빨아야 하고, 한번 마르면 다시 풀을 먹여서 다려야 하고, 그것을 다듬이질은 할수록 윤이 좋아지니 오래 입고 못 입고 간에 어깨가 떨어질 지경으로 죽자꾸나 방망이질을 해야 하고, 솜은 솜틀집에 가지고 가서 타 와야 하고, 그것을 또 바느질을 해서 또 다리미질을 해야만 하니, 이런 일을 바지저고리 마고자에 두루마기까지 일 년에 서너 벌만 한다 하더라도 사람이 얼굴에 주름이 잡히고 눈이 침침해지지 않을 수 없으리라는 것이다.

여름은 여름 따라, 가을은 가을 따라, 봄은 봄 따라, 손이 더 가면 더 갔지 덜하지는 않는 모양이다.

이렇게 옷 치다꺼리 한 가지만으로도 아내의 주름살이 잡힐 만큼 일이 많은 것은 남편이 하루 열여섯 시간을 밖에서만 지내도 집에 들어박혀 일만 하는 아내가 아예 잠시라도 딴생각을 해볼 겨를이 없게 하느라고 마련된 일인지도 모른다. 그렇다면 옛날 가정살이로써는 잘 생각한 일일는지도 모른다.

삼종지도(三從之道) 칠거지악(七去之惡)이란 말이 있다.

여인은 어려서는 부모에게 순종하고, 출가해서는 남편에게 순종하고, 다음에는 자식을 따라야 한다는 것이다. 시방 세상이라고 통하지 않는 말이라고는 생각하지 않는다. 없애버려야 할 말이라고만 생각하지는 않는다.

칠거지악이란 출가한 여인이 시집에서 쫓겨나는 일곱 가지 조목이다. 첫째, 시부모에게 순하지 않으면 가야 하고, 둘째, 아이 못 낳으면 가야 하고, 셋째, 음란하면 가야 하고, 넷째, 질투하면 가야 하고, 다섯째, 악질(惡疾) 나쁜 병이 있거나 생기면 가야 하고, 여섯째, 입이 싸 말이 많으면 가야 하고, 일곱째, 도둑질하면 가야 한다는 것이다.

이런 것도 모두 케케묵은 옛날이야기이지 시방 세상에는 통하지 않는다. 아이 못 낳는다고 쫓겨 가지도 않고, 질투한다고 쫓겨 가지도 않는다. 반창고라는 편리한 것이 생겨서 아내가 남편의 얼굴에 손톱자국을 내도 폐비(廢妃)는 당하지 않는다. 그것을 살짝 붙이고 나서면 출입에도 지장은 없다. 질투를 여자의 미덕이라고 숭상하는 얼간이도 있는 판이다. 삼 년 오 년 앓다가 죽어 갈 폐병에 걸려도 남편은 약값 대느라고 쩔쩔 매고 간호원이 되는 사람이 많지, 쫓겨 가지는 않는다. 입이 싸서, 말이 많아서 쫓겨 간다는 말은 말도 안 된다. 언변이 좋으면 크게는 외교관, 국회의원이나 고관이 못 되더라도, 학교 선생이나 외교원이 못 되더라도, 하다못해 통장 반장이 되어서 동내 사람 마음대로 주무르고 골목대장쯤은 틀림없으니 가문을 빛내는 여인이 될 수도 있는 판이다. 어림도 없는 소리다. 도둑질 했다고 쫓겨 가지도 않는다. 계 오야[契主] 해서 남의 돈 뚝뚝 잘라 먹고 남이야 쥐약을 먹건 양잿물을 먹건 남편의 회사 밑천을 대는 아내면, 온 집안이 떠받들어 모셔야지 쫓아 보낸단 말이 시방 있을 리 없다. 세상이 그렇게 되었다. 시부모를 받들어야만 한다는 말도 시방 세상에는 통하지 않는다.

 "우리 둘이서 아름다운 사랑의 보금자리를 가져야지 내 아버지 어머니 시중 들어달라고 당신에게 구혼하겠소? 어디까지나 산이 바다로 변하고 바다가 산이 되는 한이 있더라도 우리 마음 변치 않으면 그만이지, 아버지 어머니가 무슨 상관요."

 "그러문요, 당신만 믿지. 당신의 아버지 어머니까지 내가 어떻게 해요."

 그래서 시골서 찾아온 족보 할아버지에게 절하듯이 큰절 한번을 하고는 딴살림을 하는 것이 아니면 그누무 시아버지 시어머니 잔소리도 많다고 때려죽이는 며느리도(5. 28, 『동아일보』) 있고, 사랑하는 아내를 위해서 제 아버지 어머니를 구박한 남편, 손질한 남편도 많다. 음란하면 가야 한다는 것도 내용이 달라졌다. 음란으로 해서 남편을 출세시키는 아내도 있고, 먹여 살리는 아내도 있고, 가장 많은 경우라도 여자가 쫓겨 가는 것이 아니라 남편과 자식이 기다리고 있는 가정에 돌아오지 않는 아내인 것이다. 좀 이야기가 다르다.

이처럼 오랜 세월을 두고 우리나라 여자를 다루던 '부덕(婦德)'이란 구속의 사슬은 풀리고 해방이 되었다. 자유를 얻었고 남녀는 동권이 되었다. 나라가 해방이 되고 민주주의 세상을 맞이한 덕택이었다.

그뿐이 아니다. 남편 동권이 아니라 아주 여자가 주권을 잡는 세상이 왔었다. 동란 시기다.

동란으로 해서 세상이 혼란에 빠지니 가정의 장(長)이던 남편이란 사람은 대개가 무능력한 한낱 밥통으로 전락하고 말았다. 많은 사람들이 직장을 잃고, 벌이를 못하는 것은 고사하고 허구한 날 친구 친구하던 그 많은 친구 한 사람도 방을 빌려주거나 며칠 먹여주는 사람도 없어서, 하느님같이 믿고 지내던 남편이란 사람의 값이 여지없이 떨어지고 말았다.

축 처진 남편과 자식들을 굶길 수는 없어서 들고 나선 수많은 아내들은 영웅적이었다.

날품팔이, 미군 부대 세탁부, 바구니 장수, 목판 장수, 담배 장수, 군복 장수로부터 빈대떡 집, 대포 집, 다방, 댄서, 요릿집, 계 오야, 고리대금에 이르기까지 여인의 독차지였으니, 완전히 주권을 잡았다 할 것이다. 무능력한 남편들은 아내에게 차 값을 타 가지고 나가서 광복동 네거리를 하루 종일 어정거렸다. 하루 종일 어정거려도 별수 없었다. 차 값이 아니라도 용돈을 타서 써야 하는 남편, 아내의 벌이로 끼니를 이어간 남편은 많았고, 크게는 아내를 앞장 세워서 돈을 긁어모으게 하고, 그것으로 무역회사니 무어니 한몫 본 사람도 있었다.

이런 소리를 왜 엮어대느냐 하면, 얼뜬 보기에 여자가 해방이 되어서 동권이 되어서 혹은 주권을 잡아서 행복스럽게 된 것같이 보일지 모르나 아직도 해결하지 못한 문제, 또는 오히려 불행과 비극이 그 속에 깃들어 있지나 않나 하는 것을 생각해보자는 것이다.

칠거지악이라고 했지만 사실인즉 '팔거지악'이라고 할 수 있었다. 일곱 가지 조목 외에 한 가지 덧붙여야만 할 것이 있으니, 며느리로서 불을 잘 다루지 못하면 그것은 무엇보다도 눈에 나는 일이었다고 말할 수 있는 것이다.

내가 쓰는 '편편상(片片想)'에 「불 삼대」라는 것을 쓴 일이 있다.

할머니가 갓 시집갔을 때, 그의 시아버지는 부엌과 사랑방 화로에 불을 꺼뜨렸다가는 본가로 돌아가야 한다고 했다. 잿불 화로의 불을 꺼뜨리지 않으려고 대감님 위하듯 위했다. 그러나 하루아침 부엌 화로의 잿불이 꺼져 있었다. 새벽이라 식구가 일어나기 전에 뒷집에 가서 불씨를 얻어 왔다. 사랑방 시아버지는 그것을 보고 있었다. 시아버지가 불러서 본가로 가라고 했다. 옷을 갈아입고 하직 인사를 하러 사랑방에 들어간 며느리는 가라는 까닭을 몰라서 억울하다고 말했다. 시아버지는 '불씨를 얻어오다니 말이 아니다, 집안에 불을 꺼뜨리면 집안이 망한다'는 것이었다. 며느리는 그것을 알아차렸던 터라, 의젓이 '불씨는 얻어 온 것이 아니라 엊저녁에 빌려주었던 것을 받아 온 것'이라고 대답했다. 엉뚱한 수작이지만 시아버지 생각으로는 그만한 국량이 있는 며느리라면 집안을 망치지는 않을 것 같고, 또 가라 하매 선뜻 옷을 갈아입고 들어와서 절을 꾸뻑 하는 품이 시부모에게 순하기 더할 수 없다. 그래서 쫓겨 가지는 않았다.

그다음 대(代) 며느리는 부엌에서 불을 때다가 까빡하는 사이 치맛자락에 불이 붙어 화상을 입는다. 그의 딸은 일찍이 미국 유학을 가고 거기서 결혼해서 잘 살다가 그래도 고국이 그리워서 돌아온다. 전기와 가스로 살던 사람이 난생처음 장작개비를 피우고 도깨비 굴 같은 아궁이 속을 들여다보아야만 했다. 이런 생활 삼사 년 동안에 늙어빠진 여인이 아이들을 거느리고 6·25 통에 피란 내려가다가 길바닥에서 죽는데, 유언이라는 것이 '불조심해라'고 말했다는 것이다.

이런 작문도 지나친 말은 아닌 것이다. 한국의 여성이란 첫째 '불-연료' 때문에 많은 시간을 보내고 정력을 소모하고 쓸데없는 주름살이 잡히고 보람 없이 늙어빠지게 되는 것이 아닌가.

중늙은이가 있는 집이면 여름철이 되자마자 장작을 사서 쌓아 두어야만 한다고 할 것이고, 늙은이가 아니라도 살림살이를 아는 사람이면 그렇다. 6·25 이래 1·4 후퇴시의 피란살이로 해서 갑자기 십구공탄이란 고마운 것이 생겨서 한결 장작 걱정이 덜어졌지만, 십구공탄이란 것도 만만치는 않다. 언제나 제철이 되면 값이 버쩍 오르는 형편이니 일찍이 사서 쌓아 두는 집도 있다. 장작이고 연탄이고를 쌀보다도 소중하게 여기고, 사람이 드나들기 어려울 지경으로 집에 쌓아두는 풍속이 있다. 군대에서 나오는 트럭에 '장작 삽쇼'

장수가 생겨서 이것도 대단히 편리하게 되었다. 아침저녁 찾아오는 장작 장수가 있으니 쌓아 두어야 할 필요가 없어졌다. 그러나 아궁이 형편은 마찬가지다. 장작개비를 피울 때는 아궁이 속을 들여다보고 오만상을 찌푸려야 하고, 십구공탄이 꺼질까 봐 깨질까 봐 젊어지고 싶은 얼굴을 당장에 늙어 빠지도록 마음을 졸여야만 한다. 그래서 예산 없고 수지맞지 않는 살림에도 '식모'라는 군식구를 두어야 하게 되었다.

식모를 어떻게 잘 다루느냐는 문제는 신문 잡지의 '가정'란에 가끔 나오고 있지만, 이 한 사람의 군식구를 다루기는 아내가 남편 다루기, 남편이 아내 다루기보다도 힘이 더 들면 들었지 덜하지는 않은 것 같다. 가정에 말썽이 생긴다면 말썽 중의 반은 식모로 해서 일어나는 모양이다. 본가 어머니나 시어머니를 식모 부리듯 부리는 사람도 말썽 많은 정도는 마찬가지인 모양이다. 집안에 말이 많다. 말이 많으면 아이들에게 주는 나쁜 영향이 적지 않은 문제다. 학교에 가면 집 걱정에 선생님의 말씀이 귀에 들어오지 않고, 집에 돌아오면 첫째 눈치를 보게 되고, 그것이 도지면 집에 돌아오기 싫어져서 밖에서 빙빙 돌게 되고……

온 집안이 창경원에 놀러 갔다 돌아오니 식모가 세간 살림을 몽땅 실어 내갔더라는 이야기, 가끔 차리고 나가는 것이 이상해서 뒤를 따라보았더니 주인 남편과 밖에서 만나더라는 이야기는 자주 듣는 이야기다.

어린 식모의 경우도 말이 많다. 쌀 내다 주고 군것질하는 아이, 간장 된장 연탄까지도 군것질 값이 되기도 하고. 그러나 어린 식모의 경우는 말썽을 일으킨다는 것보다도 국가적으로 보아서 도의적으로 보아서 옳지 않은 일을 하고 있다는 자책도 있을 것이다. 아무리 결식 아동을 먹여 살리고 월급을 준다 하더라도 국가의 내일을 위해서 옳지 않은 일을 하고 있는 것은 사실이다.

외국이라고 식모가 없으랴마는 우리나라의 그것과는 대단히 다르기도 하거니와 식모를 둘 경제적 틀이 잡히지 못한 가정, 식모 없이도 살아갈 수 있을 만한 가정에서도 식모를 두어야만 하는 조건의 첫째가 연료 때문이 아닌가 하는 것을 생각해본 것이다.

십 년 전 해방이 되기까지에도 일본인에게는 가스와 전열을 공급했었다. 그것은 일본인이 많이 사는 동네에만 했었기 때문에 한국인은 그 혜택을 입지 못했었지만, 이 땅에 그런 것이 십여 년 전에 있었다는 것만은 사실이다. 해방이 되고 민주주의 세상이라 하고 남녀 동권이라고 할 때에, 우리나라 여성들은 맨 먼저 연료를 제공해주는 것만이 민주주의와 남녀 동권을 이룰 수 있는 조건이라고 요구해야만 했으리라고 생각하는 것이다. 그런 것을 왜 남자들이 생각해서 해주지 않느냐고 하면 하필 왈 여자는 모름지기 부엌데기가 마땅하다고 생각했으리라고는 생각하지 않지만, 그것을 절실하게 느끼는 도가 여성들의 몇십 분의 일 정도가 아닐까. 어떤 정당도 우리 당이 정권을 잡으면 가정에 연료로 전열과 가스를 공급할 것을 추진하겠다고 내세우는 정당도 없고, 많은 여성 정치가, 여성 사회운동가, 여권 운동자들도 이 문제를 들고 나서는 것을 보지 못했다. 어떤 정당이 석탄의 증산 확보를 내세운 것을 보았는데 그 석탄으로 가스나 전기를 만들겠다는 말은 없으니 그 정당이 정권을 잡아도 십구공탄 신세를 면치 못할 것이 분명하다. 많은 여성운동자들이 그런 요구를 절실하게 외치지 않고 있는 것을 보면 혹여 그런 분들의 가정에서는 일반 국민에게 금지되어 있는 전열 사용을 은근히 하고 있는 가정도 있는지, 그렇지 않다면 남북통일이 되면 전력이 남아서 싫도록 쓰게 될 것이 아니냐고 인자한 어머니 같은 너그러운 마음으로 체념하고 있는지도 모른다.

여성을 부엌에서 해방하라는 외침을 들은 일이 있다. 얼른 들으면, 그러면 남자와 부엌데기를 바꿔치자는 말이냐고 할 사람도 있을지 모르나, 이것도 아니고 저것도 아니다. 여성을 부엌에서 해방한다는 것은 결코 여성의 행복은 아니다. 미국도 어떤 선진국에서도 역시 가정에 부엌은 있고 부엌 임자는 엄연히 주부다. 호텔이나 아파트먼트 하우스 생활을 하고 식당에서 세 끼 식사하자는 말은 아닐 것이라고 생각한다. 만일에 그런 말을 한 것이라면 여성으로서 가장 불행한 일이라고 생각한다. 그보다는 부엌을 도깨비굴에서 해방하라는 외침일 것이라고 생각하고 싶은 것이다. 부엌에서 도깨비굴 같은 아궁이와 검댕을 없애버리고 가정에서 제일 아름답고 화려하고 정답고 오붓한 보금자리를 만들게 하라는 외침일 것이라고 생각하고 싶은 것이다.

서울 어떤 가정에서 부엌을 그렇게 만든 것을 본 일이 있다. 삼면 벽과 바닥을 타일로 치장하고 하얀 칠한 냉장고와 하얀 취사대와 식탁과 의자가 있는 것을 보았다. 그러나 아궁이만은 엄연히 존재하고 있어서 한편 깨끗함에 놀라면서도 서글픔을 어찌할 수가 없었다. 열 간짜리 집이나 다섯 간짜리 집에도 부엌이 한 간이나 간 반은 점령하고 있으니 가스 두 틀에 전열 한 틀로 살 수만 있다면 다섯 간짜리 집이라도 이곳이 식구들의 식당과 오락실이 될 수도 있고, 식모가 없더라도 그리고 또 아내가 앓아누워 있더라도 국민학교 1학년짜리라도 시켜서 밥솥을 가스 틀에 올려놓고 'high로 몇 분! low로 몇 분! 인제 off!' 방에서 일러주기만 하면 늦지도 않고 타지도 않고 밥장수 집의 밥같이 맛있는 밥을 지을 수도 있을 것이 아닌가. 그것은 또 한 채 집을 가지는 것보다 아파트 생활로 발전할 수 있는 것이다.

부엌 타령, 아궁이 타령으로, 중늙은이들의 살림살이를 가지고 왜 여성 전체의 비극인 것같이 말하느냐고 젊은 세대가 비웃을는지 모른다. 그러나 젊은 세대에 전혀 없는 일이라고는 생각하지 않는다.

밤하늘에 찬란한 별들이 모두 내 앞길을 축복해주기 위해서 뿌려놓은 보석같이 보이고 로버트 테나 그레고리 팩같이 보이는 그가 죽자 사자 하고 '오오, 나의 태양이여!'라고 부른다고 한댔자 웨딩마치가 끝나고 그가 직장에 나가게 되는 날부터는 별수 없이 아궁이나 십구공탄 냄새를 맡지 않을 수 없는 것이요, 그렇기 때문에 어린 식모라도 두어야 하고, 어린 식모가 어머니가 보내준 믿을 만한 아이라 하더라도 그 아이 하나를 재우기 위해서 딴방 하나를 써야만 하고, 그렇지 못할 경우 같은 방 윗목에 재워놓고 잠들기를 기다리고, 원 깨지나 않을까 조마조마하면서 즐거워야 할 시간에 몸과 마음을 온전히 하지 못하고, 즐거운 호흡도 행여나 깨울까 봐 숨을 죽여 가다가 급기야는 신경쇠약에 걸리게 되는 것이 현재의 대부분의 젊은 여성의 일정한 코스인 것이다.

식모를 두지 않고 젊은 아내가 신혼 생활을 즐기겠다는 갸륵한 생각에서 혼자 조석을 마련한다고 생각해보자. 연탄을 한번 꺼뜨리거나 장작개비가 말을 안 듣는 경우, 된밥 진밥 눌은밥도 한두 번 두세 번이지 그것이 거듭되는 날에는 '오오, 나의 태양'도 '찬란한 별'도 형편없는 것이다. 과학적인 연료를 확보하는 것만이 여성 행복의 길에의 첫째 조건이라고 생각하는 것이다. 그것을 얻지 못하고 있는 데 한국 여성의 불행이 있다고 생각한다.

다음에 생각하는 것이야말로 중년 여성의 불행이지만, 이것도 젊은 세대에게 영향이 없는 것은 아니다. 중년 여성의 불행이 젊은 세대에게 끼치는 바가 크다고 보아야 옳을 것이다.

동란 시기에 갑자기 돈벌이로 나서고 그것으로 재미를 본 중년 여성들의 중성화라는 문제가 있다. 집 안에 깊이 들어앉아 살던 여인에게 이것이 많은 모양이다.

처음에는 어쩔 수 없어서 길에 나선 장사가 들어맞아서, 돈이 생기니 더 벌고 싶고 남보다 잘살고 싶고 남을 이기고 싶고 남의 위에 나서고 싶어지고, 이런 경로로 해서 중년 여성은 중성으로 화하기 쉽다는 말을 여러 학자가 증명하고 있는 것이다. 또 다른 면으로는 남편과 자식을 위해서 희생정신으로 나섰던 것이 그 일에 재미가 붙어서 본말전도, 본 목적을 잊어버리고 날뛰게 되는 경로다. 이 경로는 중성화와는 다르나 가정생활 부부생활에 파탄을 가져올 것은 마찬가지다.

외부와 접촉이 없던 여성들이 갑자기 외부와, 그것도 격렬한 접촉, 자극적인 접촉, 화려한 접촉을 가지게 됨으로써 얻은 것은 무능력하고 초라한 남편에의 실망과 새로운 면에의 동경으로 나타나게 되었으니, 쉬운 예를 들어도 '아내는 사치에 눈 어둡고 육남매의 자식 기를 길 없어 실직당한 사나이 비관 자살'(1월 19일)이란 신문 기사를 들 수가 있다.

남편이 실직하게 되자 내가 생활을 돌보겠다고 나서서 미용사가 된 34세의 아내는 허영의 생활을 시작하여 이런 생활은 내 이상에 맞지 않는다고 이혼하자고 했다. 생활 능력이 없는 남편은 자살했다.

이 기사가 아직도 기억에 남아 있으리라고 생각한다. 육남매의 어머니로서도 이럴 수가 있다는 것을 알려주었다. 육남매의 불행도 생각되지만, 34세라는 연령은 좋다 하더라도 육남매의 자녀를 버리고 이상에 맞는 다른 남자가 있다고 생각하는 것도 비극이요, 여자가 이혼하자는데 남편이 자살해버림으로 해서 여자가 이상에 맞는 남자라고 생각한 남자와 재혼을 못하게 한 것도 비극이 아닐 수 없다. 이런 것을 흔히 '놀아난 중년 여성'이라고 하지만, 그렇게 좋지 않은 말로만 해치울 필요는 없으리라고 생각한다.

우리나라에서 삼십여 년 전에는 이혼이 대단한 유행이었다. 그것은 모두가 열 살 내외에 결혼한 사람들이었기 때문에 있었던 일이요, 말이 '이상에 맞지 않는다'였다. 그런 과도기라는 것은 한번 반드시 거치지 않으면 안 되는 일인지도 모른다. 십칠 년 고락을 같이 하던 남편이 새삼스레 이상에 맞지 않는다고 하더라도 한번 하고 싶은 대로 해보아야 알게 될 것이 아닐까. 신문에 드러나는 일도 많지만 드러나지 않고 속으로 곪는 가정은 더 많으리라고 생각하는 것이다. 이상에 맞는다고 생각하는 다른 남자와 살아보고 싶은데, 이혼이라는 것 때문에 혹은 자녀 때문에 결단을 내리지 못하고 불행한 가정생활을 한탄하며 이어가거나 불의의 행위를 거듭하는 여성의 경우를 말하는 것이다.

이혼을 장려하려는 의사는 조금도 없다. 그러나 해야만 할 경우에 있는 사람도 내려오는 윤리와 도덕과 사회의 이목을 두려워하는 마음뿐으로 질질 일생을 보내는 비극도 많을 것이라는 말이다. 미국의 어떤 시골에서는 아들 손자 다 있는 칠순 노파가 이혼하고 젊은 남자와 결혼했다는 신문 기사가 있었다. 어지간히 괴짜이기 때문에 우리나라 신문에까지 나오게 되었을 것이다.

이혼을 하고 개가를 해서 반드시 행복하게 될는지 어쩔는지는 알 바 아니다.

부부의 사랑이란 것은 달콤하고 새콤한 사랑으로 시작해서 끊으려야 끊을 수 없는 육친의 애정으로 올라가는 것이라고 생각하는데, 육친의 애정을 느껴야 할 시기에 이르러서 다른 유혹을 느끼게 되는 이유를 생각해본다면, 첫째로 자기 의사가 아닌 결혼을 한 사람을 들 수가 있을 것이다. 남편 될 사람이 어떤 사람인지도 생각하지 않고 부모의 의사에 맡겨서 혹은 삼촌쯤의 의사에 맡겨서 결혼하고 신혼기를 엉둥덩궁 지내온 아내가 비로소 남편의 결점을 발견한 경우, 둘째로 집안에만 박혀 살고 밖을 모르다가 어쩌다 접촉한 남자가 남편과는 비교할 수 없으리만큼 훌륭하고 친절했다는 따위,

오후의 좌석　601

셋째로 남편을 하늘같이 믿고 살다가 피란 통에 환멸을 느낀 경우, 넷째로는 부부생활, 즉 성생활에서 오는 파탄 또는 새로운 자극 등으로 볼 수 있을 것이다.

거기에 덧붙여 6·25 동란 피란, 1·4후퇴, 피란살이라는 큰 난리는 많은 중년 남자를 노이로제 환자로 만들었고, 흔히 말하는 '십 년 늙었다' '이십 년은 늙었다'는 따위가 얼굴에 나타나지 않았더라도 몸에는 대부분이 나타나고 있다는 사실이다.

아내가 생활 능력을 발휘하는 동안 남편은 그 그늘에서 몸과 마음을 위축할 대로 위축시켰다면 왕성한 아내와 위축된 남편의 성생활이 균형이 잡힐 리 없다는 것이다. 그런 상태는 발전해서 아내에게 대한 정감의 감퇴 또는 임포텐츠에까지 이른 남자가 많다는 것이다. 아주 병신이 되었느냐 하면 그렇지 않다. 다른 여성에게는 흥미를 느끼고 골똘하게 되니, 이런 데에 비극이 깃들어 있다는 것이다. 본지 6월호 특집 「성의 발견」 첫머리의 말을 여기에 인용할 수 있을 것이다.

성을 엔조이할 권리는 투표하는 권리와 같이 요구할 수는 없습니다. 인간의 정욕은 먼저 분위기가 있어서 서로 감정이 융화하여 일치할 때만 타오르는 것입니다.

여성의 성애의 권리가 아직도 달성되고 있지 않는 것은 이 때문입니다.

여성의 권리라고 생각되는 모든 것을 찾았으나 이것만은 마음대로 되는 것이 아니기 때문에 아직 찾지 못했다는 것이다.

연애 시기에는 리베(Liebe)가 어떤 이야기를 하나 관찰도 하며 거기 맞추기 위해서 독서도 하고, 약혼 시기에도 피앙세와 화제를 같이 하기 위해서, 말하자면 신문도 3면 뿐 아니라 2면 4면 기사까지도 읽고, 어쩌면 외국 소설까지도 읽던 사람이 결혼을 한 다음에는 턱 마음이 놓여서 바쁘기도 하겠지만 3면 기사까지도 들여다보지 않는다든지, 화장하는 것도 결혼하기까지는 파운데이션 한번 두드리는 것도 남자의 눈에 띌세라 조심하던 것이, 또 신혼 당시는 새벽같이 일어나서 남편이 일어나기 전에 환히 화장하고 깡뚱하게 차리던 것이, 아이나 낳고 얼마 지나면 새벽 화장은커녕 그저 아무렇게나 지내다가 저녁때만 화장을 한다든지, 어디 동부인해서 외출이나 할 때면 경대 앞에 도사리고 앉아서 웃통 벗어젖히고 기다리는 남편이 발을 동동 구르도록 늘어지게 누덕누덕 얼굴을 그리는 따위다. 너는 내 남편이다. 내 일생을 맡은 사람이다. 그런 식으로, 다시 말하면 의무, 책임, 권리, 주권 따위로 되어지는 일은 아닌 것이다.

신선하고 연하고 다소곳한 여성에게만 남성은 정욕을 느끼는 것이 아닐까.

날뛰는 말을 잡아 타보고 싶은 의욕은 남의 여자의 경우이지 바가지 긁는 아내의 경우는 드문 것이다. 그런 취미가 있는 사람이라면 그것은 또 변태성욕으로 발전할 위험성이 있는 것이다. 민주주의 세상이요, 남녀동등이요, 아내요 남편이라 하더라도, 여성은 수동적인 데 반하여 남성은 에렉숀(erektion)이라는 조건이 필요하기 때문에 불평등이 따르는 것이다. 남성의 낭비에서 오는 이유도 있겠지

오후의 좌석 603

만, 여성이 왕성한 데 반하여 일찍 쇠퇴하는 경향은 세계적인 모양이다. 거기에 한국의 남성은 동란을 겪음으로 해서 훨씬 더 쇠퇴되어 있다는 사실은 비극이라 아니할 수 없을 것이다. 피둥피둥하고 이글이글한 여인이 아니면 빤들한 얼굴에 살이 서고 핏대 선 아내에 축 늘어져서 죽여줍쇼 허우적거리는 남편의 일생을 많이 본다. 딸도 아니요 며느리도 아닌 그저 비극적인 내외다.

거리를 혼란하게 하고 다니는 많은 사치한 의복, 짙은 화장의 여인은 직업여성, 미망인 뿐은 아니다. 가정생활 부부생활의 불만을 메꾸어보려는 행동에까지 이르지 않더라도 역시 일종의 성행위라고 볼 수 있는 것이다.

이런 여성의 불행을 어떻게 해결할 수 있겠느냐 하면, 앞의 삼종지도라는 것으로 이야기를 돌릴 수 있을 것 같으나, 그것은 나의 과제는 아니다.

(『여원』 1956년 7월)

멋 제1장, 집

  1920년에 일본 동경으로 건너갔을 때, YMCA 기숙사에 잠시 있다가 옮겨간 맨 처음의 하숙은 간다(神田) 니시키 정(錦町)에 있던 미풍관(美豊館)이란 집이었다.
  방이 스물 이상에 현관이 넓고 낭하(廊下)가 번질번질하고 입 구(口) 자를 가로 한 것같이 건물이 되어 있어, 가운데 마당이 있고 정리된 약간의 암석과 상록수가 일견 고급 여관 같은 집이었다.
  방방이 전화가 있었다. 나는 이층 4첩 반짜리 동향 방에 있었다. 기둥에 전화가 걸려 있었다. 요새 탁상전화의 송화 수화기가 같이 있는 그것이다. 그리고 그 아래 버튼이 있었다. 버튼을 누르면 사무실에서 전화를 받는다. 벌써 몇 호실이라는 것을 알게는 되어 있지 않았다. 버튼이 신호고 신호가 있으면 사무실에서 전화기를 든다. 몇 호실이라고 말해야 누구 방에서의 전화인 것을 알게 되었다. 포석(抱石) 조명희(趙明熙), 김기원(金起元) 등등은 내가 없어도 방에 올라와서 전화를 걸고 "몇 호실인데 시끼시마(담배) 한 갑하고 우동 두 그릇하고 술 두 병" 하면 여중(女中)은 거침없이 그것을 대령하는 것이었다. 그러니까 월말이면 장기(掌記)를 뽑아 주는데 한 달치 하숙비 외에 며칠 날 객선(客膳) 손님 식사 몇에 얼마, 며칠 날 우동 둘, 시끼시마 하나, 술 두 병 얼마, 라고 몇 장씩 붙어서 합계 얼마,

라는 금액은 하숙비의 몇 갑절이 되기도 하는 것이었다. 목욕은 매일 있고 변소는 낭하나 현관보다도 깨끗했다.

학생으로는 지나친 호사였으나 우리 유학생이 그 집 절반은 차지하고 있었다.

삼 년 후에 취직하고 얻어 든 하숙방은 형편없는 노동자의 집 이층이었다. 반 간밖에 안 되는 부엌으로 들어가서 어두컴컴한 층층대를 기어 올라가다시피 했었다. 다다미는 끈끈하고 우툴두툴하고 층층대 맞은편의 변소에서 냄새가 곧장 올라왔다.

집 한 채를 얻어 든 곳은 코엔지(高圓寺)라는 곳이었다. 큰 목재상이 장난삼아 지었는지 그들의 노친(老親)을 은거시키기 위해서 지었다가 죽어서 세를 주는 것인지, 성냥갑 같은 집이었다. 대문은 따로 큰길로 났지만 대문을 열고 들어가면 왼편으로는 목재가 임립(林立)해 있었고, 오른편으로 집이 있었다. 방 두 간 부엌, 변소. 부엌에서 변소까지 낭하. 그러나 낭하의 유리 장지를 열면 두 평쯤의 정원을 만들어놓은 것이 있어서 그것을 내다보며 답답하지 않게 지냈었다. 혼자서 자취를 한 것이었다.

2첩 현관과 6첩 방이다. 미닫이를 뜯어 젖히고 2첩에 책을 쌓고 6첩에 책상을 놓았다. 2첩이라면 1평, 한 간(間)이니, 한 간 방과 세 간 방을 터놓고 지내면서도 정원을 내다보지 않고는 답답해했었다.

여기서 폐병이 되었던 모양이다. 십일 개월 입원했다가 돌아와서 방을 정한 곳은 그때에 새로 생긴 아파트였다. 육층 건물에 삼층까지는 사무실, 육층은 저널리스트를 주로 넣었다. 자동 엘리베이터를 타고 올라가면 세면소, 변소가 고급 호텔 못지않게 있고, 낭하를 꺾어 다음 골목 구석방은 6조짜리, 그러니 세 평 방이었지만 침대, 양복장, 테이블, 의자, 객용(客用) 장의자까지 놓을 수 있었고, 동남에 창이 있는데 동창은 같은 건물의 창이 마주 보이지만 남창은 장안 만호(萬戶)와 하늘과 먼 산이 바라보였다. 지하실에는 욕장과 식당이 있었다. 식당은 외래객도 받는 곳이었기 때문에 값도 싸고 각종 요리를 잘했었다.

나는 가끔 신열이 오르는 일이 있어서 그런 때면 방에 누워서 쉬는 날이 많았다. 그런 때면 파출 간호부회(看護婦會)에 전화로 주문해서 간호부를 출장 오게 했었다. 장의자는 등받이를 젖히면 침대로 쓸 수 있는 것이었기 때문에 간호부를 재울 수도 있었다. 방 안에서는 전열을 쓸 수 있었고, 세면소에는 가스대가 있어서 차는 언제나 끓여 마실 수 있었다. 더운 세숫물은 세면소에서 언제나 나왔다. 밤 열 시가 되면 자동 엘리베이터를 끊었기 때문에 늦게 돌아올 때는 구십육 층층대를 어기어차 어기여차 올라가는 것도 멋이었다. 한 달 방세가 16원 50전. 월급을 80원에서 100원까지 받을 때였다. 가구는 모두 십 개월 월부로 사들인 것이었다. 세간은 언제나 극상제(極上製)를 택해서 장만해야 한다. 깨지거나 오그라지거나 없어지는 것이 아니므로 십 년 이십 년이 지나도 그것은 남아 있고, 오랫동안 써온 것은 또 애착이 생겨서 버리기도 아깝고, 그러니 값싼 것을 장만하면 싫증이 나고 서글퍼지기도 한다. 내가 그때 월부로 장만한 것은 지금도 몇 가지는 그대로 남아 있을 것이 눈에 선하다.

첫새벽이건 밤중이건 찾아오는 사람이 많아서 이사한 곳은 오오모리(大森)라는 곳이었다. 지대가 높고 조용한 곳이었다. 자동차가 들어가지 못하는 좁은 길을 한참 들어가야 했다. 좋은 살림집들만 있어서 피아노 소리 레코드 소리가 쉴 새 없이, 그러나 은은히 들려 왔다. 아래층에 남자 여자 한 사람씩을 두고, 나는 이층을 썼다.

온 종일 빌딩 육층 팔층의 사무실과 지하실의 바 바이올렛에서 지내는 생활이었기 때문에 전차나 자동차를 내려서 십삼 분쯤 걸어야 하는 그 집은 공기도 좋아 보건상 좋은 곳이라고 생각했으나, 일이 바빠짐에 따라 아침저녁이 귀찮아져서 사무실 빌딩 가까운 곳으로 되돌아왔다.

이치가야 역(市谷驛) 바로 위인 고지마치(麴町) 고반초(五番町)라는 곳이었다. 큰길에서 10미터쯤 들어가서 오른편으로 3미터쯤 구부러진 막바지 집이었다. 현관 2조, 낭하 오른편으로 4조 반, 다음이 부엌, 욕실 3조, 왼편으로 굽어 8조. 이층에 3조, 8조가 있었다. 반듯한 마당에는 몇 그루 작은 나무와 큰 나무 한 그루가 있었다. 그보다도 옆집의 홍매(紅梅) 노목(老木) 가지가 판자벽을 넘어서 내 집에 많이 피었다. 꾀꼬리가 많이 와서 놀았다. 아래 8조 맞은편은 북쪽이 되는데, 대숲이었다. 큰 집의 뒤터인 모양으로 사람도 집도 보이지 않고 대숲만이 넓었다. 이것이 제일 마음에 들었다. 8조 넓이 전부를 유리창으로 하고 겨울만 아니면 탁 열어젖히고 지내었다. 전라도 담양에서도 산 밑의 외딴 산장 같은 기분이었다. 그러나 그 바로 이층 8조에서 내다보면 멀리 신주쿠(新宿) 번화가의 네온사인과 그 너머의 높은 산까지 바라보였다. 마당에는 식물원에서 개나리(連翹)와 무궁화를 얻어다 심었다. 개나리는 우리나라 시골집 울타리에 많은 노랑꽃이요, 무궁화는 일본 시골집 울타리에 많았지만, 꽃 가게에서 파는 일은 없었다. 선사 받은 찔레꽃은 꽃 필 무렵 되면 청자(青磁) 장방형 화분에 옮겨서 방에 두고, 꽃이 지면 마당에 심었다. 동백꽃 나무도 있었다.

부엌을 맡은 여인은 의학박사의 어머니인데 자식 집의 군식구 되기가 싫어서 나온 사람이었다. 우리나라 복덕방같이 사람 소개업자가 많았다. 소개소에 갔더니 마침 그 여인이 있었다. "아무도 없고 나 혼잔데, 집 일을 다 맡아보아주겠느냐"고 물었더니, "부처님이 인도하신 일"이라고 좋아하며 따라왔다. 깨끗한 여인에 하는 일도 깨끗했다. 나를 '서방님'이라고 부르고, 나는 '할멈'이라고 불렀다. 여학교를 마친 딸이 찾아와서 노는 것을 보았다. 깍듯이 인사를 시켰다. 내가 없는 사이에 자주 놀러 온 모양이었다. "아침부터 밤중까지 혼자 있기 심심도 하고 저 딸년을 데리고 있었으면" 하는 것이었다. 좋다고 했다. 그 후부터 할멈이라고는 부르지 않았다. 그저 어름어름했다. 낮에는 현관 다음 4조 반에서 지내고 밤에는 막바지 3조에서 자게 했다.

아래 9조에는 녹색 바탕에 붉은 꽃무늬 탄자를 깔고 테이블 소파 세트를 놓고 벽은 전면 책장이었다. 이층 8조는 가운데 화류(花柳) 사방상 하나뿐인 정갈한 방, 낭하에 등의자 세트, 3조는 침대를 놓고 동창에는 복국부터 바닥까지 연지 빛 비로드 커튼을 쳤었다. 식사는 거의 조반(朝飯)뿐인데, 간단한 조반은 아래 4조 반에서 했다.

결혼하게 되니 그렇게 할 수 없었다. 책장과 세트를 좁은 대로 4조 반으로 옮기고 8조를 아내의 방으로 정했다. 침실은 그대로다. 원래가 더블 베드였다. 그 집에서 첫아들을 낳았다. 기어 다니기 시작할 때 이층 8조 방에서 미닫이를 살그머니 열고 나온 아이는 낭하까지 나와서 층층대를 굴러떨어졌다. 이마 끝에 도토리 반쪽만 한 것이 튀어나왔다. 밤중에 들어가니 아내는 연해 냉습포(冷濕布)를 하고 있었다. "이층은 안 되겠군." 이사 간 곳은 우시고메(牛込) 신오가와마치(新小川町)였다. 크기로 동양 제일이라는 가족 아파트 바로 뒤다.

와세다(早稻田) 가는 큰길에서 왼편으로 30미터쯤 들어가서 또 왼편으로 구부러진 막바지 집이었다. 대문 옆 판자벽 너머로 소나무 한 그루가 내다보고 있었다. 대문을 들어서면 뻥 돌아 마당이다. 대문에서 현관까지는 징검다리같이 되어 있었다. 키 작은 상록수가 심겨 있고 현관 옆에 비스듬히 싸리와 대로 울타리를 세우고 우둘투둘 구부러진 목재를 홍예로 한 문이 있었다. 부엌과 정원으로 들어가는 문이다. 키 작은 상록수가 그득히 들어 있고, 감나무도 있고, 등(藤) 덩굴 아래는 세사(細砂)를 구해다가 사장(沙場)을 만들었다. 안으로 들어갈수록 아름드리나무가 대여섯 그루 있어 앞집 이층까지를 가려주었다. 아름드리나무 다음에는 키만 한 상록수요, 그 앞줄에 차츰 나지막이 가로 퍼지는 나무와 괴석(怪石)을 의지해서 난초가 조르륵 심겨 있었다. 앞마당이다.

현관이 3조, 오른편으로 응접실 4조 반. 바로 왼편에 미닫이가 있는데 왼편은 6조가 둘, 바로 열면 8조가 둘 있었다. 8조를 지나가면 오른편으로 변소와 또 4조 반 방과 3조의 서고가 있었다. 이 4조 반을 침실로 썼다. 동서로 창이 있고 동창은 곧 앞마당이다. 침실의 도어를 닫아놓으면 아이들이 떠드는 소리도 들리지 않았다. 침실에서부터 넓은 낭하가 기역자로 뻗어 나간다. 현관 왼편 6조를 식당 겸 모두 모여서 노는 방으로 썼다. 다음 6조가 여중(女中) 방, 그 왼편이 부엌, 여중 방을 지나가면 또 변소와 욕실이 있었다. 다다미만 40조, 기역자 유리창에 덧문이 남에 여덟 장 동에 여섯 장이었다.

현관 다음 8조는 객실이고 다음 8조를 아내의 방으로 정했다.

객실에는 '상간(床間)'이라는 것이 있다. '도코노마'라는 것인데 넓이 한 간, 깊이 반 간의 여기에는 벽에 족자를 걸기 마련이다.

상간에 이어서 똑같은 면적의 '위붕(違棚)'이라는 것이 있다. 밑과 위에 벽장이 있어 밑의 벽장에는 서화를 위 벽장에는 고기(古器) 같은 것을 넣어 둔다. 허리에 어슷비슷 선반이 질려 있고 그 위에 한두 가지를 진열해놓기 마련인데, 나는 고려자기 혹은 인형 같은 것을 양 선반에 하나씩 치장하였었다.

상간 밑바닥에는 생화(生花)를 놓게 마련이다. 이것은 주부의 솜씨를 보이는 것으로 아내는 생화 치장을 철따라 곧잘 했다. 봄이면 홍매(紅梅) 가지, 도화(桃花), 버들강아지, 목련 따위 다음에는 창포, 양화(洋花), 가을이면 갈대꽃, 도라지꽃, 가을 칠초(七草)라는 것을 몇 년씩 스승에게 배운 사람 못지않게 치장할 수 있었다.

생화 치장에는 스승이 많고 유파가 또 많다. 고류(古流)라는 오랜 역사를 자랑하는 격식도 있다. 그러나 교양 있는 여인의 지적 감성에서 우러나오는 솜씨를 보일 때 유파가 따라오기도 한다. 자기류(自己流)로 멋지게 치장해놓은 것을 보고 "아아, 이것은 무슨 류군요. 참 좋습니다" 하고 본인은 땅김도 못할 유파의 이름을 대며 칭찬해주는 수도 간혹 있다. 그만큼 유파 격식이 많다고도 볼 수 있고, 결국 보기 좋게 치장해놓으면 어느 유파에든 속하게 된다고도 볼 수 있는 것이다.

상간에 걸 족자는 상당히 가지고 있었다.

맨 먼저 얻은 것은 오오모리(大森)에 살 때에 살림을 시작했다고 해서 축하 인사를 온 시모자와(子母澤)란 작가가 준 호안(放庵)의 「고호계(古虎溪)」란 산수화였다.

다음에 김옥균(金玉均)의 「여일방승(如日方昇)」이란 작은 횡축(橫軸)을 입수했다. 큼직하게 표구했다. 심산(心汕)*의 산수, 인쇼(印象)의 홍매, 이것은 우리들의 결혼 축하로 인쇼 화백이 보내준 것이다. 첫아들을 낳았을 때에 이 홍매를 직경 1척 2촌짜리 접시에 모사(模寫)시켜서 도기(陶器)를 만들어 나눈 일이 있었다. 부시(蕪子)의 배화(俳畵), 이런 것을 철에 따라 걸고 볼 수 있었다. 서울 집 다락에 있었는데 1·4후퇴 후에 없어졌다.

현관 문지두 위에는 무자의 멋진 초서(草書)로 '해송동(海松洞)'이라 쓴 액자를 걸었었다. 객실과 아내의 방 사이에는 넉 장의 미닫이가 있었는데, 한 장 폭이 석 자나 되는 거기에는 이상백(李相佰)이 중국에서 구해다 준 태산(泰山)의 탁본을 붙일까 했었지만 그런 멋을 부리지 못한 것은 '포의독존(布衣獨尊)' 넉 자는 주제넘은 것 같고 '무량불(無量佛)'은 한 자가 모자라기 때문이었다. 성제(惺齊)의 전자(篆字)로 받은 맹고불(孟古佛)의 「강호사시가(江湖四時歌)」 시조

---

* 노수현(盧壽鉉, 1899~1978). 한국의 동양화가.

네 수를 한역(漢譯)한 것을 병풍으로 짜서 세웠었다.

응접실과 침실에는 6호짜리 8호짜리 자그마한 유화를 걸었다. 응접실에 나체화는 걸지 않았다. 나체화는 침실용이다. 변소에는 향합에 향을 피우고 체코제 커투글라스 재떨이를 비치했었다.

이 집에서 나는 두 번 호된 폭격을 경험했다. 밤 열한 시부터 한 시간 이상에 걸쳐 B-29 수십 기가 상공을 날고 있을 때, 나는 각반을 치고 스키화를 신고 철모를 쓰고 침실을 튀어나와서 여중 방 6조 벽장 속으로 들어갔었다. 그것은 가장 미련한 일이었다. 여중 방 벽장은 쥐가 많이 드나들었기 때문에 전부 양철을 씌웠었다. 가운데 선반이 질려 있었는데, 그 밑에 요를 깔고 이불을 덮고, 그것을 대피라고 생각했던 것이다. 물론 가족은 전년 6월에 모두 귀국시키고 혼자 있을 때의 일이다. 폭풍으로 조금만 무너지더라도 나는 양철 밑에 깔릴 것이 틀림없는 일이었다. 차라리 침대에 가만히 누워 있는 편이 옳았을 것이다.

후닥닥 귀국했다.

개성의 큰댁은 남대문 동쪽 싯웃다리[楓橋] 천변에 있었다. 대문이 얕다. 뒷대문이 오히려 크고 번듯했다. 대문을 들어서면 왼편에 서각(西閣; 변소), 중문을 들어서서 오른편이 헛간. 똑바로 안대문. 왼편으로 마당이 있고 사랑이 있었다. 마당에는 두 단짜리 화계석(花階石)이 있었다. 화강석을 다룬 화계석은 다리가 석 자 상의 길이가 다섯 자쯤 되는 화분 놓는 대석(臺石)이다. 이것과 똑같은 것이 부엌 앞에도 있다. '긴돌'이라는 것이다. 설거지도 하고 생선 다루는 때에도 쓰는 돌이다. 이것은 개성 집에는 반드시 있다. 초가삼간 집에도 한 단짜리일망정 화계석 없는 집은 없다. 그러면서도 이사할 때는 떼어 가지고 간다.

사랑은 안방 삼 간(間), 대청 건넌방 한 간이었다. 안방에는 문갑 한 쌍에 연상(硯床)이 이어 있고, 병풍은 선고(先考)의 수연(壽筵) 시를 수놓은 것이었다.

대청에서 방으로 들어가는 문지두 위에는 「삼화당기(三和堂記)」 세자(細字)가 액자로 걸려 있고 바라지 두껍닫이에도 이름 있는 서가(書家)의 행서(行書)가 붙어 있었다. 한편에 사진액(寫眞額)이 유리 끼워져 있었는데, 내 사진도 끼어 있었다. 이십여 년 외국에 가 있는 넷째 아들을 선고는 돌아가실 때까지 그 사진으로 보고 계셨으리라 생각하니 눈시울이 뜨거웠다.

안대문을 들어서면 왼편으로 마당, 오른편과 왼편에 광이 있고, 왼편 광 앞에 장독대, 긴돌 부엌, 안방, 삼 간(間) 대청, 건넌방, 장독대 앞에 화초단이 있었다. 건넌방 아래 중문이 있고, 또 방 두 간과 안 변소가 있고 뒷대문이 되었다.

1923년쯤에 개벽사(開闢社)에서는 '부인 견학단'을 조직해서 개성에 온 일이 있었다. 당시의 신문사는 '습율(拾栗) 대회'로 개성 혹 의정부에 가는 일이 많았고, 부인 견학단은 개성으로 많이 왔었다. 살림살이를 견학하는 것도 겸했기 때문이었다. 개벽사의 부인 견학단이 올 때에 '부잣집과 중류 집 둘만 보게 해달라'는 본사의 기별이 있어서 내가 알선한 일이 있었다. 하나는 동부의 부잣집 대가와 하나는 북부 끝의 중류라기보다도 좀더 아래 되는 집을 택했었다. 기와보다는 초가가 더 많은 집이었다. 도대체 개성 집은 아무리 대가라도 초가 몇 간이 있어야 하는 법이었다. 기와만으로 짓는 집은 왕궁뿐이라는 것이다.

먼저 북부 집으로 인도했었다. 머리를 구부리고 들어가야 하는 대문을 들어서자부터 서울 부인들은 혀를 치며 감탄하는 것이었다. 넓지 않은 마당이지만 훤하고, 기둥이며 세간이 번질번질해서 당장 핥아놓은 것 같았고, 마루 밑에 빈틈없이 장작을 차곡차곡 쌓아 놓은 것도 놀라움이었다. 서울 집은 마루 밑을 고막이라고 해서 막아 놓지만 개성서는 대개 장작을 차곡차곡 쌓아 둔다. 쥐가 드나들 짬도 없게 고여 놓는다.

중문 들어서 머릿방 대청 안방, 전형적인 기역자집이다. 마당 왼편으로 헛간 광 부엌, 광 문 앞에 세 단 화계석과 부엌 앞에 긴돌이 하얗다.

광 속에 크고 작은 항아리 늘어 놓인 것도 요모조모 깨끗하다기보다 아름답기 이를 바 없었다.

부엌으로 해서 뒷터로 나가니 거기 장독대가 있고, 또 화계석이 있어 갖은 화분이 늘어 놓여 있었다. 건평은 열 평 남짓한 집이었다.

다음에 동부의 대가로 갔었는데, 이건 완전히 실패였다. 대가인 탓으로 주인의 지령이 아래까지 내려가는 데 시간이 걸렸던지 방금 대청소를 하고 있는 중이었다. 사람의 키만 한 장독을 여러 개 내어놓고 물을 좍 좍 끼얹으며 수세미질을 하는 판이라 물바다에 발 들여놓을 곳이 마땅치 않을 지경이었다. 큰사랑에는 객이 많아서 들여다보지도 못하고 여기저기를 그저 기웃기웃하고 나올 수밖에 없었다. 그래도 서울 부인들은 개성의 대갓집 차림새를 엿볼 수 있었다고 좋아했다.

　북부의 집을 칭찬하는 말은 쉴 새 없이 들었고, 서울로 돌아간 후에도 감격한 편지를 받은 일이 있었다. 나도 십여 년이 지나도 그때 샅샅이 구경한 그 집 모습을 잊을 수가 없었다. 월매가 아무리 살림이 알뜰하고 돈이 좀 있었다 하더라도 그 집 뒷터에 두어 간 방이 있었더라면 그것이 '부용당(芙蓉堂)'이자 이런 집이 춘향이가 있을 만한 집이 아닐까도 생각한 적이 있었다. 그러나 『춘향전』에 묘사된 집은 너무도 어마어마하다.

　대문 중문 다 지내여 후원을 돌아가니 연구(年久)한 별초당(別草堂)에 등롱 밝혔는데 버들가지 늘어져 불빛을 가린 모양, 구슬발[珠簾]에 갈고리 걸린 듯하고 우편의 벽오동에는 맑은 이슬이 뚝뚝 떨어져 학의 꿈을 놀래는 듯, 좌편에 섰는 반송(盤松)은 청풍이 건듯 불면 노룡(老龍)이 감기는 듯. 창전(窓前)에 심은 파초(芭蕉) 일난초 봉미장은 속잎이 뻗어나고, 수심(水深) 여주(如珠) 어린 연꽃 물 밖에 겨우 떠서 옥로를 받쳐 있고, 대접 같은 금붕어는 어변성룡(魚變成龍)하려 하고 때때마다 물결 쳐서 출렁 툼벙 굼실 놀 때마다 조롱하고, 새로 나는 연잎은 받을 듯이 벌어지고, 금년 상봉석(相逢石) 석가산(石假山)은 층층이 쌓였는데, 계하(階下)의 학 두루미 사람을 보고 놀래어 두 쪽지를 떠벌리고 긴 다리로 징검징검 낄룩 뚜루룩 소리 하며, 계화(桂花) 밑에 삽살개 짖는구나. 그중에 반가울사 못 가운데 쌍 오리는 손님 오시노라 둥덩실 떠서 기다리는 모양이요……

이것이 춘향의 집이다. 춘향의 방 치장은 서화(書畵)에 이르기까지 자세하게 그려져 있다. 한번 구경할 만하고 한번 놀 만한 탐스러운 정경이다. 그러나 어떻게 된 얼마나 한 집인지는 알 도리가 없다. 대문 중문 들어서서 후원 별초당 춘향의 방에 이르기까지에 학, 두루미, 파초, 연못, 가산(假山), 반송(盤松)이 있다.

어마어마한 대갓집이다. 그러나 나중에 "이 간(二間) 마루 섭적 올라 영창문을 뚜드리며"라는 대목이 있어 춘향의 방은 이 간 마루밖에 안 되는 것을 드러내고 있다. 모두 중국 소설의 영향을 받아서 중국 집 정경을 그대로 엮어댄 감이 없지 않다.

중국의 린위탕(林語堂)이 "중국인이 이상으로 하는 집은 어느 작가가 다음과 같은 문장으로 충분히 표현하고 있다"고 그의 저서에 인용한 것이다.

문 안에는 보도(步道)가 있다. 보도는 구부러지지 않으면 안 된다. 보도의 굽은 모퉁이에는 담장이 있다. 담장은 작지 않으면 안 된다. 담장 뒤에는 터가 있다. 터는 평평하지 않으면 안 된다. 터 양쪽의 약간 높직한 곳에는 꽃이 있다. 꽃은 생생하지 않으면 안 된다. 꽃 저편에 벽이 있다. 벽은 나지막하지 않으면 안 된다. 벽에 붙이어 한 그루 솔이 있다. 솔은 노송이 아니면 안 된다. 솔뿌리 옆에는 몇 개 바위가 있다. 바위는 기괴한 멋이 없으면 안 된다. 바위 저편에 정자가 있다. 정자는 간소하지 않으면 안 된다. 정자 뒤에 대[竹]가 있다. 대는 얕게 퍼져 있지 않으면 안 된다. 대밭이 다한 끝에 집이 있다. 집은 유정(幽靜)하지 않으면 안 된다. 집 옆에 길이 있다. 길은 갈림길로 되어 있지 않으면 안 된다. 몇 줄기의 길이 합치는 곳에 다리가 있다. 다리는 손님을 건너게 하는 매력이 있지 않으면 안 된다. 다리 곁에는 수림(樹林)이 있다. 수림은 높지 않으면 안 된다. 수음(樹陰)에는 풀이 있다. 풀은 푸르지 않으면 안 된다. 풀밭 곁에 못이 있다. 못은 좁지 않으면 안 된다. 못 수원(水原)에는 샘이 있다. 샘은 곤곤하게 늘 솟아 있지 않으면 안 된다. 샘 위에 산이 있다. 산은 심산(深山)의 멋이 있지 않으면 안 된다. 산기슭에는 서실(書室)이 있다. 서실은 각실(角室)이 아니면 안 된다. 서실 모퉁이에 채원(菜園)이 있다. 채원은 넓지 않으면 안 된다. 채원에 한 마리 황새는 춤추는 것같이 움직이고 있지 않으면 안 된다. 황새는 내객(來客)을 고한다. 객은 야비(野卑)하지 않으면 안 된다. 객이 오면 술이 나온다. 술은 거절하면 안 된다. 술잔을 거듭하는 중에 취하여진다. 취객은 집에 돌아가는 것을 생각하면 안 된다.

온갖 멋을 다 부리고 있다. 춘향 집의 학, 두루미와 중국의 황새가 다를 뿐 정경이 비슷한 것 같다.
우리나라에는 우리 식의 집을 멋지게 그려 놓은 작품이 드물다.

> 산 밑에 집을 지어 두고 옐 것 없어
> 초(草) 새로 예었으니 밤중만 하야서
> 비 오는 소리는 우루룩 주루룩
> 몸에 옷이 없어 초의(草衣)를 입었으니
> 살이 다 드러나서 울긋불긋 불긋울긋 다만지
> 칩든 아니 하되 님이 볼까 하노라.

고시조다. 이을 것이 없었다는 것이다. 이렇게 가난하면서도 님은 있었고, 그 님이 볼까 두려워하는 심정 갸륵하다 할 거나 측은하다 할 거나. 너무도 가난한 조상이라 하겠으나 시조에는 그저 대개가 '초가삼간'이다. 그 식(式)이 시체 문인에게까지 흐르고 있다. 옛날에 글줄이나 쓴 사람이라면 벼슬을 하직하고 낙향해서 그야말로 초가삼간에 묻혀 있던 선비거나 애당초 부귀와 영화에 관심이 없는 선비였을 것을 짐작할 수 있고, 살림살이나 뜰이나 화초 같은 것은 장부의 할 일이 아니라는 생각도 있었을 것을 짐작할 수도 있다. 그렇다고 모든 조상이 집이나 세간에 무관심했느냐 하면 결코 그렇지도 않았던 것을 여러모로 따질 수가 있으니 글로 전해 오지 않은 것만이 서운한 일이라 할 것이다.

만첩(晩疊) 청산(靑山) 들어가서 소부동 대부동을 와드렁 퉁탕 베어다가 안방 대청 행랑 몸채 내부 분합(分閤) 물림퇴에 살미 살창 가로닫이 입 구(口) 자로 지은……

『흥부전』의 집이다. 이렇게 짓고 살아봤으면 하는 집이다. 지금 내가 사는 서울 집만도 못하고 개성의 북부 집만도 못할는지 모른다. 살미살창이라야 문살을 짧고 얇게 간살이했다는 것이니, 그때는 멋을 부린 것인지 몰라도 요새는 그야말로 삼간 초실(草室)에도 쓰이는 것이다.

뒤에는 하운(夏雲)이 다기봉(多奇峰)하고, 앞에는 춘수(春水) 만사택(滿四澤)이라. 사면 도이(挑李) 화만발(花滿發)한데 집터를 잡아 상량 삼간 내외 분합, 물림퇴를 지어 두고 장지, 영창, 채양하고 동편에 마구 짓고 서편에 곳간 짓고 중문 밖에 사랑 짓고 외양 지어 황소 세고 돝 길러 씨를 받고 거위 놓아 두적 뵈고.

뒷동산에 과목(果木) 심어 철을 따라 과일 따고 뽕 심어 울을 하고 울안에 벌통 놓고 장독 뒤에 더덕 심고 뒤뜰에 닭을 놓아 청수피 황수피며 앞뜰에 개를 놓아 청삽사리 황구피며 백마는 굽 씻겨 뒷동산 송정에 매어 두고 남종 여종 갖아 있고.

문앞에 버들 심어 동구 막고 솔 심어 정자 삼아 활 지어 송지(松枝)에 걸고 음지에 우물 파고 양지에 방아 걸고 못을 파서 양어(養魚)하고 약을 심어 차를 하고.

길 아래 논을 풀고 길 위에 밭을 갈아 잿밭에 면화 갈고 진 밭에 피 시므고 마른 밭에 조 시므고 밀보리 모맥전(牟麥田)과 수수 모밀 동부 녹두 예팥 두태전(豆太田)에 가지가지 심어놓고 종년들은 무명베 길쌈하고 아이들은 글공부하며 손자들은 몽학(蒙學)하고 외손들은 활을 쏜다.

「명당가(明堂歌)」의 한 토막이다. '상량 삼간'이란 말은 좋은 도리 올린 '삼간 집'이니 '오량 집'은 아닐 것이다. 삼간짜리 삼량집이 틀림없다. 안방 한 간, 마루 한 간, 건넌방 한 간짜리 초가집이 분명하다. 서울의 기와집은 웬만한 집은 오량 집이다. 큰마루에 넙죽이 누우면 굵직하고 묵직한 대들보 위에 마루보[宗樑]가 보이고 십(十)

자로 종(용)마루 밑의 마루도리와 양편에 중도리 둘, 주심도리 둘과 그 위에 놓인 서까래가 나란히 하얀 회 빛에 어울려 보인다. 이것이 멋이요, 안정감이다. 큰마루에 반자할 것은 아니다. 마루는 우물 마루가 제격이다. 개미 한 마리 드나들 수 없이 수십 년 마른 나무로 싸야 한다.

"내외 분합 물림퇴에 마구 짓고 곳간 짓고 사랑 짓고 외양 짓고……" 농촌 생활이 틀림없다. 이런 집 이런 살림을 그리는 사람은 우리나라에 많을 것이다.

나도 그렇고 많은 선비들이 역시 그러리라고 생각한다. 팔할강(八割强)이 농민이라는 조건에서의 전통이요, 전통에서의 낭만일 것이다.

박두진(朴斗鎭)이 피란 대구에서 지독한 가난 속에 쓴 「나의 생활 계획도」라는 산문이 있다. 그때는 나도 하루 한 끼 밥이 어려웠고, 그는 나보다도 고비를 넘기기 힘들 때였다. 속절없는 꿈을 그린 꼴이 고전(古典) 「명당가」와 통하는 점이 있다.

시인과 농부를 할 수는 없을까?

그렇게 뛰어나게 산수가 고운 곳이 아니라도 좋다. 수목이나 무성하여 봄 가을 여름 겨울로 계절의 바뀜이 선명하게 감수되는 양지바르고 조용한 산기슭이면 족하다.

이러한 곳에 나는 내가 내 손으로 설계한 한 일고여덟 간쯤의 간소한 집을 짓고 내 힘으로 지을 만한 얼마쯤의 전지(田地)를 마련해선 시업(詩業)과 농사를 겸한 생활을 해보고 싶다. […]

내가 다루는 논밭의 거리는 주택에서 물론 가차와야 한다. 아침저녁으로 잔손이 많이 가야 하는 밭, 농지의 거리는 논보다도 더 가까이 바로 주택 울 안팎이면 더욱 좋다.

면적은 논이 댓 마지기 밭이 한 칠백 평쯤—.

주택의 정원은 별다른 인공적인 설계 조작을 필요로 하지 않는다. 자연생 그대로의 수목을 주로 하되 적어도 한 오백 평쯤은 안아 들여야 한다. 높은 곳 산에서 내려오는 골짝 물을 그대로 졸졸대며 뜰 안에 흐르게 하고 음료로 쓰는 물도 그대로 생생하게 돌 틈에서 쪼개 낸다.

청대 사철 같은 상록수를 산울로 심되 월계(月桂) 넝쿨 장미를 섞어서 올리고 창 가까이는 모란 풍목련 석류 파초 황국 백합 난 들을 심어 화단을 모으고 울 안팎 혹은 밭두렁 일대로는 힘이 미치는 데까지 감, 능금, 포도, 수밀도 등의 과일을 심어 열게 하는 한편 온 주택지대 일대에다가는 필요한 소채와 과목(果木)과 곡종(穀種)이 심기는 외에 공백(空白)마다 온갖 일년생 잡화초들을 깡그리 막 노가리로 뿌려서 제대로 어울려 일대 야생화원이 되게 한다. […]

자못 흐뭇한 정경이다. 그러나 나는 소학교 때 담임선생 인솔하에 동부 끝 선죽교 다리 건너 보리밭에 보리깜부기를 뽑으러 간 일이 있었다. 밭도랑에 들어서자마자 나는 벌 떼에 싸여서 온 머리를 쏘이고 정신을 잃은 일이 있었다. 집에 돌아와서 정신을 차렸을 때는 된장 냄새에 골치가 아플 지경이었다. 선죽교 보리밭 임자가 벌에 쏘인 나의 머리에 온통 된장을 발라준 것이었다.

나는 보리밭에도 들어갈 생각이 없고 논에는 더욱이 엄두도 못 낸다. 논에 많은 거머리는 생각만 해도 소름이 끼친다. 벼가 자란 후라면 나의 팔과 다리는 여지없이 베이게 될 것만 같다.

초가집도 정이 없다. 노랑각시라는 냄새 고약한 벌레와 굼벵이 따위를 본 기억이 있다.

우리나라 기와집의 추녀가 그 귀를 반짝 들어서 먼 산이라기보다 먼 하늘을 찌를 듯이 뻗치고 있는 것을, 저 일본이나 서양 건물의 무표정한 지붕에 비교하여 보라. 날아갈 듯이 서 있다는 형용은 우리 건물 외에 어디 들어맞을 곳이 있느냐 말이다.

이희승(李熙昇)의 「취미」라는 산문 속에 기와집의 멋을 뻐기는 대목이 있다. 추녀마루에서부터 버쩍 치켜 올라간 귀마루[隅棟]의 멋을 말한 것이다. 중국의 형(形), 우리의 선(線), 일본의 색(色)이라고 말하듯이, 우리의 귀마루의 선도 가장 아름다운 선의 하나다.

버쩍 치켜 올라가기만 한다고 아름다운 것도 아니다. 태국의 그것은 몹시도 꼬부라져 올라가서 양화(洋畵) 그림에 많이 나오는 요파(妖婆)의 끝이 뾰죽하고 꼬부라져 올라간 구두를 연상하게 한다. 비천(飛天)을 지향하는 종교적 의의는 알 수 있으나 멋을 느끼지는 못한다.

우리나라의 귀마루의 선이 가장 아름다운 선인 것 같다. 서너 간짜리라도 당마루[降棟] 있는 건물이면 추녀마루부터 귀마루는 올라가기 마련이다. 추녀 다음에 사래[蛇羅]가 있기 때문이다. 창경원에 종마루(용마루) 없는 궁전이 있다. 이조 역대 왕후의 정전이었다는 통명전(通明殿)이다. 마루도리를 덮는 암기와 수키와를 둥글게 해서 종마루 없이 슬쩍 넘겨버린 것이 멋을 부릴 대로 부린 것 같으나 불모증(不毛症) 같아서 그다지 신통하게 보이지는 않는다. 왕후의 처소라서 볏 없는 집을 만든 모양이나 있을 것은 있어야 하는 모양이고, 종마루는 더욱이 무시할 수 없는 것 같다.

우리 집의 험은 방통이 넓지 못했던 것과 문지방이 높고 문지두[門楣]가 얕아서 드나들 때마다 이마를 부딪힐까 염려되는 점이었다고 할 수 있다. 구식 집은 지금도 그렇다. 문지두에 '신관(愼冠)'이라고 쓴 쪽지를 붙여 떨어뜨린 것을 볼 수 있다. 갓을 삼가라는 말이다. 갓은 물론이지만 "문지두에 이마 받힐라!"라는 말은 사람이 드나들 때마다 임자가 항용 하는 말이었다.

그러나 요새는 방통도 넓어지고 문지방은 낮고 문지두는 높아져서 6척짜리 키라도 이마를 받지는 않게 되어 있다. 네 간짜리 장판방은 흔하니 네 간이라면 8조다. 네 간 방 둘이 이어 있는 집은 또 문지방을 뜯어내게도 되어 있는 집이 많다. 네 간 방 둘을 터놓으면 댄스라도 할 수 있고, 거기다 유행의 꽃장판이라도 깐 방이라면 더할 나위 없을 것이다. 나는 물론 각장 장판 제일이다.

지금 내가 사는 집도 이마를 받을 걱정은 없다. 대문은 좀 위험하다. 솟을대문보다 납작대문을 좋아하는 것은 겉치레를 싫어하는 풍일 것이다. 대문을 들어서면 오른편에 변소, 중문을 들어서면 오른편으로 앞집과의 블록 사이 담, 장독대, 부엌문이 마주 보인다. 왼편으로 아랫방 광방 구부러져 건넌방, 대청, 안방, 부엌이다. 마당은 이십 평쯤의 장방형이 반듯하다. 마당이라는 것이 좋다. 양옥이나 일옥(日屋)에 살면 하루 종일 아냐 이삼 일이라도 신발을 신지 않고 땅을 밟지 않는 날이 있을 수 있다. 그러나 우리들은 첫새벽에 벌써 두어 번은 흙을 밟게 된다. 건강적이다. 얼음이 깡깡 언 엄동에도 변소에 가노라고 흙을 밟아야 한다. 새 공기를 호흡하게 된다. 세수할 때 또 그렇다. 모두가 남향으로 집을 짓는 것도 건강적이다. 어느 방구석에든지 일광선(日光線)이 든다. 이런 집에서 어린 신경통 환자는 나지 않는다. 건물을 뼁 돌아 빈터가 있으니 장작은 일 년 쓸 만한 것은 쌓을 수 있고, 큰마루의 두 틀 덧문과 장지를 열면 여름에는 더할 수 없이 시원하다. 안방에도 동으로 두 틀 장지가 있다. 내청에서 딸은 발레 연습을 할 수 있다. 내가 쓰는 건넌방에 오 층짜리 사방탁자가 좌정하고 있음은 넓지 않은 방을 유효하게 쓸 수 있는 것이다. 수백 년 내려오는 고물이다. 다다미만 40조였던 집이 그다지 그립지 않고 유한 마음으로 살고 있다. 양옥에 살 맛은 없다. 호스로 일광선을 살포할 수 있게 되면 어떨까. 습한 성벽 안에 살 맛은 없다. 내 집에 넓은 뒷터가 있으면 더 좋을 것은 물론이다.

　객이 찾아오면 마루에 오르기도 전에 "참 조용하군요. 절간 같은데!" 하며 감탄하는 사람이 많다. 큰길에서 두 번 구부려져 들어간 골 첫째 집이니 바로 창경원 뒷담 밑이라 전차 소리 자동차 소리는 들리지 않는다. 그러나 사람 사는 집에 아름다운 소리가 그쳐서는 안 된다. 지나가는 금붕어 장수는 포르테다. 창경원에서 사람들의 노는 소리가 바람을 타고 담을 넘어 들려오면 그것은 하이든의 합창이다. 창경원의 숫한 백로는 내 집 지붕 위에서 종일 놀고 있고, 새는 무수하게 찾아와서 노래한다. 박꽃을 찾아드는 벌과 나비는 피아니시모다. 마당에서 마루에서 마주 바라보이는 고대(高臺)의 집 노송(老松)은 내 집 것 같고, 꽃 때면 꽃잎이 마당에 분분이 떨어진다.

나는 박을 기른다.

앞집 지붕과 블록 사이 담은 박 덩굴로 덮어버린다. 해가 지면 푸른 물결 같은 박잎 더미 위에 뿌옇도록 하얀 박꽃이 핀다. 박꽃을 '노인'이라고 읊은 「화사(花詞)」는 못마땅하다. 훨씬 품(品) 있는 아름다운 꽃이다. 김수장(金壽長)이 「화사(花詞)」를 읊었을 때는 처녀의 백의(白衣)를 아름답다고 본 일이 없었겠지만 요새 신부는 모두가 백의다. 백(白) 일색의 처녀만큼 아름다운 것이 또 어디 있으랴. 박꽃은 시집가는 처녀라고 해도 좋을 것이다. 비를 맞으면 모가지가 끊어져서 철썩 소리 내며 떨어지는 빨간 동백꽃보다 얼마나 아름다우냐. 아침을 맞이하는 박꽃은 노르스레 야윈 꽃잎에 하얀 심줄이 드러나 있어 더할 수 없이 가냘프고 높은 아름다움을 보인다. 하룻밤을 시달린 신부의 애처롭고 그윽한 매무시라 할 것이다.

그러나 박은 역시 초가지붕에 올려주어야 할 것이니 시골집이 제격이다. 반듯한 비둘기장 같은 서울 기와지붕에 이것을 올리는 심정은 도회 살림 가운데 시골 멋을 겸치려는 욕심임에 틀림없다. 전원(田園)의 꿈을 저버리지 못하는 향수(鄕愁)라 할까. 집의 멋은 모름지기 도회와 전원의 멋을 갖추어 마련하여야 한다 할 것이다.

(『사상계』 1957년 9월)

미발간 수필

- '미발간 수필' 원고는 『요설록』(1958) 출간 이후부터 작가의 작고(1966) 이전까지 신문과 잡지에 발표한 수필 원고를 대상으로 하여 '발표 연도' 순으로 수록한다.

시계

내가 손목시계를 가지게 된 것은 어느 때쯤이었을까. 중학은 물론 대학에 다닐 때에도 가진 기억이 없구나.

그렇다면 잡지사에 취직한 후의 일이겠는데, 그 무렵에도 기억에 남는 일이 없으니, 그 사오 년 후 요양 생활을 하노라고 바닷가로 또 높은 산 위의 새너토리엄으로 다닐 때에 비로소 가지게 된 것 같다. 내 손으로 맥을 짚어보고 일 분에 몇 박이라는 것을 알아 카르테(Karte)에 적어놓아야 했으니 말이다. 일 분까지 맥을 짚지 않고 단 십 초만 짚고 일 분에 몇이라는 숫자를 내어서 적었던 것이다.

그렇게 더듬으니 생각이 난다. 아버지가 물려주신 은딱지 있는 '월삼 손시계'였다. 술 줄에 매어달린 손시계는 시간을 볼 때면 꼭지를 눌려야 했다. 꼭지를 누르면 딱지가 착 열리는 것이었다. 그 손시계로 바닷가 넉 달, 산 위 새너토리엄 열한 달 동안 맥을 짚은 기억이 난다.

새너토리엄을 퇴원한 후에 그 손시계는 어떻게 했는지 '모바아드'라는 손목시계를 차고 다닌 생각이 난다. 그다음부터는 오늘도 가지고 있는 '로렉스'까지 몇 개를 바꿔 찼는지 모른다.

요즈음 다방으로 담배를 팔러 다니는 학생들이 들고 다니는 납작한 상자 같은 가방을 만들어서, 그 속에 담배를 늘어 꽂듯이 여러 가지 좋은 시계를 꽂아 가지고 팔러 다니는 사람이 드나들었기 때문에 여러 번 바꾸게 되었던 것이다. 불과 일 년이나 되었을까. 제가 입에 침이 마르도록 추켜서 꼭 이것이라야 한다고 팔아먹은 것을, "그런 것은 벌써 구식입니다. 이것이래야 합니다" 하고 또 입이 닳도록 말하며 며칠이라도 드나드니 '열 번 찍어 안 넘어가는 나무 없다'듯이 귀가 솔깃해졌던 것이다.

이래저래 바꿀 때마다 얼마씩을 얹어 주고 새 것을 차고 자랑 삼아 내어 휘둘렀던 것이다.

그러나 맥을 짚을 때 일 분 동안을 골똘히 들여다보는 외에 손목시계라는 것을 보는 일이 별로 없었다. 새로 바꾼 며칠 동안은 자주 들여다보기도 하고 소중하게 위하기도 했지만, 며칠이 지나면 아예 팔에 차지 않고 머리맡에 두고 다니기가 일쑤였던 것이다. 세수할 때 손 씻을 때는 벗어놓아야 하니 하루에도 여남은 번씩 손을 씻어야 하는 터에 귀찮기도 했거니와, 가죽 끈이면 며칠 안 가서 땀내까지 배어 냄새가 싫었고 풀어놓을 때 떨어뜨리기가 쉬웠고, 쇠줄이면 겨울에는 차고 여름에는 땀방울이 아무 데나 그대로 떨어지니 실수되는 일도 있었기 때문이었다.

그뿐이 아니었다. 일단 집을 나서면 어디서든지 시계를 볼 수 있었기 때문이다. 길가 아무데나 시계가 걸려 있기도 했고, 담배 가게를 기웃해도 찬 가게를 기웃해도 양복점을 기웃해도 지나가는 사람이 쉽게 알아볼 수 있는 곳에 큼직한 시계를 걸어놓고들 있었던 것이다.

일 분이 아쉬울 때라도 잇달아 있는 가게 세 집만 기웃거리면 정확한 시간을 알 수가 있었다. 그것은 팔을 치키고 양복 소매 와이 셔츠 소매를 치키면서 고개를 숙여 기웃해 들여다보기보다도 더 쉬운 일일 수도 있었다. 애당초 가게 주인이나 사환이나 집안사람들이 보기 위해서라기보다도 손님이나 지나다니는 사람 보라고 걸어놓은 것이었기 때문이다.

그렇도록 손목시계를 찬다는 일은 그저 치장이었고, 말하자면 멋을 부리는 일에 속하는 것이었다.

그렇던 것이 요즘은 세상 형편이 아주 달라졌다. 거리나 가게에는 아무 데를 기웃거려 보아도 시계를 찾아볼 수가 없다. 아녀석도 계집애도 중학교에 들어가기 전부터 손목시계를 사 내라고 한다.

중학생 고등학생 대학생 모두가 손목시계다. 남자고 여자고 모두 손목시계다. 식모 아이, 식모 아주머니, 설렁탕 나르는 아이도 손목시계다.

그래서 그런지 손목시계 도둑맞았다는 이야기를 많이 듣는다. 버스에서도 전차에서도 길 가다가도 손목시계 도둑맞았다는 이야기를 많이 듣는다.

"버스에서 창살에 팔을 걸치고 있었는데 글쎄 창밖에서 내 손목시계를 감쪽같이 채 가지고 가는구려. 아차 했을 때는 벌써 자전거를 타고 저만치 뺑소니를 치니 버스는 달리고……"

그런 이야기도 들었다.

남의 것 채 가기를 예사로 한다는 것이다.

그래서 그런지 전차나 버스 안에서 "몇 시쯤 되었습니까?" 하고 물으면 선선히 시계를 보아주는 사람이 드물다. 선뜻 이 녀석이 시계 도둑이 아닌가, 의아한 마음이 앞서는지도 모른다.

내 팔목에 손목시계를 차지 않고는 밖에서 시간을 알기가 어렵고 거북스럽다.

세상도 변했다고 생각한다.

그러나 나는 역시 손목시계를 차고 다니지는 않는다.

이십여 년이나 늙은 내 손목시계 로렉스를 어떤 사람은 시방도 날씬하고 멋진 것이라고 하지만, 가죽끈이면 냄새가 나고 쇠줄이면 차갑고, 어쩐지 근질근질 마음이 쓰이는 것이 싫은 것이다.

머리맡에 아무렇게나 내버려두고 나다녀도 제법 잘 가고 있다.

(『신문예』 1959년 4월)

심향(沈香)과 똥

아쿠타가와(芥川)의 단편에 이런 것이 있었다.

힐끗 본 지나가는 여인은 이게 천상선녀(天上仙女)라, 정신을 잃고 따라 나선다. 열두 대문은 아니지만 아홉 담장 깊고 깊은 데 숨은 장미화다.

다시 한 번 보기 한사(限死) 소원이다. 하인에게 청해서 한 대문 들어서고 또 한 대문 들어서고 몸종까지 사귀게 되었으나, 그러나 규중(閨中) 여인은 만나볼 도리가 없다. 오매불망(悟寐不忘) 자나 깨나 잊지 못해 몰골이 말이 아니다. 그런 어느 날 몸종이 큼직한 쟁반에 황홀한 단지 하나를 받들어 들고 나온다.

"여보쇼! 그게 뭐유?"

"아가씨의 요강이에요."

"응? 아가씨의 요강? 그럼 아가씨가 소변을 보셨단 말요?"

"아가씨가 뒤를 보신 거예요."

"예? 평생소원! 제발 그것을 좀 보여주십쇼!"

남자가 다가가서 요강 뚜껑을 열어젖히니 김이 모락모락 오르는데, 진한 향기 황홀하여 아찔할 지경이다. 속에는 두어 개 '심향(沈香)'이 동동 떠 있었다.

말하자면 못 잊어 하는 그리운 여인의 그것이 심향같이 향기로웠다는 것이다. 이치가 닿지 않는 낙술지상주의(落術至上主義) 소설이다.

순자의 하이힐

　순자(順子)가 학교를 졸업하게 될 때에, "대학에는 못 가도 양복 한 벌과 하이힐 하나만은 사주어야 해!"
　부모 된 마음으로 그것마저 못해준달 수도 없었지만, 제발 그만두라고 했다.
　순자는 듣지 않았다.
　"아버지는 몰라서 그래! 지금 하이힐 아니면 무얼 신으란 말야!"
　샐쭉하고 듣지 않았다.
　그러니 어머니도 딸의 편을 들었다.
　"다들 신는 것을 왜 그래요!"
　"에이 그것만은 정말 보기 싫어!"
　아버지는 끝내 반대였다.
　그래도 순자는 뒤축 뾰죽한 높다란 하이힐을 사 왔다.
　처음에는 신고 걷지를 못했다.
　아버지가 나간 다음에 순자는 하이힐을 신고 온 마당을 걷기 연습이었다.
　뙤뚝 쎌쭉 당장에 엎어질 것 같은 것을 어머니는 부축까지 해가며 걷기 연습이었다.

겨우 걸어 다닐 수 있게 되었다.

그것을 신고 나간 덕분인지 좋은 회사에 취직이 되었다고 신이 나서 돌아왔다.

회사가 이름 있는 좋은 회사라 아버지도 대견해했다.

그러나 회사에서 돌아오면 "아유, 다리야!" 하고 물에 발을 담그는 것이 첫째 일이었다.

"에그그! 발도 아프겠지!"

어머니는 물에 담근 발을 주물러주기도 했다.

"아프지?"

"거기보다 여기가 더 아파!"

순자는 발보다도 허리뼈가 아프다고 얼굴을 찡그렸다.

하루는 아버지가 석간신문 한 장을 순자에게 내던지며 말했다.

"봐라! 하이힐을 신으면 발이 아프기커녕은 병신이 되는 수가 많단다! 나는 그것만은 정말 보기 싫어!"

석간신문에는 하이힐이 몸에 해롭다는 기사가 잔뜩 실려 있었던 것이다.

"더욱이 인제부터 얼음이나 얼면 고걸 신고 어떻게 다니려고! 쯔!"

아버지는 그저 하이힐이 못마땅해 못 견디는 것이었다.

그러자 순자는 종알거리는 것이었다.

"아버지는 몰라! 누가 그까짓 것 신고 싶어서 신나!"

종알거리는 말이었다.

학교를 졸업할 때는 그렇게도 신고 싶었던 하이힐이 인제는 그렇지도 않은 모양이었다.

　순자의 종알종알을 엿들은 아버지는 속으로 '으응! 순자가 나쁜 게 아니로군! 세상이 그래서 그렇지. 알았어! 그럴 거야! 그럴 거야!' 대견하다는 듯이 가엾다는 듯이 중얼거리는 것이었다.

새 세대의 정조관(貞操觀)

　서울대학교에서는 『대학신문(大學新聞)』이라는 주간 신문을 발행하고 있는데, 지난번 신문에서는 시내 남녀 고등학교 학생의 실태 조사를 한 것이 발표되어 흥미를 끌었다.
　새 세대의 사상과 추이를 타진하기 위한 여론조사였던 것이다.
　'당신의 독서 경향은?'이란 설문에 대해서,
　학술 논문을 읽는다는 학생 수가 17.3%
　애정소설 17.3%
　탐정소설 7.7%
　기타 소설 8.1%
　월간 잡지 13.8%
　그다음에,
　'학생의 행동에 대해서 윗사람의 간섭을 바라는가?' 다시 말하면 '학생들은 윗사람의 참견이나 간섭을 희망하고 있는가? 그렇지 않으면 필요 없다고 생각하느냐?' 하고 따진 것이었다. 그 대답에,
　간섭이 전혀 필요 없다는 학생이 22.6%

필요하다는 학생이 36.2%

기타가 40.3%로 되어 있었다.

기타라는 것은 거의 '적당한 간섭'을 의미하는 것이라고 했다.

'적당한 간섭이 필요하다'고 생각하는 학생이 첫째, '절대로 필요하다'는 것이 둘째로 되어 있다는 것이었다. 주목할 만한 일일 것 같았다. 나쁜 의미로가 아니라 윗사람이 간섭하지 않더라도 능히 스스로를 믿을 수 있다고 생각하는 학생들인 것 같기 때문이다.

다음에 구시대(舊時代) 어른들이라면 놀라 자빠질는지도 모를 문제가 있었다.

'정조(貞操)란?'이란 설문이 있었는데,

육체적인 것이라는 학생이 5.9%

정신적인 것이라는 학생이 21.1%

양자 포함이 53.3%인 것이다.

'정조'란 것은 정신적인 것이지 육체적인 것은 아니라는 학생이 전체의 21.1%로서 상당수를 차지하고 있는 것이었다. 이들은 정신 면에 치중하고 종래(從來) 극히 중요시해오던 육체의 순결은 그다지 개의치 않고 있는 것이다.

이런 사고는 놀라운 일이 아닐 수 없을 것이요, 한편 진보적인 점으로 감탄도 할 수 있을는지 모르나, 급격히 들이닥친 외래풍(外來風)은 우리나라 고등학생에게까지 침투한 것이라고 볼 수도 있을 것 같다.

영화나 소설에서 받은 일시적인 영향이 아닐는지도 알 수 없는 일일 것이다. 자기의 배우자를 선택할 마당에서도 그런 생각일는지는 의문이기 때문이다.

　그렇다면 통틀어보아서 우리나라 젊은 세대의 사고방식은 다른 나라에 비해서 그다지 부패(腐敗)한 것은 아니오, 오히려 건전한 것이라고 볼 수 있지 않을까.

애는 애까지

　"문인의 생활이란 글 쓰는 데도 애쓰겠지만 원고료 수금하는 데도 상당히 애를 쓰는 모양이드군!"
　사장 친구의 이야기였다. 명동 어느 술집에서 엿들었다는 이야기를 늘어놓는 것이었다.
　"인기 있는 소설가 Y 씨가 강 건너에 사는 모양이지? Y 씨의 말이……
　거 일일이 돈 받으러 다닐 수도 없고 시간도 아깝고 해서 동네 찬가게 주인에게 부탁을 하고 있지요. 찬가게 주인이 날마다 남대문 시장까지 들어가기에 '오늘은 어디 가서 고료를 좀 받아달라'고 하면 틀림없이 심부름을 해주거든. 하루는 오정(午正)이 좀 지나면 돌아오던 사람이 네 시가 되도 기별이 없어요. 허허, 이 양반이 문 안에서 약주를 하고 있는 건가? 약간 걱정을 하고 있노라니 대문을 열고 들어서드군요. 꼬박이 네 시간을 그 사에서 기다렸다는 거예요. 제 일 젖혀놓고…… 하도 고마워서 천오백 환을 주었더니 이게 무슨 짓이냐고 막무가내 받지를 않아요! 그래서 생각다 못해 고기서 근(斤), 그러니까 천팔백 환어치를 사서 보냈죠. 온 집안이 좋아하더라드군요……"

수고했다고 수인사를 차려야만 하는 Y 씨의 그 마음씨는 얼마나 아름다운 일인가. 옆에서 듣고 그 이글이글한 얼굴에 날카로운 눈을 가진 소설가 Y 씨를 다시 한 번 보았다는 것이었다.

그런데 또 X 여사는 이런 말을 하더라는 것이었다. 역시 소설가다.

"나는 내가 나가고 싶지만 좀 바쁜 일이 있어서 못 나가고 돈은 급하고 해서 열두 살짜리 계집애를 심부름을 보냈어요. 그런데 이건 사에서 점심도 못 먹고 꼬박이 다섯 시간을 기다려서 이만 환 돈을 받아 왔어요. 그런데 말야요…… 배도 고프고 다리도 아팠을 거 아냐요. 꼬박이 서서 기다렸다니…… 그런데 버스에서 겨우 자리에 앉았는데 파파 할아버지가 올라오더니 바로 앞에 딱 서더라는 거예요…… 이만 환을 도둑맞을까 봐 속으로 엔간히 걱정을 한 모양야요. 속으로 '할아버지한테 자리를 내드려야 할 텐데…… 다리는 아프고……' 그예 빨딱 일어나서 자리를 내주었다는 거예요. 나쁜 짓을 하면 도둑을 맞을 거라는 생각이었대요. 할아버지한테 자리를 내주지 않으면 벌을 받는다는 생각이었대요……"

사장 친구는 이야기의 매듭을 지었다.

"여사의 이야기를 엿들으니 여사나 Y 씨도 그렇지만 애는 애들까지 쓰는 모양야!"

며느리밥풀

　요사이 대구에는 '일가(一家) 3인 자살'이니 '4인 집단 자살'이니 와 더불어 며느리와 시어머니의 싸움이 또 여러 가지로 벌어지고 있었다.
　며느리가 시어머니를 때렸다느니, 시어머니가 며느리를 한 달이나 입원해야 할 만큼 때렸다느니…… 그런데 때려 맞은 며느리의 발악이 말이다.
　"여보소! 그러려면 차라리 아들하고 결혼을 하시구려!"
　이건 큰일 날 말이다. 그럴 수야 있나! 그렇지만 따지고 보면 그런 말이 나올 수도 있다는 것이다.
　내 자식 위할 줄만 알고 남의 자식 생각을 못한다는 것이다.
　프로이드의 정신분석학으로 따진다면 지극히 간단한 질투 심리의 테두리를 넘지 못하는 것이지만.
　거기다가 또 우리나라는 다른 나라와 달라서 대가족 제도다. 문제는 여기에 있다고 할 것이다. 조상 때부터 우리나라는 며느리 시어머니의 충돌이 많았던 모양이고, 어쨌든 미워한 모양이다.
　'며느리 밑씻개'란 말이 있다. 꽃 이름이다. 길가에 저절로 나는, 줄기나 잎에는 작은 가시가 있고 분홍빛 작은 꽃이 다닥다닥 난 쓸모없는 꽃이다. 일본서는 '의붓자식 밑씻개'라고 하니, 일본서는 의붓자식, 우리나라는 며느리— 가시 돋친 풀을 밑씻개로 주고 싶을 만큼 미워한 모양이다.
　'며느리고금'이란 말은, 학질이라면 하루 걸러 앓는 것이 보통인데 이건 날마다 앓는 학질을 이름이다. 못된 학질을 '며느리고금'이라고 한다는 것이다. '며느리발톱'이라는 말은 새끼발톱 바깥쪽에 붙어 있는 발톱이다. 이것이 없으면 상놈이라고 한다지만 걸리대기만 하고 귀찮기만 할 것이다.

'며느리밥풀'이라는 꽃 이름도 있다. 작은 꽃이 꼭 두 알씩 붙은 것이다. 재미있는 꽃 전설은 참혹한 이야기가 아닐 수 없다.

옛날에 어떤 며느리가 밥을 짓는데, 상을 드리기 전에 부엌에서 밥을 먹었다고 시어머니에게 꾸중을 들었다는 것이다. 시어머니가 얼마나 꾸중을 하고 닦달을 했든지 그것이 병이 되어서 죽었는데, 죽을 때에 "밥알 두 알밖에 안 먹었어요!" 했다는 것이오, 그 며느리의 무덤에 그런 꽃이 피었더라는 것이다.

"밥알 두 알밖에 안 먹었어요! ……밥알 두 알밖에 안 먹었어요!"

죽은 며느리가 시어머니에게 하소하는 말이라는 것이다. 억울한 며느리의 혼이 '며느리밥풀'이라는 꽃이 되었다는 것이다.

가엾은 이야기는 세상에 우리나라밖에 없을 것이다.

(『자유공론』 1959년 7월)

개성에만 있는 찜

정월 음식이라니, 정월 시식(時食)은 김이 아닌가. 김이야 월세계(月世界)는 몰라도 우리나라 김이 최고라. 기름소금에 재어서 살짝 구운 돌김이라야 하는 것이니, 일본에 팔려고 더덕더덕 땜질해놓은 두툼한 놈이란 아무리 값이 비싸더라도 우리 상에는 아예 놓지도 말 것이다.

그러나 시식풀이만 해서는 안 되겠군. 정월에 해 먹어 입에 좋고 몸에 좋은 것을 하나 소개하자면 개성에만 있는 '찜'이 좋을 것이다.

고려조의 서울이었던 곳이라 원나라 몽고, 말하자면 중국풍이 다분히 있는 것이다.

돼지고기 소고기 닭고기 무채 도라지 표고 밤 대추 은행의 찜이다. 간장으로 간이야 맞아야 하고, 검은 설탕으로 스키야키만큼 달게 해야 한다. 잔치 때나 시루에 찌니까 찜이지 대여섯 명의 반찬이라면 찔 것이 아니라 삶음이라고 할까. 냄비로 된다.

닭고기가 없어도 되고 소고기마저 없어 돼지고기만으로도 할 수 있다. 돼지고기를 밤톨 만큼씩 썰어서 양념에 무쳐 넣고 차례차례 넣어 찜 같은 꼴로 만들면 될 수 있으나, 돼지고기가 푹 삶아져서 흐물흐물 씹을 것 없이 녹아 넘어가야 하고, 밤 대추도 물렁물렁 은행만은 노릇파릇 빛을 잃지 않아야 할 것이요, 실백은 고명이다. 시간을 들여야 하지, 급살이면 이튿날이 더 맛좋다.

(『동아일보』 1960년 1월 7일)

멋 제2장, 옷

우리나라에 이런 옛날이야기가 있다. 전형적인 음담(淫談)에 속하는 것이나 난하지 않다.

예두 한 사람이 시골 친구를 찾아갔다. 먼 길이라 밤이 늦어서 집에 닿았다. 친구는 반가이 맞아주었으나 마침 집을 나서는 참이었다.

"참 잘 왔네. 이게 몇 해 만인가. 그런데 일이 공교롭게 되었네그려. 오늘이 바로 친기(親忌)라 아버지 제사를 모시러 큰댁으로 가려던 참일세그려. 참 저녁은 어떻게 했나?"

"저녁이야 먹었지."

"그럼 사랑에서 푹 쉬게. 큰댁에 가서 제사를 모시는 대로 곧 돌아올 테니 첫새벽 동이 트기 전에 돌아오게 될 것일세. 우리 이야기는 그때 하기로 하고 사랑방에서 푹 쉬게."

아버지 제사를 모시는 큰댁이라는 곳이 산 너머 한참 먼 곳이었던 모양이다.

"그럼 제사 잘 모시고 오게."

주인이 하라는 대로 사랑방 아랫목에 주인이 깔아주는 이부자리에 드니 어색하기 짝이 없다. 아무도 없는 사랑방에 혼자 누워 있는 것이다. 모처럼 찾아본 친구는 제사를 지내러 먼 길을 떠났다. 차라리 내일쯤 당도했으면 좋을 것을, 이게 무슨 청승이란 말이냐……

잠이 오지 않는다.

이리 뒤척 저리 뒤척 잠이 안 온다. 일어나서 방 안을 두루 본다. 텅 빈 방 안은 보잘 것도 없다. 문득 장지를 위로 눈이 갔다. 이게 무엇일까. 흥, 이거 단소(短簫)라는 것이지. 그 친구 단소를 부는 재주를 배웠던가. 어디? 단소를 집어 본다. 소리가 날 것 같지도 않다.

불을 끄고 자리에 든다. 그래도 잠이 안 온다. 단소를 입술에 대어 본다.

삐이……

에그, 망측해라. 안에서 들릴세라! 집어 던지고 다시 잠을 청한다.

부시시……

안으로 통하는 외짝 문이 열리는 소리가 난다.

이게 무엇일까. 인기척이 틀림없다. 사람이 들어와서 옷을 벗는 소리가 난다. 이게 무슨 일일까.

옷을 벗은 사람이 슬그머니 이부자리를 찾아드는 것이다.

'흐, 큰일이다.'

번개같이 생각났다.

이건 친구의 아내가 틀림없다. 친구는 아내를 부를 때에 단소를 불기로 되어 있었던 모양이다. 그렇게 생각되니 당황하지 않을 수 없다. 옷을 훌훌 벗고 사정없이 이부자리로 들어오는 것이다.

문득 귓전에 바짝 입을 대고 말을 하면 말소리를 분간하지는 못한다는 생각이 났다.

몸이 닿을 지경으로 들이닥치는 친구의 아내의 귓전에 입을 바짝 대고 쏘군거렸다.

"여보! 윗목에 친구가 있어! 손님이 왔어!"

그 말이 떨어지자 후닥닥 일어나더니 옷을 집어 들고 외짝 문을 열고 나가는 것이었다.

"후……"

우선 위기는 면했다. 펑 하니 진땀이 난다.

생각하니 새벽녘에 친구가 돌아오면 어쨌든 일이 탄로 날 것은 분명하다. '친구가 있으면 단소는 왜 분단 말요?' 들이댈 것에 틀림 없다. 그러니 친구가 큰댁에서 돌아오기 전에 이 집을 떠야겠다. 눈을 붙이지도 못하고 동이 트기 전에 떠나기로 했다.

어두운 가운데 주섬주섬 옷을 주워 입는다.

"흐, 이게 무어야?"

바진 줄 알고 입은 것이 가랑이와 궁둥이가 온통 터져 있어서 너무 시원하다.

"허허, 낭패로군!"

아낙네가 단소의 '삐이' 소리를 듣고 으레 남편이 부르는 소리로 짐작하고 나왔다가 윗목에 손님이 누워 있다기에 당황해서 옷을 다 입을 사이도 없이 주섬주섬 들고 들어간 것이 손님의 바지와 바뀌었던 것이다.

가랑이 째진 '고쟁이'를 어쩔 수 없이 입어야 했다. 바지는 짧은데, 그래도 '행전'은 쳐야 하고, 그 집을 나섰다.

가까운 곳에 다른 친구의 집이 있기는 하지만 가랑이 째진 고쟁이를 입고 첫새벽 찾아들 수는 없다.

　하루해를 산 숲에서 지내고 밤도 느지막이 친구의 집을 찾아든다.

　친구는 반기어 맞이하며 '갓'과 '두루마기'를 벗으라고 하나 벗을 수가 없다.

　불을 끈 다음에야 훌훌 벗고 자는 체하다가 주인 친구가 잠든 것을 알고 '에라, 모르겠다' 친구의 바지를 바꿔 입고 나서는 것이다.

　며칠을 두고두고 웃을 수 있는 이야기지만 '고쟁이'라는 것을 모르면 아무것도 아니다.

　말하자면 우리나라 남자의 바지와 여자의 바지가 꼴은 같은데, 남자 바지는 가랑이가 막혀 있고 여자의 바지는 가랑이가 터져 있으며 짧고, 남자는 길어서 그 끝을 버선목에서 대님으로 묶게 되어 있는 것이다.

　'대님'이라는 것이 묘한 것이다. 바지저고리 모두 허연 무영으로 해 입더라도 대님은 옥색이라든지 남색이라든지 비단으로 산뜻한 멋을 부릴 수 있는 것이다.

　2센티미터쯤의 폭, 50센티미터쯤의 길이로 된 끈이다.

　그러기에 중[僧]은 대님을 매지 않기 마련이었다.

　버선목을 길게 하고 바지 끝을 버선목 속에 찌르기로 되어 있는 것이다. 대님이라는 조그만 끈이 얼마나 멋을 부린 것인지 짐작할 수 있는 일이다.

　조끼도 그렇다. 중은 도대체 안 입기로 되어 있는 것이다. 호주머니가 둘 이상 셋이나 넷도 있는 것이니, 중과 물욕(物慾)의 관계도 있겠지만 조끼라는 것도 미상불 멋을 부리는 것이다.

미발간 수필　647

여자의 가랑이 터진 바지 고쟁이는 뒤로 여미어 입는 것이다. 여미는 곳은 겹쳐지게 되었으니 앉을 때에 그곳을 열려면 열 수 있고 열지 않으려면 고이 앉으면 된다.

겨울은 솜을 두니 따뜻하고, 여름에는 고운 모시면 비치어 보이기 때문에 올이 굵은 거무스레한 베로 해 입었다. 그래도 그 위에 치마 하나만 입는 날이면 잘 비치어 보였다.

남자는 겨울에는 솜 둔 바지지만 여름은 모시나 베 고이 하나 뿐이니 염치없이 모두 비치어 보였다.

드로우즈(drawers)*를 입게 된 것은 사십 년쯤 전부터였다.

그러니 1919년쯤이 되는데, 그때도 학생이나 양복을 입는 개화한 젊은이가 아니고는 어린이 어른 모두가 여름이면 비치어 보이는 것을 입고 다녔다.

나는 우리나라에서 드로우즈를 일찍 입은 층의 한 사람일 것이다. 1917년에 벌써 교복이라는 것을 입었기 때문이다.

교복이라는 양복을 벗고 바지저고리를 입을 때도 드로우즈를 입었으니, 어른이나 아이들이 이상하게 보기도 했고, 안 다음엔 건방지다느니 주제넘다느니 하기도 했었다.

여자의 드로우즈는 그보다도 훨씬 뒤에야 들어왔다. 중등학교에서 교복을 제정한대도 흰 저고리 검정 치마라든지, 검은 저고리에 검은 치마라든지 따위였기 때문이다.

양복보다 치마저고리가 좋기도 하거니와 그것을 좋다고 인식하지

---

* 무릎 위까지 오는 속바지.

못했다 하더라도 양복이라는 다른 나라의 옷, 낯선 옷을 입기를 꺼려했기 때문도 있었던 것이다. 열 한두 살이면 시집보내기로 했던 때인 만큼 시집갈 나이에 학교에 다니는 일조차 못마땅한데 남의 눈에 띌 별난 옷을 걸치는 것을 좋아할 부모는 드물었기 때문이다.

그러나 이 여자의 드로우즈란 것이 들어온 것이 언제쯤 될 것인가.

우리나라에 있던 일본 여자들도 그런 것을 쓰지 않았다.

어깨에 걸쳐서 발목까지 내려오는 '기모노(きもの)'라는 것을 입고 젖가슴을 감추며 아래로 30센티미터나 되는 폭의 '오버'라는 것을 칭칭 감는 것이 어른의 옷이요, 여학생은 그저 좀 굵은 띠를 둘러 매고 그 위에 통치마 같은 '하카마(はかま)'를 입었었으니 그것은 여교사도 그랬다. 바람이 세면 하카마도 펄럭이고, 그 안의 기모노도 펄럭이고, 그 속에 두른 분홍이나 빨간 '고시마키(こしまき)'도 펄럭이고 온몸이 드러나 보이기도 했던 것이다. 쓰러져서 뒹굴게 된다면 속살이 배까지 드러날 것은 물론이었다.

내가 일본으로 건너간 것은 1920년이다.

그 여러 해 후에도 드로우즈를 입는 것이 좋으니 나쁘니 하는 논쟁이 벌어졌었다. 요새처럼 종잇장 같은 고무가 없었기 때문에 아무리 해도 드로우즈의 아래위 고무줄이 얇은 비단 옷 밖으로 두드러져 보이게 되기 때문이었다.

우리나라 고쟁이도 그렇다. 쓰러뜨리면 속살이 드러날 것은 물론이었다.

그렇다고 드로우즈를 찬양하는 것은 아니다. 오히려 옷의 멋에 있어서 그것만큼 거리가 먼 것은 다시 찾기 드물 것이다.

요즘은 중년 부인까지도 안 입는 사람이 없을 것이고 그것은 몸을 보호하는 소임이라 하겠지만, 멋과는 거리가 먼 이것을 입기 시작한 차례가 문명이 진보한 나라 사람부터 그다음 다음으로 번져 갔고, 아직도 입지 않는 나라들이 있는 것이다.

문명이 진보된 나라 차례라는 말은 또 다른 면으로 말해서 성 도덕이 떨어지는 차례라고도 볼 수 있는 것이다.

문명의 진보와 성 도덕의 저하는 함께 따라다니는 것이었는지 모른다. 우리나라만 하더라도 그것을 입기까지의 세태는 남녀 관계에 있어서 더할 수 없이 엄격한 것이었다고 말할 수 있는 것이다. '남녀칠세부동석(男女七歲不同席)'이니 도무지 좌석을 같이하지 않았고, 부인은 외출할 때에는 '쓸치마' '창옷' 따위를 입었다. 남자의 두루마기 같은 것을 머리에서부터 푹 뒤집어쓰는 것이다. 얼굴을 남에게 보이지 않게 하고 쓸치마로 가린 두 눈이 앞길을 찾았으니 객관하면 여자가 걸어가는 것이라기보다 쓸치마가 걸어가는 꼴이었던 것이다. 그 속에 천하일색 미인이 있는지 언청이 곰보가 있는지 할머니가 있는지 꽃 같은 새색시가 있는지 거의 알 바 없는 것이었다.

쓸치마가 지나갈 때면 남자는 무슨 불길한 것이나 만난 것처럼 싹 외면을 해야 했다.

문명이라고 할까 외국 바람이 들어와서 소위 개화기가 시작되고 규중처녀가 학교에 다니게 된 때부터 비로소 쓸치마 벗은 여자가 얼굴을 드러내고 길에 나서게 되었다. 교회의 전도 부인, 여자 교원이 앞장을 섰다. 그런 옷차림은 검은 옷이 많았다.

검은 옷을 걸친다는 일은 4천 년의 역사를 깨뜨리는 일이었다.

'백의민족(白衣民族)'이라고까지 말하듯이 흰옷만을 입었었기 때문이다.

상화(尙火)의 시 「청년」에,

흰 옷 입은 내 어느덧 스물 젊음이어라,
그러나 이 몸은 울음의 왕이어라.

어려서는 무색옷을 입혔지만 스물이 아니라도 열 예닐곱만 되면 엷은 옥색이나 흰 두루마기를 입기 마련이었던 것이다.

남자가 머리를 깎은 것도 그 무렵이었다. 어른은 상투를 자르고, 어린 학생은 땋아 내렸던 긴 머리를 자르고, 검은 두루마기를 입었다. 4천 년 내려오던 흰 두루마기가 검은 두루마기가 된 것이다.

춘원(春園)의 『무정(無情)』에 "머리 깎고 검은 옷 입는 것이 그때 치고는 대대적 용단이다. 이는 4천 년 내려오던 굳은 습관을 다 깨뜨려버리고 온전히 새것을 취하여 나아간다는 표라"는 구절이 있다.

1900년 전후에 가장 개명한 남자의 옷차림이다.

검은 바지, 검은 저고리까지 입은 사람이 있었다. 내가 학교에 다닐 때에도 그런 집안이 있어서 내 짝 학생은 몇 해 동안을 내내 검은 저고리 바지 두루마기를 입었었다. 나중에는 교복이 제정되었는데, 유독 그 친구만은 아버지가 사 입히지를 않았기 때문에 졸업 사진도 그 친구 혼자 검은 두루마기를 입고 박았었다. 여학생들도 모두 그런 맵시였다. 학교에서 결정한 것도 시키는 일도 아니었지만 검은 저고리, 검은 치마, 여름에는 흰 저고리였다.

아까 노파의 말과 같이 모시 치마저고리에 머리도 여학생 모양으로 쪽졌다.

역시 『무정』에 '형식'을 찾아온 여주인공 '영채'의 옷차림이다.
여름이면 모시, 봄 가을 겨울은 그저 옥양목이었다. 옥양목이란 고운 면직(綿織)이다.
염상섭(廉想涉)의 「검사국(檢事局) 대합실(待合室)」에,

유록빛 치마에 흰 옥양목 저고리를 입고 자줏빛 숄을 걸친 뒷모양이 수수한 것으로 보면 여학생은 면하였고 더구나 좀 낡은 듯한 목달이 구두 뒤축에 흙이 묻은 것을 그대로 신은 것을 보면 여염집 여편네라는 것보다는 소학교 교원이나 유치원 보모 같았다.

1910년대이다.
검은 저고리, 검은 치마를 안 입은 것으로 여학생을 면한 것이라고 볼 수 있었다.
'머리를 여학생 모양으로 쪽 지었다'는 말은 여학생이 모두 머리를 쪽 지었다는 것은 아니었다. 쪽 진다는 말은 큰일 날 말이다. 머리를 땋아서 꼬아 올려서 비녀로 쪽 짓는 일은 곧 시집가는 일이기 때문이다.
기생(妓生)의 경우라도 서방을 만나서 하룻밤 동침한 다음에야 비로소 머리를 쪽 지을 수 있었으니 그 서방을 '머리 얹어준' 사람

이라고 했다.

 내내 머리를 땋아서 치렁치렁 늘어뜨리고 그 끝에 맨 빨간 댕기가 처녀의 표식이요 또한 매력이었으니, 여학생이라고 해도 지금의 중고등 여학생쯤의 여학생들은 모두 머리를 땋아 내리고 빨간 댕기를 출렁거렸던 것이다.

 까만 저고리에 하얀 동정, 까만 치마를 입고 책보를 한 손에 단정하게 받쳐 들고 땋아 내린 치렁치렁한 머리끝의 빨간 댕기를 출렁거리며 걸어가는 여학생이나 이미 출가한 여자가 신학문을 하기 위해서 학교에 들고 머리를 서양식으로 쪽 지어 올리고 까만 치마저고리 입고 다니는 것이 남자들의 눈을 황홀케 했던 멋쟁이였다고 할 수 있으나, 그것은 말하자면 제복―유니폼의 시초였던 것이다.

 남자들의 검은 두루마기와 더불어 하나의 제복이라고 보아야 할 것이고, 우리나라 옷의 멋과는 거리가 멀다 할 것이다.

 여학생의 까만 치마, 저고리는 이내 교복으로 결정이 되었었고, 그에 따라 다른 학교는 수박 색이나 자줏빛으로 교복을 작정하기도 했고, 까만 두루마기는 이내 '세비로(せびろ)'로 비약하게 되었다.

 한참 많이 입기 시작한 것이 지금으로부터 오십 년이 못 되는 세비로야말로 세상에 멋없는 것이라 하겠다.

 1920년, 내가 일본으로 유학을 떠날 때에 입고 간 것은 까만 바지 저고리에 까만 두루마기였다. 일본 사람들은 검은 옷을 입고 검은 이불을 덮는 것으로 생각했던 것이다.

 집에서 새로 꾸며준 이불도 아래위 똑같은 거무스레한 '양달령'이었다. 짙은 회색 줄이 진 꺼멓기만 한 것이었다. 솜은 햇솜을 두둑이 두어서 푹신푹신했으나, 볼상은 일본 사람의 집에서도 부끄러웠다. 일본 사람들의 이불이 꺼멓기만 한 것이 아니라, 검은 빛은 있으되 울긋불긋했기 때문이었다.

차라리 우리나라의 비단 이불을 그대로 가지고 갔더면 했다.

까만 옷은 그대로 입고 다니었다. 떠나기 전에도 양복을 입었었으나 그것은 중학교의 교복이었기 때문에 대학에 들어가려고 떠나는 처지에 입기 싫었기 때문도 있었고, 그렇다고 미리 일본의 대학생 교복을 마련할 수도 없었고, 이래저래 입고 지내던 옷을 그대로 입고 떠났던 것이었는데, 이것은 부끄럼도 수줍음도 없이 입고 동경 복판을 거닐었다.

그러나 이내 대학의 교복을 마련해야 했고, 세비로를 입었다. 생각하면 사십 년이 지난 오늘 한창 유행하는 따위의 세비로였다. 싱글에 깃이 좁고 바지가 총대 바지, 소위 맘보바지다. 바지통이 7인치밖에 안 되는 것이었는데 그 통이 점점 넓어졌다. 9인치, 10인치, 12인치까지 넓어만 갔다.

해군들이 입는 바지같이 되어서 무릎이 오히려 좁았다. 걸을 때면 터덜럭터덜럭 하는 것을 입는 학생들도 있었다. 멋 부리는 학교에서는 교복으로 제정하기까지 했었다.

나는 차마 그런 것을 만들어 입지는 못했다.

'더블 프레스'라는 세비로도 그렇다. 키가 크지 않은 나에게는 어울리지 않을 것 같아서 입어본 일이 없다. 그러나 나보다 키 작은 사람도 온통 더블을 입은 적이 있었다. 유행이라는 것이었다.

세비로의 꼴이 유행이라고 해서 이러니저러니 변하는 것은 양복

장수의 짓인지 입는 사람이 같은 것에 염증을 느끼기 때문인지는 모르나, 결국은 몇 해 안 가서 도로 제격으로 돌아오곤 하는 것이었다. 꼴을 변해 본댔자 별수가 없기 때문일 것이다.

더블이 유행할 때는 깃이 넓어진다. 바람이라도 세차게 불어서 깃이 너펄거리게 되면 그 속에 얼굴을 파묻되 머리까지 보이지 않을 만큼 폭 파묻을 수가 있을 것이다. 깃의 끝이 어깨 끝까지 넙죽이 덮는 것이었다. 그럴 때면 바지도 자연 넓게 되었다.

이런 것이 오 년만 지나면 입는 사람이 싫증이 나서인지 조금 좁아지고 바지통도 좁아진다.

양복 장수 편으로 생각하면 세비로 친구들이 온통 더블 프레스를 입고 더는 만들 사람이 없을 때쯤 되어서 새 스타일이라는 것을 만들어내는지도 모른다. 깃이 좁아지고 바지통을 좁게 한 다음에는 허리를 잘록하게 하고 소매를 홀쭉하게 깡뚱하게 차차로 만들어 간다.

넓은 깃으로 어깨까지 덮고 앞가슴을 잔뜩 여미고 두 줄 단추를 치장하고 허리를 잘록하게 만든 꼴이란 정말 못 볼 것이었으나, 그것이 유행이라는 것이다. 키 작은 사람도 그 모양으로 입고 궁둥이를 뒤룩거리며 다니는 것이었다.

유행을 따르면 꼴불견도 아랑곳이 없는 모양이었다.

그런 경우 또 어깨 위에 솜 덩어리를 두툼히 두어서 말하자면 두 어깨를 평행으로 만들어 입는 것이었다. 체육을 하는 사람이나 권투 선수 같은 사람들은 몸집이 좋아서 어깨가 두둑하니 저고리 어깨 속에 솜을 두지 않아도 평행이 되고 떡 벌어진 당당한 몸맵시가 되지만, 그렇지 못한 사람들은 어깨가 여자들의 어깨 모양 예쁘장하게 갸름하게 내려가는 것이니, 그것을 평행으로 보이기 위해서 솜으로 보첨을 하는 것이다.

"여보게, 이거 참 오래간 만일세" 하고 어깨를 툭 쳐도 본인은 어깨에 감각이 없을는지 모르고, 솜 먼지만 풀씬 일 것이다. 생각하면 쑥스럽다기보다 처량한 보따리를 짊어지는 것이라 하겠다.

나는 솜 어깨가 싫어서 굳이 넣지 않고 지냈었다. 단골 양복점의 골치였을는지 모른다.

"제발 솜방망이는 넣지 말고!"

양복은 한 달 걸려 만들다시피 하면서 맡길 때마다 덧붙였던 것이다.

"네, 네…… 해, 해해……"

잘 알고 있다는 대답이었지만 애교의 웃음은 소리뿐이고, 머리를 긁적거리는 것이었다. 유달리 나른한 어깨였기 때문이다. 나이 사십이 되도록 내 고집대로 지어서 입었었다.

같은 천으로 입은 사람을 보기 싫어서 천을 고르는 데도 애를 썼었다. 양복점이 외국으로 주문을 할 때마다 내게는 두툼한 견본첩을 들고 와서 고르게 했다. 그중에서 몇 장씩을 골라 집으면 영국에서 직접 보내왔다.

키가 크지 않은 나는 양복 아래위에 — 그때는 반드시 조끼가 있었지만 — 조끼까지 짓고 멋진 헌팅캡 하나가 되는 것이었다.

같은 천으로 헌팅캡을 만들어 쓰는 것도 멋이라고 했다.

그러나 뭐니 뭐니 해도 양복의 멋은 '넥타이'가 부리는 것인지 모른다.

'보헤미안 넥타이'라는 것을 매고 다닌 적도 있었다. 두 번 묶어서 두 대가리 두 꼬리로 너덜너덜 가슴을 덮는 것이었다.

기생들이 허리띠로 쓰기를 좋아했다. 매고 있는 것을 탐내면 선뜻 풀어주기도 했다. 넥타이도 그러했다. 남자의 넥타이를 기생들이 허리띠로 질끈 동이는 것이 한동안 유행이기도 했다.

"이래봬도, 메이드 인 프랑스야."

넥타이 끝에 찍힌 상표를 내대며 서로 자랑하기도 했었다.

요즘 유행하는 '나비넥타이'는 오십 년이나 이전에 쓰이던 것이다. 한일합방 당시 친일파 거부들이 프록코트라는 것을 입고 실크 해트를 쓰고 그런 '제물 나비 넥타이'를 걸쳐놓고 다녔다.

제물 나비 넥타이인 만큼 단정하게 붙어 있기보다도 삐딱이 삐뚤어지는 일이 더 많았다.

그다음에 제물이 아니고 일일이 손으로 묶는 것이 유행했다.

처음에는 그저 '대님' 같은 것이었다. 그것을 목에 두르고 턱 밑에 매어 나비꼴로 묶는 것이었는데, 가운데를 더 잘록하게 하고 양쪽 끝을 푸짐하게 나비 날개나 꽃잎처럼 보이기 위해서 매듭짓는 곳을 애초에 잘록하게 잘라버린 것을 만들어 팔기도 했다.

이것을 솜씨 있게 매고 다니는 것이 멋쟁이였다.

그러던 것이 요즘 도로 옛날로 돌아가서 제물 넥타이가 된 것이다. 나비넥타이로 만들어놓고 두 끝에 금속으로 집는 집게가 달려 있어서 카라 안에 쑥 찌르게 마련이니 세상이 바빠진 탓일는지 모른다. 오십 년 전의 어수룩한 시골티와는 달리 기계화의 풍조라고 할 것이다. 팬티도 고무줄로는 성에 차지 않아서 거기마저 스냅으로 짤깍짤깍 정 떨어지는 소리를 내야만 하는 금속성 세상에 사는 사람들의 솜씨다. 멋과는 거리가 먼 취미라 할 것이다.

세상에 제일 아름다운 소리가 여자 옷 벗는 소리라고 했는데, 짤깍짤깍 스냅 따는 소리라도 낸다면 어떨 것인가.

그런 소리를 들어야만 여자 옷 벗는 소리의 정취를 지긋이 느껴 소름이 끼치도록 귀를 즐기는 사람이라면, 어쩌면 그런 소리를 귀기울여 듣고 있을 여유 없이 북— 찢기를 좋아하거나 어쩌면 과도(果刀)라도 들고 덤빌 성질에 발전할는지도 모를 일이다.

옷 벗는 소리[解裸聲]의 아름다움이란 어디까지나 비단과 비단 스치는, 소리 아닌 소리라야 할 것이다. 지상의 음향이 온통 집중되어 오르는 고층 건물의 방 안에서는 아무리 호화한 자리를 마련해도 백년 가야 한번 들어보지 못할 소리이니, 그러기에 차라리 옆구리도 등덜미도 온통 짤깍짤깍 소리를 내게 마련한 것인지도 모른다.

그런 족속의 취미라면 세상에 바쁘지 않더라도 넥타이에 금속 집게를 마련하는 것을 멋이라고 생각하는지 모르지만 나는 그런 것을 목에 걸친 일이 없었다.

넥타이를 하루에도 서너 개씩 산 적이 있었다. 거리를 거닐 때에 쇼윈도에 걸린 넥타이 가운데서 눈에 들이닥치는 것이 있으면 어쨌든 쑥 들어가서 사는 것이었다.

들어가서 수천 개나 있는 것을 일일이 고를 수도 없거니와 고르게 되면 오히려 헛 집게 되는 일이 많은 것이다. 그 많은 가운데에서 하나를 골라잡아 가지고 집에 돌아와서 보면 "원 이런? 이따위를" 하고 내던지게 되는 일이 많기 때문이다.

이런 짓은 누구나 한때 저지르는 일이다.

세비로는 노랑, 빨간노랑, 초록회색, 연회색 따위를 좋아했다. 그러나 검은빛 색을 더 많이 입었다. 검은 아래위를 입으면 웬만한 예절을 차릴 좌석이라도 통하기 때문이었겠지만, 첫째 단정해 보이고, 또 제일 멋을 부릴 수 있기 때문이었다.

'모닝코트'는 세 벌을 가지고 갈아입었다. 아침나절의 통상예복이라는 모닝코트를 초상집에 가서 일을 거들 때 입고, 무덤에 가서 송장을 묻을 때에 입던 같은 옷을 남의 결혼식이라도 경사 때에 입고 나가기가 민망하다는 생각에서였다. 또 한 벌은 나의 결혼식 때에 만든 것이다.

그렇지만 모닝코트는 어디까지나 아침나절의 예복인 만큼 저녁이면 '스모오킹'이라는 '턱시도'를 입어야 했다. 이것은 조금 멋있는 옷이다. 그러나 레스토랑의 웨이터가 모두 그것을 입었고, 앙상블의 악사(樂士)들이 그것을 입고 있기 때문에 입기 싫었다.

'연미복(燕尾服)'은 제일 멋있는 양복일 것이다. 흰 나비넥타이에 가슴을 온통 하얗게 드러내고 제비 꼬리 같은 두 꼬리를 치렁치렁거리는 것이다. 이것은 오케스트라 멤버의 제복이었다.

지휘봉을 휘두르는 지휘자는 제 몸에 맞는 그것을 입고 늘씬하게 제비 꼬리를 흔들어대겠지만, 백 명에 가까운 그 멤버들은, 그야 넉넉해서 제 옷을 입는 사람도 있었겠지만, 거의가 외국인이 떠날 때에 헐값으로 팔고 간 것을 사서 주렁주렁 매달아놓고 팔며 세도 주는 가게에서 샀거나 연주회가 있을 때면 달려가서 몸에야 맞건 안

맞건 세를 내어서 걸치고 연주가 끝나기가 무섭게 막이 내리기가 무섭게 벗어 젖히는 사람이 많았다. 차마 일어설 수도 거닐 수도 없는 옷을 걸치고 연주를 끝내는 것이다.

독창회나 독주회를 하는 사람으로도 그런 것을 여러 번 보았던 것이다. 말하자면 이것도 어쩔 수 없는 슬픈 제복의 하나였다.

슈베르트의 전당포 꼬리표 붙은 저고리 이야기가 아니라도 그런 옷을 입은 사람은 하찮은 예인(藝人) 족속으로 보이기 일쑤였다. 마차를 가졌거나 자가용 자동차를 가진 사람이 구두에 흙 묻히지 않고 입을 옷이다.

예복이나 세비로라는 제복을 입고 나다니다가 집에 돌아오면 그것을 벗어젖히는 것이 즐거움이었다.

홀가분하게 갈아입은 옷은 '가운'이 아니었다. 일본 '기모노'에 두툼한 '오비'라는 허리띠를 두르는 것이었다. 어깨에 걸쳐서 앞을 여미고 허리띠를 두르는 것이니 몸이 편하기는 더할 수 없는 그저 자리옷이다. 걸을 때면 사타구니까지 드러내게 되고 앉을 때면 앞섶을 가지런히 하고 꿇어앉아야 하지 도사리고 앉았다가는 온통 드러내놓게 되는 것이다.

나의 결혼식 때에 나는 새로 지은 모닝코트에 흰 꽃무늬 있는 검은 넥타이, 칠피 구두를 신고 신부는 웨딩드레스를 입었다.

날리는 양장점에 최고품을 부탁했다. 새하얀 웨딩드레스에 진주가 빛나는 화관과 짧은 면사포와 속속들이 내의와 흰 비단 장갑과 흰 비단 구두, 구색을 맞추어 가져왔는데 또 한 상자가 있는 것이었다. 식이 끝나면 그 자리에서 갈아입을 옷이라고 했다. 주홍빛 시은 베르벨 원피스에 거기에 맞는 모자와 브라운 세무 구두를 마련한 것이었다.

그런데 결혼식 당일에 아무도 청하지 않더라도 양장점 여주인만은 동행을 해야겠다는 것이었다. 전쟁이 한창이었기 때문에 손님은 한 사람도 청하지 않았고, 두 집안의 가족도 없는 터이라 단둘이서 식장인 스승의 집으로 가는데 양장점 여주인만이 동행했다. 옷을 입히는 일이라고 했다.

웨딩드레스를 입고 나선 신부는 날아갈 듯이 가볍고 날씬한 몸매지만, 그 속에 담긴 몸뚱이는 칭칭 감아서 결박하는 곳이 많았다. 젖에는 브래지어, 허리에서 궁둥이까지는 고무실로 짠 코르셋을 씌우고 그 끝에는 양말을 집는 집게가 주렁주렁 매달려 있었다.

새하얀 드레스는 어깻죽지에서 손등까지를 고무장갑같이 꿰매어 입혔으니 조금이라도 치켜올리려 들든지 치켜지는 날이면 어디서 툭 터질는지 모른다.

그것은 가슴도 허리도 궁둥이도 마찬가지다. 어디 한군데 마음 놓고 서거나 앉거나 거닐 수 있는 것이 아니었다. 조심조심 극히 조심을 해야 할 모양이었다. 그러기에 양장점 주인이 안등한 모양이었다. 몸가짐에 군색하기 짝이 없는 것이다.

생각하면 아름다움을 발휘하는 데 참을성이란 긴요한 것인지 모른다.

웨딩드레스뿐이 아니다. 어느 양장이라도—짝 드레스라는 아기 가져 배부른 부인이나 입을 양장을 제하고는—모두가 한결같이 가슴과 허리와 궁둥이를 편히 가질 수는 없고 구두도 그렇다.

늙어서 남볼상이란 것을 생각할 필요 없는 사람이라면 구두 속에서 발이 놀 수 있는 구두를 신기도 하겠지만, 젊은 여인이 맵시를 내려면 발톱이 빠지기도 하고 발목을 자주 삐기도 하고 중국 여인의 옛날의 전족(纏足)과 다를 바 없는 고통을 겪어야 한다.

우리나라 여인의 버선도 그렇다. 늙은이는 버선 속에서 발이 놀 수 있도록 큼직한 것을 신고 남자 고무신을 신어도 탓할 사람이 없지만 젊은 여인은 한결같이 발에 참을성을 지극히 발휘해야만 하기 마련이다.

흔히 '외씨 같은 발'이라고 하지 않는가. 그렇도록 작고 볼 좁은 발이 있을 리 없으니 신을 때면 얇은 백지로 발을 싸고 영치기영치기 신어야 하니 한번 마음놓고 뛰기라도 했다가는 등이나 바닥이 툭 터질 것이요, 걸을 때면 뼈마디가 아프고 내 발 같지 않게 고통을 겪는 것이다.

빨리 벗어젖히고 싶은 것을 참고 견디어야만 '어쩌면 외씨 같은 발이 예쁘기도 하다'는 말을 듣게 되는 것이다.

그러나 옷은 치마 저고리 모두 몸을 괴롭힐 정도로 구속하는 일이 없는 것이다. 고쟁이, 속곳, 속치마, 치마 모두 띠를 매는 것이기 때문에 허리띠로 졸리는 괴로움이 있다 하겠고, 젖을 노출시키지 않기 위해서 압박을 가하게 된다고 하겠지만, 그것쯤은 양장의 괴로움에 비할 바가 아니다.

남자의 양복도 허리띠는 있고 거기다가 '서스펜더(suspender)'라는 멜빵이 또 만만치 않게 어깨를 괴롭히는 것이다. 허리띠 매고 서스펜더를 걸면 서로서로 도와서 몸이 가뜬한 것 같되 사실은 서스펜더는 상당히 어깨를 무겁게 하는 것이다. 그러기에 선병질인 사람에게는 의사가 금하고 있는 것이다.

그러니 몸이 편하기로는 우리나라 옷이 제일이라 할 것이다. 그야 일본 기모노가 편하기는 하겠지만, 남자의 기모노는 볼품 있는 것은 아니다. 여자의 기모노는 아름답다 할 것이다. 극채색의 화려한 기모노는 색정을 유발하기에 족하고 품 있는 색채로 천착하지 않은 취미를 발휘한대도 침실의 옷이라는 인상은 면하기 어렵다.

남자의 옷은 키 기장이지만 여자의 옷은 키보다 길다. 발뒤꿈치에서 발 기장만큼이나 긴 옷을 걸치고 가는 끈 허리띠로 가슴과 허리에 접어 넣기 마련이다. 그 위에 30센티미터 폭이나 되는 오비[帶]라는 것을 칭칭 감아 장식하니 가슴이 죄어들어 병신같이 되기도 했다.

사치와 멋은 오비에 들인다고까지 하니 색채와 무늬와 취미가 볼 만하지만 무겁고 두꺼운 것을 가슴에 칭칭 감아야 하는 것이 몸에 좋을 것 같지는 않다.

오비토 우리나라 여자들과 같이 젖을 감추게 된다. 젊은 여자는 감추고 나이 먹으면 조금 볼록하게 드러내고, 늙으면 불룩하게 드러나 보이게 된다. 오비의 위치를 나이 먹을수록 아래로 내리기 때문이다. 한창 팽창할 때에 감추고 너덜거릴 때에 불룩이 보이게 되는 것은 양장의 경우와 달라 흥미 있는 일이다. 양장이란 어쨌든 젖과 궁둥이와 배꼽까지 모두 겉으로 두드러지게 하고 젖이 빈약한 여인은 이것도 남자 세비로의 어깨 모양 솜 덩어리 아닌 스펀지 브래지어로 보철을 해서까지 볼록 내밀게 하니 말이다.

드러내 보이는 아름다움과 감춘 아름다움의 대립이라고나 할까. 천착한 아름다움은 잠깐 선정적이기는 하지만 그윽한 아름다움은 아니다. 우리나라 여자의 옷은 몸의 어디 한군데 드러나 보이게 하는 곳이 없을 뿐더러 급격한 무용을 실연할 때라도 살이 보이게 되는 일은 없는 것이다.

'검무(劍舞)'라는 옛날부터 내려오는 춤은 다리와 다리를 90도 각도로 벌리며 급격한 턴을 도는 것이지만 발뒤꿈치나 정강이나 살이 드러나지는 않게 마련인 것이다. 그러면서도 속속들이 입은 비단 옷이 얼키고설키어 카네이션 꽃잎처럼 그윽한 아름다움을 풍기는 것이다.

색채가 다채롭고 대담하고 많이 입기로는 일본이 세계에서도 손꼽힐 것이다.

옛날 중국을 다녀와서 중국 남녀의 옷을 그린 글이 있다.

홍순학(洪淳學)의 『연행가(燕行歌)』의 일절이다.

의복이 괴려하여 처음 보기 놀랍도다. 머리는 앞을 깎아 뒤만 땋아 느리쳐서 당사(唐絲) 실로 당기하고 매래기를 눌렀으며, 검은 빛 저고리는 깃 없이 지었으되 옷고름은 아니 달고 단추 달아 입었으며, 양청(良靑)바지 반물 속것 허리띠로 눌러 띠고, 두 다리에 행전 모양 차오구라 이름하여 회목에서 오목까지 회매하게 드리끼고, 깃 없는 청 두루막 단추가 여럿이요, 좁은 소매 손등 덮어 손이 겨우 드러나고 곰방대 옥물부리 담배 넣는 주머니에 부쇠까지 껴서 들고 뒷짐지기 버릇이라.

사람마다 그 모양이 천만인(千萬人)이 한 빛이라. 싼다인 온다 하고 저희끼리 지저귀며 무어라고 인사하되 한마디를 모르겠네.

계집들도 볼만하네. 그 모양은 어떻드냐. 머리는 치거슬러 가리마는 아니 타고 뒤통수에 모아다가 맵시 있게 수식(首飾)하고 오색으로 만든 꽃은 사면으로 꽂았으며 도화분(桃花紛) 단당하여 만취한 모양같이 불그레 고운 태도 아미(娥眉)를 다스리고 살적을 고이 지어 붓으로 그렸으며 입시울에 연지분은 단순(丹脣)이 분명하고 대 방울에 뚫은 구녕 귀에 꼬리 달았으며 의복을 볼작시면 사나이 제도로다.

다홍 겹바지와 푸른 빛 저고리요, 연옥색 두루마기 발등까지 길게 지어 목도리며 수구(袖口) 끝동 화문(花紋)으로 수를 놓고, 폼 넓고 사매 널러 풍신 좋게 떨쳐 입고, 옥수(玉手)에 금지환(金指環)은 외짝만 널찍하고, 손목의 목고리는 굴기하여 씌웠고나. 손톱을 길게 길러 한 치 남짓 길렀으며 발 맵시를 볼작시면 수당혜(繡唐鞋)를 신었으며, 청녀(清女)는 발이 커서 남자 발 같되 당녀(唐女)는 발이 작아 두 치쯤 되는 것을 비단으로 꼭 동이고 신 뒤축에 굽을 달아 뒤뚝뒤뚝 가는 모양 넘어질까 위태하다.

"뒤뚝뒤뚝 가는 모양 넘어질까 위태하다"는 말은 요즘 못과 같은 가늘고 높은 하이힐을 신은 여인에게도 느끼게 된다.

여자에게 발 맵시를 요청하며 뒤뚝거리게 하는 잔인성을 생각하게 하며, 오륙십 년 전까지 중국 여자들만이 하던 짓을, 그것을 극히 흉보던 진보한 나라 사람들이 점점 그편으로 기울어왔다는 사실을 느끼게 한다. 어릴 때에 가죽신을 신겨서 발육을 정지시키지는 않는다 하더라도 뒤뚝거리며 걷게 하는 잔인성은 마찬가지라 할 것이다.

우리나라 옷맵시는 『춘향전(春香傳)』에 나오는 이도령과 춘향의 그것을 보면 될 것이다.

이도령의 맵시는 이렇다.

옥안선풍(玉顏仙風) 고운 얼굴, 전판(剪板) 같은 채 머리 곱게 빗어 밀기름에 잠 재워 궁초(宮綃) 댕기 석황(石黃) 물려 맵시 있게 잡아 매고, 성천수주(成川水紬) 접동배 세백저(細白苧) 상침바지, 극상세목(極上細木) 겹버선에 남갑사(甲紗) 대님 치고, 육사단(六紗緞) 겹배자(褙子) 밀화단추 달아 입고 통행건(筒行巾)을 무릎 아래 넌짓 매고, 영초단(影綃緞) 허리띠 모초단(毛綃緞) 도리낭(囊), 당팔사(唐八糸) 갖은 매듭 고를 내어 넌짓 매고 쌍문초(雙紋綃) 긴 동정 중추막에 도포(道袍) 받쳐 흑사(黑紗) 띠를 흉중(胸中)에 눌러 매고 육분당혜(肉粉唐鞋) 끄을면서……

이런 모습으로 광한루(廣寒樓)에 나타난 이도령을 홀딱 반하게 한 춘향의 맵시를 다음과 같이 그리고 있다.

……청산(青山) 같은 두 눈썹을 팔자춘색(八字春色)으로 다스리고 흑운(黑雲) 같은 검은 머리 반달 같은 와룡소(臥龍梳)로 살살 빗겨 전반같이 넓게 땋아 옥용잠(玉龍簪) 금봉채(金鳳釵)로 사양머리 쪽 겼는데 석웅황(石雄黃) 진주투심(眞珠套心) 도토막 산호댕기, 천대산(天臺山), 벽오지(碧梧枝)에 봉황의 꼬리로다.

당모시 '까끼적삼' 초록갑사 '곁막이', 백항라(白亢羅) '고쟁이' 화문

월사(花紋月紗) '겹바지', 분홍 갑사 너른바지 세류(細柳)같이 가는 허리, '깁허리띠' 눌러 띠고 용문갑사(龍紋甲紗) '도홍(桃紅)치마', 잘 살 잡아 떨쳐입고 몽고(蒙古) 삼승 '겹버선'에 초록 우단 수운혜(繡雲鞋)를 맵시 있게 도도 신고 삼천주산호수(三千珠珊瑚樹) 밀화불수(密花佛手) 옥(玉) 나비 진주월패(珍珠月佩) 청강석(靑剛石) 자개향(紫介香) 비취향오색당사(翡翠香五色唐糸) 끈을 달아 양국대장(兩國大將)의 병부(兵符) 차듯 남북(南北) 병사(兵使)의 활동개 차듯 휘느러기게 넌즛 차고 방화수류(訪花隨柳) 찾아갈제 만단 교태하는고나……

'머리를 쪽 졌다'는 말이 처녀 춘향에게 당치 않은 것 같은 것이지만 '사양 머리'에 까닭이 있다. 처녀라도 맵시를 내기 위해 쪽 짓는 머리이니 시집간 사람의 머리와 달리 쪽 짓는 머리 꼴이다.

'까끼 적삼'은 깨끼적삼 겹 적삼이다. '겹 옷'이라는 것이 흥미 있는 일이다. '오뉴월 복중(伏中)'이란 말이 있으니 복중이란 말은 한참 더운 때란 말인데, 그 오월 단오 초닷새 날 겹옷을 입은 것이다.

우리나라의 법도 있는 옷은 겹옷이다. 오뉴월이라도 신랑의 예장은 깨끼저고리, 깨끼바지, 깨끼두루마기다. 모시나 항나, 생노방, 생고사의 깨끼란 이만저만한 사치가 아니다. 그런 경우 홑 고이적삼이란 오직 자리옷 구실을 하는 것이다.

서양의 예장은 엄동설한이라도 홑옷이다.

일본도 황실이나 극족의 최고 예장이 모두 홑은 아니지만 이름조차 (십이단의[十二單衣]) 열두 홑옷이라고 한다.

'곁막이'는, 이것도 여자의 예장이다. 초록이나 노랑 바탕에 자주 겨드랑, 자주 깃, 자주 고름, 자주 끝동을 단 저고리다. 당모시 깨끼 적삼에 갑사 곁막이를 덧입고 있는 것이다. 요새 나일론 홑 적삼 하나만 걸치고 등허리 겨드랑이까지 살살이 보이게 입는 따위와는 취미가 다르다.

아랫도리를 살피면 춘향이도 흰 항나 고쟁이를 입고 겹바지, 너른 바지에 허리띠를 띠고 그 위에 도홍 치마를 입었다.

겹바지라고 한 것은 단속곳이다. 두 가랑이로 되었지만 가랑이가 막힌 것이다. 너른 치마라는 것은 통치마식의 속치마다.

고쟁이 위에는 가랑이 막히고 가랑이 통 넓은 단속곳을 입기 마련이니, 음담에 피리 소리를 듣고 떨쳐 나온 아낙은 자다 말고 부리나케 나오느라고 입고 자던 고쟁이 위에 치마만 걸치고 나왔던 것이다. 아예 치마는 들고 뛰어나왔는지도 모를 일이다.

춘향의 의상은 요즘도 내내 양복과 교복으로 자라난 여자들이 시집갈 때면 입는 그것이다. 격식에 맞는 옷차림이니 노출증 환자 아닌 우리나라 여자의 전형적 옷차림이다. 다만 고쟁이만은 없어져 가고 있는 것이다.

양장으로 치면 연미복의 남자와 동행할 수 있는 야회복, 로오프 데 콜데, 웨딩드레스와 맞설 수 있는 의상이니 세비로와 같은 사무복은 아니다.

남자의 바지저고리, 두루마기도 사무복이라고 할 수는 없다. 세비로로 노동하고 돌아와서 홀가분히 몸을 해방할 수 있는 옷이다.

파자마 바람이나 노타이 바람으로 있던 남자가 손님을 만날 때에 가운 하나만 걸치면 되듯이 우리도 손님을 대할 때는 두루마기를 입기 마련이다. 세비로만 입고 다니는 사람이라도 집에 돌아오면 훌훌 벗어 던지고 여름이면 잠방이, 겨울이면 솜바지 저고리로 갈아입고 어깨를 두드리는 사람은 많을 것이다.

가난한 살림이라도 겨울에 솜옷, 봄에 겹옷, 초여름에 다듬이질한 제물 옷, 여름에 다리미질한 모시옷— 철따라 간색도 많다.

세상인심이 야하고 천박해지기만 해서 남의 아낙의 젖가슴, 허리통, 궁둥이를 살펴 눈요기를 할 양으로 바스트니 웨스트니 힙이니 하고 떠들어 그런 곳을 최고로 드러나 보이게 하는 옷을 멋있는 옷 아름다운 옷이라고 하지만, 인간의 심미안이 언제까지나 그것만을 추구하지는 않을 것이다.

우리나라 여자의 옷은 그런 곳을 하나도 두드러지게 드러내지는 않는다. 그러면서 그윽하고 향긋한 높은 아름다움을 풍기는 것이다. 형태로나 색으로는 유순하고, 요조한 선의 아름다움이 어느 나라 옷에도 비할 바 아니다.

오랜 역사를 지니면서 변하지도 않고 언제나 새롯한 아름다움을 풍기는 치마저고리는 인간이 지어 입어 아름다울 수 있는 온갖 것을 치른 나머지의 최고의 것일는지 모른다.

(『사상계』 1961년 11월)

문전구악(門前舊惡)

한 군데 십여 년을 살고 보니 대문 밖 골목길이 높아진 것이 이만저만이 아니다. 처음 이사 왔을 때는 돈대 하나쯤 있음직한 높이에 대문 중방이 있었는데, 십여 년을 지내고 보니 중문간보다도 길이 높아진 것이다. 사람들의 신발 밑에 묻어온 흙도 있었겠지만, 겨울의 눈—집집마다 내다버린 눈—더미는 그게 눈 뿐은 아니어서 흙이 쌓이고, 집집에서 해마다 방을 뜯고 내다 쌓은 흙은 사람을 사서 치우는 경우도 없지는 않지만 어름어름 슬쩍 펼쳐 버린 일도 있었기 때문이리라.

장마철에는 골목이 곧장 개천이 되고, 그 급류가 대문 문지방을 넘지 않도록 하기 위해서 지켜 서야 할 판이다.

자유당(自由黨) 때는 말도 못했지만 민주당(民主黨)이 되니 동회(洞會)에 말을 건네보았다. 이내 직원 몇 사람이 나와서 보더니 "하수도 뚜껑이 어디 있을까?" 하고 지극히 동정하는 눈치로 하수도 뚜껑 있을 자리를 파헤치니 두 자[尺] 밑에 있는 것이었다.

"큰일인데요. 골목길을 두 자를 파버려야겠으니 트럭이 몇 대야?"

나중 말은 저희끼리 하는 말이었다. 흙을 파는 일보다 흙을 실어 갈 트럭을 걱정하는 것이요, 그것은 동회 직원들의 마음대로 되는 일이 아니라는 통사정 같은 쑤군쑤군이었다.

그래도 직원이 올 때마다 사정을 되풀이했다.

"장마가 들면 금년에는 꼭 중방을 넘을 것 같아요. 넘기만 하면 침수 가옥에 한몫 들게 되지 않아요?"

"글쎄, 하기는 해야겠는데요……"

글쎄 하기는 해야겠는데…… 소리를 몇 번 듣는 사이에 정권은 넘어가고, 앞길은 조금 더 높아지고, 이럭저럭 장마철이 또 다가오고 있다. 비가 한번 쏟아지기 시작하면 삽시간에 문 앞이 개천이 될 것이니, 허 참, 밤잠을 못 자게 되는지도 모를 일이다.

(『조선일보』 1962년 6월 9일)

6·25에 생각나는 사람
― 정든 일선(一線)기자, 이정순(李貞淳)

부장이 되거나 국장이 되거나 일선(一線) 기자였다.
정 있는 사람이었다.
동경에 근무했을 때는 정인익(鄭寅翼, 납북)과 추축(追逐)하기에 바빠서 그의 부하였던 이정순(李貞淳)은 별로 가까이 지내지를 못했다.
그가 오사카(大阪)로 전근한 후 1944년 6월, 내자(內子)가 세 어린애를 거느리고 귀국할 때에 그는 새하얀 쌀밥에 고기 반찬을 곁들여 들고 오사카 역까지 나와서 환송해주어 "오사카를 무사 통과했다"고 장거리 전화를 걸어주었었다.
『자유신문(自由新聞)』편집국장으로 있을 때 나는 '편편상(片片想)'을 연재했다. 월 2회, 혹 월 7회 정도로 수 년에 걸쳐 연재하게 되었던 것은 그의 격려와 그의 뒤를 이어 편집국장이 된 역시 납북된 마진영(馬秦榮)의 덕이었다. 공보처(公報處) 공보국장으로 있다가 6월 25일 미국으로 떠날 예정이었는데 비행기 사정으로 27일로 연기되었었기 때문에 납치된 억울한 사정이었다.
다음에 그 집으로 찾으니 그는 없었다. 색출(索出)도 경계(警戒)도 심하지 않은 모양이라는 정보를 듣고 나선 것이 잘못이었다. 좀더 한군데 오래 있었더라면 하는 생각을 가끔 하고 있다.
많은 자녀를 현부인(賢夫人)은 거느리고 고초(苦楚)야 심했겠지만,

장남은 벌써 부업(父業)을 이어 언론계에 진출했다는 소식을 들은 지 오래다.

(『동아일보』 1962년 6월 25일)

돈의 꼴

 무역 진흥을 위한 협의체는 무역업자와 정부기관의 국과장만으로 구성될 것이 아니라 안목 있는 예술가도 한몫 끼어야 할 것이라고 생각했다.
 지폐를 바꿔 만들 때에는 아무리 극비밀리에 하더라도 담당 공무원 외에 심리학자 한 사람쯤 끼어 있어야 하리라고 생각했다.
 새 우표를 만들 때에는 도안의 결재를 담당 공무원이 할 것이 아니라 안목 있는 높은 예술가가 해야 할 것이라고 생각했다.
 지폐의 경우, 새 돈 십 원짜리를 받았을 때 가슴이 선뜩했다. '이거 큰일 났구나!' 하는 근심 같은 것이었다. 아무리 뒤집어보고 뒤집어보아도 구화(舊貨) 백 환짜리 지폐나 전화(錢貨)보다 돋보이지를 않았기 때문이다. 돋보이기보다는 얕보였기 때문이다.
 '이걸 돈이라고!' 목구멍까지 올라오는 말귀였다. 돈값이 떨어질 것 같은, 다시 말해서 물가가 오를 것 같은, 다시 말해서 십 원이 백 환 구실을 못할 것 같은 생각이 들기 때문이었다. 십 원, 오 원, 일 원짜리는 어린아이들이 보는 족족 "이건 내 돈이다……" 하고 집어다 딱지치기나 하지 않을까 하는 생각도 지나갔다.
 문득 사십여 년 전 일본의 지폐가 오 원, 십 원짜리보다 일 원짜리를 더 크게 점잖은 도안(圖案)으로 만들어냈던 일이 생각났다.

그런 한편으로는 '이대로 통화 가치가 안정되어서 오십 원, 백 원짜리는 집에 두고 십 원, 오 원, 일 원짜리만 조그만 지갑에 넣고 다니게 된다면 얼마나 좋을까' 하고 생각해보기도 했었다.

그러나 마침내 "한 장만 주어!" 하고 십 환 한 장을 조르던 어린아이가 일 원짜리를 반겨 받지는 않았다. 오 원짜리도 시원치 않다.

그리고 두 달이 못 가서 이건 어쩌자고 담뱃값이 껑충 뛰었다.

물론 수지(收支) 균형의 생활커녕 예산이 없으니까 살아온 형편이고 또 살아갈 형편이지만, 솔선(率先) 인상은 위협이 아닐 수 없다. 딱한 일이다.

(『조선일보』1962년 8월 3일)

나의 취미·여기(餘技)

취미 따위를 뇌까릴 세월이 아닌 것 같은데, 이것도 단간(單刊) 증면(增面)의 혜택이라기보다 피해인 것 같다.

바둑도 장기도 안 둔다. 배운 일은 있다. 낚시도 다니지 않는다. 젊어서는 한 일이 있었다.

그렇다면 우리나라 천명급(天命級)으로는 몰취미인(沒趣味人)으로 치워버려야 할는지 모른다.

언젠가 선인장과 양란(洋蘭) 기르기를 자랑했더니, '코주부'가 대답하되 "그게 싫어요! 늙는 것만 같아서 좀 움직이는 것을 사랑하고 싶어요." 움직이는 것을 사랑하는 것이 젊음이고 움직이지 않는 것을 사랑하는 것이 늙음에 통하는 것같이 말했다.

움직이는 것이라면 '잉꼬'라는 새도 길러보고 금붕어도 길러보고 강아지도 기르고 있지만, 새, 금붕어, 선인장, 양란, 모두 동사(凍死)를 시킨 후로는 다시 구할 생각이 없었다. 겨울이면 내 방이 그들이 동사하기에 족하기 때문이다.

당구도 마작도 유단급이지만 우리나라에서는 한 일이 없다.

골프장도 다녀보았지만 서울에는 골프장이 어디 있는지도 모른다.

한동안은 여행을 취미로 즐긴 시절도 있었지만, 우리나라에서는 그렇지 못하다. 내 사정 형편도 있다고 하겠지만, 그런 일들은 중노동 못지않은 흐벅진 정신노동을 한 다음 소휴식(少休息)으로 즐겼던 것인데, 우리나라에서는 그 전문가가 많고, 아니면 사치에 통하는 일이 되기 때문이다.

술이 취미라고 하자. 주량은 예나 이제나 청주(淸酒) 일 홉이다.

국주(國酒)는 약주(藥酒)라고 생각해서 애주(愛酒)했었지만, 마시고 나면 카바이트 가루가 꺼멓게 가라앉는 것을 보고는 끊어버렸다.

국산 청주는 큼직큼직한 상을 탔다는 레테르가 붙은 것도 냉주(冷酒)는 배탈이 난다. 내 탓일는지 모르지만 감칠맛이 없다.

진로(眞露) 소주(燒酒)를 사다가 요새는 포도, 다음에는 구기자로 가미해서 이건 반 홉이 많다.

그러나 이것을 취미라고 할 수 있을까?

새벽이면 동물원 맹수들의 포효에 귀를 기울이고, 어둠을 헤치는 산보를 즐기고, 저녁이면 신문의 물가표를 보는 것이 요즘 취미라고나 할까.

(『동아일보』 1962년 8월 24일)

벌거벗은 도의

 누군가가 그를 가리켜 '유니크'한 문인이라고 했다지만, 마해송 씨는 차라리 철인(哲人)이라고 부르는 게 옳을지 모르겠다. "한마디로 요즘의 세태는 벌거벗은 추남(醜男)이야. 구세대니 낡은 세대니 하며 오랜 도의(道義)를 무조건 배격했거든. 그래놓고 새 '모럴' 같은 것은 아예 찾을 생각도 않고 날뛰고 있으니 그 꼴이 해괴할 수밖에 없잖아?"

 그리고 그 책임은 정치를 한다는 이른바 우리의 지도자에게 있다고 못을 박았다.

 "그 사람들은 정말 새 세대들에 대한 근심 같은 것은 외면하고, 자기들의 지위에 집착하여 연명책(延命策)으로 갖은 억지를 누워서 떡 먹듯이 하고 있단 말야……"

 아까부터 연거푸 피우는 백양 담배의 자연(紫煙)이 호(弧)를 그린다.

 "글쎄…… 스무 살을 갓 넘은 학생들이 입학시험 문제를 빼돌리지 않나, 대학생들이 작당해서 도둑질을 하지 않나, 학교에서 학생들을 초과 입학시켰다고 해서 문교부라는 데선 덮어놓고 취체 낱말만 하지 않나, 연합고시 문제에 '미스'가 있지 않나, 정부는 고권(雇券)인가 뭔가 해서 다방에서 공공연히 도박을 시키지 않나……"

도대체 되어 나가는 꼴이 불신(不信)의 세대며, 말세적(末世的) 현상뿐이라고, 어두운 표정이다.

"이번에 이대(梨大)의 초과 모집에 대해서 취한 문교부의 조치는 겨우 관료의 위신을 세우자는 것밖에 안 돼요. 문교부는 교육·문화 등 요즘 우리나라에서 가장 중요한 부분을 담당하는 기관이거든. 그런데 이 사람들은 그런 것 할 생각은 없어 덮어놓고 취체만 하려고 드니 그럴 바에야 문교부는 필요없잖아? 내무부에서도 그만한 건 실컷 할 텐데……"

진정한 의미에서의 문화 정책 하나 제대로 못하는 문교부에 대한 비판은 차라리 노여움에 가까웠다.

"지금 우리나라의 모든 학교는 입시 예비반이야. 교육을 시키는 게 아니고 상급 학교나 취업시험을 위한 지식의 전달소밖에 안 되고 있어. 고등학교만 나와도 사회의 어느 부문에서 일할 수 있게 고등학교에 알맞고 적응한 교육을 시켜야지. 요즘 같아선 고등학교 나오고 대학엘 못 가면 전부 다방이나 당구장에 취직(?)할 수밖에 없단 말야. 그 돈도 늘 생기는 게 아니거든. 할 수 없이 도둑질을 하고, 깡패질을 하고…… 그런데다 그 수도 해마다 늘어간다면서……"

우리가 이제라도 구제받을 수 있는 길은 새로운 도의(道義)를 찾고, 또 덮어놓고 벗어 팽개쳤던 가난한 유산을 살뜰히 살려야 한다면서 앉은 자세를 바로 한다.

"흔히들 우리에겐 전통이 없다고 떠드는 사람들이 있지만, 우리에게도 귀중하고 아름다운 전통이 얼마든지 있어. 우리의 말, 글자, 그리고 수천 년을 이어온 도의를 왜 빛을 잃게 해야 돼?"

꼭 남의 못된 흉내만을 내는 것이 현대와 직결되는 줄로 알고 있다고 탄하다 못해 자조에 가까운 엷은 웃음이 되어버린다.
"……인간은 원래 선(善)이니까 구제될 거야. 꼭 구제돼야지…… 가끔 시골에 여행 갈 때 느끼는 거지만, 순하디 순한 우리 농민들처럼 아직 선인(善人)과 의인(義人)이 많이 남아 있어. 그 사람들을 위해서도 구제되어야 해. 주먹만 한 몰지각한 사람들 때문에 다른 사람들까지 신이 외면하지야 않을 테니까……"

(『조선일보』 1963년 3월 7일)

일본에 다녀와서

일본의 잡지사 '문예춘추신사(文藝春秋新社)'의 초청장을 받은 것은 2월 4일이었다. 동경 법무국 소속 공증인이 서명한 타이프로 찍은 두툼한 서류 여덟 통을 등기우편으로 받았다. 그 전에 편지를 받은 일도 없었고, 내가 편지를 보낸 일도 없었다. 그러니 전혀 예기치 않던 일이었다.

하기는 작년에 그 사(社)의 사람들이 다녀간 일은 있었다.

3월에는 『문예춘추』 편집장 안도 나오마사(安藤直正), 5월에는 전무 이케지마 심페이(池島信平), 소설가 곤 히데미(今日出海)가 한국일보사 초청의 '일본 문화인 사절단'의 멤버로 다녀간 일이 있었다.

후지하라 요시에(藤原義江)를 단장으로 한 그 멤버에 끼어서 온 목적은 거의 나를 만나보고 내 형편을 알아보자는 데에 있었다고 했다. 비행장에 내리자 내 이름을 대고 "살아 있느냐? 어떻게 지내느냐?"고 묻더라는 것이었다. 그런 줄도 모르고 나는 비행장에 마중도 나가지를 않았다.

몸이 좀 불편하기도 했었다. 배탈이 나서 설사를 연거푸 하고 있었던 것이다.

5월에는 마중을 나갔었다. 그러나 돌아와서 혼이 났다. 좁쌀미음 먹은 것이 감체했는지 상기(上氣)가 되고 숨이 가쁘고 심장까지 괴로웠다. 배는 통통 부르고, 앉아 있을 수가 없었다.

저녁 일곱 시에는 『한국일보』 사장의 환영연이 있다고 했다. 널리 청한 것도 아니고 서너 사람의 자리라고 했다. 불가불 참석은 해야겠는데, 일어설 기운조차 없었다.

어떻게 된 셈인지 이렇게 급해지면 양의(洋醫)보다는 한의(韓醫)를 찾고 싶어졌다. 아이의 부축을 받으며 가까운 한의를 찾아갔다.

그래서 생전 처음 침 세 대를 맞고 청운각(淸雲閣)으로 갔었다.

술 몇 잔을 마시고 돌아와서는 기동을 못했다.

위암이냐? 궤양이냐? 꼭 죽는 병 같이만 생각되었다. 그런데 다음 날은 우리 집으로 찾아온다는 것이었다.

나는 지팡이를 짚고 큰길까지 마중을 나갔다. 인도하며 앞서 오는 내 뒷모습을 이모저모로 사진을 찍은 것을 나는 알 턱이 없었다. 그 사진은 내게는 보내주지 않았고 사(社)에서만 돌려 본 모양이었다.

대머리는 사진으로는 더욱이 숱이 없다. 머리는 다 벗어지고 담배를 문 얼굴은 바짝 말랐고 주름투성이에 떨어진 잠바를 입고 바지는 14인치나 되는 너덜너덜한 것을 끌다시피 하고 지팡이를 짚은 꾸부정한 뒷모습은 거의 세상 다 산 사람같이 보였다고 재회한 지 여러 날 후에 말들을 했다.

초청장에는 이렇게 씌어 있었다. 초청장이 아니라 보증서다. 왕복 여비와 체재비 일체를 부담한다는 보증서에 보증하는 이유라고 해서 이런 글이 적혀 있었다.

피보증자(被保證者) 마해송(馬海松)은 전전(戰前) 문예춘추사 창건 시대의 사원으로 활약, 당시의 사장 고(故) 기쿠치 칸(菊池寬)의 지우(知遇)를 얻어 쇼와(昭和) 6년 이후 방계지(傍系誌)『모던니혼』의 사장으로 독립 후도 일일 그 업무를 통하여 문예춘추사와 긴밀한 접촉을 가지고 그의 발전에 기여한 바가 있었습니다.

　제2차 세계대전의 종전 직전 마해송은 고국으로 돌아가고 문예춘추사 또한 해산하고 구사(舊社) 사원의 손에 의해서 문예춘추신사(文藝春秋新社)의 창립을 보았습니다. 구시(舊時)를 아는 자 한결같이 마해송의 안부를 걱정하며 세월을 보내던 중 다행히 건재하며 연락이 가능하게 되었으매, 매년 3월 6일에 행하는 기쿠치 기(忌) 묘참(墓參)을 기회삼아 부인 동반으로 초빙하여 구교(舊交)를 따뜻이 하고 일한(日韓) 상호 이해의 일조에 자(資)하고자 폐사(弊社)에서 그 방일 체재에 관한 일체의 보증을 행하는 바입니다.

　번역이 서투르다. 문장도 좋은 두툼한 서류를 받고 반가움보다도 놀라움이 앞섰고, 또 당황했다.

　그러나 3월 6일에는 어쨌든 떠나게 되었다. 그날 아침까지도 수속 절차가 끝나지 않아 애와 아내가 드나들더니 열두 시까지 반도호텔 앞으로 나오라는 전화를 받고 떠나는 것 같지 않은 길을 떠났던 것이다.

　십구 년 만에 먼 길을 떠난다면, 또 삼 주일이나 집을 비우게 된다면, 그래도 몇 군데 인사도 치러야 했고, 또 그동안 집에 살림 마련도 해주었어야 했을 것이지만, 떠나는 날 떠나는 시간까지 떠난다는 실감이 없었던 것이다.

그러나 세 시 삼십 분 발(發) 김포공항을 슬그머니 떠나니 불과 한 시간 삼십 분 후에는 동경 하네다(羽田)에 도착하는 것이었다. 한 시간 반…… 시계로 따지니 한 시간 반이라는 시간이 계산되는 것이지, 정말 담배 한 대 피운 짧은 시간이었다.

비행기에 오르면 담배 못 피우는 시간이었다. 이륙해서 고도와 항로를 잡을 때까지이니 이십 분쯤 될까? 이삼십 분이라는 시간은 모두 긴장해 있다. 담배 피우지 말라는 빨간 불이 꺼지니 '휴우' 안심하고 우선 백양 한 개를 꺼내서 불을 붙였다.

예쁜 스튜어디스가 물수건을 주었다. 김포까지 나오기에 먼지 쓰고 또 긴장해서 진땀 난 얼굴을 닦고 나니 이번에는 쟁반 하나씩의 배급이다. 홍차와 설탕과 우유와 귤 하나, 과자, 샌드위치가 세 쪽 놓여 있었다.

체하거나 토하게 될까 봐 천천히 꼭꼭 씹어서 조금씩 마시고 먹는데, 벌써 한끝에서는 쟁반 걷어가는 소리가 났다.

태연히 늘어지게 먹고 앉았을 배짱이 없는 것도 아니지만 이번에는 키 큰 남자가 거두고 있는 것이다. 남은 샌드위치 한 쪽을 마저 집어 들까 하다가 손을 떼었다. 키 큰 남자는 선뜻 쟁반을 거두어 갔다. 다시 백양 한 개를 꺼내서 불을 붙이려고 하는데 맞은편 벽에 빨간 불이 켜지는 것이다. 담배 못 피우는 시간이 된 것이다. 그렇다면 벌써 착륙 준비— 쑥쑥 고도를 낮추어서 동경 상공을 한 바퀴 도는 시간이 되는 모양이었다.

샌드위치 불과 두 개, 담배 한 개 피우는 잠깐 사이에 십구 년 동안 나의 생사(生死)를 모르고 지낸 사람들이 사는 고장에 도착하게 되는 것이었다.

　마중 나온 육중한 캐딜락에 몸을 파묻고 있을 때에 문득 김포공항에서 손을 흔들며 전송해주던 사람들이 집으로 돌아가기나 했을까 하고 생각되었다.

　그러나 하네다(羽田) 공항에서부터 동경 시내까지는 수월하지가 않았다. 해 지기 전에 공항을 나섰는데 차가 많아서 거의 잇닿아 있기 때문에 달리지를 못하는 것이다.

　고속도 도로라는 길을 달려도 긴자(銀座)에 닿았을 때는 한 시간이 지났고, 깜깜 밤중에 꽃 같은 네온만이 밝았다.

　우리 내외의 숙소로 정한 호텔에는 짐을 그야말로 던지고 다시 차를 몰았다.

　"어제도 공항에 마중을 나갔었습니다. 성묘는 오늘 오후 세 시에 떠났었고, 돌아오는 길로 팔레스 호텔에서 제11회 기쿠치 칸 상(菊池寬賞) 시상식을 방금 진행 중일 것입니다."

　그런 말을 들으면서 나는 거리를 내다보기에 바빴다. 동경은 격세의 감이 있을 것이라고 여러 사람이 들려주었지만, 짐작되는 곳이 많고, 여기가 어딜까? 기웃거리게 되는 곳은 적었다. 지나다니는 사람도 모두 내가 두 시간 전에 다니던 곳에서 보던 사람들과 다를 것이 없는 것 같았다. 김포공항이나 한강철교 근처나 반도호텔 앞에서 눈에 띄던 그 사람들이 여기 또 있는 것만 같았다.

　팔레스 호텔은 궁성(宮城) 앞뜰에 새로 지은 것이었다. 이층 홀로 들어서니 갑자기 요란스런 박수 소리가 났다. 무슨 절차가 시작되는 것인가 나는 뒤를 돌아보았다.

뛰어나와서 나를 얼싸안는 사람은 백발이 성성하나, 그러나 청년 같은 사사키 모사쿠(佐佐木茂索) 사장이었고, 뒤따라 나를 얼싸안으며 "생전에 다시 한 번 만날 줄은 몰랐다"고 흐느끼는 사람은 정말 노인이 된 야마모토 유조(山本有三)였다.

사장은 손목을 놓지 않고 우리들을 금병풍 두른 단 위로 이끌었다. 마이크 앞이다. 박수는 아직도 그치지 않았다. 식의 절차는 이미 다 끝나고, 우리 내외가 당도하기를 기다리고 있었던 것이다.

"아까 말씀드린 바와 같이 우리들의 옛 친구 마해송 내외가 방금 당도했습니다……"

사장의 격한 어조였다.

우리들이 이곳으로 달리고 있을 때에 사장은 모인 사람들에게 벌써 그것을 알렸고, 그래서 우리들이 홀에 들어서자 요란한 박수를 보내주었던 것이다.

격한 어조로 우리들을 소개한 후에야 손목을 놓으며 한마디 무슨 말이든지 좋으니 인사를 하라는 것이었다.

어리둥절한 나는 말이 나오지를 않았다. 입이 떨어지지 않고 입술만이 경련을 일으킨 것처럼 씰룩거렸다.

사장은 옆구리를 찌르며 재촉이다. 그렇지 않아도 나는 일본 말 때문에 끌치를 앓은 일이 있었다.

'일본 가면 악수를 하고 댓바람에 어떻게 인사를 해야 할까?'

집에서 사흘 동안 생각한 일이 있었던 것이다.

비행기 왕복표를 보내주고 또 삼 주일간이나 체재비를 담당해주기로 되어서 떠난 것이니 우선 '이거 염치없게 되었소!'쯤은 한마디 해야겠는데, 그런 말이 적당한 일본 말로 머리에 떠오르지를 않았던 것이다.

김포공항에 나왔을 때까지도 그것이 머리에 있었는데, 마침 전송 나온 사람 중에는 해방 후 동경대학을 졸업한 사람이 있었다. 마침이라고 생각하고 그런 일본 말을 가르쳐달라고 했다.

그는 한참이나 내 얼굴을 바라보더니 "그건 현해탄(玄海灘)을 건너서 생각해보시지" 하는 것이었다.

그 야유 같은 말은 사실은 진리에 가까운 것이었다. 당하고 보니 말이 되어 나왔다.

안경 밑에 빛나는 것을 보이며 연해 옆구리를 지르니 불쑥 일본 말이 튀어나오는 것이었다.

인사를 차리고, 옆에 서 있는 아내를 소개하고, 모두 그곳에서 낳은 아들 딸 세 아이의 근황을 소개하고, 문예춘추신사에 대한 사의(謝意)도 표할 수 있었다.

말을 마치니 악수라기보다 얼싸안아주는 사람이 많았고 울먹거리는 사람이 많았다. 한결같이 살아생전에 다시 한 번 만나리라고는 생각지 못했다는 것이었다. 모두 늙은 사람들이다.

아내의 얼굴을 즐겨 그리던 화가 미야타 시게오(宮田重雄)도 할 수 없는 할아버지가 되어 있었다.

『마이니치 신문(每日新聞)』사장은 서울 효자동에 오랫동안 산 일이 있었다며 한번 가보고 싶다고 했다. 사토(佐藤)라는 사회당 대의사(代議士)는 중앙공론사(中央公論社)의 사원이면서 기쿠치 칸(菊池

寬)을 따라서 거의 문예춘추사에 날마다 드나들던 사람이었다.
"나를 알아보겠소?"
"나는 못 알아보겠지?"
하며 늙은 얼굴을 들이미는 사람도 많았다.
신문사 잡지사 사진반의 플래시는 그럴 때마다 번쩍거렸다.
사장은 나를 붙들고 금병풍 옆으로 끌고 갔다.
"고단하지? 고단하겠지?"
그리고 각봉투 하나를 내주며 이런 말을 했다.
"우선 며칠 동안 담배 용처로……"
나는 치약 칫솔도 안 가지고 간 몸이라 으레 그럴 것이라 생각하고 가벼이 받아 넣었다.
안도(安藤) 편집장은 우리 내외를 슬쩍 이끌었다.
밖으로 나오니 곧 차를 긴자(銀座) 뒤로 몰았다. 저녁을 먹이고, 호텔로 데려다주었다. 그는 어느 틈에 치약과 칫솔을 사 가지고 있었다.
열두 시나 되었을까, 자리에 누운 다음 생각이 나서 각봉투를 꺼내 보니 10만 원이 들어 있었다.
떠날 때에 출국하는 사람에게는 백 불을 바꿔준다고 했다. 우리 돈 만 3천 원으로 백 불을 바꿔준다는 것을, 나는 그런 돈이 없기도 했지만 바꿀 생각이 없다고 했더니 주위의 사람들이 웃었다. 모처럼 값싸게 바꿀 권리가 있는데, 그것을 포기한다는 것이었다. 백 불은 일본 돈으로는 그때 3만 5천여 원이었다.
담배 용처라는 10만 원짜리 각봉투를 세 번 받았다. 세번째는 아직도 못 다 쓴 돈이 넉넉히 있었기에 사양했으나 굳이 넣어주었다.

10만 원이라는 돈은 큰돈에 틀림없으나 쓰기로 들면 대단치 않았다. 씀씀이는 잊지 않았다고나 할까, 돈이 헤펐다.

호텔 지하실에 스시 집이 있었다. 얼마든지 먹고 전표에 사인만 하면 되는 것이었으니 처음 며칠 동안은 얼마치를 먹었는지 모르고 지내다가 어느 날 전표를 보고 놀랐다. 둘이 점심으로 먹고 사인할 때에 '3,700'이란 글자가 눈에 띄었던 것이다. 거리에는 일인분 백 원짜리도 흔히 있었다. 한 개에 십 원짜리도 있다. 그렇다면 삼백칠십 개를 먹었단 말인가? 이건 너무하다. 한 개에 백오십 원짜리도 있고, 그날따라 이백 원짜리도 있다는 것이었다.

호텔의 고급 식품에 물려서 하루는 짠지에 차 말이 밥을 간단히 하려고 오뎅 집을 찾아갔다. 옛날 같으면 가장 짭짤한 식사가 되고 이삼십 전 아니라도 오십 전이나 고작 일 원정도로 되는 것이다.

그런데 이건 간단한 식사가 끝났는데 청하지도 않은 큼직큼직한 딸기 접시와 크림과 설탕 그릇이 늘어 놓이는 것이었다.

안내해준 사람에게 "오뎅 먹고 딸기 먹으면 배탈 나지 않을까?" 하고 비꼬았지만, 이것이 전후(戰後)의 풍속이라는 것이었다.

말하자면 이런 번화한 거리에서 식사를 하는 사람은 돈이 처치곤란한 사람이나 촌맹이나 외국 사람이나 사용족(社用族)이라는 것이었다. 회사의 교제용으로 사인하고 먹는 사람이나 올 곳이지 주머 닛돈으로 먹으러 올 자리는 아니라는 것이었다.

그러나 아래위층에 손님이 가득 차서 더는 앉을 자리가 없었고, 문 밖에서 어정거리는 사람들은 자리가 나기를 기다리고 있는 사람들인 것 같았다.

　뎀뿌라 집에 갔을 때도 그랬다. 이건 중역(重役)의 초대로 들어갔었지만 기름 가마 앞에 죽 늘어앉아서 먹을 만치 먹고 나니 "저리 가시지요…… 이리 오십쇼……" 하고 이끌고 간 곳은 가게 안인데도 자갈을 깔아 마당 같은 운치를 냈고 정원 의자, 정원 테이블 같은 차림새에 딸기 접시와 크림과 설탕, 또 차를 주는 것이었다.

　튀김을 잔뜩 먹은 다음에 딸기 크림이 못마땅한 것 같았으나 체하지는 않았다. 거의 새로운 풍속이었다. 이래서 합계를 올리는 것이었고, 3월의 딸기라는 것은 어쨌든지 온실산일 터인데 또 자두만 한 것을 어떤 작은 집에서도 내놓는 것이었다.

　뎀뿌라 집 손님 가운데 외인(外人) 남녀 두 사람이 있었다. 사십대 주부 같았다.

　젓가락질로 뎀뿌라도 잘 먹었지만 깔때기 잔으로 술도 잘했다.

　옆의 일본 사람이 "언제 왔느냐?"고 물으니, 웃음을 띠며 "1월 30일"이라고 대답했다. 일본에 온 지 불과 삼십여 일밖에 안 되는 것이다.

　"사케가 좋소? 이 집에는 위스키도 있소" 하고 말하니, 외인은 내외가 똑같이 깔때기 잔을 높이 올리며 "뎀뿌라에는 사케가 좋소" 하고 대답했다.

　그러니 별실(別室)에 자갈을 깔고 딸기를 내는 것도 그런 객을 위해서 마련된 일인지 모른다.

　모든 건설이 내년의 올림픽을 목표로 속도를 가해서 진행되는 것 같았고, 그러면서도 나를 잊고 아첨해서 돈을 벌려는 것이 아니라 일본을 내세우고 자랑하고 내대며 높은 자세로 돈을 벌려는 것 같았다.

번화한 거리의 쇼윈도의 인형은 거의 브리짓 바르도 그것이었다. 그러나 한 발 들여놓으면 어딘가에 나라의 전통, 오랜 옛적부터 내려오는 멋을 부리려고 애쓴 것이 보이는 것이었다. 새로 선 고층 건물의 호텔도 겉볼상은 서울 장안이나 미국이나 아프리카에도 있을 그저 그런 것이지만, 안에는 일본의 멋을 부리느라고 무진 애를 쓴 것을 알 수 있었다.

그렇게 보아서 그런지 서비스하는 사람들의 말씨도 달라졌다. 전 같으면 내가 차를 마시고 싶다고 "차를……" 하고 한마디 하면 으레 허리를 굽히든지 고개를 까딱하든지 하면서 "가시꼬마리마시다", 그 말은 극히 존대하는 말로 "황송합니다"라든지 그런 대답이 되겠는데, 그 말이 전혀 없어지고 그저 "와까리마시다(알았습니다)"라는 한마디였다. 호텔도 가게도 백화점도 음식점도 모두 그러했다.

일본 말을 한두 마디밖에 배우지 못한 외국인이라도 잘 알아들을 수 있도록 또 배우기 쉽도록 까다롭지 않은 말을 골라서 쓰도록 한 것 같았다.

종전(終戰) 후 숱한 외국 사람을 윗사람으로 모셔야 했고, 또 좋은 고객으로 상대하는 가운데 말이 추려진 것 같았다. 'OK'와 'NO' 두 마디로 거의 세계를 여행할 수 있다듯이 일본 말도 불과 몇 마디만 배우면 일본 국내를 과히 불편 없이 여행할 수 있도록 되어진 것 같았다.

전에는 "네" 하고 대답하는 말마디에도 층층이 여러 가지 말이 있었던 것이, 요즘은 층이 없어지고 늙은이가 젊은이에게도 "하이" 그저 누구나 "하이" 한마디를 분명히 쓰고 있었다. 그러나 "하이"와 "이이에"와 "와까리마시다" 세 마디만 알아들을 수 있으면 우선 불편을 면할 수 있을 것 같고, 그렇게 말이 추려진 것 같았다. 간편하고 깔끔하고 서투른 사람이 들어도 잘못 듣는 일 없도록 말마디가 간추려져가고 있는 것 같더라는 말이다.

비굴하거나 스스로를 낮추면서까지 남의 비위를 맞추려 들지는 않는 것이다. 과학이나 기계 문명의 새로운 것은 만들거나 받아들이기에 재빠르지만 조상 대대로 전해 내려오는 고유의 것을 잡히려 하지 않는다. 전해 내려오는 것을 거기에 어울리도록 머리를 써서 오히려 더 아름다운 것으로 높여 가고 있는 것이다. 뒤집어 말하면 진보된 새로운 것이라는 것은 옛것을 돋보이기에 이용을 당하고 먹히는 결과가 된다고 할 것이다.

천년 고사(古寺)의 장지틀을 본떠서 십층짜리 콘크리트 건물의 홀을 치장하고, 변소를 이게 에스컬레이터 타고 엘리베이터 타고 올라온 콘크리트 건물 속인가 의심할 만큼 옛 멋을 부려서 놀라게 하고, 일본 그것에 반하도록 마련하는 따위다.

옛날에는 여염집에 흔하던 것이 오늘은 여염집에는 귀해지고 그것이 고층 건물 안에 운치로 옮겨서 이어지고 돋보이려 하고, 사실 돋보여지고 있는 것이다.

전쟁으로 파괴된 곳에 전보다 더 크고 화려한 건물을 쌓아올리고 그 안에는 전에 보기 드물던 짙은 일본 색을 뿌려놓은 것이다.

그것이 또 조금도 어색하지 않고 함빡 어울리는 것이다.

거리를 쏘다니는 젊은 남녀의 차림새에는 일본 색이 거의 없다고 해도 과언이 아닐 것이다. 양복에 하이힐에 하나같이 브리짓 바르도의 꼴이었다. 귀신이나 도깨비의 머리 꼴이다. 뿌옇게 흩어진 머리를 빗질도 안 한 것같이 너덜거리고 다니는 대부분의 젊은 여자의 머리는 가발이 많았다.

가발은 옛날에도 흔했다. 깡뚱하게 단발하고 파마넌트한 여자가 시집갈 때면 큼직한 다카시마다(高島田)라는 가발을 머리에 쓰고 식장에 나서야 했고, 젊은 단발머리 기생은 거의 가발을 가지고 있었다. 큼직한 가발을 홀떡 벗어서 저만치 놓고 자줏빛 비단으로 질끈 동인 납작한 머리를 내대며 술시중을 드는 것이 멋이기도 했다. 그러나 요즘의 가발은 정말 귀신 도깨비의 꼴이었다. 귀는 말할 것도 없고 얼굴조차 코와 입이 겨우 보일 정도로 함빡 뒤집어쓴 머리였다. 그것을 또 밤이면 벗어서 미장원에 보내고 새벽에 받아다가 쓰고 나서는 것이라고 했다.

젊은 남자들도 머리는 되는대로 내버려둔 것처럼 차리고 다니는 것이었다. 옛날의 문학청년이나 미술청년처럼 그저 기른 것은 아니었다. 앞머리 기장이니 뒷머리 기장이 비슷하게 이발한 것이고, 면도는 깨끗이 하고 있었다. 프랑스 배우 알랭 들롱의 흉내다.

이렇도록 젊은이의 풍속이 줄달음질을 치기에 지긋한 사람들은 전래 내려오는 것을 더욱 존중하고 싶어지는 것 같았다.

오랜 점령기간 동안 젊은이는 향방 없이 날뛰고 지긋한 사람들은 부자유한 가운데 역사의 흐름에서 스스로의 위치를 알게 되고, 그래서 앞으로 이어주어야 할 옛것을 찾게 되었으리라고 본다면 잘못

일까.

　인정(人情)도 그러리라. 젊은이들이 할 수 없이 타산적이고 현실적인 데 반해서, 지긋한 사람들은 더욱이 정에 쏠리는 편인지도 몰랐다.

　젊은이들이 경조부박(輕佻浮薄)하고 그저 오늘을 즐기기에 바쁜 풍속은 문학 하는 사람에게도 미치지 않을 수가 없었으리라. 내가 있던 이십 년 전에 큰 존재였던 작가가 그동안에 세상을 떠나고 또 그동안에 벌써 독자에게 잊혀진 사람이 많았다.

　나는 서글픈 생각이 들어 어떤 사람에게 물어본 일이 있었다. "그럼 종전 후에 어떤 훌륭한 작가가 나왔느냐? 그게 어떤 사람이냐?"고.

　그랬더니 아주 간단하게 대답하는 것이었다.

　"없소."

　현재 많이 읽히는 작자(作者)와 문학 작가는 다르다.

　오늘 백만 독자의 갈채를 받으며 읽히는 작가의 작품이 반드시 후세에 남는다고 할 수도 없고, 그 작가가 죽은 다음에 독자들에게서 잊히지 않으리라고 장담할 수도 없는 것이다. 이것은 너무나 자명한 일이다. 그러나 오늘의 작자들은 한 달만 쉬어도 잊히기 쉽다는 것이었다.

　"그러니 자꾸 써야지. 몇 달 걸려서 역작을 발표한다는 식은 옛날이야기요. 주간지에도 쓰고 일간지에도 쓰고 그저 매주 매달 발표하지 않으면 독자를 잃어버리게 돼요."

　"체력으로 써야겠군."

"체력이 필요하지."

"그럼 작가의 수명 문제가 아니겠소. 그렇게 자꾸 계속될 수야 있나?"

"계속될 수가 없지. 무리지."

이건 젊은 한때 쓰고 쓰고 또 쓰다가 체력이 진하면 살아생전에 벌써 잊히게 된다는 말이었다.

주간지나 일간지 모두가 백만 이상의 독자를 상대로 하는 것이니 문학이나 예술의 높이가 아니라, 첫째 흥미가 문제라는 것이었다. 훌륭한 작품이 나오기 어렵다는 것이었다.

9일에는 기쿠치 칸 댁을 찾았다.

우리 내외 결혼식을 올린 새 집은 주인을 잃어 황폐할 대로 황폐했고, 응접실에 있던 소파일까? 비가 부슬부슬 내리는 마당에 있었다. 안채에 외아들 내외가 살고 있었다.

다른 헌 집.『문예춘추』창간 당시에는 '금산어전(金山御殿)'이라고들 하던 원래의 집은 내 나이 열아홉부터의 직장이기도 했다. 종전 후 새로 지어 아담한 이층 집이 되어 있었다.

미망인은 반겨 맞아주고 고인(故人)이 즐겨 쓰던 전각(篆刻)을 넘겨주었다. 그 길로 다마영원(多摩靈園)으로 성묘를 갔다.

기일(忌日)을 사흘 지난 그날은 아무도 없는 보슬비 내리는 '기쿠치 칸 지묘(菊池寬之墓)'에 우리 내외만이 머리 숙이고 요코미츠 리이치(橫光利一), 나오키 산주고(直木三十五)의 묘도 찾았다.

십구 년이라는 세월은 많지 않은 내 친구 중에서 많은 사람을 무덤으로 데려갔다.

11일에는 부운원(浮運院)으로 고니시 류(小西 柳), 13일에는 청산영원(青山靈園)으로 고야마 요시가즈(小山義一), 15일에는 양정영원(梁井靈園)으로 가와타 기치에이(川田吉衛), 21일에는 소평영원(小平靈園)으로 하마모토 히로시(濱本浩), 다시 다마영원(多摩靈園)의 긴바라 겐지(金原健兒)의 무덤을 찾았다. 그때는 젊었던 미망인들이 할멈이 되어서 나와 있었고, 아버지를 그대로 판에 박은 듯한 아들딸이 나와 있기도 했다.

이시이 칸(石井漢)은 아사쿠사(淺草) 공원에 기념비를 세우게 되어 거의 완성에 가까운데, 대석(臺石) 밑에 유골을 나누어 분골하기로 했으니 20일 정오에 나와주었으면 좋겠다고 미망인이 말을 전해왔다. 식에 우리 내외가 참석하게 된 것은 우연한 좋은 일이었다.

지방에 있는 무덤은 찾아가지 못했다. 가까운 가마쿠라(鎌倉)에는 무덤뿐 아니라 싱싱한 친구들이 많았지만 가지를 못했다. 12일 저녁 호텔 오오쿠라에서 열린 환영회에서는 유창하지는 못하지만 가슴에 있는 것을 털어놓을 수 있었다.

"가족을 돌려보낸 것은 1944년 6월 10일, 작년에 출가시킨 딸의 산후(産後) 60일 되는 날이었고, 내가 귀국한 것은 1945년 1월 30일이었다"고 시작해서, 그 후 해방, 독립의 기쁨과 국토 양단(兩斷)의 비극과 6·25의 참화를 외우고, 천인공노(天人共怒)할 잔인무도(殘忍無道)한 공산치하(共産治下)에서 3개월을 살아남았다는 이야기. 그래서 9·28에는 국군을 따라 평북 영변까지 종군(從軍)했었다는 이야기. 1·4후퇴에는 가족은 마산으로 나는 군을 따라 대구로, 삼 년을 거의 하루 한 끼와 막걸리로 양식 삼아 살며 세 번 죽을 고비를 넘겼다는 이야기를 엮었다. 그리고 일본의 지식인 중에는 마치 우리들의 6·25 이전같이 공산 세계에 대한 분명한 인식을 갖지 못하고 아름아름하는 족속이 아직도 많은 것같이 보이는 것은 유감스런 일이라고 말했다.

"기쿠치 칸의 별세는 그 즉시 라디오의 혼선으로 이십사 시간 만에 알았었다. 인생 이십오 년의 인연은 인위적(人爲的)인 것만은 아닌 것 같았다. 문예춘추신사는 새로운 회사라 나와는 연고 거의 없는 회사인데 이번에 백만 원을 들여서 우리들을 불러준 것도 고인이 지하에서 이끌어준 것만 같다. 고인이 우리를 주례한 후 여러 잡지에 쓴 글을 기억하고 있다. 이 재자(才子) 가인(佳人) 사이에서 어떤 훌륭한 자녀가 날는지 낙으로 삼는다고 썼었다. 큰아들은 지난달에 의대를 마치고 4월 1일에는 공군에 입대한다. 둘째 아들은 국립 서울대학 국문과 4학년에 재학 중이요, 딸은 작년에 출가했다. 아내는 이처럼 건재하다. 보여드리고 싶은 사람은 이 자리에 없다……"

널리 알리지는 않고 항상 나의 안부를 궁금해하던 극히 가까운 사람들에게만 알렸다는데 2천 원의 회비를 가지고 모여준 사람은 팔십여 명이었다. 생각하면 모두 피해자들이다. 문예춘추사에서 일할 때나 내가 독립해서 할 때나 한결같이 값싸게 원고를 써주고 그림을 그려주었던 사람들이다. 이십 년 전에는 충분한 고료는 내지 못했기 때문이다. 이십 년이 지났다 하더라도 한낱 편집자를 위해서 이처럼 호화한 모임을 베풀어준다는 일은 분에 넘치는 일이라고

미발간 수필 697

생각했다.

"여러분을 댁으로 찾아서 인사도 드리고 이야기도 듣고 싶지만 다마영원에 성묘를 하고 보니 게까지 갔다 오는 데 하루가 걸렸다. 차가 많아서 교통이 불편하니 방문하는 일은 일체 단념할 수밖에 없다" 하고 작별인사를 소리 높여 말했다.

모인 사람은 이십 년 전의 친구들이라 지금도 이름 높아 쟁쟁하나 거의 육십을 넘겼거나 칠십을 넘긴 사람들이었다.

마츠이 스이세이(松井翠聲)의 사회로 진행된 사사키 모사쿠, 구보타 만타로(久保田萬太郞), 오사라기 지로(大佛次郞), 가와구치 마츠타로(川口松太郞), 곤 히데미(今日出海), 나가이 다츠오(永井龍男), 이키타 시게루(秋田茂), 야마다 사부로타(山田三郞太), 나카무라 마사츠네(中村正常), 마키노 에이지(牧野英二), 나카무라 메이코(中村メイコ) 들의 환영사는 한결같이 하루 속히 한일회담이 성공해서 서로 오고 가고 자주 만나고 가까이 살게 되기를 바란다고 말했다.

정말이지 너무도 멀게 살고 있다고 생각했다. 불과 한 시간 반의 거리에 있으면서 그들은 너무나 한국에 대해서 아무것도 모르고 있다는 것을 알았다. 기가 막힐 정도로 아무것도 모르고 있었다.

떠날 때의 예정은 28일에 돌아온다고 했었다. 그러나 이틀을 연기했다.

28일에 마중을 나올까 봐 27일 아침에 집으로 전화를 걸었다. 시내 전화처럼 잘 들리는 목소리는 4월 1일 입대로만 알았던 큰아이가 29일에는 집을 떠나야 한다면서 집에는 돈이 2천 원밖에 없다고 했다.

 흐 참, 내 바지 주머니에는 만 원짜리가 득실거리는 것이다. 득실거리는 그 돈을 쓰다 쓰다 못 다 쓰고 남은 돈을 돌려주고 떠났다.

 30일 아침 하네다 공항까지 전송 나온 사람들도 작별하고 돌려보냈다. 비행기에 오르기만 기다리는데 떠날 시간, 열 시 삼십 분을 십오 분쯤 앞두고 연발(延發)이라는 것이었다. 오후 네 시가 되리라는 것이었다. 승객 일동 마치 포로처럼 안내원의 지시대로 버스에 실려 프린스 호텔에 도착하니, 이건 어떻게 된 일인지 프런트에서 내 이름을 부르는 것이다. 사사키 사장의 전화였다. 연발이라니 얼마나 지루하겠느냐, 사원을 보내주랴는 것이었다. 잇달아 온 전화는 나카무라 마사츠네(中村正常)였다. 집안끼리 가까이 지내던 사이였다.

 도착한 첫날밤에는 어떻게 수소문을 했는지 호텔 방에 내 키만 한 꽃바구니를 치장해주었었고, 우리들을 위해서 10만 원을 쓸 예산을 세웠다고도 했다.

 유가와라(湯河原) 온천에 일박한 것도 그들의 신세였고, 그래서 야마모토 유조(山本有三)를 찾아보고 흐벅진 조반(朝飯)을 대접받기도 했었다. 떠나는 시간을 알리지 않았건만 온 데로 수소문해서 전화를 걸어 온 것이라고 했다. 아침 여덟 시, 내가 호텔을 떠난 그 후부터 여태까지 대여섯 시간 걸려서 겨우 붙잡게 되었다고 했다.

 "그럴 수가 있어? 연발이라니, 벌을 받은 거야……"

 그런 말을 했다.

 "마침 잘됐다. 나는 지금 그야말로 동전 한 푼 없다. 스시가 먹고 싶다……"

차를 몰아 달려온 그들 내외는 나를 거의 쥐어박으려고 했다.

비행기가 떠날 때까지의 식사는 비행기회사가 부담하는 것이니 호텔에서 공짜로 양식을 먹을 수 있었으나, 생각하면 비행기 안에서의 저녁식사는 또 양식일 거라 가까운 곳으로 나가서 스시를 먹여달라고 응석을 부렸다.

"이게 영이별이지? 인제 다시 만날 수 없겠지? 첫째 내가 자신 없어!"

64세라고는 하지만 베레모 쓴 청년 같은 그의 두툼한 안경 속에서 눈은 바로 뜨지를 않았다.

사사로운 일이다.

십구 년 만의 방일(訪日)도 십구 년 만의 이십사 일간의 체일(滯日)도 극히 사사로운 일이었다.

네 시 오 분에 떠난 노스웨스트 기는 치킨가스 레스를 먹여주고 일곱 시 삼십 분 김포공항에 내려주었다.

(『사상계』 1963년 5월)

나의 문학 생활

대담 : 강소천*
날짜 : 1963년 3월 2일

강 도일(渡日)을 앞두시고 여러 가지로 분주하실 텐데, 이렇게 시간을 내주셔서 감사합니다. 이번에 가시는 것은 문예춘추사의 초청이라고 듣고 있습니다마는……

마 예, 문예춘추사의 초청입니다. 그저 짧은 시일을 휙 돌아올 생각입니다.

강 퍽 좋은 기회가 되겠습니다. 오늘은 그간 선생님의 문학 생활을 중심으로 이야기하고 싶습니다.

마 예, 좋습니다. 이따금 이런 기회가 있어야 했지요. 요즈음 출판되는 책에서 내 연보(年譜)를 보니 말이 아니더군요. 연도가 틀리는 것은 그렇다고 하지만, 나도 모르는 일이 기록되어 있는 데는 놀랐다기보다 화가 치밀어 오르더군요.

강 예, 그런 점도 있을 것입니다. 그러한 일은 속히 시정되어야 하

---

* 강소천(姜小泉, 1915~1963): 아동문학가. 주요 작품으로『호박꽃초롱』『조그만 사진첩』『꿈을 찍는 사진관』『꽃들의 합창』『봄이 너를 부른다』등이 있다.

겠지요. 선생님의 고향은 개성(開城)이라고 기억하고 있습니다마는……

마 예, 그렇습니다. 개성이 고향이지요.

강 저, 선생님께서 일본으로 건너가신 것은 언제쯤 되시나요?

마 그러니까 보성(普成)에서 퇴학을 당한 이듬해(1921년)지요. 그리고 홍난파, 오상순, 황석우 등과 극단 '동우회'를 조직하고 귀국해서 지방 순회공연을 하던 것도 그때입니다.

강 그럼 지금부터 사십이 년 전이 되는군요. 참 오래전 일입니다. 제가 알고 있기는 '녹파회(綠派會)'에 관계하셨던 것으로 기억됩니다마는……

마 그건 그다음 해입니다. 홍난파, 고한승, 진장길 등과 문학 클럽 '녹파회'를 만든 것은 1922년이었으니깐요. 요즈음 문갑 속을 정리하다 아주 귀중한 것을 찾아냈습니다. 1922년에 소년단 창립회 위원장을 했던 기록문이 나왔군요. 자, 이걸 보세요.

강 참 귀중한 것을 용케 잘 보관하셨습니다. 그럼 선생님의 처녀작품이 발표된 것은 언제쯤인가요?

마 박홍근(朴弘根) 주간의 『샛별』에 동화 「어머님의 선물」을 발표한 것이 1923년입니다마는, 처녀 작품은 「바위나리와 아기별」이지요.

강 저도 당시 상당히 재미나게 읽었습니다. 선생님의 「바위나리와 아기별」 「어머님의 선물」은 우리나라에서는 최초의 창작 동화라고 기억하는데, 이 점 선생님은 어떻게 생각하시는지요?

마 네, 그렇죠. 제일 먼저 발표된 것이라고 여깁니다. 그 당시 「어머님의 선물』은 독자들에게 많은 감동과 격찬을 받으면서 읽혀졌습니다. 그리고 이 작품의 영향이 얼마나 컸느냐는, 그 당시 이것과 흡사한 모작품이 수없이 쏟아져 나왔다는 사실로도 짐작할 수 있습니다.

강 그럼 일본 『문예춘추』지에는 언제부터 계셨습니까?

마 1924년이었지요. 이 해에 문예춘추사에 입사하였으며 '색동회' 동인이 된 것도 이 해였습니다. 그 후 『어린이』 『신소년』 등에 「도깨비」 「어머님의 선물」, 『샛별』에 다시 건져서 「토끼와 원숭이」 「호랑이 곶감」 등의 일련의 창작동화를 발표하였고, 1934년 개벽사에서 『해송동화집』을 내었지요.

강 예, 예, 기억됩니다. 그것은 선생님으로서의 처음 개인 동화집이기도 합니다마는, 우리나라에서 최초로 발간된 동화집이라고 알고 있습니다. 여기서 당시 선생님의 작품 세계를 말씀해주셨으면 합니다.

마 「바위나리와 아기별」 「어머님의 선물」 등은 정서적인 면을 주로 해서 다루었다면, 「토끼와 원숭이」 「호랑이 곶감」 등은 이솝의 「부싯돌」과 상통되는 면이 있다 하더라도 역사적인 것을 배경으로 꾸며진 것입니다.

강 다음은 해방 후의 작품에 관하여 말씀을 해주셨으면 하는데요……

마 『연합신문』 지상에 연재하였던 『물고기 세상』, 『경향신문』에 연재했던 『모래알 고금』, 그리고 『앙그리께』 등을 들 수 있겠지요.

강 각기 작품이 지니는 세계도 다를 것이고, 또 그러한 작품을 쓰

시는 데 여러 가지 에피소드 같은 이야기도 있겠습니다마는, 이
　　점을 말씀해주셨으면 좋겠습니다.
마 '영애'를 쓸 때, 즉 『앙그리께』 말입니다. 6·25를 배경으로 실제
　　우리 집에 있던 아이가 겪은 것을 줄거리로 해서 써봤지요. 집
　　에 있던 그 아이는 납치되어 갔습니다만……
　　『물고기 세상』을 집필할 때는 어보(魚譜)를 뒤적거리며 우리나라
　　물고기를 가려내는 데 퍽 고심했습니다. 『별주부전』에는 우리나
　　라 물고기가 서른세 종류가 나옵니다마는, 나는 여기에 135가
　　지의 물고기를 등장시켜 모두 벼슬을 한 자리씩 주었습니다. 하
　　하……
강 「토끼와 돼지」「비둘기가 돌아오면」 등의 작품도 기억됩니다마
　　는……
마 예, 있지요. 그것들은 모두가 『모래알 고금』의 2부, 3부로 되어
　　있는 것입니다. 즉 제1부가 「모래알 고금」, 제2부가 「토끼와 돼
　　지」, 제3부가 「비둘기가 돌아오면」이지요. 『앙그리께』는 실제 아
　　이들이 그런 말을 쓰고 있더군요.
강 근래에 쓰신 작품에 대하여 말씀을 좀 해주십시오.
마 별로 발표를 한다거나 또는 청탁을 받아서가 아니라 계속 쓰고
　　있습니다. 연초에 『서울신문』에 단편을 열 편을 발표했습니다.
　　이것도 금년에 집필한 것이 아니라 실은 작년(1962)에 써두었던
　　것입니다.
강 그중에서 제일 마음에 드는 것을 가린다고 하면 대개 어떤 것입
　　니까?

마 글쎄요, 전부 마음에 드는 것이지요. 「꽃씨와 눈사람」「학자들이 지은 집」. 이것을 들까요? 뭐 다 좋은 것입니다.

강 그럼 지금까지 쭉 쓰신 작품 중에서 가장 애착을 느끼시고 또 이것만은 제일 오래 남으리라 생각하시는 작품이 있다면 어느 것을 들겠습니까?

마 어느 것이 덜 됐고 잘 됐고가 없지요. 전부 좋다고 생각합니다.

강 선생님께서도 여러 가지 집필하시는 것이 있겠습니다마는 동화를 쓰실 때 대상이라든가 문체, 어휘에 대하여 어떻게 생각하고 계신지……

마 동화를 쓸 때가 제일 즐겁더군요. 역시 어린이가 대상이라고 생각하니까 그들에게 읽혀서 재미가 없다면 덜 된 작품이라고 생각합니다. 따라서 문체, 어휘, 단어에 대하여 어린이의 입장에서 어떻게 받아들이느냐 하는 점도 퍽 고려하고 집필을 하죠. 발표할 때도 아이들에게 읽혀서 그 반응을 알아보고 발표합니다.

강 앞으로 쓰실 작품에 대한 계획이 있으시면, 또 금년에 쓰실 계획이라든가 하는 것에 관하여 말씀하셨으면 합니다.

마 청탁을 받지 않고도 늘 작품을 만들고 있습니다마는 금년에는 『모래알 고금』의 4부를 쓰려고 합니다.

강 여러 가지로 말씀을 많이 해주셨습니다. 이제 선생님이 처음 발표해주신 「바위나리와 아기별」에서 꼭 사십일 년이 흘렀습니다마는 아동문학의 갈 길이랄지 현재 아동문학에 대하여 한 말씀 해주십시오.

마 흔히들 침체라는 말을 듣습니다마는 뭐 별로 그렇게 느끼지 않습니다. 발표하는 지면이 다른 것에 비하여 좀 적어서 그렇지, 별로 침체라고는 보지 않습니다. 신인들 신인들 합니다마는 아동문학 하는 사람이 그렇게 많이 쏟아져 나올 필요도 없고, 그저 오 년에 한 사람쯤 나오면 꼭 좋다고 생각합니다. 그저 뭣하면 아동문학단체 같은 것이 만들어졌으면 합니다.

강 동감입니다. 차차 만들어질 것으로 여깁니다. 바쁘신데 여러 가지로 고마웠습니다.

(『아동문학』 1963년 6월)

출세훈(出世訓)
— 졸업하는 아들에게 주는 글

졸업을 축하한다.

십육 년이라는 세월은 네게도 길었으리만, 내게도 길었다면 길었던 세월이 흘러 너의 학창생활이 끝나는 오늘, 우선 축하의 한마디를 주고 싶기는 하지만 감개—너는 감개무량하다 할 것이요, 나 역(亦) 다소의 감개를 금치 못하겠구나.

십육 년이라면 과거에도 십 년에 한번은 난리를 겪어야 했고, 고스란히 순탄한 십육 년을 지내기는 어려운 일이었지만 너의 십육 년이야말로 지극히 평탄치 못한 세월이었다고 하겠다.

일제 치하 식민지 교육의 국민학교에서 순전히 일본 말로 배우며 말하고 지내다가 해방을 맞이해서 첫째 말에 군색했고, 조국의 말과 역사를 배우며 겨우 익히게 될 무렵 난데없는 공산군 남침으로 죽느냐 사느냐 하는 아슬아슬한 고비를 넘겼고, 다시 중공군(中共軍)의 개입으로 다시 한 번 죽느냐 사느냐 하는 피란길에 나섰었다.

난리라는 것도 남의 나라에게 쫓기는 것이 아니고 같은 민족의 총칼과 폭격을 받았었으니 과거의 이야기로도 들은 적이 없고 어떤 시대 어떤 민족도 겪어본 적이 없는 난리를 겪으며 그래도 낯선 피란지, 어설픈 교실에서 중학 과정을 배워야 했던 너는 어린 머리에 얼마나 큰 경이(驚異), 얼마나 큰 의혹을 느꼈으며 얼마나 큰 자극을 받았을 것이냐.

승전도 패전도 아닌 휴전으로 너의 대학생활은 시작되었다.

환도(還都)는 했으나 경제 상태는 극도로 마비해서 한결같이 최저의 생존을 연장하느라고 안간힘을 다하며 허덕일 때부터 너의 대학 생활은 시작되었다.

그래도 어버이는 너에게 이렇게 말했다.

"자아, 인제 마음 터놓고 좋은 환경에서 마음껏 놀고 좋은 동무 많이 사귀고 대학 생활을 즐겨야지."

그런 말을 무심히 또 무책임하게 던졌던 것은 아니다.

모름지기 너희 대학 생활은 그래야 할 것이라고 생각한 몇 가지 이유가 있었던 것이다.

하나는 나라 형편으로 해서 어린 시절에 너무 신산(辛酸)을 겪게 되었다고 생각한 때문이었고, 둘은 교육제도의 변동이 심해서 국민학교에서 중학교에 들어갈 때, 중학교에서 고등학교로 올라갈 때, 또 대학에 들어갈 때, 그때그때 다른 입시제도로 어린 머리에 과중한 부담을 시켜 마음뿐 아니라 몸까지 괴롭혔던 것을 생각한 때문이었고, 셋은 여느 나라 대학 생활이 그런 만큼 우리나라 젊은이라고 못할 것이 있겠느냐는 부러움과 수심(愁心)에서였던 것이다.

그러므로 부담의 간란(艱難)은 어버이만이 맡기로 하고 너의 대학 생활만은 즐거운 것으로—말하자면 사회인으로 나서기 직전의 최종의 학창 생활만은 뒷날 풍부한 즐거운 회상을 지니도록 마련해 주고 싶다는, 말하자면 갸륵한 마음씨였던 것이다.

그러나 내가 부러움과 욕심에서 너에게 주었던 말은 그것이 어리석은 일이었다는 것을 이내 깨닫게 되었다.

　내 속셈으로는 마음껏 놀고 사귀고 하는 사이에는 스스로 진절히 깨달아 네가 가고 싶은 한 곬을 파고들게 되리라는 은근한 기대를 걸고 있었는데, 너는 정말 내 말 곧이곧대로 놀기만 하고 책을 골똘히 읽거나 노트를 하거나 어떤 문제를 가지고 파헤치려고 머리 싸매고 씨름하거나 고민하는 꼴을 본 일이 없었기 때문이다.

　그야 그렇다고 해서 대학시절을 통틀어 무의미하게 보냈다고 할 수는 없으리라.

　너도 자랑으로 삼고 있고 어버이 역시 자랑으로 여기고 있는 4·19혁명이 그것이다.

　학원의 자유를 탈환하기 위한 대구 학생들의 외침은 마산으로 불똥 튀어 마산의 중고교생들은 학원의 자유 외에 대통령, 부통령의 부정선거를 규탄하여 궐기했고 피비린내 나는 바람은 전국 대학생들로 하여금 결사(決死)의 각오로 부정에 항거하는 의거를 일으키게 하여 마침내는 격분(激憤), 불손, 부패의 극에 달했던 정권을 무너뜨리게 했으니, 그때의 장열한 모습은 비록 쓰러지지 않고 상처 입지 않았다 하더라도 낮추어 생각하려 하지는 않는다.

　배운다는 일은 무엇이든지 옳고 그른 것을 분간할 수 있는 힘을 기르는 것이니, 부정(不正)·불의(不義)를 거부하고 견디기 어려운 억압과 수치에 거부하는 행동은 그것이 바로 기른 힘을 실천에 옮긴 것으로서 언제나 옳은 일에 틀림이 없다.

　다만 학창에 있던 몸으로 궐기하지 않을 수 없도록 했던 어른들의 무기력을 어버이도 부끄럽게 생각하지 않을 수는 없는 일이었지만, 그 일은 역사 속에 묻고 우리들의 기억 속에 꽃 피우고 너는 너의 길을 사뭇 달렸어야 했을 것이다. 대학이란 중·고등학교처럼 교사가 일러주는 것을 그대로 머리에 넣어 기억하면 되는 곳은 아니다.

학문의 전당이니 진리를 탐구하는 상아탑이니 하는 말로 대학을 사칭하고 강의시간에 출석해도 안 해도 거리낌이 없는 것도 거기 연유가 있는 것이다.

대학 교수는 오늘까지의 많은 학문을 너희들에게 제시할 것이요, 그것을 받아들이는 너희들은 그것들을 가지고 풀어 헤치고 파헤치고 앞날을 위한 새로운 것을 모색하는 정열을 기울여야 했을 것이다.

다시 말해서 회의(懷疑)와 비판에서부터 시작되는 것이다.

곧 현실사회를 잠시 떠나서 참된 진리를 탐구하기 위한 노력을 할 수 있는 자리라고 해서 '상아탑(象牙塔)'을 일컬었던 것이다. 그렇다고 해서 오늘까지의 모든 학문이나 현실을 거부하거나 부정해야만 한다는 것은 아니다.

좀더 나은 내일을 위해서 올바른 내일을 위해서 후진성을 급속히 극복하기 위해서 온갖 창의(創意)를 발휘하고 모순(矛盾)을 정비하고 좀더 아름답고 풍요한 내일을 가지게 하기 위한 노력이 기울여져야 할 것이다.

그러므로 해서 나라 가난하고 백성도 가난한 가운데 대학의 권위, 학문의 존엄성이란 것이 높이 엄연히 존재의 의의를 지니게 되는 것이다.

다만 대학 교수의 말을 그대로 머리에 넣어 기억하기에 그치는 일이라면 그때그때의 세월 형편 따라 날조 조작된 이론마저 불후(不朽)의 진리처럼 집어 삼킬 위험성이 다분히 있고, 그렇다면 국가나 인류 사회를 위해서커녕 너 자신을 위해서도 아무 짝에도 쓸모 없는 대학 생활이 되었을 것이다.

적당히 출석해서 적당히 노트해서 적당히 학점만 따면 된다는 식의 대학 생활이라면 막대한 부담을 각오하면서 보낸 부모들은 후회하지 않을 수 없을 것이요 국가로도 그럴 것이다.

적당히 학점 따서 졸업해서 공무원 되고 회사원으로 취직하는 것이라면 차라리 공무원 양성소나 기술원 양성소로 족할 것이요, 대학교가 필요 없을 것이다. 어쨌든 전진하는 인류사회의 수레바퀴의 새로운 동력이나 새로운 기름이 되기는커녕 티끌이 되고 말 것이니 오늘보다 나은 내일을 기대하기는 어려울 것이기 때문이다.

어버이는 누구나 어린 자녀의 고사리 같은 토실토실한 손, 총기 있는 눈을 볼 때에는 큰 희망을 거는 것이다. 얼마나 훌륭한 사람이 될까, 하고 즐거운 웃음을 머금는 것이다. 베토벤만큼 위대한 작곡가가 될 수 있을까, 하고 희망을 거는 것은 아니다. 괴테만큼 위대한 시인이 될 수 있을까, 하고 기대를 거는 것도 아니다.

내 아기의 귀여운 모습, 영롱한 눈을 들여다보며 즐거운 웃음을 머금는 마음속에는 베토벤이나 괴테가 문제 아니다. 그런 기성(既成)의 인물은 안중에 없는 것이다. 그런 사람들보다는 다른 새로운 큰 인물이 되리라는 은근한 희망을 낙으로 삼는 것이다. 도둑놈이라도 제 아기를 볼 때에 도둑놈밖에 못 되리라고는 생각지 않을 것이다. 곧 다음 대(代)에 거는 모든 사람의 기대다.

그런데 지금 적당히 살줄을 배우고 대학을 졸업하여 나선다면 그 탓이 비록 십여 년에 궁(亘)한 악덕(惡德) 부패 정권하에 시달린 어버이들의 생존 방편에서 얻은 것이라 하더라도 민족의 장래를 위하여 한심한 일이 아닐 수 없고 너를 위해서도 그렇다.

악덕이 성실을 잠깐은 이길 수 있어도 끝내는 패하는 것이다.

우리나라에도 그런 적이 있었지만, 일본의 패전 후 젊은이들의 삶을 살펴보면 짐작할 수 있을 것 같다. 패전이다. 나라가 망했다. 왕은 무엇이고 장관은 무엇이냐. 윤리는 무엇이고 질서는 무엇이냐. 우리는 살아 있으니 배불리 먹어야 하고, 생리를 무엇 때문에 억제할 것이냐. 이런 사고(思考)로 청소년들이 수단 방법을 가리지 않고 본능을 충족시키기에 난무하여 혼란이 극도에 달했다고 들은 일이 있다.

그러나 그 후 십 년, 오늘의 일본의 은성(殷盛)은, 그런 오직 오늘을 즐기는 바람이 이는 가운데도 국가의 내일을 생각하며 끼니를 굶으면서 악착같이 연구하고 노력한 많은 국민이 있었다는 것이 아니겠는가.

그렇다면 그 생리와 본능에 충실하여 오늘을 즐기기에 바빴던 청소년들의 지금의 몰골은 어떠할 것인가? 형편없는 중년의 낙오자가 되어 있으니 일본인이 말하는 암(癌)이라는 존재가 아니더라도 일본을 하나의 거대한 수레바퀴라고 본다면 거기 앉은 티끌임에는 틀림없을 것이다.

티끌이란 어디든지 언제든지 있기 쉬운 것이다. 그러나 '티끌 모아 태산'이라는 말이 있듯이 티끌도 많이 앉으면 수레바퀴를 들지 못하게 할 수도 있는 것이다.

  적당히 엉둥덩둥 대학을 마치고 적당히 오늘을 즐기기를 마음먹는 티끌 같은 사람이 많다면 오늘보다 나은 내일을 기대할 수는 없지 않겠느냐 말이다.

  너는 내가 읽으라고 권한 몇 권의 책도 읽은 것 같지 않았다.

  우리나라에서는 고등학교를 마칠 때까지 이러저러한 책은 읽어두는 것이 좋다고 권하는 일이 없는 것 같으나, 내가 네게 읽기를 권했던 책은 내가 중학에 다닐 때 남의 나라 학생들이 거의 읽던 것을 추려주었던 것이다. 공부방에 앉아서 읽는 것이 아니었다. 모두 전차에서 읽는 것을 보았던 것이다.

  교통기관의 사정이 다르다 하더라도 남의 나라 학생들이 대학에 들어가기까지에 읽어치우는 책들을 너는 대학생이 된 후까지도 읽지 못하고 있다면 섭섭한 일이라고 생각했고, 고등학교 때는 바쁘기도 했겠지만 대학에 든 후는 그만한 시간의 여유는 있으리라고 생각되어 여러 번 권했던 것이다.

  그런 책들을 아직까지 읽지 않았다면 졸업 후라도, 차라리 앞으로 일 년쯤 들어앉아 괴테의 『파우스트』, 톨스토이의 『전쟁과 평화』, 셰익스피어의 『햄릿』『리어 왕』『맥베스』『오셀로』, 단테의 『신곡(神曲)』, 도스토예프스키의 『죄와 벌』『카라마조프의 형제』, 위고의 『아아 무정(無情)』, 『희랍신화』, 『복음성서(福音聖書)』, 세르반테스의 『돈키호테』, 안데르센의 동화집, 휘트먼의 『풀잎』, 공자의 『논어

(論語)』, 우리 고시조집(古時調集)쯤은 읽는 것이 좋을 것이다.

이런 책은 한번 들면 재미있게 읽을 수도 있을 것이요, 네가 앞으로 공학을 하건 화학을 하건 무엇을 하건, 한 번은 꼭 읽기를 바란다.

언젠가 어떤 외국 잡지가 유명한 사람들에게 "당신이 외딴 섬으로 귀양을 가게 되었다고 가정하고 단 한 권의 책만을 허락 받는다면 어떤 책을 가지고 가겠소?" 그런 설문을 한 일이 있었다.

십여 명이 대답한 가운데는 『파우스트』라고 쓴 사람도 있었고, 『노자(老子)』라고 쓴 사람, 『사전(辭典)』이라고 쓴 사람도 있었는데, 『성서(聖書)』라고 쓴 사람만이 세 사람이나 있었던 것을 기억한다. 그 유명한 세 사람이 기독교인은 아니었기 때문에 더욱이 화제가 되어 기억에 남았을지 모른다.

네가 그런 경우를 당한다면 너는 어떤 책을 희망하겠는가? 웃을 일은 아니다. 그런 경우가 없다손 치더라도 말하자면 평생의 벗될 만한 책을 아직 만나보지 못한 것이 아니겠는가 말이다.

너는 어떤 것은 영화로 보아서 잘 아는 것이니 다시 읽을 필요는 없다고 생각할는지 모른다.

그러나 영화와 문학은 다르다. 영화로 본 것이 오래 기억에 남는 다지만, 그것은 출연 인물의 얼굴과 옷차림과 멋진 움직임을 통해서 줄거리가 기억에 남을 것이다. 다시 말해서 한 사람의 연출자의 감성을 통해서 연출된, 결정되고 요약된 영상과 분위기가 남고 줄거리가 남을 것이다.

너 스스로 겪으면서 너의 심성에 호소하여 분석, 비판, 처리할 시간의 여유를 주지는 않는다. 그러기에 영화를 보고 느낀 바 있어 원작을 읽어보게 되면 다른 새로운 감명을 받는 일이 흔히 있는 일이다.

그렇다고 영화를 보는 것이 소용없는 것이라고 하는 말은 아니다. 바쁜 세상에 숱하게 나오는 영화 가운데는 원작보다 잘된 것도 많거니와 일일이 원작을 찾아 읽을 필요 없는 것도 많을 것이니, 한때의 휴식이나 즐거움으로 보는 것은 좋은 일이요 전혀 보람 없는 일도 아니지만, 내가 적어준 몇 편의 문학작품은 영화로 보았다 하더라도 다시 한 번 책으로 읽어주기를 바란다는 것이다.

그렇게 읽어서 무엇이 되느냐, 무엇 때문에 읽어야 하느냐고 묻는다면 다 읽은 다음에 너 스스로 해답을 얻을 것이지만, 첫째는 많은 경험을 쌓는 것이요, 둘째로 너의 인생관을 분명히 하는 데 큰 도움이 되리라는 것이다.

도대체 너는, 네가 어디서 와서 어디로 갈 것이라는 것을 생각해 본 일이 있었던가?

그저 어머니께로부터 낳았다고 생각한다면 그것부터 나는 너를 무지(無知)라고 할 것이요, '그건 알아서 무얼 해! 살아 있으니 사는 것이지' 하면 그것도 무지라고 말할 수밖에 없다.

아기를 잉태했을 때 기쁨에 넘치는 어버이는 누구나 내 재주가 좋아서 잉태했다고 생각지는 않는다. 해산했을 때 이목구비(耳目口鼻)가 분명하고 어쩌면 아버지를, 어쩌면 어머니를 닮은 데가 있는 것을 보면 누구나 내 재주가 좋아서 이런 인간을 만들어냈다고 생각하는 사람은 거의 없다.

　누가 우리들에게 주신 복(福)이라고 생각하는 것이 보통이다. 누가 우리 내외에게 주신 복이라고 생각한 '그 누구'라는 것을 더 캐어 알아보려고 들지는 않는다. 즐거움에 바쁘기 때문이다. 복은 이내 타성(惰性)이 되고 누구라는 것은 잊어버리게 되는 사람이 많은 것이다.

　학교에서 『생물(生物)』이라는 교과로 인체의 구조나 성장 과정이라는 것을 너도 배웠으리라. 그러나 그것이 사람의 전부는 아니다. 사람의 몸뚱이인, 곧 물체만을 다룬 것이다.

　너는 너의 어버이가 늙어 죽으면 재가 되고 흙이 되어 없어져버리고 마는 것이라고 생각하는가? 죽은 후에라도 어디서든지 네가 잘못되지 않도록, 잘되도록 축원하고 있으리라고는 생각지 않는가?

　아버지나 어머니가 죽은 것을 돌아가셨다고 하는 말은 무엇을 뜻하는 말인가? 어디로? 돌아갈 자리가 있지 않다면 돌아간다는 말을 쓸 수가 없지 않겠는가?

　네가 누구의 도움을 받았을 때나 베풂을 받았을 때에 그 사람에게 좋은 일이 있기를 바라는 순간이나마 축원하는 마음이 우러난 일은 없었던가? 용돈이 아쉬워서 어버이에게 거짓말로 돈을 타내었을 때에 잠시나마 뉘우침이나 두려움을 느낀 적은 없었던가?

　이런 모든 관념을 뇌세포의 분비물의 작용이라고, 한마디로 물질적으로만 생각할 수가 있겠는가?

　네 자랑이며 어버이의 자랑인 4·19혁명 때를 다시 한 번 생각해 보자.

많은 동창생이 또 후배가 인생의 꽃봉오리로 무참히 죽어 갔고, 살아남은 너희들은 땅을 치며 통곡했고, 소용돌이 가라앉자 이내 위령제를 지냈다. 그 후도 해마다 나라에서 위령제를 지내고 있다.
위령제(慰靈祭)!
'돌아간' 너의 친구와 후배의 령(靈)을 위로하기 위해서 머리 숙이고 기침 소리 하나 없는 엄숙한 시간을 보내기도 한다. 그들이 재가 되고 흙이 되어 영영 없어지고 마는 것이라면 '제(祭)'나 '위령(慰靈)'이 무엇을 위한 행위이며, 소중한 머리를 숙여 기침 소리 하나 없는 엄숙한 시간을 흘려버리는 일은 부질없는 일이 아니겠는가?
흔히 '고이 잠드소서' 하고 외우며 목메어 하는 사람도 있다.
어디에 잠들라는 말인가? 땅 속에? 재가 되고 흙이 되어버린 것이라면 '고이'고 '잠들고'가 없지 않겠는가? 잘 자리가 없다면, 쉴 자리가 없다면, 편히 쉬라는 말도 당치 않은 말이요, 맡아주는 분이 없다면 명복(冥福)을 빈다는 말도 허튼 소리가 될 것이 아니겠는가?
다시 한 번 용감하게 죽어간 학생들의 죽음을 생각해보자.
부패한 악덕정권(惡德正權)을 무너뜨리기 위해서 목숨을 잃었다는 하나의 덕목(德目)만으로 그치는 일이라면 얼마나 허전한 일이겠는가?
영원한 진리에 살기 위한 영혼의 자세— 영혼을 이 땅으로 보낸 분과의 한 올의 끈이 끊어지지 않고 이어 있어 도로 돌아가는 길이라는 떳떳함에서 용감할 수 있었을 것이요, 그래야만 우리는 안위할 수 있지 않겠는가 말이다.

이런 문제도 너는 생각해야 할 나이에 이르렀다고 보는 것이다. 많은 책을 읽고 깊이 생각하고 괴로워하고 굳건한 인생관을 세워야만 할 것이다.

그저 어버이에게서 낳았으니, 어버이가 학비를 대어주노라고 애썼으니 인제는 적당히 취직해서 돈을 벌어서 쌀값이라도 보태고 적당히 살아가겠다는 생각으로 있다면 이제부터라도 늦지 않으니 차라리 일 년쯤은 너의 인생의 근본을 찾아 알기 위해서 힘쓰는 것이 옳으리라고 생각한다.

깨끗한 몸뚱이에 아름다운 영혼을 갖추어 이 땅으로 보내준 분을 알아 감사할 줄도 알아야 할 것이고, 또 깨끗한 몸뚱이 아름다운 영혼을 손상시키는 일이 없도록, 나아가서는 너의 영혼의 영광을 위해서, 따라서 너의 어버이의—영혼의 어버이의—영광을 위해서도 훌륭한 생(生)을 누릴 마련을 세워야 할 것이다.

간단한 문제 같으나 이 한 가지를 옳게 깨달아 흔들림이 없다면 모든 문제, 국가에 대한 생각이라든지 직장을 갖는 문제라든지 가족과의 관계라든지 연애나 결혼의 문제도 스스로 밝게 트일 것이라고 생각한다.

나라에 전통도 없고 유산(遺産)도 없다고 큰소리치는 사람이 있는 것을 안다. 너도 그런 말에 호응했을는지 모른다.

그런 말을 큰소리치는 태도는 부모 없이 세상에 태어났다고 생각하는 불한당 같은 생각이 아니면 우리들이 좀더 힘써 빛나는 전통과 자랑스럽고 넉넉한 유산을 다음 대(代)에게 물려주도록 노력해야겠다는 안간힘의 외침일 것이다.

나잇살 먹은 어버이들도 이런 땅 이런 나라의 후예(後裔)로 태어난 것을 자랑스럽게만 생각했던 것은 아니다. 그러나 생각해보라.

너는 지금 너의 생각의 날개가 세계를 내려다보며 마음대로 훨훨 날아 거침이 없을는지 모른다. 어버이들의 젊은 날에도 그런 생각이 휩쓴 일이 있었다. 소위 '코스모폴리탄'이라는 말로 국적(國籍)을 무시하고 거부하고 살려고 하는 풍이 있었다.

그러나 네가 지금 이 나라를 벗어난다고 하자.

여권이라는 것이 없으면 떠날 수도 없고, 어떤 조그만 나라라도 그것이 없으면 받아들여주지를 않는다. 너의 이마에, 몸에 딱지가 엄연히 붙어 있는 것이다. 전통도 없고 유산도 없는 보잘 것 없는 나라의 백성이라고 떠들지는 않더라도 높이 생각해주지는 않는 것이다. 그러나 따지고 보면 우리들보다도 더 아무런 전통도 유산도 지니지 못한 나라가 숱하게 있고 그런 나라 사람도 우리를 높이 보아주려고는 하지 않는 것이다.

더 따지고 보면 우리들은 그들에게 뻐길 수 있는 자랑이 없는 것이 아니다.

자랑스런 자랑을 자랑하고 싶고, 그래서 조금이라도 나은 대접을 받고 싶고, 조상을 욕보이고 싶지 않다는 심정을 너는 치사한 짓이라고 물리칠 것인가. 너의 이마에, 몸에 지니고 지워지지 않는 딱지가 돋보일 수도 있는 바에야 좀더 알기에 힘쓰고 소중히 다루어야 하지 않겠는가.

나라야 어떻든 나만 잘나면 아무도 나만은 괄시하지 못할 것이라든지, 돈만 넉넉하면 된다는 따위의 생각은 세상을 아는 소리 같되 가장 어리석은 일임을 많은 사람들이 증명하고 있다.

 한 사람의 힘으로 나라를 빛낼 수 있는 일도 있지만 나라를 떠난 '나'만이라는 것은 없는 것이다.

 좀더 돋보일 수 있는 나라, 좀더 넉넉한 나라, 좀더 아름다운 나라, 좀더 부드럽고 강한 나라를 이룩하도록 마음먹고 힘쓰도록 해야 하지 않겠느냐는 것이다. 그래서 너의 다음 대(代)에게는 좀더 아름다운 전통과 푸짐한 유산을 물려주어 어떤 경우라도 수모(受侮)하는 일이 없도록 해야 할 것이 아니겠느냐는 말이다.

 직장에 대해서도 한마디 하겠다.

 내가 아는 남의 나라 사람들은 대학을 마치고 취직하면 그곳이 일생의 직장이 되는 사람이 거의 전부였다. 그런 각오와 결의로 취직하기 때문에 맡은 일에 정열을 쏟는 것을 보았고, 그렇기 때문에 그들과 헤어진 지 이십 년이 지난 요즘은 한결같이 같은 직장의 높은 자리에 앉아 있고, 하나의 예외도 탈락자도 볼 수 없는 것이다.

 우리나라는 그렇지가 않다. 경제의 불안정이라든지 직장의 성쇠(盛衰)가 빠르다든가의 문제도 있겠지만, 취직할 때에 직장을 고르는 데 사려(思慮)가 부족한 탓도 있지 않을까 생각하는 것이다.

 첫째로 일생을 바쳐 일할 방향과 적성을 가리는 데 시간과 사려를 아끼지 않아야 할 것이요, 직장을 선택하는 문제도 매일반이다.

 적성(適性)이란 말은 옛말로 천직(天職)이란 말에 가까울 것이니 내게 꼭 맞는 일자리는 하늘이 정해준 일자리라고 생각해왔던 것과 비슷할 것이다. 우선 급한 대로 적당히 하고 서서히 좋은 자리를 엿보기로 한다든지 기분 따라 아무 데로나 옮긴다는 일은 지나온 세월을 허사로 할뿐 아니라 앞날을 위해서도 조금도 도움이 되거나 빛나는 일이 못 되는 것이다. 신중히 생각해서 한번 정한 다음에는 일의 귀천을 가림 없이 있는 힘을 다할 것이다.

'지성(至誠)이면 감천(感天)'이라는 말이 있지 않은가? 정성을 다하면 하늘이 감동한다는 말은 앞서의 인생관을 말한 대목과 견주어 흥미 있는 가르침이 아니겠는가.

첫째로 온순하고 교만하지 않고 남을 시기하지 말고 해치지 말 것이다. 남의 잘못은 너그러이 용서하고, 실패해도 실망하지 말고 언제나 성실을 잃지 않고 마음의 평화를 잃지 않도록 할 것이다.

새로 취직한 한 사람의 애송이 사원의 힘으로 기울어가는 사운(社運)을 만회할 수 있을 만큼 정성과 정열을 다하라고 권하고 싶지만, 적어도 그 자리에 있으나 마나한 존재가 되지 않도록은 해야 할 것이다. 그 자리에 있어야 할 사람이 되도록 노력하라는 것이다.

배우는 데 인색하지 말고 입을 놀리는 데 극히 인색하라.

안다고 생각하는 일도 틀림이 없도록 하기 위해서 물어서 하고, 가르침을 청하는 일은 좋으나 남의 힘에 기대는 마음은 아예 갖지 마라.

약하고 보잘 것 없다고 생각되는 내 힘이나마 내 힘으로 차곡차곡 이룩해가는 데 즐거움을 느끼며 힘을 다하면 안 될 일은 거의 없으니, 오만할 것은 아니지만 자신(自信)을 가지고 행동하고 경영하는 독립·자존의 정신을 잃지 말라는 것이다.

돈을 흔히 더러운 것이라고 해왔지만 현대 생활에 없어서는 안 될 돈은 쓰기에 따라서 더러울 수도 있고 깨끗할 수도 있어 쓰는 사람의 값을 결정할 수도 있는 것이다.

수입으로 살림을 세워야 할 것은 물론이지만 써야 할 때에 츱츱해서는 더럽고, 쓰지 않아도 좋을 때에 쓰는 것도 꼴좋은 일은 못 된다.

끝으로 연애와 결혼에 대해서 한마디 부치고자 한다.

너도 이미 이성(異性)을 생각하고 그리워지고 사모할 나이에 이르렀는데, 이성의 벗을 가지지 못한 채 오늘에 이른 것은 좋은 일이라고도 하겠으나, 한편 섭섭한 마음도 없지 않다.

남의 나라 너 또래라면 벌써 많은 이성을 사귀어 부드럽고 흐뭇한 감정에 살며 비판안(批判眼)도 어지간히 자라서 한번 인사만 교환한 이성에게 마음을 빼앗기거나 첫눈에 마음에 든 천생연분이라고 허둥대지도 않을 것이지만, 우리나라는 그렇지 못해서 이성 간의 교제 단계와 연애 단계의 분별이 없는 것 같다.

선택의 자유라든지 시간의 여유가 주어지지 않았기 때문이다.

많은 이성을 만나 사귀고, 사귀는 가운데 진정한 짝, 너의 반신(半身)을 찾아 채우도록 되었으면 좋겠다고 생각하지만, 현실은 위험한 일일는지 모른다. 이성을 보는 눈이 트일 사이 없이 한두 번 만난 사람에게 쏠리기가 쉽고, 성격·가정환경·혈통(血統) 따위도 알기 전에 그만 그 하나를 전부요 최고로 착각하게 되는 수가 많기 때문이다.

곧 맹목(盲目)이 되어 판단을 그르치는 수가 많으니 될 수 있으면 교제도 연애도 어버이의 협력을 허용하기를 바란다.

너의 일생의 문제이니 그것은 어디까지나 너의 자유다. 그러나 어버이도 마음 즐거울 수 있다면 얼마나 좋은 일이겠느냐.

차례 차례 몇 사람의 벗을 소개해주어도 당황하지는 않을 것이다. 너의 마음에도 들고 어버이도 대견하게 볼 수 있다면 얼마나 복 받은 일이 되겠느냐 말이다.

어버이 몰래 숨어서 하는 일이 되면 너도 마음 즐겁지는 못할 것이요, 축복 받은 일이라고는 할 수 없을 것이다.

내 자식이라고 해서 이성의 벗이든 연애의 상대든 결혼의 상대까지도 어버이의 마음대로 결정해야 한다는 완고하고 거의 무지(無知)한 태도로 나설 생각은 갖지 않고 있다. 교제도 연애도 가족에게 숨김없이 떳떳하게 오히려 가족의 축복을 받으며 하도록 하라는 것이다.

교제는 밝고 즐겁게, 연애도 밝고 즐겁게, 그러나 결혼의 상대는 너의 행복과 그의 행복이 조화를 이루어 더 높은 행복을 지향하는 일이 되어야 한다.

사랑으로써 남을 불행하게 하지 마라. 어떤 경우라도 이것은 명심하라.

영화에는 키스가 흔하지만 어떤 경우라도 그 순간만은 그래도 모든 것을 바치는 결의의 표현으로 있는 것이 보통이다. 그런 행동은 일생을 바칠 각오의 성실로서 할 것이니 신중을 요할 것은 물론이지만 배울 바 아니라고 생각한다.

최후의 일선(一線)은 반드시 절차를 밟은 다음이어야 한다. 너희들의 소생(所生)의 존엄을 위해서도 절대로 필요한 것이다. 낭만(浪漫)이나 불의(不義)의 소산임을 자랑으로 삼는 자녀는 없다.

졸업을 앞두고 하늘을 날 듯한 희망과 의욕에 벅찬 가슴을 안고 있을 너에게 가장 속(俗)된 어쩌면 인생의 밑바닥의 소식만을 구질구질하게 전하는 것으로 들렸을는지 모른다.

출세(出世)라 하지만 바야흐로 보금자리를 떠나 혼탁한 사회, 거센 바다로 떠나보내는 아쉬움으로 엮은 어버이의 심정을 새겨 받으라.

(『사상계』 1963년 1월)

새 사람을 대하는 자세

　어린이는 새 사람이다. 이것은 어떻게 할 수 없는 절대적인 사실이라는 것을 인정하지 않아서는 안 된다. 이 사실을 언제나 잊지 않고 교사는 어린이를 대해야 하고, 또 다루어야 할 것이다.
　가령 교사와 학생의 연차를 십오 년으로 생각해보자.
　교사는 어쩌면 유경대의 심지를 돋우고 고고(呱呱)의 소리를 질렀을는지 모르고, 학생은 형광등 아래에서 탄생했을는지 모른다.
　교사는 폐병은 불치의 병이라는 미신 가운데 성장했고, 학생은 약물 치료가 가능하게 된 이후의 소생이다.
　교사는 재하자(在下者) 유구무언(有口無言)으로 자랐고, 학생은 민주주의 해설 밑에 자랐을 것이다.
　교사는 형에게는 손과 머리를 방바닥에 붙이며 절을 해야 하는 것으로 배왔고, 학생은 형을 '너'라고 부르며 악수하는 것을 보며 자랐을는지 모른다.
　교사는 남녀 7세 부동석(不同席)으로 자랐고, 학생은 형이나 누나가 아니더라도 온 거리를 메운 광고판, 신문, 잡지, 대문 안에 던지고 가는 광고지뿐이랴, 영화에서는 어리고 젊고 늙고 간에 남녀 온통 끼고 나동그라지고 입을 맞추는 장면만이 수두룩 눈에 띄는 가운데 자랐을 것이다.

교사는 '조가불여석곡(朝歌不如夕哭)', 도대체 악(樂)이나 창(唱)을 멀리하는 것이 옳은 일로 배우며 자랐을는지 모르나, 학생은 새벽부터 밤중까지 동요나 '톱텐(top 10)'이라는 지구 위의 온갖 노래뿐이 아니라, 손발을 고이 가눌 재간 없는 트위스트 멜로디의 소음을 호흡하며 자랐다고 할 것이다.

교사는 딸기는 봄에, 외는 여름에, 귤은 겨울에 익고, 또 먹는 것으로 알고 자랐겠지만, 학생은 모든 실과(實果)가 계절의 관계없이 나도는 것을 보며 자랐을 것이다.

이런 예는 우리나라의 요즘 한 과도기의 상황이라고 보는 사람이 있을는지 모르나, 그만한 현격(懸隔)은 어떤 시대나 지역을 물론하고 있는 것이다. 십오 년 어리면 십오 년 새로운 사람이라는 것은 어쩔 수 없는 일인 것이다.

교사는 기껏해야 지난해까지에 발견되고 실증된 법칙이나 약속이나 원리의 최대공약수를 최소한도로 전해주는 소임을 맡고 있는 것이라고 할 것이니, 앞으로의 눈을 뜨게 하는 바탕을 마련해주는 일이 되지 않아서는 안 될 것이다.

어른인 교사의 꿈은 제약을 받고 있기 쉬우나, 어린 학생의 꿈은 무한대다. 무한대일 수 있는 어린이의 꿈에 제약을 가하는 일이 교사의 소임이 되어서는 안 될 것이다.

상급학교에 진학하기 위한 학업은 우리나라의 현실이 거의 비극(悲劇)이라는 것을 말한다. 비극은 비극대로 감내한다 하더라도 위대할 수 있는 어린이의 꿈의 뿌리를 뽑는 일이 되지 않도록 마음을 써주지 않으면 안 된다.

　우리나라에서 교육을 받은 사람 중에서도 많은 천재가 탄생하였음을 보면, 우리나라에도 꿈을 길러준 위대한 교사가 있었다는 것을 증명하는 일이 될 것이다. 그러나 많은 교사 중에는 천재의 싹을 무찌르는 사람이 더 많지나 않을까.

　에디슨의 담임교사는 국가 교육 정책에 순응하고 교과 과정을 전하기에 충실한 흠 없는 교사였는지 모르나, 어머니의 헌신적이며 인내력에 호소한 절대적 사랑의 훈도(薰陶)가 아니었더라면 그가 인류에게 공헌할 수 있었던 모든 재능은 발휘하지 못한 채였을는지 모를 일이다.

　사실 새 사람이 알고 싶어 묻는 온갖 것을 새 사람이 흡족할 수 있도록 대답해줄 수 있는 사람은 거의 없다고 해도 과언이 아니겠으나, 추구하고 싶은 의욕의 싹을 무찔러버리지는 않도록 마음을 써주어야 할 것이다.

　감당하기 어려운 귀찮은 일은 오직 사랑만이 감당할 수 있을 것이요, 이 미련둥이가 몇 해 안 가서 마침내는 세상을 뒤흔들 위대한 인물이 되리라는 그 아이를 내가 지금 기르고 있다는 기쁨으로서만 이루어질 수 있을 것이다.

(『새교실』 1963년 12월)

봄철의 풍미(風味)

　우리나라의 시식(時食)이라면 정월 김, 2월 청어, 3월 조기지만, 청어라는 놈이 정어리와 함께 이사를 가서 좀처럼 만나기 어렵다. 어릴 때는 아침마다 그놈이 상에 있었는데, 요즘 목포인가에는 일산(日産) 청어 수천 상자가 상해가고 있다지만 굳이 먹어야 한다거나 먹고 싶은 생각도 없다.
　모시조개와 냉이로 국을 끓이면 봄 향기가 따른다.
　달래 무침의 맵싸한 향기, 물쑥의 짙은 푸른 향기가 입맛을 돋우던 시식(時食)이란 말이 묘한 말이어서 김에 손이 가지 않는다.
　소고기를 다져서 완자를 만들고 묵과 함께 끓인 묵국은 봄이라야 있는 것은 아니건만, 맑고 푸른 빛깔이 봄의 맛이라는 것일까. 왜간장으로 되는 일은 아니다.
　술안주로는 고둥(우렁이)도 한철이다. 초고추장으로 범벅을 만들어서 먹어도 짙은 맛이 아니니 이상한 일이다. 꽃 때만 되면 나라에 바쁜 일이 생겨서 여러 해 동안 진달래 구경을 못 갔었지만, 진달래만 가지고 안주를 삼고 술잔에도 꽃잎을 띄워 많지 못한 몇 잔 술을 즐겨보고 싶지만, 올해도 그런 날이 내게 있을는지 모르겠다.
　이것만은 다른 어느 나라에도 없는 우리나라만의 봄의 별미다.

　　　　　　　　　　　　　　　(『조선일보』 1964년 4월 10일)

연금(軟禁)에서 빚어진 「바위나리와 아기별」
—나의 처녀작·내가 고른 대표작

　　1922년 일본서 돌아온 후 한동안 밖에도 나가지 못하게 한 일이 있었다. 연애 사건으로 해서 호된 꾸지람을 들은 것이었다. 그러나 나로서는 속이 어른만큼 멀쩡한데 꾸지람이나 연금 상태가 당치 않은 일이라는 불만이 있었다. 그 불만을 동화로 엮은 것이 「바위나리와 아기별」이라는 것이었다. '바위나리'라는 꽃이 있는 것이 아니다. 바위에서 난 꽃이라고 해서 바위나리라는 이름을 붙였다.

　　남쪽 바닷가, 나무도 없고 풀도 없고 오직 바다와 모래펄밖에 없는 바닷가에 밀물에 밀려서 감장 돌 하나가 올라앉았고, 그 감장 돌에 풀 한 포기가 뾰족이 돋았다. 그 풀이 자라더니 오색의 아름다운 꽃이 피었다. 꽃은 동무를 찾는다. 나는 바위나리라는 아름다운 꽃인데 아무도 놀아주는 동무가 없구나, 하며 동무를 찾는다. 아침 해가 솟으면 오늘은 누가 와줄까, 하고 기대한다. 그대로 해가 지면 눈물을 흘리며 울음을 터뜨린다. 날이 새면 또 기다린다. 해가 지면 울음을 터뜨린다. 이 바위나리의 울음소리가 남쪽 하늘에 맨 먼저 뜨는 아기별에게 들린다. 아기별은 울음소리가 측은해서 소리 나는 곳을 찾아 내려간다. 아름다운 꽃잎에 놀라고 동무가 되어 같이 논다.

　　새벽녘이 되자 아기별은 "빨리 하늘로 올라가지 않으면 하늘 문이 닫힌다. 밤에 또 올게……" 하며 하늘로 올라간다. 밤에 또 내려온다. 아기별도 바위나리와 놀기를 좋아해서 밤마다 내려온다. 바위나리는 병이 든다. 시든다. 아기별은 밤새 간호해준다. 새벽녘이 되자 바위나리는 아기별에게 빨리 올라가라고 한다. 차마 떨어지지 않는 발길을 돌려 아기별은 하늘로 올라간다. 때가 늦어 하늘 문은 이미 닫혔다. 아기별은 성을 타고 넘어 들어간다. 왕이 그것을 안다. 아기별은 호되게 꾸중을 듣는다.

밤이 와도 바위나리에게 내려가지 못하니 아기별은 바위나리가 걱정되고 안타까워서 눈물을 흘린다. 바위나리는 아기별이 내려오기를 기다리다가 지친다.

쌀쌀한 바람이 바위나리를 휩쓸어간다. 바다로 흘러 내려간다.

바위나리를 생각하며 밤마다 울며 지내는 아기별은 눈물을 흘리는 것조차 흠이 된다. "밤마다 눈물을 흘리기 때문에 빛이 없다. 빛을 잃은 별이 무슨 소용이냐?" 하늘에서 내어쫓긴다. 한정 없이 흘러 내려간 아기별이 바다로 떨어진 곳은 바로 바위나리가 들어간 곳이었다.

바위나리는 해마다 핀다. 여러분은 깊은 바닷물 속을 들여다본 일이 있습니까? 깊을수록 환하게 밝게 보입니다. 한때 빛을 잃었던 아기별이 바닷속에서 다시 빛나고 있는 까닭이랍니다……

왕의 폭력에 의해서 사랑이 끊기었고, 사랑이 끊기었기 때문에 빛을 잃었고, 한번 죽은 다음 바닷속에서 사랑이 되살음에 잃었던 빛을 도로 찾고, 꽃도 새로운 생명을 찾았다는 뜻이었다.

아버지의 꾸중으로 지금 집에 박혀 있으나 사랑은 끝내는 이길 것이라는 속셈이었다.

위의 글은 졸작(拙作) 「아름다운 새벽」의 한 대목이다.

1922년의 연애사건은 김우진(金祐鎭) 윤심덕(尹心悳)의 사건만큼 전국을 풍미하지는 않았지만, 개성 유학생 동경 유학생 간에서는 큰 물의를 일으켰었고, 그래서 일 년이나 연금(軟禁) 생활을 지내게 되었으니, 그때에 쓴 것이 「바위나리와 아기별」이었다. 처녀작(處女作)이다. 절실하고 애절한 호소였다.

당시 개성에는 박홍근(朴弘根) 씨가 발행하는 『샛별』이라는 어린이 잡지가 있었다. 『샛별』에 발표했고, 1926년 신년호 『어린이』에 다시 실렸고, 1934년 '시에론 레코드'가 앞뒤 두 면으로 (남궁선 낭독) 넣어 발매하니 『어린이』는 다시 한 번 실었다.

이원수(李元壽) 씨는 '세계소년소녀문학전집'의 한 권으로 『한국창작동화집』을 엮는데(1962) 이것을 넣었으니 이것을 나의 대표작이라고 본 것인지 모른다.

김영일(金英一) 씨는 해방 전에 『고향집』이란 잡지를 냈는데 거기 또 실린 일이 있었으니, 역시 그렇게 생각한 탓인지 모르겠다.

강소천(姜小泉) 씨는 『한국 동화집』(1960)에 졸작 「박과 봉선화」(1954년 작)를 넣었다.

「토끼와 원숭이」(1931-1947년 작)는 세 군데서 그림책으로 만화책으로 내주었다.

이봉구(李鳳九) 씨는 「떡배 단배」(1948년 작)가 좋다고 했다.

일전에(5월 1일) 서울교육대학의 모임에서 이원수 씨는 「비둘기가 돌아오면」(1961년 작, 『모래알 고금』 제3편)도 칭찬해주었고, 교육대학 학생은 「바위나리와 아기별」 「어머님의 선물」(1923년 작) 「꽃씨와 눈사람」(1960년 작)을 들추어 나를 평하고 있었다.

사실은 「꽃씨와 눈사람」도 자신 있는 작품이다. 1960년 신년호 『한국일보』 1면에 실렸던 것이다. 『한국일보』는 '신년호 1면을 단 다섯 장짜리 동화 한편으로 치장하겠으니 쓰라'고 해서 감격해서 썼던 것이다. 서투른 그림까지 곁들였다. 그러니 1,000자가 못 되는 그 동화는 그해 4월에 있었던 4·19 학생혁명을 시사한 것 같은 결과가 되었었다.

피천득(皮千得) 교수는 『모래알 고금』 제2편 「토끼와 돼지」를 걸작이라고 칭찬했다. 그래서 일본에서 내 동화를 번역 출판하겠다고 할 때에 단편보다도 장편 「토끼와 돼지」 한 편을 번역하는 것이 좋으리라고 했다.

처녀작이 무엇인지는 내가 알 수 있고 말할 수 있지만, 대표작이란 것은 스스로 말하기가 어렵고 또 알 수도 없다. '객관'이라야 좋을 것 같아 구질구질하게 남의 말을 적어놓았음을 용서하길 바란다.

(『현대문학』 1964년 115호)

살고 있다며

　아내도 학교에 나가고, 아이들도 학교에 나가고, 낮이면 혼자 있는 시간이 많다. 건넌방 한 간 방에서 앉았다가 누웠다가 앉았다가 하면 먼 옛날 내가 장사 지내준 유자(柳子)라는 여인의 모습―그것도 햇볕이 눈부시게 비치는 쪽마루에 내놓인 관 속에 누운 그의 모습―이 눈에 선하게 나타날 때가 있다.
　유자(柳子)는 미인이라는 소문은 높았지만 내 눈에 드는 미인은 아니었다.
　동경 긴자(銀座)의 '부귀정(富貴亭)'이라면 화류계에 이름 높은 요정(料亭)이었고, 유자는 그 집의 외동딸이었다.
　여학생 때부터 저녁이면 사람만 한 크고 화려한 개를 이끌고 긴자 거리를 산보하는 일이 일과 같았으며, 나올 때마다 새 옷을 골라 입고 하인이나 하녀가 멀찌감치 뒤따르고 있었다. 긴자 거리를 거니는 사람들의 입에 오르내리는 첫 손가락 꼽히는 긴자 미인이었다.
　옷은 순 일본 옷이요, 양복 따위를 걸치는 일이 없었다. 일본 옷도 기생 쩜 쪄 먹을 화려한 옷차림이었다.
　나이 스물이 넘도록 그렇게 금이야 옥이야 어느 나라 공주 부럽지 않게 자랐으나, 갑자기 아버지 어머니가 죽으니 무지개는 사라진 것이다. 화려한 인생은 종말을 고하고 버림받은 존재 같은 처지에 놓이게 되었다. 남은 것은 빚뿐이었다.

지긋한 사촌 오빠의 우애가 고마웠고, 듣지도 보지도 못했던 이복 남동생의 출현은 서러움을 돋워주었다. 정이 붙지 않는 알땅이 되어 있었다. 마음을 의지할 곳이라고는 사촌 오빠 한 사람뿐이었으나, 먼 시골의 은행원이었다.

집과 세간 모두 넘겨 빚을 갚고 하녀 하인들에게 옷가지를 주어 헤어지니 밥 한 끼도 손수 끓여야만 할 지경이 되었다. 난생처음으로 하는 것은 서툴러서 슬프기도 했겠지만 귀찮은 일에 틀림없다. 눈물이 가시지 않아 눈은 눈망울이 튀어나오고 심장과 폐를 앓게 되었다.

그러나 혼자 마음 편히 누워 있을 형편도 못 되었다. 차마 부끄러워 못할 일 같았지만 아버지 살아 있을 때에 드나들던 손님을 찾아 취직을 부탁했다.

바 바이올렛(BAR VIOLET). 내가 저녁마다 소굴처럼 쓰던 바에서 유자를 초면했을 때, 나는 거들떠보지도 않았다.

주인은 단골손님인 나에게 인사를 시켰으나 흘끗 보아 뜨끔해서 다시 한 번 훑어보아도 바에 어울리는 여인이 아니었다. 여인이라기보다는 차라리 시든 파였다. 죽지 빠진 새라기보다도 시들어빠진 한 뿌리 파였다.

기름기라기보다 물기마저 빠진 얼굴에 흔한 냄새 풍기는 분칠을 하고 눈망울은 튀어나오고 물 간 옷을 입은 까칠한 몰골은 행여 어두운 골목 같은 데서 만날까 두려울 지경으로, 이름을 물어보거나 내 곁에 와서 앉으라는 말이 나오지 않았다.

바는 아늑하고 품위 있는 집이었다. 손님이 너덧 되면 만원이 될 크지 않은 집이었으나, 천장에서부터 두툼한 비로드 천을 내려 칸을 막고 간접 조명으로 어슴푸레했다.

밝은 곳이라고는 카운터 밑에서 솟는 빛에 비치어 단정히 앉아 있는 바텐더이자 주인의 얼굴과 새하얀 가운, 그리고 그 위로 세계 각국의 술병이 진열된 진열장 아랫도리 반쯤이었다.

비로드 천 칸막이 그늘의 푹신한 소파에 묻힌 손님과 웨이트리스는 무슨 짓을 해도 아무데서도 눈에 뜨이지 않는 차림이었다. 그렇다고 칸막이로 온통 감춘 것은 아니다. 만일 맨 끝자리의 손님이 일어서서 카운터까지 걸어가노라면 좌우 객석이 모두 한 눈에 들이닥치겠지만 그런 비례(非禮)의 객은 없었다.

조용히 그저 입속말로 이야기하여 말소리라고는 들리는 일 없고, 어쩌다 밝게 웃는 웃음소리가 잠깐 지나가고 카운터 안에서 책 읽기를 좋아하는 젊은 주인의 책장 넘기는 소리가 들리거나 칵테일 셰이커를 흔드는 은기(銀器)에 얼음 덩어리 부딪는 연한 소리가 간간히 들릴 뿐이었다.

그러니 웨이트리스도 품위 있고 아름답고 교양 있고, 첫째 신선한 맛이 있는 스무 살 안팎의 여자들이었는데, 이건 스물일곱이나 된다지만 서른도 넘어 보이는 보릿자루도 못 되는 한 뿌리 시든 파뿌리가 나타났으니, 어느 좌석에서도 오라는 적이 없었다. 카운터 옆에 고스란히 서 있었다.

그것은 몸에 고된 일이었을 것이다. 쉬고 나오지 않는 날 밤에 주인은 나에게 그의 사정과 내용을 말해주었다. 나는 유자를 동정하기에 앞서 젊은 주인의 마음씨에 감동되었다.
 며칠 쉬었다가 다시 나온 그는 목에 붕대를 칭칭 감고 있었다. 기운 없는 기침을 하며 가끔 카운터로 가서는 약병의 약을 마시고 있었다. 술 맛을 돋우어주지는 못했다.
 그러나 세월과 더불어 정이 생겼다. 스무 살 안팎의 신선한 아이들은 팔려가기도 하고 들앉게도 되어 자주 갈렸지만, 언제까지나 유자는 바 바이올렛에 있었기 때문이다.
 없는 날은 앓는 날인데, 앓는 날이 많았으니 여러 날 만에 나오면 자연 몸이 좀 어떻냐는 둥 좀더 조섭을 해야지 않겠느냐는 둥 지나가는 말이라도 한마디 수인사가 없을 수 없었고, 그래서 사귀어보니 꾀나 악은 손톱 만치도 없는 나이 먹은 어린이였다. 칩칩한 점이라고는 없고 깔끔하면서도 천진하리만큼 유순하고 마음씨가 또 비단결같이 고와 젊은 웨이트리스들의 언니 노릇을 곧잘 했다.
 어쩌다 그를 찾아오는 손님은 나이 지긋한 점잖은 사람으로, 아버지 살아 있을 때의 객이었을 것이다. 우선 몹시 놀라는 시늉을 서로 했고, 앉아서 소곤소곤하며 한두 잔 술을 들고 총총히 물러갔다. 그런 사람이 몇 있었다.
 "바에 나왔다는 소문을 듣고 찾아왔는데 그게 사실이었구려. 내가 도와드릴 수 있는 일이 있다면 무슨 말이든지 해주소." 그런 말을 하는 것 같았고, 그러면 "고마워요. 그러나 아직 괜찮아요. 호호호……" 하는 것같이 엿보였다.
 그런 몇 사람 중에서도 선의의 사람들의 도움을 받아들였는지 이내 바 하나를 개업하게 되었다. 돈을 많이 들인 화려한 차림새는 아니었다. 극히 허름한 가게였다.

　바 바이올렛의 젊은 주인과 개업을 축하하러 가서 놀랐다. 이러고서도 손님들이 들어올까 싶었다. 웨이트리스는 바이올렛에서 나누어주어 깨끗한 것들이 있었다.

　과연 손님은 적었다. 파리를 날리는 날이 많았다. 약간의 도움을 준 사람이라도 단골손님이 되어 나타나지는 않았다. 소위 패트런(patron)이란 것이 아니었다.

　파리를 날리는 날이면 저녁도 잊고 출출히 앉아 있었다. 내가 들어서면 구세주나 맞는 것처럼 반겼다. 근처 음식점에서 음식을 시켜다가 나는 안주 삼고 그는 저녁거리로 마주앉아 먹는 밤이 많았다.

　그런 가운데도 가끔 이복 남동생이 찾아와서는 용돈을 뜯어가고 친구를 데리고 와서 공술을 마시고 가기도 한다고 했다.

　보기도 싫지만 그래도 단 하나의 혈육이라고 생각하면 그럴 수도 없더라고도 말했고, 남의 바에 있을 때와는 달리 주인 노릇을 하니 팔자라도 고친 것처럼 생각하는지 용돈도 엄청난 목돈을 달라고 수월히 말하는 데는 부아가 나서 쫓아버렸다고도 말했다. 어느 날 밤에는 해쓱한 얼굴이 더욱 파랗게 질려 있었다. 이웃집에 누나의 이름을 팔고 목돈을 꾸어 간 일이 탄로 났다는 것이었다.

　누나가 없는 잠깐 사이에 들어와서 바텐더에게 돈을 내라고 해서 시재(時在)를 툭툭 털어간 일도 있었는데, 이웃집에서까지 돈을 꾸어 가면 이제 또 무슨 짓을 할는지 무섭다고 하며 몸을 정말 부들부들 떨었다.

　"이젠 정말 만나지도 않을 테야, 누나라고 부르지도 못하게 할 테야" 하며 흥분했다.

나는 동행하는 친구나 손님이 탐탁하게 생각지 않는 그 바에 자주 갈 수는 없었다.

발길이 뜸해진 어느 날, 그는 세월 없는 바를 팔아버리고 긴자에서 가까운 곳에 조그만 '마찌아이(まちあい, 대합[待合]다실)'를 샀다. 샀다는 것은 권리요, 집은 셋집이었다. 기생을 불러주고 음식을 시켜주고 술을 팔며 재우는 영업이었다. 방이 넷뿐인 조그만 집이었다. 마찌아이는 영업이 심심치 않았다. 나도 간혹 갔다. 나는 기생 두셋을 불러놓고 술을 마시며 「아리랑」과 「도라지」를 가르쳐 같이 부르기도 했다. 제법 노래 부르는 애가 일고여덟 명은 되었다. 이십 년 타향살이 신세의 객수(客愁)였고, 만만하게 놀기에 알맞은 집이었다.

영업이 심심치 않으니 몸도 나는 것 같았다. 한결 깨끗해졌다.

"영업이 잘되면 인제 요정을 차리겠어요. 아버지가 하던 것을 내 손으로 넘겨버렸으니 저승에 가서 뵈올 낯이 없어요. 그렇지만 이만큼 된 것도 대견하게 생각할 거야. 그동안의 고생이란 말로 다 못 해요. 제가 먼저 가면 꼭 인사를 가겠어요! 은혜를 갚으러……"

그런 원도 있었던가? 그렇게까지 고생살이였던가? 숙연히 듣고 있던 나는 '인사를 가겠다'는 말에 귀가 번쩍 뜨였다.

"뭐? 인사를 온다? 꿈에 나타나겠다는 말야? 제발 살려라! 자네가 꿈에 나오면 도깨비 아닌가? 은혜란 말은 당치도 않지만 조금이라도 고맙게 생각하는 점이 있다면 절대로 꿈에 나타나지 마라……"

"그럼 안 갈게요. 절대로 안 갈게요!"

그래서 그런지 아직까지 꿈에 나온 일은 없다.

그러나 일은 당하고 말았다.

대낮에 전화가 걸려 왔다. 하녀가 건 것이었다. 주인이 방금 운명했으니 빨리 와달라는 병원에서의 전화였다. 병원에 가서 더욱 놀랐다. 시체 앞에는 하녀 한 사람이 있을 뿐이었다. 열쇠 뭉치를 주며 맡으라고 했고, 만사를 지시해달라는 것이었다. 그건 오랜 세월 두고두고 하녀들에게 일러둔 당부였다고 했다.

나는 당황했고, 내 위치가 뚱딴지같다는 생각도 있었으나, 하녀들 모두 내가 고인과 키스 한번 한 일 없고 손 한번 만진 일 없는 사이임을 알고 있는 터라 시체 앞에서의 당부를 맡기로 마음먹고 말을 아꼈다.

다년간의 주치의 ○ 박사와 어릴 때 연애했다는 유명한 신극 배우 S, 두 사람을 불러 협력을 구하고 시골의 사촌 오빠와 이복동생에게도 알리게 하고, 시체를 집으로 옮겨 발상(發喪)하니 조객은 이웃 아주머니들, 기생, 바에 있을 때의 동료들, 나이는 먹었지만 고운 여자들뿐이었다.

이복동생은 단도를 품은 몇 깡패를 앞세우고 나타났다. 하녀가 황황히 올라와서 위험하니 피하자고 일러주었으나 웃어넘기고 맞아들였다. 거세게 들어선 그들 앞에서 나는 한마디 말로 한마디 말도 못 나오게 하고, 눈물을 쥐어짜게 하고 상주로 세우고, 유골을 절에 묻은 다음에야 그에게 걸레쪽 하나 남김없이 물려주게 했지만, 이십여 년이 흘러가도 눈앞에 선히 나타나는 것은 죽은 지 사흘 후, 발인 때의 광경이다.

　아침 햇살이 눈부시게 들이닥친 현관 쪽마루에 관을 내놓고 방금 정든 집을 떠나려 할 때에 꽃같이 쌓인 꽃 같은 여인들은 관 뚜껑을 아래로 내리 밀었다. 흰 나무 상자 속이기는 하지만 고인은 생시 어느 때보다도 아름다운 모습으로 편히 들어 있었다. 넓이 불과 자가웃, 길이 여섯 자가 못 되는 그 안에 한 아름 꽃을 안고 꽃같이 누워 있었다.

　고운 여인들이 오랜 시간 옷을 입히고 화장을 해주었으리라.

　생전에 아끼던 가장 값지고 아름다운 옷을 단정하게 입고, 화장한 얼굴에는 루주도 예쁘게 칠하고, 윤 흐르는 머리를 깨끗이 빗어 넘기고, 이마에 있던 내 천(川) 자조차 흔적이 없고 지극히 평화롭고 흡족한 모습으로 있었다.

　백옥 같은 이마를 쓰다듬어주는 여인도 있었다.

　내가 지금 누워 있는 내 방은 넓이 자가웃이 훨씬 넘고 길이도 여섯 자를 훨씬 넘지만, 그리고 높이도 키보다도 훨씬 높지만, 어쩐지 이것이 그것이 아닌가 문득 생각되는 때가 있는 것이다. 조금 더 넓고 조금 더 길고 조금 더 높기는 하지만 그게 그것이 아닌가, 그 안에서 살고 있다며 있는 것이 아닌가.

　문득 생각되는 때가 있는 것이다.

(『문학춘추』 1964년 1권 8호)

이승만악(李承晩惡)

이승만(李承晩)이라는 노인의 이름이 가끔 머리에 떠오른다.

그의 '악(惡)'이라는 것이 무엇이었을까? 너무 늙었던 탓이었을까? 외국에서 오랜 고생살이를 했기 때문에 외국물이 지나쳤던 탓일까? 우리 민족성에 있는 것일까? 가끔 생각되는 때가 있다. 귀국 제일성(第一聲), 존 하지(John R. Hodge) 소장의 소개로 처음 연단에 나섰을 때는 언언구구(言言句句) 온 민족을 감격의 도가니로 몰아넣었다. 그러나 끝에 가서 "나를 내세우시오! 나를 내세우시오! 나를 내세우면 다 잘됩니다!" 할 때는 가슴이 선뜩했었다.

감격의 도가니가 이마빼기를 맞고, "선거 운동이구나!" 혓바닥을 내밀게도 되었었다.

대통령 1기만 하고 깨끗이 물러났더면 다음에 어떤 사람이 그 자리에 앉더라도 '노인'은 온 겨레의 경의를 받을 뿐 아니라 새 대통령의 머리 위에, 나라의 큰 후광(後光)으로 앉았을 것이요, 국민 모두가 어떤 경우라도 든든한 분이 계시다고 믿고 살 수 있었을 것이다.

그러나 깡패를 부리고 국회의원 통근차를 기중기로 반짝 들어서 옮겨다 가두고 수단 방법을 가리지 않고 재선(再選)을 꾀하여 자리에 주저앉았었다.

중공군(中共軍)까지 들이닥친 국난(國難)을 '내가 아니면 타개하지 못한다. 통일을 보고야 말겠다'는 굳건한 심사였을 것이다.

2기만 하고 깨끗이 물러났더면 그래도 외딴 섬에서 바다만 바라보고 죽음을 기다리는 신세는 안 되었으련만, '내가 아니면' 나라가 망한다는 신념이 굳었기 때문에 국회의원이나 정객(政客)도 아닌 회손(會孫)이나 현손(玄孫)뻘밖에 안 되는 학생들의 아우성으로 쫓겨나게 되었으니, 사람의 꼴이 말이 아니라고 가끔 생각하게 되는 것이다.

쌀값이 폭등했을 때에 "쌀값은 내려야 한다"고 한마디 하면 내릴 것으로 생각하는 따위의 어리석음보다도, 물러나야 할 때를 가리지 못한 것이 그의 악(惡)의 정점(頂點)이었을는지 모른다.

(『동아일보』 1964년 5월 4일)

법과 어린이

天下多忌諱(천하다기휘) 而民彌貧(이민미빈)
法令滋彰(법령자창) 盜賊多有(도적다유)

『노자(老子)』의 한 구절을 인용한 적도 있거니와 잊혀지지 않는 묘한 글귀다.

해서는 안 된다는 금제(禁制), 징수(徵收)가 많으면 백성은 가난해지며 법령(法令)이 많아지면 오히려 꿰뚫는 도둑이 많아지는 것이라는 엉뚱한 말을 2500여 년 전에 그다지 법령이라는 것이 있지도 않았을 때에 어떻게 그렇게 펼쳐놓았는지 감탄해 마지않을 때가 있다.

일제(日帝)가 남기고 간 법령을 하루에도 몇 가지씩 썩둑썩둑 없애버린 일이 있었다. 시원시원한 솜씨라고 갈채를 하기도 했었다.

도시 해방이라는 것이 일제의 법령에서 해방된 것이었을 터인데, 툭하면 그 법령으로 다루기로 해방 후도 십여 년을 했기 때문이었으리라. 그러나 같은 사람들이 새로운 법령을 내기를 또 시원시원히 하기 때문에 갈채는 쑥 들어간 것 같았다. '아차, 이게 아닌데' 했는지 모른다.

법령이 많다. 걸리대도록 많다. 법령집(法令集)을 발행하는 사람만이 한국 출판계에서 제일 바쁜 사람이라고 했다.

옭아매야 할 법이 있는가 하면 바로 옆에 옭아매지 못할 법이 마련되어 있고, 원고(原告)가 승소(勝訴)하더라도 실리가 없으며 인제중학교에서 받아줄 리가 없으니 정사(正邪)는 따져서 무엇하겠느냐고 취하(取下)하라는 법도 있는 모양이니, 상식이 따르지 못하는 법이 따로 너무 많은 모양이다. 그래서 그런지 어린이의 글짓기에 이런 구절이 있었다. 애림작문(愛林作文)이다.

아직은 나무를 베면 안 된다는 법은 있어도 나무를 꺾으면 안 된다는 법은 없는 것 같다. 내 생각 같아서는 그런 법이 있는 것이 좋을 것 같다.

이것은 5학년짜리요, 다음은 4학년짜리다.

나무는 누가 자꾸 꺾을까? 나무를 꺾는 사람을 잡아서 경찰에 알려 '지옥살이'를 하게 했으면 얼마나 좋을까?

징역이라는 말(법이라는 말)을 예사로 쓰는 4~5학년짜리를 대견하다고 할 사람이 있을까? 도대체 어떤 다음 세상을 만들려고들 하는 짓인지 모르겠다.

(『동아일보』 1964년 5월 27일)

사주(四柱)의 영감(靈感)

내 나이 열 두셋 때에 부모님이 하신 일이었을 것이다. 고명한 사주쟁이에게 내 사주를 보아주신 것이 있었다.

君家之姓 馬氏可知 (군가지성 마씨가지)

라는 첫줄에 그만 놀라 떨어졌다. 내가 '마씨(馬氏)'라는 것을 어떻게 그렇게 용하게 알아맞힐 수 있을까 하는 놀라움이었다.

한 발도 더 되는 길고 긴 글의 첫줄부터 놀라움을 금치 못했으니 믿는 마음 두려운 마음은 더할 나위 없었다.

다음이,

年照文星 四方高名 (연조문성 사방고명)

月照文星 少年榮華 (월조문성 소년영화)

생년(生年) 생월(生月)에 모두 문성(文星)이 있다는 구절이었다.

문학(文學)이라는 말마디조차 듣지도 못하던 때였지만, 어쨌든 무(武) 아니고 상(商) 아닌 문(文)과 인연이 있는 사주팔자라는 것쯤으로 생각하고 그것을 믿었다. 숙명 같은 것이라 욕심을 부려서 장삿길로 가도 성공을 못하고, 다른 무슨 일을 하더라도 성공을 못할 뿐 아니라, 결국은 문(文)에 종신(終身)하게 된다는 팔자라고 믿는 마음이 오래오래 가슴 깊이 도사리고 있었다.

싫은 일은 아니었다.

부모님이 좋아하며 하시는 말씀을 들었기 때문인지도 모르지만, 장사도 천하고 농사도 지저분하고, 무(武)는 없었지만 군수나 교사도 칼을 차고 다닐 때였으니, 그런 것이 아닌 선비의 길이란 의젓한 길이요 한층 높은 길이라고 으쓱한 마음이 없지 않았다.

문우(文友)가 또 그러했다.

진장섭(秦長燮), 공진항(孔鎭恒), 공진형(孔鎭衡)이 모두 같은 반 아이였다.

열다섯에 서울로 올라왔다. 같은 하숙방에 진장섭, 고한승(高漢承) 등과 묵었다.

관련 잡지가 아직 나오기 전에 『서광(曙光)』이라는 잡지가 바람을 일으키고 있었다.

하숙집 주인(아들)인 우관형(禹觀亨)과 고한승과, 그때 벌써 일본 야마구치 현(山口縣)으로 유학을 떠난 진장섭 등과 잡지를 내기로 했다. 『여광(麗光)』이라는 것이었다. 개성은 고려의 왕도(王都)요, 조선은 고려요, 조선의 빛은 개성으로부터 뻗친다는 생각이었으리라.

창간에 참여하여 2호까지 발행했다. 그러니 교의동(敎義洞) 문간방 두 간 자리에는 찾아주는 사람이 많았다.

방정환(方定煥)은 『신청년(新靑年)』이라는 잡지를 창간했다고 기고를 청하러 왔다. 『여광』은 국판(菊版) 40여 면이나 되는 어엿한 잡지인데 『신청년』은 사륙배판 8면의 팸플릿이었다.

이서구(李瑞求)는 머리통도 큰 사람인데 머리를 길게 기른 장발 청년으로 나타났었다. 『동아일보』가 창간되기 전에 기자 시험을 보았다는 것이었다. 동요 「고드름」을 남기고 간 유지영(柳志永)도 그

방에서 만났다.

　주위 환경이 그러했으니 독서가 또 그리로 기울었다. 일본으로 직접 주문해서 괴테 시집이니 하이네, 베를레느 따위를 읽었다. 그것은 일본에서도 처음으로 번역되어 출판된 것들이었다.

　주홍빛 단단한 표지에 금(金) 글자로 찍은 『젊은 베르테르의 슬픔』은 그 또래의 총서(叢書)가 있었다. 나오는 족족 받아서 읽기에 바빴고, 그것이 즐거움이었다. 『마농 레스꼬』 『트리스탄과 이졸데』 『카르멘』 등.

　그보다 좀 뒤에 『투르게네프의 산문시(散文詩)』라는 예쁜 책이 나왔다. 이것을 가장 오랫동안 들고 다니며 읽었다. 가장 마음에 들었기 때문이었다.

　어떤 나이 위 친구가―대학생이면서 노동운동을 한다는, 지금은 변호사로 있는 사람이―그 책을 보고,

　"쳇! 투르게네프!"

하며 거의 동댕이치듯 던지며 한다는 소리가,

　"뜻이나 알고 읽는지 모르겠다!"

　딴전을 보며 씨부리는 말은 모욕적이라고 생각했으나, 큰 깨우침이 되었다. 사실 『젊은 베르테르의 슬픔』 따위를 재미있게 읽기는 읽었으나, 그저 재미있는 이야기 줄거리에 혹 했을 뿐 그 속에 담긴 뜻이라는 것을 알아보지는 못했고, 알아보려고 생각해본 일도 없었기 때문이다.

　이야기 줄거리의 재미도 재미려니와 그 가운데 담긴 뜻을 알아야 한다, 그 속에는 뜻이 담겨 있어야 한다는 깨우침을 받게 되었다.

열여섯 살에 일본으로 건너갔다. 다니던 학교에서 동맹휴학이라는 것이 잦아서 공부를 하지 않는 날이 많았기 때문이기도 했지만, 연애사건으로 해서 그런 길을 택하지 않을 수 없게 된 까닭도 있었다. 나보다 나이 네 살이나 위인, 지금 같으면 국민학교 교사와 사랑하는 사이가 되었던 것이다.

공부를 남보다 열심히 하려고 낮에는 미술학교에, 밤에는 예술대학에 다녀 극문학을 전공했다.

뒤쫓아 건너온 여교사와의 사랑은 동경의 유학생 간에 적지 않은 물의를 일으켰고, 고향에서도 알게 되어 붙들려 나오게 되었고, 문밖에도 나가지 못하는 갇힌 몸이 되었다.

갇혀 사는 나는 좁은 하늘을 우러러 보며 신세타령을 시(詩)로, 시조(時調)로, 글짓기로 하소했다.

사십여 년이 지난 요즘도 나의 대표작이라고 들추어주는 사람이 있는 「바위나리와 아기별」이라는 동화도 그 시절의 하염없는 글짓기였다.

겹쳐 열두 살에 장가든 여인을 불행하게 하고 있다는, 나에게 전혀 허물없는데도 생각하게 되었다.

내 속은 어른 못지않게 훤한데, 언제까지나 '대가리에 피도 안 마른' '철없는 어린아이' 처우가 못마땅했다.

뜰아랫방에서 "어린이는 새 사람이다. 인격을 존중하고 개성의 발전을 도모해야 한다"고 외쳤던 것이다.

다음해에 방정환이 '색동회'를 조직하고 귀국하여 내 고향을 찾아왔다.

고한승의 집—웃사랑에는 할아버지가 있고 사랑방에는 아버지가 있으니—안채, 그도 뜰아랫방에 방정환, 정순철(鄭淳哲)이 내 고향친구들과 같이 앉아서 일본 사람 나리타 다메소오(成田爲三)의 곡(曲)에 방정환이 말을 맞춘 「형제별」을 정순철이 조심스럽게—안에 들렸다가는 '이놈들아, 시끄럽다!' 호통이 나릴 것이 분명하니—극히 조심스럽게 부르며, 우리들은 말하자면 눈을 반짝였고, 이내 같이 부르게 되었다.

「바위나리와 아기별」 이후에 여러 편의 동화를 썼고 시를 썼고 희곡도 썼고 시전(詩展)을 열기도 했다.

시중(市中) 복판에 벌린 시전에는 여러 사람이 출품했었다. 복혜숙(卜惠淑)도 비단 수건에 자작시를 써서 세 편인가 냈었다.

갇혔던 몸이 조금씩 풀려서 서울까지 나다니게 된 다음해 가을에 나는 다시 일본 동경으로 떠났다. 도망군이요 학비의 보장 없이 외롭고 쓸쓸하나, 죄지은 사람들에게 대해서는 속죄의 길이라 생각했고 보람찬 길이라 생각했다.

무슨 짓을 해서든지 공부를 하고 좋은 작품을 써야겠다고 생각했다. 그것만이 나를 괴롭히고 핍박한 어른들에게 이기는 길이라 믿었고, 이미 끊어진 인연이지만 사랑한 사람, 사랑해준 사람에게 보답하는 길이라고 생각했던 것이다.

밥벌이의 일도 바빴지만 대학에 적을 두고 강의를 안 들어도 좋은 날은 캄캄한 우에노(上野)의 숲을 지나 도서관을 찾아서 늦도록 공부했다.

밥벌이의 일에 재미를 느끼고 신이 나도 문득 손을 멈추고 하늘을 우러르며 '이래서는 안 되겠다' 자성(自省)하고, 내 작품의 구상, 문장 다루기에 머리를 돌리기도 했다.

　직업은 어디까지나 밥벌이라고 생각하려 했고, 작품을 쓰는 일만이 나의 인생이라고 생각했다.

　한 잡지의 편집을 맡아보는 위치에 있으면서도 문득 문득 메모를 해가며 엮은 것은, 많지는 않았지만 요즘도 나의 대표작이라고 지적해주는 사람이 있는 「토끼와 원숭이」. 그 시절의 작품이다.

(『현대문학』 1964년 11권 6호)

맛의 감각, 청주(淸酒)

내가 청주(淸酒)를 즐긴다는 말은 요즘은 잘못 전해진 말일 것이다.
요즘은 주로 소주(燒酒)를 마신다.
십 년 전까지는 오직 막걸리를 즐겼다. 막걸리라면 지금도 얼른 손을 내밀고 싶기는 하지만, 서울 막걸리는 몸에 해로운 것 같아서 내밀고 싶던 손이 내밀어지지 않는 것이다.
막걸리는 대구다. 피란 대구 살이 삼 년, 그놈이 없었던들 굶어죽었을는지도 모를 일이다. 맛도 좋았지만 사주는 사람이 많았던 것이다.
물이 거세어서 세수를 하려면 마산 물은 가볍고 매끄러운데, 대구 물은 이건 진흙물처럼 버걱버걱했다. 그런 물이라야 막걸리에는 좋은지 모를 일이다.
그러나 대구 삼 년은 막걸리와 함께 살았다고 보아야 할 것이고, 환도(還都) 후도 한동안 그것을 하며 피란살이의 여운을 즐겼다고 하겠지만, 먹걸리를 사발로 마시고 나면 꺼먼 가루가 사발 바닥에 가라앉는 것을 보고는 딱 끊어버렸던 것이다.
젊어서는 양주(洋酒)를 즐겼다.
청주를 즐긴 것은 좀 나이 들어서라고나 할까. 봄의 청주보다 가을바람이 불 때에 그 맛이 높다. 술 자체도 그렇다. 봄에 담가서 가을에 익은 청주라야 한다. 봄에 익은 것은 새 맛이 강하고, 겨울에 익은 것은 고주(古酒)의 향(香)이 짙다고 했다.

도대체 청주의 생명은 일 년이니 너무 묵은 고주의 맛이라면 알 조요, 새 맛이란 풋내다. 이십오 년 전 동경에 있을 때, 첫가을에 봉(封)을 떼었으니 술맛을 보아달라고 당시에도 일류인 '월계관(月桂冠)'이라는 청주를 청대[竹]통에 넣어서 비행기로 보내온 것을 마시어본 일이 있었다. 일본에도 술맛 좋은 고향이 따로 있어 동경이 아무리 좋다 해도 술의 산지(産地)는 아니다.

술 고향의 첫 손가락이 고베(神戶)의 나다(灘)라는 곳이니, 그곳에서 익힌 것이었다. 어회(魚膾)와 계회(鷄膾)를 안주로 청대통에 청주를 따라 마시니 이건 최고급 샴페인 맛에 틀림없었다. 냉주(冷酒)로 마시었지만 컵이 아니다. 밤톨만 한 깔때기 잔이었지만 술맛은 샴페인 같은데 손가락이 뿌찐뿌찐했다. 손가락이 뿌찐뿌찐한 것은 그때의 청주는 모두 그러했다.

요즘의 청주는 컵으로 마시고 손가락을 컵 속에 담가보아도 뿌찐뿌찐해본 일이 없다.

첫째 냉주로 마시면 거의 배탈이다.

데워오라고 하면 주전자째로 불에 올려놓아서 쩔쩔 끓게 해오기도 하고, 좀더 데워달라고 투덜거리게까지 하기도 한다. 데우는 일이 중요한 일이다. 알맞은 온도라야 알코올 도(度)도 알맞고 향미(香味)도 잃지 않는 것인데 이건 너무도 무지막지해서 맛도 멋도 아무 것도 아닌 것 같다.

직접 불에 올려놓기를 꺼리는 것은 우리나라 막걸리나 약주도 마찬가지다. 막걸리를 양푼에 담고, 양푼을 가마솥에 데워서 빙빙 돌리며 온도를 맞추는 것과 같으니, 청주를 알맞게 데우는 일은 술맛을 돋운다기보다도 잃지 않게 하기 위해서 긴한 일이다.

일본 같으면 그 짓만을 맡아서 하는 사람이 따로 있다. 자리를 뜨는 일 없이 술만 데우고 있는 것이다. 1홉짜리 사기병이라고 하면 병 밑바닥에 손가락을 대보면 안다. 밑바닥 따끈한 정도가 술의 온도다. 그 짓만을 하는 사람의 솜씨면 시간의 경과를 살펴서 한번 꺼내 밑바닥에 손가락을 대면 된다. 덜 됐다고 해서 다시 한 번 데우게 되면 그건 낙제다. 술맛이 떨어지는 일이다.

청주를 요즘 우리나라에서는 '정종'이라고 하는데 이것도 말이 아니다. 오륙십 년 전에 일본 사람들이 청주를 들여다 마시는데 그놈이 하필이면 '정종(正宗)'이라는 이름(상표명)의 술이었는지도 모를 일이요, 사실 무슨 정종 무슨 정종이라는 이름이 있기는 있었으나 요즘은 현지인 일본에서는 그런 이름조차 듣기 어려운 이름을 우리나라에서 쓰고 있는 것 같다.

청주란 탁주(濁酒)의 웃국이다.

1천 3백여 년 전에 우리나라(백제) 사람이 건너가서 양조(釀造)법을 가르친 것이니, 그 나라 종묘(宗廟) 제향(祭享)에 올리는 백주(白酒) 흑주(黑酒)라는 것이 백주는 탁주요 흑주는 청주다. 우리들의 약주(藥酒)다.

오늘날 이 나라에서 이것을 다시 받아들여 병 맵시까지 그 맵시를 본받아 나오는 꼴이란 꼴불견일 뿐 아니라, 맛도 시원치 않고 첫째 배탈 나기 쉽고 해서, 그 병을 선사 받으면 선뜻 내다 팔고 소주를 사다 마시고 있는 것이다.

  청주는 15~16도, 소주는 25도에서 30~40도까지 있으니 늘그막에 주정도(酒精度) 높은 것을 즐기는 것이라고 생각한다면 큰 잘못이다. 도수(度數) 높은 것이면 조금 마시면 족한 일이니 큰 컵으로 꿀꺽꿀꺽 마시는 것보다 좋을 것이요, 높고 낮고 간에 향기가 있어야 하지 않겠는가 말이다.

(『조선일보』 1965년 3월 21일)

개성 음식은 나라의 자랑

개성 지방의 명물 음식에 대해서 쓰라는 독촉이 대단하다.

개성 음식에 대해서는 여러 해 전에 이미 '식도락근처(食道樂近處)' '요설록(饒舌錄)'에 여러 달 걸려 쓴 바 있었고, 책으로 나왔기도 했으니 재탕이나 삼탕이 되는 것 같아 쓸 맛이 없었으나, 다시 생각하니 이런 기회에 바로잡아 두어야 할 일이 있을 것 같다. 내가 기왕에 잘못 썼기 때문에 바로잡자는 것이 아니다. 잘못 전해졌거나 잘못 가르치는 사람들이 있기 때문에 바로잡아야겠다는 것이다.

'보쌈김치', '오이선' 따위가 그것이다.

김장철이 되면 김장김치를 잘 담그도록 신문 잡지에 지도하는 기사가 많이 실리는데 개성의 '쌈김치'를 '보쌈김치'라고 쓰는 사람이 있다. 보쌈김치라고 쓰는 사람은 개성 사람이 아니다. 개성 김치조차 진짜를 먹어보지 못한 사람일지 모른다.

개성서는 쌈김치라고 하지 보쌈김치라고는 부르지 않는다. 쌈이면 족하다.

상추쌈, 배추쌈, 호박잎쌈, 깻잎쌈이지 상추보쌈밥, 배추보쌈밥이라고는 아무도 부르지 않는 것과 마찬가지일 것이다.

도대체 보쌈이란 말이 그리 곱게나 아름답게나 먹음직하게 들리지는 않는 말이다. 보쌈이라는 말의 뜻을 아는 사람이라면 더욱이 그럴 것이다. 흉하기 짝이 없는 말이다.

옛날에는―요즘도 그런 사람이 있지만―자식을 낳으면 사주팔자(四柱八字)를 보는 일이 있었다. 생년(生年) 생월(生月) 생일(生日) 생시(生時)를 사주(四柱)라고 해서 그의 일생을 점치는 것이니 잘 보는 사주쟁이면 어린 핏덩이를 놓고 사주로 따져서 한 발(두 팔을 펴서 벌린 길이다)도 더 되는 한문 글자를 적어놓는다.

가령 '君家之姓(군가지성) 馬氏可知(마씨가지)' 따위로 시작해서 '百年佳緣(백년가연) 朴氏之門(박씨지문)'이라는 둥, 어느 해에는 어떤 경사가 있고 어느 해에는 어떤 흉사가 있고, 69세나 70세에 어디서 죽는다는 것까지 점쳐놓는 것이다.

그런데 옛날 양반의 집 딸의 사주팔자가 한 남편으로 종신하지 못한다든지, 신랑이 일찍 죽는다든지, 두 번 시집을 가야 할 팔자라고 점이 나온다면, 그런 경우에 '보쌈'이라는 말의 흉측한 일이 벌어지는 것이다. 멀쩡한 유괴(誘拐) 살인(殺人)이다.

하인을 시켜서 밤거리에서 어린 총각을 낚아 오게 하는데, 보자기를 홀떡 뒤집어씌우고 어깨에 대롱대롱 매달고 온다. 귀한 딸, 팔자 사나운 딸의 액(厄)을 때우기 위해서 기왕 한 신랑의 죽음을 보아야만 할 팔자라면 일찌감치 한 놈의 신랑을 죽여버리면 될 것이 아니냐는 것이다.

하인의 어깨에 대롱대롱 매달려온 어린놈에게 신랑의 옷차림을 시키고 귀한 딸, 팔자 사나운 딸, 그러나 아무것도 모르는 젖이나 뗀 어린 딸과 하룻밤을 같이 자게 하고 날이 새기가 무섭게 어린 총각을 죽여버리는 풍속이 있었다. 말하자면 벌써 과부가 되는 셈이다.

그 어린 총각을 귀신도 모르게 홀떡 뒤집어씌운 보자기가 보쌈이다. 그래서 나쁜 꾀에 걸리는 일을 '보쌈에 걸렸다'고까지 말하는 것이다.

무엇 때문에 구태여 이런 흉한 말로 우리나라 최고의 김치 이름을 부르는지 '보쌈김치'라는 말이나 글자를 보면 화가 치밀 뿐 아니라, 이름도 모르는 사람이 무엇을 옳게 가르치겠느냐고 경멸하게 된다. 김치도 김치 나름이니 말이다.

일본에는 요즘 어디를 가나 김치가 있다. '기모찌'라는 이름으로 팔고 있기는 있으나, 또 고춧가루와 마늘이 들어 있기는 하지만, 또 일본 김치 '다꾸앙'만 먹던 우리네 나그네가 반겨 먹는 수도 있는 경우가 있을는지 모르지만, 그거야 어디 '김치'라고 할 수는 없는 말하자면 도깨비다.

이번에 일본에 갔을 때도 어떤 집의 초대를 받았을 때에 일본 음식과 양식을 갖추고 흐벅지게 차려놓은 식탁에 그것이 있었다. 우리 내외를 위해서 특별히 마음을 쓰고 정을 쓴 것이라 하겠지만, 희멀건 배추 저린 것을 집어먹을 생각은 없었고, 그들도 젓가락이 두 번 가지는 않았다. 처음에는 "이건 무엇입니까?" 하고 물어보기까지 했다. 백화점도 일류 백화점에서 비싼 것을 사 온 것이었다.

그러니 개성 '쌈김치'를 '보쌈김치'라고 부르며 가르치는 사람의 솜씨도 그따위일는지 모를 일이라고 하면 말이 지나칠까.

개성의 쌈김치는 개성의 자랑일 뿐 아니라 겨레의 자랑일 것이다. 식품 예술의 최고품이기 때문이다. 맛과 영양과 미관(美觀)이 더할 수 없는 것이기 때문이다. 맛과 영양가에 대해서는 이미 정설이 되어 있으니 되풀이하지 않기로 하고 미관에 대해서만 조금 쓰자.

쌈김치를 쌀 때에 배추는 버리는 곳이 없다. 다듬는다고 해서 겉대를 뚝뚝 뜯어버리기가 일쑤인데 이 겉대가 말썽이다. 시커멓고 시퍼렇다고 괄시할 것이 아닌 것이다. 쌈을 쌀 때에 속에 알찬 것으로 연하고 살결 흰 것을 꺼멓고 퍼런 겉대로 싸게 되어 있는 것이다.

그러니 큼직한 사기대접이나 유리대접에 한 쌈을 까놓는다고 하자. 겉대 검푸른 잎의 안으로 연푸른 잎이 펼쳐진 안으로 새하얀 배추가 꽃잎처럼 가지런히 놓여 있고, 안으로 노란 속대, 그 안에 화심(花芯)처럼 온갖 색깔의 양념이 더할 수 없이 화려하게 보일 것이다.

이것을 바로 위에서 내리 천연색 사진으로 찍어 보인다면 어떤 나라 사람이라도 '이것이 무슨 꽃이냐'고 감탄할 것이다. 백목련이 이럴 수가 없고 함박꽃이 이렇게 탐스러울 수가 없을 것이다.

식품에 색채가 있어야 하고 식탁에 색채의 배려가 따르기 마련인 것은 더 말할 나위 없는 일이니, 희멀건 식혜에 석류(石榴)알을 띄우는 것이나 꺼멓기만 한 수정과에 하얀 잣을 띄우는 것이나 육회에 잣가루를 얹는 것이나, 하다못해 달걀 흰자위 노른자위를 따로 얇게 부쳐서 예쁘게 썰어 얹고, 그러니 흰빛 노란빛에 빨간 실고추를 뿌리는 따위, '고명'이라는 이름으로 아름다운 색채를 마련한다. 식욕을 눈에도 호소하는 것이다.

우리나라 식품에 이미 천 년 전부터 그런 예술 감각을 살려오고 있다는 것은 자랑이 아닐 수 없는데, 소위 고명이라는 것을 젓가락으로 집어먹는 사람은 없어도 쌈김치의 화려한 색채를 이룬 것은 하나도 안 먹는 것이 없는 것이다. 배추 겉의 시커먼 이파리도 맛있게 먹을 수 있고, 또 그것이 영양가가 가장 높다고도 하니 실리를 갖춘 최고의 식품 예술이라고 자랑할 수 있을 것이다.

'오이선'이라는 것은 내가 즐기는 역시 식품 예술의 하나다. 그러나 서울의 어떤 넉넉한 집의 초대를 받았을 때에 학원에서 배운 솜씨를 발휘했다는 오이선을 보고 아연했다. 아연했다고 쓰면 알아듣지 못할는지 모르나, 입이 막혔다. 납작한 접시에 오이 댓 개가 놓여 있고 칼질한 배에 소고기와 양념은 들어있는 것 같았으나 국물이 아니고 장이 고인 것 같았다. 소고기를 찬 오이 장김치 같은 꼴이었다.

개성의 오이선은 그런 것이 아니다. 첫째, 납작한 접시에 담을 것이 아니다. 수정과나 화채를 담을 수 있는, 그러나 기름한 화려한 그릇에 담는다. 국물은 닭국물이어야 한다. 진짜 냉면 국물 같은 닭국물이다. 장은 조금, 초와 계자 맛이다.

오이는 배를 째고 끓는 물에 잠깐 담그니 파란 빛이 더욱 신선해지고 속은 익지 않아도 좋다. 배에 다진 소고기 볶은 것과 갖은 양념을 채워서 국물에 띄운 것이다. 온갖 고명이 있다. 새파란 오이가 통째로 떠 있다. 얼마나 보기에 화려하고, 또 맛은 얼마나 싱싱하랴. 세계에 자랑할 수 있는 음식의 하나다.

개성 음식이라면 '찜'을 들어야 할 것이다.

소고기, 돼지고기, 닭고기 세 가지를 함께 요리하는 음식은 우리나라에 여기밖에 없다. 중국 원나라의 지배를 받던 고려 때의 서울인 개성이라 원나라의 음식이 들어와서 그것을 조금은 본받은 것 같으나 입내만 낸 것은 아닌 것이 그 사람들은 소고기를 안 먹는데 찜에는 소고기도 들어가는 것이다.

  세 가지 고기에 무채, 도라지, 버섯, 밤, 대추, 은행, 호두, 안 넣는 것이 없이 넣고 슴슴하게 달게 찌는 것이다. 시루에 찌지만 조금만 만들 때에는 냄빈들 어떠랴. 요즘이면 검은 설탕을 많이 칠 것이다. 국물은 무채에서 난다.

  중국 요리에 그와 같은 것이 없을까 하고 여러 해라니 수십 년을 찾아서 알게 된 것이 '폭삼양(暴三樣)'이라는 요리였다. 요즘 서울에서는 이십 년 동안 찾아도 만나지 못했다. 돼지고기도 손바닥만큼씩 썰어서 여남은 장, 해삼도 그만큼, 그리고 닭고기를 또 그만하게 썰어서 샐러리 같은 향기로운 향초와 함께 찐 것이다. 이 맛이 그 맛과 같은 것 같았다.

  찜은 닭고기를 뼈째 썰어서 넣은 것을 '활계찜'이라고 하는데, 이것 역시 세계에 자랑할 수 있는 우리나라의 식품이다. 일본이나 중국뿐 아니라 미국, 영국은 말할 것도 없고 스페인이나 프랑스나 어떤 나라 사람에게라도 말이다. 맵지 않고 달고 흐벅지기 때문이다.

  세 가지 고기를 넣는 음식으로 '편수'도 있다. 흔히 '만두'라고 하는데, 개성서는 편수라고 한다. 만두는 따로 있다. 모밀 껍질에 시래기 따위를 소로 빚은 것이 만두다.

  편수는 밀가루도 극히 고운 밀가루로 껍질이 얇아야 하며, 소로 두부, 녹두나물, 소고기, 돼지고기, 닭고기를 넣는다. 닭고기는 때로 연계를 뼈까지 다져서 넣는다. 이에 조금 걸리더라도 그대로 씹어

먹을 수 있는 뼈다. 온갖 양념, 참기름과 고춧가루를 조금 넣기도 한다. 고춧가루를 조금 넣으면 삶아서 그릇에 담을 때에 약간 붉은 국물이 우러나는 것도 먹음직하게 보인다.

소는 어디까지나 단단해야 한다. 툭 터져서 녹두나물이나 두부나 고기 부스러기가 그대로의 모습을 드러내게 되면 말이 아니다.

편수는 기름하게 그저 빚어놓은 것이 아니다. 기름하게 빚은 다음 두 끝을 가운데로 모아서 배에 붙여 놓으니 예쁜 귀[耳]와 같은 꼴이 되는 것이다. 이것도 만두라는 것과 미관(美觀)이 다르다. 서울의 만둣국이라면 위에 달걀을 풀고 고명을 얹지만, 개성의 편수는 고명 없이 떠놓는다. 그만큼 편수의 생김새에 자신이 있는 것이라고 할 것이다.

'탄평채'도 특색이 있다. 무채, 오이채, 미나리, 녹두나물에 묵을 섞는 것이 고작이지만 개성의 탄평채는 그 위에 돼지고기를 섞고 향기로운 김[海苔]을 섞고 곶감을 썰어서 섞는다. 지금은 설탕이지만 설탕을 흐벅지게 쳐서 달고, 간장은 조금, 초 맛이다.

돼지고기도 요즘의 양돼지라면 고기를 골라서 넣어야 할 것이다. 고기뿐이라도 부족하고 비계만으로도 부족하다. 개성의 '삼층 제육'이라야 한다고 할 것이니 돼지고기마저 개성의 특색이라 할 것이요, 그렇게 버무린 탄평채의 색채를 한번 생각해보라.

고춧가루로 버무린 무채는 발갛고, 청포도 빛 가는 묵에 검은 김이 드문드문 윤이 흐르고, 호박색 곶감이 점점이 있고, 새파란 미나리 오이채가 있고 하얀 녹두나물이 있으니 먹음직하기 이를 바 없을 것이다. 무채를 고춧가루로 버무렸다고 해서 매운 것으로 생각할 것은 없다. 탄평채의 고춧가루는 맵기보다 색채를 위한 것이어야 한다.

'홍해삼'이라는 것도 개성에밖에 없는 최고의 식품 예술의 하나다. 홍합(紅蛤)과 해삼(海蔘)이란 말이다. 일이 많고 복잡하고 맛도 복잡한, 말하자면 발달된 식품이다.

두부를 짜서 물기를 빼고 난도질한 해삼과 소고기 가루를 섞어서 편수의 크기만큼 빚은 것과 두부 짠 것에 난도질한 홍합과 소고기를 버무려서 빚은 것을 찐다.

찐 다음에 소댕(번철)에서 홍합에는 계란 노른자위 껍질을 씌우고, 해삼에는 흰자위 껍질을 씌우고, 굴려가며 익히는 것이다. 배꼽에는, 해삼에는 펼친 온 해삼, 홍합에는 펼친 온 홍합을 덧붙인다. 이것도 아름답게 먹음직하게 보이기 위한 것이다. 이런 식품은 양식에도 일본에도 중국에도 비슷한 것이 있다. 가장 발달되고 진보된 식품이라 할 것이다.

우리나라 칵테일파티에 이것을 쓰도록 권한 일이 한두 번이 아니었지만, 소가 두부이기 때문에 쉬기(상하기) 쉽다는 것이었다. 쪄서 익히고 기름으로 굽고 그것을 얇게 썰어서 내놓는 데도 손이 많이 가야 하고 썰 때에도 조심을 해야 하니 귀찮은 일이기는 하겠지만, 자랑할 수 있는 식품에는 틀림없다. 시간을 오래 둘 수 없다는 것은 결점이라면 결점일지 모르나 그만큼 사치한 것이라고 할 수도 있다.

밀전병, 소주, 제육도 자랑하고 싶으나 다음으로 미루자.

(『신동아』 1965년 16호)

또 일본에서 드린 미사

 지난 8월 6일부터 9월 15일까지 사십 일간이나 나는 일본을 다녀왔다. 한일협정 비준 반대를 외치는 거센 바람이 휩쓸던 그 틈에 일본 여행을 한다는 일이 떳떳하지 못한 일같이 생각되지 않지도 않았지만, 또 재작년 3월에 십구 년 만에 처음으로 일본을 방문했을 때에 "내후년쯤 또 한번 오시오"라는 말을 듣기도 했고, 그 북새통에 일본에 건너가게 된 것은 사실은 무용 공부를 하고 싶어서 가고 싶어 하는 안해—나는 '안해'라고 쓴다. '집안의 태양'이라고 생각한다. 옛날부터 그런 뜻으로 안해라고 일컬어 왔는지 모를 일이라고 나는 생각하는데, 한글 표준말은 '아내'라고 되어 있어서 교정하는 사람이 활자를 고치는 일이 종종 있지만 나는 굳이 '안해'라고 쓴다—의 말하자면 수행(隨行)을 한 것에 지나지 않는다. 안해는 5월 초순에 떠날 생각으로 있었다. 미국의 유명한 무용가가 일본 동경에서 안무강습회(按舞講習會)를 갖는다고 해서 그것을 듣고 싶어 했다.
 일본서 보내온 초청장과 왕복 비행기 표도 5월 7일자로 되어 있었다.
 그러나 수속 절차가 그리 쉽게 끝나지는 않았고, 안해가 봉직하는 대학에는 나가야 했고, 세상은 뒤숭숭했고, 그래서 서두르지도 않고 주님이 주장해주시는 대로 떠나자 마음먹고 내버려둔 것이 석 달 후인 8월 6일에 떠나게 되었던 것이다.

안해도 어릴 때에 일본에 건너가서 오랫동안 공부를 했고, 그곳에서 나와 결혼하게 된 것이지만 안해보다 내가 더 오랜 세월을 일본에서 보냈고 또 친구도 많고 하니, 내가 동행하는 것이 도움이 되리라는 생각으로 끌리는 대로 따라나섰던 것이다. 그러나 안해를 동경에 내려놓고 몇몇 친구에게 부탁을 하고 나는 곧 되돌아올 생각이었지만, 막상 동경에 내리고 보니 일이 그렇게 되지는 않아서 차일피일 사십 일이나 지내게 되었던 것이다.

8월 6일도 수속이 아슬아슬해서 반도호텔 앞에서 김포공항까지 달리기를 무슨 영화의 추격 장면 같은 모험을 하며 전속력으로 달려서 교통순경에게 세 번이나 스톱을 당했지만 그때마다 사정을 알아듣고는 손을 흔들어 전송을 해주었고, 그래서 겨우겨우 세 시 삼십 분에 김포를 떠나 다섯 시 이십 분에 동경 하네다에 도착하니 내 친구들이 제각기 자가용 차를 몰고 마중을 나와 있었다. 교통순경이 패스해주지 않았던들, 또 아슬아슬 수속이 끝나지 않았던들, 많은 친구들이 하네다까지 나와서 혀를 차고 돌아가게 되었으리라 생각하니 고맙기 한이 없었다.

일본 친구들이 많이 마중을 나온 것은 한국일보사가 일본으로 연락해주었기 때문이다. 떠나는 날 새벽 미사에 참례하고 영성체한 후 나는 본당 신부님께 관면을 받았다. 예정된 삼 주일 동안 객지에서 소재를 지키기 어려울 것 같았기 때문이다. 그날이 바로 금요일이기도 했다. 그러나 NWA 비행기에서 주는 식사는 큼직한 포크소

테인데 온통 기름덩이라 그것을 먹지 않아도 배가 곯지도 않겠거니 와 먹음직하지도 않았다.

　제일호텔에 짐을 풀고, 간소한 환영 식사로 옛날에 가끔 드나들 던 술집을 찾았다. 옛날이라야 이십 년 전에는 꽁치나 뱅어포 따위 로 맛있는 술을 팔던 집이지만 그동안에 발전해서 지금은 어엿한 방을 몇 개 마련하고, 방에 냉방장치를 하고 음식도 고급으로 솜씨 를 보였지만, 여남은 가지 음식이 모두 생선이라 오래간만에 만난 친구들과 거칠 것 없이 흐벅지게 마시고 먹고 헤어지니 내일 아침 일이 약약했다.

　몇 해 동안 아침 미사를 거른 일이 없었는데 동경에 왔다고 해서 내일 토요일을 어떻게 할 것인가. 다섯 시에 깨어 목욕을 하고 택시 를 잡아타고 달렸다.

　그러나 달릴 필요가 없었다. 낮 같으면 요쓰야(四谷) 모퉁이 조치 대학(上智大學) 울안인 성당까지 가는데 삼십 분도 더 걸리겠지만 다섯 시 반이라는 시간은 새벽도 첫새벽이었다. 밤을 새우며 춤을 추었거나 술을 마신 젊은이가 어정거리고 나타나지 않으면 넓은 길 에 사람의 그림자도 없는 허허벌판이었다.

　달리는 택시 운전수조차 "참 조용합니다. 아침 공기가 싱싱해서 향기가 있는 것 같습니다" 하더니 아카사카미츠케(赤坂見付)라는 곳을 지날 때에는 "아아" 하고 한숨 같은 감탄사를 쏟더니 "동경 복판에서 매미 소리를 듣는군요……" 했다. 정말 숲에서 매미가 울 고 있었다. 숲이 우거진 곳이니 매미는 언제나 울고 있었겠지만 그 소리를, 달리는 차 안에서 들을 수 있는 일이 신기한 것이었다.

요쓰야 모퉁이 조치 대학 울안에 있는 성당은 지난 번―재작년 3월에 갔을 때―에 여러 번 참례한 성당이라 서투르지가 않았다. 차를 문 밖에 세우고 문을 들어서면 고운 잔디가 깔려 있는 마당을 한참 들어가서 사진으로 본 아시시(Assisi)의 프란체스코 성인의 무덤 위에 세워진 성당을 본받은 것 같은 아담한 성당이다. 유리로 된 묵직한 도어를 밀고 들어서면 한편에 신문, 잡지, 작은 책자가 가지런히 놓여 있다. 돈을 받는 사람은 없다. 말하자면 무인판매다. 『성서와 전례』 국판(菊判) 반절 8면짜리는 그 주일의 '미사 통상문' 외의 경문과, 성가 곡보가 끼어 있고, 처음으로 성당을 찾은 사람에게 크게 도움이 될 좋은 말이 인쇄되어 있었다. 이것은 공짜다. 『틴에이저』『남녀의 교제』라는 작은 팸플릿은 같은 판으로 28면이 되는 책자로 이름 높은 사람들의 글이 실려 있고 값은 15원. 십대의 젊은이들에게 교회가 크게 관심을 가지고 이끌려고 하는 열의를 엿볼 수가 있었다.

『미사 통상 식문』이라는 같은 크기의 책이 있었다. 깨끗한 색 인쇄의 표지에 좋은 종이에 두 색 인쇄로 미사 통상문과 절차가 친절하게 적혀 있었다. 공짜다. 일본에서도 미사 통상문은 현대어로 고치기로 되어 있어 방금 서두르고 있는데 우선 결정된 것만을 '일본 사교단전례위원회(日本司敎團典禮委員會) 동경대사교(東京大司敎) 인가제(認可濟)'라고 해서 퍼뜨리고 있는 것이었다. 나는 벙어리 상자에 돈을 많이 넣고 다섯 권을 집었다.

그러나 그럴 필요는 없었다. 그 후 어느 성당에 가도 그것은 충분히 있었다. 나는 그 작은 책을 들고 다니며 내가 찾아간 집에는 한 권씩 슬그머니 놓고 왔다.

  그 사람들은 사실 가톨릭과는 너무나 인연이 없이 지내오고 있었다. 아무에게도 들을 기회가 없는 것이었다.

  재작년에 십구 년 만에 내가 일본을 찾았을 때에 그런 사실을 알았기 때문에 내 생각으로 권하고 싶어진 두 사람에게 잡지 『가톨릭 생활』을 일 년 동안 보내달라고 '돈 보스코' 본사에 부탁한 일이 있었다. 그중 한 사람의 딸이 영세했다는 말을 이번에 들었다. 크라라는 본명을 받았다고 했다.

  『가톨릭 생활』 잡지 일 년치면 일본 돈 600원이다. 두 군데 보내도록 1,200원을 주고 부탁했는데, 불과 이 년 동안에 한 사람이 영세를 했다는 일은 결코 비싼 값은 아닌 것 같았다. 나로서는 적지 않이 재미를 본 것 같아서 이번에는 더 많은 사람에게 일 년치씩을 부쳐주도록 부탁을 했다. 내년이나 내후년쯤 또 일본에 갈 기회가 있다면, 그동안에는 또 몇 사람이나 걸려들었는지, 낚시꾼 같은 말씨는 불손한 일이지만 그들의 영혼을 구할 수 있을는지…… 낙이 아닐 수 없다.

  미사는 이 년 전보다 훨씬 달라졌다. 사제와 신자가 같은 말씨로 말을 주고받으며 따뜻한 정이 빈틈없이 오고 가는 것 같았다.

    사제 ― "주는 여러분과 함께"
    일동 ― "또 사제와 함께"
    사제 ― "마음을 높여"
    일동 ― "주를 우러러"

사제 — "우리 천주께 감사합시다."
일동 — "그것은 지당하고 옳은 일입니다."

사제와 신자 일동이 이렇게 주고받았고, 오레무스할 때에 "기도합시다" 낮은 소리로 말하고 잠깐 사이를 주니 모두 고개를 숙여 제각기의 기구를 드리는 것 같았다. 이것은 다른 어느 성당에서도 같았다. 사십 일 동안 묵는 사이에 여러 곳의 성당을 찾았다. 다음 주일날은 역시 요쓰야로 안해와 동행했다. 새벽 여섯 시 첫 미사는 남녀 합해서 백 명이나 되었을까.

나는 이 년 전에 갔을 때에 아직 건축 중이던 대주교좌 성당을 구경하고 싶은 생각이 있었다. 올림픽 경기장이 여러 곳이지만 그중에도 볼상이 괴상한 '요요기 국립 경기장'을 설계한 사람이고, 현대 일본이 자랑할 만한 천재라고 일컫는 단게 겐조(丹下健三)라는 사람의 설계라고 들었기 때문에, 오래전부터 관심이 있었던 것이다. 아직 쉰 살이 못 된 사람으로 동경대학 공학부 도시공학과 교수. 일 년에 하나밖에는 설계하지 않는다고 한다. 설계가 아니라 창작이라고 한다. 하나를 창작할 때마다 큰 화제를 일으켜 왔고, 범태평양상(汎太平洋賞), 국제 건축 미술상 등을 받아서 국제적으로 알려진 천재라고 했다. 그 사람이 교우라는 말은 듣지 못했다.

그러나 '대주교좌 대성당'을 보면 신앙이 없는 사람으로는 될 일이 아닐 것 같았다. 외관은 현대식이 아니라고 할 수 없겠으나 높이 솟은 가운데 기둥과 양편으로 날개처럼 뻗친 것은 이것이 일본의 옛날 사무라이들이 입던 정장(正裝)인 '가미시모(かみしも)'라는 것을 형상화한 것임에 틀림없었다.

　보통 옷 위에 어깨에서 등과 가슴까지 덧입는 것으로 양 어깨에 화살이 들어서 거의 직선으로 삐죽이 뻗치게 되는 그것이었다. 이것을 본떠서 높이 솟게 건축한 것이었다. 종탑은 마당에 따로 섰는데, 그저 높이 솟은 한 자루의 칼이다. 성당은 얕은 문으로 들어서게 되었고, 들어서면 높고 넓기가 입이 벌어진다. 벽과 천장이 따로 있지 않고 벽의 여섯 판때기가 위로 올라갈수록 안으로 기울어져 하늘에서 맞닿고 있다. 그 높이는 오십육층 건물의 높이보다 더 높은 것 같다. 그러니 넓은 제대 왼편 한끝에 놓인 대주교좌 의자가 키를 재면 귀보다 높겠지만 유치원 어린이 의자만큼이나 작게 보이고 그저 높고 넓다. 대리석 층층대를 올라서면 성수반에서 성수를 찍을 사이 없이 허리가 구부러졌다. 벽에는 창이 하나도 없는데 밝다. 시멘트 콘크리트의 판자를 땐 자리가 그대로 있는 벽이자 천장 그 위와 제대 정면에서 뿌연 광선이 함빡 쏟아져 들어오고 있는 것이다.

　제대 정면에는 고상이 없다. 고상이 있으면 그 고상의 솜씨에 따라 이미지가 고착되는 흠을 시정한 것이다. 그저 하늘까지 뿌연 창이 솟아 있는데 그 창은 유리창이 아니고 색색의 소위 스테인드글라스도 아니다. 운무(雲霧)다. 그러니 구름같이 누런 곳도 흰 곳도 검은 곳도 있는 창이 뿌옇게 광선을 받아들이고 있는 것이다.

　그 아래로 3분의 1만큼 십자가가 크게 세워져 있고, 그 밑에 제대가 있다.

　내가 참례한 것은 주일이 아니었다. 그래서 미사는 그 자리에서 드리지 않았다. 왼편 끝으로 들어서니 그곳에 아늑히 제대가 마련되어 있었고, 남녀 교우 십여 명이 신공을 드리고 있었다.

아무리 위크데이 첫 미사라 하드라도 이건 너무 사람이 적다고 생각했다. 하기는 혜화동 성당에서도 눈이 쌓인 영하 17, 18도인 날의 첫 미사에 남녀 도합 열세 명인 날도 있기는 있었다. 십여 명보다도 더 적은 미사에 참례한 일도 있다.

아타미(熱海)라면 「이수일과 심순애」의 원작의 이별 장면이 벌어지는 이름 높은 온천, 유흥도시다.

문예춘추사는 그곳에 별장을 마련하고 있었다. 주말마다 손님을 대접하기도 하고 쉬는 사원이 가기도 하는 집이라, 우리들에게도 며칠 동안 놀고 오라고 했다.

8월 27일에 떠났다.

하코네(箱根) 국립공원이라고 하지만 전에 일본에 있을 때에 자주 놀러 갔던 곳이라 새로워진 자리를 종일토록 드라이브하고 별장에는 저녁때에야 도착했다. 본사에서 이미 연락해놓은 터라 저녁식사가 굉장했다.

길이 두 자 되는 도미를 산 채로 요리해서 싱싱한 어회가 묵을 썰어놓은 것처럼 가지런히 놓여 있는 최고의 저녁상을 받으며, 슬그머니 마음에 걸리는 일이 있었다. 그날 아침에도 여섯 시 미사에 참례했는데, 내일이 토요일이기는 하지만, 또 온천장에 왔다고는 하지만, 내일 아침 미사를 궐하지 않을 수가 없을까 하는 걱정이었다. 그것이 입 밖으로 말이 되어 나왔던 모양이다.

그러자 식사 시중을 들던 나이 사십이 넘은 그 별장의 주부가 말을 받았다.

"아이그, 그러세요. 사실은 저도 신자랍니다. 마침 잘됐습니다. 어쩌면! 이를 어째! 제가 8월 한 달, 주일 미사를 궐했는데 저에게 기회를 주셨군요. 제가 모시고 가겠습니다……"

그 말에 우리 내외를 안내해준 사원의 눈이 둥그레졌다.

"그래? 당신이 가톨릭이야? 그건 몰랐는데……"

자주 드나들던 사원도 전혀 모르는 사실이었다. 그러니 여름 한철 손님이 끊일 새 없는 별장 주부로서는 가장 바쁘게 지내야 할 주일 새벽에 외출할 수 없었을 것이 뻔한 일이었다. 이건 어찌 된 일인가. 주부의 말이 '저에게 기회를 주셨군' 했지만, 오히려 나에게도 기회를 주신 것이 아닌가.

이튿날 아침 일곱 시 미사에 참례하면서 더욱이 그것을 느꼈다. 차를 이십 분은 몰았고, 아타미 역전을 지나서 전혀 반대 방향의 산길을 올라간 호젓한 언덕 위에, 성당으로 알아볼 수 있는 표지는 아무것도 없는, 그저 허름한 양옥이라기보다도 일본 집이었다. 내가 새벽에 혼자 별장을 빠져나와서 거리에서 성당이 어디냐고 물었더라면 가르쳐줄 사람은 거의 없었을 것이었다. 우리 내외와 사원과 주부 네 사람이 들어서니 작은 성당에는 아무도 없다. 사십 명이나 앉을 수 있는 작은 성당이었다. 일곱 시, 프랑스 신부님이 미사를 드리셨다.

미사가 끝나자 신부님은 땀을 닦으며 뒤쫓아 나오셔서 "놀라셨죠, 놀라셨죠? 아타미는 할 수 없습니다." 온천 유흥 도시는 영혼을 생각하는 사람이 드물다는 말씀을 하셨다. 내달 20일에는 프랑스로 떠나게 되었다고도 말씀하셨다. 그러나 우리들은 우리끼리 만이 드린 조용한 미사에 흡족했고, 복사 없이 드리셨는데 내가 경험은 없어도 복사를 보아드렸더라면 하는 생각이었다.

 8월 15일 성모 몽소승천 축일은 가루이자와(輕井澤)에서 지냈다. 가루이자와는 동경에서 기차로 세 시간 걸리는 높은 산에 있는 피서 도시라 역시 문예춘추사의 별장이 있고, 많은 문사 학자들의 별장이 있었다. 별장의 초대를 받았지만 14일에는 오오보리(大堀) 박사의 차로 그 내외와 우리 내외 네 사람이 떠났다.

 태풍이 오리라는 예보였지만 대단치는 않을 것이라 했고, 박사 내외가 차를 몰고 우리의 숙소까지 왔을 때는 햇볕도 있었다. 다섯 시 이십 분에 떠나서 두 시간쯤 지나니 번개 벼락과 함께 비가 차창을 두드렸다. 우박 같은 비라고 할까, 두드리는 소리가 요란했다. 그런 대로 높은 산 구불구불한 길을 더듬어 가면 삼십 분쯤 지나서는 길이 젖지도 않았다. 이러기를 네 번이나 해서 예정보다 늦게 열 시가 지나서야 그의 별장에 닿았다. 별장에는 외동딸과 손녀가 저녁상을 마련하고 기다리고 있었다. 차 안에서 내내 조촐한 음식을 먹으면서 왔기 때문에 시장하지는 않았으나 걱정은 내일 아침 일이었다. 성모 몽소승천 축일.

 올 때의 속셈으로는 가루이자와의 화려한 밤거리를 거닐면서 성당 자리를 알아두었다가 내일 새벽에 슬그머니 빠져나가려고 했던 것이다. 도대체 그 고장 사람들은 잠꾸러기들이기 때문이다.

 가루이자와는 비가 오지 않았고 땅이 젖지도 않았다. 그러나 열

시가 지났고 아까 지나온 불빛 화려한 거리에는 벌써 사람이 드문 드문 했으니, 지금 밤거리 산보를 나가자고는 말할 수 없는 형편이 된 것이다.

부인이 새로 마개를 따준 산토리 로열의 하이볼을 마시며 나는 물었다.

"성당이 어디쯤 되죠? 먼가요?"

그러자 오오보리 박사가 크게 웃으며,

"그게 걱정이셨군. 염려 마세요. 딸이 모시고 갈 겁니다. 딸이 영세했답니다. 손녀도 했고. 아주 열심이랍니다."

시큼한 전류가 머리에서 아래로 달리는 것 같았다. 오오보리 박사는 내 젊어서 일본에 있을 때의 말하자면 주치의였다. 어느 겨울에 스키 여행을 초대했을 때에, 오오보리 박사는 어린 딸을 데리고 왔었다. 그 딸이 지금은 그 시절의 자기만 한 딸을 데리고 있고, 모녀가 영세를 했다는 것이다.

자연히 이야기는 이십 년 전을 오르내리며 가톨릭 교리에 번지고, 거의 두 시나 되어서 잠자리에 들었는데, 새벽 여섯 시에는 딸과 손녀가 먼저 서둘렀다. 딸이 운전하는 자동차로 성당에 갔다. 목조 건물 단층집이지만 격조 있는 아담하고 본때 있는 성당이었다. 마당에는 내 본명 성인 프란체스코의 조각이 있었다.

『성(聖) 마리아 피승천(被昇天) 대축일(大祝日)』이라는 팸플릿은 누구나 집을 수 있도록 마련되어 있었지만 치장은 아무것도 없었고 남녀 교우 합해서 백 명이 못 되었다.

이렇게 피서지로 놀러 다니도록 스케줄이 짜여 있었기 때문에, 숙소라기보다도 짐을 맡기게 된 곳의 이웃에 성바오로 여자 수도원이 있었다. 사층에 자리 잡은 우리 방의 창으로 바라보면 바로 눈앞에 있는 그 수도원을 찾아가려면 큰길을 걸어서 십이 분은 걸렸다.

그 숙소에서 묵은 스무하루를 매일 아침 여섯 시 미사에 참례했다. 수녀님만 이백 명에 남자는 나 혼자인 날이 많았다.

서울을 떠날 때에 사베리오 수녀님과 돌로로사 수녀님의 부탁을 받은 일이 있었다.

사베리오 수녀님의 부탁은 서울에서 대세를 받고 별세한 분의 딸이 동경에 출가해 있는데, 교리를 배우고 싶어 하니 가르칠 사람을 소개해주고 오라는 것이었다. 나는 곧 그분에게 전화를 걸었다. 일본 말이 부족해서 일본 사람이나 책으로는 배울 수 없으며, 여덟 살짜리를 위로 조르륵 네 아이를 거느리고, 식모 없이 아파트에 산다는 것이었다. 좀 어려운 일에 틀림없었다. 나는 바오로 수도원 원장에게 그 일을 당부했다. 원장은 선뜻 받아들여주었다. 마침 한국에서 와 있는 수녀가 있다고 자랑삼아 웃으며 받아들여주었다.

돌로로사 수녀님의 부탁은 서울서 영세만 하고 부모님 따라 동경으로 건너간 고등학교 여학생이 있는데, 견진을 받았는지 신앙생활이 어떤지 알아보고 오라는 것이었다. 여학생의 집으로 엽서를 띄웠다. 여학생은 전화를 걸어왔다. 그리고 어느 날 찾아왔다. 돌로로사 수녀님께 보내드리려고 선물을 마련한 지도 오랬지만 편이 없어서 못 보냈는데 마침 잘 되었다고 생글생글 웃으며 내미는 길고 납작한 봉지는 칼라 30장이라고 했다. 견진은 받았느냐고 물었더니,

"받아야겠는데요, 내년이 대학이죠. 대학 입시 공부를 해야죠. 그렇지만 주일 미사에는 꼭 나가요. 주일 미사에 참례할 뿐이에요. 미사가 끝나면 누구 하나 아는 사람이 있어야죠. 모두 뿔뿔이 흩어져 가거든요. 하나도 아는 사람이 없어요. 신부님께 견진을 받아야겠으니 지도해달라고 했더니 공부해 오라고만 하세요. 고해성사를 보는 일은 힘드는 일이 아니에요? 며칠을 두고 생각해서 성사를 보면 '보속으로……'뿐이에요. 한마디도 가르쳐주시거나 타이르시는 말이 없어요. 어머니는 가끔 한국 교회(신교)에 나가시는데 우리나라 사람들만 모이는 교회 아니에요? 아주 즐겁대요…… 돌로로사 수녀님께는 정말……"

미안하다는지 죄송하다는지, 생글거리며 말을 맺지 않았다. 어느 날 새벽 미사가 끝나고 밖으로 나오니 바오로 수도원 원장 수녀님이 따라 나왔다. 키가 작고 예쁜 수녀님은, 그동안에 한국 수녀와 일본 수녀를 함께 보냈었다고 말하며 젊은 수녀를 소개했다.

"한국에서 온 수녀예요. 한국 말로 말씀하세요"

하며 원장은 안으로 사라졌다.

한국 수녀는 댓바람,

"안 되겠어요. 어린애가 넷인데 잠시도 떨어져 있지를 않아요. 조금도 시간을 낼 수가 없대요."

그러자 수녀가, 이백 명의 수녀가 줄을 지어 나오고 있고, 한국 수녀는,

"묵상 시간이에요."

하며 총총히 줄을 따라 걸어가는 것이었다.

여러 날이 지나 내일이면 귀국하게 된 날 새벽에 나는 원장 수녀님께 쪽지를 드렸다. '여러 날 신세를 졌지만 내일 귀국합니다'라는 쪽지였지만 원장 수녀님은 곧 밖으로 나왔다. 나는 인사를 마치고 말했다.

"어린애가 많아서 교리를 배울 시간이 없다는 것은 가엾은 일이 아니겠습니까? 한 사람의 영혼을 구한다는 일이 그리 쉬운 일이 아니겠지요. 제발 계속해서 수녀님을 보내주십시오. 일본 수녀님은 어린애들을 맡아서 돌봐주고 그동안 한국 수녀님은 부인에게 교리를 가르치도록 분부해주십시오."

"알았습니다. 알았습니다. 잘 알았습니다."

원장 수녀님은 키는 나보다 작지만 나를 내려다보듯이, 나를 대견하다는 듯이 상냥한 웃음을 띠며 말했다.

떠나는 날 아침에, 그 아침까지도 아침저녁으로 내가 읽던 우리말 미사 공과와 일본 말 주일 미사 책을 그 부인과 네 어린이의 어머니에게 우편으로 부쳤다. 그 부인은 내 이름을 모를 것이다.

일본에서는 어디를 가나 성당에 들어서서 한 무릎을 꿇는 풍속이 없어졌다. 전에는 성당에 들어서면 오른편 무릎을 꿇었고 감실 앞을 지날 때면 또 그렇게들 했었는데, 그것이 이 년 동안에 싹 없어졌다. 나는 어느 성당에 갔을 때나 한 무릎을 꿇는 그대로를 했다. 영성체하고도 한 무릎을 꿇어 인사를 하고 물러났다. 우리나라 성당의 풍속이기 때문에 버릇이 되어 있기도 했지만, 우리들은 이렇게 하고 있다는 것을 보이고 싶은 생각도 없지 않았다. 그러나 그것은 생각하면 우스운 일에 틀림없었다. 우리나라 풍속은 아니기 때문이다. 다 알듯이 유럽의 중세기에 기사(騎士)들이 하던 인사범절이다.

우리나라 성당에서 그것을 '장궤'라고 한다지만 장궤란 말은 우리나라 말이 아니다. 크고 긴 궤짝이란 말이 아니면 중국 말로 주인이라든지 부자라는 말로 우리들이 흔히 쓰는 말일 뿐이다.

성당에서 그 짓을 그럴 듯이 하는 사람은 극히 드물다. 어색하기 짝이 없어서 웃음이 터져 나오지 않으면 눈물이 날 지경으로 그 꼴이 보기에 슬픈 때가 많았다. 처음으로 보는 사람은 익살이라고 비웃는 사람도 있었다. 솔직히 말해서 우리 몸에 배이지 않은 인사범절이라고 할 것이다. 그렇게 해야만 천주님이나 예수 그리스도가 우리의 가련한 경의를 알아주시는 것이라고 장담할 사람은 없을 것이다.

일본 사람들은 그것을 졸업하고 주체성을 찾은 것이라고 할 것이다. 아버지에게나 높은 분에게 가장 극진한 경의를 표할 때에 쓰는 범절을 그대로 쓰기로 한 것이다. 머리를 숙이고 허리를 구부려 직각을 이루는 말하자면 최경례를 하는 것이었다. 남자가 그렇게 해도 할머니가 그렇게 해도 수녀들이 그렇게 해도 경(輕)하게 보이거나 불손하게 보이거나 불쾌하게 보이지는 않았다. 멀고 먼 유럽의 남의 나라도 옛날의 풍속을 입내 내는 어색함보다 제 나라 조상 때부터 내려오는 범절로 경의를 표하기로 한 깔끔함에 놀랐다고 하겠다.

미사 때에 주고받는 말이 한결같이 현대어로 항용 쓰는 존댓말을 간결하게 쓰기로 되어 있어서 어디까지나 직접 가슴에 부딪치고 간

격이 없고 친밀감이 있었다.

"주께 감사" "주께 영광" "그리스도께 찬미", 이렇게 간결한 약호 같은 말로 신자들이 대답하고 있었지만, "천주께 감사하나이다" "주께 영광이 있어지이다" "그리스도여, 주께 찬미가 있어지이다" 따위 '나이다, 지이다'보다 경하게 들리거나 불손하게 들리지는 않았다.

현대화는 미사 전례(典禮)까지도 간략하게 하도록 요청되고 있는데, 우리들의 말은 왜 그토록 말마디를 길게 쓰지 않으면 안 되는지 모를 일이라고 생각했다.

귀국한 날 저녁 미사에 참례했더니 그동안에 새로 생긴 길고 긴 기도문을 신부님 혼자 읽고 신자들은 무어라고 청승맞게 대꾸하기를 ("주여 우리를 빎을 들어 허락하소서") 여러 차례 하기에, 이건 또 무엇인가 했더니 '공의회를 위한 신자들의 기도'라는 것이었다.

벌써 육 년 전이 되나 보다. 1959년에 '공의회를 위한 기구문'이 발표 되었을 때에 나는 그 기구문이 썩 잘된 것이라고 생각했고, 마음에 들었기 때문에 곧 외우고 미사 때는 물론 집이나 길에서도 가끔 그것을 외웠었는데, 그것을 육 년이 지나서 더욱 길고 길게 풀어 엮는 것 같았다. 물론 일본서는 듣지 못한 일이다.

어쨌든 그들은 신자들에게 짐을 많이 주려고 하지 않는다. 될 수 있는 극한까지 짐을 덜어주려고 애쓰고 있고, 미사에 참례하는 시간을 즐겁게, 거룩한 즐거움에 함빡 젖게 해주려고 애쓰고 있는 것 같았다. 한번 기웃해본 사람이 다음 주일을 기다리게 되도록 즐겁게 해주려고 애쓰고 있는 것 같았다.

성가를 한다고 해서 장단도 고저도 분간 못하는 사람들까지 들끓게 하면 거룩한 즐거움커녕 온 신경이 상하게 되는 지극히 마음 괴로운 시간을 마련하게 된다는 사실을 좀 알아주어야 할 것 같다. 영성체하는 시간에는 조용한 성가가 어디선가 들려오고 있었는데, 머리 숙이고 합장하고 나오는 데 어울리는 것 같았다. 수도원에서는 합장하고 걸어가는 수녀들까지 모두 합창을 했다. 극히 낮은 소리로 그러나 아주 즐거운 노래를 낮은 소리로 부른다기보다 외우고 있었다.

우리들의 주일 미사를 꾸지람 듣는 시간, 닦달 받는 시간이라고 말하는 사람이 많았던 것을 생각하지 않을 수 없었다.

(『가톨릭 청년』 1965년 19권 12호)

한일수교(韓日修交), 내가 보는 문제점

한일협정(韓日協定)을 둘러싼 데모 바람이 가시지 않은 지난 8월 6일 다시 몇 해 만에 일본엘 갔다가 9월 15일에 돌아왔다. 내가 떠나기 전날 밤 동경에 있는 일본인 구우(舊友)들이 간단한 송별연(送別宴)을 베풀어주었다. 그 자리에는 일본의 작가 곤 히데미(今日出海) 씨가 함께 있었다.

곤(今) 씨는 그때 막 한국엘 다녀온 후였다. 그는 9월 10일 서울에 와서 이틀 밤을 묵고 돌아갔던 것이다.

그는 한국에서 사흘을 지내는 동안, 많은 한국의 정객(政客)이며 학생들을 만났었다. 그런데 그가 놀란 것은 아직도 한국의 많은 사람들이 혹시 일본에 다시 먹히지나 않는가, 하는 위구(危懼) 같은 것을 가지고 있는 일이었다고 하였다.

마침 조금 전에 그는 NHK에서 사토(佐藤) 일본 수상, 교토 대학(京都大學) 교수인 이노키 마사미치(猪木正道) 씨와 함께 한일 문제에 대한 정담(鼎談)의 녹음을 마치고 온 길이었다. 그리고 그 정담은 NHK 텔레비전과 라디오로 동시에 한 시간 동안 방송되고 있었다.

그러므로 우리는 송별회 자리에서 같이 술을 마시며 텔레비전을 통해 그 방송을 시청하였다.

그때 곤 씨는 일부러 다녀간 한국에서의 감상은 덮어두고 일본이 가져야 할 자세에 치중하여 말했으며, 그럴 때마다 사토 수상은 눈을 굴리면서 "그렇군요. 명심하겠습니다" 하고 응답하였다.

"종전(終戰) 후 이십 년이 지났고 일한교섭(日韓交涉)에 십사 년이 걸렸다. 그리고 당신은 이 일한 문제의 교섭을 위해 대단히 노력했다고 생각할 것이다. 그러나 삼십육 년이라는 긴 기간을 억압당한 그 기억이 결코 쉽게는 가셔지지 않는 사람들이 있다는 것을 아는가. 경제협력도 좋고 무상원조도 좋은 일이다. 하지만 당신이나 정부에서 구상하는 좋은 계획이 실천되기 이전에 '야미야(암거래꾼)'가 먼저 한국에 들어가서 총리인 당신도 원치 않고, 일본 정부도 생각지 않으며, 한국에서도 원치 않는 일을 하는 경우가 반드시 있으리라는 것을 당신은 생각하여야 된다(이 말에는 이노키 교수도 진지하게 동조하였다). 일본 측의 대한(對韓) 경제협력은 일본 상사(商社)나 상인의 이익보다는 정말로 한국의 경제부흥에 필요한 것을 한국 위주로 해야 할 것이며, 무엇이든지 한국이 요구하는 것을 원조하도록 해야 할 것이다······"

이런 뜻의 곤 씨의 말에 사토 수상은 "그거 참 옳은 말이다. 명심해야 하겠다"고 답변을 하는 것이었다.

이것은 한 가지 예이지만, 내가 이야기하고 싶은 것은 일본인 중에는 이와 같은 선의(善意)의 사람들도 있다는 사실이다.

반면에 곤 씨가 지적한바 '야미야' 같은 악의(惡意)의 장사치들도 수없이 있다.

그런데 그런 악의의 사람은 일본인뿐 아니라 우리 한국인에게도 또한 많은 것이 사실이다. 정부가 아무리 법으로 묶어놓고 행정력으로 감시하여도 탈출구는 얼마든지 있는 것이다. 한국의 기업인이 자기의 공장이나 회사 등을 비밀리에 일본 상사에 저당하여 명색은 정당하게 일본의 기계나 원자재를 들여오고 결국 공장이나 회사가 일본인의 것이 된다면 그것은 그 공장이나 회사가 그들에게 먹히는 것이 아니라 바로 한국의 일부가 침략당하는 결과가 될 것이다. 이 사실만은 한국 정부나 기업인이나 국민 각자가 다 뚜렷이 자각해야 할 일이다.

아울러 소상인(小商人)이나 '야미야' 같은 악의의 사람들이 아닌 곤 히데미 씨와 같은 선의의 인사들의 교류가 더욱 많아짐으로써 한일 간의 이해도가 더 높아졌으면 하고 바란다.

현재 일본 문학작품이 한국에서 많이 번역 출판되고 있으나 그것은 거의가 다 좋은 문학이 아니다. 막연히 문화 교류 운운하지만 한국의 왕성한 신문학(新文學)에 대한 지식을 지금 일본인들은 거의 갖고 있지 않다고 해도 과언이 아니다. 일본은 먼저 한국 현대문학을 통해서 우리 3천만이 무엇을 생각하고 있는가를 알려고 해야 하지 않을까. 싫든 좋든 간에 이제 한일국교(韓日國交)는 틔어졌다. 길의 실마리가 트인 이상 한국인이나 일본인이나가 다 서로 후대(後代)의 자손들에게 과히 욕이나 안 당할 수교의 길을 밝게 열어 나가야 할 것이다. 더구나 곧 밝을 새해는 그러한 좋은 출발점이 되었으면 하는 생각이 간절하다.

(『조선일보』 1965년 12월 25일)

동안(童顔)에 어린 명암(明暗)

 지난해의 중학교 입학시험에 억울하게 떨어진 머리 좋은 우리나라 어린이가 많았다. 억울하게 떨어졌다는 사실은 당시의 신문에 여러 날이 아니라 여러 달에 걸쳐 많은 사람—학부형뿐만 아니라 이해관계가 전혀 없는 사회 인사들—의 증언도 많았기에 다시 되풀이할 필요를 꼭 느끼지는 않으나, 다음과 같은 사실이었다는 것을 말하고자 한다.

 눈빛도 희고
 달빛도 희고
 마음도 그림 같고
 눈빛도 화안하고

 ㉤누가 이런 그림 속에
 나를 그려놓았나?

 ㉤을, 물음표가 필요 없는 글로 바꾸어보았다. '같은 뜻으로' 가장 '잘 표현된' 것은 어느 것인가?

 ① 하얀 그림 속에 외로이 서 있구나.

② 모든 것이 그림같이 흐릿하구나.
③ 한 폭의 그림같이 아름답구나.
④ 화안하고 그림 같고 아름답구나.

　이것이 중학 입시 문제 국어 25의 2점짜리였다.
　정답은 ③이라는 것이었다.
　문제 자체가 애매한 것은 물론이지만 아무리 생각해도 ③이 반드시 정답이랄 수는 없다. 차라리 ①이 가깝다고 주장한 글이 많이 발표되었다.
　'마음'은 '마을'의 오자(誤字)가 분명하다.
　그러나 출제 측은 어디까지나 ③이 정답이요, '마음'은 오자가 아니라고 주장하고 있다. 출제자의 권위를 세운다는 생각일는지 모르나 권위를 인정받기는 어려울 것이다.
　오히려 ①에 찍어서 낙제한 학생을 한글을 바로 익힌 수재라 해야겠고, 출제자는 어린 학생들보다 한글을 모르는 사람이라고 딱지를 붙이면 그만일지 모르나, 그러나 그것으로 낙제라는 딱지를 받고 일 년을 늦춰야 하는 이 나라 수재들의 장래를 생각해줄 진정한 애국적 교육자는 없을까?
　날이 가고 달이 바뀌어도 견딜 수 없는 1964년의 또 하나의 울분이다.

　이상은 당시 『동아일보』에 「낙제(落第)한 수재(秀才)」라는 제목으로 발표했던 졸문이다.

이런 '중학교 입시 문제 미스 사건'으로 해서 신문에 발표된 글은 많았다. 출제 미스는 국어 25뿐이 아니었다. 분명치 않고 아리송한 문제가 또 두 가지 있었다.

국어 25만 가지고 이야기하더라도 이것이 2점짜리인데 이 한 문제만 가지고 1점 차로 불합격될 수험생의 학부형은 법원에 고소를 제기했다. 한두 사람 아닌 많은 사람들이 피해자였기 때문이다.

피해자 학부형은 모교 교사는 물론, 저명한 국어 학자와 동시인(童詩人), 교육자들에게 문의한 결과 과연 억울하게 되었다는 확증을 얻었기 때문이다. 나도 '마음'은 '마을'의 오자이며, ③만이 정답일 수 없고 오히려 ①이 '같은 뜻으로' 가장 '잘 표현된' 것이라고 말했다.

법원이 그 후에 이 문제를 진정한 우리나라 국어교육을 열망하는 사람들과 그 앞날이 잘 되기만을 바라는 아동들을 거느린 부모들의 마음에, 충분히 납득할 만한 판결을 해줬다는 소식을 나는 아직 듣지 못했다.

제대로 먹고 자지도 못하며 과중한 입시 공부를 한 보람도 없이, 「낙제한 수재」들은 몇몇 사람들의 그릇된 출제 때문에 희생만 당하고 만 꼴이다. 잘못한 사람들은 따로 있는데 엉뚱한 학생들만 희생 당한 대서야 아무리 출제 측이 변명을 해봐도 잘했다는 사람은 아마 세상에 없을 것이다.

뒤늦게라도 잘못된 것이 판명되었으면 깨끗이 잘못을 인정하고 바로잡는 것이 도리다. 뒤에 가서 잘못을 인정하면 그다음에 올 사무상의 혼잡을 염려하는 사람이 혹 있을지 모르나, 그처럼 어리석고 얼빠진 생각은 없을 것이다. 사실을 바로잡기 위한 혼란은 마땅히 감내해야 될 일이며, 회피하는 것만이 능사는 아니다. 더욱이 그 문제가 죄 없는 어린 싹들의 큰 불행이 될는지도 모를 일에 있어서이랴! 권위는 덮어놓고 우긴다고 올라가는 것도 아니며, 입시 문제의 정답표가 운동 경기의 심판관이 내린 판정과 같은 것으로 착각한다면 그것은 매우 위험한 사고방식일 뿐이다.

출제든 정답표든 틀린 것이 발견되었을 때는 고쳐라.

온 국민이 항상 깊은 관심을 가지고 있는 중학 입시 문제에 틀린 것이 발견되어도 출제자 측이 맞았다고 우기기만 한다면, 뒤늦게라도 사실을 바로잡으려고는 하지 않고 구차스레 변명만 늘어놓는다면, 어떻게 어린이를 거느린 부모들이 마음을 놓을 수가 있단 말인가. 부모들은 자기의 자녀들을 입시지옥에서 구출할 생각을 할 수가 없을 것이다. 자녀가 아무리 공부를 열심히 해도 미흡하고 믿을 수가 없겠기 때문이다. 잠을 안 자고, 제대로 먹지도 못하며 공부에 공부를 해도 부모들은 쉬어보라는 말 대신에 더욱더 열심히 하라는 채찍의 말밖에는 할 수가 없을 것이다.

이렇게 노력한 뒤에 남는 것은 과연 무엇일까? 애매한 시험문제에 부닥쳐 할 일 없이 떨어지는 실력과 체위의 저하뿐이라는 것을 생각하면 오로지 안타까운 마음뿐이다.

해마다 춘궁기(春窮期)의 무렵이면 신문들은 지방 농민들의 말이 아닌 생활고(生活苦)를 소개해준다. 올해도 모 신문에서 대대적으로 농민들의 가난을 르포로 실었다. 그 기사 중에는 다음과 같은 글이

나온다.

    6학년 1반 75명 중 도시락 가져온 아이 5명. 집에 가서 먹고 오는 아이 15명. 모두 점심을 먹는 아이 20명.
    6학년 2반. 도시락 싸온 아이 단 2명. 집에서 먹고 오는 아이 7명. 여기도 총 학생 수는 75명.
    6학년 3반 역시 75명 가운데 도시락 먹는 아이 19명. 집에 가서 먹고 오는 아이 10명. 그러니까 225명의 아이들 가운데 점심을 먹는 아이는 58명. ……운운.

  신문에는 또 한 반에서 단둘만이 점심을 먹고 있는 사진을 크게 게재하고 있었다.
  점심을 먹는 애도 먹지 않는 애도 모두 괴롭기는 마찬가지일 것이다. 아무리 무감각한 인간일지라도 이런 조건하에서 교단에 서는 입장이 된다면, 어떻게 하는 것이 이들에게 참된 교육이 되는 것인지를 회의하지 않을 수 없을 것이다.
  이런 딱하고 비참한 기사가 나온 지 불과 며칠 후 신문지상에는 결식아동용 밀가루를 대적적으로 횡령해먹은 부정 사건이 보도되었다. 웬만한 부정과 횡령에는 별반 놀라지도 않게 된 우리들에게 이 사건은 매우 큰 충격을 주었다. 게다가 이 부정 업체에 대해 시교위(市教委)에서는 결식아동들에게 싼 값으로 급식케 했다고 감사장까지 수여했다니, 어안이 벙벙할 뿐이다. 제발 횡령을 해먹어도 가려가면서 해먹으라고 당부하고 싶은 마음이 든다. 영양실조에 걸려 허약한 아동들의 피까지 긁어먹는대서야 좀 너무하지 않은가. 우리 아이들의 장래는? 이렇게 자문해보면 아니 슬퍼질 수가 없다.

　우리나라의 어린이는 시험과 영양실조의 그늘에서 주름살을 제대로 펴지 못하고 자라왔다. 게다가 요즈음은 소위 치맛바람의 노리개 역할까지 담당해야 되니, 그들이 감당해야 할 짐은 아무리 생각해도 너무나 무거울 뿐이다. 신학기만 되면 늘 말썽을 불러일으키는 자모(姉母)들의 치맛바람은 금년도 예외는 아닌 모양이다. 거의 매년 신문에서는 치맛바람의 횡포와 당로자(當路者)들의 일벌백계주의(一罰百戒主義)의 경고가 동시에 게재되어도, 아직 이 폐풍은 없어지지 않고 그대로 온존해 오니, 이제는 시비를 따지는 것이 옹색스런 몰골만 같다. 그러나 일부 몰지각한 자모들의 허영심이 신성한 학원을 좀먹는 것은 큰일 났다고 한탄만 할 문제가 아니다. 참고삼아 금년 3월 23일자 모 일간지에 게재된 기사를 이용해보겠다. 우선 신문을 펴들면 눈으로 들어오는 제목서부터,

　　「치맛바람, 강매(强賣)바람」「아동도 울고, 부형도 울고」「비난 드높은 초등학교 주변」「자모회(姉母會) 꾸며 환영비, 사례비 명목으로 거둬」「매월 담임에 2만 원씩」「20원짜리 학습장을 50원에」

　다음은 기사 중에서 몇 줄,

　　……그러나 모금의 주동 역할을 하는 몇몇 자모(주로 대의원)들을 빼

고는 돈을 내는 학부형들도 "울며 겨자 먹기로 돈을 낼 수밖에 없다"고 한탄하고 있으며 모금 대상이 안 되는 중류 이하의 자모들은 그들대로 "일종의 열등감을 느끼게 된다"면서 이 같은 "정상적 사제 관계를 벗어난 행동들은 뿌리 뽑아야 한다"고 입을 모았다.

이들은 모금한 돈을 담임교사에게 넘길 때는 돈을 낸 학부형들의 이름과 금액을 적은 명단도 함께 주는 게 상례이기 때문에 "자연 돈을 낸 학부형과 안 낸 학부형들의 자제에 대한 교육상 차별 대우를 초래하게 된다"고 우려하고 있다.

이런 상황에서 배우고 자라는 어린이가 어떻게 될 것인지를 생각하면 암담해진다. 이렇듯 극성을 부려야 소기의 목적을 달성하는 교육은 교육이 아닐 것이다. 우리나라의 국민소득이 어느 정도가 되는가를 생각하고, 제발 이런 망동(妄動)은 삼가주었으면 한다. 일부 유한층(有閑層)에서 조금의 돈의 여유가 있다고 이따위 처사를 일삼는다면, 우선 그 피해가 자신들이 거느릴 자녀에게도 제일 먼저 간다는 사실을 항상 명심하기 바란다. 교육의 성과가 자기가 거느린 자녀에게 쓴 교육비의 다과(多寡)에 좌우된다고 생각하면 큰 착각이다. 설사 당장에는 효험이 있을지 모르나 그것은 절대로 효험이 아니다. 조금만 사려 깊은 사람이라면 너무나도 명백히 알 노릇이다. 설사 이런 식으로 통신부에 기재되는 점수가 월등하게 나왔다 하더라도, 별로 대수로울 것도 없으며 그것은 그때뿐이다.

험난한 인생의 길을 건강하게 살아 나가는 밑거름이 될 꿋꿋한 인격과 의지의 형성을 아동들에게서 진정으로 바란다면 이런 염치

없는 짓들은 그만두어주기 바란다. 자녀를 귀여워하고 올바르게 교육한다는 것과, 나 어린 인간을 통한 금력(金力)의 시위나, 과대한 낭비와는 구별되어야 한다. 우리나라가 부자의 나라가 아님은 자랑스러울 것은 없으나, 수치스러운 것은 아니다. 가뜩이나 가난한 살림 속에서 교육하는 것부터가 힘에 겨운 노릇인데, 감수성이 예민하고 판단 기능이 나약한 어린이들에게 이런 몰지각한 처사로 하여, 이에 하나라도 황금만능의 폐풍이 조장된다면, 이것은 어느 개인이나 교육상의 손실 정도가 아니라 국가 장래의 커다란 손실인 것이다.

  나는 너무나 우리 주변의 암울한 면만을 찾아 열을 올린 것 같다. 그러나 아무리 실망스런 일이 많다 하더라도 자라나는 이 땅의 아이들을 보는 것은 커다란 기쁨이요 희망이 아닐 수 없다. 우리는 하루 빨리 이들을 상급 학교 입시만을 위한 악순환의 교육에서 구출해야 한다. 어려움의 속에서도 비굴해지지 않는 꿋꿋한 기상을 길러주어야 한다. 이웃을 사랑하고 굽힐 줄 모르는 백절불굴의 정신을 불어넣어주어야 한다.
  다난한 세월 속에서 악(惡)에 물들지 않고 꿋꿋하게 옳은 것만을 향해 가는 고귀한 이들의 영혼을 우리는 보호해야 한다. 이들의 건전한 성장만이 다난한 이 나라의 앞날의 희망인 까닭이다.

(『사상계』 1965년 5월)

넓은 교양의 지침서
— 신태민 저, 『에티켓 선생』

　매일 아침 여덟 시 오 분이 되면 라디오가 부드럽고 매력적이고 포근히 감싸며 타일러주는 것같이 속삭이는 '에티켓 선생'을 듣기를 즐겨왔다. 그것이 벌써 삼 년 동안이나 계속되어왔다고 한다.
　처음 새로운 프로를 들었을 때는 '이건 또 뭐냐?' 잘못된 일을 가르치지나 않을까 하는 의구와, 여차하면 따져볼 양으로 귀를 기울였다고 해도 옳다. 그러던 것이 잘못 가르치는 일이라고는 거의 없어서 마음놓고 남에게도 듣기를 권하기까지 했다.
　그것을 언론계의 중진인 신태민(申泰旼) 씨가 집필했다는 사실은 이번에 두툼한 두 권의 아담한 책으로 출판되어서야 비로소 알았다. 높고 넓은 교양을 지닌 분으로 세상이 다 아는 분이니 잘못 가르치거나 서투른 일을 할 까닭이 없다.
　'에티켓'이란 그저 예의범절이다. 상주좌와(常住坐臥), 앉거나 서거나 걷거나 그것이 긴요한 것이다. 옛날에는 국민학교와 중학교에서 그것을 가르쳤는데, 요즘 세상에는 거의 없다. 그렇다고 바쁜 부모가 가르칠 시간도 없다.
　복잡해진 사회생활을 위해서는 부모도 새로 익혀야 할 에티켓이 허다하다. 모든 가정이 이 책에서와 같은 에티켓을 익히며 자녀에게도 가르치면 세상살이는 한결 밝아지고 부모에게도 돌아오는 즐거움이 있을 것 같다.

(『조선일보』 1966년 3월 22일)

생활의 여유

　전주에 놀러갔을 때에 그 고장 사람이 그 고장 자랑을 늘어놓는 것을 들으면서 나는 슬그머니 내 고향 개성을 생각했었다.
　전주에 있는 다가공원(多佳公園)이라는 높은 언덕 위에 올라가서 거리를 내려다보며, "보십시오, 집집의 안마당을 보세요. 아주 작은, 형편없는 집이라도, 손바닥만 한 마당에 나무가 서 있습니다. 상록수가 아니라도 어쨌든지 나무가 있습니다. 마당에 나무를 기르는 것, 이것이 전주의 자랑입니다. 여름에 여기 올라와서 내려다보면 집집의 지붕보다도 온 장안이 온통 푸른 나뭇잎으로 덮여서 사뭇 공원 같습니다. 온 장안이 하나의 큰 공원을 이루는 것입니다. 그리고 또 자랑할 만한 것은 가야금 없는 집이 없을 것입니다. 음률을 좋아해서 거문고 아니면 가야금을 즐기는 것입니다. 또 자랑할 수 있는 일은 서도(書道)가 성하다는 것입니다. 글씨 말입니다. 좀 한가한 시간이 있으면 먹을 갈아서 글씨를 쓰고 배우는 일입니다. 그림을 그리는 사람도 많습니다. 남자만 그런 것이 아닙니다. 부인네도 살림이 고달파도 고달플수록 시름을 달래기 위해서도 잠깐 틈을 타서 서화(書畵)를 즐기는 것입니다……" 이쯤 자랑을 늘어놓으니 내 고향 개성 생각이 아니 날 수가 없었다. 배알이 틀려서가 아니다.

개성은 집집에 화단(花壇)이 있다. 꽃밭은 아니다. 화계석(花階石)이다. 꽃분을 늘어놓는 돌상이 두 단짜리나 세 단짜리, 어떤 집에든지 있다. 초가삼간, 손바닥만 한 마당 아닌 마당에도 화계석 없는 집은 없다.

화강석으로 다룬 다리가 있고, 그 위에 평상 꼴의 돌이 놓인 것이다. 그 위에 갖가지 꽃분을 늘어놓고 기르며 즐기는 것이다.

초가 삼 간짜리 집에 마련된 화계석도 이사할 때에는 옮겨가기 마련이다. 이삿짐 중에 가장 무겁고 거추장스런 돌을 반드시 옮겨가는 것이다. 신통치도 않은 돌일는지 모르지만 오랜 세월 바라보며 즐기고 손때 묻고 정든 돌이기 때문이리라. 어쩌면 아버지 어머니 할아버지 할머니 더 올라가서 조상이 아끼던 돌일 수도 있기 때문이다.

그 위에는 넉넉한 집안에는 값나가는 좋은 꽃분이 있겠지만, 그렇지 못한 집에서는 하다못해 석류나무 치자나무 천도복숭아나무 따위라도 놓여 있는 것이다.

개성에는 생과부 집이 많았었다. 남편이 먼 곳으로 돈 벌러 나가고 8월 추석과 설에 단 며칠을 다녀가는 생과부 집이 많았었다.

그런 집의 살림은 헛간에 돼지를 기르거나 두부나 묵을 만들거나 콩나물을 길러서 시장에 넘기는 고된 살림이 많았지만, 그런 집에도 꽃분과 화계석은 반드시 있었다. 오래간만에 돌아올 남편을 위해서이기도 하겠지만, 스스로의 시름을 달래기 위해서이기도 하며, 먼 조상 때부터 이어 내려오는 습관, 풍속, 버릇이 된 것이기도 하다.

풍속이나 버릇이 되어 있다고 해서 꽃분 다루기가 쉬운 일은 아니다. 손이 많이 가는 일이다. 화계석 위에 늘어놓고 볼 때에도 손이 많이 가지만 내놓지 못할 때도 있으니, 엄동설한에는 방에 들여놓거나 움에 넣어두기도 해야 한다. 겨울 간수를 잘못했다가는 봄에 화계석이 빈자리가 될 것이다.

봄에 싱싱한 꽃분을 내놓기 위해서는 겨울 간수를 잘해야 하고 좋은 꽃을 보기 위해서는 내놓은 후에도 손이 많이 가야 할 것이지만, 살림에 고달프디고달픈 사람들이 그 짓을 하고 있는 것이다. 고달픔을 즐거움으로 바꿔 얻기 위해서 참을성을 또 달게 발휘하는 것이다.

참을성은 마음을 가라앉히지 않으면 안 된다. 잎에 앉은 먼지를 떨어주거나 벌레나 진딧물을 잡아주는 작은 일은 마음을 차분히 가라앉히지 않고서는 될 일이 아니다.

차분히 가라앉은 마음으로 꽃나무를 가꾸는 시간, 손끝은 나무에 있지만 마음은 살림살이의 고달픔을 깡그리 잊고 희망과 기대에 흐뭇함을 느껴 아무도 모르는 웃음을 짓기가 예사다. 어떤 희망 어떤 기대라고 아무도 꼬집어 말할 수 없는 흐뭇함이야말로 온갖 시름을 잊게 하며 참된 희망 참된 기대로 옮을 수도 있고, 내일을 밝게 해주는 큰 힘이 되기도 하는 것이다.

결코 헛된 시간이나 망령된 시간이 아니다. 까닭 없는 웃음을 지을 수 있는 시간이야말로 내일의 밝은 빛을 받는 가장 소중한 시간이라고 할 수 있을 것이다. 계산으로 따진다면 짜임새를 벗어난 공백이라고 하겠으나, 그 공백한 시간이 바로 새로운 힘을 돋워주는 보배로운 샘의 소임을 다하는 것이라고 할 것이다.

잃는 시간이나 죽은 시간일 수가 없다. 그런 시간이야말로 또 하나의 삶의 보람을 느끼는 시간이 되기도 하는 것이다. 배를 채우는 것으로만 살 수 있는 인생이 아니기 때문이다.

공장에서 일하고 집으로 돌아가는, 기름 묻은 작업복을 입은 사람이 거리에서 꽃분이나 꽃송이를 사 들고 가는 것을 볼 수 있다. 같은 값으로 고기나 찬거리를 사 들 수도 있겠지만, 꽃을 사는 속셈은 무엇인가. 집에 푸짐한 저녁상이 기다리고 있을 것 같지도 않은 그 사람의 모습을 볼 때에 오가는 사람의 마음마저 아늑하고 포근한 물결을 일게도 하거니와 집에 들어서서는 아내에게 이왕이면 고기를 사 오지 않았느냐고 핀잔을 받는다 하더라도 인생이 고기나 밥으로만 살 수 있는 것이 아니라는 증명을 보여주는 일이라 할 것이다.

그렇지 않고 별로 반찬도 없는 저녁상을 마련하고 기다리던 아내가 꽃을 보고 반겨하고 기름 묻은 작업복을 얼싸안는다면 이건 더욱이 인생은 입에 들어가는 것만으로 만족하는 것이 아니라는 증명이 될 것이다.

여유(餘裕)다.

각박한 살림일수록 작은 여유가 사람을 살리는 것이다.

작은 여유를 푸짐하게 느끼는 마음은 하늘에 통하는 마음이다. 각박한 현실을 잠깐 떠나서 하늘에 감사하는 마음이 그 속에 잔물결을 치고 있는 것이다.

하늘에 감사하는 마음에는 악(惡)의 유혹이 힘을 못 쓴다.

마음에 평화가 있고, 가정에 평화가 깃들고, 이웃을 괴롭히는 일이 없을 것이다.

내가 존경하는 사람은 세종조(世宗朝) 때에 좌의정을 지낸, 고불(古佛)이라는 아호(雅號)를 가진 맹사성(孟思誠)이라는 분이다. '맹고불' '맹정승'으로 많은 일화와 더불어 살아 있는 분이다.

정승을 지냈으니 얼마든지 긁어모아서 부귀영화를 누릴 수 있었겠지만, 그 높은 벼슬자리를 물러난 후에는 고향인 온양에 들어앉아 이런 시조를 읊은 것이 오늘까지도 빛나게 전해지고 있다. 「강호사시가(江湖四時歌)」라고 불리우는 것이다.

강호(江湖)에 봄이 드니 미친 흥이 절로 난다
탁료(濁醪) 계변(溪邊)에 금린어(錦鱗魚) 안주 삼고
이 몸이 한가하옴도 역군은(亦君恩)이샷다.

강호에 여름이 드니 초당(草堂)에 일이 없다
유신(有信)한 강파(江波)는 보내느니 바람이라
이 몸이 서늘하옴도 역군은이샷다.

강호에 가을이 드니 고기마다 살지것다
소정(小艇)에 그믈 실어 흘리 띄워 던져두고
이 몸이 소일(消日)하옴도 역군은이샷다.

강호에 겨울이 드니 눈 기피 자이 남다

삿갓 비껴 쓰고 누역으로 옷을 삼아
이 몸이 춥지 아님도 역군은이샷다.

"누역으로 옷을 삼아 이 몸이 춥지 아님도 역군은이샷다"라고 했다. 추우나 더우나, 따뜻하나 시원하나, 온통 임금의 은혜라고 했다. 그때는 임금이 하늘 같았을 것이다. 임금 군(君) 자는 '자네'나 '임'으로 바꿔 생각할 수 있다. 그것은 또 모든 이웃으로 번질 수 있고, 하늘로 통할 수 있다.

고달픈 살림 가운데 얻는 조그만 여유는 모든 존재에 감사하는 마음으로 번질 수 있고, 남에게 너그러울 수 있어 각박한 세상을 부드럽게 할 수 있다. 그러나 그보다도 내게 돌아오는 마음의 평화가 더 소중하고 보배로운 일이라고 할 것이다.

(『자유공론』 1966년 1권 1호)

이사기(移徙記)

1

3월 20일.

'이사(移徙)는 죽을 수에 하는 것이라는 속설이 있다'고 이사를 반대하는 말이 많았다.

나 역시 이사할 생각은 없었다. 그러나 아내와 아이들이 굳이 이사를 하자는 것이다. 따를 수밖에 없는 일이었다.

이십여 년을 살아도 수리라는 일을 해본 일 없으니 그만큼 마음에 들기도 했거니와, 비가 새는 일도 없으니 기둥 밑이 좀 썩어도 마루에 나자빠지면 대들보와 서까래와 그 새의 흰 회칠한 아름다움이 이래야만 집다운 집이라고 마음 흐뭇할 수 있었는데, 새로 갈 집은 소위 문화주택(文化住宅)이라고 했다.

집을 정하기 전에 보라는 것을 보지 않았다. 보나마나가 아니겠는가. 바람에 날아갈 듯한 얄팍한 판잣집이 아니겠는가. 삼 주일이 지나서 그것도 굳이 거절할 일도 아닌 것 같아 집 구경을 갔다. 그저 그렇다.

장미(薔薇)가 좋다고 자랑이다.

"노란 장미래요. 귀한 거래요."

일주일 후면 이사를 한다면서 누구 하나 짐을 꾸리지 않는다. 혼자서 책을 꾸리기 시작했다. 친구가 보다 못해 사람을 보내주어 척척 꾸려주었다.

이삿날은 책 꾸러미 하나도 짊어질 수 없는 약골들만 모여서 서성거리며 말만 많은데, 뜻밖에 나타난 요안이란 교우(教友)가 거든거든 날라주었다.

이웃집에서 점심을 교자상으로 차려 왔는데 요안 씨의 자취는 보이지 않고 약골들만 있었다.

아내가 그렇게 자랑하던 노란 장미는 없고 구덩이만 보였다. 집주인이 뽑아간 것이라고 했다.

2

4월 10일.

이웃집에서 파초(芭蕉) 뿌리를 가지고 와서 심어주었다. 환영의 뜻이다.

어떤 이웃은 장미나무라고 하며 나무깽이를 가지고 왔다. 마당에 꽂았다.

앵두화, 꽃핀 선인장, 영산홍도 들어왔다. 전에 살던 동네에서는 없던 일이다.

멀리 찾아오는 객은 성냥통과 양초를 들고 왔다. 마루에 그득히 쌓였다.

복실이는, "가게라도 하겠네요." 성냥과 양초로 가게를 벌일 수 있겠다고 했다. 언론은 자유다.

모처럼 다섯 친구가 날을 받아 찾아온 날은 전등이 꺼졌다. 양초는 많지만 동네 낯이 깎일 것 같아 마음이 졸였다. 들고 온 술과 안주를 다하도록 전등은 들어오지 않았다.

"그러면 그렇지, 전에 살던 동네와는 다를 겁니다."

낯이 뜨거웠다.

"아이갸, 불이 나갔네. 우야꼬?"

부엌에서 고함치는 복실의 소리도 귀에 거슬린다. 애는 말도 많다.

불원천리(不遠千里)는 아니지만 멀리서 찾아온 다섯 친구가 돌아갈 때까지 전등이 켜지지 않았다. 내려다보이는 미아리 고개는 불빛이 휘황하니, 꼴이 말이 아니다.

"아이갸, 물이 안 나오네. 우야꼬!"

복실의 고함에 놀라 깨어 나가보니 정말 수도가 안 나온다. 하루 종일 나오지 않는다. 내려다보이는 아랫동네는 공동수도 앞에 사람이 우글거리고 물통이 열을 짓고 있다.

"여기도 서울특별시 아닙니꺼?"

애는 말도 많다. 못된 백성이다.

3

그래도 그렇지 않아 알릴 만한 곳에는 알려야겠다고 이사 통지를 엽서로 몇 장 찍기로 했다. 통지를 받은 분이 혹 찾아오더라도 집 자리를 조금은 짐작이 갈 수 있도록 "개나리와 장미화가 있습니다" 하고 덧붙였다.

개나리는 겨우 봉오리 지고 있을 때였다. 나무만 보고 그렇게 덧붙였던 것인데, 개나리가 활짝 피고 보니 온 동네 집이 집집마다 담장 너머로 개나리꽃이다.

"개나리꽃 핀 집만 찾으면 될 줄 알고 왔는데, 이건 집집마다 개나리구료."

어처구니없는 웃음을 터뜨리는 친구가 많았다.

그렇기로 개나리 다음에는 라일락이 피고, 파초가 너울거리고, 옥잠화 잎이 쭉쭉 뻗어 나오고, 영산홍이 피고, 사철나무 새싹이 꽃같이 피니, 아침저녁으로 물 주는 시간을 아낄 수는 없었다.

아무리 하는 일이 없다 해도 아침저녁 근 한 시간씩 물만 뿌리고 있다는 일은 얼마 남지 않은 여생에 송구한 마음조차 없지 않다. 그러나 그들도 생명인데 하는 생각으로 거르거나 게으를 수는 없었다.

"봉오리 지기 전에 약을 뿌려주어야 합니다."
하면 약을 사다가 뿌려주었다.

"비료를 주어야 합니다. 닭똥이 제일입니다."
하면 닭똥을 사다가 묻어주었다.

드디어 장미꽃이 피기 시작했다. 제1호 백장미, 제2호 진홍, 제3호 이건 덩굴분홍이 화려강산(華麗江山)이다.

그러나 큼직한 꽃잎이 마당 그득히 떨어지니 이건 지저분하고 지저분해서 어떻게 해야 할는지를 모르겠다. 꽃조차 고맙지 않게 생각될 때가 있다.

4

　이사를 해놓고 보니 수리라는 것을 안 할 수 없었다.
　명륜동 집은 이십 년을 살면서도 해마다 손을 보아야 한다는 그 짓을 거의 해본 일이 없었지만, 이번에는 이사한 김에 시작해놓고 보니 일이 많았다.
　목수도 미장이도 칠공도 수도공도 번갈아 여러 날을 드나들었다. 모두 최고급 일류들이었다.
　"이것은 아무나 못합니다."
　아무나 못하는 어려운 일을 저만이 할 수 있다고 싱긋 웃어가며 말했다. 그렇도록 어려운 일인가 싶어 한동안 들여다보았다. 곧잘 하는 것 같았다. 그 사람의 말이 옳은가 보다고 생각했다. 석양배(夕陽盃)는 막걸리를 드려서는 무례할 것 같아 고급으로 대접했다.
　그러나 다음 날 온 사람도, 그다음 날 온 사람도 일을 하면서 똑같은 말을 했다.
　"이것은 아무나 못합니다."
　싱긋 웃는 것까지 한결같다. 방을 들인 데는 장판을 하고 여러 날을 두었다가 니스 칠을 하고 또 여러 날이 지나니 두 구석에 곰팡이가 꽃무늬를 놓는 것이다.

내가 제일이라던 솜씨가 당장에 뜯어 고쳐야만 할 판이 되었고, 목욕간(沐浴間)은 물을 뺄 때에 몸 씻는 곳으로 물이 들어와서 머리카락이랑 코풀어버린 것이 발에 엉기게 되고, 굴뚝으로 나가야 할 연기가 아궁이로 나와서 차마 눈을 뜰 수가 없으니 "이것은 아무나 못합니다" "나 아니면 안 된다"던 사람이 밉기 짝이 없다.

오래 살 생각을 안 하는 것이다. 선전보다 실지로 신임을 받아 오래도록 단골 될 생각을 해주었으면 하는 것이다.

5

이사를 하면 '집들이'라는 이름으로 손님과 친구를 청하는 풍속이 있는 것은 좋은 일이다. 격조했던 인사도 차릴 겸 집 자리라도 알아달라는 우리나라의 좋은 풍속이다.

다른 나라에도 있는 풍속이니, 그런 경우에 큰돈이 드는 것도 아니다. 간단한 음식을 장만하고 찾아온 손님에게 "이 방이 내 방이죠. 이게 아내의 방, 이게 누구의 방, 이게 욕실, 이게 무엇" 하면서 집 자랑을 하고 한잔 권하는 일이 부럽지 않은 것도 아니지만, 이번에 내가 이사한 집이란 골목으로 들어서서 층층대를 올라서서 납작한 대문을 열고 들어서면 마루만 넓어서 신을 벗고 올라설 것도 없이 일목이 요연한 A형인가 B형인가 하는 판에 박은 설계의 집인 데다가, 미아리 넓은 길에서부터 집까지의 길이 말씀 아닌 좁은 길이라 내가 택시를 디밀지 못하는 형편이다.

이사 올 때에 혼이 났다. 트럭이 찡찡거리고 운전사가 찡찡거리고, 좁디좁은 길 복판에는 웬 전선주(電線柱)가 우뚝 버티어 서서 길을 막고 있으니, 고고학적(考古學的)으로 요긴한 존재인지는 모르나 교통에는 장애가 아닐 수 없다.

만만일(萬萬一)에 이곳 어느 집에서 화재라도 일어난다면 소방차 구경도 못하고 수백 호가 서울특별시의 체면을 손상시킬 우려가 다분히 있는 것이다.

나는 나갈 때에 걸어 나가 '목다리'라는 곳에서부터 차를 타고, 돌아올 때도 목다리에서 내려 걸어 들어오지만, 어쩌다 손님이 차를 타고 찾아왔다가 돌아갈 때면 적어도 십 분은 하느님께 빈다. '제발 좌우의 가게 들이받지 말고, 사람 다치지 말고, 무사히 통과하게 해주십사' 하고.

그러나 이름은 좋아, '성북동 정릉1동'이다.

6

넓지 않은 마당 한가운데 조그만 연못이 있었다.

곡지(曲池)는 아니지만 양화가(洋畫家)가 쓰는 팔레트 형으로 되어 있는 것은 전에 살던 사람이 양화에 취미가 있었던가.

빨간 금붕어 일곱 마리를 사서 넣었다.

일곱 마리 중에도 지도자라는 것이 있는지 한 놈의 뒤를 여섯 마리가 졸졸 따라다니며 잘 놀고 있었다.

어느 날 찾아준 친구는 비닐봉지에 넣은 금붕어 여섯 마리를 주었다. 얼룩이와 눈이 튀어나온 딱부리 깜둥이 큰놈이었다. 빨강이와 희고 빨간 얼룩이와 시꺼먼 딱부리들이 이리 몰리고 저리 몰리며 신이 나서 놀고 있는 것같이 보였다.

이튿날 아침에 보니 제일 큰 깜둥이 딱부리의 툭 튀어나왔던 눈이 안 보인다. '금붕어의 눈 딱부리는 나왔다 들어갔다 하는 것일까.' 그쯤으로 생각했다.

며칠이 지나니 제일 큰 깜둥이 딱부리가 외딴 곳에 혼자 있는 것이 기운 없어 보였다. 들여다보니 비늘이 많이 떨어져 있었다. 다른 깜둥이와 얼룩이도 비늘 떨어진 놈이 많았다.

한참 들여다보았다.

원래 있던 빨간 금붕어 네 마리가 쏜살같이 나타나더니 기운 없이 떠 있는 깜둥이 딱부리의 눈을 쪼는 것이었다. 두 눈은 완전히 먹힌 것이었다.

이거 큰일 났다고 놀랄 사이도 없이 네 마리는 한데 뭉쳐 깜둥이를 등에 떠받들고 행진을 하는 것이다. 큰 깜둥이는 네 마리의 등에서 버둥거리고 헐떡거리고 축 늘어진 꼴이 말이 아니다.

여섯 마리를 별거시켰다. 양자택일을 강요당했는데 연민이 결정적 조건이 되지는 않았다.

7

이사 올 때에 가지고 온 화초(花草)는 단 두 분(盆)이었다. 겨우내 내 방 사방탁자 위에 올려놓고 추울세라 얼세라 고이고이 월동(越冬)시킨 양란(洋蘭)과 공작선인장(孔雀仙人掌), 극히 작은 것들이었다. 이사 온 후 며칠이 지나서 그 두 화분이 마당 가운데 연못가에서 얼어 죽은 것을 보았다. 이사 온 날이 따뜻해서 봄이 활짝 온 것으로 생각한 것이 잘못이었다.

봄이 온다는 일은 결코 평탄하기만 한 것이 아니어서, 하루 이틀 활짝 따뜻했다가는 갑자기 살을 저미는 추위가 몰아치기도 하기를 몇 번 거듭한다는 간단한 사실을 육십 년 겪어서 알면서도 막상 따뜻한 봄볕을 받으면 까맣게 잊기가 쉬웠던 것이다.

가엾은 것은 '제발!' 했던 화초라 할까. 새 집 화초밭이 심심치 않으니 골방 구석 탁자 위에서 기르던 작은 화분 두 개의 동사(凍死)를 아쉬워하는 마음이 오래 가지는 않았다.

이러구러 석 달이 지나니 장마철에 들었다. 파초 잎을 두드리는 빗소리에 귀를 기울이며 즐기던 것에 지쳐버리고, 비 그치기를 기다리던 차에 잠깐 갠 날 화초밭을 내다보고는 기겁을 했다. 온갖 화초가 자라고 새 가지를 뻗어서 하늘을 덮을 만큼 무성했기 때문이다. 파초는 새끼를 네 그루 쳤다. 맨드라미는 어린이 키만큼 자랐다. 담쟁이덩굴은 창을 덮으려 하고 있었다.

그 무성한 꼴을 보며 내 눈앞에는 겨울의 황량한 마당이 어리었다. 이내 가을, 그리고 찬바람이 몰아치면 그 모두가 사라지고, 지금은 그늘에 볼품도 없이 서 있는 사철나무 그루만이 푸를 것이 분명한 것이다.

(『조선일보』 1966년 6월 9일-7월 26일[7회 연재])

해설

아름다운 성사와 편편의 성찬

원종국(소설가)

    마해송은 아동문학가이다. 1923년 한국 최초의 창작동화 「바위나리와 아기별」을 개성에서 있었던 제2회 어린이날의 동화회에서 구연(口演)하고, 1926년 『어린이』에 게재한 이후 우리나라 아동문학의 새 지평을 연 것은 주지의 사실이다.[*] 그러나 1923년부터 사 년간 「복남이와 네 동무」 등 다섯 편의 동극을 발표했고, 1923년 수필 「설날」을 발표한 이래 1927년 「최촉(催促)」 등 여덟 편을 『송경학우회보』에 실었던 일은 크게 주목 받지 못했었다. 뿐만 아니라 이번에 '미발간 수필' 원고들을 찾아 전집에 수록하며 첫머리에 실린 「마음의 극장」은 그의 관심이 비단 동화 창작에만 있었던 것이 아님을 여실히 보여준다. 마해송의 본래 전공이 극문학(劇文學)이었

---

[*] 마해송은 1922년 연금(軟禁) 시절에 「바위나리와 아기별」을 쓰고, 『샛별』에 발표하고, 1926년 『어린이』 신년호에 '다시' 실었다고 밝혔다(「연금에서 빚어진 '바위나리와 아기별'」, 731쪽 참조). 그러나 안타깝게도 최초의 발표 지면으로 알려진 1923년 『샛별』의 보존된 실물은 아직까지 확인되지 못했다.

던 점을 생각하면 오히려 자연스러운 일이겠으나, 원고지 140여 매에 달하는 분량을 『조선일보』에 연재(1927. 6~1929. 10)하며 「모원(毛猿)」 등 일곱 편의 연극을 조국에 소개한 일은 그가 문화예술인·언론인·편집인으로서도 선구적인 활동을 펼쳤음을 증명한다.

 1927년 『송경학우회보』에 실린 여덟 편의 짤막한 수필들을 보면 스물두 살 청년 마해송의 당시 관심과 이후 행보의 단초를 읽을 수 있다. "잡지와 신문 등등이 항상 그 나라 문학을 생산하고 있다 한들, 욕될 일이 있으랴? 잡지와 신문 등등은, 읽히는 일보다 생산하는 큰 일이 있다"(「최촉(催促)」)는 말에서는 언론인·편집인으로서의 관심을, 「원숭이」 「재언」 「아동과 미신」 「아동·인간·위대」 등에서는 어린이의 인권에 대한 관심을 보여준다. 또 「나」를 통해서는 이런 모든 관심들이 조국을 향해 있음을 웅변하고 있다.

 「마음의 극장」을 쓰고 '마음의 유치원'을 꾸미고, 소설을 쓰고, 영화를 연구하고, 보모(保姆)를 걱정하고, 참여치 않는 곳이 없이 덥저거린다고 손가락질 말라! 마음의 나라 마음의 조선 나라가 나로 하여금 그러지 않고는 못 배기게 하는 것이니, 그런 사람이 어찌 나 하나뿐이며, 그런 사람이 반드시 무용지물(無用之物)일 리야 있을 것이냐?(「나」, 『편편상』 175쪽)

 이는 당시의 지식인들이 어느 한 분야에만 몰두할 수 없었던 '시대적 요청'에 의한 것이기도 했을 터. 사상가와 정치가와 언론가를 겸해 글을 쓰는 문인이기도 했던 당시의 지식인들에게 있어 '문학'

이란 예술 활동이기 이전에 대중과 소통할 수 있는 가장 대표적인 '매체'였기 때문이다. 마해송은 아동문학가요 아동인권운동가를 겸해 다방면의 문화와 정치·사회적인 이슈들을 '편편상(片片想)'이라는 그만의 글쓰기 방식으로 대중과 소통하였다. 이는 동화와 수필이, 또 그 외의 다른 글들이 서로 맞닿아 상호 보완의 기능을 하고 있음을 보여주는데, 신문에 '편편상'을 쓰는 것에 대한 이른바 그의 「전공의 변(辯)」을 통해서도 확인할 수 있다.

> 냉전(冷戰)이 아니라 백열화(白熱化)하는 세상에 아무리 집 안에 들어박혀 산다고는 하지만 일 년에 세 편의 동화만을 쓰고 앉아 있을 수 없어서 쓴 것이다. 그것이 오히려 마음이 후련하고 직성이 풀리는 것 같을 때가 있는 것이다.
> 그러나 혓바닥 짧은 어린이 말투로 동화를 쓰건 입이 비뚤어질 지경의 '편편상'을 쓰건, 주제는 같은 것이요 정신은 하나다.(「전공의 변(辯)」, 525쪽)

'편편상'이란 '칼럼(Column)'의 우리식 표현이요, '수상록(隨想錄)'의 겸손한 명명(命名)일 텐데, 아무려나 동화만으로 표현할 수 없었던 수많은 메시지들이 이 안에 담겨 우리에게 전해졌다. 이번에 '마해송 전집' 8, 9, 10권을 엮으며 헤아린 산문은 모두 307편, 원고지 6,200여 매 분량이다. 이미 각각의 단행본으로 출간된 바 있는 『역군은(亦君恩)』 『요설록(饒舌錄)』 『아름다운 새벽』 등의 긴 산문은 물론이고, 이른바 '편편상' 류의 짤막한 신문 잡지 칼럼들, 그리고 기름한 수필들에 이르기까지, 동화 집필과 비슷한 시기에 시작돼 1966년 작고하기 직전까지 꾸준히 발표된 산문들은 마해송의 또 다른 면모, 아니 그의 진면목을 보여준다 할 것이다.

　마해송이 살았던 시대는 '대한제국—일제 강점기—미군정기—대한민국'이다. 그가 태어난 1905년에 대한제국은 을사조약 체결로 외교권을 박탈당했고, 오 년 뒤에는 결국 일본의 식민지로 전락해 그는 잦은 동맹 휴학과 퇴학으로 변변한 공부도 할 수 없는 청소년기를 보내야만 했다. 일본에 유학했지만, 연인 '순'과의 염문으로 고향에 붙들려와 연금(軟禁) 생활을 해야 했던 일련의 과정(이때의 심정을 동화로 승화시킨 작품이 「바위나리와 아기별」이다)들은 트라우마로 남아 재차 '도망꾼'이 되어 고향을 등진 채로 오랜 타국 생활을 하도록 만들었다. 아버지는 연애를 인정해주지 않고 밖에도 나가지 못하게 가둔 '폭군'이라 생각했다. 하여 하숙방 벽에 붙여놓았던 조그만 쪽지의 글귀처럼 "너는 의지할, 아무도 없다. 사랑하는 부모 형제도— 단지 너 하나가 있을 뿐"(「인생 노트」, 470쪽)이라는 비장한 각오를 세웠던 것이지만, 마음의 병은 결국 폐결핵이란 중병으로 나타나 일 년여에 걸친 요양 생활을 해야만 했다. 그러나 스승 기쿠치 칸(菊池寬)을 만나 편집자로서 능력을 한껏 펼쳐 보이고, 무용가 아내와 결혼한 후 삼남매를 만나 단란한 가정을 꾸리는 과정은 주변의 모든 인연에 감사하는 '역군은(亦君恩)'의 마음새라 하겠다.
　제2차 세계대전에서 일본이 패망하기 일 년여 전에 마해송 일가는 귀국한다. 해방 정국에 주변에서는 '한몫' 볼 것을 부추기기도 했지만 그는 정치에도 언론에도 출판에도 직접 간여하지 않았다. "대학도 흔하고 교수도 흔하고 월급도 좋다지만 당장 궁해도 내 길 아닌 길을 갈 생각은 없다. 교단(敎壇)을 모독하는 일이라기보다도 지금 세월이 없지만 나의 길은 나의 길대로 가난하나 일생을 걸어 겨누어볼 만한 일이라고 생각한다"(「인생 노트」, 480쪽)는 말에서는 어떤 결기조차 느껴진다. 요컨대 타인의 글로써 책을 만들던 출판·편집자로서의 인생 제1막을 내리고, 이제부터는 자신의 글을 쓰는 전업 작가로서의 인생 제2막에 매진하겠다는 뜻일 터. 우연치 않게도 두번째 도일(渡日)에서 귀국까지가 이십일 년이고, 귀국 후 작고하기까지가 이십일 년인데, 어쩌면 그에게 있어 글을 쓰는 행위란 식민지 시대를 타국에서 보냈던 세월에 대한 마음의 빚을 갚는 일이 아니었을까 싶다. 이러한 결의는 '해방 공간'에서는 민중들의 생생한 삶의 모습을 담아낸 글로써, 6·25전쟁 시기에는 최전선의 '종군기(從軍記)'와 후방에서의 궁핍한 삶을 기록하는 것으로써, 그리고 이승만 독재정권 시기에는 그 부정과 부패를 고발하는 직설적인 문장들로 오롯이 남았다. 역설적이게도 그가 만약 정치나 언론이나 출판에 직접 간여하며 전면에 나섰더라면 혼돈의 시절에 휩쓸려 하지 못했을 일을, 그는 동화와 산문을 쓰는 문인의 삶에 진력(盡力)함으로써 그 의기(意氣)를 유감없이 보여주었대도 과언이 아닐 터다.

1. 「아름다운 새벽」과 아름다운 성사

이번 '마해송 전집'에서 그의 산문들은 세 시기로 구분하여 편집

되었다. 단행본 출간 순서에 따라 수록을 하다 보니 자연스레 『편편상』에는 일제 강점기와 해방 공간의 모습을 담고 있는 수필들이 실렸으며, 『전진과 인생』에는 6·25전쟁 시기와 그 후의 혼란기가, 그리고 『아름다운 새벽』에는 1950년대 후반에서 1960년대 초반의 여러 모습들이 담겼다.

「아름다운 새벽」은 마해송이 가톨릭에 입교하게 된 내면 풍경을 담고 있는 자서전적 수필 혹은 자전소설이다. 일상의 기록이라는 측면에서 보자면 '편편상 류'의 수필들도 대부분 자서전적이랄 수 있겠으나, 본격적인 의미에서의 계보를 찾자면 『편편상』에 수록된 「역군은」과 『전진과 인생』에 수록된 「새너토리엄」, 그리고 「아름다운 새벽」을 들 수 있겠다. 앞에서 살펴본바, 작가의 인생을 회고한다는 측면에서 일정 부분 겹치는 면이 적지 않으나, 「역군은」이 첫사랑에 대한 애틋한 기억과 가슴 아픈 이별에 초점이 맞추어졌고, 「새너토리엄」이 투병의 고비에서 스치듯 마주했던 인연들에 대한 기억과 그리움에 맞추어졌다면, 「아름다운 새벽」은 유·소년기 이후에 체험했던 여러 종교들에 대한 사적 단상들과 더불어 생사의 고비에서 그토록 갈구하며 찾았던 '임'을 마침내 마주하는 여정을 담담히 담고 있다.

짤막한 편편(片片)의 수필들도 마찬가지지만 이 세 편의 산문은 '풀어 쓴 작가의 이력서'래도 좋을 만큼 사실에 기반을 둔 내용을 담고 있으며, 세 편을 두루 통해 일치하는 정보들로 이루어져 있다. 이는 그가 평소 역사·전기소설에 대해 생각했던 바와도 일맥상통하는데, 여기서의 '불행한 임무'란 내내 혼란한 시절을 살아왔던 우리네 역사에서 진실을 찾아야 하는 작가로서의 임무를 일컫는 것이어서 의미심장하다.

역사소설, 전기소설에 있어서, 외국 작가들은, 정사(正史)를 약간 무시하고, 작위(作爲)가 풍부해도 하등 문제가 없다.
그러나, 우리 작가는 될 수 있는 한, 충실하게 써놓는 것이 좋지 않을까? 하는 생각이 있었다.
그리고 '불행한 임무'란 생각이 떠올랐다.(「편편상」, 『편편상』, 196쪽)

「아름다운 새벽」에서 작가는 무속신앙 내지는 토속신앙을 접했던 어린 시절을 지나, 불교를 접했던 청소년기를 거치고, 동양사상을 막연히 동경하던 청년기 이후, 숙명처럼 가톨릭을 받아들이게 되는 과정을 잔잔하게 그려내고 있다. "'동화의 능'이 아직도 어엿이 있"다는 개성에서 태어나 울적할 때마다 만월대에 올라 상상력을 키웠던 마해송에게 있어 신(神)이란 늘 주변에 실재하는 존재로 여겨졌었다. "대문에도 대감님이 있고, 마루 들보 위에도 대감님이 있고, 안방에도 벽장에도 부엌에도 곡간에도 우물에도 측간에도 대감님이 있는 것으로 알았던 것이다."(18쪽) 그리하여 "서슴지 않고 예배당에 다니었고 거기서 연극도 했고 찬양대원이 되어서 찬송가를 배우러 다니기도 했고, 굿 구경도 다니었고 절에 재(齋) 구경도 간 일이 있었"(49쪽)던 것이다.
즉, 마해송에게 종교란 범신론(汎神論)적인 것이었다. 작가는 소년 시절 일본에서 왔다는 생불(生佛)이 '나무아미타불(南舞阿彌陀佛)'

을 적어 넣었다는 쌀알을 모셔 제단을 만들기도 하고, 도망꾼이 되어 일본으로 떠날 때는 "어서 떠나게 해주십시오! 붙들리지 않게 해주십시오! 나무아미타불도 외웠고 총총한 별을 바라보면서도"(79쪽) 빌었다. 폐결핵으로 요양할 때는 "부처님이십니까? 하느님입니까? 그저 간절히 빕니다. 일 년만 더 살게 해주십시오!"(118쪽) 빌고, 아내가 아이를 출산할 때마다 "방에서 두루두루 돌아가며 그저 절을 꾸벅꾸벅"(155쪽)하며 빌고, 미군기의 폭격이 있을 때는 "복개야! 복개야!" 아내의 어릴 적 별명을 부르며 "네 힘으로 날 살리라는 애원"(168쪽)을 하며 빌기도 한다.

그러나, 아니 그리하여, 마해송이 가톨릭을 받아들이는 과정은 '그 또한 임의 은혜[亦君恩]'이며 숙명처럼 잔잔히 스며드는 것이다. 자신만을 믿으며 매사에 당당하던 아내가 성당에 다니기 시작하고, 오래지 않아 아이들까지 가톨릭을 받아들였으며, 집안을 돌보아주던 '대구 할머니'와 친구 장철수가 죽음을 앞두고 영세(領洗)한 일, 그리고 최 신부가 권해준 『성인전』을 읽고 나서 "내 평생을 두고 빌어온 그분이 바로 이분이었다는 것을 이렇게 많은 사람들이 증명하고 있는 것만 같았다"(267쪽)거나 "내가 오랜 세월 빌고 호소하고 속삭였던 그분이 이렇게 가까이 실재하고 있는 것을 모르고, 그 밖으로만 뱅뱅 돌았다는 일이 부끄럽기도 하고 두렵기도 했다"(269쪽)는 회고는 모두 숙명과도 같은 입교 과정을 보여준다.

숙명처럼 잔잔히 스몄으되, 그러나 그 고뇌에 찬 갈등은 깊고도 넓은 것이었다. "무어라고 불러야 하는지 모릅니다" 하고 막연하게 그러나 애타게 찾던 대상에서부터, "그러나 정말이지 예수가 하느님이었던가?"(255쪽) 하는 솔직한 의심은 오히려 진실된 느낌을 준다. 더불어 죄를 범한 자들이 고해함으로써 수월히 용서 받을 수는 없다는 양심적 지식인으로서의 오랜 번민은 종교를 여러 차례 거부하는 몸짓으로 나타나기도 한다.

    악덕과 패륜과 사회악은 환도 후 더욱이 날로 성해갔고, 거기 따라서 어린 세대가 또 물들어 온갖 일을 저질렀으며, 악한 자만이 잘살 수 있는 것 같았고, 착한 사람은 낙오자나 패잔자가 되어가는 것 같았기 때문이었다.
    영적인 죄뿐이 아니라 민족이나 국가나 인류사회에의 죄를 공공연히 범한 자들이 활개치며 떵떵거리는 것을 많이 보게 되었었으니, 그들이 벌을 받지 않고 고해함으로써 수월하게 용서를 받을 수 있다면 말이 아니라는 생각이었다.(199쪽)

그러나 숙명이란 마땅히 가도록 되어진 길이다. 하여 『노자』의 첫머리 "도가도 비상도(道可道 非常道) 명가명 비상명(名可名 非常名)"은 그가 가톨릭을 받아들이는 이성적 판단의 중요한 근거가 되며, 막내딸과의 대화에서 "천주님은 모든 근원"이란 의미를 자연스레 받아들이게 되는 과정이라든가, 명동성당 아래 거리를 배회하다 만난 '이 시인'과의 대화에서 오랜 번민을 풀어내는 '후련함'을 느끼게 되는 일들은 모두가 숙명을 받아들이는 과정이라 하겠다.

    '부처님입니까? 하느님입니까? 그저 빕니다! 그저 빕니다!'

나는 애타게 빌었을 뿐이었지 이름을 골라잡아 부르지는 않았던 것이다. 이름은 사람이 붙인 것이지, 사람이 이름을 붙이기 전에 이미 그것은 있었으리라고 생각한 것이다. 이름을 부르지 않고 빌었어도 틀린 일은 아니었다고 노자가 증명해주는 것 같아서 속이 시원해졌다.(133쪽)

"면죄는 안 됩니다. 어디까지나 영적으로 사해지는 것이지 현세적으로는 보속을 해야 합니다. […] 다시 말해서 양심의 재판을 받는 거라고 생각해요! 그리고 죄를 지은 몸이라도 다시 천주님과 화합할 수 있는 기회를 마련해주신 것이 아니겠어?" […]

뜻하지 않았던 맥주 좌석은 오로지 나를 가르치기 위해서 베풀어진 것만 같았다. 가슴속에 아직도 조금 남아 있었을까, 구름이라도 걷힌 것같이 후련해짐을 느꼈다.

'역군은(亦君恩)!'(288~89쪽)

마치 "바다 그 밑에서 한때 빛을 잃었던 아기별이 다시 빛나"듯 마해송의 가슴속에 가톨릭이 오롯이 자리 잡는 과정은 신새벽에 깃드는 여명(黎明), 바로 그것이다. 작가는 마침내 "'당신이 정말 나를 오늘 있게 해주신 하느님이십니까? 감사합니다. 이렇게 늦게야 알게 되어서 죄송합니다. 죄송합니다……'"(273쪽) 하고 참회한다. 이후 그가 얼마나 독실한 신자가 되었는지에 대해서는 이번에 '미발간 수필'에 수록한 「또 일본에서 드린 미사」 등에서 확인할 수 있다.

아무려나 1,040여 매에 달하는 긴 자전적 수필 혹은 자전소설인

「아름다운 새벽」은 오랜 시간 불화했던 아버지와 화해하는 극적인 내용을 포함해, 하느님을 만나는 영적 성장이라는 측면에서 '성장소설'의 요건도 갖추고 있다. 이는 마해송이 책으로 펴낸 첫 수필집인 『역군은』과도 일맥상통하는데, 가톨릭을 받아들이는 과정 역(亦) '역군은(亦君恩)'의 또 다른 모습이며, 그 안에 어린 시절부터 겪었던 '유·불·선'의 정수조차 담겨 있음을 확인하는 과정은 '복되고 복된 대화이며 참회의 기록'이라 할 것이다.

2. 「오후의 좌석」과 편편의 성찬

'오후의 좌석'이란 '막걸리 좌석'을 일컬음이다. 마해송은 "친구와 오래오래 앉아서 정회(情懷)를 풀 좌석도 분위기도 마음의 여유도" 오후의 막걸리 좌석에서만 느낄 수 있었다고 술회하는데, 이는 "혼자 앉아서도 오락가락하는 구름의 흐름과 나뭇가지 나무 이파리를 보면서 친구를 기다릴 수도 있고, 친구를 만나면 마음이 턱 놓여서 얼마든지 정을 주고받을 수 있"(「오후의 좌석」, 373쪽)는 그런 자리를 말한다. 물론 이 회고는 '피란 대구 시절'에 쓰인 것이기는 하지만—또 작가는 말년에 소주를 즐겨 마신다고 밝히기도 했지만—작가가 생전에 펴낸 마지막 수필집의 제목으로 『오후의 좌석』이 붙여진 것은 의미심장하다. 작가의 말년의 글들이 "까칠한 저항 의식에서 벗어나 유연한 선의지 구현의 모드로 변모한 이유"로 조대현은 "만년에 귀의한 가톨릭의 영향이 아닐까"(『명명 나그네』, 219쪽) 짐작하는데, 이는 물론이려니와 일제 강점기와 6·25전쟁의 혼란기를 넘졌다는 삶의 여유가 배어 나오기도 했으리라. 이러한 느낌을 주는 글들은 동화에서 뿐만 아니라 수필에서도 마찬가지다.

먼저 마해송의 수필들을 내용상으로 분류해보자.

인생에 대한 회고담 (중·장편이라 할 「역군은」「새너토리엄」「아름다운 새벽」을 포함하여)「후지미 고원에서」「조선을 사랑하자」「어린 날의 회상」「나의 연극 청년 시대」「나와 색동회 시대」「나와 여름방학」「인생 노트」「해송의 변」「명명」「일본에 다녀와서」「나의 문학 생활」「연금에서 빚어진 '바위나리와 아기별'」「사주의 영감」 등.

어린이 또는 어린이의 인권 문제 「유치원의 위기」「소학생과 소제」「원숭이」「재언」「아동과 미신」「아동·인간·위대」「가난한 조선 어린이」「어린이날을 위하여」「폭군」「욕하지 말고 때리지 말고 부리지 말자」「서로 사랑하는 소년이 됩시다」「어른들이 반성하자」「33회 어린이날에」「34회 어린이날에 즈음하여」「아동들은 무엇을 요구하는가」「꿈과 과학」「아름다운 광경」「십대 고문의 계절」「아동헌장에 대하여」「어린이날의 이상」「어린이헌장과 대구」「공군과 어린이」「새 사람을 대하는 자세」「동안에 어린 명암」 등.

인물에 대한 회고담 「몽양 영결」「방정환 군」「어린이날과 소파」「기쿠치 칸과 나」「P 시인」「소파와 나」「거룩한 장례」「인생의 의미」「6·25에 생각나는 사람」「살고 있다며」 등.

고향(개성) 생각 「향수」「만월대」「깨끗하고 곧고 바르게」「고향 산

수」「시원한 내 고장」 등.
- **종군기** (본격적 종군기인 '종군초' 열 편을 포함하여)「생사」「종 군문인」「최후의 긍지」「권 중위」 등.
- **언론에 대한 생각** 「최촉」「언론의 자유」「신문의 자유」「저널리즘의 공죄」 등.
- **문화예술 관련** 「마음의 극장」「문학 외교의 긴요성」「멋 제1장, 집」 「멋 제2장, 옷」 등.
- **음식 또는 식도락 관련** 「식도락근처」「삼복 식성」「개성에만 있는 찜」「봄철의 풍미」「맛의 감각, 청주」「개성 음식은 나라의 자랑」 등.
- **여성에 대한 생각** 「사랑하는 사람에게」「한국 여성의 비극」 등.

물론 이루 다 분류할 수 없는 가장 많은 글들은 여러 가지 일상에 대한 '편편상(片片想)'이다. 그 속에는 가난하고 궁핍하고 억압받는 민중들의 면면이 그야말로 '만인보(萬人譜)'처럼 펼쳐진다. 사랑방에서 소일해야 했던 식민지의 남정(男丁)들, 궁핍한 시대에 남성들보다도 더 생활력을 발휘해야 했던 여성들, 전쟁통에 신문을 팔아 연명하는 고아나 다름없는 소년들, '불굴'의 '긍지'로 공산군과 맞서는 사병들과 장교들, 혼란기를 틈타 점점 '이약해지는' 사람들, 입시에 치어 고문당하는 십대들, 대학생들, 신여성들, 그리고 수많은 어린이 어린이들…… 일일이 헤아릴 수 없는 이들의 공통분모는 '식민지를 거쳐 전쟁을 치른 분단국가의 민중들'이라는 점이다.

아무려나 단아하면서도 세련되고, 간결하되 풍자미가 돋보이는 유려한 문체는 「오후의 좌석」에 와서 더욱 굳건해졌다. 어린이를 생각하는 마음은 '편편(片片)'에 여전하며, '전진(戰塵)' 이후의 우리 사회를 바라보는 근심에 찬 필봉(筆鋒)은 한국적 지식인의 전형을 보여주는 것이다. "마해송이란 한 작가의 내면에서 돌고 있는 발랄한 언어 감각"을 "소리 내서 읽어 보면 아주 묘한 울림을 주는 입말의 리듬을 탄다"(이재복;『바위나리와 아기별』 330쪽)거나 "동화작가이면서 특유의 미문을 지닌 당대의 수필가"(김지은;『떡배 단배』 450쪽)로서의 면모는 그가 애정 어린 시선으로 바라본 한국 사회의 구석구석과 마찬가지로 우리 문학과 모국어에 대한 사랑 역시 소홀하지 않았음을 보여주는 것이라 하겠다.

"씨의 단문이 가진 표현의 묘미는 능숙한 풍자에 있다. 불합리한 세태의 가지가지를 포착하여 조소와 분노로써 적발(摘發)하고 있는 다채(多彩)한 필치는 특히 해방 이후 조선 사회에 차 있는 위선의 범람에 대하여 그것을 부정하고 그것을 근절하기 위하여 싸우고 있는 지사(志士)의 열의를 볼 수 있다."(석생;『편편상』, 298쪽)

"아무런 과장과 수식이 없는 간명(簡明), 직재(直載)한 세련된 필치로 느닷없이 그 대상을 도려내는 이 몇 줄식(式)의 단시감(短時感)은 어디까지나 리얼하고 평이하고 단편적이면서도 풍부한 함축성과 예리한 비판과 매움한 풍자미(諷刺味)를 가지고 있습니다."(박두진;『전진과 인생』, 220쪽)

『편편상』의 시절과 『전진과 인생』의 시절은 물론이고, 이미 일본에서 『역군은』을 집필하던 1930년대부터 윤석중을 졸라 '신(新) 철자'를 배우고 문장을 가다듬는 모습은 마해송의 문학에 대한 자세와 문장가로서의 면모를 보여주는 일이다(「편편상」,『편편상』, 195쪽 참조). 실제로 이번에 사십여 년을 격한 그의 산문들을 두루 살피며 놀라게 되는 것은, 이십 년 넘게 타국에서 타국어를 매만지며 수많은 책을 편집했음에도 불구하고 그가 놀라운 속도로 우리말과 우리 문장에 익숙해졌고, 곧 통달하여 새로운 경지를 보여주었다는 점이다. 이는 그가 우리말과 우리 문학에 쏟은 애정과 자부심이 어떠한 것이었는지를 보여준다.

민족의 정신의 양식이 되어 있는 문학작품이 어찌해서 민족문학이 아닐 것이며 어찌해서 외인에게 보여주기에 부끄러울 것이냐 말이다. 그야말로 외국 작가의 작품이라면 되었건 못 되었건 사족을 못 쓰는 사대주의자거나 혹은 문학을 아는 체하면서 사실은 아무것도 모르는 뚱딴지의 망언이라 할 것이다.(「문학 외교의 긴요성」, 452~53쪽)

또 하나, 마해송의 문장에서 빼놓을 수 없는 것이 비판과 풍자이다. 그는 스스로를 일컬어 "편편자(片片子)"(『편편상』, 264쪽)라거나 "휘뚜루 잡문가(雜文家)"(524쪽)라 칭하며 늘 겸양하였으나 글이 향하는 바에 있어서는 늘 꼿꼿한 선비정신으로 일관했다. "권세에 아부하고 비굴하여 무문곡필(舞文曲筆)하고 독자의 기호에 첨(諂)하여 엽기 탐색 말초신경의 자극을 일삼는다면 그것은 결코 신문의 사명을 다한다고 볼 수 없는 것"(「저널리즘의 공죄」, 411쪽)이라는 말은 그의 언론관을 잘 보여주는 것이다. 아무려나 "유연한 선의지 구현의 모드로 변모"한 말년에조차 날선 비판을 가했던 대상이 있으니 그것은 독재와 부정선거로 일관했던 이승만과 자유당 정권에 대한 것이다. "무효표를 만들기 위해서 표에 인주를 찍는 손가락 재주 부린"(「피아니스트와 육손이」, 458쪽) 이른바 '피아니스트'에 대한 야유에서부터, 미국 대통령 워싱턴이 육십 이전에 은퇴한 것을 예로 들며 "한 사람이 오랫동안 집권하면 본의 아니라도 독재에 흐르기 쉽다"(「오래 사는 것만이 잘난 것 아니다」, 465쪽)고 말하는 것이라든지, 이러한 독재가 이승만의 악(惡)의 정점이었다고 분석하는 데는 서슬이 퍼렇다.

2기만 하고 깨끗이 물러났더면 그래도 외딴 섬에서 바다만 바라보고 죽음을 기다리는 신세는 안 되었으련만, '내가 아니면' 나라가 망한다는 신념이 굳었기 때문에 국회의원이나 정객(政客)도 아닌 회손(會孫)이나 현손(玄孫)뻘밖에 안 되는 학생들의 아우성으로 쫓겨나게 되었으니, 사람의 꼴이 말이 아니라고 가끔 생각하게 되는 것이다.

쌀값이 폭등했을 때에 "쌀값은 내려야 한다"고 한마디 하면 내릴 것으로 생각하는 따위의 어리석음보다도, 물러나야 할 때를 가리지 못한 것이 그의 악(惡)의 정점(頂點)이었을는지 모른다.(「이승만악」, 742쪽)

이 외에도 동서고금을 넘나드는 음식과 맛의 향연은 그야말로 휘황한 것이다. 「식도락근처」를 보면 고향인 개성을 비롯해 유학했던 서울과 동경의 음식들, 자주 찾았던 중국 음식들, 피란 시절 대구의 음식들, 그리고 유럽, 미국, 러시아, 몽골 등등에 이르기까지 다양한 지역의 대표적인 음식들이 총망라되고 있다. 하여 마해송 특유의 독특한 필치에서 연상하는 다양한 식재료와 조리법을 읽고 있을라치면 입속에 침이 고이는 경험을 하게 된다. 물론 청주, 양주, 소주, 막걸리, 칵테일을 비롯한 다채로운 술들도 빼놓을 수 없고, 또 집(「멋 제1장, 집」)과 옷(「멋 제2장, 옷」) 등 문화예술에 대한 해박한 지식들은 그야말로 '박물지(博物誌)'를 연상케 한다.

「바위나리와 아기별」을 비롯해 단편동화 42편과 중편동화 4편, 동극·노래·어린이를 위한 수필 등 기타 글 35편, 그리고 『모래알 고금』『앙그리께』『물고기 세상』『멍멍 나그네』 등의 장편동화를 통해 마해송이 한국문학사상 독보적이고도 굵직한 족적을 남긴 아동문학가로서의 면모는 이미 '마해송 전집' 1-7권에서 확인한 바 있다. 그러나 그 외의 모습들, 이른바 아동인권운동가, 수필가, 편집인, 언론인, 문화예술인, 그리고 독실한 신앙인으로서의 면모는 '마해송 전집' 8-10권, 즉 『편편상』『전진과 인생』『아름다운 새벽』의 행간에서 찾을 수 있다.

"동화를 쓸 때가 제일 즐겁더군요"(「나의 문학 생활」, 705쪽) 하고 스스로 밝힌 것이라든지, 수필을 발표할 때조차 원고 말미에는 항상 '아동문학가'라 적시한 것을 보더라도, 마해송은 아동문학가임에 틀림없다. 그러나 그와 더불어 시대가 필요로 하는 다양한 글들을 적재적소에 쉼 없이 발표해온 수필가요 당대의 빼어난 문장가라는 사실도 빠뜨려서는 안 될 것이다.
　마해송은 아동문학가이고, 수필가이고, 문장가이다.

마해송(馬海松) 연보

1905년 1월 8일, 경기도 개성군 송도면 대화정 출생. 5남 2녀 중 여섯째. 아명은 창록(昌祿), 관명은 상규(湘圭). '해송'은 일본에서 연극동우회 활동을 하던 16세 때부터 써 옴.
1911년 6세 때부터 서당에 다님.
1912년 개성 제일공립보통학교에 입학하여 4년 후에 졸업함.
1916년 중학교에 해당하는 개성학당에 입학하였으나 3학년 때 3·1 운동에 의한 휴교로 졸업을 못하고, 1년제 야간인 개성공립간이상업학교에 입학하여 다음 해에 졸업함.
1917년 4월 10일, 개성의 김씨 가문의 동갑 여성과 조혼을 하였으나 일본에서 결핵으로 요양을 하던 기간에 이혼함.
1919년 14세 때 서울의 중앙고등보통학교에 입학. 이듬해에 일본인 교사 전입 반대를 위한 동맹 휴학 주동자 중 한 명으로 지목되어 퇴학.
  고한승, 진장섭 등과 함께 문학 동인지 『여광』을 창간함.
1920년 보성고등보통학교 3학년에 편입학. 동맹 휴학으로 졸업을 하지 못함.
  12월, 큰형님의 도움을 얻어 일본으로 건너감.
1921년 일본 니혼대학(日本大學) 예술과 입학.

	김우진, 홍난파, 윤심덕, 오상순, 황석우 등과 함께 극단 〈동경유학생동우회〉를 결성하여 고국의 각 지방을 순회 공연함.
1922년	연인 '순'과의 염문으로 고향에 붙들려 와 연금 생활을 함. 이때의 경험을 바탕으로 한국 최초의 창작동화 「바위나리와 아기별」을 씀.
1923년	'어린이날'에 「바위나리와 아기별」 「어머님의 선물」 등을 구연함. 『샛별』(12월호)에 동극 「복남이와 네 동무」를 게재.
1924년	일본으로 다시 건너가, 소설가이자 문예춘추사(文藝春秋社)를 창설한 기쿠치 칸(菊池寬)의 도움을 얻어 문예춘추사에 입사. 색동회 동인이 됨. 고한승과 함께 〈개성소년회〉를 조직함.
1925년	니혼대학 예술과 졸업. 『어린이』 5월호에 동극 「장님과 코끼리」, 8월호에 동극 「두꺼비의 배」, 12월호에 단편동화 「어머님의 선물」을 게재.
1926년	『어린이』(1월호)에 단편동화 「바위나리와 아기별」을 게재. 『신소년』(7월호~1927년 5월호)에 '색동會 馬海松'이란 이름으로 「홍길동」을 연재함.
1928년	결핵에 걸려 일본 나가노 현(長野縣)에서 요양 생활을 함.
1929년	10월, 결핵에서 완쾌함.
1930년	문예춘추사에서 간행된 월간 오락소설잡지 『모두읽을거리』(『オール讀物』)의 편집 일을 함.
1931년	『어린이』(8월호)에 단편동화 「토끼와 원숭이」의 연재를 시

작했다가 병으로 중단하고, 다시 1933년 1월과 2월호에 연재를 계속했으나 3월호 원고가 총독부 검열에 압수당하는 바람에 연재가 중단됨.

청년교양오락월간지 『모던니혼』(1930년 문예춘추사 창간)의 편집 일에 참여함.

1932년　편집부가 문예춘추사에서 모던니혼사로 독립하며 『모던니혼』 사장으로 취임.

1934년　색동회 동인인 진장섭의 도움을 얻어 동극과 단편을 엮은 첫 창작동화집 『해송동화집』을 출간함. 이 책이 한국 최초의 창작 동화집으로 자리매김됨.

1935년　『소년중앙』(1월호)에 수필 「어머님 생각」을 게재.

1937년　『소년』(5월호)에 '尹克榮 曲(윤극영 곡), 馬海松 謠(마해송 요)'로 노래 「당초밭」을 게재.

11월 4일, 무용가 박외선과 결혼. 주례는 기쿠치 칸이 봄.

1939년　7월부터 월간지 『여성』에 자전적 수필 「역군은(亦君恩)」을 연재함.

큰아들 마종기 태어남.

마해송의 기획으로 『모던니혼조선판』(1939년 11월호와 1940년 8월호)이 2회 출간됨.

1941년　12월 동경 애암사에서 『역군은』이 단행본으로 출간됨.

둘째아들 마종훈 태어남.

1944년　막내딸 마주해 태어남.

1945년　1월. 일본에서 귀국. 〈송도학술연구회〉 위원장이 됨.

1946년 『자유신문』(1월 1일)에 「토끼와 원숭이」(전편)를 재수록하고, 다음 해에 후편을 게재하여 완결함. 전편은 김기창의 그림으로 엮어 5월 5일에 자유신문사출판국에서 그림동화책 『토끼와 원숭이』로 출간함.

1947년 청구문화사에서 마해송 글, 김용환 그림으로 만화동화책 『토끼와 원숭이』(상권, 하권)를 출간함.

1948년 『자유신문』(1월 12일~16일)에 중편동화 「떡배 단배」를 게재하여, 다음 해에 완결함.
1920년대에서 40년대에 걸쳐 쓴 수필을 모은 『편편상』(새문화사)을 출간함.

1949년 『속 편편상』이 새문화사에서 출간됨.

1950년 국방부 한국문화연구소 소장이 됨.

1951년 6·25 전란 중 공군 종군문인단 '창공구락부' 단장으로 활약함.

1953년 『학원』(5월호)에 수필 「어린이날」을 게재.
피란지인 대구에서 「바위나리와 아기별」「어머님의 선물」「토끼와 원숭이」「호랑이 곶감」「떡배 단배」 등 대표적인 중·단편 다섯 편을 묶어 『떡배 단배』(학원사)를 출간함.
「편편상」 시리즈 3집이 되는 『전진과 인생』이 홍국연문협회에서 출간되고, 『편편상』과 『속 편편상』에서 발췌하고 여섯 편을 새로 추가하여 한 권으로 묶은 『사회와 인생』이 세문사에서 출간됨.

1954년 강소천, 이원수, 한정동 등과 함께 〈한국아동문학회〉를 창립함.

『새벗』(8월호)에 단편동화 「박과 봉선화」를 게재.

1955년　서울 집으로 돌아옴.

한국 전쟁의 체험을 담은 장편동화 「앙그리께」를 『한국일보』(8월 21일~10월 26일)에 연재하여 다음 해에 완결함.

1956년　장편동화 「물고기 세상(영애)」을 『연합신문』(7월 15일~11월 9일)에 연재함.

1957년　2월, 한국동화작가협회 회원들과 함께 〈어린이 헌장〉의 초안을 작성하여 5월 5일 제35회 어린이날에 공포함.

장편동화 「모래알 고금 1」을 『경향신문』(9월 10일)에 연재를 시작함. 「모래알 고금 2」 「모래알 고금 3」으로 1961년 2월 1일자까지 연작을 이어 가며 완결함.

1958년　10월, 가톨릭에 입교.

연작 장편동화 「모래알 고금 1」이 단행본 『모래알 고금』으로 출간됨.

수필집 『요설록』이 신태양사출판국에서 출간됨.

1959년　『모래알 고금』으로 아세아재단 제6회 자유문학상 수상.

〈마을문고보급회〉 명예회장으로 농촌 독서장려운동을 전개함.

장편동화 『앙그리께』를 출간함.

1960년　『한국일보』(1월 1일)에 단편동화 「꽃씨와 눈사람」을 게재. 같은 신문에 장편동화 「멍멍 나그네」(4월 5일~9월 14일)를 연재함. 대한소년단 이사에 취임.

1961년　가톨릭 신앙 고백을 중심으로 한 자전적 수필집 『아름다운 새벽』을 민중서관에서 출간함. 현대사에서 장편동화 『멍멍 나그네』를 출간함.

1962년　연작 장편동화 「모래알 고금 3」이 『비둘기가 돌아오면』이란 제목으로 학원사에서 출간됨.

단편동화, 노래, 동극, 수필 및 중편 「신기한 옥퉁소」와 장편 「물고기 세상」을 묶은 『마해송아동문학독본』이 을유문화사에서 출간됨.

어문각에서 수필집 『오후의 좌석』이 출간됨.

〈서울시민헌장〉을 기초함.

1963년　『가톨릭소년』(11월~1964년 5월호)에 중편동화 「그때까지는」을 게재.

1964년　동화집 『떡배 단배』를 학원사에서 출간함.

5월 1일, 서울교육대학 노래동산회가 마련한 제2회 〈고마우신 선생님〉상 수상.

『새소년』(5월호)에 단편동화 「새벽에 부른 소리」를 게재.

『떡배 단배』로 한국문인협회 제1회 한국문학상 수상.

1966년　11월 6일 21시 55분, 뇌일혈로 작고(만 61세). 『가톨릭소년』 12월호에 게재된 단편동화 「들국화 두 포기」를 유작으로 남김.

1967년　새싹회에서 〈해송동화상〉을 제정하였으나 2회 시상 후 중단됨.

1975년　교학사에서 단편동화집 『바위나리와 아기별』이 출간됨.

1977년　동화 모음집인 『사슴과 사냥개』가 창비에서 출간됨.
　　　　수필집 『고향산수』가 범우사에서 출간됨.
1984년　장편동화 『멍멍 나그네』가 금성출판사에서 출간됨.
1989년　박홍근이 중심이 되어 추모집 『행복하여라 마음이 가난한 사람』을 출간함.
1993년　단편동화집 『어머님의 선물』이 견지사에서 출간됨.
　　　　중·단편집 『떡배 단배』가 신구미디어에서 출간됨.
1994년　성인을 위한 동화 시리즈 중 한 권으로 중·단편동화집 『민들레의 노래』가 중원사에서 출간됨.
1996년　「모래알 고금 2」를 엮은 『모래알 고금』과 단편집 『성난 수염』이 우리교육에서 출간됨.
1998년　그림책 『바위나리와 아기별』이 정유정 그림으로 길벗어린이에서 출간됨.
2000년　문학과지성사에서 『아름다운 새벽』이 출간됨.
2002년　장편동화 『물고기 세상』이 1·2권으로 한마당출판사에서 출간됨.
2004년　마해송 탄생 100주년을 한 해 앞두고 마해송아동문학비가 파주출판도시에 세워짐.
　　　　문학과지성사에서 〈마해송문학상〉을 제정함.
2005년　〈마해송문학상〉 제1회 수상작(수상자 유영소)이 문학과지성사에서 출간됨.
　　　　장편동화 『멍멍 나그네』가 계림출판사에서 출간됨.
2011년　문학과지성사에서 〈마해송 전집〉 편집위원회를 구성함.

2013년　마해송 전집 제1권으로 단편동화집 『바위나리와 아기별』 (문학과지성사)이 출간됨. 이를 시작으로 다음 해까지 중편동화집 1권, 장편동화 5권 등 총 7권이 간행됨.

2015년　동화에 이어 수필집 『편편상』 『전진과 인생』 『아름다운 새벽』 등 3권을 더해 〈마해송 전집〉 총 10권이 완간됨.